国家统计局贸易外经统计司 编

Compiled by
Department of Trade and External Economic Relations Statistics, National Bureau of Statistics of China

2018

中国零售和餐饮连锁企业统计年鉴

STATISTICAL YEARBOOK OF CHINA CHAIN STORES OF RETAIL TRADES AND CATERING SERVICES

中国统计出版社
China Statistics Press

图书在版编目 (CIP) 数据

中国零售和餐饮连锁企业统计年鉴 . 2018 / 国家统计局贸易外经统计司编 . -- 北京 : 中国统计出版社，2018.12
ISBN 978-7-5037-8766-9

Ⅰ . ①中… Ⅱ . ①国… Ⅲ . ①零售企业 – 连锁企业 – 统计资料 – 中国 – 2018 – 年鉴②饮食业 – 连锁企业 – 统计资料 – 中国 – 2018 – 年鉴 Ⅳ . ① F721.7-66 ② F726.93-66

中国版本图书馆 CIP 数据核字 (2018) 第 288257 号

中国零售和餐饮连锁企业统计年鉴 -2018

作　　者 / 国家统计局贸易外经统计司
责任编辑 / 尹　伊　杜珞维
封面设计 / 李雪燕
出版发行 / 中国统计出版社
通信地址 / 北京市丰台区西三环南路甲 6 号　邮政编码 /100073
电　　话 / 邮购（010）63376909　书店（010）68783171
网　　址 / http://www.zgtjcbs.com/
印　　刷 / 河北鑫兆源印刷有限公司
经　　销 / 新华书店
开　　本 /880mm × 1230mm　1/16
字　　数 /1566 千字
印　　张 /49.75
版　　别 /2018 年 12 月第 1 版
版　　次 /2018 年 12 月第 1 次印刷
定　　价 /460.00 元

如有印装差错，由本社发行部调换。

《中国零售和餐饮连锁企业统计年鉴—2018》

编辑委员会

编辑说明 PREFACE

一、《中国零售和餐饮连锁企业统计年鉴-2018》是反映我国零售和餐饮连锁企业情况的资料性工具书。旨在通过大量、丰富、详实、具体和权威的统计数据，全面系统和多角度地反映我国零售和餐饮业连锁企业发展的规模、水平。

二、本年鉴正文内容分为五部分: 第一部分，零售企业综合篇; 第二部分，零售企业地区篇; 第三部分，餐饮企业综合篇; 第四部分，餐饮企业地区篇; 第五部分，连锁企业情况。同时，还附有主要统计指标解释。

三、本年鉴中涉及的全国性统计资料，均未包括台湾省、香港特别行政区和澳门特别行政区数据。

四、本年鉴中资料来源于 2017 年零售和餐饮连锁企业统计年报，时期数据为 2017 年年度数据，时点数据为 2017 年年末数据。

五、本年鉴中各表中的“空格”表示该项统计指标数据不足本表最小单位数、不详或无该项数据。

目录

CONTENTS

第一部分　零售企业综合篇

第二部分　零售企业地区篇

第三部分 餐饮企业综合篇

第四部分 餐饮企业地区篇

第一部分

零售企业综合篇

1-1 连锁零售企业总体情况

项目	单位	总计		直营店		加盟店	
		2017年	2016年	2017年	2016年	2017年	2016年
连锁总店数	个	2871					
连锁门店总数	个	236103	223812	156359	145568	79744	78244
年末从业人员	人	2349171	2407277	2061329	2114084	287842	293193
年末零售营业面积	平方米	173296190	170096580	162735061	159630645	10561129	10465935
连锁门店商品购进总额	万元	305207949	293788658	290082678	279137448	15125271	14651211
其中：统一配送商品购进额	万元	237375585	227242425	223950119	214310415	13425466	12932011
其中：自有配送中心	万元	139940422	135618466	134207898	129496495	5732524	6121971
非自有配送中心	万元	31744886	30471369	30417472	28943824	1327414	1527544
商品销售总额	万元	356290626	340030618	339234068	324358824	17056558	15671794
其中：零售额	万元	276171793	252933032	261193083	239221159	14978709	13711873

1-2 连锁零售企业基本情况

项　　目	连锁总店数（个）	门店数（个）		年末从业人员（人）		年末零售营业面积（平方米）	
	2017年	2017年	2016年	2017年	2016年	2017年	2016年
总　计	**2871**	**236103**	**223812**	**2349171**	**2407277**	**173296190**	**170096580**
一、按登记注册类型分							
内资企业	2596	214398	205110	1852219	1901577	134927513	133259540
国有企业	163	13348	14167	110215	113843	10301000	10061102
集体企业	19	739	781	8955	9209	510501	517171
股份合作企业	9	389	399	4343	4774	477012	558948
联营企业	4	238	242	1158	1178	30873	30357
国有联营企业	1	188	191	739	751	21706	21563
集体联营企业							
国有与集体联营企业	1	5	5	35	26	928	928
其他联营企业	2	45	46	384	401	8239	7866
有限责任公司	1124	82983	79989	668390	665183	38740259	37318272
国有独资公司	30	2205	2257	18954	19403	2438123	2353681
其他有限责任公司	1094	80778	77732	649436	645780	36302136	34964591
股份有限公司	279	50436	48417	647279	702507	67940802	69098392
私营企业	975	63696	58635	396205	389737	16436283	15198566
私营独资企业	25	808	953	4072	4459	128785	139542
私营合伙企业	5	496	455	1163	1102	137785	134970
私营有限责任公司	901	53261	48428	332997	318162	13799559	12809855
私营股份有限公司	44	9131	8799	57973	66014	2370154	2114199
其他企业	23	2569	2480	15674	15146	490783	476732
港、澳、台商投资企业	125	11279	9742	248748	246543	22518480	20882346
港澳台商合资经营企业	30	4257	3342	37004	34873	2238011	1971765
港澳台商合作经营企业	5	239	236	63255	60294	3093037	2983913
港、澳、台商独资经营企业	86	5971	5470	100086	107065	10372349	9795993
港、澳、台商投资股份有限公司	3	278	218	2435	2163	118215	44753
其他港、澳、台商投资企业	1	534	476	45968	42148	6696868	6085922
外商投资企业	150	10426	8960	248204	259157	15850197	15954694
中外合资经营企业	52	4893	4839	121661	132360	9538553	9787651
中外合作经营企业	6	434	290	13811	14425	885105	850359
外资企业	88	4908	3633	108906	108707	4979257	4874688
外商投资股份有限公司	3	187	185	3663	3365	443083	435083
其他外商投资企业	1	4	13	163	300	4199	6913
二、按行业分							
批发业	**304**	**38631**	**39672**	**226625**	**233165**	**30399514**	**30509627**
农、林、牧产品批发	13	4900	5011	12147	12057	388024	395208
食品、饮料及烟草制品批发	48	2403	2443	24493	25546	381083	438611
纺织、服装及家庭用品批发	12	945	944	18256	18185	1638847	1605932
文化、体育用品及器材批发	12	455	464	16586	16877	798760	804711
医药及医疗器材批发	39	2485	2393	8646	8038	220075	191358
矿产品、建材及化工产品批发	164	26459	27404	138129	143295	25902313	26013411
机械设备、五金产品及电子产品批发	9	315	299	2206	1978	52483	50347
贸易经纪与代理							
其他批发业	7	669	714	6162	7189	1017929	1010049
零售业	**2567**	**197472**	**184140**	**2122546**	**2174112**	**142896676**	**139586953**
综合零售	821	67642	67549	1301599	1331584	89650614	88274276
食品、饮料及烟草制品专门零售	171	22393	20532	83868	80017	1263245	1182783
纺织、服装及日用品专门零售	183	18302	15640	81447	75743	2976264	2498485
文化、体育用品及器材专门零售	95	1811	2026	34788	35941	1286261	1243806
医药及医疗器材专门零售	845	63153	54944	309484	288047	9374974	7176471

1-2 续表 1

项　　目	连锁总店数（个）	门店数（个）		年末从业人员（人）		年末零售营业面积（平方米）	
	2017年	2017年	2016年	2017年	2016年	2017年	2016年
汽车、摩托车、燃料及零配件专门零售	217	15442	15121	133407	137771	24839748	24373522
家用电器及电子产品专门零售	208	7640	7327	166162	213712	12912462	14318771
五金、家具及室内装饰材料专门零售	17	383	310	7920	7514	469889	395361
货摊、无店铺及其他零售业	10	706	691	3871	3783	123219	123478
三、按业态分							
便利店	102	24060	22398	89922	92454	1907888	1784041
折扣店	3	448	460	1613	1684	193592	160601
超市	391	29881	32653	419779	454964	21128919	21391428
大型超市	168	6155	5968	469937	478027	35398107	34848891
仓储会员店	2	98	93	13174	12170	681161	671810
百货店	107	6148	6037	279207	269217	28429495	27680397
专业店	1646	125362	118205	847952	888850	77749891	76520567
其中：加油站	321	33321	33022	245111	253101	48419437	48003720
专卖店	369	31238	26193	173819	160419	4985815	4296554
家居建材商店	13	61	57	2590	2688	210034	211629
厂家直销中心	8	711	655	3979	3902	163857	156409
其他	62	11941	11093	47199	42902	2447431	2374253
直营门店合计		**156359**	**145568**	**2061329**	**2114084**	**162735061**	**159630645**
一、按登记注册类型分							
内资企业		138588	130616	1646157	1696914	128785032	127197854
国有企业		9848	10490	102635	106558	10081428	9851194
集体企业		389	401	6725	6831	461771	468131
股份合作企业		372	381	4198	4602	470527	552233
联营企业		196	191	1044	1063	27434	26389
国有联营企业		146	140	625	636	18267	17595
集体联营企业							
国有与集体联营企业		5	5	35	26	928	928
其他联营企业		45	46	384	401	8239	7866
有限责任公司		55781	51927	607842	603320	36825558	35380303
国有独资公司		2202	2252	18938	19387	2437863	2353301
其他有限责任公司		53579	49675	588904	583933	34387695	33027002
股份有限公司		35090	34123	598781	653477	66488785	67691395
私营企业		35577	32022	313141	310320	14020036	12839167
私营独资企业		441	457	3394	3688	107955	111304
私营合伙企业		131	113	1159	1099	112135	109320
私营有限责任公司		29239	26340	261335	251294	11712341	10815221
私营股份有限公司		5766	5112	47253	54239	2087605	1803322
其他企业		1335	1081	11791	10743	409493	389042
港、澳、台商投资企业		8878	7671	181399	179866	19036893	17537101
港澳台商合资经营企业		3898	3100	35700	33801	2175083	1937113
港澳台商合作经营企业		74	77	2625	2744	81837	82213
港、澳、台商独资经营企业		4094	3800	94671	99010	9964890	9387100
港、澳、台商投资股份有限公司		278	218	2435	2163	118215	44753
其他港、澳、台商投资企业		534	476	45968	42148	6696868	6085922
外商投资企业		8893	7281	233773	237304	14913136	14895690
中外合资经营企业		4500	4219	114002	120067	9192121	9296448
中外合作经营企业		410	272	8055	9076	461352	429668
外资企业		3792	2592	107890	104496	4812381	4727578
外商投资股份有限公司		187	185	3663	3365	443083	435083
其他外商投资企业		4	13	163	300	4199	6913

1-2 续表 2

项　　目	连锁总店数（个）	门店数（个）		年末从业人员（人）		年末零售营业面积（平方米）	
	2017年	2017年	2016年	2017年	2016年	2017年	2016年
二、按行业分							
批发业		**23751**	**24768**	**194945**	**201733**	**29377284**	**29383857**
农、林、牧产品批发		352	344	2177	1952	101175	103422
食品、饮料及烟草制品批发		1113	1151	18562	19653	194440	197432
纺织、服装及家庭用品批发		384	391	15610	15595	1544231	1511326
文化、体育用品及器材批发		453	462	16575	16866	798150	804101
医药及医疗器材批发		887	924	5083	5146	113773	113961
矿产品、建材及化工产品批发		19628	20522	128630	133401	25564367	25602235
机械设备、五金产品及电子产品批发		265	260	2146	1931	43219	41331
贸易经纪与代理							
其他批发业		669	714	6162	7189	1017929	1010049
零售业		**132608**	**120800**	**1866384**	**1912351**	**133357777**	**130246788**
综合零售		36521	36100	1119303	1145502	82506112	81149994
食品、饮料及烟草制品专门零售		10689	10239	56846	54730	779782	731159
纺织、服装及日用品专门零售		10263	8066	72164	63141	2430758	2058854
文化、体育用品及器材专门零售		1778	1994	34192	35342	1285660	1243465
医药及医疗器材专门零售		50263	41848	276774	254628	8188078	5999775
汽车、摩托车、燃料及零配件专门零售		15325	15011	132568	137128	24776161	24309880
家用电器及电子产品专门零售		7289	7107	165481	213142	12895350	14311080
五金、家具及室内装饰材料专门零售		266	232	7460	7202	405522	351703
货摊、无店铺及其他零售业		214	203	1596	1536	90354	90878
三、按业态分							
便利店		10313	10015	56455	57078	1100989	1050149
折扣店		269	279	1552	1627	148842	120601
超市		16489	16630	363933	388841	18986779	19043956
大型超市		4067	3892	398936	410509	31762511	31329547
仓储会员店		98	93	13174	12170	681161	671810
百货店		3437	3316	264833	254960	27887192	27135521
专业店		100613	93470	786889	827456	75847605	74580815
其中：加油站		33125	32829	243705	251464	48329995	47914168
专卖店		18317	15367	144210	129651	3958893	3381810
家居建材商店		61	57	2590	2688	210034	211629
厂家直销中心		348	292	3135	3060	95457	88009
其他		2347	2157	25622	26044	2055598	2016798
加盟门店总计		**79744**	**78244**	**287842**	**293193**	**10561129**	**10465935**
一、按登记注册类型分							
内资企业		75810	74494	206062	204663	6142481	6061686
国有企业		3500	3677	7580	7285	219572	209908
集体企业		350	380	2230	2378	48730	49040
股份合作企业		17	18	145	172	6485	6715
联营企业		42	51	114	115	3439	3968
国有联营企业		42	51	114	115	3439	3968
集体联营企业							
国有与集体联营企业							
其他联营企业							
有限责任公司		27202	28062	60548	61863	1914701	1937969
国有独资公司		3	5	16	16	260	380
其他有限责任公司		27199	28057	60532	61847	1914441	1937589
股份有限公司		15346	14294	48498	49030	1452017	1406997
私营企业		28119	26613	83064	79417	2416247	2359399
私营独资企业		367	496	678	771	20830	28238
私营合伙企业		365	342	4	3	25650	25650

1-2 续表 3

项　　目	连锁总店数（个）	门店数（个）		年末从业人员（人）		年末零售营业面积（平方米）	
	2017年	2017年	2016年	2017年	2016年	2017年	2016年
私营有限责任公司		24022	22088	71662	66868	2087218	1994634
私营股份有限公司		3365	3687	10720	11775	282549	310877
其他企业		1234	1399	3883	4403	81290	87690
港、澳、台商投资企业		2401	2071	67349	66677	3481587	3345245
港澳台商合资经营企业		359	242	1304	1072	62928	34652
港澳台商合作经营企业		165	159	60630	57550	3011200	2901700
港、澳、台商独资经营企业		1877	1670	5415	8055	407459	408893
港、澳、台商投资股份有限公司							
其他港、澳、台商投资企业							
外商投资企业		1533	1679	14431	21853	937061	1059004
中外合资经营企业		393	620	7659	12293	346432	491203
中外合作经营企业		24	18	5756	5349	423753	420691
外资企业		1116	1041	1016	4211	166876	147110
外商投资股份有限公司							
其他外商投资企业							
二、按行业分							
批发业		**14880**	**14904**	**31680**	**31432**	**1022230**	**1125770**
农、林、牧产品批发		4548	4667	9970	10105	286849	291786
食品、饮料及烟草制品批发		1290	1292	5931	5893	186643	241179
纺织、服装及家庭用品批发		561	553	2646	2590	94616	94606
文化、体育用品及器材批发		2	2	11	11	610	610
医药及医疗器材批发		1598	1469	3563	2892	106302	77397
矿产品、建材及化工产品批发		6831	6882	9499	9894	337946	411176
机械设备、五金产品及电子产品批发		50	39	60	47	9264	9016
贸易经纪与代理							
其他批发业							
零售业		**64864**	**63340**	**256162**	**261761**	**9538899**	**9340165**
综合零售		31121	31449	182296	186082	7144502	7124282
食品、饮料及烟草制品专门零售		11704	10293	27022	25287	483463	451624
纺织、服装及日用品专门零售		8039	7574	9283	12602	545506	439631
文化、体育用品及器材专门零售		33	32	596	599	601	341
医药及医疗器材专门零售		12890	13096	32710	33419	1186896	1176696
汽车、摩托车、燃料及零配件专门零售		117	110	839	643	63587	63642
家用电器及电子产品专门零售		351	220	681	570	17112	7691
五金、家具及室内装饰材料专门零售		117	78	460	312	64367	43658
货摊、无店铺及其他零售业		492	488	2275	2247	32865	32600
三、按业态分							
便利店		13747	12383	33467	35376	806899	733892
折扣店		179	181	61	57	44750	40000
超市		13392	16023	55846	66123	2142140	2347472
大型超市		2088	2076	71001	67518	3635596	3519344
仓储会员店							
百货店		2711	2721	14374	14257	542303	544876
专业店		24749	24735	61063	61394	1902286	1939752
其中：加油站		196	193	1406	1637	89442	89552
专卖店		12921	10826	29609	30768	1026922	914744
家居建材商店							
厂家直销中心		363	363	844	842	68400	68400
其他		9594	8936	21577	16858	391833	357455

1-3 连锁零售企业

项目	商品购进总额		统一配送商品购进额	
	2017年	2016年	2017年	2016年
总计	**305207949**	**293788658**	**237375585**	**227242425**
一、按登记注册类型分				
内资企业	251751851	240053405	201954566	191839381
国有企业	32123213	31394753	28715056	28037679
集体企业	875552	830400	144898	141211
股份合作企业	927538	1035722	842979	995969
联营企业	88085	77196	88085	77196
国有联营企业	60075	54026	60075	54026
集体联营企业				
国有与集体联营企业	805	812	805	812
其他联营企业	27205	22357	27205	22357
有限责任公司	71523207	67242884	58652118	55045529
国有独资公司	7032659	6831452	6784426	6577374
其他有限责任公司	64490547	60411431	51867692	48468155
股份有限公司	117637163	112940654	87761767	84101000
私营企业	28065400	26004364	25254276	22930700
私营独资企业	212456	299162	186058	221483
私营合伙企业	83103	83355	74427	75832
私营有限责任公司	24169082	22205139	21753766	19506513
私营股份有限公司	3600760	3416708	3240027	3126872
其他企业	511694	527433	495388	510098
港、澳、台商投资企业	23830331	23871089	18242627	18297156
港澳台商合资经营企业	3116968	2922318	1806784	1707950
港澳台商合作经营企业	4559873	4527567	4557118	4522510
港、澳、台商独资经营企业	10041774	10249359	7249336	7335234
港、澳、台商投资股份有限公司	153494	176023	132522	135640
其他港、澳、台商投资企业	5958222	5995823	4496866	4595822
外商投资企业	29625767	29864165	17178392	17105888
中外合资经营企业	14825215	15029184	9959220	9605134
中外合作经营企业	1022346	1547431	600325	990821
外资企业	13062590	12593197	6120978	6030287
外商投资股份有限公司	625983	584688	408236	369981
其他外商投资企业	89634	109665	89634	109665
二、按行业分				
批发业	**83975364**	**77636391**	**75250477**	**70192658**
农、林、牧产品批发	1962746	1747428	1921729	1698607
食品、饮料及烟草制品批发	6179219	6091034	5265965	5178317
纺织、服装及家庭用品批发	1616057	1631481	1074385	963796
文化、体育用品及器材批发	3619245	3679199	3609723	3669877
医药及医疗器材批发	685570	539988	409726	348704
矿产品、建材及化工产品批发	67202862	61234328	60368699	55669435
机械设备、五金产品及电子产品批发	1109913	864783	1025634	836217
贸易经纪与代理				
其他批发业	1599752	1848150	1574616	1827706
零售业	**221232585**	**216152267**	**162125108**	**157049767**
综合零售	113615421	113604315	76574669	76182273
食品、饮料及烟草制品专门零售	3495414	3188117	2816329	2619441
纺织、服装及日用品专门零售	3965936	3367981	2907671	2489158
文化、体育用品及器材专门零售	5753443	5573510	5463000	5170225
医药及医疗器材专门零售	13655634	12077622	12490137	11144426

经营情况

单位：万元

自有配送中心配送商品购进额		非自有配送中心配送商品购进额		商品销售总额		零售额	
2017年	2016年	2017年	2016年	2017年	2016年	2017年	2016年
139940422	**135618466**	**31744886**	**30471369**	**356290626**	**340030618**	**276171793**	**252933032**
122785883	117809520	24009036	23245840	293238244	277902826	220353262	197847240
12093025	11978809	5310094	5273918	38359086	36681346	23198521	22072228
116607	103178	14874	12453	850733	979154	551954	547299
830154	981637			1235035	1145565	939372	883409
15366	13922			104998	95039	100694	90616
				73674	66565	73674	66565
				973	932	973	932
15366	13922			30350	27542	26046	23120
33925136	32515188	7728706	6873800	83029041	77561934	61682479	58704874
3521932	3562306	71293	68057	7491019	7103476	3464069	3376438
30403205	28952883	7657413	6805743	75538022	70458458	58218411	55328436
63573112	60761564	9110720	8937131	137860279	133381077	106324087	90933835
12087614	11325031	1565718	1858440	31225696	27529684	27001544	24100738
107520	152944	24729	26294	246365	368284	233447	295438
51047	50906			91348	95962	91348	95962
9189549	8527965	1501130	1799753	26558271	22930560	23121879	20371417
2739498	2593217	39859	32393	4329712	4134879	3554870	3337920
144870	130190	278924	290098	573375	529027	554612	514243
7710600	8085345	4447541	4340946	26066245	26459666	23475405	23679315
1273774	1451640	343399	127276	3578023	3860447	3283277	3647909
11020	20958			4448063	4369366	4448063	4369366
4926629	4579203	973932	1515751	12504398	13081516	10208304	10542883
18134	18721	114389	116919	190479	226138	190479	196958
1481044	2014822	3015822	2581000	5345283	4922199	5345283	4922199
9443939	9723601	3288308	2884583	36986137	35668126	32343126	31406476
6095496	6071041	1496698	1116168	18797431	18188570	15761853	15373499
527350	875079	72975	115743	1152938	1575824	1152938	1500333
2517564	2475277	1524296	1475232	16181627	15094648	14641985	13785078
213895	192540	194340	177441	757243	701604	748401	690626
89634	109665			96898	107481	37948	56941
51866759	**48310534**	**5456953**	**5030828**	**94102734**	**87537712**	**51884910**	**47324479**
1879656	1669630	1468	3019	2054271	1857997	1953843	1708554
3145517	3136782	99704	97664	8486076	8109220	462701	544240
1035564	926470	6653	6418	2898389	2745018	1351136	1356210
3569380	3548198			3667900	3708045	1302238	1413277
311022	266623	13931	13074	780279	639552	242170	213254
39649108	36453494	5333870	4909343	72965004	67736732	44470273	40031766
858456	675875	1328	1310	1223591	928134	262219	482301
1418057	1633463			2027223	1813015	1840329	1574877
88073663	**87307932**	**26287932**	**25440541**	**262187893**	**252492906**	**224286883**	**205608553**
43935821	45303848	11901910	12108352	130703768	128185839	113971249	112042335
1799480	1658569	214638	160457	4883937	4428046	4088807	3696993
985054	929153	589492	568098	6925465	5701575	6562931	5319342
4787140	4524239	408156	390074	6155659	5879146	3151712	3049121
6071015	4986680	1796204	1653195	15885965	13639504	14262422	12479679

1-3 续表 1

项　　目	商品购进总额		统一配送商品购进额	
	2017年	2016年	2017年	2016年
汽车、摩托车、燃料及零配件专门零售	47035239	43546853	39067280	36347306
家用电器及电子产品专门零售	33105919	34270504	22241388	22590673
五金、家具及室内装饰材料专门零售	503988	440032	463520	423439
货摊、无店铺及其他零售业	101592	83334	101115	82825
三、按业态分				
便利店	3699881	3333479	3097734	2710964
折扣店	231542	260991	116269	136302
超市	31469816	30283982	26529035	25987480
大型超市	40490084	41674241	28556122	29314408
仓储会员店	2046688	2727589	263292	310548
百货店	30824194	30452396	14130547	13843945
专业店	176342048	166786092	151546340	142901627
其中：加油站	107754192	97581403	93747806	85538542
专卖店	15658087	14057251	9760370	8947255
家居建材商店	347340	313523	302646	291276
厂家直销中心	504334	548631	502866	542250
其他	3593936	3350483	2570363	2256370
直营门店合计	**290082678**	**279137448**	**223950119**	**214310415**
一、按登记注册类型分				
内资企业	242410607	231155724	194189974	184445458
国有企业	31655484	30918605	28351079	27657753
集体企业	805440	730061	133477	128653
股份合作企业	925721	1033922	841162	994170
联营企业	83024	72645	83024	72645
国有联营企业	55014	49475	55014	49475
集体联营企业				
国有与集体联营企业	805	812	805	812
其他联营企业	27205	22357	27205	22357
有限责任公司	68710156	64804222	56313072	53036575
国有独资公司	7030996	6829465	6782780	6575403
其他有限责任公司	61679160	57974757	49530292	46461171
股份有限公司	114257348	109334107	84984448	81024554
私营企业	25503271	23783250	23029788	21067809
私营独资企业	193604	251062	167306	175463
私营合伙企业	74850	76097	74427	75832
私营有限责任公司	22093649	20534677	19875246	18019547
私营股份有限公司	3141168	2921415	2912809	2796967
其他企业	470164	478913	453924	463299
港、澳、台商投资企业	18943217	19085760	13391827	13670045
港澳台商合资经营企业	3033323	2857308	1755321	1671904
港澳台商合作经营企业	250100	281294	247345	276238
港、澳、台商独资经营企业	9548079	9775312	6759773	6990441
港、澳、台商投资股份有限公司	153494	176023	132522	135640
其他港、澳、台商投资企业	5958222	5995823	4496866	4595822
外商投资企业	28728854	28895964	16368318	16194912
中外合资经营企业	14426190	14533803	9560195	9109753
中外合作经营企业	590164	1167853	254580	668180
外资企业	12996883	12499955	6055674	5937334
外商投资股份有限公司	625983	584688	408236	369981
其他外商投资企业	89634	109665	89634	109665

单位：万元

自有配送中心配送商品购进额		非自有配送中心配送商品购进额		商品销售总额		零售额	
2017年	2016年	2017年	2016年	2017年	2016年	2017年	2016年
16241119	15440378	9335939	8816968	60955431	56032548	47970498	44970695
13945444	14214482	1964974	1673150	35696506	37757366	33326664	23207765
248344	195765	60651	60934	857425	772873	845214	767908
60247	54818	15968	9315	123737	96009	107386	74715
1350594	1194680	872148	745090	4828894	4291570	4343396	3965680
116269	136302			266782	298119	266782	298119
17273989	17984409	3123285	3193089	35203131	32883576	29851628	28761037
14015307	14847907	6046942	6018200	44150676	45810271	39843708	41187372
				2304643	2581553	2240081	2581553
9422102	9292486	1701605	1721212	37780337	37146936	32350471	31652286
90183975	84975555	18710665	17192585	203927775	192685356	147392524	127265277
54674610	49752473	11182260	10019478	126282755	116033184	88484087	81361266
5960269	5401142	794539	773969	21526518	18712932	16369639	14230164
90385	65402	57736	59134	464594	440656	452885	435690
67679	60152	405225	450925	575807	600618	85966	75832
1459853	1660431	32740	317164	5261469	4579033	2974713	2480023
134207898	**129496495**	**30417472**	**28943824**	**339234068**	**324358824**	**261193083**	**239221159**
117979170	112696669	22823290	21767084	282225702	267965598	211371970	189825041
12041408	11687919	5255436	5211223	37783500	36134870	22806775	21709634
105537	91026	14874	12453	797950	914160	521078	516279
828337	979838			1233032	1143464	937369	881307
15366	13922			99961	90488	95656	86065
				68637	62014	68637	62014
				973	932	973	932
15366	13922			30350	27542	26046	23120
32124770	30955388	7423054	6590378	79696409	74584808	59074898	56274678
3520441	3560487	71137	67905	7489321	7101477	3462371	3374439
28604329	27394902	7351917	6522473	72207088	67483331	55612527	52900239
61800504	58700346	8549407	8340364	134070495	129798881	103200333	88145200
10925918	10145746	1334721	1361550	28023189	24822610	24233459	21748183
93324	111240	24679	25954	225944	315435	213025	242589
51047	50906			81847	87252	81847	87252
8313348	7661656	1287283	1315708	23915648	20896830	20845907	18605929
2468199	2321944	22759	19888	3799751	3523092	3092680	2812413
137330	122484	245799	251117	521166	476318	502402	463694
7444988	7937067	4435672	4332577	20963696	21732087	18415030	18996628
1242069	1423012	334424	121262	3477352	3766818	3188178	3562223
11020	20958			315967	343647	315967	343647
4692722	4459554	971037	1513396	11634616	12473284	9375124	9971601
18134	18721	114389	116919	190479	226138	190479	196958
1481044	2014822	3015822	2581000	5345283	4922199	5345283	4922199
8783739	8862759	3158509	2844163	36044671	34661140	31406083	30399490
5821405	5614391	1376159	1081312	18406670	17637842	15371092	14822771
181605	552437	72975	115743	677465	1203012	677465	1127522
2477200	2393726	1515036	1469668	16106395	15011202	14571177	13701631
213895	192540	194340	177441	757243	701604	748401	690626
89634	109665			96898	107481	37948	56941

1-3 续表 2

项　　目	商品购进总额		统一配送商品购进额	
	2017年	2016年	2017年	2016年
二、按行业分				
批发业	**81748623**	**75350625**	**73221292**	**68030819**
农、林、牧产品批发	1612155	1388702	1608879	1385332
食品、饮料及烟草制品批发	6114730	6026593	5208927	5121421
纺织、服装及家庭用品批发	1559871	1541171	1034949	900756
文化、体育用品及器材批发	3617837	3677831	3608314	3668509
医药及医疗器材批发	541704	491448	361958	312948
矿产品、建材及化工产品批发	65630925	59542996	58836278	54008981
机械设备、五金产品及电子产品批发	1071649	833733	987370	805167
贸易经纪与代理				
其他批发业	1599752	1848150	1574616	1827706
零售业	**208334055**	**203786823**	**150728827**	**146279596**
综合零售	103272818	103396977	67230593	67156655
食品、饮料及烟草制品专门零售	2692710	2520731	2311466	2181764
纺织、服装及日用品专门零售	3661638	3061698	2700865	2270324
文化、体育用品及器材专门零售	5751513	5571813	5461070	5168527
医药及医疗器材专门零售	12835745	11323298	11775583	10484910
汽车、摩托车、燃料及零配件专门零售	46641914	43269837	38674411	36070290
家用电器及电子产品专门零售	32899093	34141930	22037159	22463688
五金、家具及室内装饰材料专门零售	497758	436912	457290	420319
货摊、无店铺及其他零售业	80867	63628	80389	63119
三、按业态分				
便利店	2354062	2255152	1905611	1778118
折扣店	208289	199622	93015	74932
超市	28708103	27111986	24409493	23528964
大型超市	35552498	36854737	23749675	24592292
仓储会员店	2046688	2727589	263292	310548
百货店	30072179	29652553	13448471	13267005
专业店	173070730	163664846	148534344	140006860
其中：加油站	106785683	96726365	92779755	84683504
专卖店	14658838	13247788	9104432	8339801
家居建材商店	347340	313523	302646	291276
厂家直销中心	489665	533615	489665	530237
其他	2574286	2576037	1649475	1590382
加盟门店总计	**15125271**	**14651211**	**13425466**	**12932011**
一、按登记注册类型分				
内资企业	9341244	8897681	7764592	7393923
国有企业	467729	476148	363977	379926
集体企业	70112	100339	11420	12558
股份合作企业	1817	1800	1817	1800
联营企业	5061	4551	5061	4551
国有联营企业	5061	4551	5061	4551
集体联营企业				
国有与集体联营企业				
其他联营企业				
有限责任公司	2813051	2438662	2339046	2008954
国有独资公司	1664	1988	1646	1971
其他有限责任公司	2811387	2436674	2337399	2006984
股份有限公司	3379815	3606547	2777319	3076446
私营企业	2562129	2221114	2224488	1862890
私营独资企业	18851	48100	18751	46019
私营合伙企业	8252	7259		

单位：万元

自有配送中心配送商品购进额		非自有配送中心配送商品购进额		商品销售总额		零售额	
2017年	2016年	2017年	2016年	2017年	2016年	2017年	2016年
50165892	**46222245**	**5443326**	**5018392**	**91822244**	**85245048**	**50946226**	**46441316**
1604041	1384172		522	1739025	1502878	1689852	1439144
3098078	3088269	90455	89686	8435439	8060379	447810	532587
997184	863940	6653	6418	2825032	2637482	1277779	1248675
3567972	3546830			3666491	3706862	1300830	1412094
273270	238333	12950	12950	573642	538233	156543	153576
38356054	34794958	5331940	4907505	71372445	66089886	43971121	39601665
851237	672281	1328	1310	1182947	896312	261963	478700
1418057	1633463			2027223	1813015	1840329	1574877
84042006	**83274250**	**24974146**	**23925433**	**247411825**	**239113776**	**210246857**	**192779842**
40958249	42188855	10882549	10876977	119517428	117706234	103066068	101750933
1318803	1233661	204839	156959	3715048	3474768	3092960	2867694
858718	803140	573204	544104	6147800	5102738	5889744	4803760
4785220	4522541	408146	390074	6153763	5877455	3149816	3047434
5744528	4717308	1527876	1396954	14922249	12756826	13383851	11676193
16241119	15440378	9335939	8816968	60531544	55724837	47582539	44693679
13853364	14140476	1964974	1673150	35494262	37626039	33180712	23121530
242114	192645	60651	60934	831131	761502	818920	756536
39891	35245	15968	9315	98599	83377	82248	62083
817167	746022	538586	525235	3154722	2995923	2866998	2752651
93015	74932			241586	270207	241586	270207
15791522	16193267	2540934	2565656	32000475	29546798	26679352	25465437
13541940	14387471	6023635	6002792	39360459	41224375	35053491	36601476
				2304643	2581553	2240081	2581553
8907533	8898409	1642827	1663192	36945778	36269271	31568286	30837462
88136587	82856540	18401776	16894192	200401958	189327677	145132994	125280325
54038339	49174451	11182260	10019478	125278775	115147451	87730005	80700271
5407131	4899502	785710	766222	19768068	17422701	14885979	13080575
90385	65402	57736	59134	464594	440656	452885	435690
55946	49504	403757	449560	557592	583013	67768	58227
1366672	1325445	22511	17842	4034194	3696651	2003663	1857555
5732524	**6121971**	**1327414**	**1527544**	**17056558**	**15671794**	**14978709**	**13711873**
4806713	5112851	1185746	1478755	11012542	9937229	8981292	8022199
51617	290890	54658	62696	575586	546476	391746	362594
11070	12152			52783	64994	30876	31019
1817	1800			2003	2102	2003	2102
				5037	4551	5037	4551
				5037	4551	5037	4551
1800366	1559800	305652	283422	3332632	2977126	2607582	2430196
1490	1819	156	152	1698	1999	1698	1999
1798876	1557981	305496	283270	3330934	2975127	2605884	2428196
1772608	2061218	561314	596767	3789784	3582196	3123754	2788635
1161696	1179286	230997	496891	3202508	2707075	2768085	2352554
14196	41704	50	340	20422	52849	20422	52849
				9501	8710	9501	8710

1-3 续表 3

项　目	商品购进总额		统一配送商品购进额	
	2017年	2016年	2017年	2016年
私营有限责任公司	2075434	1670463	1878520	1486966
私营股份有限公司	459592	495293	327217	329905
其他企业	41531	48520	41464	46798
港、澳、台商投资企业	4887114	4785329	4850800	4627111
港澳台商合资经营企业	83645	65010	51463	36046
港澳台商合作经营企业	4309774	4246272	4309774	4246272
港、澳、台商独资经营企业	493695	474047	489564	344793
港、澳、台商投资股份有限公司				
其他港、澳、台商投资企业				
外商投资企业	896913	968201	810074	910976
中外合资经营企业	399024	495381	399024	495381
中外合作经营企业	432182	379579	345745	322642
外资企业	65707	93242	65304	92954
外商投资股份有限公司				
其他外商投资企业				
二、按行业分				
批发业	**2226741**	**2285767**	**2029185**	**2161839**
农、林、牧产品批发	350591	358726	312850	313274
食品、饮料及烟草制品批发	64489	64441	57038	56896
纺织、服装及家庭用品批发	56186	90310	39436	63040
文化、体育用品及器材批发	1408	1368	1408	1368
医药及医疗器材批发	143866	48540	47768	35756
矿产品、建材及化工产品批发	1571937	1691331	1532421	1660455
机械设备、五金产品及电子产品批发	38264	31050	38264	31050
贸易经纪与代理				
其他批发业				
零售业	**12898530**	**12365444**	**11396281**	**10770171**
综合零售	10342602	10207338	9344076	9025618
食品、饮料及烟草制品专门零售	802704	667386	504863	437677
纺织、服装及日用品专门零售	304298	306283	206807	218834
文化、体育用品及器材专门零售	1930	1698	1930	1698
医药及医疗器材专门零售	819890	754324	714553	659516
汽车、摩托车、燃料及零配件专门零售	393326	277016	392868	277016
家用电器及电子产品专门零售	206826	128574	204228	126986
五金、家具及室内装饰材料专门零售	6230	3120	6230	3120
货摊、无店铺及其他零售业	20725	19706	20725	19706
三、按业态分				
便利店	1345819	1078328	1192123	932847
折扣店	23254	61370	23254	61370
超市	2761713	3171996	2119542	2458516
大型超市	4937586	4819504	4806447	4722117
仓储会员店				
百货店	752015	799842	682076	576940
专业店	3271318	3121246	3011995	2894768
其中：加油站	968509	855038	968051	855038
专卖店	999249	809463	655938	607454
家居建材商店				
厂家直销中心	14669	15017	13201	12013
其他	1019650	774446	920889	665987

单位：万元

自有配送中心配送商品购进额		非自有配送中心配送商品购进额		商品销售总额		零售额	
2017年	2016年	2017年	2016年	2017年	2016年	2017年	2016年
876201	866309	213847	484046	2642623	2033730	2275971	1765488
271299	271273	17100	12505	529962	611786	462191	525507
7540	7706	33125	38981	52209	52709	52209	50549
265612	148278	11869	8369	5102550	4727580	5060375	4682688
31705	28628	8974	6014	100672	93629	95099	85687
				4132096	4025719	4132096	4025719
233907	119649	2895	2355	869782	608232	833180	571282
660200	860842	129799	40420	941466	1006986	937043	1006986
274091	456650	120539	34856	390761	550729	390761	550729
345745	322642			475473	372812	475473	372812
40364	81551	9260	5564	75232	83446	70809	83446
1700867	**2088289**	**13628**	**12436**	**2280490**	**2292664**	**938684**	**883163**
275615	285458	1468	2497	315246	355120	263992	269410
47439	48513	9249	7977	50637	48840	14891	11653
38380	62530			73358	107536	73358	107536
1408	1368			1408	1183	1408	1183
37751	28289	981	124	206637	101319	85628	59678
1293054	1658537	1930	1838	1592560	1646846	499152	430102
7219	3594			40644	31821	256	3601
4031658	**4033682**	**1313786**	**1515108**	**14776068**	**13379131**	**14040026**	**12828711**
2977572	3114993	1019361	1231375	11186340	10479606	10905181	10291402
480677	424908	9799	3498	1168889	953278	995847	829299
126336	126013	16289	23994	777664	598836	673188	515582
1920	1698	10		1896	1691	1896	1687
326487	269372	268328	256241	963716	882678	878571	803486
				423887	307711	387959	277016
92080	74005			202244	131327	145953	86235
6230	3120			26294	11371	26294	11371
20356	19573			25137	12633	25137	12633
533427	448658	333562	219855	1674172	1295648	1476398	1213029
23254	61370			25196	27912	25196	27912
1482468	1791141	582351	627434	3202657	3336778	3172276	3295600
473366	460437	23307	15408	4790217	4585896	4790217	4585896
514570	394077	58778	58020	834559	877665	782185	814824
2047389	2119015	308889	298393	3525817	3357680	2259531	1984952
636271	578022			1003979	885733	754082	660995
553138	501640	8829	7747	1758450	1290230	1483660	1149589
11733	10648	1468	1365	18215	17605	18198	17605
93181	334986	10230	299323	1227275	882382	971050	622468

1-4　按行业与登记注册类型分连锁零售企业基本情况

内资企业

项　　目	连锁总店数（个）	门店数（个）		年末从业人员（人）		年末零售营业面积（平方米）	
	2017年	2017年	2016年	2017年	2016年	2017年	2016年
总　　计	**2596**	**214398**	**205110**	**1852219**	**1901577**	**134927513**	**133259540**
批发业	**292**	**38175**	**39135**	**222326**	**227720**	**30084738**	**30195530**
农、林、牧产品批发	13	4900	5011	12147	12057	388024	395208
食品、饮料及烟草制品批发	45	2373	2411	24376	25428	379202	436716
纺织、服装及家庭用品批发	11	938	928	17357	17286	1636654	1604100
文化、体育用品及器材批发	11	447	456	16538	16829	798238	804189
医药及医疗器材批发	39	2485	2393	8646	8038	220075	191358
矿产品、建材及化工产品批发	160	26187	27146	136267	141432	25595614	25708852
机械设备、五金产品及电子产品批发	9	315	299	2206	1978	52483	50347
贸易经纪与代理							
其他批发业	4	530	491	4789	4672	1014448	1004760
零售业	**2304**	**176223**	**165975**	**1629893**	**1673857**	**104842775**	**103064010**
综合零售	679	57518	57997	898531	915142	57510545	57378558
食品、饮料及烟草制品专门零售	153	21046	19223	76398	72449	1148675	1072020
纺织、服装及日用品专门零售	130	12261	11619	41150	41724	1330809	1111262
文化、体育用品及器材专门零售	90	1768	1976	32227	33621	1092762	1063363
医药及医疗器材专门零售	839	62043	53937	302982	281766	9216792	7033832
汽车、摩托车、燃料及零配件专门零售	190	13096	13034	111855	114885	21498388	21022244
家用电器及电子产品专门零售	203	7461	7247	156806	204849	12660883	14074179
五金、家具及室内装饰材料专门零售	11	369	296	6579	6144	333128	257500
货摊、无店铺及其他零售业	9	661	646	3365	3277	50793	51052
直营门店合计		**138588**	**130616**	**1646157**	**1696914**	**128785032**	**127197854**
批发业		**23307**	**24243**	**190671**	**196313**	**29062758**	**29070010**
农、林、牧产品批发		352	344	2177	1952	101175	103422
食品、饮料及烟草制品批发		1095	1131	18470	19560	192809	195787
纺织、服装及家庭用品批发		377	375	14711	14696	1542038	1509494
文化、体育用品及器材批发		445	454	16527	16818	797628	803579
医药及医疗器材批发		887	924	5083	5146	113773	113961
矿产品、建材及化工产品批发		19356	20264	126768	131538	25257668	25297676
机械设备、五金产品及电子产品批发		265	260	2146	1931	43219	41331
贸易经纪与代理							
其他批发业		530	491	4789	4672	1014448	1004760

1-4 续表 1

内资企业

项目	连锁总店数（个）	门店数（个）		年末从业人员（人）		年末零售营业面积（平方米）	
	2017年	2017年	2016年	2017年	2016年	2017年	2016年
零售业		**115281**	**106373**	**1455486**	**1500601**	**99722274**	**98127844**
综合零售		28419	28556	795754	812309	54530559	54424937
食品、饮料及烟草制品专门零售		9621	9147	50113	47711	673841	626311
纺织、服装及日用品专门零售		5699	5414	32930	33382	1021956	890454
文化、体育用品及器材专门零售		1735	1944	31631	33022	1092161	1063022
医药及医疗器材专门零售		49297	40985	270708	248794	8038496	5865736
汽车、摩托车、燃料及零配件专门零售		12979	12924	111016	114242	21434801	20958602
家用电器及电子产品专门零售		7110	7027	156125	204279	12643771	14066488
五金、家具及室内装饰材料专门零售		252	218	6119	5832	268761	213842
货摊、无店铺及其他零售业		169	158	1090	1030	17928	18452
加盟门店合计		**75810**	**74494**	**206062**	**204663**	**6142481**	**6061686**
批发业		**14868**	**14892**	**31655**	**31407**	**1021980**	**1125520**
农、林、牧产品批发		4548	4667	9970	10105	286849	291786
食品、饮料及烟草制品批发		1278	1280	5906	5868	186393	240929
纺织、服装及家庭用品批发		561	553	2646	2590	94616	94606
文化、体育用品及器材批发		2	2	11	11	610	610
医药及医疗器材批发		1598	1469	3563	2892	106302	77397
矿产品、建材及化工产品批发		6831	6882	9499	9894	337946	411176
机械设备、五金产品及电子产品批发		50	39	60	47	9264	9016
贸易经纪与代理							
其他批发业							
零售业		**60942**	**59602**	**174407**	**173256**	**5120501**	**4936166**
综合零售		29099	29441	102777	102833	2979986	2953621
食品、饮料及烟草制品专门零售		11425	10076	26285	24738	474834	445709
纺织、服装及日用品专门零售		6562	6205	8220	8342	308853	220808
文化、体育用品及器材专门零售		33	32	596	599	601	341
医药及医疗器材专门零售		12746	12952	32274	32972	1178296	1168096
汽车、摩托车、燃料及零配件专门零售		117	110	839	643	63587	63642
家用电器及电子产品专门零售		351	220	681	570	17112	7691
五金、家具及室内装饰材料专门零售		117	78	460	312	64367	43658
货摊、无店铺及其他零售业		492	488	2275	2247	32865	32600

1-4 续表 2

国有企业

项目	连锁总店数（个）	门店数（个）		年末从业人员（人）		年末零售营业面积（平方米）	
	2017年	2017年	2016年	2017年	2016年	2017年	2016年
总计	**163**	**13348**	**14167**	**110215**	**113843**	**10301000**	**10061102**
批发业	**58**	**6255**	**7123**	**40056**	**42800**	**4883198**	**4878369**
农、林、牧产品批发	2	106	102	182	183	3316	2926
食品、饮料及烟草制品批发	20	202	203	11894	12667	89975	91877
纺织、服装及家庭用品批发							
文化、体育用品及器材批发	2	11	11	3192	3129	65296	65296
医药及医疗器材批发	2	53	54	186	203	4073	4138
矿产品、建材及化工产品批发	32	5883	6753	24602	26618	4720538	4714132
机械设备、五金产品及电子产品批发							
贸易经纪与代理							
其他批发业							
零售业	**105**	**7093**	**7044**	**70159**	**71043**	**5417802**	**5182733**
综合零售	13	2207	2273	20381	19984	708694	695017
食品、饮料及烟草制品专门零售	7	114	120	808	822	4631	4632
纺织、服装及日用品专门零售	2	205	205	2302	2335	47517	48755
文化、体育用品及器材专门零售	23	266	267	4804	4875	215770	192816
医药及医疗器材专门零售	13	1204	1111	4456	4072	130778	122389
汽车、摩托车、燃料及零配件专门零售	46	3083	3054	37368	38913	4309612	4118324
家用电器及电子产品专门零售							
五金、家具及室内装饰材料专门零售							
货摊、无店铺及其他零售业	1	14	14	40	42	800	800
直营门店合计		**9848**	**10490**	**102635**	**106558**	**10081428**	**9851194**
批发业		**4051**	**4772**	**38038**	**40574**	**4786073**	**4777804**
农、林、牧产品批发		106	102	182	183	3316	2926
食品、饮料及烟草制品批发		183	184	10316	11089	89975	91877
纺织、服装及家庭用品批发							
文化、体育用品及器材批发		11	11	3192	3129	65296	65296
医药及医疗器材批发		8	8	76	72	1148	1148
矿产品、建材及化工产品批发		3743	4467	24272	26101	4626338	4616557
机械设备、五金产品及电子产品批发							
贸易经纪与代理							
其他批发业							

1-4 续表 3

国有企业

项目	连锁总店数(个)	门店数(个)		年末从业人员(人)		年末零售营业面积(平方米)	
	2017年	2017年	2016年	2017年	2016年	2017年	2016年
零售业		**5797**	**5718**	**64597**	**65984**	**5295355**	**5073390**
综合零售		1430	1420	15840	15639	624193	619754
食品、饮料及烟草制品专门零售		114	120	808	822	4631	4632
纺织、服装及日用品专门零售		205	205	2302	2335	47517	48755
文化、体育用品及器材专门零售		265	266	4802	4873	215720	192766
医药及医疗器材专门零售		688	639	3493	3360	92984	88359
汽车、摩托车、燃料及零配件专门零售		3081	3054	37312	38913	4309510	4118324
家用电器及电子产品专门零售							
五金、家具及室内装饰材料专门零售							
货摊、无店铺及其他零售业		14	14	40	42	800	800
加盟门店合计		**3500**	**3677**	**7580**	**7285**	**219572**	**209908**
批发业		**2204**	**2351**	**2018**	**2226**	**97125**	**100565**
农、林、牧产品批发							
食品、饮料及烟草制品批发		19	19	1578	1578		
纺织、服装及家庭用品批发							
文化、体育用品及器材批发							
医药及医疗器材批发		45	46	110	131	2925	2990
矿产品、建材及化工产品批发		2140	2286	330	517	94200	97575
机械设备、五金产品及电子产品批发							
贸易经纪与代理							
其他批发业							
零售业		**1296**	**1326**	**5562**	**5059**	**122447**	**109343**
综合零售		777	853	4541	4345	84501	75263
食品、饮料及烟草制品专门零售							
纺织、服装及日用品专门零售							
文化、体育用品及器材专门零售		1	1	2	2	50	50
医药及医疗器材专门零售		516	472	963	712	37794	34030
汽车、摩托车、燃料及零配件专门零售		2		56		102	
家用电器及电子产品专门零售							
五金、家具及室内装饰材料专门零售							
货摊、无店铺及其他零售业							

1-4 续表 4

集体企业

项　目	连锁总店数（个）	门店数（个）		年末从业人员（人）		年末零售营业面积（平方米）	
	2017年	2017年	2016年	2017年	2016年	2017年	2016年
总　计	**19**	**739**	**781**	**8955**	**9209**	**510501**	**517171**
批发业	**2**	**189**	**222**	**352**	**414**	**6199**	**7289**
农、林、牧产品批发							
食品、饮料及烟草制品批发	1	108	141	222	284	2110	3200
纺织、服装及家庭用品批发							
文化、体育用品及器材批发							
医药及医疗器材批发							
矿产品、建材及化工产品批发	1	81	81	130	130	4089	4089
机械设备、五金产品及电子产品批发							
贸易经纪与代理							
其他批发业							
零售业	**17**	**550**	**559**	**8603**	**8795**	**504302**	**509882**
综合零售	11	437	439	7844	8026	494461	498930
食品、饮料及烟草制品专门零售	1	19	23	49	55	580	688
纺织、服装及日用品专门零售	1	7	7	163	148	1041	1041
文化、体育用品及器材专门零售	1	4	5	53	63	1103	1136
医药及医疗器材专门零售	3	83	85	494	503	7117	8087
汽车、摩托车、燃料及零配件专门零售							
家用电器及电子产品专门零售							
五金、家具及室内装饰材料专门零售							
货摊、无店铺及其他零售业							
直营门店合计		**389**	**401**	**6725**	**6831**	**461771**	**468131**
批发业		**119**	**122**	**242**	**258**	**5189**	**5969**
农、林、牧产品批发							
食品、饮料及烟草制品批发		38	41	112	128	1100	1880
纺织、服装及家庭用品批发							
文化、体育用品及器材批发							
医药及医疗器材批发							
矿产品、建材及化工产品批发		81	81	130	130	4089	4089
机械设备、五金产品及电子产品批发							
贸易经纪与代理							
其他批发业							

1-4 续表 5

集体企业

项目	连锁总店数（个）	门店数（个）		年末从业人员（人）		年末零售营业面积（平方米）	
	2017年	2017年	2016年	2017年	2016年	2017年	2016年
零售业		**270**	**279**	**6483**	**6573**	**456582**	**462162**
综合零售		177	179	5784	5864	448241	452710
食品、饮料及烟草制品专门零售		19	23	49	55	580	688
纺织、服装及日用品专门零售		7	7	163	148	1041	1041
文化、体育用品及器材专门零售		4	5	53	63	1103	1136
医药及医疗器材专门零售		63	65	434	443	5617	6587
汽车、摩托车、燃料及零配件专门零售							
家用电器及电子产品专门零售							
五金、家具及室内装饰材料专门零售							
货摊、无店铺及其他零售业							
加盟门店合计		**350**	**380**	**2230**	**2378**	**48730**	**49040**
批发业		**70**	**100**	**110**	**156**	**1010**	**1320**
农、林、牧产品批发							
食品、饮料及烟草制品批发		70	100	110	156	1010	1320
纺织、服装及家庭用品批发							
文化、体育用品及器材批发							
医药及医疗器材批发							
矿产品、建材及化工产品批发							
机械设备、五金产品及电子产品批发							
贸易经纪与代理							
其他批发业							
零售业		**280**	**280**	**2120**	**2222**	**47720**	**47720**
综合零售		260	260	2060	2162	46220	46220
食品、饮料及烟草制品专门零售							
纺织、服装及日用品专门零售							
文化、体育用品及器材专门零售							
医药及医疗器材专门零售		20	20	60	60	1500	1500
汽车、摩托车、燃料及零配件专门零售							
家用电器及电子产品专门零售							
五金、家具及室内装饰材料专门零售							
货摊、无店铺及其他零售业							

1-4 续表 6

股份合作企业

项目	连锁总店数(个)	门店数(个)		年末从业人员(人)		年末零售营业面积(平方米)	
	2017年	2017年	2016年	2017年	2016年	2017年	2016年
总 计	**9**	**389**	**399**	**4343**	**4774**	**477012**	**558948**
批发业	**2**	**31**	**32**	**219**	**221**	**7284**	**7284**
农、林、牧产品批发							
食品、饮料及烟草制品批发	1	2	3	63	69	160	160
纺织、服装及家庭用品批发							
文化、体育用品及器材批发							
医药及医疗器材批发							
矿产品、建材及化工产品批发	1	29	29	156	152	7124	7124
机械设备、五金产品及电子产品批发							
贸易经纪与代理							
其他批发业							
零售业	**7**	**358**	**367**	**4124**	**4553**	**469728**	**551664**
综合零售	4	135	147	2403	2146	451698	533634
食品、饮料及烟草制品专门零售							
纺织、服装及日用品专门零售	1	6	7	22	25	680	680
文化、体育用品及器材专门零售							
医药及医疗器材专门零售							
汽车、摩托车、燃料及零配件专门零售	2	217	213	1699	2382	17350	17350
家用电器及电子产品专门零售							
五金、家具及室内装饰材料专门零售							
货摊、无店铺及其他零售业							
直营门店合计		**372**	**381**	**4198**	**4602**	**470527**	**552233**
批发业		**31**	**32**	**219**	**221**	**7284**	**7284**
农、林、牧产品批发							
食品、饮料及烟草制品批发		2	3	63	69	160	160
纺织、服装及家庭用品批发							
文化、体育用品及器材批发							
医药及医疗器材批发							
矿产品、建材及化工产品批发		29	29	156	152	7124	7124
机械设备、五金产品及电子产品批发							
贸易经纪与代理							
其他批发业							

1-4 续表 7

股份合作企业

项目	连锁总店数（个）	门店数（个）		年末从业人员（人）		年末零售营业面积（平方米）	
	2017年	2017年	2016年	2017年	2016年	2017年	2016年
零售业		**341**	**349**	**3979**	**4381**	**463243**	**544949**
综合零售		118	129	2258	1974	445213	526919
食品、饮料及烟草制品专门零售							
纺织、服装及日用品专门零售		6	7	22	25	680	680
文化、体育用品及器材专门零售							
医药及医疗器材专门零售							
汽车、摩托车、燃料及零配件专门零售		217	213	1699	2382	17350	17350
家用电器及电子产品专门零售							
五金、家具及室内装饰材料专门零售							
货摊、无店铺及其他零售业							
加盟门店合计		**17**	**18**	**145**	**172**	**6485**	**6715**
批发业							
农、林、牧产品批发							
食品、饮料及烟草制品批发							
纺织、服装及家庭用品批发							
文化、体育用品及器材批发							
医药及医疗器材批发							
矿产品、建材及化工产品批发							
机械设备、五金产品及电子产品批发							
贸易经纪与代理							
其他批发业							
零售业		**17**	**18**	**145**	**172**	**6485**	**6715**
综合零售		17	18	145	172	6485	6715
食品、饮料及烟草制品专门零售							
纺织、服装及日用品专门零售							
文化、体育用品及器材专门零售							
医药及医疗器材专门零售							
汽车、摩托车、燃料及零配件专门零售							
家用电器及电子产品专门零售							
五金、家具及室内装饰材料专门零售							
货摊、无店铺及其他零售业							

1-4　续表 8

联营企业

项　　目	连锁总店数（个）	门店数（个）		年末从业人员（人）		年末零售营业面积（平方米）	
	2017年	2017年	2016年	2017年	2016年	2017年	2016年
总　计	**4**	**238**	**242**	**1158**	**1178**	**30873**	**30357**
批发业							
农、林、牧产品批发							
食品、饮料及烟草制品批发							
纺织、服装及家庭用品批发							
文化、体育用品及器材批发							
医药及医疗器材批发							
矿产品、建材及化工产品批发							
机械设备、五金产品及电子产品批发							
贸易经纪与代理							
其他批发业							
零售业	**4**	**238**	**242**	**1158**	**1178**	**30873**	**30357**
综合零售	1	17	18	165	203	5000	5000
食品、饮料及烟草制品专门零售							
纺织、服装及日用品专门零售							
文化、体育用品及器材专门零售							
医药及医疗器材专门零售	3	221	224	993	975	25873	25357
汽车、摩托车、燃料及零配件专门零售							
家用电器及电子产品专门零售							
五金、家具及室内装饰材料专门零售							
货摊、无店铺及其他零售业							
直营门店合计		**196**	**191**	**1044**	**1063**	**27434**	**26389**
批发业							
农、林、牧产品批发							
食品、饮料及烟草制品批发							
纺织、服装及家庭用品批发							
文化、体育用品及器材批发							
医药及医疗器材批发							
矿产品、建材及化工产品批发							
机械设备、五金产品及电子产品批发							
贸易经纪与代理							
其他批发业							

1-4 续表 9

联营企业

项　　目	连锁总店数（个）	门店数（个）		年末从业人员（人）		年末零售营业面积（平方米）	
	2017年	2017年	2016年	2017年	2016年	2017年	2016年
零售业		**196**	**191**	**1044**	**1063**	**27434**	**26389**
综合零售		17	18	165	203	5000	5000
食品、饮料及烟草制品专门零售							
纺织、服装及日用品专门零售							
文化、体育用品及器材专门零售							
医药及医疗器材专门零售		179	173	879	860	22434	21389
汽车、摩托车、燃料及零配件专门零售							
家用电器及电子产品专门零售							
五金、家具及室内装饰材料专门零售							
货摊、无店铺及其他零售业							
加盟门店合计		**42**	**51**	**114**	**115**	**3439**	**3968**
批发业							
农、林、牧产品批发							
食品、饮料及烟草制品批发							
纺织、服装及家庭用品批发							
文化、体育用品及器材批发							
医药及医疗器材批发							
矿产品、建材及化工产品批发							
机械设备、五金产品及电子产品批发							
贸易经纪与代理							
其他批发业							
零售业		**42**	**51**	**114**	**115**	**3439**	**3968**
综合零售							
食品、饮料及烟草制品专门零售							
纺织、服装及日用品专门零售							
文化、体育用品及器材专门零售							
医药及医疗器材专门零售		42	51	114	115	3439	3968
汽车、摩托车、燃料及零配件专门零售							
家用电器及电子产品专门零售							
五金、家具及室内装饰材料专门零售							
货摊、无店铺及其他零售业							

1-4 续表 10

有限责任公司

项 目	连锁总店数(个)	门店数(个)		年末从业人员(人)		年末零售营业面积(平方米)	
	2017年	2017年	2016年	2017年	2016年	2017年	2016年
总 计	**1124**	**82983**	**79989**	**668390**	**665183**	**38740259**	**37318272**
批发业	**93**	**8008**	**7990**	**44879**	**45765**	**3794675**	**3612832**
农、林、牧产品批发	3	603	603	1737	1735	139620	139620
食品、饮料及烟草制品批发	13	698	722	6199	6414	32263	31929
纺织、服装及家庭用品批发	5	244	233	3112	2897	50327	46327
文化、体育用品及器材批发	6	282	315	7188	7590	356554	364914
医药及医疗器材批发	22	1143	1071	4328	3969	119670	99973
矿产品、建材及化工产品批发	39	4986	4992	21706	22688	3081168	2914606
机械设备、五金产品及电子产品批发	4	49	51	587	450	14923	15313
贸易经纪与代理							
其他批发业	1	3	3	22	22	150	150
零售业	**1031**	**74975**	**71999**	**623511**	**619418**	**34945584**	**33705440**
综合零售	298	22539	24233	326376	335243	19514500	19983114
食品、饮料及烟草制品专门零售	74	7667	7368	33429	32061	499974	469384
纺织、服装及日用品专门零售	67	8020	7555	22865	22682	665901	592996
文化、体育用品及器材专门零售	35	930	1141	15577	16641	601776	609360
医药及医疗器材专门零售	402	31684	27673	160009	144980	5568291	3798793
汽车、摩托车、燃料及零配件专门零售	36	1559	1533	14751	13843	3010554	2918506
家用电器及电子产品专门零售	109	2421	2362	48816	52440	5007040	5263151
五金、家具及室内装饰材料专门零售	6	87	76	1148	1050	69468	61467
货摊、无店铺及其他零售业	4	68	58	540	478	8080	8669
直营门店合计		**55781**	**51927**	**607842**	**603320**	**36825558**	**35380303**
批发业		**4210**	**4379**	**36631**	**37800**	**3454131**	**3227297**
农、林、牧产品批发		47	47	337	337	65680	65680
食品、饮料及烟草制品批发		676	704	6133	6360	31383	31389
纺织、服装及家庭用品批发		244	233	3112	2897	50327	46327
文化、体育用品及器材批发		280	313	7177	7579	355944	364304
医药及医疗器材批发		488	466	2665	2682	70867	70824
矿产品、建材及化工产品批发		2439	2582	16648	17513	2865307	2633890
机械设备、五金产品及电子产品批发		33	31	537	410	14473	14733
贸易经纪与代理							
其他批发业		3	3	22	22	150	150

1-4 续表 11

有限责任公司

项目	连锁总店数（个）	门店数（个）		年末从业人员（人）		年末零售营业面积（平方米）	
	2017年	2017年	2016年	2017年	2016年	2017年	2016年
零售业		**51571**	**47548**	**571211**	**565520**	**33371427**	**32153006**
综合零售		13204	13659	301222	308333	18639088	19088637
食品、饮料及烟草制品专门零售		4752	4645	24895	24365	341694	320940
纺织、服装及日用品专门零售		2834	2564	18312	18184	495562	464108
文化、体育用品及器材专门零售		928	1139	15573	16637	601486	609070
医药及医疗器材专门零售		25735	21518	146200	130279	5203871	3420253
汽车、摩托车、燃料及零配件专门零售		1552	1533	14628	13843	3009554	2918506
家用电器及电子产品专门零售		2412	2357	48694	52352	5002924	5261656
五金、家具及室内装饰材料专门零售		87	76	1148	1050	69468	61467
货摊、无店铺及其他零售业		67	57	539	477	7780	8369
加盟门店合计		**27202**	**28062**	**60548**	**61863**	**1914701**	**1937969**
批发业		**3798**	**3611**	**8248**	**7965**	**340544**	**385535**
农、林、牧产品批发		556	556	1400	1398	73940	73940
食品、饮料及烟草制品批发		22	18	66	54	880	540
纺织、服装及家庭用品批发							
文化、体育用品及器材批发		2	2	11	11	610	610
医药及医疗器材批发		655	605	1663	1287	48803	29149
矿产品、建材及化工产品批发		2547	2410	5058	5175	215861	280716
机械设备、五金产品及电子产品批发		16	20	50	40	450	580
贸易经纪与代理							
其他批发业							
零售业		**23404**	**24451**	**52300**	**53898**	**1574157**	**1552434**
综合零售		9335	10574	25154	26910	875412	894477
食品、饮料及烟草制品专门零售		2915	2723	8534	7696	158280	148444
纺织、服装及日用品专门零售		5186	4991	4553	4498	170339	128888
文化、体育用品及器材专门零售		2	2	4	4	290	290
医药及医疗器材专门零售		5949	6155	13809	14701	364420	378540
汽车、摩托车、燃料及零配件专门零售		7		123		1000	
家用电器及电子产品专门零售		9	5	122	88	4116	1495
五金、家具及室内装饰材料专门零售							
货摊、无店铺及其他零售业		1	1	1	1	300	300

1-4 续表 12

股份有限公司

项目	连锁总店数(个) 2017年	门店数(个) 2017年	门店数(个) 2016年	年末从业人员(人) 2017年	年末从业人员(人) 2016年	年末零售营业面积(平方米) 2017年	年末零售营业面积(平方米) 2016年
总　计	**279**	**50436**	**48417**	**647279**	**702507**	**67940802**	**69098392**
批发业	**83**	**19038**	**18993**	**120797**	**122466**	**20845209**	**21079545**
农、林、牧产品批发	1	2988	2970	8765	8549	166530	165210
食品、饮料及烟草制品批发	1	4	4	52	53	196	196
纺织、服装及家庭用品批发	1	585	581	11814	11850	1579479	1550788
文化、体育用品及器材批发	2	152	128	6125	6076	375768	373359
医药及医疗器材批发	1	86	86	1024	891	11525	9346
矿产品、建材及化工产品批发	76	14735	14738	88296	90414	17699167	17976290
机械设备、五金产品及电子产品批发							
贸易经纪与代理							
其他批发业	1	488	486	4721	4633	1012544	1004356
零售业	**196**	**31398**	**29424**	**526482**	**580041**	**47095593**	**48018847**
综合零售	62	10811	10703	341243	350335	26751032	26629055
食品、饮料及烟草制品专门零售	6	5104	3818	11483	10705	172546	144072
纺织、服装及日用品专门零售	3	39	39	371	387	10270	10505
文化、体育用品及器材专门零售	5	347	344	8906	9065	158342	146012
医药及医疗器材专门零售	23	3341	2776	18167	17044	362062	330072
汽车、摩托车、燃料及零配件专门零售	86	8081	8087	56546	58284	13981016	13798623
家用电器及电子产品专门零售	10	3429	3475	85100	130019	5425748	6808303
五金、家具及室内装饰材料专门零售	1	246	182	4666	4202	234577	152205
货摊、无店铺及其他零售业							
直营门店合计		**35090**	**34123**	**598781**	**653477**	**66488785**	**67691395**
批发业		**13676**	**13636**	**107293**	**108938**	**20574168**	**20808889**
农、林、牧产品批发		73	62	1316	1118	6205	5270
食品、饮料及烟草制品批发		4	4	52	53	196	196
纺织、服装及家庭用品批发		54	50	9338	9332	1484963	1456272
文化、体育用品及器材批发		152	128	6125	6076	375768	373359
医药及医疗器材批发		86	86	1024	891	11525	9346
矿产品、建材及化工产品批发		12819	12820	84717	86835	17682967	17960090
机械设备、五金产品及电子产品批发							
贸易经纪与代理							
其他批发业		488	486	4721	4633	1012544	1004356

1-4 续表 13

股份有限公司

项　　目	连锁总店数（个）	门店数（个）		年末从业人员（人）		年末零售营业面积（平方米）	
	2017年	2017年	2016年	2017年	2016年	2017年	2016年
零售业		**21414**	**20487**	**491488**	**544539**	**45914617**	**46882506**
综合零售		6373	6159	319804	327555	25883401	25769043
食品、饮料及烟草制品专门零售		510	331	1698	1595	36093	25194
纺织、服装及日用品专门零售		39	39	371	387	10270	10505
文化、体育用品及器材专门零售		318	315	8318	8472	158341	146011
医药及医疗器材专门零售		2651	2108	16148	15167	312257	280237
汽车、摩托车、燃料及零配件专门零售		7973	7977	55886	57641	13918531	13734981
家用电器及电子产品专门零售		3421	3454	85057	129832	5425514	6807988
五金、家具及室内装饰材料专门零售		129	104	4206	3890	170210	108547
货摊、无店铺及其他零售业							
加盟门店合计		**15346**	**14294**	**48498**	**49030**	**1452017**	**1406997**
批发业		**5362**	**5357**	**13504**	**13528**	**271041**	**270656**
农、林、牧产品批发		2915	2908	7449	7431	160325	159940
食品、饮料及烟草制品批发							
纺织、服装及家庭用品批发		531	531	2476	2518	94516	94516
文化、体育用品及器材批发							
医药及医疗器材批发							
矿产品、建材及化工产品批发		1916	1918	3579	3579	16200	16200
机械设备、五金产品及电子产品批发							
贸易经纪与代理							
其他批发业							
零售业		**9984**	**8937**	**34994**	**35502**	**1180976**	**1136341**
综合零售		4438	4544	21439	22780	867631	860012
食品、饮料及烟草制品专门零售		4594	3487	9785	9110	136453	118878
纺织、服装及日用品专门零售							
文化、体育用品及器材专门零售		29	29	588	593	1	1
医药及医疗器材专门零售		690	668	2019	1877	49805	49835
汽车、摩托车、燃料及零配件专门零售		108	110	660	643	62485	63642
家用电器及电子产品专门零售		8	21	43	187	234	315
五金、家具及室内装饰材料专门零售		117	78	460	312	64367	43658
货摊、无店铺及其他零售业							

1-4 续表 14

私营企业

项 目	连锁总店数（个）	门店数（个）		年末从业人员（人）		年末零售营业面积（平方米）	
	2017年	2017年	2016年	2017年	2016年	2017年	2016年
总　计	**975**	**63696**	**58635**	**396205**	**389737**	**16436283**	**15198566**
批发业	**52**	**4339**	**4378**	**15320**	**15214**	**525163**	**585231**
农、林、牧产品批发	7	1203	1336	1463	1590	78558	87452
食品、饮料及烟草制品批发	9	1359	1338	5946	5941	254498	309354
纺织、服装及家庭用品批发	5	109	114	2431	2539	6848	6985
文化、体育用品及器材批发	1	2	2	33	34	620	620
医药及医疗器材批发	12	888	785	2405	2135	61797	52921
矿产品、建材及化工产品批发	11	473	553	1377	1430	83528	92611
机械设备、五金产品及电子产品批发	5	266	248	1619	1528	37560	35034
贸易经纪与代理							
其他批发业	2	39	2	46	17	1754	254
零售业	**923**	**59357**	**54257**	**380885**	**374523**	**15911120**	**14613335**
综合零售	285	20826	19661	193705	192700	9336324	8780909
食品、饮料及烟草制品专门零售	63	7871	7628	29671	27844	459469	441774
纺织、服装及日用品专门零售	55	3980	3802	15407	16127	601600	453485
文化、体育用品及器材专门零售	24	194	193	2538	2639	106411	104181
医药及医疗器材专门零售	385	24123	20823	112087	108085	2980625	2627665
汽车、摩托车、燃料及零配件专门零售	20	156	147	1491	1463	179856	169441
家用电器及电子产品专门零售	83	1592	1391	22436	22016	2175839	1950469
五金、家具及室内装饰材料专门零售	4	36	38	765	892	29083	43828
货摊、无店铺及其他零售业	4	579	574	2785	2757	41913	41583
直营门店合计		**35577**	**32022**	**313141**	**310320**	**14020036**	**12839167**
批发业		**1205**	**1288**	**8115**	**8386**	**230718**	**237692**
农、林、牧产品批发		126	133	342	314	25974	29546
食品、饮料及烟草制品批发		192	195	1794	1861	69995	70285
纺织、服装及家庭用品批发		79	92	2261	2467	6748	6895
文化、体育用品及器材批发		2	2	33	34	620	620
医药及医疗器材批发		290	350	1185	1365	25038	27568
矿产品、建材及化工产品批发		245	285	845	807	71843	75926
机械设备、五金产品及电子产品批发		232	229	1609	1521	28746	26598
贸易经纪与代理							
其他批发业		39	2	46	17	1754	254

1-4 续表 15

私营企业

项 目	连锁总店数（个）	门店数（个）		年末从业人员（人）		年末零售营业面积（平方米）	
	2017年	2017年	2016年	2017年	2016年	2017年	2016年
零售业		**34372**	**30734**	**305026**	**301934**	**13789318**	**12601475**
综合零售		6853	6768	145451	147417	8251632	7724940
食品、饮料及烟草制品专门零售		3955	3822	21705	20152	279368	267137
纺织、服装及日用品专门零售		2604	2588	11740	12283	463086	361565
文化、体育用品及器材专门零售		193	193	2536	2639	106151	104181
医药及医疗器材专门零售		19229	15894	98907	94856	2307717	1976512
汽车、摩托车、燃料及零配件专门零售		156	147	1491	1463	179856	169441
家用电器及电子产品专门零售		1258	1197	21920	21721	2163077	1944588
五金、家具及室内装饰材料专门零售		36	38	765	892	29083	43828
货摊、无店铺及其他零售业		88	87	511	511	9348	9283
加盟门店合计		**28119**	**26613**	**83064**	**79417**	**2416247**	**2359399**
批发业		**3134**	**3090**	**7205**	**6828**	**294445**	**347539**
农、林、牧产品批发		1077	1203	1121	1276	52584	57906
食品、饮料及烟草制品批发		1167	1143	4152	4080	184503	239069
纺织、服装及家庭用品批发		30	22	170	72	100	90
文化、体育用品及器材批发							
医药及医疗器材批发		598	435	1220	770	36759	25353
矿产品、建材及化工产品批发		228	268	532	623	11685	16685
机械设备、五金产品及电子产品批发		34	19	10	7	8814	8436
贸易经纪与代理							
其他批发业							
零售业		**24985**	**23523**	**75859**	**72589**	**2121802**	**2011860**
综合零售		13973	12893	48254	45283	1084692	1055969
食品、饮料及烟草制品专门零售		3916	3806	7966	7692	180101	174637
纺织、服装及日用品专门零售		1376	1214	3667	3844	138514	91920
文化、体育用品及器材专门零售		1		2		260	
医药及医疗器材专门零售		4894	4929	13180	13229	672908	651153
汽车、摩托车、燃料及零配件专门零售							
家用电器及电子产品专门零售		334	194	516	295	12762	5881
五金、家具及室内装饰材料专门零售							
货摊、无店铺及其他零售业		491	487	2274	2246	32565	32300

1-4 续表 16

其他企业

项目	连锁总店数（个）	门店数（个）		年末从业人员（人）		年末零售营业面积（平方米）	
	2017年	2017年	2016年	2017年	2016年	2017年	2016年
总　计	**23**	**2569**	**2480**	**15674**	**15146**	**490783**	**476732**
批发业	**2**	**315**	**397**	**703**	**840**	**23010**	**24980**
农、林、牧产品批发							
食品、饮料及烟草制品批发							
纺织、服装及家庭用品批发							
文化、体育用品及器材批发							
医药及医疗器材批发	2	315	397	703	840	23010	24980
矿产品、建材及化工产品批发							
机械设备、五金产品及电子产品批发							
贸易经纪与代理							
其他批发业							
零售业	**21**	**2254**	**2083**	**14971**	**14306**	**467773**	**451752**
综合零售	5	546	523	6414	6505	248836	252899
食品、饮料及烟草制品专门零售	2	271	266	958	962	11475	11470
纺织、服装及日用品专门零售	1	4	4	20	20	3800	3800
文化、体育用品及器材专门零售	2	27	26	349	338	9360	9858
医药及医疗器材专门零售	10	1387	1245	6776	6107	142046	121469
汽车、摩托车、燃料及零配件专门零售							
家用电器及电子产品专门零售	1	19	19	454	374	52256	52256
五金、家具及室内装饰材料专门零售							
货摊、无店铺及其他零售业							
直营门店合计		**1335**	**1081**	**11791**	**10743**	**409493**	**389042**
批发业		**15**	**14**	**133**	**136**	**5195**	**5075**
农、林、牧产品批发							
食品、饮料及烟草制品批发							
纺织、服装及家庭用品批发							
文化、体育用品及器材批发							
医药及医疗器材批发		15	14	133	136	5195	5075
矿产品、建材及化工产品批发							
机械设备、五金产品及电子产品批发							
贸易经纪与代理							
其他批发业							

1-4 续表 17

其他企业

项目	连锁总店数（个）	门店数（个）		年末从业人员（人）		年末零售营业面积（平方米）	
	2017年	2017年	2016年	2017年	2016年	2017年	2016年
零售业		**1320**	**1067**	**11658**	**10607**	**404298**	**383967**
综合零售		247	224	5230	5324	233791	237934
食品、饮料及烟草制品专门零售		271	206	958	722	11475	7720
纺织、服装及日用品专门零售		4	4	20	20	3800	3800
文化、体育用品及器材专门零售		27	26	349	338	9360	9858
医药及医疗器材专门零售		752	588	4647	3829	93616	72399
汽车、摩托车、燃料及零配件专门零售							
家用电器及电子产品专门零售		19	19	454	374	52256	52256
五金、家具及室内装饰材料专门零售							
货摊、无店铺及其他零售业							
加盟门店合计		**1234**	**1399**	**3883**	**4403**	**81290**	**87690**
批发业		**300**	**383**	**570**	**704**	**17815**	**19905**
农、林、牧产品批发							
食品、饮料及烟草制品批发							
纺织、服装及家庭用品批发							
文化、体育用品及器材批发							
医药及医疗器材批发		300	383	570	704	17815	19905
矿产品、建材及化工产品批发							
机械设备、五金产品及电子产品批发							
贸易经纪与代理							
其他批发业							
零售业		**934**	**1016**	**3313**	**3699**	**63475**	**67785**
综合零售		299	299	1184	1181	15045	14965
食品、饮料及烟草制品专门零售			60		240		3750
纺织、服装及日用品专门零售							
文化、体育用品及器材专门零售							
医药及医疗器材专门零售		635	657	2129	2278	48430	49070
汽车、摩托车、燃料及零配件专门零售							
家用电器及电子产品专门零售							
五金、家具及室内装饰材料专门零售							
货摊、无店铺及其他零售业							

1-4 续表 18

港澳台商投资企业

项 目	连锁总店数（个）	门店数（个）		年末从业人员（人）		年末零售营业面积（平方米）	
	2017年	2017年	2016年	2017年	2016年	2017年	2016年
总 计	**125**	**11279**	**9742**	**248748**	**246543**	**22518480**	**20882346**
批发业	**7**	**175**	**261**	**1748**	**2918**	**12949**	**14771**
农、林、牧产品批发							
食品、饮料及烟草制品批发	2	14	16	77	78	1446	1460
纺织、服装及家庭用品批发							
文化、体育用品及器材批发	1	8	8	48	48	522	522
医药及医疗器材批发							
矿产品、建材及化工产品批发	1	14	14	250	275	7500	7500
机械设备、五金产品及电子产品批发							
贸易经纪与代理							
其他批发业	3	139	223	1373	2517	3481	5289
零售业	**118**	**11104**	**9481**	**247000**	**243625**	**22505531**	**20867575**
综合零售	61	6327	5865	216839	217708	21444867	20041113
食品、饮料及烟草制品专门零售	14	882	832	5049	5105	51064	48592
纺织、服装及日用品专门零售	34	2773	1765	18296	14218	826154	609967
文化、体育用品及器材专门零售	1	3	3	55	53	1200	1200
医药及医疗器材专门零售	6	1110	1007	6502	6281	158182	142639
汽车、摩托车、燃料及零配件专门零售	1	4	4	119	123	500	500
家用电器及电子产品专门零售							
五金、家具及室内装饰材料专门零售	1	5	5	140	137	23564	23564
货摊、无店铺及其他零售业							
直营门店合计		**8878**	**7671**	**181399**	**179866**	**19036893**	**17537101**
批发业		**175**	**261**	**1748**	**2918**	**12949**	**14771**
农、林、牧产品批发							
食品、饮料及烟草制品批发		14	16	77	78	1446	1460
纺织、服装及家庭用品批发							
文化、体育用品及器材批发		8	8	48	48	522	522
医药及医疗器材批发							
矿产品、建材及化工产品批发		14	14	250	275	7500	7500
机械设备、五金产品及电子产品批发							
贸易经纪与代理							
其他批发业		139	223	1373	2517	3481	5289

1-4 续表 19

港澳台商投资企业

项　　目	连锁总店数（个）	门店数（个）		年末从业人员（人）		年末零售营业面积（平方米）	
	2017年	2017年	2016年	2017年	2016年	2017年	2016年
零售业		**8703**	**7410**	**179651**	**176948**	**19023944**	**17522330**
综合零售		4976	4710	151113	152242	18100031	16826648
食品、饮料及烟草制品专门零售		615	629	4356	4610	43314	43592
纺织、服装及日用品专门零售		2134	1196	17802	13949	705753	492787
文化、体育用品及器材专门零售		3	3	55	53	1200	1200
医药及医疗器材专门零售		966	863	6066	5834	149582	134039
汽车、摩托车、燃料及零配件专门零售		4	4	119	123	500	500
家用电器及电子产品专门零售							
五金、家具及室内装饰材料专门零售		5	5	140	137	23564	23564
货摊、无店铺及其他零售业							
加盟门店合计		**2401**	**2071**	**67349**	**66677**	**3481587**	**3345245**
批发业							
农、林、牧产品批发							
食品、饮料及烟草制品批发							
纺织、服装及家庭用品批发							
文化、体育用品及器材批发							
医药及医疗器材批发							
矿产品、建材及化工产品批发							
机械设备、五金产品及电子产品批发							
贸易经纪与代理							
其他批发业							
零售业		**2401**	**2071**	**67349**	**66677**	**3481587**	**3345245**
综合零售		1351	1155	65726	65466	3344836	3214465
食品、饮料及烟草制品专门零售		267	203	693	495	7750	5000
纺织、服装及日用品专门零售		639	569	494	269	120401	117180
文化、体育用品及器材专门零售							
医药及医疗器材专门零售		144	144	436	447	8600	8600
汽车、摩托车、燃料及零配件专门零售							
家用电器及电子产品专门零售							
五金、家具及室内装饰材料专门零售							
货摊、无店铺及其他零售业							

1-4 续表 20

外商投资企业

项目	连锁总店数（个）	门店数（个）		年末从业人员（人）		年末零售营业面积（平方米）	
	2017年	2017年	2016年	2017年	2016年	2017年	2016年
总　计	**150**	**10426**	**8960**	**248204**	**259157**	**15850197**	**15954694**
批发业	**5**	**281**	**276**	**2551**	**2527**	**301827**	**299326**
农、林、牧产品批发							
食品、饮料及烟草制品批发	1	16	16	40	40	435	435
纺织、服装及家庭用品批发	1	7	16	899	899	2193	1832
文化、体育用品及器材批发							
医药及医疗器材批发							
矿产品、建材及化工产品批发	3	258	244	1612	1588	299199	297059
机械设备、五金产品及电子产品批发							
贸易经纪与代理							
其他批发业							
零售业	**145**	**10145**	**8684**	**245653**	**256630**	**15548370**	**15655368**
综合零售	81	3797	3687	186229	198734	10695202	10854605
食品、饮料及烟草制品专门零售	4	465	477	2421	2463	63506	62171
纺织、服装及日用品专门零售	19	3268	2256	22001	19801	819301	777256
文化、体育用品及器材专门零售	4	40	47	2506	2267	192299	179243
医药及医疗器材专门零售							
汽车、摩托车、燃料及零配件专门零售	26	2342	2083	21433	22763	3340860	3350778
家用电器及电子产品专门零售	5	179	80	9356	8863	251579	244592
五金、家具及室内装饰材料专门零售	5	9	9	1201	1233	113197	114297
货摊、无店铺及其他零售业	1	45	45	506	506	72426	72426
直营门店合计		**8893**	**7281**	**233773**	**237304**	**14913136**	**14895690**
批发业		**269**	**264**	**2526**	**2502**	**301577**	**299076**
农、林、牧产品批发							
食品、饮料及烟草制品批发		4	4	15	15	185	185
纺织、服装及家庭用品批发		7	16	899	899	2193	1832
文化、体育用品及器材批发							
医药及医疗器材批发							
矿产品、建材及化工产品批发		258	244	1612	1588	299199	297059
机械设备、五金产品及电子产品批发							
贸易经纪与代理							
其他批发业							

1-4 续表 21

外商投资企业

项目	连锁总店数（个）	门店数（个）		年末从业人员（人）		年末零售营业面积（平方米）	
	2017年	2017年	2016年	2017年	2016年	2017年	2016年
零售业		**8624**	**7017**	**231247**	**234802**	**14611559**	**14596614**
综合零售		3126	2834	172436	180951	9875522	9898409
食品、饮料及烟草制品专门零售		453	463	2377	2409	62627	61256
纺织、服装及日用品专门零售		2430	1456	21432	15810	703049	675613
文化、体育用品及器材专门零售		40	47	2506	2267	192299	179243
医药及医疗器材专门零售							
汽车、摩托车、燃料及零配件专门零售		2342	2083	21433	22763	3340860	3350778
家用电器及电子产品专门零售		179	80	9356	8863	251579	244592
五金、家具及室内装饰材料专门零售		9	9	1201	1233	113197	114297
货摊、无店铺及其他零售业		45	45	506	506	72426	72426
加盟门店合计		**1533**	**1679**	**14431**	**21853**	**937061**	**1059004**
批发业		**12**	**12**	**25**	**25**	**250**	**250**
农、林、牧产品批发							
食品、饮料及烟草制品批发		12	12	25	25	250	250
纺织、服装及家庭用品批发							
文化、体育用品及器材批发							
医药及医疗器材批发							
矿产品、建材及化工产品批发							
机械设备、五金产品及电子产品批发							
贸易经纪与代理							
其他批发业							
零售业		**1521**	**1667**	**14406**	**21828**	**936811**	**1058754**
综合零售		671	853	13793	17783	819680	956196
食品、饮料及烟草制品专门零售		12	14	44	54	879	915
纺织、服装及日用品专门零售		838	800	569	3991	116252	101643
文化、体育用品及器材专门零售							
医药及医疗器材专门零售							
汽车、摩托车、燃料及零配件专门零售							
家用电器及电子产品专门零售							
五金、家具及室内装饰材料专门零售							
货摊、无店铺及其他零售业							

1-5 按行业与登记注册类型分

内资企业

项目	商品购进总额		统一配送商品购进额	
	2017年	2016年	2017年	2016年
总　计	**251751851**	**240053405**	**201954566**	**191839381**
批发业	**82948156**	**76712571**	**74460857**	**69475092**
农、林、牧产品批发	1962746	1747428	1921729	1698607
食品、饮料及烟草制品批发	6170278	6084012	5257025	5171295
纺织、服装及家庭用品批发	1595472	1611827	1053799	944142
文化、体育用品及器材批发	3618134	3678006	3608612	3668684
医药及医疗器材批发	685570	539988	409726	348704
矿产品、建材及化工产品批发	66383786	60550608	59766377	55174139
机械设备、五金产品及电子产品批发	1109913	864783	1025634	836217
贸易经纪与代理				
其他批发业	1422258	1635918	1417955	1633304
零售业	**168803695**	**163340834**	**127493709**	**122364290**
综合零售	73907951	72350858	49601345	48528504
食品、饮料及烟草制品专门零售	3255578	2968601	2611414	2456394
纺织、服装及日用品专门零售	1818721	1629191	1275137	1153473
文化、体育用品及器材专门零售	5309478	5139588	5019989	4737234
医药及医疗器材专门零售	13457447	11916641	12309696	10998729
汽车、摩托车、燃料及零配件专门零售	41707801	38594619	35216598	32740422
家用电器及电子产品专门零售	28967851	30440588	21097073	21455626
五金、家具及室内装饰材料专门零售	300024	234120	284092	227790
货摊、无店铺及其他零售业	78844	66628	78366	66119
直营门店合计	**242410607**	**231155724**	**194189974**	**184445458**
批发业	**80722482**	**74427454**	**72432739**	**67313902**
农、林、牧产品批发	1612155	1388702	1608879	1385332
食品、饮料及烟草制品批发	6106856	6020221	5201053	5115048
纺织、服装及家庭用品批发	1539286	1521517	1014363	881102
文化、体育用品及器材批发	3616726	3676638	3607203	3667316
医药及医疗器材批发	541704	491448	361958	312948
矿产品、建材及化工产品批发	64811849	58859277	58233956	53513684
机械设备、五金产品及电子产品批发	1071649	833733	987370	805167
贸易经纪与代理				
其他批发业	1422258	1635918	1417955	1633304

连锁零售企业经营情况

单位：万元

自有配送中心配送商品购进额		非自有配送中心配送商品购进额		商品销售总额		零售额	
2017年	2016年	2017年	2016年	2017年	2016年	2017年	2016年
122785883	**117809520**	**24009036**	**23245840**	**293238244**	**277902826**	**220353262**	**197847240**
51245115	**47798320**	**5454247**	**5028770**	**92835569**	**86442249**	**51480489**	**47057911**
1879656	1669630	1468	3019	2054271	1857997	1953843	1708554
3136576	3129760	99704	97664	8462837	8100448	455036	539162
1014978	906816	6653	6418	2863558	2724928	1348802	1352238
3569380	3548198			3666363	3706598	1300702	1411829
311022	266623	13931	13074	780279	639552	242170	213254
39057092	35968115	5331164	4907285	72002877	66953394	44148250	39828744
858456	675875	1328	1310	1223591	928134	262219	482301
1417955	1633304			1781792	1531199	1769467	1521829
71540768	**70011200**	**18554789**	**18217070**	**200402675**	**191460577**	**168872774**	**150789330**
29256460	29859341	6814823	7143135	88234257	84106718	76008396	72659697
1638715	1531641	202159	148113	4487772	4018877	3708523	3339629
603263	543796	309927	258325	2698294	2382068	2376961	2128606
4572242	4302475	213816	178847	5503950	5261284	2558952	2481799
6013911	4928326	1672868	1565852	15604909	13389876	14036332	12236032
15243632	14422292	7878887	7652488	52437762	48452211	40788497	38627626
13922033	14190783	1395277	1213566	30796170	33333972	28773283	18809491
230265	177728	51066	47430	546087	449319	534041	444910
60247	54818	15968	9315	93474	66253	87789	61540
117979170	**112696669**	**22823290**	**21767084**	**282225702**	**267965598**	**211371970**	**189825041**
49545315	**45710681**	**5440620**	**5016334**	**90555935**	**84150385**	**50542661**	**46175548**
1604041	1384172		522	1739025	1502878	1689852	1439144
3090204	3081897	90455	89686	8413056	8052408	441001	528309
976598	844286	6653	6418	2790201	2617392	1275444	1244702
3567972	3546830			3664955	3705415	1299293	1410646
273270	238333	12950	12950	573642	538233	156543	153576
37764038	34309579	5329234	4905447	70410318	65306549	43649097	39398643
851237	672281	1328	1310	1182947	896312	261963	478700
1417955	1633304			1781792	1531199	1769467	1521829

1-5 续表 1

内资企业

项 目	商品购进总额		统一配送商品购进额	
	2017年	2016年	2017年	2016年
零售业	**161688125**	**156728269**	**121757236**	**117131555**
综合零售	69255260	67801508	45828561	44948762
食品、饮料及烟草制品专门零售	2467299	2313917	2117406	2028377
纺织、服装及日用品专门零售	1591824	1404068	1144767	1015511
文化、体育用品及器材专门零售	5307548	5137891	5018059	4735536
医药及医疗器材专门零售	12638782	11163346	11596367	10340241
汽车、摩托车、燃料及零配件专门零售	41314475	38317604	34823730	32463406
家用电器及电子产品专门零售	28761026	30312015	20892844	21328640
五金、家具及室内装饰材料专门零售	293794	231000	277862	224670
货摊、无店铺及其他零售业	58118	46922	57641	46413
加盟门店合计	**9341244**	**8897681**	**7764592**	**7393923**
批发业	**2225674**	**2285117**	**2028118**	**2161189**
农、林、牧产品批发	350591	358726	312850	313274
食品、饮料及烟草制品批发	63423	63791	55972	56246
纺织、服装及家庭用品批发	56186	90310	39436	63040
文化、体育用品及器材批发	1408	1368	1408	1368
医药及医疗器材批发	143866	48540	47768	35756
矿产品、建材及化工产品批发	1571937	1691331	1532421	1660455
机械设备、五金产品及电子产品批发	38264	31050	38264	31050
贸易经纪与代理				
其他批发业				
零售业	**7115570**	**6612565**	**5736474**	**5232734**
综合零售	4652691	4549349	3772784	3579741
食品、饮料及烟草制品专门零售	788280	654684	494008	428017
纺织、服装及日用品专门零售	226897	225123	130371	137962
文化、体育用品及器材专门零售	1930	1698	1930	1698
医药及医疗器材专门零售	818666	753296	713330	658488
汽车、摩托车、燃料及零配件专门零售	393326	277016	392868	277016
家用电器及电子产品专门零售	206826	128574	204228	126986
五金、家具及室内装饰材料专门零售	6230	3120	6230	3120
货摊、无店铺及其他零售业	20725	19706	20725	19706

单位：万元

自有配送中心配送商品购进额		非自有配送中心配送商品购进额		商品销售总额		零售额	
2017年	2016年	2017年	2016年	2017年	2016年	2017年	2016年
68433855	**66985988**	**17382671**	**16750751**	**191669767**	**183815212**	**160829310**	**143649493**
27177524	27716289	5934235	5958194	82759773	79171184	70778131	67874856
1162779	1111340	195255	146970	3336197	3082872	2724756	2520221
497073	448677	293638	234331	2233183	1954442	2011904	1784235
4570322	4300778	213806	178847	5502054	5259593	2557056	2480112
5688647	4659982	1404540	1309611	14642629	12508409	13159196	11433757
15243632	14422292	7878887	7652488	52013875	48144500	40400538	38350610
13829953	14116778	1395277	1213566	30593926	33202645	28627330	18723257
224035	174608	51066	47430	519793	437948	507747	433538
39891	35245	15968	9315	68337	53620	62652	48907
4806713	**5112851**	**1185746**	**1478755**	**11012542**	**9937229**	**8981292**	**8022199**
1699800	**2087639**	**13628**	**12436**	**2279634**	**2291864**	**937828**	**882363**
275615	285458	1468	2497	315246	355120	263992	269410
46372	47863	9249	7977	49781	48040	14035	10853
38380	62530			73358	107536	73358	107536
1408	1368			1408	1183	1408	1183
37751	28289	981	124	206637	101319	85628	59678
1293054	1658537	1930	1838	1592560	1646846	499152	430102
7219	3594			40644	31821	256	3601
3106913	**3025212**	**1172118**	**1466319**	**8732908**	**7645365**	**8043464**	**7139837**
2078936	2143052	880588	1184941	5474483	4935534	5230265	4784841
475936	420301	6904	1143	1151575	936005	983767	819408
106190	95120	16289	23994	465111	427626	365057	344371
1920	1698	10		1896	1691	1896	1687
325264	268344	268328	256241	962281	881467	877135	802275
				423887	307711	387959	277016
92080	74005			202244	131327	145953	86235
6230	3120			26294	11371	26294	11371
20356	19573			25137	12633	25137	12633

1-5 续表 2

国有企业

项　　目	商品购进总额		统一配送商品购进额	
	2017年	2016年	2017年	2016年
总　　计	**32123213**	**31394753**	**28715056**	**28037679**
批发业	**16365202**	**15871543**	**14871047**	**14197231**
农、林、牧产品批发	28277	35580	26965	34604
食品、饮料及烟草制品批发	4160372	4015292	3405740	3284374
纺织、服装及家庭用品批发				
文化、体育用品及器材批发	563476	436732	563476	436732
医药及医疗器材批发	48212	28189	47723	27040
矿产品、建材及化工产品批发	11564865	11355751	10827143	10414480
机械设备、五金产品及电子产品批发				
贸易经纪与代理				
其他批发业				
零售业	**15758011**	**15523210**	**13844009**	**13840448**
综合零售	1087283	1160239	472620	564465
食品、饮料及烟草制品专门零售	36062	35696	30104	30254
纺织、服装及日用品专门零售	176738	160177	176738	160177
文化、体育用品及器材专门零售	399936	386291	365129	352467
医药及医疗器材专门零售	240762	221272	239562	220088
汽车、摩托车、燃料及零配件专门零售	13816753	13559026	12559856	12512999
家用电器及电子产品专门零售				
五金、家具及室内装饰材料专门零售				
货摊、无店铺及其他零售业	478	509		
直营门店合计	**31655484**	**30918605**	**28351079**	**27657753**
批发业	**16119798**	**15622483**	**14626132**	**13950925**
农、林、牧产品批发	28277	35580	26965	34604
食品、饮料及烟草制品批发	4160372	4015292	3405740	3284374
纺织、服装及家庭用品批发				
文化、体育用品及器材批发	563476	436732	563476	436732
医药及医疗器材批发	46712	26310	46712	26310
矿产品、建材及化工产品批发	11320961	11108570	10583239	10168904
机械设备、五金产品及电子产品批发				
贸易经纪与代理				
其他批发业				

单位：万元

自有配送中心配送商品购进额		非自有配送中心配送商品购进额		商品销售总额		零售额	
2017年	2016年	2017年	2016年	2017年	2016年	2017年	2016年
12093025	**11978809**	**5310094**	**5273918**	**38359086**	**36681346**	**23198521**	**22072228**
5793535	**5719174**	**1472347**	**1454304**	**20192871**	**19213377**	**9334636**	**8596358**
26965	34604			26065	36272	873	542
2843187	2704249			6180703	5992851	72567	64758
561312	434772			578273	424604	60401	48514
6903	5654			51608	33097	5136	4472
2355168	2539896	1472347	1454304	13356222	12726553	9195659	8478071
6299490	**6259635**	**3837747**	**3819614**	**18166216**	**17467969**	**13863885**	**13475870**
282476	327739	113258	157237	1404094	1386073	1124389	1131508
5012	4900	22213	22438	65422	64308	44510	42351
8660	7647	168078	152529	277727	220335	277727	220335
226573	214295	4455	4449	388041	386753	359113	371967
96788	86274	46394	47309	306279	288042	272192	261595
5679981	5618781	3483349	3435652	15723671	15121335	11784972	11446991
				982	1124	982	1124
12041408	**11687919**	**5255436**	**5211223**	**37783500**	**36134870**	**22806775**	**21709634**
5785971	**5472868**	**1472347**	**1454304**	**19944853**	**18996035**	**9263005**	**8558973**
26965	34604			26065	36272	873	542
2843187	2704249			6180445	5992622	72541	64735
561312	434772			578273	424604	60401	48514
5892	4924			49246	31030	2775	2405
2348615	2294320	1472347	1454304	13110824	12511507	9126415	8442776

1-5 续表 3

国有企业

项目	商品购进总额		统一配送商品购进额	
	2017年	2016年	2017年	2016年
零售业	**15535686**	**15296122**	**13724947**	**13706828**
综合零售	943188	1010201	431330	507895
食品、饮料及烟草制品专门零售	36062	35696	30104	30254
纺织、服装及日用品专门零售	176738	160177	176738	160177
文化、体育用品及器材专门零售	399836	386193	365029	352368
医药及医疗器材专门零售	163090	144320	161890	143136
汽车、摩托车、燃料及零配件专门零售	13816296	13559026	12559856	12512999
家用电器及电子产品专门零售				
五金、家具及室内装饰材料专门零售				
货摊、无店铺及其他零售业	478	509		
加盟门店合计	**467729**	**476148**	**363977**	**379926**
批发业	**245404**	**249060**	**244915**	**246306**
农、林、牧产品批发				
食品、饮料及烟草制品批发				
纺织、服装及家庭用品批发				
文化、体育用品及器材批发				
医药及医疗器材批发	1500	1879	1011	730
矿产品、建材及化工产品批发	243904	247181	243904	245576
机械设备、五金产品及电子产品批发				
贸易经纪与代理				
其他批发业				
零售业	**222324**	**227088**	**119062**	**133620**
综合零售	144095	150038	41290	56570
食品、饮料及烟草制品专门零售				
纺织、服装及日用品专门零售				
文化、体育用品及器材专门零售	101	98	101	98
医药及医疗器材专门零售	77672	76952	77672	76952
汽车、摩托车、燃料及零配件专门零售	457			
家用电器及电子产品专门零售				
五金、家具及室内装饰材料专门零售				
货摊、无店铺及其他零售业				

单位：万元

自有配送中心配送商品购进额		非自有配送中心配送商品购进额		商品销售总额		零售额	
2017年	2016年	2017年	2016年	2017年	2016年	2017年	2016年
6255437	**6215051**	**3783088**	**3756919**	**17838648**	**17138835**	**13543770**	**13150661**
264554	303520	89942	124929	1165066	1137556	885362	882990
5012	4900	22213	22438	65422	64308	44510	42351
8660	7647	168078	152529	277727	220335	277727	220335
226472	214197	4455	4449	387964	386678	359036	371892
70757	66006	15051	16922	218272	207501	191181	184978
5679981	5618781	3483349	3435652	15723214	15121335	11784972	11446991
				982	1124	982	1124
51617	**290890**	**54658**	**62696**	**575586**	**546476**	**391746**	**362594**
7564	**246306**			**248018**	**217342**	**71631**	**37385**
				258	229	26	23
1011	730			2361	2067	2361	2067
6553	245576			245399	215046	69244	35295
44053	**44584**	**54658**	**62696**	**327568**	**329134**	**320115**	**325209**
17921	24219	23316	32309	239027	248517	239027	248517
101	98			77	75	77	75
26031	20267	31342	30387	88007	80541	81011	76617
				457			

1-5 续表 4

集体企业

项目	商品购进总额		统一配送商品购进额	
	2017年	2016年	2017年	2016年
总计	**875552**	**830400**	**144898**	**141211**
批发业	**58330**	**46040**	**58330**	**46040**
农、林、牧产品批发				
食品、饮料及烟草制品批发	2084	2076	2084	2076
纺织、服装及家庭用品批发				
文化、体育用品及器材批发				
医药及医疗器材批发				
矿产品、建材及化工产品批发	56246	43965	56246	43965
机械设备、五金产品及电子产品批发				
贸易经纪与代理				
其他批发业				
零售业	**817222**	**784360**	**86568**	**95171**
综合零售	773047	735180	45592	49091
食品、饮料及烟草制品专门零售	12134	21673	12134	21673
纺织、服装及日用品专门零售	11319	8818	11319	8818
文化、体育用品及器材专门零售	839	1115	839	1115
医药及医疗器材专门零售	19883	17573	16684	14474
汽车、摩托车、燃料及零配件专门零售				
家用电器及电子产品专门零售				
五金、家具及室内装饰材料专门零售				
货摊、无店铺及其他零售业				
直营门店合计	**805440**	**730061**	**133477**	**128653**
批发业	**57979**	**45634**	**57979**	**45634**
农、林、牧产品批发				
食品、饮料及烟草制品批发	1733	1670	1733	1670
纺织、服装及家庭用品批发				
文化、体育用品及器材批发				
医药及医疗器材批发				
矿产品、建材及化工产品批发	56246	43965	56246	43965
机械设备、五金产品及电子产品批发				
贸易经纪与代理				
其他批发业				

单位：万元

自有配送中心配送商品购进额		非自有配送中心配送商品购进额		商品销售总额		零售额	
2017年	2016年	2017年	2016年	2017年	2016年	2017年	2016年
116607	**103178**	**14874**	**12453**	**850733**	**979154**	**551954**	**547299**
57979	**45634**			**60684**	**48661**	**16241**	**13336**
1733	1670			4438	4696	2636	2743
56246	43965			56246	43965	13604	10593
58628	**57544**	**14874**	**12453**	**790049**	**930493**	**535714**	**533963**
44659	45590			723585	861737	472451	468309
				12384	21570	12384	21570
11319	8818			27102	22234	27102	22234
839	1115			1277	1795	1277	1795
1810	2021	14874	12453	25701	23157	22500	20056
105537	**91026**	**14874**	**12453**	**797950**	**914160**	**521078**	**516279**
57979	**45634**			**60053**	**47931**	**15610**	**12605**
1733	1670			3807	3966	2005	2012
56246	43965			56246	43965	13604	10593

1-5 续表 5

集体企业

项目	商品购进总额		统一配送商品购进额	
	2017年	2016年	2017年	2016年
零售业	**747461**	**684426**	**75498**	**83019**
综合零售	703885	635846	34522	36939
食品、饮料及烟草制品专门零售	12134	21673	12134	21673
纺织、服装及日用品专门零售	11319	8818	11319	8818
文化、体育用品及器材专门零售	839	1115	839	1115
医药及医疗器材专门零售	19284	16974	16684	14474
汽车、摩托车、燃料及零配件专门零售				
家用电器及电子产品专门零售				
五金、家具及室内装饰材料专门零售				
货摊、无店铺及其他零售业				
加盟门店合计	**70112**	**100339**	**11420**	**12558**
批发业	**351**	**406**	**351**	**406**
农、林、牧产品批发				
食品、饮料及烟草制品批发	351	406	351	406
纺织、服装及家庭用品批发				
文化、体育用品及器材批发				
医药及医疗器材批发				
矿产品、建材及化工产品批发				
机械设备、五金产品及电子产品批发				
贸易经纪与代理				
其他批发业				
零售业	**69762**	**99933**	**11070**	**12152**
综合零售	69162	99334	11070	12152
食品、饮料及烟草制品专门零售				
纺织、服装及日用品专门零售				
文化、体育用品及器材专门零售				
医药及医疗器材专门零售	599	599		
汽车、摩托车、燃料及零配件专门零售				
家用电器及电子产品专门零售				
五金、家具及室内装饰材料专门零售				
货摊、无店铺及其他零售业				

单位：万元

自有配送中心配送商品购进额		非自有配送中心配送商品购进额		商品销售总额		零售额	
2017年	2016年	2017年	2016年	2017年	2016年	2017年	2016年
47558	**45392**	**14874**	**12453**	**737897**	**866230**	**505469**	**503675**
33590	33437			672333	798175	442205	438020
				12384	21570	12384	21570
11319	8818			27102	22234	27102	22234
839	1115			1277	1795	1277	1795
1810	2021	14874	12453	24801	22456	22500	20056
11070	**12152**			**52783**	**64994**	**30876**	**31019**
				631	**731**	**631**	**731**
				631	731	631	731
11070	**12152**			**52152**	**64263**	**30245**	**30289**
11070	12152			51252	63562	30245	30289
				900	701		

1-5 续表 6

股份合作企业

项　　目	商品购进总额		统一配送商品购进额	
	2017年	2016年	2017年	2016年
总　　计	**927538**	**1035722**	**842979**	**995969**
批发业	**55439**	**26487**	**1857**	**3050**
农、林、牧产品批发				
食品、饮料及烟草制品批发	1857	3050	1857	3050
纺织、服装及家庭用品批发				
文化、体育用品及器材批发				
医药及医疗器材批发				
矿产品、建材及化工产品批发	53582	23437		
机械设备、五金产品及电子产品批发				
贸易经纪与代理				
其他批发业				
零售业	**872099**	**1009235**	**841122**	**992920**
综合零售	98141	82868	78218	72900
食品、饮料及烟草制品专门零售				
纺织、服装及日用品专门零售	1325	1296	1325	1296
文化、体育用品及器材专门零售				
医药及医疗器材专门零售				
汽车、摩托车、燃料及零配件专门零售	772633	925070	761580	918723
家用电器及电子产品专门零售				
五金、家具及室内装饰材料专门零售				
货摊、无店铺及其他零售业				
直营门店合计	**925721**	**1033922**	**841162**	**994170**
批发业	**55439**	**26487**	**1857**	**3050**
农、林、牧产品批发				
食品、饮料及烟草制品批发	1857	3050	1857	3050
纺织、服装及家庭用品批发				
文化、体育用品及器材批发				
医药及医疗器材批发				
矿产品、建材及化工产品批发	53582	23437		
机械设备、五金产品及电子产品批发				
贸易经纪与代理				
其他批发业				

单位：万元

自有配送中心配送商品购进额		非自有配送中心配送商品购进额		商品销售总额		零售额	
2017年	2016年	2017年	2016年	2017年	2016年	2017年	2016年
830154	**981637**			**1235035**	**1145565**	**939372**	**883409**
				35437	**37423**	**166**	**1878**
				2278	3986	166	1878
				33159	33437		
830154	**981637**			**1199598**	**1108142**	**939207**	**881532**
67250	61618			109641	112516	96664	100211
1325	1296			942	964	942	964
761580	918723			1089015	994663	841601	780357
828337	**979838**			**1233032**	**1143464**	**937369**	**881307**
				35437	**37423**	**166**	**1878**
				2278	3986	166	1878
				33159	33437		

1-5 续表 7

股份合作企业

项　　目	商品购进总额		统一配送商品购进额	
	2017年	2016年	2017年	2016年
零售业	**870282**	**1007435**	**839305**	**991120**
综合零售	96324	81069	76400	71101
食品、饮料及烟草制品专门零售				
纺织、服装及日用品专门零售	1325	1296	1325	1296
文化、体育用品及器材专门零售				
医药及医疗器材专门零售				
汽车、摩托车、燃料及零配件专门零售	772633	925070	761580	918723
家用电器及电子产品专门零售				
五金、家具及室内装饰材料专门零售				
货摊、无店铺及其他零售业				
加盟门店合计	**1817**	**1800**	**1817**	**1800**
批发业				
农、林、牧产品批发				
食品、饮料及烟草制品批发				
纺织、服装及家庭用品批发				
文化、体育用品及器材批发				
医药及医疗器材批发				
矿产品、建材及化工产品批发				
机械设备、五金产品及电子产品批发				
贸易经纪与代理				
其他批发业				
零售业	**1817**	**1800**	**1817**	**1800**
综合零售	1817	1800	1817	1800
食品、饮料及烟草制品专门零售				
纺织、服装及日用品专门零售				
文化、体育用品及器材专门零售				
医药及医疗器材专门零售				
汽车、摩托车、燃料及零配件专门零售				
家用电器及电子产品专门零售				
五金、家具及室内装饰材料专门零售				
货摊、无店铺及其他零售业				

单位：万元

自有配送中心配送商品购进额		非自有配送中心配送商品购进额		商品销售总额		零售额	
2017年	2016年	2017年	2016年	2017年	2016年	2017年	2016年
828337	**979838**			**1197595**	**1106041**	**937203**	**879430**
65432	59818			107638	110414	94661	98109
1325	1296			942	964	942	964
761580	918723			1089015	994663	841601	780357
1817	**1800**			**2003**	**2102**	**2003**	**2102**
1817	**1800**			**2003**	**2102**	**2003**	**2102**
1817	1800			2003	2102	2003	2102

1-5 续表 8

联营企业

项 目	商品购进总额		统一配送商品购进额	
	2017年	2016年	2017年	2016年
总 计	**88085**	**77196**	**88085**	**77196**
批发业				
农、林、牧产品批发				
食品、饮料及烟草制品批发				
纺织、服装及家庭用品批发				
文化、体育用品及器材批发				
医药及医疗器材批发				
矿产品、建材及化工产品批发				
机械设备、五金产品及电子产品批发				
贸易经纪与代理				
其他批发业				
零售业	**88085**	**77196**	**88085**	**77196**
综合零售	15366	13922	15366	13922
食品、饮料及烟草制品专门零售				
纺织、服装及日用品专门零售				
文化、体育用品及器材专门零售				
医药及医疗器材专门零售	72719	63274	72719	63274
汽车、摩托车、燃料及零配件专门零售				
家用电器及电子产品专门零售				
五金、家具及室内装饰材料专门零售				
货摊、无店铺及其他零售业				
直营门店合计	**83024**	**72645**	**83024**	**72645**
批发业				
农、林、牧产品批发				
食品、饮料及烟草制品批发				
纺织、服装及家庭用品批发				
文化、体育用品及器材批发				
医药及医疗器材批发				
矿产品、建材及化工产品批发				
机械设备、五金产品及电子产品批发				
贸易经纪与代理				
其他批发业				

单位：万元

自有配送中心配送商品购进额		非自有配送中心配送商品购进额		商品销售总额		零售额	
2017年	2016年	2017年	2016年	2017年	2016年	2017年	2016年
15366	**13922**			**104998**	**95039**	**100694**	**90616**
15366	**13922**			**104998**	**95039**	**100694**	**90616**
15366	13922			16055	15795	11751	11372
				88943	79244	88943	79244
15366	**13922**			**99961**	**90488**	**95656**	**86065**

1-5 续表 9

联营企业

项目	商品购进总额		统一配送商品购进额	
	2017年	2016年	2017年	2016年
零售业	**83024**	**72645**	**83024**	**72645**
综合零售	15366	13922	15366	13922
食品、饮料及烟草制品专门零售				
纺织、服装及日用品专门零售				
文化、体育用品及器材专门零售				
医药及医疗器材专门零售	67659	58723	67659	58723
汽车、摩托车、燃料及零配件专门零售				
家用电器及电子产品专门零售				
五金、家具及室内装饰材料专门零售				
货摊、无店铺及其他零售业				
加盟门店合计	**5061**	**4551**	**5061**	**4551**
批发业				
农、林、牧产品批发				
食品、饮料及烟草制品批发				
纺织、服装及家庭用品批发				
文化、体育用品及器材批发				
医药及医疗器材批发				
矿产品、建材及化工产品批发				
机械设备、五金产品及电子产品批发				
贸易经纪与代理				
其他批发业				
零售业	**5061**	**4551**	**5061**	**4551**
综合零售				
食品、饮料及烟草制品专门零售				
纺织、服装及日用品专门零售				
文化、体育用品及器材专门零售				
医药及医疗器材专门零售	5061	4551	5061	4551
汽车、摩托车、燃料及零配件专门零售				
家用电器及电子产品专门零售				
五金、家具及室内装饰材料专门零售				
货摊、无店铺及其他零售业				

单位：万元

自有配送中心配送商品购进额		非自有配送中心配送商品购进额		商品销售总额		零售额	
2017年	2016年	2017年	2016年	2017年	2016年	2017年	2016年
15366	**13922**			**99961**	**90488**	**95656**	**86065**
15366	13922			16055	15795	11751	11372
				83906	74693	83906	74693
				5037	**4551**	**5037**	**4551**
				5037	**4551**	**5037**	**4551**
				5037	4551	5037	4551

1-5 续表 10

有限责任公司

项　　目	商品购进总额		统一配送商品购进额	
	2017年	2016年	2017年	2016年
总　　计	**71523207**	**67242884**	**58652118**	**55045529**
批发业	**16272636**	**14877784**	**15100889**	**13864353**
农、林、牧产品批发	55715	49281	54248	46277
食品、饮料及烟草制品批发	1775802	1823407	1665181	1697607
纺织、服装及家庭用品批发	211175	195286	211175	195286
文化、体育用品及器材批发	1724629	1915370	1715107	1906049
医药及医疗器材批发	499099	384416	252645	222850
矿产品、建材及化工产品批发	11548887	10249832	10829484	9563901
机械设备、五金产品及电子产品批发	446114	251165	361835	223355
贸易经纪与代理				
其他批发业	11216	9029	11216	9029
零售业	**55250570**	**52365100**	**43551228**	**41181177**
综合零售	23782445	23867224	17585870	17776980
食品、饮料及烟草制品专门零售	1457373	1328735	1190860	1097727
纺织、服装及日用品专门零售	946956	817795	619502	555146
文化、体育用品及器材专门零售	4132230	4008189	3904618	3658817
医药及医疗器材专门零售	5748389	5150271	5038459	4590925
汽车、摩托车、燃料及零配件专门零售	5049551	4433308	4514821	3895258
家用电器及电子产品专门零售	14000410	12647034	10567330	9500110
五金、家具及室内装饰材料专门零售	95158	79778	91709	73448
货摊、无店铺及其他零售业	38059	32765	38059	32765
直营门店合计	**68710156**	**64804222**	**56313072**	**53036575**
批发业	**15283568**	**14083803**	**14248036**	**13114120**
农、林、牧产品批发	15391	12920	15391	12920
食品、饮料及烟草制品批发	1775523	1823149	1664902	1697349
纺织、服装及家庭用品批发	211175	195286	211175	195286
文化、体育用品及器材批发	1723221	1914002	1713699	1904681
医药及医疗器材批发	381528	353417	230306	203324
矿产品、建材及化工产品批发	10750445	9552292	10070559	8895632
机械设备、五金产品及电子产品批发	415069	223709	330790	195899
贸易经纪与代理				
其他批发业	11216	9029	11216	9029

单位：万元

自有配送中心配送商品购进额		非自有配送中心配送商品购进额		商品销售总额		零售额	
2017年	2016年	2017年	2016年	2017年	2016年	2017年	2016年
33925136	**32515188**	**7728706**	**6873800**	**83029041**	**77561934**	**61682479**	**58704874**
9462587	**8648868**	**511993**	**484733**	**17707189**	**16061012**	**7463752**	**7055013**
26377	22930	1468	1365	50510	44766	23594	21968
148129	289962	87707	87838	1987132	1849267	279575	386018
204647	189715	6527	5571	290446	255609	76489	75563
1678039	1858087			1795420	2026988	648409	773771
235471	206840	931	84	557562	454954	173404	147822
6871638	5914646	415361	389876	12549614	11144831	6097455	5562422
287070	157660			464911	275228	164826	87451
11216	9029			11594	9370		
24462549	**23866320**	**7216713**	**6389067**	**65321852**	**61500922**	**54218727**	**51649860**
8160452	9397118	2573919	2450604	28287122	28105769	23524073	23821701
720123	656145	105408	54929	1914957	1806915	1564036	1478714
293155	276534	123649	80591	1385057	1225449	1148039	1039014
3624816	3397063	208571	173823	4315828	4134872	1500613	1441564
2532410	2096634	1223894	1071506	7138002	6028010	6376275	5562444
880779	705249	2065700	1873191	7118407	6355591	5888352	5267990
8171947	7278783	865740	638577	14990595	13698855	14049131	12897839
42489	26243	48151	45630	129628	111357	129539	109744
36378	32550	1681	215	42257	34104	38669	30852
32124770	**30955388**	**7423054**	**6590378**	**79696409**	**74584808**	**59074898**	**56274678**
8671355	**7952360**	**507665**	**481446**	**16662945**	**15246051**	**6952112**	**6603299**
14644	12282			19747	16630	5396	4363
147851	289705	87707	87838	1986779	1848933	279223	385683
204647	189715	6527	5571	290446	255609	76489	75563
1676630	1856719			1794012	2025805	647001	772589
214656	189035			393347	379785	111150	109658
6114642	5248216	413431	388038	11736356	10462912	5668027	5167993
287070	157660			430665	247008	164826	87451
11216	9029			11594	9370		

1-5 续表 11

有限责任公司

项　目	商品购进总额		统一配送商品购进额	
	2017年	2016年	2017年	2016年
零售业	**53426588**	**50720419**	**42065036**	**39922455**
综合零售	22785027	22924359	16775974	17085638
食品、饮料及烟草制品专门零售	1127310	1043773	929758	866013
纺织、服装及日用品专门零售	827750	690496	553333	484024
文化、体育用品及器材专门零售	4132209	4008166	3904597	3658793
医药及医疗器材专门零售	5478303	4894469	4796643	4360135
汽车、摩托车、燃料及零配件专门零售	4988463	4433308	4453733	3895258
家用电器及电子产品专门零售	13954347	12613340	10521268	9466416
五金、家具及室内装饰材料专门零售	95158	79778	91709	73448
货摊、无店铺及其他零售业	38022	32730	38022	32730
加盟门店合计	**2813051**	**2438662**	**2339046**	**2008954**
批发业	**989069**	**793981**	**852853**	**750233**
农、林、牧产品批发	40325	36361	38857	33357
食品、饮料及烟草制品批发	279	258	279	258
纺织、服装及家庭用品批发				
文化、体育用品及器材批发	1408	1368	1408	1368
医药及医疗器材批发	117571	30999	22339	19526
矿产品、建材及化工产品批发	798442	697540	758926	668268
机械设备、五金产品及电子产品批发	31045	27456	31045	27456
贸易经纪与代理				
其他批发业				
零售业	**1823982**	**1644681**	**1486193**	**1258722**
综合零售	997419	942865	809896	691342
食品、饮料及烟草制品专门零售	330063	284961	261102	231714
纺织、服装及日用品专门零售	119205	127300	66169	71123
文化、体育用品及器材专门零售	22	24	22	24
医药及医疗器材专门零售	270086	255802	241816	230790
汽车、摩托车、燃料及零配件专门零售	61088		61088	
家用电器及电子产品专门零售	46063	33693	46063	33693
五金、家具及室内装饰材料专门零售				
货摊、无店铺及其他零售业	37	35	37	35

单位：万元

自有配送中心配送商品购进额		非自有配送中心配送商品购进额		商品销售总额		零售额	
2017年	2016年	2017年	2016年	2017年	2016年	2017年	2016年
23453415	**23003028**	**6915390**	**6108932**	**63033464**	**59338757**	**52122786**	**49671379**
7617356	8945288	2372887	2257747	27098343	26921646	22339320	22641110
465631	425307	99006	54238	1487612	1417333	1233523	1176089
240294	221050	117458	75517	1148865	982170	965141	858431
3624794	3397039	208571	173823	4315806	4134832	1500591	1441528
2419737	2005248	1136196	989994	6806107	5718253	6079962	5279648
880779	705249	2065700	1873191	7062228	6355591	5832174	5267990
8125993	7245089	865740	638577	14942703	13663545	14003953	12866063
42489	26243	48151	45630	129628	111357	129539	109744
36341	32515	1681	215	42173	34030	38585	30777
1800366	**1559800**	**305652**	**283422**	**3332632**	**2977126**	**2607582**	**2430196**
791231	**696508**	**4329**	**3287**	**1044244**	**814961**	**511641**	**451715**
11733	10648	1468	1365	30763	28136	18198	17605
279	258			353	335	353	335
1408	1368			1408	1183	1408	1183
20815	17805	931	84	164215	75169	62254	38163
756996	666430	1930	1838	813258	681919	429428	394429
				34247	28220		
1009135	**863292**	**301323**	**280135**	**2288388**	**2162166**	**2095941**	**1978481**
543096	451830	201032	192857	1188779	1184123	1184753	1180591
254492	230838	6403	691	427346	389582	330513	302625
52861	55485	6191	5075	236192	243280	182898	180583
22	24			22	40	22	36
112673	91387	87698	81512	331895	309757	296314	282796
				56179		56179	
45954	33693			47891	35310	45178	31776
37	35			84	74	84	74

1-5 续表 12

股份有限公司

项　　目	商品购进总额		统一配送商品购进额	
	2017年	2016年	2017年	2016年
总　　计	**117637163**	**112940654**	**87761767**	**84101000**
批发业	**48983566**	**44675998**	**43369633**	**40357888**
农、林、牧产品批发	1808168	1573811	1808168	1573811
食品、饮料及烟草制品批发	14626	14379	14626	14379
纺织、服装及家庭用品批发	1336430	1369913	798924	705959
文化、体育用品及器材批发	1327044	1322961	1327044	1322961
医药及医疗器材批发	18660	18468	18660	18468
矿产品、建材及化工产品批发	43071899	38752190	37995472	35098034
机械设备、五金产品及电子产品批发				
贸易经纪与代理				
其他批发业	1406740	1624276	1406740	1624276
零售业	**68653597**	**68264656**	**44392134**	**43743113**
综合零售	35018077	34234386	19694117	19506423
食品、饮料及烟草制品专门零售	477424	376037	138111	128721
纺织、服装及日用品专门零售	5079	5480	5079	5480
文化、体育用品及器材专门零售	648347	623651	648347	620303
医药及医疗器材专门零售	941762	739818	941762	739773
汽车、摩托车、燃料及零配件专门零售	21855285	19470747	17206839	15244038
家用电器及电子产品专门零售	9587322	12710416	5637579	7394256
五金、家具及室内装饰材料专门零售	120300	104120	120300	104120
货摊、无店铺及其他零售业				
直营门店合计	**114257348**	**109334107**	**84984448**	**81024554**
批发业	**48175466**	**43612982**	**42578283**	**39322142**
农、林、牧产品批发	1555283	1320675	1555283	1320675
食品、饮料及烟草制品批发	14626	14379	14626	14379
纺织、服装及家庭用品批发	1281300	1280113	760544	643429
文化、体育用品及器材批发	1327044	1322961	1327044	1322961
医药及医疗器材批发	18660	18468	18660	18468
矿产品、建材及化工产品批发	42571813	38032111	37495386	34377954
机械设备、五金产品及电子产品批发				
贸易经纪与代理				
其他批发业	1406740	1624276	1406740	1624276

单位：万元

自有配送中心配送商品购进额		非自有配送中心配送商品购进额		商品销售总额		零售额	
2017年	2016年	2017年	2016年	2017年	2016年	2017年	2016年
63573112	**60761564**	**9110720**	**8937131**	**137860279**	**133381077**	**106324087**	**90933835**
35074396	**32589516**	**3443296**	**3062940**	**53390719**	**49688480**	**34353476**	**30788602**
1808168	1573811			1890992	1641011	1890992	1641011
14626	14379			15313	13966	2398	2310
798924	705959			2491708	2390565	1262250	1268845
1327044	1252396			1288559	1250940	590942	588701
				26507	24870	26507	24870
29718895	27418694	3443296	3062940	45913417	42849008	28816164	25744745
1406740	1624276			1764222	1518120	1764222	1518120
28498716	**28172048**	**5667425**	**5874191**	**84469560**	**83692596**	**71970611**	**60145233**
14250049	13800032	3077264	3244043	43031849	40921079	37210828	35296078
137511	128140	600	581	725615	560282	679757	558651
4124	4469			12783	12791	12709	12714
641797	612801			650193	605033	586054	557514
674974	512600	52798	50003	1099221	941400	829845	709939
7884569	7143371	2304738	2311014	28267390	25746941	22072821	20933053
4785391	5866515	232026	268551	10353835	14620785	10249923	1793000
120300	104120			328675	284286	328675	284286
61800504	**58700346**	**8549407**	**8340364**	**134070495**	**129798881**	**103200333**	**88145200**
34283131	**31553850**	**3443296**	**3062940**	**52582314**	**48626072**	**34045070**	**30446193**
1555283	1320675			1654994	1405611	1654994	1405611
14626	14379			15313	13966	2398	2310
760544	643429			2419390	2283579	1189932	1161859
1327044	1252396			1288559	1250940	590942	588701
				26507	24870	26507	24870
29218895	26698694	3443296	3062940	45413328	42128986	28816075	25744723
1406740	1624276			1764222	1518120	1764222	1518120

1-5 续表 13

股份有限公司

项　　目	商品购进总额		统一配送商品购进额	
	2017年	2016年	2017年	2016年
零售业	**66081882**	**65721126**	**42406165**	**41702413**
综合零售	33148239	32284912	18187835	17890498
食品、饮料及烟草制品专门零售	152796	111997	35671	33917
纺织、服装及日用品专门零售	5079	5480	5079	5480
文化、体育用品及器材专门零售	646569	622075	646569	618727
医药及医疗器材专门零售	907381	706365	907381	706365
汽车、摩托车、燃料及零配件专门零售	21523505	19193732	16875058	14967022
家用电器及电子产品专门零售	9584244	12695565	5634501	7379405
五金、家具及室内装饰材料专门零售	114070	101000	114070	101000
货摊、无店铺及其他零售业				
加盟门店合计	**3379815**	**3606547**	**2777319**	**3076446**
批发业	**808100**	**1063016**	**791350**	**1035746**
农、林、牧产品批发	252885	253136	252885	253136
食品、饮料及烟草制品批发				
纺织、服装及家庭用品批发	55130	89800	38380	62530
文化、体育用品及器材批发				
医药及医疗器材批发				
矿产品、建材及化工产品批发	500085	720080	500085	720080
机械设备、五金产品及电子产品批发				
贸易经纪与代理				
其他批发业				
零售业	**2571715**	**2543531**	**1985969**	**2040700**
综合零售	1869839	1949475	1506282	1615926
食品、饮料及烟草制品专门零售	324628	264040	102439	94804
纺织、服装及日用品专门零售				
文化、体育用品及器材专门零售	1778	1576	1778	1576
医药及医疗器材专门零售	34381	33453	34381	33408
汽车、摩托车、燃料及零配件专门零售	331781	277016	331781	277016
家用电器及电子产品专门零售	3078	14851	3078	14851
五金、家具及室内装饰材料专门零售	6230	3120	6230	3120
货摊、无店铺及其他零售业				

单位：万元

自有配送中心配送商品购进额		非自有配送中心配送商品购进额		商品销售总额		零售额	
2017年	2016年	2017年	2016年	2017年	2016年	2017年	2016年
27517373	**27146497**	**5106111**	**5277424**	**81488182**	**81172809**	**69155263**	**57699007**
13383422	12875216	2548302	2679005	41024048	39202688	35310243	33620553
35573	33758	98	159	183962	129835	161447	128203
4124	4469			12783	12791	12709	12714
640019	611225			648415	603458	584277	555938
673282	510943	20947	18696	1065235	908225	795860	676763
7884569	7143371	2304738	2311014	27900139	25439230	21741040	20656037
4782313	5866515	232026	268551	10351219	14603669	10247307	1775884
114070	101000			302381	272914	302381	272914
1772608	**2061218**	**561314**	**596767**	**3789784**	**3582196**	**3123754**	**2788635**
791265	**1035666**			**808406**	**1062408**	**308406**	**342408**
252885	253136			235999	235401	235999	235401
38380	62530			72318	106986	72318	106986
500000	720000			500089	720022	89	22
981343	**1025552**	**561314**	**596767**	**2981379**	**2519788**	**2815348**	**2446226**
866627	924817	528961	565038	2007801	1718391	1900584	1675525
101938	94382	501	422	541653	430447	518310	430447
1778	1576			1778	1576	1778	1576
1692	1657	31851	31307	33986	33175	33986	33175
				367251	307711	331781	277016
3078				2616	17116	2616	17116
6230	3120			26294	11371	26294	11371

1-5 续表 14

私营企业

项目	商品购进总额		统一配送商品购进额	
	2017年	2016年	2017年	2016年
总　计	**28065400**	**26004364**	**25254276**	**22930700**
批发业	**1206256**	**1208441**	**1052440**	**1000260**
农、林、牧产品批发	70585	88756	32349	43914
食品、饮料及烟草制品批发	215538	225810	167537	169809
纺织、服装及家庭用品批发	47868	46629	43701	42897
文化、体育用品及器材批发	2986	2943	2986	2943
医药及医疗器材批发	112871	102638	84037	74076
矿产品、建材及化工产品批发	88308	125434	58032	53760
机械设备、五金产品及电子产品批发	663799	613618	663799	612862
贸易经纪与代理				
其他批发业	4303	2614		
零售业	**26859144**	**24795923**	**24201836**	**21930439**
综合零售	12841055	11941762	11417025	10229447
食品、饮料及烟草制品专门零售	1256170	1189561	1233635	1171851
纺织、服装及日用品专门零售	675884	634424	459754	421354
文化、体育用品及器材专门零售	113972	99009	86902	83200
医药及医疗器材专门零售	6290842	5589112	5863815	5241472
汽车、摩托车、燃料及零配件专门零售	213579	206468	173502	169405
家用电器及电子产品专门零售	5342769	5052013	4854813	4530135
五金、家具及室内装饰材料专门零售	84566	50222	72083	50222
货摊、无店铺及其他零售业	40307	33353	40307	33353
直营门店合计	**25503271**	**23783250**	**23029788**	**21067809**
批发业	**1026499**	**1032667**	**916718**	**874634**
农、林、牧产品批发	13204	19527	11241	17133
食品、饮料及烟草制品批发	152745	162682	112194	114226
纺织、服装及家庭用品批发	46812	46119	42645	42387
文化、体育用品及器材批发	2986	2943	2986	2943
医药及医疗器材批发	91069	89854	62546	61448
矿产品、建材及化工产品批发	58802	98903	28527	27229
机械设备、五金产品及电子产品批发	656580	610024	656580	609267
贸易经纪与代理				
其他批发业	4303	2614		

单位：万元

自有配送中心配送商品购进额		非自有配送中心配送商品购进额		商品销售总额		零售额	
2017年	2016年	2017年	2016年	2017年	2016年	2017年	2016年
12087614	**11325031**	**1565718**	**1858440**	**31225696**	**27529684**	**27001544**	**24100738**
849957	**788859**	**26611**	**26792**	**1437628**	**1382719**	**301177**	**592149**
18146	38285		1654	86704	135949	38384	45034
128901	119500	11998	9826	272974	235681	97695	81455
11408	11141	125	848	81404	78754	10063	7830
2986	2943			4111	4066	950	842
61986	47861	13000	12990	133560	116055	26081	25514
55145	50915	160	165	94219	155601	25367	32914
571386	518215	1328	1310	758680	652906	97393	394851
				5976	3709	5245	3709
11237657	**10536172**	**1539107**	**1831648**	**29788068**	**26146965**	**26700366**	**23508589**
6397255	6170518	821829	1061948	14375813	12430618	13282143	11557387
769499	737311	73938	69141	1752180	1548579	1401624	1234344
284680	245032	18200	25205	993162	898928	908921	831978
71057	70073	790	575	132692	115965	103738	93653
2622403	2161953	284537	324811	6761208	5866850	6261021	5439582
36723	36167	25099	32631	239278	233681	200752	199235
964695	1045485	297512	306438	5395715	4967644	4418204	4071965
67477	47365	2915	1800	87785	53676	75828	50880
23869	22268	14287	9099	50235	31025	48137	29564
10925918	**10145746**	**1334721**	**1361550**	**28023189**	**24822610**	**24233459**	**21748183**
743144	**682571**	**17312**	**17643**	**1265014**	**1192108**	**261378**	**547835**
7149	16611		522	38220	44365	28588	28629
82807	71894	2749	1848	224434	188935	84669	71690
11408	11141	125	848	80364	78204	9023	7280
2986	2943			4111	4066	950	842
48988	40976	12950	12950	99221	97783	10791	11877
25640	24384	160	165	60406	125742	24976	32559
564167	514621	1328	1310	752282	649304	97137	391249
				5976	3709	5245	3709

1-5 续表 15

私营企业

项目	商品购进总额		统一配送商品购进额	
	2017年	2016年	2017年	2016年
零售业	**24476772**	**22750583**	**22113070**	**20193176**
综合零售	11276715	10542284	10020616	9033856
食品、饮料及烟草制品专门零售	1122582	1085594	1103168	1070351
纺织、服装及日用品专门零售	568193	536600	395552	354514
文化、体育用品及器材专门零售	113942	99009	86872	83200
医药及医疗器材专门零售	5892492	5244739	5541932	4966251
汽车、摩托车、燃料及零配件专门零售	213579	206468	173502	169405
家用电器及电子产品专门零售	5185084	4971984	4699725	4451694
五金、家具及室内装饰材料专门零售	84566	50222	72083	50222
货摊、无店铺及其他零售业	19619	13683	19619	13683
加盟门店合计	**2562129**	**2221114**	**2224488**	**1862890**
批发业	**179757**	**175774**	**135722**	**125627**
农、林、牧产品批发	57381	69229	21108	26781
食品、饮料及烟草制品批发	62793	63128	55342	55583
纺织、服装及家庭用品批发	1056	510	1056	510
文化、体育用品及器材批发				
医药及医疗器材批发	21802	12784	21491	12629
矿产品、建材及化工产品批发	29506	26531	29506	26531
机械设备、五金产品及电子产品批发	7219	3594	7219	3594
贸易经纪与代理				
其他批发业				
零售业	**2382373**	**2045340**	**2088766**	**1737263**
综合零售	1564340	1399477	1396409	1195591
食品、饮料及烟草制品专门零售	133588	103968	130467	101499
纺织、服装及日用品专门零售	107692	97823	64201	66840
文化、体育用品及器材专门零售	30		30	
医药及医疗器材专门零售	398350	344372	321883	275221
汽车、摩托车、燃料及零配件专门零售				
家用电器及电子产品专门零售	157685	80029	155088	78441
五金、家具及室内装饰材料专门零售				
货摊、无店铺及其他零售业	20688	19670	20688	19670

单位：万元

自有配送中心配送商品购进额		非自有配送中心配送商品购进额		商品销售总额		零售额	
2017年	2016年	2017年	2016年	2017年	2016年	2017年	2016年
10182774	**9463175**	**1317409**	**1343906**	**26758175**	**23630502**	**23972080**	**21200349**
5763389	5447006	696030	668848	12396110	10717541	11414409	9915332
649993	642231	73938	69111	1569604	1434763	1266680	1148008
231350	205396	8102	6285	764244	714582	726762	668189
71037	70073	780	575	132672	115965	103718	93653
2437609	2007033	198746	249120	6299323	5453086	5840803	5073423
36723	36167	25099	32631	239278	233681	200752	199235
921647	1005173	297512	306438	5243978	4888743	4320045	4034622
67477	47365	2915	1800	87785	53676	75828	50880
3550	2731	14287	9099	25182	18467	23084	17006
1161696	**1179286**	**230997**	**496891**	**3202508**	**2707075**	**2768085**	**2352554**
106813	**106289**	**9299**	**9149**	**172614**	**190612**	**39799**	**44314**
10996	21674		1132	48484	91583	9796	16405
46094	47605	9249	7977	48540	46746	13026	9765
				1040	550	1040	550
12998	6884	50	40	34339	18273	15291	13638
29506	26531			33813	29859	391	356
7219	3594			6398	3601	256	3601
1054883	**1072997**	**221698**	**487742**	**3029893**	**2516463**	**2728286**	**2308240**
633866	723512	125798	393100	1979703	1713076	1867734	1642055
119506	95081		30	182576	113816	134944	86336
53330	39635	10098	18920	228918	184346	182159	163789
20		10		20		20	
184794	154920	85792	75692	461886	413764	420218	366159
43048	40312			151737	78902	98159	37343
20319	19537			25053	12559	25053	12559

1-5 续表 16

其他企业

项　　目	商品购进总额		统一配送商品购进额	
	2017年	2016年	2017年	2016年
总　　计	**511694**	**527433**	**495388**	**510098**
批发业	**6728**	**6278**	**6661**	**6271**
农、林、牧产品批发				
食品、饮料及烟草制品批发				
纺织、服装及家庭用品批发				
文化、体育用品及器材批发				
医药及医疗器材批发	6728	6278	6661	6271
矿产品、建材及化工产品批发				
机械设备、五金产品及电子产品批发				
贸易经纪与代理				
其他批发业				
零售业	**504966**	**521155**	**488727**	**503827**
综合零售	292537	315276	292537	315276
食品、饮料及烟草制品专门零售	16415	16899	6570	6169
纺织、服装及日用品专门零售	1421	1201	1421	1201
文化、体育用品及器材专门零售	14153	21333	14153	21333
医药及医疗器材专门零售	143090	135322	136695	128723
汽车、摩托车、燃料及零配件专门零售				
家用电器及电子产品专门零售	37350	31125	37350	31125
五金、家具及室内装饰材料专门零售				
货摊、无店铺及其他零售业				
直营门店合计	**470164**	**478913**	**453924**	**463299**
批发业	**3734**	**3398**	**3734**	**3398**
农、林、牧产品批发				
食品、饮料及烟草制品批发				
纺织、服装及家庭用品批发				
文化、体育用品及器材批发				
医药及医疗器材批发	3734	3398	3734	3398
矿产品、建材及化工产品批发				
机械设备、五金产品及电子产品批发				
贸易经纪与代理				
其他批发业				

单位：万元

自有配送中心配送商品购进额		非自有配送中心配送商品购进额		商品销售总额		零售额	
2017年	2016年	2017年	2016年	2017年	2016年	2017年	2016年
144870	**130190**	**278924**	**290098**	**573375**	**529027**	**554612**	**514243**
6661	**6269**			**11042**	**10576**	**11042**	**10576**
6661	6269			11042	10576	11042	10576
138208	**123921**	**278924**	**290098**	**562334**	**518451**	**543570**	**503667**
38953	42805	228553	229303	286098	273133	286098	273133
6570	5145		1024	17215	17224	6213	4000
				1520	1367	1520	1367
7160	7128			15920	16867	8158	15307
85525	68843	50371	59770	185555	163172	185555	163172
				56026	46688	56026	46688
137330	**122484**	**245799**	**251117**	**521166**	**476318**	**502402**	**463694**
3734	**3398**			**5321**	**4766**	**5321**	**4766**
3734	3398			5321	4766	5321	4766

1-5 续表 17

其他企业

项　目	商品购进总额		统一配送商品购进额	
	2017年	2016年	2017年	2016年
零售业	**466429**	**475514**	**450190**	**459901**
综合零售	286518	308915	286518	308915
食品、饮料及烟草制品专门零售	16415	15184	6570	6169
纺织、服装及日用品专门零售	1421	1201	1421	1201
文化、体育用品及器材专门零售	14153	21333	14153	21333
医药及医疗器材专门零售	110572	97756	104178	91158
汽车、摩托车、燃料及零配件专门零售				
家用电器及电子产品专门零售	37350	31125	37350	31125
五金、家具及室内装饰材料专门零售				
货摊、无店铺及其他零售业				
加盟门店合计	**41531**	**48520**	**41464**	**46798**
批发业	**2994**	**2879**	**2927**	**2872**
农、林、牧产品批发				
食品、饮料及烟草制品批发				
纺织、服装及家庭用品批发				
文化、体育用品及器材批发				
医药及医疗器材批发	2994	2879	2927	2872
矿产品、建材及化工产品批发				
机械设备、五金产品及电子产品批发				
贸易经纪与代理				
其他批发业				
零售业	**38537**	**45641**	**38537**	**43926**
综合零售	6020	6360	6020	6360
食品、饮料及烟草制品专门零售		1715		
纺织、服装及日用品专门零售				
文化、体育用品及器材专门零售				
医药及医疗器材专门零售	32517	37566	32517	37566
汽车、摩托车、燃料及零配件专门零售				
家用电器及电子产品专门零售				
五金、家具及室内装饰材料专门零售				
货摊、无店铺及其他零售业				

单位：万元

自有配送中心配送商品购进额		非自有配送中心配送商品购进额		商品销售总额		零售额	
2017年	2016年	2017年	2016年	2017年	2016年	2017年	2016年
133596	**119086**	**245799**	**251117**	**515846**	**471552**	**497082**	**458928**
34414	38082	227073	227666	280180	267370	280180	267370
6570	5145		1024	17215	15064	6213	4000
				1520	1367	1520	1367
7160	7128			15920	16867	8158	15307
85452	68731	18726	22427	144985	124196	144985	124196
				56026	46688	56026	46688
7540	**7706**	**33125**	**38981**	**52209**	**52709**	**52209**	**50549**
2927	**2870**			**5721**	**5810**	**5721**	**5810**
2927	2870			5721	5810	5721	5810
4613	**4835**	**33125**	**38981**	**46488**	**46899**	**46488**	**44739**
4539	4723	1480	1637	5918	5763	5918	5763
					2160		
74	112	31645	37343	40570	38976	40570	38976

1-5 续表 18

港澳台商投资企业

项　目	商品购进总额		统一配送商品购进额	
	2017年	2016年	2017年	2016年
总　计	**23830331**	**23871089**	**18242627**	**18297156**
批发业	**191591**	**226776**	**170757**	**208946**
农、林、牧产品批发				
食品、饮料及烟草制品批发	5385	5492	5385	5492
纺织、服装及家庭用品批发				
文化、体育用品及器材批发	1111	1193	1111	1193
医药及医疗器材批发				
矿产品、建材及化工产品批发	7600	7859	7600	7859
机械设备、五金产品及电子产品批发				
贸易经纪与代理				
其他批发业	177495	212232	156661	194402
零售业	**23638741**	**23644313**	**18071870**	**18088211**
综合零售	22239172	22491627	17233999	17381380
食品、饮料及烟草制品专门零售	193439	175468	161183	124757
纺织、服装及日用品专门零售	964876	773496	454135	394567
文化、体育用品及器材专门零售	954	931		
医药及医疗器材专门零售	198187	160981	180441	145697
汽车、摩托车、燃料及零配件专门零售	19942	20023	19942	20023
家用电器及电子产品专门零售				
五金、家具及室内装饰材料专门零售	22171	21787	22171	21787
货摊、无店铺及其他零售业				
直营门店合计	**18943217**	**19085760**	**13391827**	**13670045**
批发业	**191591**	**226776**	**170757**	**208946**
农、林、牧产品批发				
食品、饮料及烟草制品批发	5385	5492	5385	5492
纺织、服装及家庭用品批发				
文化、体育用品及器材批发	1111	1193	1111	1193
医药及医疗器材批发				
矿产品、建材及化工产品批发	7600	7859	7600	7859
机械设备、五金产品及电子产品批发				
贸易经纪与代理				
其他批发业	177495	212232	156661	194402

单位：万元

自有配送中心配送商品购进额		非自有配送中心配送商品购进额		商品销售总额		零售额	
2017年	2016年	2017年	2016年	2017年	2016年	2017年	2016年
7710600	**8085345**	**4447541**	**4340946**	**26066245**	**26459666**	**23475405**	**23679315**
5487	**5651**			**281998**	**308174**	**75966**	**57324**
5385	5492			19143	6522	3568	2828
				1537	1448	1537	1448
				15887	18389		
101	159			245432	281816	70861	53048
7705114	**8079694**	**4447541**	**4340946**	**25784247**	**26151492**	**23399438**	**23621992**
7266638	7686143	4308555	4239859	23215897	24047715	20919865	21630097
141400	105619	10230	11552	263533	272342	247652	221185
239971	229578	5420	2193	1955372	1518986	1937441	1464241
				1720	1658	1720	1658
57104	58354	123336	87343	281055	249629	226090	243648
				32690	32544	32690	32544
				33980	28619	33980	28619
7444988	**7937067**	**4435672**	**4332577**	**20963696**	**21732087**	**18415030**	**18996628**
5487	**5651**			**281998**	**308174**	**75966**	**57324**
5385	5492			19143	6522	3568	2828
				1537	1448	1537	1448
				15887	18389		
101	159			245432	281816	70861	53048

1-5 续表 19

港澳台商投资企业

项目	商品购进总额		统一配送商品购进额	
	2017年	2016年	2017年	2016年
零售业	**18751627**	**18858984**	**13221070**	**13461100**
综合零售	17418253	17777420	12445263	12822348
食品、饮料及烟草制品专门零售	182343	165576	153656	117907
纺织、服装及日用品专门零售	911001	713296	400823	334366
文化、体育用品及器材专门零售	954	931		
医药及医疗器材专门零售	196963	159952	179217	144669
汽车、摩托车、燃料及零配件专门零售	19942	20023	19942	20023
家用电器及电子产品专门零售				
五金、家具及室内装饰材料专门零售	22171	21787	22171	21787
货摊、无店铺及其他零售业				
加盟门店合计	**4887114**	**4785329**	**4850800**	**4627111**
批发业				
农、林、牧产品批发				
食品、饮料及烟草制品批发				
纺织、服装及家庭用品批发				
文化、体育用品及器材批发				
医药及医疗器材批发				
矿产品、建材及化工产品批发				
机械设备、五金产品及电子产品批发				
贸易经纪与代理				
其他批发业				
零售业	**4887114**	**4785329**	**4850800**	**4627111**
综合零售	4820919	4714208	4788736	4559032
食品、饮料及烟草制品专门零售	11096	9892	7528	6850
纺织、服装及日用品专门零售	53875	60200	53313	60200
文化、体育用品及器材专门零售				
医药及医疗器材专门零售	1224	1029	1224	1029
汽车、摩托车、燃料及零配件专门零售				
家用电器及电子产品专门零售				
五金、家具及室内装饰材料专门零售				
货摊、无店铺及其他零售业				

单位：万元

	自有配送中心配送商品购进额		非自有配送中心配送商品购进额		商品销售总额		零售额	
	2017年	2016年	2017年	2016年	2017年	2016年	2017年	2016年
	7439502	**7931416**	**4435672**	**4332577**	**20681698**	**21423912**	**18339064**	**18939304**
	7010026	7554213	4299581	4233845	18412012	19465535	16152920	17085428
	136768	101124	7335	9197	248864	257831	238218	214055
	236828	218754	5420	2193	1672812	1389309	1654881	1334564
					1720	1658	1720	1658
	55881	57326	123336	87343	279620	248417	224655	242436
					32690	32544	32690	32544
					33980	28619	33980	28619
	265612	**148278**	**11869**	**8369**	**5102550**	**4727580**	**5060375**	**4682688**
	265612	**148278**	**11869**	**8369**	**5102550**	**4727580**	**5060375**	**4682688**
	256612	131930	8974	6014	4803886	4582180	4766945	4544670
	4633	4495	2895	2355	14668	14512	9434	7130
	3143	10823			282561	129677	282561	129677
	1224	1029			1435	1211	1435	1211

1-5 续表 20

外商投资企业

项　　目	商品购进总额		统一配送商品购进额	
	2017年	2016年	2017年	2016年
总　　计	**29625767**	**29864165**	**17178392**	**17105888**
批发业	**835617**	**697044**	**618863**	**508621**
农、林、牧产品批发				
食品、饮料及烟草制品批发	3555	1530	3555	1530
纺织、服装及家庭用品批发	20586	19654	20586	19654
文化、体育用品及器材批发				
医药及医疗器材批发				
矿产品、建材及化工产品批发	811476	675860	594722	487437
机械设备、五金产品及电子产品批发				
贸易经纪与代理				
其他批发业				
零售业	**28790150**	**29167121**	**16559529**	**16597267**
综合零售	17468297	18761830	9739325	10272389
食品、饮料及烟草制品专门零售	46396	44049	43732	38290
纺织、服装及日用品专门零售	1182339	965294	1178399	941119
文化、体育用品及器材专门零售	443011	432991	443011	432991
医药及医疗器材专门零售				
汽车、摩托车、燃料及零配件专门零售	5307497	4932211	3830740	3586862
家用电器及电子产品专门零售	4138067	3829915	1144315	1135048
五金、家具及室内装饰材料专门零售	181794	184125	157258	173863
货摊、无店铺及其他零售业	22749	16706	22749	16706
直营门店合计	**28728854**	**28895964**	**16368318**	**16194912**
批发业	**834551**	**696394**	**617796**	**507971**
农、林、牧产品批发				
食品、饮料及烟草制品批发	2489	880	2489	880
纺织、服装及家庭用品批发	20586	19654	20586	19654
文化、体育用品及器材批发				
医药及医疗器材批发				
矿产品、建材及化工产品批发	811476	675860	594722	487437
机械设备、五金产品及电子产品批发				
贸易经纪与代理				
其他批发业				

单位：万元

自有配送中心配送商品购进额		非自有配送中心配送商品购进额		商品销售总额		零售额	
2017年	2016年	2017年	2016年	2017年	2016年	2017年	2016年
9443939	**9723601**	**3288308**	**2884583**	**36986137**	**35668126**	**32343126**	**31406476**
616157	**506563**	**2706**	**2058**	**985167**	**787289**	**328454**	**209245**
3555	1530			4096	2250	4096	2250
20586	19654			34831	20090	2335	3973
592016	485379	2706	2058	946240	764948	322024	203022
8827782	**9217038**	**3285602**	**2882525**	**36000970**	**34880837**	**32014671**	**31197232**
7412723	7758365	778532	725358	19253614	20031406	17042988	17752540
19364	21309	2250	792	132633	136827	132633	136180
141820	155779	274146	307580	2271799	1800521	2248529	1726495
214898	221764	194340	211227	649989	616204	591040	565664
997487	1018087	1457052	1164480	8484979	7547794	7149311	6310526
23411	23699	569697	459584	4900336	4423394	4553382	4398274
18079	18037	9586	13504	277358	294935	277193	294379
				30262	29757	19597	13176
8783739	**8862759**	**3158509**	**2844163**	**36044671**	**34661140**	**31406083**	**30399490**
615090	**505913**	**2706**	**2058**	**984311**	**786489**	**327599**	**208445**
2489	880			3241	1450	3241	1450
20586	19654			34831	20090	2335	3973
592016	485379	2706	2058	946240	764948	322024	203022

1-5 续表 21

外商投资企业

项　目	商品购进总额		统一配送商品购进额	
	2017年	2016年	2017年	2016年
零售业	**27894304**	**28199570**	**15750522**	**15686941**
综合零售	16599305	17818049	8956769	9385544
食品、饮料及烟草制品专门零售	43069	41239	40405	35480
纺织、服装及日用品专门零售	1158813	944334	1155275	920447
文化、体育用品及器材专门零售	443011	432991	443011	432991
医药及医疗器材专门零售				
汽车、摩托车、燃料及零配件专门零售	5307497	4932211	3830740	3586862
家用电器及电子产品专门零售	4138067	3829915	1144315	1135048
五金、家具及室内装饰材料专门零售	181794	184125	157258	173863
货摊、无店铺及其他零售业	22749	16706	22749	16706
加盟门店合计	**896913**	**968201**	**810074**	**910976**
批发业	**1067**	**650**	**1067**	**650**
农、林、牧产品批发				
食品、饮料及烟草制品批发	1067	650	1067	650
纺织、服装及家庭用品批发				
文化、体育用品及器材批发				
医药及医疗器材批发				
矿产品、建材及化工产品批发				
机械设备、五金产品及电子产品批发				
贸易经纪与代理				
其他批发业				
零售业	**895846**	**967551**	**809007**	**910326**
综合零售	868993	943782	782556	886845
食品、饮料及烟草制品专门零售	3327	2810	3327	2810
纺织、服装及日用品专门零售	23526	20960	23123	20672
文化、体育用品及器材专门零售				
医药及医疗器材专门零售				
汽车、摩托车、燃料及零配件专门零售				
家用电器及电子产品专门零售				
五金、家具及室内装饰材料专门零售				
货摊、无店铺及其他零售业				

单位：万元

自有配送中心配送商品购进额		非自有配送中心配送商品购进额		商品销售总额		零售额	
2017年	2016年	2017年	2016年	2017年	2016年	2017年	2016年
8168649	**8356846**	**3155803**	**2842105**	**35060359**	**33874651**	**31078484**	**30191045**
6770700	6918353	648733	684938	18345643	19069514	16135017	16790649
19256	21197	2250	792	129986	134066	129986	133418
124818	135709	274146	307580	2241806	1758988	2222959	1684961
214898	221764	194340	211227	649989	616204	591040	565664
997487	1018087	1457052	1164480	8484979	7547794	7149311	6310526
23411	23699	569697	459584	4900336	4423394	4553382	4398274
18079	18037	9586	13504	277358	294935	277193	294379
				30262	29757	19597	13176
660200	**860842**	**129799**	**40420**	**941466**	**1006986**	**937043**	**1006986**
1067	**650**			**856**	**800**	**856**	**800**
1067	650			856	800	856	800
659133	**860192**	**129799**	**40420**	**940611**	**1006186**	**936187**	**1006186**
642023	840011	129799	40420	907971	961892	907971	961892
108	112			2646	2761	2646	2761
17002	20069			29993	41534	25570	41534

1-6 按行业与业态分连锁零售企业基本情况

便利店

项　　目	连锁总店数（个）	门店数（个）		年末从业人员（人）		年末零售营业面积（平方米）	
	2017年	2017年	2016年	2017年	2016年	2017年	2016年
总　　计	**102**	**24060**	**22398**	**89922**	**92454**	**1907888**	**1784041**
批发业							
农、林、牧产品批发							
食品、饮料及烟草制品批发							
纺织、服装及家庭用品批发							
文化、体育用品及器材批发							
医药及医疗器材批发							
矿产品、建材及化工产品批发							
机械设备、五金产品及电子产品批发							
贸易经纪与代理							
其他批发业							
零售业	**102**	**24060**	**22398**	**89922**	**92454**	**1907888**	**1784041**
综合零售	99	20590	19094	82777	85900	1743025	1634566
食品、饮料及烟草制品专门零售	3	3470	3304	7145	6554	164863	149475
纺织、服装及日用品专门零售							
文化、体育用品及器材专门零售							
医药及医疗器材专门零售							
汽车、摩托车、燃料及零配件专门零售							
家用电器及电子产品专门零售							
五金、家具及室内装饰材料专门零售							
货摊、无店铺及其他零售业							
直营门店合计		**10313**	**10015**	**56455**	**57078**	**1100989**	**1050149**
批发业							
农、林、牧产品批发							
食品、饮料及烟草制品批发							
纺织、服装及家庭用品批发							
文化、体育用品及器材批发							
医药及医疗器材批发							
矿产品、建材及化工产品批发							
机械设备、五金产品及电子产品批发							
贸易经纪与代理							
其他批发业							

1-6 续表 1

便利店

项目	连锁总店数（个）	门店数（个）		年末从业人员（人）		年末零售营业面积（平方米）	
	2017年	2017年	2016年	2017年	2016年	2017年	2016年
零售业		**10313**	**10015**	**56455**	**57078**	**1100989**	**1050149**
综合零售		10149	10000	55792	56918	1087045	1048679
食品、饮料及烟草制品专门零售		164	15	663	160	13944	1470
纺织、服装及日用品专门零售							
文化、体育用品及器材专门零售							
医药及医疗器材专门零售							
汽车、摩托车、燃料及零配件专门零售							
家用电器及电子产品专门零售							
五金、家具及室内装饰材料专门零售							
货摊、无店铺及其他零售业							
加盟门店合计		**13747**	**12383**	**33467**	**35376**	**806899**	**733892**
批发业							
农、林、牧产品批发							
食品、饮料及烟草制品批发							
纺织、服装及家庭用品批发							
文化、体育用品及器材批发							
医药及医疗器材批发							
矿产品、建材及化工产品批发							
机械设备、五金产品及电子产品批发							
贸易经纪与代理							
其他批发业							
零售业		**13747**	**12383**	**33467**	**35376**	**806899**	**733892**
综合零售		10441	9094	26985	28982	655980	585887
食品、饮料及烟草制品专门零售		3306	3289	6482	6394	150919	148005
纺织、服装及日用品专门零售							
文化、体育用品及器材专门零售							
医药及医疗器材专门零售							
汽车、摩托车、燃料及零配件专门零售							
家用电器及电子产品专门零售							
五金、家具及室内装饰材料专门零售							
货摊、无店铺及其他零售业							

1-6　续表 2

折扣店

项　　目	连锁总店数（个）	门店数（个）		年末从业人员（人）		年末零售营业面积（平方米）	
	2017年	2017年	2016年	2017年	2016年	2017年	2016年
总　计	**3**	**448**	**460**	**1613**	**1684**	**193592**	**160601**
批发业							
农、林、牧产品批发							
食品、饮料及烟草制品批发							
纺织、服装及家庭用品批发							
文化、体育用品及器材批发							
医药及医疗器材批发							
矿产品、建材及化工产品批发							
机械设备、五金产品及电子产品批发							
贸易经纪与代理							
其他批发业							
零售业	**3**	**448**	**460**	**1613**	**1684**	**193592**	**160601**
综合零售	2	442	452	1179	1085	103800	102750
食品、饮料及烟草制品专门零售							
纺织、服装及日用品专门零售	1	6	8	434	599	89792	57851
文化、体育用品及器材专门零售							
医药及医疗器材专门零售							
汽车、摩托车、燃料及零配件专门零售							
家用电器及电子产品专门零售							
五金、家具及室内装饰材料专门零售							
货摊、无店铺及其他零售业							
直营门店合计		**269**	**279**	**1552**	**1627**	**148842**	**120601**
批发业							
农、林、牧产品批发							
食品、饮料及烟草制品批发							
纺织、服装及家庭用品批发							
文化、体育用品及器材批发							
医药及医疗器材批发							
矿产品、建材及化工产品批发							
机械设备、五金产品及电子产品批发							
贸易经纪与代理							
其他批发业							

1-6 续表 3

折扣店

项　　目	连锁总店数（个）	门店数（个）		年末从业人员（人）		年末零售营业面积（平方米）	
	2017年	2017年	2016年	2017年	2016年	2017年	2016年
零售业		**269**	**279**	**1552**	**1627**	**148842**	**120601**
综合零售		263	271	1118	1028	59050	62750
食品、饮料及烟草制品专门零售							
纺织、服装及日用品专门零售		6	8	434	599	89792	57851
文化、体育用品及器材专门零售							
医药及医疗器材专门零售							
汽车、摩托车、燃料及零配件专门零售							
家用电器及电子产品专门零售							
五金、家具及室内装饰材料专门零售							
货摊、无店铺及其他零售业							
加盟门店合计		**179**	**181**	**61**	**57**	**44750**	**40000**
批发业							
农、林、牧产品批发							
食品、饮料及烟草制品批发							
纺织、服装及家庭用品批发							
文化、体育用品及器材批发							
医药及医疗器材批发							
矿产品、建材及化工产品批发							
机械设备、五金产品及电子产品批发							
贸易经纪与代理							
其他批发业							
零售业		**179**	**181**	**61**	**57**	**44750**	**40000**
综合零售		179	181	61	57	44750	40000
食品、饮料及烟草制品专门零售							
纺织、服装及日用品专门零售							
文化、体育用品及器材专门零售							
医药及医疗器材专门零售							
汽车、摩托车、燃料及零配件专门零售							
家用电器及电子产品专门零售							
五金、家具及室内装饰材料专门零售							
货摊、无店铺及其他零售业							

1-6　续表 4

超市

项　　目	连锁总店数（个）	门店数（个）		年末从业人员（人）		年末零售营业面积（平方米）	
	2017年	2017年	2016年	2017年	2016年	2017年	2016年
总　计	**391**	**29881**	**32653**	**419779**	**454964**	**21128919**	**21391428**
批发业							
农、林、牧产品批发							
食品、饮料及烟草制品批发							
纺织、服装及家庭用品批发							
文化、体育用品及器材批发							
医药及医疗器材批发							
矿产品、建材及化工产品批发							
机械设备、五金产品及电子产品批发							
贸易经纪与代理							
其他批发业							
零售业	**391**	**29881**	**32653**	**419779**	**454964**	**21128919**	**21391428**
综合零售	389	29012	31792	418853	454062	21099109	21361988
食品、饮料及烟草制品专门零售	2	869	861	926	902	29810	29440
纺织、服装及日用品专门零售							
文化、体育用品及器材专门零售							
医药及医疗器材专门零售							
汽车、摩托车、燃料及零配件专门零售							
家用电器及电子产品专门零售							
五金、家具及室内装饰材料专门零售							
货摊、无店铺及其他零售业							
直营门店合计		**16489**	**16630**	**363933**	**388841**	**18986779**	**19043956**
批发业							
农、林、牧产品批发							
食品、饮料及烟草制品批发							
纺织、服装及家庭用品批发							
文化、体育用品及器材批发							
医药及医疗器材批发							
矿产品、建材及化工产品批发							
机械设备、五金产品及电子产品批发							
贸易经纪与代理							
其他批发业							

1-6 续表 5

超市

项　　目	连锁总店数（个）	门店数（个）		年末从业人员（人）		年末零售营业面积（平方米）	
	2017年	2017年	2016年	2017年	2016年	2017年	2016年
零售业		**16489**	**16630**	**363933**	**388841**	**18986779**	**19043956**
综合零售		16450	16599	363839	388771	18979829	19037376
食品、饮料及烟草制品专门零售		39	31	94	70	6950	6580
纺织、服装及日用品专门零售							
文化、体育用品及器材专门零售							
医药及医疗器材专门零售							
汽车、摩托车、燃料及零配件专门零售							
家用电器及电子产品专门零售							
五金、家具及室内装饰材料专门零售							
货摊、无店铺及其他零售业							
加盟门店合计		**13392**	**16023**	**55846**	**66123**	**2142140**	**2347472**
批发业							
农、林、牧产品批发							
食品、饮料及烟草制品批发							
纺织、服装及家庭用品批发							
文化、体育用品及器材批发							
医药及医疗器材批发							
矿产品、建材及化工产品批发							
机械设备、五金产品及电子产品批发							
贸易经纪与代理							
其他批发业							
零售业		**13392**	**16023**	**55846**	**66123**	**2142140**	**2347472**
综合零售		12562	15193	55014	65291	2119280	2324612
食品、饮料及烟草制品专门零售		830	830	832	832	22860	22860
纺织、服装及日用品专门零售							
文化、体育用品及器材专门零售							
医药及医疗器材专门零售							
汽车、摩托车、燃料及零配件专门零售							
家用电器及电子产品专门零售							
五金、家具及室内装饰材料专门零售							
货摊、无店铺及其他零售业							

1-6　续表 6

大型超市

项　　目	连锁总店数（个）	门店数（个）		年末从业人员（人）		年末零售营业面积（平方米）	
	2017年	2017年	2016年	2017年	2016年	2017年	2016年
总 计	**168**	**6155**	**5968**	**469937**	**478027**	**35398107**	**34848891**
批发业							
农、林、牧产品批发							
食品、饮料及烟草制品批发							
纺织、服装及家庭用品批发							
文化、体育用品及器材批发							
医药及医疗器材批发							
矿产品、建材及化工产品批发							
机械设备、五金产品及电子产品批发							
贸易经纪与代理							
其他批发业							
零售业	**168**	**6155**	**5968**	**469937**	**478027**	**35398107**	**34848891**
综合零售	168	6155	5968	469937	478027	35398107	34848891
食品、饮料及烟草制品专门零售							
纺织、服装及日用品专门零售							
文化、体育用品及器材专门零售							
医药及医疗器材专门零售							
汽车、摩托车、燃料及零配件专门零售							
家用电器及电子产品专门零售							
五金、家具及室内装饰材料专门零售							
货摊、无店铺及其他零售业							
直营门店合计		**4067**	**3892**	**398936**	**410509**	**31762511**	**31329547**
批发业							
农、林、牧产品批发							
食品、饮料及烟草制品批发							
纺织、服装及家庭用品批发							
文化、体育用品及器材批发							
医药及医疗器材批发							
矿产品、建材及化工产品批发							
机械设备、五金产品及电子产品批发							
贸易经纪与代理							
其他批发业							

1-6 续表 7

大型超市

项目	连锁总店数（个）	门店数（个）		年末从业人员（人）		年末零售营业面积（平方米）	
	2017年	2017年	2016年	2017年	2016年	2017年	2016年
零售业		**4067**	**3892**	**398936**	**410509**	**31762511**	**31329547**
综合零售		4067	3892	398936	410509	31762511	31329547
食品、饮料及烟草制品专门零售							
纺织、服装及日用品专门零售							
文化、体育用品及器材专门零售							
医药及医疗器材专门零售							
汽车、摩托车、燃料及零配件专门零售							
家用电器及电子产品专门零售							
五金、家具及室内装饰材料专门零售							
货摊、无店铺及其他零售业							
加盟门店合计		**2088**	**2076**	**71001**	**67518**	**3635596**	**3519344**
批发业							
农、林、牧产品批发							
食品、饮料及烟草制品批发							
纺织、服装及家庭用品批发							
文化、体育用品及器材批发							
医药及医疗器材批发							
矿产品、建材及化工产品批发							
机械设备、五金产品及电子产品批发							
贸易经纪与代理							
其他批发业							
零售业		**2088**	**2076**	**71001**	**67518**	**3635596**	**3519344**
综合零售		2088	2076	71001	67518	3635596	3519344
食品、饮料及烟草制品专门零售							
纺织、服装及日用品专门零售							
文化、体育用品及器材专门零售							
医药及医疗器材专门零售							
汽车、摩托车、燃料及零配件专门零售							
家用电器及电子产品专门零售							
五金、家具及室内装饰材料专门零售							
货摊、无店铺及其他零售业							

1-6 续表 8

仓储会员店

项目	连锁总店数（个）	门店数（个）		年末从业人员（人）		年末零售营业面积（平方米）	
	2017年	2017年	2016年	2017年	2016年	2017年	2016年
总 计	**2**	**98**	**93**	**13174**	**12170**	**681161**	**671810**
批发业							
农、林、牧产品批发							
食品、饮料及烟草制品批发							
纺织、服装及家庭用品批发							
文化、体育用品及器材批发							
医药及医疗器材批发							
矿产品、建材及化工产品批发							
机械设备、五金产品及电子产品批发							
贸易经纪与代理							
其他批发业							
零售业	**2**	**98**	**93**	**13174**	**12170**	**681161**	**671810**
综合零售	2	98	93	13174	12170	681161	671810
食品、饮料及烟草制品专门零售							
纺织、服装及日用品专门零售							
文化、体育用品及器材专门零售							
医药及医疗器材专门零售							
汽车、摩托车、燃料及零配件专门零售							
家用电器及电子产品专门零售							
五金、家具及室内装饰材料专门零售							
货摊、无店铺及其他零售业							
直营门店合计		**98**	**93**	**13174**	**12170**	**681161**	**671810**
批发业							
农、林、牧产品批发							
食品、饮料及烟草制品批发							
纺织、服装及家庭用品批发							
文化、体育用品及器材批发							
医药及医疗器材批发							
矿产品、建材及化工产品批发							
机械设备、五金产品及电子产品批发							
贸易经纪与代理							
其他批发业							

1-6 续表 9

仓储会员店

项　　目	连锁总店数（个）	门店数（个）		年末从业人员（人）		年末零售营业面积（平方米）	
	2017年	2017年	2016年	2017年	2016年	2017年	2016年
零售业		**98**	**93**	**13174**	**12170**	**681161**	**671810**
综合零售		98	93	13174	12170	681161	671810
食品、饮料及烟草制品专门零售							
纺织、服装及日用品专门零售							
文化、体育用品及器材专门零售							
医药及医疗器材专门零售							
汽车、摩托车、燃料及零配件专门零售							
家用电器及电子产品专门零售							
五金、家具及室内装饰材料专门零售							
货摊、无店铺及其他零售业							
加盟门店合计							
批发业							
农、林、牧产品批发							
食品、饮料及烟草制品批发							
纺织、服装及家庭用品批发							
文化、体育用品及器材批发							
医药及医疗器材批发							
矿产品、建材及化工产品批发							
机械设备、五金产品及电子产品批发							
贸易经纪与代理							
其他批发业							
零售业							
综合零售							
食品、饮料及烟草制品专门零售							
纺织、服装及日用品专门零售							
文化、体育用品及器材专门零售							
医药及医疗器材专门零售							
汽车、摩托车、燃料及零配件专门零售							
家用电器及电子产品专门零售							
五金、家具及室内装饰材料专门零售							
货摊、无店铺及其他零售业							

1-6 续表 10

百货店

项目	连锁总店数（个）	门店数（个）		年末从业人员（人）		年末零售营业面积（平方米）	
	2017年	2017年	2016年	2017年	2016年	2017年	2016年
总 计	**107**	**6148**	**6037**	**279207**	**269217**	**28429495**	**27680397**
批发业							
农、林、牧产品批发							
食品、饮料及烟草制品批发							
纺织、服装及家庭用品批发							
文化、体育用品及器材批发							
医药及医疗器材批发							
矿产品、建材及化工产品批发							
机械设备、五金产品及电子产品批发							
贸易经纪与代理							
其他批发业							
零售业	**107**	**6148**	**6037**	**279207**	**269217**	**28429495**	**27680397**
综合零售	107	6148	6037	279207	269217	28429495	27680397
食品、饮料及烟草制品专门零售							
纺织、服装及日用品专门零售							
文化、体育用品及器材专门零售							
医药及医疗器材专门零售							
汽车、摩托车、燃料及零配件专门零售							
家用电器及电子产品专门零售							
五金、家具及室内装饰材料专门零售							
货摊、无店铺及其他零售业							
直营门店合计		**3437**	**3316**	**264833**	**254960**	**27887192**	**27135521**
批发业							
农、林、牧产品批发							
食品、饮料及烟草制品批发							
纺织、服装及家庭用品批发							
文化、体育用品及器材批发							
医药及医疗器材批发							
矿产品、建材及化工产品批发							
机械设备、五金产品及电子产品批发							
贸易经纪与代理							
其他批发业							

1-6 续表 11

百货店

项　　目	连锁总店数（个）	门店数（个）		年末从业人员（人）		年末零售营业面积（平方米）	
	2017年	2017年	2016年	2017年	2016年	2017年	2016年
零售业		**3437**	**3316**	**264833**	**254960**	**27887192**	**27135521**
综合零售		3437	3316	264833	254960	27887192	27135521
食品、饮料及烟草制品专门零售							
纺织、服装及日用品专门零售							
文化、体育用品及器材专门零售							
医药及医疗器材专门零售							
汽车、摩托车、燃料及零配件专门零售							
家用电器及电子产品专门零售							
五金、家具及室内装饰材料专门零售							
货摊、无店铺及其他零售业							
加盟门店合计		**2711**	**2721**	**14374**	**14257**	**542303**	**544876**
批发业							
农、林、牧产品批发							
食品、饮料及烟草制品批发							
纺织、服装及家庭用品批发							
文化、体育用品及器材批发							
医药及医疗器材批发							
矿产品、建材及化工产品批发							
机械设备、五金产品及电子产品批发							
贸易经纪与代理							
其他批发业							
零售业		**2711**	**2721**	**14374**	**14257**	**542303**	**544876**
综合零售		2711	2721	14374	14257	542303	544876
食品、饮料及烟草制品专门零售							
纺织、服装及日用品专门零售							
文化、体育用品及器材专门零售							
医药及医疗器材专门零售							
汽车、摩托车、燃料及零配件专门零售							
家用电器及电子产品专门零售							
五金、家具及室内装饰材料专门零售							
货摊、无店铺及其他零售业							

1-6 续表 12

专业店(含加油站)

项　　目	连锁总店数(个)	门店数(个)		年末从业人员(人)		年末零售营业面积(平方米)	
	2017年	2017年	2016年	2017年	2016年	2017年	2016年
总　计	**1646**	**125362**	**118205**	**847952**	**888850**	**77749891**	**76520567**
批发业	**234**	**32399**	**33300**	**192272**	**197473**	**28071912**	**28164663**
农、林、牧产品批发	7	4121	4231	10380	10257	235553	242281
食品、饮料及烟草制品批发	24	755	777	14687	15324	60743	62084
纺织、服装及家庭用品批发							
文化、体育用品及器材批发	10	450	458	16524	16800	797852	803745
医药及医疗器材批发	28	1936	1855	6496	6221	154808	142193
矿产品、建材及化工产品批发	156	24359	25223	137411	142400	25760199	25862057
机械设备、五金产品及电子产品批发	7	287	267	2031	1816	50063	47797
贸易经纪与代理							
其他批发业	2	491	489	4743	4655	1012694	**1004506**
零售业	**1412**	**92963**	**84905**	**655680**	**691377**	**49677979**	**48355904**
综合零售	39	1650	1599	17405	16937	1866451	1680611
食品、饮料及烟草制品专门零售	62	5552	5602	20057	21138	351340	342876
纺织、服装及日用品专门零售	63	1767	1676	12517	12374	361707	388219
文化、体育用品及器材专门零售	72	1451	1675	29493	30930	1083299	1071328
医药及医疗器材专门零售	784	60069	52385	292946	274299	9044607	6961109
汽车、摩托车、燃料及零配件专门零售	206	15144	14845	128740	132798	24654473	24209177
家用电器及电子产品专门零售	179	7200	6994	153914	202193	12295640	13667986
五金、家具及室内装饰材料专门零售	1	5	10	38	126	5750	20000
货摊、无店铺及其他零售业	6	125	119	570	582	14712	14598
直营门店合计		**100613**	**93470**	**786889**	**827456**	**75847605**	**74580815**
批发业		**22366**	**23262**	**170000**	**175251**	**27530873**	**27562046**
农、林、牧产品批发		206	193	1540	1343	28904	29530
食品、饮料及烟草制品批发		736	758	13109	13746	60743	62084
纺织、服装及家庭用品批发							
文化、体育用品及器材批发		448	456	16513	16789	797242	803135
医药及医疗器材批发		720	753	3970	4059	88558	88319
矿产品、建材及化工产品批发		19512	20365	128104	132850	25501483	25535111
机械设备、五金产品及电子产品批发		253	248	2021	1809	41249	39361
贸易经纪与代理							
其他批发业		491	489	4743	4655	1012694	1004506

1-6 续表 13

专业店(含加油站)

项　目	连锁总店数(个)	门店数(个)		年末从业人员(人)		年末零售营业面积(平方米)	
	2017年	2017年	2016年	2017年	2016年	2017年	2016年
零售业		**78247**	**70208**	**616889**	**652205**	**48316732**	**47018769**
综合零售		1331	1235	16113	15603	1825635	1638330
食品、饮料及烟草制品专门零售		4397	4538	17256	18453	290892	286031
纺织、服装及日用品专门零售		1465	1376	11919	11774	349927	375900
文化、体育用品及器材专门零售		1419	1643	28899	30331	1082958	1070987
医药及医疗器材专门零售		47646	39795	260979	241579	7879265	5808914
汽车、摩托车、燃料及零配件专门零售		15027	14735	127901	132155	24590886	24145535
家用电器及电子产品专门零售		6850	6775	153235	201626	12278757	13660524
五金、家具及室内装饰材料专门零售		5	10	38	126	5750	20000
货摊、无店铺及其他零售业		107	101	549	558	12662	12548
加盟门店合计		**24749**	**24735**	**61063**	**61394**	**1902286**	**1939752**
批发业		**10033**	**10038**	**22272**	**22222**	**541039**	**602617**
农、林、牧产品批发		3915	4038	8840	8914	206649	212751
食品、饮料及烟草制品批发		19	19	1578	1578		
纺织、服装及家庭用品批发							
文化、体育用品及器材批发		2	2	11	11	610	610
医药及医疗器材批发		1216	1102	2526	2162	66250	53874
矿产品、建材及化工产品批发		4847	4858	9307	9550	258716	326946
机械设备、五金产品及电子产品批发		34	19	10	7	8814	8436
贸易经纪与代理							
其他批发业							
零售业		**14716**	**14697**	**38791**	**39172**	**1361247**	**1337135**
综合零售		319	364	1292	1334	40816	42281
食品、饮料及烟草制品专门零售		1155	1064	2801	2685	60448	56845
纺织、服装及日用品专门零售		302	300	598	600	11780	12319
文化、体育用品及器材专门零售		32	32	594	599	341	341
医药及医疗器材专门零售		12423	12590	31967	32720	1165342	1152195
汽车、摩托车、燃料及零配件专门零售		117	110	839	643	63587	63642
家用电器及电子产品专门零售		350	219	679	567	16883	7462
五金、家具及室内装饰材料专门零售							
货摊、无店铺及其他零售业		18	18	21	24	2050	2050

1-6 续表 14

加油站

项目	连锁总店数（个）	门店数（个）		年末从业人员（人）		年末零售营业面积（平方米）	
	2017年	2017年	2016年	2017年	2016年	2017年	2016年
总 计	**321**	**33321**	**33022**	**245111**	**253101**	**48419437**	**48003720**
批发业	**135**	**18768**	**18758**	**127123**	**130758**	**25424530**	**25452861**
农、林、牧产品批发							
食品、饮料及烟草制品批发							
纺织、服装及家庭用品批发							
文化、体育用品及器材批发							
医药及医疗器材批发							
矿产品、建材及化工产品批发	135	18768	18758	127123	130758	25424530	25452861
机械设备、五金产品及电子产品批发							
贸易经纪与代理							
其他批发业							
零售业	**186**	**14553**	**14264**	**117988**	**122343**	**22994907**	**22550859**
综合零售							
食品、饮料及烟草制品专门零售							
纺织、服装及日用品专门零售							
文化、体育用品及器材专门零售							
医药及医疗器材专门零售							
汽车、摩托车、燃料及零配件专门零售	186	14553	14264	117988	122343	22994907	22550859
家用电器及电子产品专门零售							
五金、家具及室内装饰材料专门零售							
货摊、无店铺及其他零售业							
直营门店合计		**33125**	**32829**	**243705**	**251464**	**48329995**	**47914168**
批发业		**18682**	**18675**	**126433**	**129764**	**25397675**	**25426951**
农、林、牧产品批发							
食品、饮料及烟草制品批发							
纺织、服装及家庭用品批发							
文化、体育用品及器材批发							
医药及医疗器材批发							
矿产品、建材及化工产品批发		18682	18675	126433	129764	25397675	25426951
机械设备、五金产品及电子产品批发							
贸易经纪与代理							
其他批发业							

1-6 续表 15

加油站

项目	连锁总店数（个）	门店数（个）		年末从业人员（人）		年末零售营业面积（平方米）	
	2017年	2017年	2016年	2017年	2016年	2017年	2016年
零售业		**14443**	**14154**	**117272**	**121700**	**22932320**	**22487217**
综合零售							
食品、饮料及烟草制品专门零售							
纺织、服装及日用品专门零售							
文化、体育用品及器材专门零售							
医药及医疗器材专门零售							
汽车、摩托车、燃料及零配件专门零售		14443	14154	117272	121700	22932320	22487217
家用电器及电子产品专门零售							
五金、家具及室内装饰材料专门零售							
货摊、无店铺及其他零售业							
加盟门店合计		**196**	**193**	**1406**	**1637**	**89442**	**89552**
批发业		**86**	**83**	**690**	**994**	**26855**	**25910**
农、林、牧产品批发							
食品、饮料及烟草制品批发							
纺织、服装及家庭用品批发							
文化、体育用品及器材批发							
医药及医疗器材批发							
矿产品、建材及化工产品批发		86	83	690	994	26855	25910
机械设备、五金产品及电子产品批发							
贸易经纪与代理							
其他批发业							
零售业		**110**	**110**	**716**	**643**	**62587**	**63642**
综合零售							
食品、饮料及烟草制品专门零售							
纺织、服装及日用品专门零售							
文化、体育用品及器材专门零售							
医药及医疗器材专门零售							
汽车、摩托车、燃料及零配件专门零售		110	110	716	643	62587	63642
家用电器及电子产品专门零售							
五金、家具及室内装饰材料专门零售							
货摊、无店铺及其他零售业							

1-6 续表 16

专卖店

项　　目	连锁总店数（个）	门店数（个）		年末从业人员（人）		年末零售营业面积（平方米）	
	2017年	2017年	2016年	2017年	2016年	2017年	2016年
总 计	**369**	**31238**	**26193**	**173819**	**160419**	**4985815**	**4296554**
批发业	**38**	**1804**	**1808**	**13467**	**14198**	**233300**	**272841**
农、林、牧产品批发	4	177	178	335	368	9321	9777
食品、饮料及烟草制品批发	13	1064	1052	6596	6692	165429	221081
纺织、服装及家庭用品批发	7	228	233	3840	3765	12955	12429
文化、体育用品及器材批发	1	3	4	29	43	288	346
医药及医疗器材批发	5	99	81	1021	613	31177	14820
矿产品、建材及化工产品批发	3	53	33	184	172	7204	7154
机械设备、五金产品及电子产品批发	1	8	8	105	102	1870	1870
贸易经纪与代理							
其他批发业	4	172	219	1357	2443	5056	5364
零售业	**331**	**29434**	**24385**	**160352**	**146221**	**4752515**	**4023713**
综合零售	5	141	145	806	838	47257	43960
食品、饮料及烟草制品专门零售	98	12271	10575	54016	49766	680997	624067
纺织、服装及日用品专门零售	117	13022	10340	63652	58320	2478614	2013652
文化、体育用品及器材专门零售	21	305	291	4534	4257	148792	126224
医药及医疗器材专门零售	46	2606	2161	14802	12291	295456	188048
汽车、摩托车、燃料及零配件专门零售	10	265	234	4421	4013	171275	150345
家用电器及电子产品专门零售	27	424	317	11829	11103	575342	612305
五金、家具及室内装饰材料专门零售	4	319	245	5349	4757	278780	188407
货摊、无店铺及其他零售业	3	81	77	943	876	76002	76705
直营门店合计		**18317**	**15367**	**144210**	**129651**	**3958893**	**3381810**
批发业		**760**	**813**	**9344**	**10534**	**61195**	**63116**
农、林、牧产品批发		50	55	190	162	2101	3722
食品、饮料及烟草制品批发		197	206	3150	3326	16674	17531
纺织、服装及家庭用品批发		198	211	3670	3693	12855	12339
文化、体育用品及器材批发		3	4	29	43	288	346
医药及医疗器材批发		83	81	681	613	15177	14820
矿产品、建材及化工产品批发		49	29	162	152	7174	7124
机械设备、五金产品及电子产品批发		8	8	105	102	1870	1870
贸易经纪与代理							
其他批发业		172	219	1357	2443	5056	5364

1-6 续表 17

专卖店

项 目	连锁总店数（个）	门店数（个）		年末从业人员（人）		年末零售营业面积（平方米）	
	2017年	2017年	2016年	2017年	2016年	2017年	2016年
零售业		**17557**	**14554**	**134866**	**119117**	**3897698**	**3318694**
综合零售		138	142	803	832	47198	43901
食品、饮料及烟草制品专门零售		5858	5465	37109	34390	431761	400153
纺织、服装及日用品专门零售		8009	6068	55967	47318	1953888	1595340
文化、体育用品及器材专门零售		304	291	4532	4257	148532	126224
医药及医疗器材专门零售		2277	1794	14375	11886	279516	169201
汽车、摩托车、燃料及零配件专门零售		265	234	4421	4013	171275	150345
家用电器及电子产品专门零售		423	316	11827	11100	575113	612076
五金、家具及室内装饰材料专门零售		202	167	4889	4445	214413	144749
货摊、无店铺及其他零售业		81	77	943	876	76002	76705
加盟门店合计		**12921**	**10826**	**29609**	**30768**	**1026922**	**914744**
批发业		**1044**	**995**	**4123**	**3664**	**172105**	**209725**
农、林、牧产品批发		127	123	145	206	7220	6055
食品、饮料及烟草制品批发		867	846	3446	3366	148755	203550
纺织、服装及家庭用品批发		30	22	170	72	100	90
文化、体育用品及器材批发							
医药及医疗器材批发		16		340		16000	
矿产品、建材及化工产品批发		4	4	22	20	30	30
机械设备、五金产品及电子产品批发							
贸易经纪与代理							
其他批发业							
零售业		**11877**	**9831**	**25486**	**27104**	**854817**	**705019**
综合零售		3	3	3	6	59	59
食品、饮料及烟草制品专门零售		6413	5110	16907	15376	249236	223914
纺织、服装及日用品专门零售		5013	4272	7685	11002	524726	418312
文化、体育用品及器材专门零售		1		2		260	
医药及医疗器材专门零售		329	367	427	405	15940	18847
汽车、摩托车、燃料及零配件专门零售							
家用电器及电子产品专门零售		1	1	2	3	229	229
五金、家具及室内装饰材料专门零售		117	78	460	312	64367	43658
货摊、无店铺及其他零售业							

1-6 续表 18

家居建材商店

项　　目	连锁总店数（个）	门店数（个）		年末从业人员（人）		年末零售营业面积（平方米）	
	2017年	2017年	2016年	2017年	2016年	2017年	2016年
总 计	**13**	**61**	**57**	**2590**	**2688**	**210034**	**211629**
批发业							
农、林、牧产品批发							
食品、饮料及烟草制品批发							
纺织、服装及家庭用品批发							
文化、体育用品及器材批发							
医药及医疗器材批发							
矿产品、建材及化工产品批发							
机械设备、五金产品及电子产品批发							
贸易经纪与代理							
其他批发业							
零售业	**13**	**61**	**57**	**2590**	**2688**	**210034**	**211629**
综合零售	1	2	2	57	57	24675	24675
食品、饮料及烟草制品专门零售							
纺织、服装及日用品专门零售							
文化、体育用品及器材专门零售							
医药及医疗器材专门零售							
汽车、摩托车、燃料及零配件专门零售							
家用电器及电子产品专门零售							
五金、家具及室内装饰材料专门零售	12	59	55	2533	2631	185359	186954
货摊、无店铺及其他零售业							
直营门店合计		**61**	**57**	**2590**	**2688**	**210034**	**211629**
批发业							
农、林、牧产品批发							
食品、饮料及烟草制品批发							
纺织、服装及家庭用品批发							
文化、体育用品及器材批发							
医药及医疗器材批发							
矿产品、建材及化工产品批发							
机械设备、五金产品及电子产品批发							
贸易经纪与代理							
其他批发业							

1-6 续表 19

家居建材商店

项　　目	连锁总店数（个）	门店数（个）		年末从业人员（人）		年末零售营业面积（平方米）	
	2017年	2017年	2016年	2017年	2016年	2017年	2016年
零售业		**61**	**57**	**2590**	**2688**	**210034**	**211629**
综合零售		2	2	57	57	24675	24675
食品、饮料及烟草制品专门零售							
纺织、服装及日用品专门零售							
文化、体育用品及器材专门零售							
医药及医疗器材专门零售							
汽车、摩托车、燃料及零配件专门零售							
家用电器及电子产品专门零售							
五金、家具及室内装饰材料专门零售		59	55	2533	2631	185359	186954
货摊、无店铺及其他零售业							
加盟门店合计							
批发业							
农、林、牧产品批发							
食品、饮料及烟草制品批发							
纺织、服装及家庭用品批发							
文化、体育用品及器材批发							
医药及医疗器材批发							
矿产品、建材及化工产品批发							
机械设备、五金产品及电子产品批发							
贸易经纪与代理							
其他批发业							
零售业							
综合零售							
食品、饮料及烟草制品专门零售							
纺织、服装及日用品专门零售							
文化、体育用品及器材专门零售							
医药及医疗器材专门零售							
汽车、摩托车、燃料及零配件专门零售							
家用电器及电子产品专门零售							
五金、家具及室内装饰材料专门零售							
货摊、无店铺及其他零售业							

1-6 续表 20

厂家直销中心

项目	连锁总店数(个)	门店数(个)		年末从业人员(人)		年末零售营业面积(平方米)	
	2017年	2017年	2016年	2017年	2016年	2017年	2016年
总 计	**8**	**711**	**655**	**3979**	**3902**	**163857**	**156409**
批发业	**6**	**477**	**477**	**2823**	**3047**	**134846**	**134846**
农、林、牧产品批发	1	408	408	1170	1168	132250	132250
食品、饮料及烟草制品批发	1	4	4	52	53	196	196
纺织、服装及家庭用品批发	1	2	2	1270	1464	2400	2400
文化、体育用品及器材批发							
医药及医疗器材批发							
矿产品、建材及化工产品批发	3	63	63	331	362		
机械设备、五金产品及电子产品批发							
贸易经纪与代理							
其他批发业							
零售业	**2**	**234**	**178**	**1156**	**855**	**29011**	**21563**
综合零售							
食品、饮料及烟草制品专门零售	1	3	2	88	90	1860	1800
纺织、服装及日用品专门零售	1	231	176	1068	765	27151	19763
文化、体育用品及器材专门零售							
医药及医疗器材专门零售							
汽车、摩托车、燃料及零配件专门零售							
家用电器及电子产品专门零售							
五金、家具及室内装饰材料专门零售							
货摊、无店铺及其他零售业							
直营门店合计		**348**	**292**	**3135**	**3060**	**95457**	**88009**
批发业		**114**	**114**	**1979**	**2205**	**66446**	**66446**
农、林、牧产品批发		45	45	326	326	63850	63850
食品、饮料及烟草制品批发		4	4	52	53	196	196
纺织、服装及家庭用品批发		2	2	1270	1464	2400	2400
文化、体育用品及器材批发							
医药及医疗器材批发							
矿产品、建材及化工产品批发		63	63	331	362		
机械设备、五金产品及电子产品批发							
贸易经纪与代理							
其他批发业							

1-6 续表 21

厂家直销中心

项　　目	连锁总店数（个）	门店数（个）		年末从业人员（人）		年末零售营业面积（平方米）	
	2017年	2017年	2016年	2017年	2016年	2017年	2016年
零售业		**234**	**178**	**1156**	**855**	**29011**	**21563**
综合零售							
食品、饮料及烟草制品专门零售		3	2	88	90	1860	1800
纺织、服装及日用品专门零售		231	176	1068	765	27151	19763
文化、体育用品及器材专门零售							
医药及医疗器材专门零售							
汽车、摩托车、燃料及零配件专门零售							
家用电器及电子产品专门零售							
五金、家具及室内装饰材料专门零售							
货摊、无店铺及其他零售业							
加盟门店合计		**363**	**363**	**844**	**842**	**68400**	**68400**
批发业		**363**	**363**	**844**	**842**	**68400**	**68400**
农、林、牧产品批发		363	363	844	842	68400	68400
食品、饮料及烟草制品批发							
纺织、服装及家庭用品批发							
文化、体育用品及器材批发							
医药及医疗器材批发							
矿产品、建材及化工产品批发							
机械设备、五金产品及电子产品批发							
贸易经纪与代理							
其他批发业							
零售业							
综合零售							
食品、饮料及烟草制品专门零售							
纺织、服装及日用品专门零售							
文化、体育用品及器材专门零售							
医药及医疗器材专门零售							
汽车、摩托车、燃料及零配件专门零售							
家用电器及电子产品专门零售							
五金、家具及室内装饰材料专门零售							
货摊、无店铺及其他零售业							

1-6 续表 22

其他

项　　目	连锁总店数（个）	门店数（个）		年末从业人员（人）		年末零售营业面积（平方米）	
	2017年	2017年	2016年	2017年	2016年	2017年	2016年
总　　计	**62**	**11941**	**11093**	**47199**	**42902**	**2447431**	**2374253**
批发业	**26**	**3951**	**4087**	**18063**	**18447**	**1959456**	**1937277**
农、林、牧产品批发	1	194	194	262	264	10900	10900
食品、饮料及烟草制品批发	10	580	610	3158	3477	154715	155250
纺织、服装及家庭用品批发	4	715	709	13146	12956	1623492	1591103
文化、体育用品及器材批发	1	2	2	33	34	620	620
医药及医疗器材批发	6	450	457	1129	1204	34090	34345
矿产品、建材及化工产品批发	2	1984	2085	203	361	134910	144200
机械设备、五金产品及电子产品批发	1	20	24	70	60	550	680
贸易经纪与代理							
其他批发业	1	6	6	62	91	179	179
零售业	**36**	**7990**	**7006**	**29136**	**24455**	**487975**	**436976**
综合零售	9	3404	2367	18204	13291	257534	224628
食品、饮料及烟草制品专门零售	5	228	188	1636	1567	34375	35125
纺织、服装及日用品专门零售	1	3276	3440	3776	3685	19000	19000
文化、体育用品及器材专门零售	2	55	60	761	754	54170	46254
医药及医疗器材专门零售	15	478	398	1736	1457	34911	27314
汽车、摩托车、燃料及零配件专门零售	1	33	42	246	960	14000	14000
家用电器及电子产品专门零售	2	16	16	419	416	41480	38480
五金、家具及室内装饰材料专门零售							
货摊、无店铺及其他零售业	1	500	495	2358	2325	32505	32175
直营门店合计		**2347**	**2157**	**25622**	**26044**	**2055598**	**2016798**
批发业		**511**	**579**	**13622**	**13743**	**1718770**	**1692249**
农、林、牧产品批发		51	51	121	121	6320	6320
食品、饮料及烟草制品批发		176	183	2251	2528	116827	117621
纺织、服装及家庭用品批发		184	178	10670	10438	1528976	1496587
文化、体育用品及器材批发		2	2	33	34	620	620
医药及医疗器材批发		84	90	432	474	10038	10822
矿产品、建材及化工产品批发		4	65	33	37	55710	60000
机械设备、五金产品及电子产品批发		4	4	20	20	100	100
贸易经纪与代理							
其他批发业		6	6	62	91	179	179

1-6 续表 23

其他

项　　目	连锁总店数（个）	门店数（个）		年末从业人员（人）		年末零售营业面积（平方米）	
	2017年	2017年	2016年	2017年	2016年	2017年	2016年
零售业		**1836**	**1578**	**12000**	**12301**	**336828**	**324549**
综合零售		586	550	4638	4654	151816	157405
食品、饮料及烟草制品专门零售		228	188	1636	1567	34375	35125
纺织、服装及日用品专门零售		552	438	2776	2685	10000	10000
文化、体育用品及器材专门零售		55	60	761	754	54170	46254
医药及医疗器材专门零售		340	259	1420	1163	29297	21660
汽车、摩托车、燃料及零配件专门零售		33	42	246	960	14000	14000
家用电器及电子产品专门零售		16	16	419	416	41480	38480
五金、家具及室内装饰材料专门零售							
货摊、无店铺及其他零售业		26	25	104	102	1690	1625
加盟门店合计		**9594**	**8936**	**21577**	**16858**	**391833**	**357455**
批发业		**3440**	**3508**	**4441**	**4704**	**240686**	**245028**
农、林、牧产品批发		143	143	141	143	4580	4580
食品、饮料及烟草制品批发		404	427	907	949	37888	37629
纺织、服装及家庭用品批发		531	531	2476	2518	94516	94516
文化、体育用品及器材批发							
医药及医疗器材批发		366	367	697	730	24052	23523
矿产品、建材及化工产品批发		1980	2020	170	324	79200	84200
机械设备、五金产品及电子产品批发		16	20	50	40	450	580
贸易经纪与代理							
其他批发业							
零售业		**6154**	**5428**	**17136**	**12154**	**151147**	**112427**
综合零售		2818	1817	13566	8637	105718	67223
食品、饮料及烟草制品专门零售							
纺织、服装及日用品专门零售		2724	3002	1000	1000	9000	9000
文化、体育用品及器材专门零售							
医药及医疗器材专门零售		138	139	316	294	5614	5654
汽车、摩托车、燃料及零配件专门零售							
家用电器及电子产品专门零售							
五金、家具及室内装饰材料专门零售							
货摊、无店铺及其他零售业		474	470	2254	2223	30815	30550

1-7 按行业与业态分

便利店

项目	商品购进总额		统一配送商品购进额	
	2017年	2016年	2017年	2016年
总　计	**3699881**	**3333479**	**3097734**	**2710964**
批发业				
农、林、牧产品批发				
食品、饮料及烟草制品批发				
纺织、服装及家庭用品批发				
文化、体育用品及器材批发				
医药及医疗器材批发				
矿产品、建材及化工产品批发				
机械设备、五金产品及电子产品批发				
贸易经纪与代理				
其他批发业				
零售业	**3699881**	**3333479**	**3097734**	**2710964**
综合零售	3644099	3292772	3041952	2670257
食品、饮料及烟草制品专门零售	55782	40708	55782	40708
纺织、服装及日用品专门零售				
文化、体育用品及器材专门零售				
医药及医疗器材专门零售				
汽车、摩托车、燃料及零配件专门零售				
家用电器及电子产品专门零售				
五金、家具及室内装饰材料专门零售				
货摊、无店铺及其他零售业				
直营门店合计	**2354062**	**2255152**	**1905611**	**1778118**
批发业				
农、林、牧产品批发				
食品、饮料及烟草制品批发				
纺织、服装及家庭用品批发				
文化、体育用品及器材批发				
医药及医疗器材批发				
矿产品、建材及化工产品批发				
机械设备、五金产品及电子产品批发				
贸易经纪与代理				
其他批发业				

连锁零售企业经营情况

单位：万元

自有配送中心配送商品购进额		非自有配送中心配送商品购进额		商品销售总额		零售额	
2017年	2016年	2017年	2016年	2017年	2016年	2017年	2016年
1350594	**1194680**	**872148**	**745090**	**4828894**	**4291570**	**4343396**	**3965680**
1350594	**1194680**	**872148**	**745090**	**4828894**	**4291570**	**4343396**	**3965680**
1301970	1153973	872148	745090	4763814	4250399	4278317	3924528
48624	40708			65079	41171	65079	41151
817167	**746022**	**538586**	**525235**	**3154722**	**2995923**	**2866998**	**2752651**

1-7 续表 1

便利店

项 目	商品购进总额		统一配送商品购进额	
	2017年	2016年	2017年	2016年
零售业	**2354062**	**2255152**	**1905611**	**1778118**
综合零售	2342991	2251461	1894540	1774427
食品、饮料及烟草制品专门零售	11072	3691	11072	3691
纺织、服装及日用品专门零售				
文化、体育用品及器材专门零售				
医药及医疗器材专门零售				
汽车、摩托车、燃料及零配件专门零售				
家用电器及电子产品专门零售				
五金、家具及室内装饰材料专门零售				
货摊、无店铺及其他零售业				
加盟门店合计	**1345819**	**1078328**	**1192123**	**932847**
批发业				
农、林、牧产品批发				
食品、饮料及烟草制品批发				
纺织、服装及家庭用品批发				
文化、体育用品及器材批发				
医药及医疗器材批发				
矿产品、建材及化工产品批发				
机械设备、五金产品及电子产品批发				
贸易经纪与代理				
其他批发业				
零售业	**1345819**	**1078328**	**1192123**	**932847**
综合零售	1301108	1041311	1147412	895830
食品、饮料及烟草制品专门零售	44711	37017	44711	37017
纺织、服装及日用品专门零售				
文化、体育用品及器材专门零售				
医药及医疗器材专门零售				
汽车、摩托车、燃料及零配件专门零售				
家用电器及电子产品专门零售				
五金、家具及室内装饰材料专门零售				
货摊、无店铺及其他零售业				

单位：万元

自有配送中心配送商品购进额		非自有配送中心配送商品购进额		商品销售总额		零售额	
2017年	2016年	2017年	2016年	2017年	2016年	2017年	2016年
817167	**746022**	**538586**	**525235**	**3154722**	**2995923**	**2866998**	**2752651**
813254	742331	538586	525235	3142401	2991768	2854678	2748517
3913	3691			12321	4154	12321	4135
533427	**448658**	**333562**	**219855**	**1674172**	**1295648**	**1476398**	**1213029**
533427	**448658**	**333562**	**219855**	**1674172**	**1295648**	**1476398**	**1213029**
488716	411642	333562	219855	1621413	1258631	1423639	1176012
44711	37017			52759	37017	52759	37017

1-7 续表 2

折扣店

项目	商品购进总额		统一配送商品购进额	
	2017年	2016年	2017年	2016年
总　计	**231542**	**260991**	**116269**	**136302**
批发业				
农、林、牧产品批发				
食品、饮料及烟草制品批发				
纺织、服装及家庭用品批发				
文化、体育用品及器材批发				
医药及医疗器材批发				
矿产品、建材及化工产品批发				
机械设备、五金产品及电子产品批发				
贸易经纪与代理				
其他批发业				
零售业	**231542**	**260991**	**116269**	**136302**
综合零售	134649	144057	116269	136302
食品、饮料及烟草制品专门零售				
纺织、服装及日用品专门零售	96893	116935		
文化、体育用品及器材专门零售				
医药及医疗器材专门零售				
汽车、摩托车、燃料及零配件专门零售				
家用电器及电子产品专门零售				
五金、家具及室内装饰材料专门零售				
货摊、无店铺及其他零售业				
直营门店合计	**208289**	**199622**	**93015**	**74932**
批发业				
农、林、牧产品批发				
食品、饮料及烟草制品批发				
纺织、服装及家庭用品批发				
文化、体育用品及器材批发				
医药及医疗器材批发				
矿产品、建材及化工产品批发				
机械设备、五金产品及电子产品批发				
贸易经纪与代理				
其他批发业				

单位：万元

自有配送中心配送商品购进额		非自有配送中心配送商品购进额		商品销售总额		零售额	
2017年	2016年	2017年	2016年	2017年	2016年	2017年	2016年
116269	**136302**			**266782**	**298119**	**266782**	**298119**
116269	**136302**			**266782**	**298119**	**266782**	**298119**
116269	136302			152090	161316	152090	161316
				114692	136803	114692	136803
93015	**74932**			**241586**	**270207**	**241586**	**270207**

1-7 续表 3

折扣店

项目	商品购进总额		统一配送商品购进额	
	2017年	2016年	2017年	2016年
零售业	**208289**	**199622**	**93015**	**74932**
综合零售	111396	82687	93015	74932
食品、饮料及烟草制品专门零售				
纺织、服装及日用品专门零售	96893	116935		
文化、体育用品及器材专门零售				
医药及医疗器材专门零售				
汽车、摩托车、燃料及零配件专门零售				
家用电器及电子产品专门零售				
五金、家具及室内装饰材料专门零售				
货摊、无店铺及其他零售业				
加盟门店合计	**23254**	**61370**	**23254**	**61370**
批发业				
农、林、牧产品批发				
食品、饮料及烟草制品批发				
纺织、服装及家庭用品批发				
文化、体育用品及器材批发				
医药及医疗器材批发				
矿产品、建材及化工产品批发				
机械设备、五金产品及电子产品批发				
贸易经纪与代理				
其他批发业				
零售业	**23254**	**61370**	**23254**	**61370**
综合零售	23254	61370	23254	61370
食品、饮料及烟草制品专门零售				
纺织、服装及日用品专门零售				
文化、体育用品及器材专门零售				
医药及医疗器材专门零售				
汽车、摩托车、燃料及零配件专门零售				
家用电器及电子产品专门零售				
五金、家具及室内装饰材料专门零售				
货摊、无店铺及其他零售业				

单位：万元

自有配送中心配送商品购进额		非自有配送中心配送商品购进额		商品销售总额		零售额	
2017年	2016年	2017年	2016年	2017年	2016年	2017年	2016年
93015	**74932**			**241586**	**270207**	**241586**	**270207**
93015	74932			126894	133404	126894	133404
				114692	136803	114692	136803
15791522	**16193267**			**25196**	**27912**	**25196**	**27912**
15791522	**16193267**			**25196**	**27912**	**25196**	**27912**
15781921	16183741			25196	27912	25196	27912
9601	9526						

1-7 续表 4

超市

项　目	商品购进总额		统一配送商品购进额	
	2017年	2016年	2017年	2016年
总　计	**31469816**	**30283982**	**26529035**	**25987480**
批发业				
农、林、牧产品批发				
食品、饮料及烟草制品批发				
纺织、服装及家庭用品批发				
文化、体育用品及器材批发				
医药及医疗器材批发				
矿产品、建材及化工产品批发				
机械设备、五金产品及电子产品批发				
贸易经纪与代理				
其他批发业				
零售业	**31469816**	**30283982**	**26529035**	**25987480**
综合零售	31450017	30264250	26509236	25967748
食品、饮料及烟草制品专门零售	19799	19732	19799	19732
纺织、服装及日用品专门零售				
文化、体育用品及器材专门零售				
医药及医疗器材专门零售				
汽车、摩托车、燃料及零配件专门零售				
家用电器及电子产品专门零售				
五金、家具及室内装饰材料专门零售				
货摊、无店铺及其他零售业				
直营门店合计	**28708103**	**27111986**	**24409493**	**23528964**
批发业				
农、林、牧产品批发				
食品、饮料及烟草制品批发				
纺织、服装及家庭用品批发				
文化、体育用品及器材批发				
医药及医疗器材批发				
矿产品、建材及化工产品批发				
机械设备、五金产品及电子产品批发				
贸易经纪与代理				
其他批发业				

单位：万元

自有配送中心配送商品购进额		非自有配送中心配送商品购进额		商品销售总额		零售额	
2017年	2016年	2017年	2016年	2017年	2016年	2017年	2016年
17273989	**17984409**	**3123285**	**3193089**	**35203131**	**32883576**	**29851628**	**28761037**
17273989	**17984409**	**3123285**	**3193089**	**35203131**	**32883576**	**29851628**	**28761037**
17254190	17964676	3123285	3193089	35178939	32860304	29834656	28744816
19799	19732			24192	23272	16972	16221
15791522	**16193267**	**2540934**	**2565656**	**32000475**	**29546798**	**26679352**	**25465437**

1-7 续表 5

超市

项　　目	商品购进总额		统一配送商品购进额	
	2017年	2016年	2017年	2016年
零售业	**28708103**	**27111986**	**24409493**	**23528964**
综合零售	28698502	27102460	24399893	23519438
食品、饮料及烟草制品专门零售	9601	9526	9601	9526
纺织、服装及日用品专门零售				
文化、体育用品及器材专门零售				
医药及医疗器材专门零售				
汽车、摩托车、燃料及零配件专门零售				
家用电器及电子产品专门零售				
五金、家具及室内装饰材料专门零售				
货摊、无店铺及其他零售业				
加盟门店合计	**2761713**	**3171996**	**2119542**	**2458516**
批发业				
农、林、牧产品批发				
食品、饮料及烟草制品批发				
纺织、服装及家庭用品批发				
文化、体育用品及器材批发				
医药及医疗器材批发				
矿产品、建材及化工产品批发				
机械设备、五金产品及电子产品批发				
贸易经纪与代理				
其他批发业				
零售业	**2761713**	**3171996**	**2119542**	**2458516**
综合零售	2751515	3161790	2109344	2448310
食品、饮料及烟草制品专门零售	10198	10206	10198	10206
纺织、服装及日用品专门零售				
文化、体育用品及器材专门零售				
医药及医疗器材专门零售				
汽车、摩托车、燃料及零配件专门零售				
家用电器及电子产品专门零售				
五金、家具及室内装饰材料专门零售				
货摊、无店铺及其他零售业				

单位：万元

自有配送中心配送商品购进额		非自有配送中心配送商品购进额		商品销售总额		零售额	
2017年	2016年	2017年	2016年	2017年	2016年	2017年	2016年
15791522	**16193267**	**2540934**	**2565656**	**32000475**	**29546798**	**26679352**	**25465437**
15781921	16183741	2540934	2565656	31989633	29536896	26673670	25460523
9601	9526			10842	9903	5682	4915
1482468	**1791141**	**582351**	**627434**	**3202657**	**3336778**	**3172276**	**3295600**
1482468	**1791141**	**582351**	**627434**	**3202657**	**3336778**	**3172276**	**3295600**
1472270	1780935	582351	627434	3189307	3323409	3160986	3284294
10198	10206			13350	13369	11290	11306

1-7 续表 6

大型超市

项　　目	商品购进总额		统一配送商品购进额	
	2017年	2016年	2017年	2016年
总　　计	**40490084**	**41674241**	**28556122**	**29314408**
批发业				
农、林、牧产品批发				
食品、饮料及烟草制品批发				
纺织、服装及家庭用品批发				
文化、体育用品及器材批发				
医药及医疗器材批发				
矿产品、建材及化工产品批发				
机械设备、五金产品及电子产品批发				
贸易经纪与代理				
其他批发业				
零售业	**40490084**	**41674241**	**28556122**	**29314408**
综合零售	40490084	41674241	28556122	29314408
食品、饮料及烟草制品专门零售				
纺织、服装及日用品专门零售				
文化、体育用品及器材专门零售				
医药及医疗器材专门零售				
汽车、摩托车、燃料及零配件专门零售				
家用电器及电子产品专门零售				
五金、家具及室内装饰材料专门零售				
货摊、无店铺及其他零售业				
直营门店合计	**35552498**	**36854737**	**23749675**	**24592292**
批发业				
农、林、牧产品批发				
食品、饮料及烟草制品批发				
纺织、服装及家庭用品批发				
文化、体育用品及器材批发				
医药及医疗器材批发				
矿产品、建材及化工产品批发				
机械设备、五金产品及电子产品批发				
贸易经纪与代理				
其他批发业				

单位：万元

自有配送中心配送商品购进额		非自有配送中心配送商品购进额		商品销售总额		零售额	
2017年	2016年	2017年	2016年	2017年	2016年	2017年	2016年
14015307	**14847907**	**6046942**	**6018200**	**44150676**	**45810271**	**39843708**	**41187372**
14015307	**14847907**	**6046942**	**6018200**	**44150676**	**45810271**	**39843708**	**41187372**
14015307	14847907	6046942	6018200	44150676	45810271	39843708	41187372
13541940	**14387471**	**6023635**	**6002792**	**39360459**	**41224375**	**35053491**	**36601476**

1-7 续表 7

大型超市

项　　目	商品购进总额		统一配送商品购进额	
	2017年	2016年	2017年	2016年
零售业	**35552498**	**36854737**	**23749675**	**24592292**
综合零售	35552498	36854737	23749675	24592292
食品、饮料及烟草制品专门零售				
纺织、服装及日用品专门零售				
文化、体育用品及器材专门零售				
医药及医疗器材专门零售				
汽车、摩托车、燃料及零配件专门零售				
家用电器及电子产品专门零售				
五金、家具及室内装饰材料专门零售				
货摊、无店铺及其他零售业				
加盟门店合计	**4937586**	**4819504**	**4806447**	**4722117**
批发业				
农、林、牧产品批发				
食品、饮料及烟草制品批发				
纺织、服装及家庭用品批发				
文化、体育用品及器材批发				
医药及医疗器材批发				
矿产品、建材及化工产品批发				
机械设备、五金产品及电子产品批发				
贸易经纪与代理				
其他批发业				
零售业	**4937586**	**4819504**	**4806447**	**4722117**
综合零售	4937586	4819504	4806447	4722117
食品、饮料及烟草制品专门零售				
纺织、服装及日用品专门零售				
文化、体育用品及器材专门零售				
医药及医疗器材专门零售				
汽车、摩托车、燃料及零配件专门零售				
家用电器及电子产品专门零售				
五金、家具及室内装饰材料专门零售				
货摊、无店铺及其他零售业				

单位：万元

自有配送中心配送商品购进额		非自有配送中心配送商品购进额		商品销售总额		零售额	
2017年	2016年	2017年	2016年	2017年	2016年	2017年	2016年
13541940	**14387471**	**6023635**	**6002792**	**39360459**	**41224375**	**35053491**	**36601476**
13541940	14387471	6023635	6002792	39360459	41224375	35053491	36601476
473366	**460437**	**23307**	**15408**	**4790217**	**4585896**	**4790217**	**4585896**
473366	**460437**	**23307**	**15408**	**4790217**	**4585896**	**4790217**	**4585896**
473366	460437	23307	15408	4790217	4585896	4790217	4585896

1-7 续表 8

仓储会员店

项　目	商品购进总额		统一配送商品购进额	
	2017年	2016年	2017年	2016年
总　计	**2046688**	**2727589**	**263292**	**310548**
批发业				
农、林、牧产品批发				
食品、饮料及烟草制品批发				
纺织、服装及家庭用品批发				
文化、体育用品及器材批发				
医药及医疗器材批发				
矿产品、建材及化工产品批发				
机械设备、五金产品及电子产品批发				
贸易经纪与代理				
其他批发业				
零售业	**2046688**	**2727589**	**263292**	**310548**
综合零售	2046688	2727589	263292	310548
食品、饮料及烟草制品专门零售				
纺织、服装及日用品专门零售				
文化、体育用品及器材专门零售				
医药及医疗器材专门零售				
汽车、摩托车、燃料及零配件专门零售				
家用电器及电子产品专门零售				
五金、家具及室内装饰材料专门零售				
货摊、无店铺及其他零售业				
直营门店合计	**2046688**	**2727589**	**263292**	**310548**
批发业				
农、林、牧产品批发				
食品、饮料及烟草制品批发				
纺织、服装及家庭用品批发				
文化、体育用品及器材批发				
医药及医疗器材批发				
矿产品、建材及化工产品批发				
机械设备、五金产品及电子产品批发				
贸易经纪与代理				
其他批发业				

单位：万元

自有配送中心配送商品购进额		非自有配送中心配送商品购进额		商品销售总额		零售额	
2017年	2016年	2017年	2016年	2017年	2016年	2017年	2016年
				2304643	**2581553**	**2240081**	**2581553**
				2304643	**2581553**	**2240081**	**2581553**
				2304643	2581553	2240081	2581553
				2304643	**2581553**	**2240081**	**2581553**

1-7 续表 9

仓储会员店

项 目	商品购进总额		统一配送商品购进额	
	2017年	2016年	2017年	2016年
零售业	**2046688**	**2727589**	**263292**	**310548**
综合零售	2046688	2727589	263292	310548
食品、饮料及烟草制品专门零售				
纺织、服装及日用品专门零售				
文化、体育用品及器材专门零售				
医药及医疗器材专门零售				
汽车、摩托车、燃料及零配件专门零售				
家用电器及电子产品专门零售				
五金、家具及室内装饰材料专门零售				
货摊、无店铺及其他零售业				
加盟门店合计				
批发业				
农、林、牧产品批发				
食品、饮料及烟草制品批发				
纺织、服装及家庭用品批发				
文化、体育用品及器材批发				
医药及医疗器材批发				
矿产品、建材及化工产品批发				
机械设备、五金产品及电子产品批发				
贸易经纪与代理				
其他批发业				
零售业				
综合零售				
食品、饮料及烟草制品专门零售				
纺织、服装及日用品专门零售				
文化、体育用品及器材专门零售				
医药及医疗器材专门零售				
汽车、摩托车、燃料及零配件专门零售				
家用电器及电子产品专门零售				
五金、家具及室内装饰材料专门零售				
货摊、无店铺及其他零售业				

单位：万元

自有配送中心配送商品购进额		非自有配送中心配送商品购进额		商品销售总额		零售额	
2017年	2016年	2017年	2016年	2017年	2016年	2017年	2016年
				2304643	**2581553**	**2240081**	**2581553**
				2304643	2581553	2240081	2581553

1-7 续表 10

百货店

项　　目	商品购进总额		统一配送商品购进额	
	2017年	2016年	2017年	2016年
总　　计	**30824194**	**30452396**	**14130547**	**13843945**
批发业				
农、林、牧产品批发				
食品、饮料及烟草制品批发				
纺织、服装及家庭用品批发				
文化、体育用品及器材批发				
医药及医疗器材批发				
矿产品、建材及化工产品批发				
机械设备、五金产品及电子产品批发				
贸易经纪与代理				
其他批发业				
零售业	**30824194**	**30452396**	**14130547**	**13843945**
综合零售	30824194	30452396	14130547	13843945
食品、饮料及烟草制品专门零售				
纺织、服装及日用品专门零售				
文化、体育用品及器材专门零售				
医药及医疗器材专门零售				
汽车、摩托车、燃料及零配件专门零售				
家用电器及电子产品专门零售				
五金、家具及室内装饰材料专门零售				
货摊、无店铺及其他零售业				
直营门店合计	**30072179**	**29652553**	**13448471**	**13267005**
批发业				
农、林、牧产品批发				
食品、饮料及烟草制品批发				
纺织、服装及家庭用品批发				
文化、体育用品及器材批发				
医药及医疗器材批发				
矿产品、建材及化工产品批发				
机械设备、五金产品及电子产品批发				
贸易经纪与代理				
其他批发业				

单位：万元

自有配送中心配送商品购进额		非自有配送中心配送商品购进额		商品销售总额		零售额	
2017年	2016年	2017年	2016年	2017年	2016年	2017年	2016年
9422102	**9292486**	**1701605**	**1721212**	**37780337**	**37146936**	**32350471**	**31652286**
9422102	**9292486**	**1701605**	**1721212**	**37780337**	**37146936**	**32350471**	**31652286**
9422102	9292486	1701605	1721212	37780337	37146936	32350471	31652286
8907533	**8898409**	**1642827**	**1663192**	**36945778**	**36269271**	**31568286**	**30837462**

1-7 续表 11

百货店

项　　目	商品购进总额		统一配送商品购进额	
	2017年	2016年	2017年	2016年
零售业	**30072179**	**29652553**	**13448471**	**13267005**
综合零售	30072179	29652553	13448471	13267005
食品、饮料及烟草制品专门零售				
纺织、服装及日用品专门零售				
文化、体育用品及器材专门零售				
医药及医疗器材专门零售				
汽车、摩托车、燃料及零配件专门零售				
家用电器及电子产品专门零售				
五金、家具及室内装饰材料专门零售				
货摊、无店铺及其他零售业				
加盟门店合计	**752015**	**799842**	**682076**	**576940**
批发业				
农、林、牧产品批发				
食品、饮料及烟草制品批发				
纺织、服装及家庭用品批发				
文化、体育用品及器材批发				
医药及医疗器材批发				
矿产品、建材及化工产品批发				
机械设备、五金产品及电子产品批发				
贸易经纪与代理				
其他批发业				
零售业	**752015**	**799842**	**682076**	**576940**
综合零售	752015	799842	682076	576940
食品、饮料及烟草制品专门零售				
纺织、服装及日用品专门零售				
文化、体育用品及器材专门零售				
医药及医疗器材专门零售				
汽车、摩托车、燃料及零配件专门零售				
家用电器及电子产品专门零售				
五金、家具及室内装饰材料专门零售				
货摊、无店铺及其他零售业				

单位：万元

自有配送中心配送商品购进额		非自有配送中心配送商品购进额		商品销售总额		零售额	
2017年	2016年	2017年	2016年	2017年	2016年	2017年	2016年
8907533	**8898409**	**1642827**	**1663192**	**36945778**	**36269271**	**31568286**	**30837462**
8907533	8898409	1642827	1663192	36945778	36269271	31568286	30837462
514570	**394077**	**58778**	**58020**	**834559**	**877665**	**782185**	**814824**
514570	**394077**	**58778**	**58020**	**834559**	**877665**	**782185**	**814824**
514570	394077	58778	58020	834559	877665	782185	814824

1-7 续表 12

专业店(含加油站)

项 目	商品购进总额		统一配送商品购进额	
	2017年	2016年	2017年	2016年
总 计	**176342048**	**166786092**	**151546340**	**142901627**
批发业	**79692820**	**73505515**	**72299578**	**67368698**
农、林、牧产品批发	1910378	1685549	1871858	1642228
食品、饮料及烟草制品批发	4716046	4720174	4394354	4360178
纺织、服装及家庭用品批发				
文化、体育用品及器材批发	3606737	3666934	3606737	3666934
医药及医疗器材批发	515672	469739	344896	305505
矿产品、建材及化工产品批发	66484703	60528359	59706728	54986904
机械设备、五金产品及电子产品批发	1041329	801455	957050	773645
贸易经纪与代理				
其他批发业	1417955	1633304	1417955	1633304
零售业	**96649228**	**93280577**	**79246762**	**75532929**
综合零售	4081735	4415464	3320136	3545385
食品、饮料及烟草制品专门零售	956853	916369	727888	709548
纺织、服装及日用品专门零售	582210	542345	488760	461678
文化、体育用品及器材专门零售	3108375	3145432	2873223	2788723
医药及医疗器材专门零售	13165804	11670329	12114975	10830186
汽车、摩托车、燃料及零配件专门零售	46250833	42712998	38938758	36105908
家用电器及电子产品专门零售	28474006	29858760	20754086	21073130
五金、家具及室内装饰材料专门零售	2915	1800	2915	1800
货摊、无店铺及其他零售业	26498	17081	26020	16572
直营门店合计	**173070730**	**163664846**	**148534344**	**140006860**
批发业	**77987949**	**71665437**	**70672476**	**65601995**
农、林、牧产品批发	1589876	1362732	1587629	1360727
食品、饮料及烟草制品批发	4716046	4720174	4394354	4360178
纺织、服装及家庭用品批发				
文化、体育用品及器材批发	3605329	3665566	3605329	3665566
医药及医疗器材批发	469380	434804	300583	271752
矿产品、建材及化工产品批发	65155254	59050996	58416795	53540418
机械设备、五金产品及电子产品批发	1034110	797861	949831	770051
贸易经纪与代理				
其他批发业	1417955	1633304	1417955	1633304

单位：万元

自有配送中心配送商品购进额		非自有配送中心配送商品购进额		商品销售总额		零售额	
2017年	2016年	2017年	2016年	2017年	2016年	2017年	2016年
90183975	**84975555**	**18710665**	**17192585**	**203927775**	**192685356**	**147392524**	**127265277**
50101058	**46489753**	**4930113**	**4459979**	**87855821**	**81674043**	**50111552**	**45632120**
1845455	1620246			1969983	1770191	1904024	1655928
2479985	2534434		196	6457669	6247796	284855	382341
3566394	3545255			3652263	3693718	1300452	1410735
307025	262695			595326	553650	197175	188374
39630955	36223186	4930113	4459783	72253783	67017627	44401029	39996471
853289	670633			1150979	863571	259795	480150
1417955	1633304			1775816	1527490	1764222	1518120
40082917	**38485802**	**13780553**	**12732605**	**116071954**	**111011312**	**97280971**	**81633157**
1815162	1896147	150410	135495	5316951	4682968	4235299	3113216
231224	210647	65394	50462	1187857	1200315	865506	891706
284426	277097	69403	57250	855456	790746	730545	688639
2353122	2296147	408016	389953	3483209	3500661	2790918	2702050
5814815	4785091	1778409	1639544	15281370	13120759	13717893	12023317
16229256	15304634	9326064	8808346	59755111	54999074	46815962	43972878
13347011	13710767	1963975	1640441	30152218	32688482	28091253	18216963
		2915	1800	3246	2700	2745	2700
7901	5271	15968	9315	36537	25607	30851	21687
88136587	**82856540**	**18401776**	**16894192**	**200401958**	**189327677**	**145132994**	**125280325**
48510663	**44753656**	**4928183**	**4458141**	**86119382**	**79835481**	**49377739**	**44931558**
1586882	1360089			1689432	1452056	1661405	1412129
2479985	2534434		196	6457412	6247567	284829	382318
3564986	3543887			3650855	3692536	1299044	1409552
271747	236285			494522	469489	137578	131225
38343038	34778617	4928183	4457945	70906763	65586374	43971122	39601665
846070	667039			1144582	859970	259539	476548
1417955	1633304			1775816	1527490	1764222	1518120

1-7 续表 13

专业店(含加油站)

项　目	商品购进总额		统一配送商品购进额	
	2017年	2016年	2017年	2016年
零售业	**95082781**	**91999410**	**77861869**	**74404865**
综合零售	4054719	4389219	3294702	3521610
食品、饮料及烟草制品专门零售	846962	829029	691291	680394
纺织、服装及日用品专门零售	543094	495726	470650	432343
文化、体育用品及器材专门零售	3106475	3143735	2871323	2787025
医药及医疗器材专门零售	12377467	10956643	11409627	10190253
汽车、摩托车、燃料及零配件专门零售	45857508	42435983	38545891	35828893
家用电器及电子产品专门零售	28267550	29730364	20549857	20946144
五金、家具及室内装饰材料专门零售	2915	1800	2915	1800
货摊、无店铺及其他零售业	26092	16912	25614	16404
加盟门店合计	**3271318**	**3121246**	**3011995**	**2894768**
批发业	**1704871**	**1840078**	**1627102**	**1766703**
农、林、牧产品批发	320502	322817	284229	281502
食品、饮料及烟草制品批发				
纺织、服装及家庭用品批发				
文化、体育用品及器材批发	1408	1368	1408	1368
医药及医疗器材批发	46293	34935	44313	33753
矿产品、建材及化工产品批发	1329449	1477363	1289933	1446486
机械设备、五金产品及电子产品批发	7219	3594	7219	3594
贸易经纪与代理				
其他批发业				
零售业	**1566447**	**1281168**	**1384894**	**1128065**
综合零售	27017	26246	25435	23776
食品、饮料及烟草制品专门零售	109891	87340	36597	29154
纺织、服装及日用品专门零售	39116	46619	18111	29335
文化、体育用品及器材专门零售	1900	1698	1900	1698
医药及医疗器材专门零售	788337	713686	705349	639932
汽车、摩托车、燃料及零配件专门零售	393326	277016	392869	277016
家用电器及电子产品专门零售	206455	128396	204228	126986
五金、家具及室内装饰材料专门零售				
货摊、无店铺及其他零售业	406	168	406	168

单位：万元

自有配送中心配送商品购进额		非自有配送中心配送商品购进额		商品销售总额		零售额	
2017年	2016年	2017年	2016年	2017年	2016年	2017年	2016年
39625924	**38102884**	**13473594**	**12436050**	**114282576**	**109492195**	**95755255**	**80348767**
1811143	1891851	129047	116057	5274415	4637669	4194599	3071094
203769	184614	59472	50040	1052849	1071068	830505	854735
278458	268788	58056	36795	795801	733508	670890	631402
2351222	2294450	408016	389953	3481333	3498970	2789042	2700363
5489282	4516551	1510081	1383303	14358235	12275180	12864357	11241222
16229256	15304634	9326064	8808346	59331223	54691363	46428004	43695862
13254931	13636762	1963975	1640441	29950445	32557600	27945771	18131173
		2915	1800	3246	2700	2745	2700
7864	5236	15968	9315	35030	24136	29344	20216
2047389	**2119015**	**308889**	**298393**	**3525817**	**3357680**	**2259531**	**1984952**
1590396	**1736097**	**1930**	**1838**	**1736439**	**1838562**	**733814**	**700562**
258573	260157			280551	318135	242619	243799
				258	229	26	23
1408	1368			1408	1183	1408	1183
35278	26410			100804	84161	59597	57149
1287918	1444569	1930	1838	1347020	1431253	429909	394807
7219	3594			6398	3601	256	3601
456993	**382918**	**306959**	**296555**	**1789379**	**1519118**	**1525716**	**1284390**
4019	4296	21363	19437	42536	45299	40700	42123
27456	26033	5922	422	135009	129247	35002	36971
5968	8310	11346	20455	59655	57238	59655	57237
1900	1698			1876	1691	1876	1687
325533	268540	268328	256241	923135	845580	853536	782095
				423888	307711	387960	277016
92080	74005			201773	130882	145481	85790
37	35			1507	1471	1507	1471

1-7 续表 14

加油站

项　目	商品购进总额		统一配送商品购进额	
	2017年	2016年	2017年	2016年
总　计	**107754192**	**97581403**	**93747806**	**85538542**
批发业	**65318934**	**58710963**	**58610798**	**53256690**
农、林、牧产品批发				
食品、饮料及烟草制品批发				
纺织、服装及家庭用品批发				
文化、体育用品及器材批发				
医药及医疗器材批发				
矿产品、建材及化工产品批发	65318934	58710963	58610798	53256690
机械设备、五金产品及电子产品批发				
贸易经纪与代理				
其他批发业				
零售业	**42435258**	**38870440**	**35137008**	**32281852**
综合零售				
食品、饮料及烟草制品专门零售				
纺织、服装及日用品专门零售				
文化、体育用品及器材专门零售				
医药及医疗器材专门零售				
汽车、摩托车、燃料及零配件专门零售	42435258	38870440	35137008	32281852
家用电器及电子产品专门零售				
五金、家具及室内装饰材料专门零售				
货摊、无店铺及其他零售业				
直营门店合计	**106785683**	**96726365**	**92779755**	**84683504**
批发业	**64682663**	**58132941**	**57974527**	**52678668**
农、林、牧产品批发				
食品、饮料及烟草制品批发				
纺织、服装及家庭用品批发				
文化、体育用品及器材批发				
医药及医疗器材批发				
矿产品、建材及化工产品批发	64682663	58132941	57974527	52678668
机械设备、五金产品及电子产品批发				
贸易经纪与代理				
其他批发业				

单位：万元

自有配送中心配送商品购进额		非自有配送中心配送商品购进额		商品销售总额		零售额	
2017年	2016年	2017年	2016年	2017年	2016年	2017年	2016年
54674610	**49752473**	**11182260**	**10019478**	**126282755**	**116033184**	**88484087**	**81361266**
38546608	**34503278**	**4924353**	**4454621**	**71062060**	**65246367**	**44367837**	**39966035**
38546608	34503278	4924353	4454621	71062060	65246367	44367837	39966035
16128001	**15249195**	**6257908**	**5564856**	**55220695**	**50786816**	**44116249**	**41395231**
16128001	15249195	6257908	5564856	55220695	50786816	44116249	41395231
54038339	**49174451**	**11182260**	**10019478**	**125278775**	**115147451**	**87730005**	**80700271**
37910338	**33925256**	**4924353**	**4454621**	**70425789**	**64668345**	**43945537**	**39582056**
37910338	33925256	4924353	4454621	70425789	64668345	43945537	39582056

1-7 续表 15

加油站

项　　目	商品购进总额		统一配送商品购进额	
	2017年	2016年	2017年	2016年
零售业	**42103020**	**38593425**	**34805228**	**32004837**
综合零售				
食品、饮料及烟草制品专门零售				
纺织、服装及日用品专门零售				
文化、体育用品及器材专门零售				
医药及医疗器材专门零售				
汽车、摩托车、燃料及零配件专门零售	42103020	38593425	34805228	32004837
家用电器及电子产品专门零售				
五金、家具及室内装饰材料专门零售				
货摊、无店铺及其他零售业				
加盟门店合计	**968509**	**855038**	**968051**	**855038**
批发业	**636271**	**578022**	**636271**	**578022**
农、林、牧产品批发				
食品、饮料及烟草制品批发				
纺织、服装及家庭用品批发				
文化、体育用品及器材批发				
医药及医疗器材批发				
矿产品、建材及化工产品批发	636271	578022	636271	578022
机械设备、五金产品及电子产品批发				
贸易经纪与代理				
其他批发业				
零售业	**332238**	**277016**	**331781**	**277016**
综合零售				
食品、饮料及烟草制品专门零售				
纺织、服装及日用品专门零售				
文化、体育用品及器材专门零售				
医药及医疗器材专门零售				
汽车、摩托车、燃料及零配件专门零售	332238	277016	331781	277016
家用电器及电子产品专门零售				
五金、家具及室内装饰材料专门零售				
货摊、无店铺及其他零售业				

单位：万元

自有配送中心配送商品购进额		非自有配送中心配送商品购进额		商品销售总额		零售额	
2017年	2016年	2017年	2016年	2017年	2016年	2017年	2016年
16128001	**15249195**	**6257908**	**5564856**	**54852986**	**50479105**	**43784469**	**41118215**
16128001	15249195	6257908	5564856	54852986	50479105	43784469	41118215
636271	**578022**			**1003979**	**885733**	**754082**	**660995**
636271	**578022**			**636271**	**578022**	**422301**	**383979**
636271	578022			636271	578022	422301	383979
				367709	**307711**	**331781**	**277016**
				367709	307711	331781	277016

1-7 续表 16

专卖店

项　　目	商品购进总额		统一配送商品购进额	
	2017年	2016年	2017年	2016年
总　计	**15658087**	**14057251**	**9760370**	**8947255**
批发业	**1448718**	**1282785**	**741478**	**739341**
农、林、牧产品批发	18054	14011	17026	11515
食品、饮料及烟草制品批发	965895	882622	418876	385901
纺织、服装及家庭用品批发	135415	136014	131248	132283
文化、体育用品及器材批发	9523	9322		
医药及医疗器材批发	91151	9576	6137	5211
矿产品、建材及化工产品批发	61325	27075	5137	3637
机械设备、五金产品及电子产品批发	6495	7309	6495	6552
贸易经纪与代理				
其他批发业	160862	196857	156559	194243
零售业	**14209368**	**12774466**	**9018893**	**8207913**
综合零售	76577	89290	76577	89290
食品、饮料及烟草制品专门零售	2370971	2123296	1920923	1764919
纺织、服装及日用品专门零售	3217409	2633833	2400777	2008760
文化、体育用品及器材专门零售	2600701	2387872	2559051	2356933
医药及医疗器材专门零售	427023	355112	348256	292502
汽车、摩托车、燃料及零配件专门零售	776419	702040	120534	109584
家用电器及电子产品专门零售	4525726	4304066	1381115	1409866
五金、家具及室内装饰材料专门零售	160843	133260	157959	130363
货摊、无店铺及其他零售业	53700	45697	53700	45697
直营门店合计	**14658838**	**13247788**	**9104432**	**8339801**
批发业	**1330333**	**1247191**	**702441**	**704879**
农、林、牧产品批发	5119	3342	4091	1977
食品、饮料及烟草制品批发	945985	861844	398966	365123
纺织、服装及家庭用品批发	134359	135504	130192	131773
文化、体育用品及器材批发	9523	9322		
医药及医疗器材批发	11802	9576	6137	5211
矿产品、建材及化工产品批发	56188	23437		
机械设备、五金产品及电子产品批发	6495	7309	6495	6552
贸易经纪与代理				
其他批发业	160862	196857	156559	194243

单位：万元

自有配送中心配送商品购进额		非自有配送中心配送商品购进额		商品销售总额		零售额	
2017年	2016年	2017年	2016年	2017年	2016年	2017年	2016年
5960269	**5401142**	**794539**	**773969**	**21526518**	**18712932**	**16369639**	**14230164**
453049	**427838**	**98311**	**98025**	**2014423**	**1823334**	**275835**	**236346**
2823	5886		1654	42323	33689	26225	30659
320063	288360	90455	89490	1362335	1257863	82511	81629
119805	124313	6527	5571	230955	200245	51154	49279
				11525	10261	836	1700
55	400			97619	14565	37283	14565
5137	3637			41886	37984		
5167	5242	1328	1310	7320	7309	2424	2152
				220460	261418	75402	56364
5507220	**4973304**	**696229**	**675944**	**19512095**	**16889598**	**16093804**	**13993818**
8229	8794			89591	96642	83733	94563
1494477	1387482	149244	109995	3511594	3078375	3057885	2673586
682494	633335	520090	510848	5777629	4613999	5540006	4333873
2403292	2203523	140	121	2631849	2339197	320193	307783
233695	180850	15881	13651	529361	453462	485243	407204
3875	3930	9875	8622	1072137	947893	1026353	912235
492246	396037	999	32708	5440130	4963704	5131254	4885621
157959	130363			397519	338102	397519	338102
30952	28991			62284	58225	51618	40851
5407131	**4899502**	**785710**	**766222**	**19768068**	**17422701**	**14885979**	**13080575**
425180	**398992**	**98311**	**96893**	**1888202**	**1786696**	**248952**	**227455**
	1455		522	28154	23610	23050	22653
300153	267583	90455	89490	1340395	1236402	82158	81294
119805	124313	6527	5571	229915	199695	50114	48729
				11525	10261	836	1700
55	400			14968	14565	14968	14565
				35465	33437		
5167	5242	1328	1310	7320	7309	2424	2152
				220460	261418	75402	56364

1-7 续表 17

专卖店

项目	商品购进总额		统一配送商品购进额	
	2017年	2016年	2017年	2016年
零售业	**13328505**	**12000597**	**8401991**	**7634922**
综合零售	76512	89208	76512	89208
食品、饮料及烟草制品专门零售	1733067	1590473	1507566	1403618
纺织、服装及日用品专门零售	2989669	2415156	2212082	1819260
文化、体育用品及器材专门零售	2600671	2387872	2559021	2356933
医药及医疗器材专门零售	418500	336123	339733	273513
汽车、摩托车、燃料及零配件专门零售	776419	702040	120534	109584
家用电器及电子产品专门零售	4525355	4303889	1381115	1409866
五金、家具及室内装饰材料专门零售	154613	130140	151729	127243
货摊、无店铺及其他零售业	53700	45697	53700	45697
加盟门店合计	**999249**	**809463**	**655938**	**607454**
批发业	**118386**	**35594**	**39037**	**34462**
农、林、牧产品批发	12935	10669	12935	9538
食品、饮料及烟草制品批发	19909	20777	19909	20777
纺织、服装及家庭用品批发	1056	510	1056	510
文化、体育用品及器材批发				
医药及医疗器材批发	79349			
矿产品、建材及化工产品批发	5137	3637	5137	3637
机械设备、五金产品及电子产品批发				
贸易经纪与代理				
其他批发业				
零售业	**880863**	**773869**	**616901**	**572991**
综合零售	65	82	65	82
食品、饮料及烟草制品专门零售	637904	532823	413357	361301
纺织、服装及日用品专门零售	227740	218677	188696	189499
文化、体育用品及器材专门零售	30		30	
医药及医疗器材专门零售	8523	18990	8523	18990
汽车、摩托车、燃料及零配件专门零售				
家用电器及电子产品专门零售	371	177		
五金、家具及室内装饰材料专门零售	6230	3120	6230	3120
货摊、无店铺及其他零售业				

单位：万元

自有配送中心配送商品购进额		非自有配送中心配送商品购进额		商品销售总额		零售额	
2017年	2016年	2017年	2016年	2017年	2016年	2017年	2016年
4981951	**4500510**	**687399**	**669329**	**17879866**	**15636005**	**14637027**	**12853120**
8163	8713			89521	96576	83662	94497
1096165	1035830	145367	106919	2543822	2304730	2161089	1929581
562127	515632	515147	507309	5150852	4155243	5017706	3958372
2403272	2203523	130	121	2631829	2339197	320173	307783
233423	180613	15881	13651	518536	444152	474418	397895
3875	3930	9875	8622	1072137	947893	1026353	912235
492246	396037	999	32708	5439659	4963259	5130783	4885176
151729	127243			371225	326731	371225	326731
30952	28991			62284	58225	51618	40851
553138	**501640**	**8829**	**7747**	**1758450**	**1290230**	**1483660**	**1149589**
27869	**28846**		**1132**	**126221**	**36638**	**26883**	**8891**
2823	4431		1132	14169	10080	3175	8006
19909	20777			21940	21462	353	335
				1040	550	1040	550
				82651		22315	
5137	3637			6421	4547		
525268	**472794**	**8829**	**6615**	**1632229**	**1253593**	**1456777**	**1140698**
65	82			71	66	71	66
398312	351652	3877	3076	967772	773645	896796	744005
120368	117703	4942	3539	626777	458756	522300	375501
20		10		20		20	
273	237			10825	9309	10825	9309
				471	445	471	445
6230	3120			26294	11371	26294	11371

1-7 续表 18

家居建材商店

项　　目	商品购进总额		统一配送商品购进额	
	2017年	2016年	2017年	2016年
总　　计	**347340**	**313523**	**302646**	**291276**
批发业				
农、林、牧产品批发				
食品、饮料及烟草制品批发				
纺织、服装及家庭用品批发				
文化、体育用品及器材批发				
医药及医疗器材批发				
矿产品、建材及化工产品批发				
机械设备、五金产品及电子产品批发				
贸易经纪与代理				
其他批发业				
零售业	**347340**	**313523**	**302646**	**291276**
综合零售	7109	8551		
食品、饮料及烟草制品专门零售				
纺织、服装及日用品专门零售				
文化、体育用品及器材专门零售				
医药及医疗器材专门零售				
汽车、摩托车、燃料及零配件专门零售				
家用电器及电子产品专门零售				
五金、家具及室内装饰材料专门零售	340231	304973	302646	291276
货摊、无店铺及其他零售业				
直营门店合计	**347340**	**313523**	**302646**	**291276**
批发业				
农、林、牧产品批发				
食品、饮料及烟草制品批发				
纺织、服装及家庭用品批发				
文化、体育用品及器材批发				
医药及医疗器材批发				
矿产品、建材及化工产品批发				
机械设备、五金产品及电子产品批发				
贸易经纪与代理				
其他批发业				

单位：万元

自有配送中心配送商品购进额		非自有配送中心配送商品购进额		商品销售总额		零售额	
2017年	2016年	2017年	2016年	2017年	2016年	2017年	2016年
90385	**65402**	**57736**	**59134**	**464594**	**440656**	**452885**	**435690**
90385	**65402**	**57736**	**59134**	**464594**	**440656**	**452885**	**435690**
				7935	8585	7935	8585
90385	65402	57736	59134	456660	432071	444950	427105
90385	**65402**	**57736**	**59134**	**464594**	**440656**	**452885**	**435690**

1-7 续表 19

家居建材商店

项　目	商品购进总额		统一配送商品购进额	
	2017年	2016年	2017年	2016年
零售业	**347340**	**313523**	**302646**	**291276**
综合零售	7109	8551		
食品、饮料及烟草制品专门零售				
纺织、服装及日用品专门零售				
文化、体育用品及器材专门零售				
医药及医疗器材专门零售				
汽车、摩托车、燃料及零配件专门零售				
家用电器及电子产品专门零售				
五金、家具及室内装饰材料专门零售	340231	304973	302646	291276
货摊、无店铺及其他零售业				
加盟门店合计				
批发业				
农、林、牧产品批发				
食品、饮料及烟草制品批发				
纺织、服装及家庭用品批发				
文化、体育用品及器材批发				
医药及医疗器材批发				
矿产品、建材及化工产品批发				
机械设备、五金产品及电子产品批发				
贸易经纪与代理				
其他批发业				
零售业				
综合零售				
食品、饮料及烟草制品专门零售				
纺织、服装及日用品专门零售				
文化、体育用品及器材专门零售				
医药及医疗器材专门零售				
汽车、摩托车、燃料及零配件专门零售				
家用电器及电子产品专门零售				
五金、家具及室内装饰材料专门零售				
货摊、无店铺及其他零售业				

单位：万元

自有配送中心配送商品购进额		非自有配送中心配送商品购进额		商品销售总额		零售额	
2017年	2016年	2017年	2016年	2017年	2016年	2017年	2016年
90385	**65402**	**57736**	**59134**	**464594**	**440656**	**452885**	**435690**
				7935	8585	7935	8585
90385	65402	57736	59134	456660	432071	444950	427105

1-7 续表 20

厂家直销中心

项　目	商品购进总额		统一配送商品购进额	
	2017年	2016年	2017年	2016年
总　计	**504334**	**548631**	**502866**	**542250**
批发业	**481843**	**526533**	**480375**	**523529**
农、林、牧产品批发	29313	27299	27845	24295
食品、饮料及烟草制品批发	14626	14379	14626	14379
纺织、服装及家庭用品批发	27252	28510	27252	28510
文化、体育用品及器材批发				
医药及医疗器材批发				
矿产品、建材及化工产品批发	410653	456345	410653	456345
机械设备、五金产品及电子产品批发				
贸易经纪与代理				
其他批发业				
零售业	**22491**	**22099**	**22491**	**18721**
综合零售				
食品、饮料及烟草制品专门零售	4357	3378	4357	
纺织、服装及日用品专门零售	18134	18721	18134	18721
文化、体育用品及器材专门零售				
医药及医疗器材专门零售				
汽车、摩托车、燃料及零配件专门零售				
家用电器及电子产品专门零售				
五金、家具及室内装饰材料专门零售				
货摊、无店铺及其他零售业				
直营门店合计	**489665**	**533615**	**489665**	**530237**
批发业	**467174**	**511516**	**467174**	**511516**
农、林、牧产品批发	14644	12282	14644	12282
食品、饮料及烟草制品批发	14626	14379	14626	14379
纺织、服装及家庭用品批发	27252	28510	27252	28510
文化、体育用品及器材批发				
医药及医疗器材批发				
矿产品、建材及化工产品批发	410653	456345	410653	456345
机械设备、五金产品及电子产品批发				
贸易经纪与代理				
其他批发业				

单位：万元

自有配送中心配送商品购进额		非自有配送中心配送商品购进额		商品销售总额		零售额	
2017年	2016年	2017年	2016年	2017年	2016年	2017年	2016年
67679	**60152**	**405225**	**450925**	**575807**	**600618**	**85966**	**75832**
45189	**41431**	**405225**	**450925**	**515833**	**549063**	**25992**	**24278**
26377	22930	1468	1365	36779	33248	23594	21968
14626	14379			15313	13966	2398	2310
				42354	43993		
4186	4121	403757	449560	421387	457856		
22491	**18721**			**59974**	**51555**	**59974**	**51555**
4357				5573	4222	5573	4222
18134	18721			54401	47332	54401	47332
55946	**49504**	**403757**	**449560**	**557592**	**583013**	**67768**	**58227**
33456	**30783**	**403757**	**449560**	**497618**	**531458**	**7794**	**6673**
14644	12282			18564	15643	5396	4363
14626	14379			15313	13966	2398	2310
				42354	43993		
4186	4121	403757	449560	421387	457856		

1-7 续表 21

厂家直销中心

项　目	商品购进总额		统一配送商品购进额	
	2017年	2016年	2017年	2016年
零售业	**22491**	**22099**	**22491**	**18721**
综合零售				
食品、饮料及烟草制品专门零售	4357	3378	4357	
纺织、服装及日用品专门零售	18134	18721	18134	18721
文化、体育用品及器材专门零售				
医药及医疗器材专门零售				
汽车、摩托车、燃料及零配件专门零售				
家用电器及电子产品专门零售				
五金、家具及室内装饰材料专门零售				
货摊、无店铺及其他零售业				
加盟门店合计	**14669**	**15017**	**13201**	**12013**
批发业	**14669**	**15017**	**13201**	**12013**
农、林、牧产品批发	14669	15017	13201	12013
食品、饮料及烟草制品批发				
纺织、服装及家庭用品批发				
文化、体育用品及器材批发				
医药及医疗器材批发				
矿产品、建材及化工产品批发				
机械设备、五金产品及电子产品批发				
贸易经纪与代理				
其他批发业				
零售业				
综合零售				
食品、饮料及烟草制品专门零售				
纺织、服装及日用品专门零售				
文化、体育用品及器材专门零售				
医药及医疗器材专门零售				
汽车、摩托车、燃料及零配件专门零售				
家用电器及电子产品专门零售				
五金、家具及室内装饰材料专门零售				
货摊、无店铺及其他零售业				

单位：万元

自有配送中心配送商品购进额		非自有配送中心配送商品购进额		商品销售总额		零售额	
2017年	2016年	2017年	2016年	2017年	2016年	2017年	2016年
22491	**18721**			**59974**	**51555**	**59974**	**51555**
4357				5573	4222	5573	4222
18134	18721			54401	47332	54401	47332
11733	**10648**	**1468**	**1365**	**18215**	**17605**	**18198**	**17605**
11733	**10648**	**1468**	**1365**	**18215**	**17605**	**18198**	**17605**
11733	10648	1468	1365	18215	17605	18198	17605

1-7 续表 22

其他

项　　目	商品购进总额		统一配送商品购进额	
	2017年	2016年	2017年	2016年
总　　计	**3593936**	**3350483**	**2570363**	**2256370**
批发业	**2351983**	**2321560**	**1729046**	**1561090**
农、林、牧产品批发	5001	20569	5001	20569
食品、饮料及烟草制品批发	482652	473860	438109	417859
纺织、服装及家庭用品批发	1453391	1466958	915885	803004
文化、体育用品及器材批发	2986	2943	2986	2943
医药及医疗器材批发	78747	60673	58693	37988
矿产品、建材及化工产品批发	246181	222550	246181	222550
机械设备、五金产品及电子产品批发	62089	56019	62089	56019
贸易经纪与代理				
其他批发业	20935	17989	101	159
零售业	**1241954**	**1028924**	**841318**	**695279**
综合零售	860268	535707	560537	304390
食品、饮料及烟草制品专门零售	87652	84635	87580	84535
纺织、服装及日用品专门零售	51291	56147		
文化、体育用品及器材专门零售	44367	40206	30726	24569
医药及医疗器材专门零售	62808	52181	26905	21738
汽车、摩托车、燃料及零配件专门零售	7987	131815	7987	131815
家用电器及电子产品专门零售	106188	107677	106188	107677
五金、家具及室内装饰材料专门零售				
货摊、无店铺及其他零售业	21394	20555	21394	20555
直营门店合计	**2574286**	**2576037**	**1649475**	**1590382**
批发业	**1963166**	**1926481**	**1379201**	**1212429**
农、林、牧产品批发	2516	10346	2516	10346
食品、饮料及烟草制品批发	438072	430196	400980	381740
纺织、服装及家庭用品批发	1398261	1377158	877505	740474
文化、体育用品及器材批发	2986	2943	2986	2943
医药及医疗器材批发	60522	47067	55239	35985
矿产品、建材及化工产品批发	8830	12219	8830	12219
机械设备、五金产品及电子产品批发	31045	28563	31045	28563
贸易经纪与代理				
其他批发业	20935	17989	101	159

单位：万元

自有配送中心配送商品购进额		非自有配送中心配送商品购进额		商品销售总额		零售额	
2017年	2016年	2017年	2016年	2017年	2016年	2017年	2016年
1459853	**1660431**	**32740**	**317164**	**5261469**	**4579033**	**2974713**	**2480023**
1267463	**1351512**	**23305**	**21899**	**3716657**	**3491271**	**1471530**	**1431735**
5001	20569			5186	20869		
330843	299608	9249	7977	650758	589594	92937	77960
915760	802156	125	848	2625080	2500780	1299982	1306931
2986	2943			4111	4066	950	842
3942	3528	13931	13074	87334	71337	7712	10314
8830	222550			247949	223265	69244	35295
				65291	57253		
101	159			30947	24107	705	393
192390	**308918**	**9435**	**295266**	**1544813**	**1087762**	**1503183**	**1048287**
2591	3564	7520	295266	958791	586866	944960	574101
998				89642	80691	77791	70107
				123287	112694	123287	112694
30726	24569			40602	39288	40602	39288
22505	20738	1915		75234	65283	59286	49157
7987	131815			128183	85582	128183	85582
106188	107677			104158	105181	104158	105181
21394	20555			24916	12177	24916	12177
1366672	**1325445**	**22511**	**17842**	**4034194**	**3696651**	**2003663**	**1857555**
1196594	**1038814**	**13075**	**13798**	**3317042**	**3091412**	**1311741**	**1275631**
2516	10346			2875	11569		
303313	271873			622320	562445	78425	66664
877380	739626	125	848	2552763	2393794	1227665	1199946
2986	2943			4111	4066	950	842
1469	1649	12950	12950	64152	54179	3997	7785
8830	12219			8830	12219		
				31045	29034		
101	159			30947	24107	705	393

1-7 续表 23

其他

项目	商品购进总额		统一配送商品购进额	
	2017年	2016年	2017年	2016年
零售业	**611120**	**649556**	**270274**	**377954**
综合零售	310225	238513	10494	7196
食品、饮料及烟草制品专门零售	87652	84635	87580	84535
纺织、服装及日用品专门零售	13848	15160		
文化、体育用品及器材专门零售	44367	40206	30726	24569
医药及医疗器材专门零售	39778	30532	26223	21144
汽车、摩托车、燃料及零配件专门零售	7987	131815	7987	131815
家用电器及电子产品专门零售	106188	107677	106188	107677
五金、家具及室内装饰材料专门零售				
货摊、无店铺及其他零售业	1075	1018	1075	1018
加盟门店合计	**1019650**	**774446**	**920889**	**665987**
批发业	**388816**	**395079**	**349845**	**348662**
农、林、牧产品批发	2486	10223	2486	10223
食品、饮料及烟草制品批发	44580	43664	37129	36119
纺织、服装及家庭用品批发	55130	89800	38380	62530
文化、体育用品及器材批发				
医药及医疗器材批发	18225	13605	3455	2003
矿产品、建材及化工产品批发	237351	210331	237351	210331
机械设备、五金产品及电子产品批发	31045	27456	31045	27456
贸易经纪与代理				
其他批发业				
零售业	**630834**	**379368**	**571044**	**317326**
综合零售	550043	297194	550043	297194
食品、饮料及烟草制品专门零售				
纺织、服装及日用品专门零售	37442	40987		
文化、体育用品及器材专门零售				
医药及医疗器材专门零售	23030	21649	682	595
汽车、摩托车、燃料及零配件专门零售				
家用电器及电子产品专门零售				
五金、家具及室内装饰材料专门零售				
货摊、无店铺及其他零售业	20319	19537	20319	19537

单位：万元

自有配送中心配送商品购进额		非自有配送中心配送商品购进额		商品销售总额		零售额	
2017年	2016年	2017年	2016年	2017年	2016年	2017年	2016年
170078	**286631**	**9435**	**4044**	**717152**	**605239**	**691922**	**581924**
1280	1408	7520	4044	275749	226137	262772	213824
998				89642	80691	77791	70107
				32055	29851	32055	29851
30726	24569			40602	39288	40602	39288
21824	20144	1915		45478	37494	45076	37076
7987	131815			128183	85582	128183	85582
106188	107677			104158	105181	104158	105181
1075	1018			1286	1015	1286	1015
93181	**334986**	**10230**	**299323**	**1227275**	**882382**	**971050**	**622468**
70869	**312698**	**10230**	**8101**	**399615**	**399859**	**159789**	**156105**
2486	10223			2311	9300		
27530	27735	9249	7977	28439	27150	14512	11295
38380	62530			72318	106986	72318	106986
2474	1879	981	124	23182	17158	3715	2529
	210331			239119	211046	69244	35295
				34247	28220		
22312	**22287**		**291222**	**827661**	**482523**	**811261**	**466363**
1311	2156		291222	683042	360729	682188	360277
				91233	82843	91233	82843
682	595			29756	27789	14210	12082
20319	19537			23630	11162	23630	11162

1-8 按登记注册类型与业态分连锁零售企业基本情况

便利店

项　　目	连锁总店数（个）	门店数（个）		年末从业人员（人）		年末零售营业面积（平方米）	
	2017年	2017年	2016年	2017年	2016年	2017年	2016年
总　　计	**102**	**24060**	**22398**	**89922**	**92454**	**1907888**	**1784041**
内资企业	86	20507	19412	75944	76237	1560343	1494541
国有企业	4	1694	1753	7350	7246	99107	99217
集体企业							
股份合作企业							
联营企业							
有限责任公司	45	6343	6208	26288	27276	465695	469556
股份有限公司	3	2930	2841	12901	12665	318320	306811
私营企业	34	9540	8610	29405	29050	677221	618957
其他企业							
港、澳、台商投资企业	7	2713	2465	9129	12360	270887	228173
外商投资企业	9	840	521	4849	3857	76658	61327
直营门店合计		**10313**	**10015**	**56455**	**57078**	**1100989**	**1050149**
内资企业		8017	8061	44782	46012	869420	858811
国有企业		1049	1045	6038	5805	72561	71293
集体企业							
股份合作企业							
联营企业							
有限责任公司		4153	4223	21264	22505	350869	352378
股份有限公司		1188	1120	8460	7813	195928	186134
私营企业		1627	1673	9020	9889	250062	249006
其他企业							
港、澳、台商投资企业		1567	1509	7504	7586	161918	136392
外商投资企业		729	445	4169	3480	69651	54946
加盟门店合计		**13747**	**12383**	**33467**	**35376**	**806899**	**733892**
内资企业		12490	11351	31162	30225	690923	635730
国有企业		645	708	1312	1441	26546	27924
集体企业							
股份合作企业							
联营企业							
有限责任公司		2190	1985	5024	4771	114826	117178
股份有限公司		1742	1721	4441	4852	122392	120677
私营企业		7913	6937	20385	19161	427159	369951
其他企业							
港、澳、台商投资企业		1146	956	1625	4774	108969	91781
外商投资企业		111	76	680	377	7007	6381

1-8 续表 1

折扣店

项目	连锁总店数（个）	门店数（个）		年末从业人员（人）		年末零售营业面积（平方米）	
	2017年	2017年	2016年	2017年	2016年	2017年	2016年
总　计	**3**	**448**	**460**	**1613**	**1684**	**193592**	**160601**
内资企业	2	73	58	973	1036	99842	65351
国有企业							
集体企业							
股份合作企业							
联营企业							
有限责任公司							
股份有限公司							
私营企业	2	73	58	973	1036	99842	65351
其他企业							
港、澳、台商投资企业							
外商投资企业	1	375	402	640	648	93750	95250
直营门店合计		**269**	**279**	**1552**	**1627**	**148842**	**120601**
内资企业		73	58	973	1036	99842	65351
国有企业							
集体企业							
股份合作企业							
联营企业							
有限责任公司							
股份有限公司							
私营企业		73	58	973	1036	99842	65351
其他企业							
港、澳、台商投资企业							
外商投资企业		196	221	579	591	49000	55250
加盟门店合计		**179**	**181**	**61**	**57**	**44750**	**40000**
内资企业							
国有企业							
集体企业							
股份合作企业							
联营企业							
有限责任公司							
股份有限公司							
私营企业							
其他企业							
港、澳、台商投资企业							
外商投资企业		179	181	61	57	44750	40000

1-8 续表 2

超市

项目	连锁总店数（个）	门店数（个）		年末从业人员（人）		年末零售营业面积（平方米）	
	2017年	2017年	2016年	2017年	2016年	2017年	2016年
总计	**391**	**29881**	**32653**	**419779**	**454964**	**21128919**	**21391428**
内资企业	379	27159	29740	356374	383435	17331498	17302958
国有企业	5	301	310	11570	11178	255129	240629
集体企业	3	36	37	1464	1581	17700	17950
股份合作企业	3	128	139	2211	1948	441711	523595
联营企业	1	17	18	165	203	5000	5000
有限责任公司	153	12184	13838	157681	174524	8553901	8387485
股份有限公司	19	5369	5463	92094	99026	4190545	4254346
私营企业	191	8580	9414	84944	88652	3634158	3637675
其他企业	4	544	521	6245	6323	233354	236278
港、澳、台商投资企业	9	788	760	10271	10486	473499	478541
外商投资企业	3	1934	2153	53134	61043	3323922	3609929
直营门店合计		**16489**	**16630**	**363933**	**388841**	**18986779**	**19043956**
内资企业		14124	14295	307824	329312	15533528	15444610
国有企业		238	234	8425	8361	199442	195558
集体企业		14	15	154	174	6700	6950
股份合作企业		111	121	2066	1776	435226	516880
联营企业		17	18	165	203	5000	5000
有限责任公司		6384	6641	142076	156994	7993956	7812742
股份有限公司		3205	3183	76857	82883	3515771	3588342
私营企业		3910	3861	73020	73779	3159124	3097825
其他企业		245	222	5061	5142	218309	221313
港、澳、台商投资企业		788	760	10271	10486	473499	478541
外商投资企业		1577	1575	45838	49043	2979752	3120805
加盟门店合计		**13392**	**16023**	**55846**	**66123**	**2142140**	**2347472**
内资企业		13035	15445	48550	54123	1797970	1858348
国有企业		63	76	3145	2817	55687	45071
集体企业		22	22	1310	1407	11000	11000
股份合作企业		17	18	145	172	6485	6715
联营企业							
有限责任公司		5800	7197	15605	17530	559945	574743
股份有限公司		2164	2280	15237	16143	674774	666004
私营企业		4670	5553	11924	14873	475034	539850
其他企业		299	299	1184	1181	15045	14965
港、澳、台商投资企业							
外商投资企业		357	578	7296	12000	344170	489124

1-8 续表 3

大型超市

项 目	连锁总店数（个）	门店数（个）		年末从业人员（人）		年末零售营业面积（平方米）	
	2017年	2017年	2016年	2017年	2016年	2017年	2016年
总　计	**168**	**6155**	**5968**	**469937**	**478027**	**35398107**	**34848891**
内资企业	86	4424	4339	206729	210970	16918157	17300683
国有企业	1	9	9	232	265	38900	38900
集体企业							
股份合作企业							
联营企业							
有限责任公司	45	3162	3149	92543	96033	6982664	7263244
股份有限公司	12	697	635	74687	75877	6938353	7163282
私营企业	28	556	546	39267	38795	2958240	2835257
其他企业							
港、澳、台商投资企业	26	1235	1155	158186	155801	12964535	12145927
外商投资企业	56	496	474	105022	111256	5515415	5402281
直营门店合计		**4067**	**3892**	**398936**	**410509**	**31762511**	**31329547**
内资企业		2536	2451	202254	206551	16728404	17110930
国有企业		9	9	232	265	38900	38900
集体企业							
股份合作企业							
联营企业							
有限责任公司		1279	1266	88123	91662	6793961	7074541
股份有限公司		694	632	74657	75847	6937353	7162282
私营企业		554	544	39242	38777	2958190	2835207
其他企业							
港、澳、台商投资企业		1059	985	97416	98051	9942445	9237027
外商投资企业		472	456	99266	105907	5091662	4981590
加盟门店合计		**2088**	**2076**	**71001**	**67518**	**3635596**	**3519344**
内资企业		1888	1888	4475	4419	189753	189753
国有企业							
集体企业							
股份合作企业							
联营企业							
有限责任公司		1883	1883	4420	4371	188703	188703
股份有限公司		3	3	30	30	1000	1000
私营企业		2	2	25	18	50	50
其他企业							
港、澳、台商投资企业		176	170	60770	57750	3022090	2908900
外商投资企业		24	18	5756	5349	423753	420691

1-8 续表 4

仓储会员店

项目	连锁总店数（个）	门店数（个）		年末从业人员（人）		年末零售营业面积（平方米）	
	2017年	2017年	2016年	2017年	2016年	2017年	2016年
总　计	**2**	**98**	**93**	**13174**	**12170**	**681161**	**671810**
内资企业							
国有企业							
集体企业							
股份合作企业							
联营企业							
有限责任公司							
股份有限公司							
私营企业							
其他企业							
港、澳、台商投资企业							
外商投资企业	2	98	93	13174	12170	681161	671810
直营门店合计		**98**	**93**	**13174**	**12170**	**681161**	**671810**
内资企业							
国有企业							
集体企业							
股份合作企业							
联营企业							
有限责任公司							
股份有限公司							
私营企业							
其他企业							
港、澳、台商投资企业							
外商投资企业		98	93	13174	12170	681161	671810
加盟门店合计							
内资企业							
国有企业							
集体企业							
股份合作企业							
联营企业							
有限责任公司							
股份有限公司							
私营企业							
其他企业							
港、澳、台商投资企业							
外商投资企业							

1-8 续表 5

百货店

项目	连锁总店数（个）	门店数（个）		年末从业人员（人）		年末零售营业面积（平方米）	
	2017年	2017年	2016年	2017年	2016年	2017年	2016年
总　计	**107**	**6148**	**6037**	**279207**	**269217**	**28429495**	**27680397**
内资企业	83	4611	4628	232426	222658	19780782	19573770
国有企业	1	83	83	98	98	3561	3561
集体企业	7	377	378	6352	6417	476401	480620
股份合作企业							
联营企业							
有限责任公司	35	402	464	39465	27457	2784548	3121817
股份有限公司	24	1729	1685	159689	160857	15197861	14797692
私营企业	15	2018	2016	26653	27647	1302929	1153459
其他企业	1	2	2	169	182	15482	16621
港、澳、台商投资企业	16	1493	1375	38674	38200	7732251	7183162
外商投资企业	8	44	34	8107	8359	916462	923465
直营门店合计		**3437**	**3316**	**264833**	**254960**	**27887192**	**27135521**
内资企业		1929	1936	221383	211343	19452256	19242678
国有企业		17	17	19	19	1393	1393
集体企业		139	140	5602	5662	441181	445400
股份合作企业							
联营企业							
有限责任公司		402	464	39465	27457	2784548	3121817
股份有限公司		1200	1145	157958	159102	15128396	14725361
私营企业		169	168	18170	18921	1081256	932086
其他企业		2	2	169	182	15482	16621
港、澳、台商投资企业		1464	1346	35343	35258	7518474	6969378
外商投资企业		44	34	8107	8359	916462	923465
加盟门店合计		**2711**	**2721**	**14374**	**14257**	**542303**	**544876**
内资企业		2682	2692	11043	11315	328526	331092
国有企业		66	66	79	79	2168	2168
集体企业		238	238	750	755	35220	35220
股份合作企业							
联营企业							
有限责任公司							
股份有限公司		529	540	1731	1755	69465	72331
私营企业		1849	1848	8483	8726	221673	221373
其他企业							
港、澳、台商投资企业		29	29	3331	2942	213777	213784
外商投资企业							

1-8 续表 6

专业店(含加油站)

项　目	连锁总店数(个)	门店数(个)		年末从业人员(人)		年末零售营业面积(平方米)	
	2017年	2017年	2016年	2017年	2016年	2017年	2016年
总　计	**1646**	**125362**	**118205**	**847952**	**888850**	**77749891**	**76520567**
内资企业	1586	120640	113912	809379	850187	73596874	72360706
国有企业	138	8851	9596	83667	87187	9663290	9443811
集体企业	7	180	185	618	624	10728	10869
股份合作企业	2	217	213	1699	2382	17350	17350
联营企业	3	221	224	993	975	25873	25357
有限责任公司	668	46424	42825	284975	277993	18018342	16335504
股份有限公司	208	33676	33113	279438	326782	39303784	40723897
私营企业	548	29795	26417	152897	149098	6445091	5692529
其他企业	12	1276	1339	5092	5146	112416	111389
港、澳、台商投资企业	20	1943	1757	11063	10593	232646	208243
外商投资企业	40	2779	2536	27510	28070	3920371	3951618
直营门店合计		**100613**	**93470**	**786889**	**827456**	**75847605**	**74580815**
内资企业		96275	89507	749408	789733	71710785	70434891
国有企业		8150	8795	80903	84581	9610244	9391256
集体企业		160	165	558	564	9228	9369
股份合作企业		217	213	1699	2382	17350	17350
联营企业		179	173	879	860	22434	21389
有限责任公司		36175	32586	261790	253887	17331666	15580151
股份有限公司		28003	27453	265072	312433	39014072	40433184
私营企业		22948	19716	136101	132859	5653920	4933778
其他企业		443	406	2406	2167	51871	48414
港、澳、台商投资企业		1577	1450	10050	9757	217871	196043
外商投资企业		2761	2513	27431	27966	3918949	3949881
加盟门店合计		**24749**	**24735**	**61063**	**61394**	**1902286**	**1939752**
内资企业		24365	24405	59971	60454	1886089	1925815
国有企业		701	801	2764	2606	53046	52555
集体企业		20	20	60	60	1500	1500
股份合作企业							
联营企业		42	51	114	115	3439	3968
有限责任公司		10249	10239	23185	24106	686676	755353
股份有限公司		5673	5660	14366	14349	289712	290713
私营企业		6847	6701	16796	16239	791171	758751
其他企业		833	933	2686	2979	60545	62975
港、澳、台商投资企业		366	307	1013	836	14775	12200
外商投资企业		18	23	79	104	1422	1737

1-8 续表 7

加油站

项目	连锁总店数（个）	门店数（个）		年末从业人员（人）		年末零售营业面积（平方米）	
	2017年	2017年	2016年	2017年	2016年	2017年	2016年
总计	**321**	**33321**	**33022**	**245111**	**253101**	**48419437**	**48003720**
内资企业	293	30977	30935	224562	232244	44927536	44495729
国有企业	75	6528	6467	53326	55474	8087448	7871254
集体企业							
股份合作企业	2	217	213	1699	2382	17350	17350
联营企业							
有限责任公司	51	3750	3772	29384	30482	5820754	5512411
股份有限公司	157	20417	20423	139315	143113	30897345	30992075
私营企业	8	65	60	838	793	104639	102639
其他企业							
港、澳、台商投资企业	2	18	18	369	398	8000	8000
外商投资企业	26	2326	2069	20180	20459	3483901	3499991
直营门店合计		**33125**	**32829**	**243705**	**251464**	**48329995**	**47914168**
内资企业		30781	30742	223156	230607	44838094	44406177
国有企业		6526	6467	53270	55474	8087346	7871254
集体企业							
股份合作企业		217	213	1699	2382	17350	17350
联营企业							
有限责任公司		3664	3689	28694	29488	5793899	5486501
股份有限公司		20309	20313	138655	142470	30834860	30928433
私营企业		65	60	838	793	104639	102639
其他企业							
港、澳、台商投资企业		18	18	369	398	8000	8000
外商投资企业		2326	2069	20180	20459	3483901	3499991
加盟门店合计		**196**	**193**	**1406**	**1637**	**89442**	**89552**
内资企业		196	193	1406	1637	89442	89552
国有企业		2		56		102	
集体企业							
股份合作企业							
联营企业							
有限责任公司		86	83	690	994	26855	25910
股份有限公司		108	110	660	643	62485	63642
私营企业							
其他企业							
港、澳、台商投资企业							
外商投资企业							

1-8 续表 8

专卖店

项目	连锁总店数（个）	门店数（个）		年末从业人员（人）		年末零售营业面积（平方米）	
	2017年	2017年	2016年	2017年	2016年	2017年	2016年
总　计	**369**	**31238**	**26193**	**173819**	**160419**	**4985815**	**4296554**
内资企业	304	24585	21486	120698	112204	3085091	2682071
国有企业	10	364	369	6050	6387	112158	106064
集体企业	1	38	40	299	303	3562	4532
股份合作企业	3	37	39	241	246	7964	7964
联营企业							
有限责任公司	148	9391	8312	54396	49483	1498118	1321190
股份有限公司	10	5434	4083	16462	15237	412264	301380
私营企业	126	8574	8025	39082	37053	921494	828497
其他企业	6	747	618	4168	3495	129531	112444
港、澳、台商投资企业	43	2861	2037	20143	18095	793732	594744
外商投资企业	22	3792	2670	32978	30120	1106992	1019739
直营门店合计		**18317**	**15367**	**144210**	**129651**	**3958893**	**3381810**
内资企业		13180	12060	92233	85752	2295854	1986728
国有企业		364	369	6050	6387	112158	106064
集体企业		38	40	299	303	3562	4532
股份合作企业		37	39	241	246	7964	7964
联营企业							
有限责任公司		5702	5235	44807	41177	1234158	1119765
股份有限公司		730	524	6245	5854	212106	139624
私营企业		5664	5402	30436	28533	602075	506085
其他企业		645	451	4155	3252	123831	102694
港、澳、台商投资企业		2177	1428	19533	17720	671756	476164
外商投资企业		2960	1879	32444	26179	991283	918918
加盟门店合计		**12921**	**10826**	**29609**	**30768**	**1026922**	**914744**
内资企业		11405	9426	28465	26452	789237	695343
国有企业							
集体企业							
股份合作企业							
联营企业							
有限责任公司		3689	3077	9589	8306	263960	201425
股份有限公司		4704	3559	10217	9383	200158	161756
私营企业		2910	2623	8646	8520	319419	322412
其他企业		102	167	13	243	5700	9750
港、澳、台商投资企业		684	609	610	375	121976	118580
外商投资企业		832	791	534	3941	115709	100821

1-8 续表 9

家居建材商店

项　　目	连锁总店数（个）	门店数（个）		年末从业人员（人）		年末零售营业面积（平方米）	
	2017年	2017年	2016年	2017年	2016年	2017年	2016年
总　　计	**13**	**61**	**57**	**2590**	**2688**	**210034**	**211629**
内资企业	6	45	41	1192	1261	48598	49093
国有企业							
集体企业							
股份合作企业							
联营企业							
有限责任公司	3	14	13	465	495	25265	25265
股份有限公司							
私营企业	3	31	28	727	766	23333	23828
其他企业							
港、澳、台商投资企业	1	5	5	140	137	23564	23564
外商投资企业	6	11	11	1258	1290	137872	138972
直营门店合计		**61**	**57**	**2590**	**2688**	**210034**	**211629**
内资企业		45	41	1192	1261	48598	49093
国有企业							
集体企业							
股份合作企业							
联营企业							
有限责任公司		14	13	465	495	25265	25265
股份有限公司							
私营企业		31	28	727	766	23333	23828
其他企业							
港、澳、台商投资企业		5	5	140	137	23564	23564
外商投资企业		11	11	1258	1290	137872	138972
加盟门店合计							
内资企业							
国有企业							
集体企业							
股份合作企业							
联营企业							
有限责任公司							
股份有限公司							
私营企业							
其他企业							
港、澳、台商投资企业							
外商投资企业							

1-8 续表 10

厂家直销中心

项目	连锁总店数(个) 2017年	门店数(个) 2017年	门店数(个) 2016年	年末从业人员(人) 2017年	年末从业人员(人) 2016年	年末零售营业面积(平方米) 2017年	年末零售营业面积(平方米) 2016年
总计	**8**	**711**	**655**	**3979**	**3902**	**163857**	**156409**
内资企业	7	480	479	2911	3137	136706	136646
国有企业							
集体企业							
股份合作企业							
联营企业							
有限责任公司	2	415	415	1174	1185	132250	132250
股份有限公司	2	16	16	194	213	196	196
私营企业	3	49	48	1543	1739	4260	4200
其他企业							
港、澳、台商投资企业	1	231	176	1068	765	27151	19763
外商投资企业							
直营门店合计		**348**	**292**	**3135**	**3060**	**95457**	**88009**
内资企业		117	116	2067	2295	68306	68246
国有企业							
集体企业							
股份合作企业							
联营企业							
有限责任公司		52	52	330	343	63850	63850
股份有限公司		16	16	194	213	196	196
私营企业		49	48	1543	1739	4260	4200
其他企业							
港、澳、台商投资企业		231	176	1068	765	27151	19763
外商投资企业							
加盟门店合计		**363**	**363**	**844**	**842**	**68400**	**68400**
内资企业		363	363	844	842	68400	68400
国有企业							
集体企业							
股份合作企业							
联营企业							
有限责任公司		363	363	844	842	68400	68400
股份有限公司							
私营企业							
其他企业							
港、澳、台商投资企业							
外商投资企业							

1-8 续表 11

其他

项　目	连锁总店数（个）	门店数（个）		年末从业人员（人）		年末零售营业面积（平方米）	
	2017年	2017年	2016年	2017年	2016年	2017年	2016年
总　计	**62**	**11941**	**11093**	**47199**	**42902**	**2447431**	**2374253**
内资企业	57	11874	11015	45593	40452	2369622	2293721
国有企业	4	2046	2047	1248	1482	128855	128920
集体企业	1	108	141	222	284	2110	3200
股份合作企业	1	7	8	192	198	9987	10039
联营企业							
有限责任公司	25	4648	4765	11403	10737	279476	261961
股份有限公司	1	585	581	11814	11850	1579479	1550788
私营企业	25	4480	3473	20714	15901	369715	338813
其他企业							
港、澳、台商投资企业	2	10	12	74	106	215	229
外商投资企业	3	57	66	1532	2344	77594	80303
直营门店合计		**2347**	**2157**	**25622**	**26044**	**2055598**	**2016798**
内资企业		2292	2091	24041	23619	1978039	1936516
国有企业		21	21	968	1140	46730	46730
集体企业		38	41	112	128	1100	1880
股份合作企业		7	8	192	198	9987	10039
联营企业							
有限责任公司		1620	1447	9522	8800	247285	229794
股份有限公司		54	50	9338	9332	1484963	1456272
私营企业		552	524	3909	4021	187974	191801
其他企业							
港、澳、台商投资企业		10	12	74	106	215	229
外商投资企业		45	54	1507	2319	77344	80053
加盟门店合计		**9594**	**8936**	**21577**	**16858**	**391833**	**357455**
内资企业		9582	8924	21552	16833	391583	357205
国有企业		2025	2026	280	342	82125	82190
集体企业		70	100	110	156	1010	1320
股份合作企业							
联营企业							
有限责任公司		3028	3318	1881	1937	32191	32167
股份有限公司		531	531	2476	2518	94516	94516
私营企业		3928	2949	16805	11880	181741	147012
其他企业							
港、澳、台商投资企业							
外商投资企业		12	12	25	25	250	250

1-9 按登记注册类型与业态

便利店

项　　目	商品购进总额		统一配送商品购进额	
	2017年	2016年	2017年	2016年
总　计	**3699881**	**3333479**	**3097734**	**2710964**
内资企业	2778785	2637193	2216137	2054368
国有企业	248003	335174	218745	297538
集体企业				
股份合作企业				
联营企业				
有限责任公司	1149921	1044414	832849	718496
股份有限公司	484893	476239	356638	349271
私营企业	895968	781366	807905	689063
其他企业				
港、澳、台商投资企业	537953	466786	498454	427097
外商投资企业	383143	229500	383143	229500
直营门店合计	**2354062**	**2255152**	**1905611**	**1778118**
内资企业	1818075	1802889	1409123	1365545
国有企业	204357	274671	179891	243691
集体企业				
股份合作企业				
联营企业				
有限责任公司	842764	793661	556242	489795
股份有限公司	348343	338337	264938	255469
私营企业	422610	396220	408052	376590
其他企业				
港、澳、台商投资企业	293376	269596	253878	229906
外商投资企业	242610	182667	242610	182667
加盟门店合计	**1345819**	**1078328**	**1192123**	**932847**
内资企业	960710	834304	807014	688823
国有企业	43645	60503	38854	53848
集体企业				
股份合作企业				
联营企业				
有限责任公司	307157	250753	276607	228700
股份有限公司	136549	137902	91699	93802
私营企业	473358	385146	399853	312473
其他企业				
港、澳、台商投资企业	244576	197191	244576	197191
外商投资企业	140533	46833	140533	46833

分连锁零售企业经营情况

单位：万元

自有配送中心配送商品购进额		非自有配送中心配送商品购进额		商品销售总额		零售额	
2017年	2016年	2017年	2016年	2017年	2016年	2017年	2016年
1350594	**1194680**	**872148**	**745090**	**4828894**	**4291570**	**4343396**	**3965680**
1165549	1038298	648201	647948	3380510	3158297	2986868	2877036
80100	109616	113121	156874	425647	454649	356238	386187
371752	285137	250836	235199	1370054	1298947	1330849	1247560
275257	271696	81381	77574	544707	519771	377270	436848
438441	371849	202864	178301	1040102	884929	922512	806442
185046	156383	594	1221	946912	790846	917091	746216
		223353	95922	501472	342428	439437	342428
817167	**746022**	**538586**	**525235**	**3154722**	**2995923**	**2866998**	**2752651**
663321	612015	444439	468513	2261182	2253403	2059741	2046819
64562	88077	89805	124565	299074	306933	229665	238471
275166	221041	122161	109842	1053186	1020495	1015165	969660
183558	177895	81381	77574	389025	448798	316270	376848
140036	125003	151092	156532	519897	477178	498641	461842
153846	134008	594	1221	514971	486260	490723	449573
		93554	55502	378570	256259	316534	256259
533427	**448658**	**333562**	**219855**	**1674172**	**1295648**	**1476398**	**1213029**
502227	426283	203763	179435	1119329	904894	927128	830217
15538	21539	23316	32309	126573	147716	126573	147716
96586	64097	128675	125357	316869	278453	315683	277900
91699	93802			155682	70974	61000	60000
298404	246845	51772	21769	520205	407751	423871	344601
31200	22375			431941	304586	426368	296643
		129799	40420	122902	86168	122902	86168

1-9 续表 1

折扣店

项目	商品购进总额		统一配送商品购进额	
	2017年	2016年	2017年	2016年
总计	**231542**	**260991**	**116269**	**136302**
内资企业	115273	124690		
国有企业				
集体企业				
股份合作企业				
联营企业				
有限责任公司				
股份有限公司				
私营企业	115273	124690		
其他企业				
港、澳、台商投资企业				
外商投资企业	116269	136302	116269	136302
直营门店合计	**208289**	**199622**	**93015**	**74932**
内资企业	115273	124690		
国有企业				
集体企业				
股份合作企业				
联营企业				
有限责任公司				
股份有限公司				
私营企业	115273	124690		
其他企业				
港、澳、台商投资企业				
外商投资企业	93015	74932	93015	74932
加盟门店合计	**23254**	**61370**	**23254**	**61370**
内资企业				
国有企业				
集体企业				
股份合作企业				
联营企业				
有限责任公司				
股份有限公司				
私营企业				
其他企业				
港、澳、台商投资企业				
外商投资企业	23254	61370	23254	61370

单位：万元

自有配送中心配送商品购进额		非自有配送中心配送商品购进额		商品销售总额		零售额	
2017年	2016年	2017年	2016年	2017年	2016年	2017年	2016年
116269	**136302**			**266782**	**298119**	**266782**	**298119**
				140802	152292	140802	152292
				140802	152292	140802	152292
116269	136302			125980	145828	125980	145828
93015	**74932**			**241586**	**270207**	**241586**	**270207**
				140802	152292	140802	152292
				140802	152292	140802	152292
93015	74932			100784	117916	100784	117916
23254	**61370**			**25196**	**27912**	**25196**	**27912**
23254	61370			25196	27912	25196	27912

1-9 续表 2

超市

项 目	商品购进总额		统一配送商品购进额	
	2017年	2016年	2017年	2016年
总 计	**31469816**	**30283982**	**26529035**	**25987480**
内资企业	26631199	25300954	21926020	21140053
国有企业	495975	491585	251062	262930
集体企业	25802	28695	1797	2043
股份合作企业	78218	72900	78218	72900
联营企业	15366	13922	15366	13922
有限责任公司	12306714	11647929	10361995	9971115
股份有限公司	8145200	8328643	6487068	7157908
私营企业	5289681	4422114	4456271	3364068
其他企业	274244	295166	274244	295166
港、澳、台商投资企业	707420	721628	471819	586028
外商投资企业	4131196	4261400	4131196	4261400
直营门店合计	**28708103**	**27111986**	**24409493**	**23528964**
内资企业	24142510	22584958	20079502	19137537
国有企业	396851	403293	249952	261451
集体企业	9039	9239	1797	2043
股份合作企业	76400	71101	76400	71101
联营企业	15366	13922	15366	13922
有限责任公司	11815396	11156406	9984939	9666142
股份有限公司	6525664	6646404	5186238	5765117
私营企业	5035570	3995788	4296585	3068955
其他企业	268225	288806	268225	288806
港、澳、台商投资企业	707420	721628	471819	586028
外商投资企业	3858172	3805400	3858172	3805400
加盟门店合计	**2761713**	**3171996**	**2119542**	**2458516**
内资企业	2488689	2715996	1846518	2002516
国有企业	99124	88292	1110	1479
集体企业	16763	19455		
股份合作企业	1817	1800	1817	1800
联营企业				
有限责任公司	491318	491523	377056	304973
股份有限公司	1619536	1682240	1300830	1392790
私营企业	254112	426326	159686	295113
其他企业	6020	6360	6020	6360
港、澳、台商投资企业				
外商投资企业	273024	456000	273024	456000

单位：万元

自有配送中心配送商品购进额		非自有配送中心配送商品购进额		商品销售总额		零售额	
2017年	2016年	2017年	2016年	2017年	2016年	2017年	2016年
17273989	**17984409**	**3123285**	**3193089**	**35203131**	**32883576**	**29851628**	**28761037**
12985032	13489985	2853961	2891778	30057382	27607159	25779212	24517995
202178	217840			578148	568759	553618	545964
1797	2043			27150	28272	25268	26182
67250	61618			89827	95508	89827	95508
15366	13922			16055	15795	11751	11372
5619472	5770552	708682	638704	14151957	13191203	10891019	10916284
5004962	5270454	1388248	1520669	9166584	8802181	8574658	8240239
2053349	2130859	528478	503102	5759961	4652484	5365372	4429490
20660	22696	228553	229303	267701	252958	267701	252958
171982	247099	269324	301312	867952	877361	797519	799885
4116975	4247325			4277797	4399056	3274897	3443156
15791522	**16193267**	**2540934**	**2565656**	**32000475**	**29546798**	**26679352**	**25465437**
11775589	12154843	2271610	2264344	27139126	24745381	22891336	21697396
201068	216361			466773	468997	442243	446202
1797	2043			8793	9026	6911	6935
65432	59818			87823	93406	87823	93406
15366	13922			16055	15795	11751	11372
5290386	5507494	674470	603316	13481565	12498146	10223691	10225425
4235059	4443929	859286	955631	7434170	7293798	6854778	6763749
1950361	1893303	510780	477731	5382163	4119020	5002356	3903112
16121	17973	227073	227666	261783	247195	261783	247195
171982	247099	269324	301312	867952	877361	797519	799885
3843951	3791325			3993397	3924056	2990497	2968156
1482468	**1791141**	**582351**	**627434**	**3202657**	**3336778**	**3172276**	**3295600**
1209444	1335141	582351	627434	2918257	2861778	2887876	2820600
1110	1479			111375	99762	111375	99762
				18356	19247	18356	19247
1817	1800			2003	2102	2003	2102
329087	263058	34211	35388	670392	693058	667328	690859
769903	826525	528961	565038	1732414	1508382	1719880	1476490
102987	237556	17698	25370	377798	533465	363016	526378
4539	4723	1480	1637	5918	5763	5918	5763
273024	456000			284400	475000	284400	475000

1-9 续表 3

大型超市

项　　目	商品购进总额		统一配送商品购进额	
	2017年	2016年	2017年	2016年
总　　计	**40490084**	**41674241**	**28556122**	**29314408**
内资企业	14610774	14522816	10639541	10400082
国有企业	24729	34352	2194	2394
集体企业				
股份合作企业				
联营企业				
有限责任公司	7000046	7566464	4423003	5011751
股份有限公司	5508471	4743067	4426919	3627393
私营企业	2077528	2178933	1787425	1758544
其他企业				
港、澳、台商投资企业	16023227	16579450	13073471	13625136
外商投资企业	9856084	10571975	4843110	5289191
直营门店合计	**35552498**	**36854737**	**23749675**	**24592292**
内资企业	14421751	14333820	10491647	10251537
国有企业	24729	34352	2194	2394
集体企业				
股份合作企业				
联营企业				
有限责任公司	6816354	7382175	4280438	4867914
股份有限公司	5503446	4738577	4421895	3622903
私营企业	2077223	2178715	1787120	1758327
其他企业				
港、澳、台商投资企业	11706845	12328520	8760664	9374206
外商投资企业	9423902	10192397	4497365	4966549
加盟门店合计	**4937586**	**4819504**	**4806447**	**4722117**
内资企业	189023	188996	147894	148545
国有企业				
集体企业				
股份合作企业				
联营企业				
有限责任公司	183693	184288	142564	143837
股份有限公司	5025	4490	5025	4490
私营企业	305	218	305	218
其他企业				
港、澳、台商投资企业	4316382	4250930	4312808	4250930
外商投资企业	432182	379579	345745	322642

单位：万元

自有配送中心配送商品购进额		非自有配送中心配送商品购进额		商品销售总额		零售额	
2017年	2016年	2017年	2016年	2017年	2016年	2017年	2016年
14015307	**14847907**	**6046942**	**6018200**	**44150676**	**45810271**	**39843708**	**41187372**
6535201	6462962	1736670	1722463	17228684	17964985	16015796	16725252
2057	2030	138	364	27844	38819	27844	38819
1379778	2266999	1025055	1015781	8043391	8701256	7024877	7655593
3708722	2915228	708938	704307	6813001	6703977	6651998	6549853
1444644	1278706	2539	2012	2344447	2520933	2311078	2480988
4300628	5010208	3757407	3678936	16416473	16828526	14403520	14768325
3179478	3374738	552865	616801	10505520	11016761	9424391	9693795
13541940	**14387471**	**6023635**	**6002792**	**39360459**	**41224375**	**35053491**	**36601476**
6407580	6329825	1716397	1707055	17053734	17782631	15840847	16542898
2057	2030	138	364	27844	38819	27844	38819
1257487	2138569	1004782	1000373	7869686	8519541	6851172	7473877
3703698	2910737	708938	704307	6812160	6703651	6651156	6549527
1444339	1278488	2539	2012	2344044	2520620	2310675	2480675
4300628	5005550	3754373	3678936	12276679	12797796	10263726	10737595
2833733	3052096	552865	616801	10030047	10643949	8948918	9320983
473366	**460437**	**23307**	**15408**	**4790217**	**4585896**	**4790217**	**4585896**
127621	133137	20273	15408	174950	182354	174950	182354
122291	128429	20273	15408	173705	181715	173705	181715
5025	4490			842	326	842	326
305	218			403	313	403	313
	4658	3034		4139794	4030730	4139794	4030730
345745	322642			475473	372812	475473	372812

1-9 续表 4

仓储会员店

项目	商品购进总额		统一配送商品购进额	
	2017年	2016年	2017年	2016年
总　计	**2046688**	**2727589**	**263292**	**310548**
内资企业				
国有企业				
集体企业				
股份合作企业				
联营企业				
有限责任公司				
股份有限公司				
私营企业				
其他企业				
港、澳、台商投资企业				
外商投资企业	2046688	2727589	263292	310548
直营门店合计	**2046688**	**2727589**	**263292**	**310548**
内资企业				
国有企业				
集体企业				
股份合作企业				
联营企业				
有限责任公司				
股份有限公司				
私营企业				
其他企业				
港、澳、台商投资企业				
外商投资企业	2046688	2727589	263292	310548
加盟门店合计				
内资企业				
国有企业				
集体企业				
股份合作企业				
联营企业				
有限责任公司				
股份有限公司				
私营企业				
其他企业				
港、澳、台商投资企业				
外商投资企业				

单位：万元

自有配送中心配送商品购进额		非自有配送中心配送商品购进额		商品销售总额		零售额	
2017年	2016年	2017年	2016年	2017年	2016年	2017年	2016年
				2304643	**2581553**	**2240081**	**2581553**
				2304643	2581553	2240081	2581553
				2304643	**2581553**	**2240081**	**2581553**
				2304643	2581553	2240081	2581553

1-9 续表 5

百货店

项 目	商品购进总额		统一配送商品购进额	
	2017年	2016年	2017年	2016年
总 计	**30824194**	**30452396**	**14130547**	**13843945**
内资企业	25016220	24985044	10980790	11098627
国有企业	2055	1944	2055	1944
集体企业	746747	706083	43297	46646
股份合作企业				
联营企业				
有限责任公司	2305909	2792248	1396824	1759866
股份有限公司	19623000	19324498	7379619	7242323
私营企业	2320216	2140161	2140702	2027739
其他企业	18293	20109	18293	20109
港、澳、台商投资企业	4926400	4679295	3147442	2699870
外商投资企业	881574	788057	2315	45449
直营门店合计	**30072179**	**29652553**	**13448471**	**13267005**
内资企业	24524166	24451288	10530066	10632598
国有企业	782	743	782	743
集体企业	694347	626205	32227	34493
股份合作企业				
联营企业				
有限责任公司	2305909	2792248	1396824	1759866
股份有限公司	19514271	19199655	7270890	7117480
私营企业	1990563	1812328	1811050	1699906
其他企业	18293	20109	18293	20109
港、澳、台商投资企业	4666439	4413208	2916090	2588959
外商投资企业	881574	788057	2315	45449
加盟门店合计	**752015**	**799842**	**682076**	**576940**
内资企业	492054	533755	450724	466029
国有企业	1273	1200	1273	1200
集体企业	52400	79879	11070	12152
股份合作企业				
联营企业				
有限责任公司				
股份有限公司	108729	124843	108729	124843
私营企业	329652	327833	329652	327833
其他企业				
港、澳、台商投资企业	259961	266087	231352	110911
外商投资企业				

单位：万元

自有配送中心配送商品购进额		非自有配送中心配送商品购进额		商品销售总额		零售额	
2017年	2016年	2017年	2016年	2017年	2016年	2017年	2016年
9422102	**9292486**	**1701605**	**1721212**	**37780337**	**37146936**	**32350471**	**31652286**
6813119	7020032	1419187	1452886	31386229	30163479	26138457	24903440
2055	1944			1742	1685	1742	1685
42364	43145			695392	832431	446141	441093
607943	923768	437512	428760	2991409	3381575	2653889	2932637
4227190	4225398	898697	941493	24916984	23314483	20797023	19419835
1915273	1805669	82977	82634	2762305	2613131	2221266	2088015
18293	20109			18397	20175	18397	20175
2608983	2272454	280104	255691	4955772	5521777	4773678	5287166
		2315	12635	1438336	1461680	1438336	1461680
8907533	**8898409**	**1642827**	**1663192**	**36945778**	**36269271**	**31568286**	**30837462**
6523962	6730853	1366349	1400880	30783820	29532679	25557055	24305913
782	743			717	689	717	689
31295	30992			662497	788116	434251	430051
607943	923768	437512	428760	2991409	3381575	2653889	2932637
4227190	4225398	898697	941493	24798121	23175773	20678161	19281125
1638459	1529842	30140	30628	2312680	2166351	1771641	1641235
18293	20109			18397	20175	18397	20175
2383571	2167556	274164	249677	4723621	5274913	4572895	5069870
		2315	12635	1438336	1461680	1438336	1461680
514570	**394077**	**58778**	**58020**	**834559**	**877665**	**782185**	**814824**
289157	289180	52838	52006	602409	630801	581402	597527
1273	1200			1025	996	1025	996
11070	12152			32896	44315	11889	11042
				118863	138710	118863	138710
276815	275827	52838	52006	449625	446780	449625	446780
225412	104897	5940	6014	232151	246864	200783	217296

1-9 续表 6

专业店(含加油站)

项 目	商品购进总额		统一配送商品购进额	
	2017年	2016年	2017年	2016年
总 计	**176342048**	**166786092**	**151546340**	**142901627**
内资企业	169231963	160410640	145612941	137614730
国有企业	29738347	29095994	27089078	26435782
集体企业	86046	81094	82847	77995
股份合作企业	772633	925070	761580	918723
联营企业	72719	63274	72719	63274
有限责任公司	42325329	38393825	36319945	32717952
股份有限公司	81506552	77740219	67619296	64307388
私营企业	14614499	13998091	13558100	12987904
其他企业	115838	113072	109376	105712
港、澳、台商投资企业	357013	311658	351031	300903
外商投资企业	6753071	6063794	5582368	4985995
直营门店合计	**173070730**	**163664846**	**148534344**	**140006860**
内资企业	165973694	157300947	142610022	134728184
国有企业	29653512	28981551	27004700	26322944
集体企业	85447	80495	82847	77995
股份合作企业	772633	925070	761580	918723
联营企业	67659	58723	67659	58723
有限责任公司	40991508	37283722	35123697	31718298
股份有限公司	80381349	76438880	66494093	63006094
私营企业	13940460	13459770	13000714	12560024
其他企业	81126	72738	74731	65384
港、澳、台商投资企业	347588	303092	345175	295379
外商投资企业	6749449	6060808	5579148	4983297
加盟门店合计	**3271318**	**3121246**	**3011995**	**2894768**
内资企业	3258270	3109694	3002919	2886546
国有企业	84835	114443	84378	112838
集体企业	599	599		
股份合作企业				
联营企业	5061	4551	5061	4551
有限责任公司	1333822	1110104	1196249	999655
股份有限公司	1125203	1301340	1125203	1301294
私营企业	674039	538322	557386	427880
其他企业	34712	40335	34645	40328
港、澳、台商投资企业	9425	8566	5856	5524
外商投资企业	3622	2986	3220	2698

单位：万元

自有配送中心配送商品购进额		非自有配送中心配送商品购进额		商品销售总额		零售额	
2017年	2016年	2017年	2016年	2017年	2016年	2017年	2016年
90183975	**84975555**	**18710665**	**17192585**	**203927775**	**192685356**	**147392524**	**127265277**
88137347	83134557	16332892	15236794	193490676	183335594	139195525	119827093
11293971	10973026	5028758	4964151	35171784	33678963	21780466	20708137
70713	56321			104343	96086	58500	59613
761580	918723			1089015	994663	841601	780357
				88943	79244	88943	79244
21758826	19472912	4986501	4277370	49063699	44391686	35611939	32132391
49284126	47124428	5629700	5243528	92424348	90324158	67630667	54164171
4910547	4545432	637563	690950	15403037	13637370	13037901	11770901
57585	43715	50371	60794	145508	133424	145508	132279
149661	139450	124463	91828	524441	490405	443410	452398
1896967	1701548	2253310	1863963	9912658	8859357	7753590	6985787
88136587	**82856540**	**18401776**	**16894192**	**200401958**	**189327677**	**145132994**	**125280325**
86095816	81021066	16024003	14938401	189979858	179993598	136945759	117850443
11261286	10916916	4997416	4933765	35076652	33593574	21699299	20631379
70713	56321			103443	95385	58500	59613
761580	918723			1089015	994663	841601	780357
				83906	74693	83906	74693
20800329	18638262	4872331	4175780	47589153	43141154	34685875	31317098
48523907	46147183	5597348	5211800	91281628	89008166	67023418	53598874
4623417	4302929	538183	593606	14655793	12997215	12452891	11300827
54584	40732	18726	23451	100269	88747	100269	87602
143805	133926	124463	91828	512020	477545	436224	446919
1896967	1701548	2253310	1863963	9910080	8856534	7751011	6982965
2047389	**2119015**	**308889**	**298393**	**3525817**	**3357680**	**2259531**	**1984952**
2041532	2113491	308889	298393	3510818	3341996	2249766	1976650
32684	56111	31342	30387	95132	85389	81167	76759
				900	701		
				5037	4551	5037	4551
958498	834650	114169	101590	1474547	1250532	926064	815294
760219	977245	32352	31729	1142719	1315992	607249	565297
287130	242503	99381	97345	747244	640155	585009	470074
3000	2982	31645	37343	45239	44676	45239	44676
5856	5524			12421	12861	7186	5479
				2579	2823	2579	2823

1-9 续表 7

加油站

项目	商品购进总额		统一配送商品购进额	
	2017年	2016年	2017年	2016年
总　计	**107754192**	**97581403**	**93747806**	**85538542**
内资企业	102236055	92623531	89393823	81651916
国有企业	22134379	21353252	20139760	19397874
集体企业				
股份合作企业	772633	925070	761580	918723
联营企业				
有限责任公司	15827562	14089344	14757363	13042830
股份有限公司	63382317	56101288	53657444	48220422
私营企业	119164	154576	77676	72067
其他企业				
港、澳、台商投资企业	27542	27882	27542	27882
外商投资企业	5490595	4929990	4326441	3858744
直营门店合计	**106785683**	**96726365**	**92779755**	**84683504**
内资企业	101267547	91768493	88425772	80796878
国有企业	22133922	21353252	20139760	19397874
集体企业				
股份合作企业	772633	925070	761580	918723
联营企业				
有限责任公司	15191291	13511323	14121093	12464808
股份有限公司	63050536	55824273	53325663	47943406
私营企业	119164	154576	77676	72067
其他企业				
港、澳、台商投资企业	27542	27882	27542	27882
外商投资企业	5490595	4929990	4326441	3858744
加盟门店合计	**968509**	**855038**	**968051**	**855038**
内资企业	968509	855038	968051	855038
国有企业	457			
集体企业				
股份合作企业				
联营企业				
有限责任公司	636271	578022	636271	578022
股份有限公司	331781	277016	331781	277016
私营企业				
其他企业				
港、澳、台商投资企业				
外商投资企业				

单位：万元

自有配送中心配送商品购进额		非自有配送中心配送商品购进额		商品销售总额		零售额	
2017年	2016年	2017年	2016年	2017年	2016年	2017年	2016年
54674610	**49752473**	**11182260**	**10019478**	**126282755**	**116033184**	**88484087**	**81361266**
53093094	48380822	9813535	8936680	117843190	108563753	82014275	75701502
8002384	7788822	1978574	1730206	25581970	24379217	19375573	18291020
761580	918723			1089015	994663	841601	780357
7399082	6307662	2475461	2258071	18844044	16886887	11534910	10539773
36900311	33337065	5344277	4924394	72201977	66108354	50170374	45985656
29737	28550	15224	24009	126183	194631	91817	104696
				48578	50933	32690	32544
1581516	1371651	1368725	1082798	8390987	7418498	6437122	5627221
54038339	**49174451**	**11182260**	**10019478**	**125278775**	**115147451**	**87730005**	**80700271**
52456824	47802800	9813535	8936680	116839210	107678020	81260193	75040507
8002384	7788822	1978574	1730206	25581513	24379217	19375573	18291020
761580	918723			1089015	994663	841601	780357
6762812	5729640	2475461	2258071	18207774	16308865	11112610	10155794
36900311	33337065	5344277	4924394	71834726	65800643	49838593	45708640
29737	28550	15224	24009	126183	194631	91817	104696
				48578	50933	32690	32544
1581516	1371651	1368725	1082798	8390987	7418498	6437122	5627221
636271	**578022**			**1003979**	**885733**	**754082**	**660995**
636271	578022			1003979	885733	754082	660995
				457			
636271	578022			636271	578022	422301	383979
				367251	307711	331781	277016

1-9 续表 8

专卖店

项　　目	商品购进总额		统一配送商品购进额	
	2017年	2016年	2017年	2016年
总　　计	**15658087**	**14057251**	**9760370**	**8947255**
内资企业	9233208	8286122	7415731	6793218
国有企业	1022996	922331	561302	524868
集体企业	14874	12453	14874	12453
股份合作企业	56764	27783	3182	4346
联营企业				
有限责任公司	5658329	5113171	4849993	4446931
股份有限公司	614235	494135	274921	246818
私营企业	1762692	1617165	1617985	1468692
其他企业	103319	99085	93474	89110
港、澳、台商投资企业	1213816	1050059	656741	613740
外商投资企业	5211062	4721070	1687898	1540296
直营门店合计	**14658838**	**13247788**	**9104432**	**8339801**
内资企业	8313960	7559998	6839231	6269103
国有企业	1022996	922331	561302	524868
集体企业	14874	12453	14874	12453
股份合作企业	56764	27783	3182	4346
联营企业				
有限责任公司	5262292	4808806	4551257	4158327
股份有限公司	284591	228203	167467	150122
私营企业	1569924	1463163	1448475	1329987
其他企业	102520	97260	92675	89000
港、澳、台商投资企业	1157046	987503	600534	551185
外商投资企业	5187831	4700287	1664667	1519513
加盟门店合计	**999249**	**809463**	**655938**	**607454**
内资企业	919248	726125	576500	524116
国有企业				
集体企业				
股份合作企业				
联营企业				
有限责任公司	396037	304365	298737	288605
股份有限公司	329644	265932	107455	96696
私营企业	192768	154002	169510	138705
其他企业	799	1825	799	110
港、澳、台商投资企业	56770	62555	56208	62555
外商投资企业	23231	20783	23231	20783

单位：万元

自有配送中心配送商品购进额		非自有配送中心配送商品购进额		商品销售总额		零售额	
2017年	2016年	2017年	2016年	2017年	2016年	2017年	2016年
5960269	**5401142**	**794539**	**773969**	**21526518**	**18712932**	**16369639**	**14230164**
5582837	5051679	532009	480252	11884880	10472033	7181999	6395942
261525	241679	168078	152529	1440350	1301981	406046	353161
		14874	12453	19410	17668	19410	17668
1325	1296			36379	38387	1107	2841
3871658	3514375	260135	226865	6609690	5884593	3594706	3299598
259305	234021			1073682	861256	1027823	851736
1140693	1016639	88923	88405	2563600	2245677	2009901	1762106
48332	43670			141770	122470	123006	108832
272803	237156	15650	11959	2231411	1846303	2050564	1548284
104628	112307	246881	281758	7410227	6394596	7137075	6285938
5407131	**4899502**	**785710**	**766222**	**19768068**	**17422701**	**14885979**	**13080575**
5049953	4581044	526075	474860	10442734	9355813	6010220	5420364
261525	241679	168078	152529	1440350	1301981	406046	353161
		14874	12453	19410	17668	19410	17668
1325	1296			36379	38387	1107	2841
3591480	3258207	254211	222635	6078512	5457901	3183579	2940150
151923	137395			506736	420429	484221	410909
995369	898798	88913	87243	2220631	1999247	1793904	1586914
48332	43670			140717	120200	121953	108722
269660	226332	12755	9605	1945167	1713764	1764321	1415745
87518	92126	246881	281758	7380166	6353124	7111438	6244466
553138	**501640**	**8829**	**7747**	**1758450**	**1290230**	**1483660**	**1149589**
532884	470635	5934	5392	1442146	1116219	1171779	975578
280179	256168	5924	4230	531178	426693	411127	359449
107382	96626			566946	440827	543603	440827
145324	117841	10	1162	342969	246429	215997	175192
				1053	2270	1053	110
3143	10823	2895	2355	286244	132539	286244	132539
17110	20181			30061	41472	25637	41472

1-9 续表 9

家居建材商店

项　　目	商品购进总额		统一配送商品购进额	
	2017年	2016年	2017年	2016年
总　　计	**347340**	**313523**	**302646**	**291276**
内资企业	136266	99060	123218	95627
国有企业				
集体企业				
股份合作企业				
联营企业				
有限责任公司	54615	50639	54050	47205
股份有限公司				
私营企业	81652	48422	69168	48422
其他企业				
港、澳、台商投资企业	22171	21787	22171	21787
外商投资企业	188903	192676	157258	173863
直营门店合计	**347340**	**313523**	**302646**	**291276**
内资企业	136266	99060	123218	95627
国有企业				
集体企业				
股份合作企业				
联营企业				
有限责任公司	54615	50639	54050	47205
股份有限公司				
私营企业	81652	48422	69168	48422
其他企业				
港、澳、台商投资企业	22171	21787	22171	21787
外商投资企业	188903	192676	157258	173863
加盟门店合计				
内资企业				
国有企业				
集体企业				
股份合作企业				
联营企业				
有限责任公司				
股份有限公司				
私营企业				
其他企业				
港、澳、台商投资企业				
外商投资企业				

单位：万元

自有配送中心配送商品购进额		非自有配送中心配送商品购进额		商品销售总额		零售额	
2017年	2016年	2017年	2016年	2017年	2016年	2017年	2016年
90385	**65402**	**57736**	**59134**	**464594**	**440656**	**452885**	**435690**
72306	47365	48151	45630	145322	108516	133777	104107
4830		48151	45630	60783	57541	60694	55927
67477	47365			84539	50976	73083	48180
				33980	28619	33980	28619
18079	18037	9586	13504	285293	303520	285128	302964
90385	**65402**	**57736**	**59134**	**464594**	**440656**	**452885**	**435690**
72306	47365	48151	45630	145322	108516	133777	104107
4830		48151	45630	60783	57541	60694	55927
67477	47365			84539	50976	73083	48180
				33980	28619	33980	28619
18079	18037	9586	13504	285293	303520	285128	302964

1-9 续表 10

厂家直销中心

项　　目	商品购进总额		统一配送商品购进额	
	2017年	2016年	2017年	2016年
总　计	**504334**	**548631**	**502866**	**542250**
内资企业	486200	529910	484732	523529
国有企业				
集体企业				
股份合作企业				
联营企业				
有限责任公司	33498	31420	32031	28416
股份有限公司	418383	463939	418383	463939
私营企业	34319	34551	34319	31173
其他企业				
港、澳、台商投资企业	18134	18721	18134	18721
外商投资企业				
直营门店合计	**489665**	**533615**	**489665**	**530237**
内资企业	471531	514894	471531	511516
国有企业				
集体企业				
股份合作企业				
联营企业				
有限责任公司	18830	16404	18830	16404
股份有限公司	418383	463939	418383	463939
私营企业	34319	34551	34319	31173
其他企业				
港、澳、台商投资企业	18134	18721	18134	18721
外商投资企业				
加盟门店合计	**14669**	**15017**	**13201**	**12013**
内资企业	14669	15017	13201	12013
国有企业				
集体企业				
股份合作企业				
联营企业				
有限责任公司	14669	15017	13201	12013
股份有限公司				
私营企业				
其他企业				
港、澳、台商投资企业				
外商投资企业				

单位：万元

自有配送中心配送商品购进额		非自有配送中心配送商品购进额		商品销售总额		零售额	
2017年	2016年	2017年	2016年	2017年	2016年	2017年	2016年
67679	**60152**	**405225**	**450925**	**575807**	**600618**	**85966**	**75832**
49546	41431	405225	450925	521406	553285	31565	28500
30563	27051	1468	1365	41162	37631	23594	21968
14626	14379	403757	449560	429266	464686	2398	2310
4357				50979	50968	5573	4222
18134	18721			54401	47332	54401	47332
55946	**49504**	**403757**	**449560**	**557592**	**583013**	**67768**	**58227**
37813	30783	403757	449560	503191	535680	13367	10895
18830	16404			22947	20026	5396	4363
14626	14379	403757	449560	429266	464686	2398	2310
4357				50979	50968	5573	4222
18134	18721			54401	47332	54401	47332
11733	**10648**	**1468**	**1365**	**18215**	**17605**	**18198**	**17605**
11733	10648	1468	1365	18215	17605	18198	17605
11733	10648	1468	1365	18215	17605	18198	17605

1-9 续表 11

其他

项目	商品购进总额		统一配送商品购进额	
	2017年	2016年	2017年	2016年
总　计	**3593936**	**3350483**	**2570363**	**2256370**
内资企业	3511962	3156976	2555456	2119150
国有企业	591108	513373	590619	512224
集体企业	2084	2076	2084	2076
股份合作企业	19924	9968		
联营企业				
有限责任公司	688845	602773	381429	343797
股份有限公司	1336430	1369913	798924	705959
私营企业	873572	658873	782402	555094
其他企业				
港、澳、台商投资企业	24198	21706	3364	3875
外商投资企业	57776	171801	11543	133345
直营门店合计	**2574286**	**2576037**	**1649475**	**1590382**
内资企业	2493378	2383180	1635634	1453812
国有企业	352257	301663	352257	301663
集体企业	1733	1670	1733	1670
股份合作企业	19924	9968		
联营企业				
有限责任公司	602488	520161	346796	312625
股份有限公司	1281300	1280113	760544	643429
私营企业	235677	269605	174305	194426
其他企业				
港、澳、台商投资企业	24198	21706	3364	3875
外商投资企业	56710	171151	10476	132695
加盟门店合计	**1019650**	**774446**	**920889**	**665987**
内资企业	1018583	773796	919822	665337
国有企业	238851	211710	238362	210561
集体企业	351	406	351	406
股份合作企业				
联营企业				
有限责任公司	86356	82612	34633	31172
股份有限公司	55130	89800	38380	62530
私营企业	637895	389268	608096	360669
其他企业				
港、澳、台商投资企业				
外商投资企业	1067	650	1067	650

单位：万元

自有配送中心配送商品购进额		非自有配送中心配送商品购进额		商品销售总额		零售额	
2017年	2016年	2017年	2016年	2017年	2016年	2017年	2016年
1459853	**1660431**	**32740**	**317164**	**5261469**	**4579033**	**2974713**	**2480023**
1444946	1523211	32740	317164	5002353	4387188	2749261	2315584
251140	432675			713571	636491	72568	38276
1733	1670			4438	4696	2636	2743
				19815	17009	6838	4704
280314	254394	10366	4128	696896	617503	490913	442915
798924	705959			2491708	2390565	1262250	1268845
112834	128514	22374	313036	1075925	720923	914057	558102
3364	3875			34905	28497	1241	1090
11543	133345			224211	163349	224211	163349
1366672	**1325445**	**22511**	**17842**	**4034194**	**3696651**	**2003663**	**1857555**
1352831	1188875	22511	17842	3775933	3505605	1779066	1693916
250129	222114			472091	423878	963	914
1733	1670			3807	3966	2005	2012
				19815	17009	6838	4704
278321	251644	9435	4044	549169	488431	395437	355542
760544	643429			2419390	2283579	1189932	1161859
62104	70019	13075	13798	311661	288743	183893	168885
3364	3875			34905	28497	1241	1090
10476	132695			223356	162549	223356	162549
93181	**334986**	**10230**	**299323**	**1227275**	**882382**	**971050**	**622468**
92114	334336	10230	299323	1226420	881582	970194	621668
1011	210561			241480	212613	71605	37362
				631	731	631	731
1993	2750	931	84	147727	129072	95476	87373
38380	62530			72318	106986	72318	106986
50731	58495	9299	299239	764264	432181	730164	389217
1067	650			856	800	856	800

1-10 连锁零售企业门店分布情况

门店所在地	合计(个)		直营门店(个)		加盟门店(个)	
	2017年	2016年	2017年	2016年	2017年	2016年
总 计	**236103**	**223812**	**156359**	**145568**	**79744**	**78244**
北 京	8878	8644	6463	6353	2415	2291
天 津	2514	2575	1804	1856	710	719
河 北	6791	6126	5741	5197	1050	929
山 西	4582	4373	2577	2405	2005	1968
内 蒙 古	1071	960	580	512	491	448
辽 宁	7979	7130	6138	5265	1841	1865
吉 林	2362	2018	2185	1892	177	126
黑 龙 江	2207	2282	1629	1633	578	649
上 海	13848	13825	8384	8562	5464	5263
江 苏	20183	19086	13359	12518	6824	6568
浙 江	25342	25301	11342	10981	14000	14320
安 徽	11113	10960	5037	4854	6076	6106
福 建	8235	6905	5462	5086	2773	1819
江 西	6942	6667	3864	3727	3078	2940
山 东	15195	13329	12507	10775	2688	2554
河 南	7348	6630	5613	4956	1735	1674
湖 北	9844	8952	7576	7133	2268	1819
湖 南	10483	9995	6613	6229	3870	3766
广 东	20105	18155	14666	13932	5439	4223
广 西	6562	5953	4653	4165	1909	1788
海 南	1043	956	911	847	132	109
重 庆	13230	12766	4939	4670	8291	8096
四 川	12052	12761	8517	7269	3535	5492
贵 州	1688	1482	1382	1176	306	306
云 南	5972	5376	5591	5009	381	367
西 藏	86	78	75	72	11	6
陕 西	3641	3397	3025	2728	616	669
甘 肃	1369	1129	1284	1042	85	87
青 海	226	226	134	139	92	87
宁 夏	1423	1265	1231	1053	192	212
新 疆	3583	4282	2873	3462	710	820
港澳台及国外	206	228	204	70	2	158

1-11 连锁零售企业配送中心分布情况

所在地	配送中心数(个)		自有配送中心数(个)	
	2017年	2016年	2017年	2016年
全　国	**2806**	**2799**	**2402**	**2376**
北　京	141	140	101	99
天　津	25	21	21	17
河　北	93	91	74	74
山　西	49	47	43	40
内蒙古	19	19	17	17
辽　宁	68	63	51	47
吉　林	29	30	26	27
黑龙江	31	32	27	27
上　海	64	66	45	44
江　苏	310	307	237	238
浙　江	280	286	246	249
安　徽	105	116	95	108
福　建	132	124	119	110
江　西	69	77	60	65
山　东	167	171	158	163
河　南	101	103	94	96
湖　北	125	127	102	104
湖　南	114	113	103	99
广　东	295	273	277	248
广　西	75	68	66	59
海　南	8	9	8	8
重　庆	110	99	98	87
四　川	123	119	92	90
贵　州	28	25	25	22
云　南	33	34	29	30
西　藏				
陕　西	61	64	54	54
甘　肃	13	16	10	12
青　海	5	4	4	3
宁　夏	27	31	21	22
新　疆	105	123	98	116
港澳台及国外	1	1	1	1

1-12 连锁零售企业门店在36城市分布情况

门店所在地	合计(个)		直营门店(个)		加盟门店(个)	
	2017年	2016年	2017年	2016年	2017年	2016年
合　计	**117201**	**108469**	**80506**	**74478**	**36695**	**33991**
北　京	8878	8644	6463	6353	2415	2291
天　津	2514	2575	1804	1856	710	719
石家庄	6791	6126	5741	5197	1050	929
太　原	2709	2580	1102	1009	1607	1571
呼和浩特	491	367	278	206	213	161
沈　阳	1712	1379	1480	1156	232	223
大　连	2857	2681	1616	1448	1241	1233
长　春	1516	1314	1484	1287	32	27
哈尔滨	1541	1582	1147	1098	394	484
上　海	13848	13825	8384	8562	5464	5263
南　京	3803	3488	2960	2693	843	795
杭　州	4305	4221	2926	2824	1379	1397
宁　波	2225	1974	1486	1449	739	525
合　肥	1877	1802	1346	1238	531	564
福　州	1333	1043	1059	965	274	78
厦　门	2257	1904	1435	1231	822	673
南　昌	1783	1588	1086	1047	697	541
济　南	1066	861	963	772	103	89
青　岛	4124	3327	3133	2364	991	963
郑　州	2137	1624	1569	1126	568	498
武　汉	5221	4645	4144	3982	1077	663
长　沙	3563	3343	2318	2105	1245	1238
广　州	5955	5867	4245	4414	1710	1453
深　圳	5732	5182	3623	3470	2109	1712
南　宁	1372	1114	840	668	532	446
海　口	462	380	372	301	90	79
重　庆	13230	12766	4939	4670	8291	8096
成　都	6120	5453	5596	4977	524	476
贵　阳	889	729	809	576	80	153
昆　明	2536	2297	2513	2279	23	18
拉　萨	81	78	75	72	6	6
西　安	1514	1303	1246	1060	268	243
兰　州	698	548	675	524	23	24
西　宁	194	196	121	127	73	69
银　川	485	420	465	409	20	11
乌鲁木齐	1382	1243	1063	963	319	280

1-13 连锁零售企业配送中心在36城市分布情况

所在地	配送中心数(个)		自有配送中心数(个)	
	2017年	2016年	2017年	2016年
合计	**1211**	**1212**	**1015**	**1003**
北京	141	140	101	99
天津	25	21	21	17
石家庄	93	91	74	74
太原	14	12	12	10
呼和浩特	3	3	3	3
沈阳	8	9	8	9
大连	19	18	11	10
长春	11	12	9	10
哈尔滨	15	16	13	13
上海	64	66	45	44
南京	31	37	24	29
杭州	51	52	45	45
宁波	23	26	21	22
合肥	28	26	22	22
福州	14	14	12	12
厦门	43	41	40	38
南昌	23	28	20	22
济南	8	10	7	9
青岛	41	48	36	44
郑州	21	20	19	18
武汉	61	73	43	54
长沙	58	56	54	51
广州	126	102	123	99
深圳	33	39	27	32
南宁	14	14	13	14
海口	2	3	2	3
重庆	110	99	98	87
成都	45	43	39	37
贵阳	10	10	8	8
昆明	15	16	14	15
拉萨				
西安	17	20	16	16
兰州	7	8	5	5
西宁	3	3	2	2
银川	11	11	7	7
乌鲁木齐	23	25	21	23

第二部分

零售企业地区篇

2-1 各地区连锁零售企业基本情况

地 区	连锁总店数（个）	门店数（个）		年末从业人员（人）		年末零售营业面积（平方米）	
	2017年	2017年	2016年	2017年	2016年	2017年	2016年
全 国	**2871**	**236103**	**223812**	**2349171**	**2407277**	**173296190**	**170096580**
北 京	162	8176	7957	168689	175829	9070801	9574971
天 津	36	2232	2082	26983	29077	1987537	1899880
河 北	108	5879	5451	55167	55335	6486242	6340758
山 西	61	4167	4017	37824	38386	3123457	2963720
内蒙古	20	712	691	5603	5597	360745	253589
辽 宁	92	6870	6212	55170	57909	5256744	3995885
吉 林	33	2011	1763	13037	13255	611681	575251
黑龙江	36	1845	1978	18572	20055	612559	974796
上 海	104	17706	18244	224823	241427	10654188	10740337
江 苏	186	21592	19785	274882	325745	23171879	24553099
浙 江	222	25291	25602	141425	129453	11309544	11280766
安 徽	64	9850	9614	92263	90025	5827334	5443680
福 建	188	10492	7567	114209	99896	11072341	10262119
江 西	81	4840	4585	52339	52976	3443203	3333385
山 东	167	13948	12429	179417	178057	19157691	18420372
河 南	124	6130	5628	66775	66297	5622721	6251514
湖 北	144	9605	9065	126430	130969	7095116	7017679
湖 南	123	9827	9268	87317	84865	8644248	8089479
广 东	308	27542	25132	232614	230958	14543990	14490873
广 西	82	5904	5348	42801	39806	4607576	4535547
海 南	6	835	791	5481	5306	395043	390779
重 庆	88	12324	12049	88525	90814	4623870	4253660
四 川	135	11736	12482	92766	89052	3828896	3528898
贵 州	29	1409	1255	10699	10441	461351	336546
云 南	36	5705	5190	34607	43971	2057943	2026836
西 藏	1	74	72	795	820	30157	29955
陕 西	69	3014	2815	35424	35129	2529746	2532947
甘 肃	16	1156	980	9407	8383	763024	726062
青 海	10	190	194	5413	6069	196539	209298
宁 夏	48	1345	1217	15312	14406	2184025	1587331
新 疆	92	3696	4349	34402	36969	3565999	3476568

2-2 各地区连锁零售企业直营门店基本情况

地区	门店数（个）		年末从业人员（人）		年末零售营业面积（平方米）	
	2017年	2016年	2017年	2016年	2017年	2016年
全国	**156359**	**145568**	**2061329**	**2114084**	**162735061**	**159630645**
北京	6237	6049	156229	163879	8816517	9307285
天津	1711	1561	25616	27710	1933012	1845355
河北	5395	4985	54125	54450	6449324	6302408
山西	2441	2324	29275	30009	3013387	2856517
内蒙古	439	427	4994	4984	346501	236463
辽宁	5414	4724	48842	51026	5094837	3837952
吉林	2007	1759	13029	13247	611281	574851
黑龙江	1469	1517	17327	18584	585054	943376
上海	10643	11118	141162	152480	6337967	6589368
江苏	14832	13628	249575	296599	22108000	23416216
浙江	10794	10554	112022	98376	10392678	10251789
安徽	4391	4137	79509	77248	5393016	5012418
福建	7044	5215	105521	92388	10748368	9957458
江西	3461	3314	45773	46973	3201996	3094089
山东	11923	10453	172475	171318	18932597	18195448
河南	5199	4698	64754	64162	5520421	6148977
湖北	7612	7376	121852	125860	6907808	6865556
湖南	6303	5847	79945	77353	8403963	7864985
广东	16452	15979	199410	203923	13680231	13693407
广西	4344	3899	37363	34490	4473388	4409453
海南	835	791	5481	5306	395043	390779
重庆	4588	4356	75077	78592	4239593	3908560
四川	8000	6760	81390	74698	3622416	3260297
贵州	1244	1061	10352	10036	453229	327059
云南	5377	4862	34031	43368	2041305	2010198
西藏	74	72	795	820	30157	29955
陕西	2673	2417	34116	33676	2501536	2499853
甘肃	1155	962	9402	8357	762924	725162
青海	117	122	5322	5902	189539	202298
宁夏	1249	1088	14882	14049	2171636	1571031
新疆	2936	3513	31683	34221	3377337	3302082

2-3 各地区连锁零售企业加盟门店基本情况

地区	门店数（个）		年末从业人员（人）		年末零售营业面积（平方米）	
	2017年	2016年	2017年	2016年	2017年	2016年
全国	**79744**	**78244**	**287842**	**293193**	**10561129**	**10465935**
北京	1939	1908	12460	11950	254284	267686
天津	521	521	1367	1367	54525	54525
河北	484	466	1042	885	36918	38350
山西	1726	1693	8549	8377	110070	107203
内蒙古	273	264	609	613	14244	17126
辽宁	1456	1488	6328	6883	161907	157933
吉林	4	4	8	8	400	400
黑龙江	376	461	1245	1471	27505	31420
上海	7063	7126	83661	88947	4316221	4150969
江苏	6760	6157	25307	29146	1063879	1136883
浙江	14497	15048	29403	31077	916866	1028977
安徽	5459	5477	12754	12777	434318	431262
福建	3448	2352	8688	7508	323973	304661
江西	1379	1271	6566	6003	241207	239296
山东	2025	1976	6942	6739	225094	224924
河南	931	930	2021	2135	102300	102537
湖北	1993	1689	4578	5109	187308	152123
湖南	3524	3421	7372	7512	240285	224494
广东	11090	9153	33204	27035	863759	797466
广西	1560	1449	5438	5316	134188	126094
海南						
重庆	7736	7693	13448	12222	384277	345100
四川	3736	5722	11376	14354	206480	268601
贵州	165	194	347	405	8122	9487
云南	328	328	576	603	16638	16638
西藏						
陕西	341	398	1308	1453	28210	33094
甘肃	1	18	5	26	100	900
青海	73	72	91	167	7000	7000
宁夏	96	129	430	357	12389	16300
新疆	760	836	2719	2748	188662	174486

2-4 各地区连锁零售

地区	商品购进总额		统一配送商品购进额		自有配送中心配送商品购进额	
	2017年	2016年	2017年	2016年	2017年	2016年
全国	**305207948**	**293788662**	**237375586**	**227242429**	**139940426**	**135618465**
北京	26669949	24299499	19340369	17147192	11300778	9684091
天津	4600511	4181960	2712748	2414373	1920437	1799591
河北	11314785	9866173	9207284	7914885	3450099	3284689
山西	3336024	3134563	1919339	1917731	1144651	1137987
内蒙古	334471	312476	217403	200955	107871	81742
辽宁	7162973	6847740	5022652	4836263	756864	626017
吉林	1446124	1450769	1377652	1386992	1181541	1205600
黑龙江	2413377	2040557	2208251	1839638	531590	489396
上海	26939957	27752018	22461435	22266534	9439684	8850043
江苏	43015697	44091025	37731862	37577954	32188350	32132280
浙江	19288876	18067437	16879463	16785345	14864771	14952412
安徽	15769720	15252767	11240378	10895561	4813357	5110097
福建	12042405	11028000	7796724	7581420	2677123	3124770
江西	6289958	6538109	5548985	5513675	3660888	3393805
山东	17739243	17604076	12527945	11807634	7383850	6993583
河南	7968754	7878815	4397394	4401553	2399800	2472378
湖北	17184658	16172566	11195504	11005652	8608136	8771925
湖南	8662658	7672204	7418043	6390240	4531807	3954349
广东	28084737	27305948	22469349	22431813	12576148	12368172
广西	7542818	7360414	7470866	7281934	2703632	2573662
海南	1741579	1219941	1704968	1199080	6377	5707
重庆	6789754	6749544	4702831	4643704	3154722	3056637
四川	6947515	6541281	4687506	4462020	2314067	2045355
贵州	639024	683760	604716	667642	344028	381959
云南	2440398	2343814	2071458	1960610	833637	830069
西藏	29544	30552	29544	30552		
陕西	7615004	7297729	5883054	5436156	2976715	2791884
甘肃	1496509	1486828	1240844	1251573	133289	114771
青海	191861	190215	87388	71628	20241	5099
宁夏	3236833	2536936	1733244	887308	803691	490594
新疆	6272232	5850946	5486387	5034812	3112282	2889801

企业经营情况

单位：万元

非自有配送中心配送商品购进额		商品销售总额		零售额	
2017年	2016年	2017年	2016年	2017年	2016年
31744886	**30471369**	**356290627**	**340030621**	**276171797**	**252933034**
3479858	3170972	31657648	28945380	25784187	24044769
102252	93588	5123986	4980968	4175329	4000598
352687	286470	12370688	10234514	10357603	8255499
3107	2518	4603695	4431036	3676062	3527084
1864	2173	364078	341343	257612	250616
1421635	1386018	7177351	6975184	5884011	5759567
9924	10827	1775708	1636622	1527658	1420984
149232	155412	2445134	2274480	1671945	1736205
2402196	2701573	31984035	30963955	25455361	24771807
2230769	2502686	44835083	48502079	31647990	21648604
1313384	927308	21162133	20013197	14795999	14800981
486480	414552	16747285	15585139	13337484	12418205
3309387	2877227	15137934	12930156	13163481	11633573
527817	496297	10693022	10690563	7128017	6885415
1356068	1239725	20709388	20129365	15530195	15300710
259526	262804	8820884	8604384	7881857	7738411
926883	575815	19609530	18066975	16555439	15674649
1059645	936458	12103881	10997815	10825338	9386027
7247232	7614761	34087635	32334654	29035083	27999517
114770	58753	8473194	8119949	4963366	4766898
		1911558	1309071	1160835	1199282
1069611	1122362	9446998	9245749	7509504	7214447
403575	395075	7639583	7358416	7337918	7128007
6721	9005	667634	708106	651376	691431
360059	310978	4627419	4465494	3824231	3664801
		27273	30561	27273	30561
765421	748648	9853833	9121002	4024070	3592364
10242	11552	1737566	1635223	1498006	1427512
		319568	290858	314244	287689
13866	12800	2867664	2185089	1779492	1451539
2360677	2145011	7309239	6923294	4390831	4225282

2-5 各地区连锁零售企业

地区	商品购进总额		统一配送商品购进额		自有配送中心配送商品购进额	
	2017年	2016年	2017年	2016年	2017年	2016年
全国	**290082678**	**279137449**	**223950119**	**214310417**	**134207898**	**129496497**
北京	26203395	23863752	18997960	16850864	11052274	9451826
天津	4504755	4033210	2712748	2414373	1920437	1799591
河北	11239780	9820033	9134778	7871824	3381325	3245508
山西	3099894	2906458	1755559	1761366	980991	981772
内蒙古	314173	293407	197105	181886	106581	80628
辽宁	7084256	6757538	4943935	4746061	754716	623541
吉林	1446054	1450689	1377582	1386912	1181471	1205520
黑龙江	2367259	1995146	2207420	1838760	530797	488560
上海	20427247	21282903	16017207	15869866	8183407	7523082
江苏	41512576	42301803	36283312	35838698	30836351	30441470
浙江	18423388	17265598	16090090	16050987	14296605	14420992
安徽	14441135	14027914	10226984	9962175	4325319	4425992
福建	11861441	10885103	7621569	7442739	2571985	3043832
江西	5981195	6225608	5245307	5336828	3357727	3217469
山东	17468982	17297282	12318926	11597007	7232949	6832838
河南	7605017	7573476	4033876	4096528	2391681	2463661
湖北	16965284	16068913	11140309	10970192	8562008	8743708
湖南	8436958	7462753	7243291	6238116	4451581	3878829
广东	26754105	26302255	21335162	21588184	12112960	11959399
广西	7487988	7313882	7419694	7239541	2668297	2542960
海南	1741579	1219941	1704968	1199080	6377	5707
重庆	6461696	6473739	4445965	4430368	2941951	2889159
四川	6572776	6069505	4579417	4214979	2248044	1844328
贵州	631537	678034	599560	661917	344028	381959
云南	2434485	2336411	2065998	1953546	829428	824957
西藏	29544	30552	29544	30552		
陕西	7569064	7265460	5837114	5403887	2946503	2769568
甘肃	1496271	1486435	1240607	1251179	133051	114544
青海	190517	188060	86077	69472	18929	2943
宁夏	3158730	2522040	1672011	886703	803546	489989
新疆	6171597	5739549	5386044	4925827	3036579	2802165

直营门店经营情况

单位：万元

非自有配送中心配送商品购进额		商品销售总额		零售额	
2017年	2016年	2017年	2016年	2017年	2016年
30417474	**28943824**	**339234072**	**324358826**	**261193086**	**239221162**
3387419	3108385	31034648	28362025	25169507	23467554
102252	93588	5011331	4805968	4062674	3825598
352687	286470	12295510	10188360	10282818	8209738
3107	2518	4371330	4201887	3443697	3297935
1607	1869	342026	320083	236415	229809
1368797	1334013	7042074	6840130	5748734	5624513
9924	10827	1775619	1636541	1527569	1420903
149232	155412	2382700	2213055	1609973	1675230
1810177	2130591	24709519	24158000	18434901	18209989
2223431	2497182	43104873	46451338	30499171	20393402
1130489	756179	20252549	19312919	14150340	14198655
304043	251210	15931209	14805071	12712622	11847048
3263835	2833076	14913168	12742432	13057086	11535191
527809	496297	10404385	10405143	6870979	6629770
1351351	1235812	20412456	19819619	15292638	15049208
259526	262804	8418466	8259457	7519592	7428958
922865	572595	19344526	17921294	16458777	15625056
980068	867196	11882723	10759511	10662564	9234320
7232483	7315196	32029380	30939423	27079783	26664415
113445	57728	8413477	8066478	4945042	4744360
		1911558	1309071	1160835	1199282
1050561	1097286	8999560	8874746	7160117	6932961
379914	365822	7102760	6788807	6836086	6569414
3263	5419	660998	700874	644739	684655
358962	309688	4622257	4458411	3819492	3658052
		27273	30561	27273	30561
765421	748648	9805130	9079914	3977051	3552213
10242	11552	1737328	1634740	1497768	1427029
		317554	287180	312770	285325
13866	12800	2800545	2178776	1720631	1449285
2340698	2123661	7177140	6807012	4271442	4120733

2-6 各地区连锁零售企业

地区	商品购进总额		统一配送商品购进额		自有配送中心配送商品购进额	
	2017年	2016年	2017年	2016年	2017年	2016年
全国	**15125273**	**14651211**	**13425466**	**12932010**	**5732525**	**6121973**
北京	466554	435747	342409	296328	248504	232264
天津	95757	148750				
河北	75005	46139	72506	43061	68774	39182
山西	236130	228105	163780	156365	163660	156215
内蒙古	20298	19069	20298	19069	1290	1114
辽宁	78717	90202	78717	90202	2149	2476
吉林	70	80	70	80	70	80
黑龙江	46119	45412	831	878	793	836
上海	6512710	6469115	6444228	6396669	1256277	1326962
江苏	1503121	1789222	1448550	1739255	1351999	1690810
浙江	865489	801838	789372	734358	568167	531420
安徽	1328586	1224854	1013394	933385	488038	684105
福建	180964	142897	175154	138681	105137	80939
江西	308763	312501	303678	176847	303161	176336
山东	270261	306794	209019	210627	150901	160746
河南	363737	305339	363518	305025	8118	8717
湖北	219373	103653	55195	35460	46127	28217
湖南	225699	209451	174752	152124	80226	75520
广东	1330632	1003693	1134188	843630	463188	408773
广西	54830	46532	51172	42393	35335	30702
海南						
重庆	328059	275805	256866	213335	212770	167479
四川	374740	471776	108089	247041	66023	201027
贵州	7487	5725	5156	5725		
云南	5913	7403	5460	7064	4209	5113
西藏						
陕西	45939	32269	45939	32269	30212	22316
甘肃	238	393	238	393	238	227
青海	1344	2156	1311	2156	1311	2156
宁夏	78103	14895	61233	605	145	605
新疆	100635	111396	100343	108985	75703	87636

加盟门店经营情况

单位：万元

非自有配送中心配送商品购进额		商品销售总额		零售额	
2017年	2016年	2017年	2016年	2017年	2016年
1327415	**1527544**	**17056559**	**15671796**	**14978711**	**13711876**
92438	62586	623000	583355	614680	577216
		112655	175000	112655	175000
		75178	46154	74785	45761
		232365	229149	232365	229149
257	304	22052	21260	21198	20808
52838	52006	135277	135053	135277	135053
		89	81	89	81
		62434	61425	61972	60974
592020	570982	7274517	6805956	7020459	6561818
7338	5505	1730211	2050741	1148819	1255202
182895	171129	909584	700279	645659	602326
182438	163343	816075	780068	624862	571157
45552	44151	224766	187724	106396	98383
7		288638	285420	257038	255646
4717	3912	296932	309746	237557	251503
		402418	344927	362264	309453
4018	3220	265004	145681	96662	49592
79577	69262	221158	238304	162774	151707
14749	299565	2058256	1395231	1955300	1335102
1325	1025	59717	53471	18324	22538
19050	25076	447438	371004	349386	281487
23662	29253	536823	569609	501833	558593
3458	3586	6637	7233	6637	6776
1097	1290	5162	7083	4739	6749
		48703	41088	47019	40151
		238	483	238	483
		2014	3677	1474	2364
		67119	6313	58861	2255
19979	21349	132099	116281	119389	104549

2-7 按登记注册类型分各地区连锁零售企业基本情况

内资企业

地区	连锁总店数（个）	门店数（个）		年末从业人员（人）		年末零售营业面积（平方米）	
	2017年	2017年	2016年	2017年	2016年	2017年	2016年
全国	**2596**	**214398**	**205110**	**1852219**	**1901577**	**134927513**	**133259540**
北京	126	7073	6882	138088	140794	7411150	7744708
天津	28	1729	1772	17614	19412	1512247	1470088
河北	104	5474	5047	50107	49979	5471229	5328545
山西	59	4161	4008	37560	37993	3098309	2938362
内蒙古	20	712	691	5603	5597	360745	253589
辽宁	84	6817	6156	48369	48684	4688245	3403425
吉林	31	1989	1743	12902	13113	609160	572596
黑龙江	34	1789	1926	16767	18039	522078	885977
上海	68	13093	13802	111527	125105	4835399	5084196
江苏	164	19069	17320	190869	231667	12937167	14577662
浙江	212	25006	25333	128377	116329	10657347	10640284
安徽	61	9825	9595	88713	86492	5601209	5283719
福建	167	7178	5903	48697	46400	3008862	2992175
江西	76	4729	4482	44400	45687	2997984	2885549
山东	162	13471	11959	172780	171333	18746352	18000213
河南	120	5777	5277	58483	58133	4592731	5221524
湖北	132	8902	8411	110522	115304	6611996	6640837
湖南	117	9060	8569	79131	77335	8356172	7809902
广东	250	22889	21000	146989	145452	9184074	9272170
广西	80	5521	5022	40967	37755	4549020	4487471
海南	6	835	791	5481	5306	395043	390779
重庆	82	12056	11819	84840	86682	4454077	4093249
四川	123	10977	11818	75329	71808	2958354	2764353
贵州	29	1409	1255	10699	10441	461351	336546
云南	30	5565	5045	29181	37560	1820348	1791220
西藏	1	74	72	795	820	30157	29955
陕西	65	2834	2676	33476	33285	2367750	2389929
甘肃	16	1156	980	9407	8383	763024	726062
青海	10	190	194	5413	6069	196539	209298
宁夏	48	1345	1217	15312	14406	2184025	1587331
新疆	91	3693	4345	33821	36214	3545369	3447826

2-7 续表 1

国有企业

地区	连锁总店数（个）	门店数（个）		年末从业人员（人）		年末零售营业面积（平方米）	
	2017年	2017年	2016年	2017年	2016年	2017年	2016年
全国	**163**	**13348**	**14167**	**110215**	**113843**	**10301000**	**10061102**
北京	4	179	189	6739	6328	141562	127910
天津	3	544	544	6805	7139	843346	843346
河北	3	367	367	1818	2107	977633	977633
山西	6	264	270	3474	3866	243316	255337
内蒙古							
辽宁	4	412	401	4168	4238	587366	586195
吉林							
黑龙江							
上海	5	2096	2106	9466	9114	182118	171138
江苏	3	180	161	877	868	31900	30150
浙江	1	2	3	36	41	139	205
安徽	3	3588	3572	7459	7520	759219	749141
福建	5	214	220	1940	1897	242133	243716
江西	17	618	617	10036	10418	757623	757305
山东	6	293	282	5432	5404	99130	97943
河南	8	151	157	1440	1519	57567	57667
湖北	10	598	600	8585	9029	427131	420008
湖南	8	500	488	4093	4471	1084293	901257
广东	13	803	790	13734	13827	980062	970252
广西							
海南							
重庆	3	170	166	487	542	19700	19490
四川	1	82	80	688	651	20770	20378
贵州							
云南	1	121	98	1203	1164	116786	113000
西藏							
陕西	18	845	825	12411	12724	1081075	1071689
甘肃	5	253	268	2116	2109	472708	469648
青海							
宁夏	5	43	39	581	553	13396	13196
新疆	31	1025	1924	6627	8314	1162027	1164498

2-7 续表 2

集体企业

地区	连锁总店数（个）	门店数（个）		年末从业人员（人）		年末零售营业面积（平方米）	
	2017年	2017年	2016年	2017年	2016年	2017年	2016年
全国	**19**	**739**	**781**	**8955**	**9209**	**510501**	**517171**
北京	1	16	14	463	461	50686	54905
天津							
河北							
山西							
内蒙古							
辽宁							
吉林							
黑龙江	1	24	24	28	28	360	360
上海	2	52	54	394	403	5117	6087
江苏	3	269	274	998	1053	35270	35628
浙江							
安徽							
福建	1	4	5	53	63	1103	1136
江西							
山东	2	53	53	707	707	192000	192000
河南							
湖北	1	56	58	4260	4285	200000	200000
湖南	1	11	11	80	82	5500	5500
广东	3	138	171	1735	1888	14651	15741
广西							
海南							
重庆	3	113	113	209	209	5609	5609
四川							
贵州							
云南	1	3	4	28	30	205	205
西藏							
陕西							
甘肃							
青海							
宁夏							
新疆							

2-7 续表 3

股份合作企业

地区	连锁总店数（个）	门店数（个）		年末从业人员（人）		年末零售营业面积（平方米）	
	2017年	2017年	2016年	2017年	2016年	2017年	2016年
全国	**9**	**389**	**399**	**4343**	**4774**	**477012**	**558948**
北京							
天津	1	2	3	63	69	160	160
河北	1	6	7	22	25	680	680
山西							
内蒙古							
辽宁							
吉林	1	215	211	1665	2346	17000	17000
黑龙江							
上海							
江苏							
浙江	2	17	15	143	139	3627	3335
安徽							
福建							
江西							
山东	2	96	110	2024	1771	438221	520449
河南							
湖北							
湖南							
广东	1	29	29	156	152	7124	7124
广西							
海南							
重庆							
四川							
贵州							
云南							
西藏							
陕西							
甘肃							
青海							
宁夏	1	24	24	270	272	10200	10200
新疆							

2-7 续表 4

联营企业

地区	连锁总店数（个）	门店数（个）		年末从业人员（人）		年末零售营业面积（平方米）	
	2017年	2017年	2016年	2017年	2016年	2017年	2016年
全国	**4**	**238**	**242**	**1158**	**1178**	**30873**	**30357**
北京	1	5	5	35	26	928	928
天津							
河北							
山西							
内蒙古							
辽宁							
吉林							
黑龙江							
上海	1	28	28	219	198	3239	2866
江苏	1	17	18	165	203	5000	5000
浙江							
安徽							
福建							
江西							
山东							
河南							
湖北							
湖南							
广东	1	188	191	739	751	21706	21563
广西							
海南							
重庆							
四川							
贵州							
云南							
西藏							
陕西							
甘肃							
青海							
宁夏							
新疆							

2-7 续表 5

有限责任公司

地区	连锁总店数（个）	门店数（个）		年末从业人员（人）		年末零售营业面积（平方米）	
	2017年	2017年	2016年	2017年	2016年	2017年	2016年
全国	**1124**	**82983**	**79989**	**668390**	**665183**	**38740259**	**37318272**
北京	67	3664	3421	71711	73308	3493740	3606929
天津	17	977	1020	7963	8974	629762	589845
河北	44	2359	2104	19614	18214	1637037	1591184
山西	19	933	863	8292	7874	749838	731928
内蒙古	12	501	491	4983	4947	346907	243577
辽宁	33	3314	2675	21408	20641	2002802	740037
吉林	14	580	531	4459	4971	428216	413189
黑龙江	17	490	527	3386	3679	131211	462954
上海	37	5933	6536	49449	59504	1517703	1989333
江苏	66	6984	6222	34687	33698	1156880	1102327
浙江	82	11714	11672	62212	48099	2623948	2619471
安徽	22	813	756	17630	17421	1338302	1262060
福建	74	1995	1809	19211	18911	1125961	1142372
江西	27	1404	1452	15497	15916	633471	659040
山东	67	4385	3682	55606	54509	5011429	4471711
河南	56	2305	1954	30453	31747	1678161	1823672
湖北	78	4859	4719	36983	35972	1585575	1574038
湖南	36	3186	2932	21563	19819	1179613	1179426
广东	127	9203	8983	62351	62085	3521749	3646724
广西	37	3279	3046	20126	19224	2417877	2273970
海南	4	347	326	2085	2270	300923	293395
重庆	28	5161	5158	35975	39574	1412133	1284884
四川	59	4221	4938	20873	20605	1061072	981235
贵州	16	655	605	6295	6682	378794	254141
云南	17	1533	1461	11010	11635	1233678	1238992
西藏							
陕西	28	1056	957	10289	9708	262882	351835
甘肃	1	21	34	130	196	1600	2800
青海	9	185	188	4564	5060	154489	154298
宁夏	11	464	448	6622	6883	338752	378877
新疆	19	462	479	2963	3057	385754	254028

2-7 续表 6

股份有限公司

地区	连锁总店数（个）	门店数（个）		年末从业人员（人）		年末零售营业面积（平方米）	
	2017年	2017年	2016年	2017年	2016年	2017年	2016年
全国	**279**	**50436**	**48417**	**647279**	**702507**	**67940802**	**69098392**
北京	11	1641	1580	44797	45605	3237292	3497079
天津	1	59	59	440	469	6182	6182
河北	21	1665	1680	17410	18593	2238003	2198535
山西	6	627	632	9141	9433	1344076	1422632
内蒙古	1	47	47	75	76	2420	2420
辽宁	11	1002	1020	9701	10572	1586965	1567047
吉林	1	676	546	2859	2139	86600	74000
黑龙江	5	897	994	7339	7504	147418	156263
上海	7	2166	2330	38560	42170	2096506	2090905
江苏	9	7247	6831	112290	155186	9738715	11571451
浙江	14	5256	5326	32620	34622	6605330	6589326
安徽	9	4511	4445	55141	53439	3041486	2859446
福建	13	737	685	5323	4447	598646	591222
江西	18	2429	2149	11869	12159	1124446	1045642
山东	19	5152	5046	90136	92437	12205125	11972246
河南	20	1470	1469	13214	12720	2412658	2927780
湖北	7	1549	1475	43545	49266	3894321	3952781
湖南	20	2034	1900	32550	31703	5199824	4887132
广东	27	4609	4063	25933	28839	3196738	3259962
广西	17	724	727	12532	11833	1923976	2024937
海南	1	301	301	2441	2100	65000	65000
重庆	4	864	845	27177	26337	2260958	2045415
四川	9	3264	2987	27359	25482	739315	716359
贵州							
云南							
西藏							
陕西	6	384	380	5427	5857	866354	831448
甘肃	1	56	55	500	527	125135	120954
青海	1	5	6	849	1009	42050	55000
宁夏	9	391	228	4616	3532	1673751	1039938
新疆	11	673	611	13435	14451	1481512	1527290

2-7 续表 7

私营企业

地 区	连锁总店数（个）	门店数（个）		年末从业人员（人）		年末零售营业面积（平方米）	
	2017年	2017年	2016年	2017年	2016年	2017年	2016年
全 国	**975**	**63696**	**58635**	**396205**	**389737**	**16436283**	**15198566**
北 京	42	1568	1673	14343	15066	486942	456957
天 津	6	147	146	2343	2761	32797	30555
河 北	35	1077	889	11243	11040	617876	560513
山 西	28	2337	2243	16653	16820	761079	528465
内蒙古	6	149	138	414	453	9048	5562
辽 宁	36	2089	2060	13092	13233	511112	510146
吉 林	14	500	437	3834	3572	75304	66367
黑龙江	11	378	381	6014	6828	243089	266400
上 海	15	2292	2207	10968	11079	981716	774637
江 苏	80	4305	3748	41614	40406	1965512	1829106
浙 江	113	8017	8317	33366	33428	1424303	1427947
安 徽	26	684	598	7631	7272	451677	402552
福 建	73	4209	3165	21716	20708	988763	961473
江 西	14	278	264	6998	7194	482444	423562
山 东	63	3335	2628	18626	16253	775349	719791
河 南	35	1847	1693	13356	12127	440545	408605
湖 北	35	1834	1553	17011	16600	503821	492590
湖 南	50	3273	3183	16959	17295	702933	652352
广 东	78	7919	6773	42341	37910	1442044	1350804
广 西	26	1518	1249	8309	6698	207167	188564
海 南							
重 庆	43	5545	5252	20614	19514	745877	726081
四 川	51	2950	3342	24502	23145	1096488	1005451
贵 州	11	524	467	3059	2694	59217	62765
云 南	11	3908	3482	16940	24731	469679	439023
西 藏	1	74	72	795	820	30157	29955
陕 西	13	549	514	5349	4996	157439	134957
甘 肃	8	456	381	4161	3611	111891	98850
青 海							
宁 夏	22	423	478	3223	3166	147926	145120
新 疆	29	1511	1302	10731	10317	514088	499416

2-7 续表 8

其他企业

地区	连锁总店数（个）	门店数（个）		年末从业人员（人）		年末零售营业面积（平方米）	
	2017年	2017年	2016年	2017年	2016年	2017年	2016年
全国	**23**	**2569**	**2480**	**15674**	**15146**	**490783**	**476732**
北京							
天津							
河北							
山西							
内蒙古	1	15	15	131	121	2370	2030
辽宁							
吉林	1	18	18	85	85	2040	2040
黑龙江							
上海	1	526	541	2471	2637	49000	49230
江苏	2	67	66	238	253	3890	4000
浙江							
安徽	1	229	224	852	840	10525	10520
福建	1	19	19	454	374	52256	52256
江西							
山东	3	157	158	249	252	25098	26073
河南	1	4	4	20	20	3800	3800
湖北	1	6	6	138	152	1148	1420
湖南	2	56	55	3886	3965	184009	184235
广东							
广西							
海南	1	187	164	955	936	29120	32384
重庆	1	203	285	378	506	9800	11770
四川	3	460	471	1907	1925	40709	40930
贵州	2	230	183	1345	1065	23340	19640
云南							
西藏							
陕西							
甘肃	1	370	242	2500	1940	51690	33810
青海							
宁夏							
新疆	1	22	29	65	75	1988	2594

2-7 续表 9

港、澳、台商投资企业

地 区	连锁总店数（个）	门店数（个）		年末从业人员（人）		年末零售营业面积（平方米）	
	2017年	2017年	2016年	2017年	2016年	2017年	2016年
全 国	**125**	**11279**	**9742**	**248748**	**246543**	**22518480**	**20882346**
北 京	11	342	352	7036	8997	440613	516794
天 津	5	219	235	6914	7090	298819	287821
河 北							
山 西	2	6	9	264	393	25148	25358
内蒙古							
辽 宁	3	25	28	1611	2187	329635	335136
吉 林	2	22	20	135	142	2521	2655
黑龙江	1	49	45	422	367	15088	13426
上 海	15	1956	1829	72097	73946	3518330	3398444
江 苏	10	334	286	30825	32159	6467595	5975106
浙 江	6	256	240	8186	8273	364985	353270
安 徽	2	11	5	815	798	108054	41890
福 建	6	1625	815	49935	43362	6881952	6101490
江 西	2	99	90	6088	5534	325271	325271
山 东	2	405	398	3731	3850	120367	129107
河 南	3	253	251	7751	7618	803791	803791
湖 北	5	323	368	6529	7079	74467	63597
湖 南	4	760	692	6363	5359	146842	138343
广 东	33	3485	3101	33970	33345	2380593	2191417
广 西	2	383	326	1834	2051	58556	48076
海 南							
重 庆	4	209	177	1684	1563	39793	32411
四 川	2	288	271	782	691	9357	10010
贵 州							
云 南	3	114	120	987	1021	58123	58294
西 藏							
陕 西	2	115	84	789	718	48580	30639
甘 肃							
青 海							
宁 夏							
新 疆							

2-7 续表 10

外商投资企业

地区	连锁总店数(个)	门店数(个)		年末从业人员(人)		年末零售营业面积(平方米)	
	2017年	2017年	2016年	2017年	2016年	2017年	2016年
全国	**150**	**10426**	**8960**	**248204**	**259157**	**15850197**	**15954694**
北京	25	761	723	23565	26038	1219038	1313469
天津	3	284	75	2455	2575	176471	141971
河北	4	405	404	5060	5356	1015013	1012213
山西							
内蒙古							
辽宁	5	28	28	5190	7038	238864	257324
吉林							
黑龙江	1	7	7	1383	1649	75393	75393
上海	21	2657	2613	41199	42376	2300459	2257697
江苏	12	2189	2179	53188	61919	3767117	4000331
浙江	4	29	29	4862	4851	287212	287212
安徽	1	14	14	2735	2735	118071	118071
福建	15	1689	849	15577	10134	1181527	1168454
江西	3	12	13	1851	1755	119948	122565
山东	3	72	72	2906	2874	290972	291052
河南	1	100	100	541	546	226199	226199
湖北	7	380	286	9379	8586	408653	313245
湖南	2	7	7	1823	2171	141234	141234
广东	25	1168	1031	51655	52161	2979323	3027286
广西							
海南							
重庆	2	59	53	2001	2569	130000	128000
四川	10	471	393	16655	16553	861185	754535
贵州							
云南	3	26	25	4439	5390	179472	177322
西藏							
陕西	2	65	55	1159	1126	113416	112379
甘肃							
青海							
宁夏							
新疆	1	3	4	581	755	20630	28742

2-8 按登记注册类型分各地区连锁零售企业直营门店基本情况

内资企业

地区	门店数（个）		年末从业人员（人）		年末零售营业面积（平方米）	
	2017年	2016年	2017年	2016年	2017年	2016年
全国	**138588**	**130616**	**1646157**	**1696914**	**128785032**	**127197854**
北京	5163	4991	125756	128916	7159593	7478546
天津	1208	1251	16247	18045	1457722	1415563
河北	4990	4581	49065	49094	5434311	5290195
山西	2435	2315	29011	29616	2988239	2831159
内蒙古	439	427	4994	4984	346501	236463
辽宁	5361	4668	42041	41801	4526338	3245492
吉林	1985	1739	12894	13105	608760	572196
黑龙江	1413	1465	15522	16568	494573	854557
上海	8176	8670	90102	102099	3785180	4059492
江苏	12666	11741	172858	214521	12217458	13929903
浙江	10568	10371	99183	85523	9755111	9624043
安徽	4366	4118	75959	73715	5166891	4852457
福建	4039	3669	40683	39217	2717349	2690559
江西	3364	3225	40993	42442	2956881	2846357
山东	11488	10010	166126	164727	18524618	17777449
河南	4846	4347	56462	55998	4490431	5118987
湖北	6923	6740	106017	110287	6426495	6490849
湖南	5536	5148	71759	69823	8115887	7585408
广东	12485	12455	120848	124626	8861119	9025985
广西	4105	3717	35965	32886	4423432	4369977
海南	835	791	5481	5306	395043	390779
重庆	4320	4126	71392	74460	4069800	3748149
四川	7375	6242	64171	57736	2755858	2503027
贵州	1244	1061	10352	10036	453229	327059
云南	5237	4717	28605	36957	1803710	1774582
西藏	74	72	795	820	30157	29955
陕西	2493	2278	32168	31832	2339540	2356835
甘肃	1155	962	9402	8357	762924	725162
青海	117	122	5322	5902	189539	202298
宁夏	1249	1088	14882	14049	2171636	1571031
新疆	2933	3509	31102	33466	3356707	3273340

2-8 续表 1

国有企业

地　区	门店数(个)		年末从业人员(人)		年末零售营业面积(平方米)	
	2017年	2016年	2017年	2016年	2017年	2016年
全　国	**9848**	**10490**	**102635**	**106558**	**10081428**	**9851194**
北　京	116	113	3594	3511	85875	82839
天　津	544	544	6805	7139	843346	843346
河　北	367	367	1818	2107	977633	977633
山　西	264	270	3474	3866	243316	255337
内蒙古						
辽　宁	412	401	4168	4238	587366	586195
吉　林						
黑龙江						
上　海	1033	1024	7316	7083	123658	115064
江　苏	180	161	877	868	31900	30150
浙　江	2	3	36	41	139	205
安　徽	1608	1592	7289	7309	680019	669941
福　建	214	220	1940	1897	242133	243716
江　西	599	598	8458	8840	757623	757305
山　东	293	282	5432	5404	99130	97943
河　南	138	144	1398	1477	56867	56967
湖　北	598	600	8585	9029	427131	420008
湖　南	500	488	4093	4471	1084293	901257
广　东	755	743	13566	13694	976985	967212
广　西						
海　南						
重　庆	82	78	399	454	14420	14210
四　川	82	80	688	651	20770	20378
贵　州						
云　南	121	98	1203	1164	116786	113000
西　藏						
陕　西	845	825	12411	12724	1081075	1071689
甘　肃	253	268	2116	2109	472708	469648
青　海						
宁　夏	43	39	581	553	13396	13196
新　疆	799	1552	6388	7929	1144859	1143955

2-8 续表 2

集体企业

地区	门店数（个）		年末从业人员（人）		年末零售营业面积（平方米）	
	2017年	2016年	2017年	2016年	2017年	2016年
全国	**389**	**401**	**6725**	**6831**	**461771**	**468131**
北京	16	14	463	461	50686	54905
天津						
河北						
山西						
内蒙古						
辽宁						
吉林						
黑龙江	24	24	28	28	360	360
上海	52	54	394	403	5117	6087
江苏	33	38	252	302	10050	10408
浙江						
安徽						
福建	4	5	53	63	1103	1136
江西						
山东	31	31	643	643	180500	180500
河南						
湖北	56	58	4260	4285	200000	200000
湖南	11	11	80	82	5500	5500
广东	46	49	315	325	2641	3421
广西						
海南						
重庆	113	113	209	209	5609	5609
四川						
贵州						
云南	3	4	28	30	205	205
西藏						
陕西						
甘肃						
青海						
宁夏						
新疆						

2-8　续表 3

股份合作企业

地　区	门店数（个）		年末从业人员（人）		年末零售营业面积（平方米）	
	2017年	2016年	2017年	2016年	2017年	2016年
全　国	**372**	**381**	**4198**	**4602**	**470527**	**552233**
北　京						
天　津	2	3	63	69	160	160
河　北	6	7	22	25	680	680
山　西						
内蒙古						
辽　宁						
吉　林	215	211	1665	2346	17000	17000
黑龙江						
上　海						
江　苏						
浙　江	17	15	143	139	3627	3335
安　徽						
福　建						
江　西						
山　东	79	92	1879	1599	431736	513734
河　南						
湖　北						
湖　南						
广　东	29	29	156	152	7124	7124
广　西						
海　南						
重　庆						
四　川						
贵　州						
云　南						
西　藏						
陕　西						
甘　肃						
青　海						
宁　夏	24	24	270	272	10200	10200
新　疆						

2-8 续表 4

联营企业

地区	门店数（个）		年末从业人员（人）		年末零售营业面积（平方米）	
	2017年	2016年	2017年	2016年	2017年	2016年
全国	**196**	**191**	**1044**	**1063**	**27434**	**26389**
北京	5	5	35	26	928	928
天津						
河北						
山西						
内蒙古						
辽宁						
吉林						
黑龙江						
上海	28	28	219	198	3239	2866
江苏	17	18	165	203	5000	5000
浙江						
安徽						
福建						
江西						
山东						
河南						
湖北						
湖南						
广东	146	140	625	636	18267	17595
广西						
海南						
重庆						
四川						
贵州						
云南						
西藏						
陕西						
甘肃						
青海						
宁夏						
新疆						

2-8 续表 5

有限责任公司

地 区	门店数（个）		年末从业人员（人）		年末零售营业面积（平方米）	
	2017年	2016年	2017年	2016年	2017年	2016年
全 国	**55781**	**51927**	**607842**	**603320**	**36825558**	**35380303**
北 京	2524	2422	65844	67772	3364480	3480298
天 津	456	499	6596	7607	575237	535320
河 北	1944	1686	18770	17482	1603068	1555124
山 西	881	814	8129	7732	745023	727413
内蒙古	334	333	4518	4473	336724	230432
辽 宁	3116	2449	20903	19694	1976708	718017
吉 林	580	531	4459	4971	428216	413189
黑龙江	471	508	3322	3622	129691	461434
上 海	4641	5107	44268	53756	1388959	1857213
江 苏	4629	4504	28151	27732	783829	791408
浙 江	3506	3473	46727	32153	2094446	1993197
安 徽	806	756	17618	17421	1337822	1262060
福 建	1638	1542	17669	17871	1096590	1119069
江 西	1215	1258	15114	15437	624536	639480
山 东	3910	3207	53836	52698	4958382	4418704
河 南	2202	1855	30182	31480	1670821	1817292
湖 北	3661	3512	34209	33288	1452876	1460158
湖 南	2080	1838	20344	18583	1142344	1142631
广 东	6103	5632	60413	60410	3492248	3617011
广 西	2347	2227	16893	16009	2356518	2216511
海 南	347	326	2085	2270	300923	293395
重 庆	1469	1553	28332	33396	1252908	1164565
四 川	3088	2309	19299	15967	997311	873302
贵 州	568	487	6074	6401	376370	250262
云 南	1484	1412	10994	11592	1228890	1234204
西 藏						
陕 西	815	729	9239	8723	248032	337701
甘 肃	21	18	130	180	1600	2100
青 海	112	116	4473	4893	147489	147298
宁 夏	416	388	6344	6723	331073	370597
新 疆	417	436	2907	2984	382444	250918

2-8 续表 6

股份有限公司

地 区	门店数（个）		年末从业人员（人）		年末零售营业面积（平方米）	
	2017年	2016年	2017年	2016年	2017年	2016年
全 国	**35090**	**34123**	**598781**	**653477**	**66488785**	**67691395**
北 京	1162	1125	42458	43556	3200542	3457404
天 津	59	59	440	469	6182	6182
河 北	1665	1680	17410	18593	2238003	2198535
山 西	624	629	9111	9403	1343076	1421632
内蒙古	8	8	24	25	750	750
辽 宁	1002	1020	9701	10572	1586965	1567047
吉 林	676	546	2859	2139	86600	74000
黑龙江	552	564	6170	6102	121913	126843
上 海	900	950	29840	32482	1646045	1653409
江 苏	5351	4933	108745	151641	9723715	11556451
浙 江	3703	3742	29001	30626	6501833	6483247
安 徽	1077	1018	42931	41241	2696161	2514506
福 建	736	684	5316	4440	598401	590977
江 西	1311	1136	10842	11111	1105065	1028797
山 东	4094	3977	86035	88276	12072144	11836399
河 南	1362	1359	12554	12077	2350173	2864138
湖 北	1355	1359	43086	48760	3879278	3940531
湖 南	1504	1456	31018	30371	5156644	4844952
广 东	2378	2753	22548	25332	3163084	3240312
广 西	620	620	11704	11077	1881232	1985504
海 南	301	301	2441	2100	65000	65000
重 庆	853	832	27141	26291	2260096	2044435
四 川	2405	2170	23039	21729	681448	659372
贵 州						
云 南						
西 藏						
陕 西	384	380	5427	5857	866354	831448
甘 肃	56	55	500	527	125135	120954
青 海	5	6	849	1009	42050	55000
宁 夏	391	228	4616	3532	1673751	1039938
新 疆	556	533	12975	14139	1417145	1483632

2-8 续表 7

私营企业

地区	门店数（个）		年末从业人员（人）		年末零售营业面积（平方米）	
	2017年	2016年	2017年	2016年	2017年	2016年
全　国	**35577**	**32022**	**313141**	**310320**	**14020036**	**12839167**
北　京	1340	1312	13362	13590	457082	402172
天　津	147	146	2343	2761	32797	30555
河　北	1008	841	11045	10887	614927	558223
山　西	666	602	8297	8615	656824	426777
内蒙古	86	75	351	390	7207	3721
辽　宁	831	798	7269	7297	375299	374233
吉　林	496	433	3826	3564	74904	65967
黑龙江	366	369	6002	6816	242609	265920
上　海	1460	1446	7594	7696	606162	412853
江　苏	2393	2026	34442	33537	1659514	1533036
浙　江	3340	3138	23276	22564	1155066	1144059
安　徽	646	588	7269	7144	442364	399180
福　建	1428	1199	15251	14572	726866	683405
江　西	239	233	6579	7054	469657	420775
山　东	3026	2370	18065	15858	763328	710096
河　南	1140	985	12308	10944	408770	376790
湖　北	1247	1205	15739	14773	466062	468732
湖　南	1385	1300	12338	12351	543097	506833
广　东	3028	3109	23225	24077	1200770	1173310
广　西	1138	870	7368	5800	185682	167962
海　南						
重　庆	1800	1548	15295	14096	536237	518920
四　川	1735	1607	20600	18832	1038660	932085
贵　州	509	454	3033	2670	58609	62247
云　南	3629	3203	16380	24171	457829	427173
西　藏	74	72	795	820	30157	29955
陕　西	449	344	5091	4528	144079	115997
甘　肃	455	379	4156	3601	111791	98650
青　海						
宁　夏	375	409	3071	2969	143216	137100
新　疆	1141	961	8771	8343	410471	392441

2-8 续表 8

其他企业

地区	门店数（个）		年末从业人员（人）		年末零售营业面积（平方米）	
	2017年	2016年	2017年	2016年	2017年	2016年
全国	**1335**	**1081**	**11791**	**10743**	**409493**	**389042**
北京						
天津						
河北						
山西						
内蒙古	11	11	101	96	1820	1560
辽宁						
吉林	18	18	85	85	2040	2040
黑龙江						
上海	62	61	471	481	12000	12000
江苏	63	61	226	238	3450	3450
浙江						
安徽	229	164	852	600	10525	6770
福建	19	19	454	374	52256	52256
江西						
山东	55	51	236	249	19398	20073
河南	4	4	20	20	3800	3800
湖北	6	6	138	152	1148	1420
湖南	56	55	3886	3965	184009	184235
广东						
广西						
海南	187	164	955	936	29120	32384
重庆	3	2	16	14	530	410
四川	65	76	545	557	17669	17890
贵州	167	120	1245	965	18250	14550
云南						
西藏						
陕西						
甘肃	370	242	2500	1940	51690	33810
青海						
宁夏						
新疆	20	27	61	71	1788	2394

2-8 续表 9

港、澳、台商投资企业

地区	门店数（个）		年末从业人员（人）		年末零售营业面积（平方米）	
	2017年	2016年	2017年	2016年	2017年	2016年
全国	**8878**	**7671**	**181399**	**179866**	**19036893**	**17537101**
北京	342	352	7036	8997	440613	516794
天津	219	235	6914	7090	298819	287821
河北						
山西	6	9	264	393	25148	25358
内蒙古						
辽宁	25	28	1611	2187	329635	335136
吉林	22	20	135	142	2521	2655
黑龙江	49	45	422	367	15088	13426
上海	811	817	10626	12177	409588	412529
江苏	334	286	30825	32159	6467595	5975106
浙江	197	154	7977	8002	350355	340534
安徽	11	5	815	798	108054	41890
福建	1331	697	49351	43037	6852492	6098445
江西	85	76	2929	2776	125167	125167
山东	405	398	3731	3850	120367	129107
河南	253	251	7751	7618	803791	803791
湖北	323	368	6529	7079	74467	63597
湖南	760	692	6363	5359	146842	138343
广东	2835	2523	32688	32510	2263792	2061077
广西	239	182	1398	1604	49956	39476
海南						
重庆	209	177	1684	1563	39793	32411
四川	193	152	574	419	6107	5505
贵州						
云南	114	120	987	1021	58123	58294
西藏						
陕西	115	84	789	718	48580	30639
甘肃						
青海						
宁夏						
新疆						

2-8 续表 10

外商投资企业

地区	门店数（个）		年末从业人员（人）		年末零售营业面积（平方米）	
	2017年	2016年	2017年	2016年	2017年	2016年
全国	**8893**	**7281**	**233773**	**237304**	**14913136**	**14895690**
北京	732	706	23437	25966	1216311	1311945
天津	284	75	2455	2575	176471	141971
河北	405	404	5060	5356	1015013	1012213
山西						
内蒙古						
辽宁	28	28	5190	7038	238864	257324
吉林						
黑龙江	7	7	1383	1649	75393	75393
上海	1656	1631	40434	38204	2143199	2117347
江苏	1832	1601	45892	49919	3422947	3511207
浙江	29	29	4862	4851	287212	287212
安徽	14	14	2735	2735	118071	118071
福建	1674	849	15487	10134	1178527	1168454
江西	12	13	1851	1755	119948	122565
山东	30	45	2618	2741	287612	288892
河南	100	100	541	546	226199	226199
湖北	366	268	9306	8494	406846	311110
湖南	7	7	1823	2171	141234	141234
广东	1132	1001	45874	46787	2555320	2606345
广西						
海南						
重庆	59	53	2001	2569	130000	128000
四川	432	366	16645	16543	860451	751765
贵州						
云南	26	25	4439	5390	179472	177322
西藏						
陕西	65	55	1159	1126	113416	112379
甘肃						
青海						
宁夏						
新疆	3	4	581	755	20630	28742

2-9 按登记注册类型分各地区连锁零售企业加盟门店基本情况

内资企业

地区	门店数（个）		年末从业人员（人）		年末零售营业面积（平方米）	
	2017年	2016年	2017年	2016年	2017年	2016年
全国	**75810**	**74494**	**206062**	**204663**	**6142481**	**6061686**
北京	1910	1891	12332	11878	251557	266162
天津	521	521	1367	1367	54525	54525
河北	484	466	1042	885	36918	38350
山西	1726	1693	8549	8377	110070	107203
内蒙古	273	264	609	613	14244	17126
辽宁	1456	1488	6328	6883	161907	157933
吉林	4	4	8	8	400	400
黑龙江	376	461	1245	1471	27505	31420
上海	4917	5132	21425	23006	1050219	1024704
江苏	6403	5579	18011	17146	719709	647759
浙江	14438	14962	29194	30806	902236	1016241
安徽	5459	5477	12754	12777	434318	431262
福建	3139	2234	8014	7183	291513	301616
江西	1365	1257	3407	3245	41103	39192
山东	1983	1949	6654	6606	221734	222764
河南	931	930	2021	2135	102300	102537
湖北	1979	1671	4505	5017	185501	149988
湖南	3524	3421	7372	7512	240285	224494
广东	10404	8545	26141	20826	322955	246185
广西	1416	1305	5002	4869	125588	117494
海南						
重庆	7736	7693	13448	12222	384277	345100
四川	3602	5576	11158	14072	202496	261326
贵州	165	194	347	405	8122	9487
云南	328	328	576	603	16638	16638
西藏						
陕西	341	398	1308	1453	28210	33094
甘肃	1	18	5	26	100	900
青海	73	72	91	167	7000	7000
宁夏	96	129	430	357	12389	16300
新疆	760	836	2719	2748	188662	174486

2-9 续表 1

国有企业

地 区	门店数（个）		年末从业人员（人）		年末零售营业面积（平方米）	
	2017年	2016年	2017年	2016年	2017年	2016年
全 国	**3500**	**3677**	**7580**	**7285**	**219572**	**209908**
北 京	63	76	3145	2817	55687	45071
天 津						
河 北						
山 西						
内蒙古						
辽 宁						
吉 林						
黑龙江						
上 海	1063	1082	2150	2031	58460	56074
江 苏						
浙 江						
安 徽	1980	1980	170	211	79200	79200
福 建						
江 西	19	19	1578	1578		
山 东						
河 南	13	13	42	42	700	700
湖 北						
湖 南						
广 东	48	47	168	133	3077	3040
广 西						
海 南						
重 庆	88	88	88	88	5280	5280
四 川						
贵 州						
云 南						
西 藏						
陕 西						
甘 肃						
青 海						
宁 夏						
新 疆	226	372	239	385	17168	20543

2-9 续表 2

集体企业

地区	门店数（个）		年末从业人员（人）		年末零售营业面积（平方米）	
	2017年	2016年	2017年	2016年	2017年	2016年
全国	**350**	**380**	**2230**	**2378**	**48730**	**49040**
北京						
天津						
河北						
山西						
内蒙古						
辽宁						
吉林						
黑龙江						
上海						
江苏	236	236	746	751	25220	25220
浙江						
安徽						
福建						
江西						
山东	22	22	64	64	11500	11500
河南						
湖北						
湖南						
广东	92	122	1420	1563	12010	12320
广西						
海南						
重庆						
四川						
贵州						
云南						
西藏						
陕西						
甘肃						
青海						
宁夏						
新疆						

2-9 续表 3

联营企业

地 区	门店数（个）		年末从业人员（人）		年末零售营业面积（平方米）	
	2017年	2016年	2017年	2016年	2017年	2016年
全 国	**42**	**51**	**114**	**115**	**3439**	**3968**
北 京						
天 津						
河 北						
山 西						
内蒙古						
辽 宁						
吉 林						
黑龙江						
上 海						
江 苏						
浙 江						
安 徽						
福 建						
江 西						
山 东						
河 南						
湖 北						
湖 南						
广 东	42	51	114	115	3439	3968
广 西						
海 南						
重 庆						
四 川						
贵 州						
云 南						
西 藏						
陕 西						
甘 肃						
青 海						
宁 夏						
新 疆						

2-9 续表 4

有限责任公司

地区	门店数（个）		年末从业人员（人）		年末零售营业面积（平方米）	
	2017年	2016年	2017年	2016年	2017年	2016年
全国	**27202**	**28062**	**60548**	**61863**	**1914701**	**1937969**
北京	1140	999	5867	5536	129260	126631
天津	521	521	1367	1367	54525	54525
河北	415	418	844	732	33969	36060
山西	52	49	163	142	4815	4515
内蒙古	167	158	465	474	10183	13145
辽宁	198	226	505	947	26094	22020
吉林						
黑龙江	19	19	64	57	1520	1520
上海	1292	1429	5181	5748	128744	132120
江苏	2355	1718	6536	5966	373051	310919
浙江	8208	8199	15485	15946	529502	626274
安徽	7		12		480	
福建	357	267	1542	1040	29371	23303
江西	189	194	383	479	8935	19560
山东	475	475	1770	1811	53047	53007
河南	103	99	271	267	7340	6380
湖北	1198	1207	2774	2684	132699	113880
湖南	1106	1094	1219	1236	37269	36795
广东	3100	3351	1938	1675	29501	29713
广西	932	819	3233	3215	61359	57459
海南						
重庆	3692	3605	7643	6178	159225	120319
四川	1133	2629	1574	4638	63761	107933
贵州	87	118	221	281	2424	3879
云南	49	49	16	43	4788	4788
西藏						
陕西	241	228	1050	985	14850	14134
甘肃		16		16		700
青海	73	72	91	167	7000	7000
宁夏	48	60	278	160	7679	8280
新疆	45	43	56	73	3310	3110

2-9 续表 5

股份有限公司

地区	门店数（个）		年末从业人员（人）		年末零售营业面积（平方米）	
	2017年	2016年	2017年	2016年	2017年	2016年
全　国	**15346**	**14294**	**48498**	**49030**	**1452017**	**1406997**
北　京	479	455	2339	2049	36750	39675
天　津						
河　北						
山　西	3	3	30	30	1000	1000
内蒙古	39	39	51	51	1670	1670
辽　宁						
吉　林						
黑龙江	345	430	1169	1402	25505	29420
上　海	1266	1380	8720	9688	450461	437496
江　苏	1896	1898	3545	3545	15000	15000
浙　江	1553	1584	3619	3996	103497	106079
安　徽	3434	3427	12210	12198	345325	344940
福　建	1	1	7	7	245	245
江　西	1118	1013	1027	1048	19381	16845
山　东	1058	1069	4101	4161	132981	135847
河　南	108	110	660	643	62485	63642
湖　北	194	116	459	506	15043	12250
湖　南	530	444	1532	1332	43180	42180
广　东	2231	1310	3385	3507	33654	19650
广　西	104	107	828	756	42744	39433
海　南						
重　庆	11	13	36	46	862	980
四　川	859	817	4320	3753	57867	56987
贵　州						
云　南						
西　藏						
陕　西						
甘　肃						
青　海						
宁　夏						
新　疆	117	78	460	312	64367	43658

2-9 续表 6

私营企业

地区	门店数（个）		年末从业人员（人）		年末零售营业面积（平方米）	
	2017年	2016年	2017年	2016年	2017年	2016年
全国	**28119**	**26613**	**83064**	**79417**	**2416247**	**2359399**
北京	228	361	981	1476	29860	54785
天津						
河北	69	48	198	153	2949	2290
山西	1671	1641	8356	8205	104255	101688
内蒙古	63	63	63	63	1841	1841
辽宁	1258	1262	5823	5936	135813	135913
吉林	4	4	8	8	400	400
黑龙江	12	12	12	12	480	480
上海	832	761	3374	3383	375554	361784
江苏	1912	1722	7172	6869	305998	296070
浙江	4677	5179	10090	10864	269237	283888
安徽	38	10	362	128	9313	3372
福建	2781	1966	6465	6136	261897	278068
江西	39	31	419	140	12787	2787
山东	309	258	561	395	12021	9695
河南	707	708	1048	1183	31775	31815
湖北	587	348	1272	1827	37759	23858
湖南	1888	1883	4621	4944	159836	145519
广东	4891	3664	19116	13833	241274	177494
广西	380	379	941	898	21485	20602
海南						
重庆	3745	3704	5319	5418	209640	207161
四川	1215	1735	3902	4313	57828	73366
贵州	15	13	26	24	608	518
云南	279	279	560	560	11850	11850
西藏						
陕西	100	170	258	468	13360	18960
甘肃	1	2	5	10	100	200
青海						
宁夏	48	69	152	197	4710	8020
新疆	370	341	1960	1974	103617	106975

2-9 续表 7

其他企业

地区	门店数（个）		年末从业人员（人）		年末零售营业面积（平方米）	
	2017年	2016年	2017年	2016年	2017年	2016年
全国	**1234**	**1399**	**3883**	**4403**	**81290**	**87690**
北京						
天津						
河北						
山西						
内蒙古	4	4	30	25	550	470
辽宁						
吉林						
黑龙江						
上海	464	480	2000	2156	37000	37230
江苏	4	5	12	15	440	550
浙江						
安徽		60		240		3750
福建						
江西						
山东	102	107	13	3	5700	6000
河南						
湖北						
湖南						
广东						
广西						
海南						
重庆	200	283	362	492	9270	11360
四川	395	395	1362	1368	23040	23040
贵州	63	63	100	100	5090	5090
云南						
西藏						
陕西						
甘肃						
青海						
宁夏						
新疆	2	2	4	4	200	200

2-9 续表 8

港、澳、台商投资企业

地区	门店数（个）		年末从业人员（人）		年末零售营业面积（平方米）	
	2017年	2016年	2017年	2016年	2017年	2016年
全国	**2401**	**2071**	**67349**	**66677**	**3481587**	**3345245**
北京						
天津						
河北						
山西						
内蒙古						
辽宁						
吉林						
黑龙江						
上海	1145	1012	61471	61769	3108742	2985915
江苏						
浙江	59	86	209	271	14630	12736
安徽						
福建	294	118	584	325	29460	3045
江西	14	14	3159	2758	200104	200104
山东						
河南						
湖北						
湖南						
广东	650	578	1282	835	116801	130340
广西	144	144	436	447	8600	8600
海南						
重庆						
四川	95	119	208	272	3250	4505
贵州						
云南						
西藏						
陕西						
甘肃						
青海						
宁夏						
新疆						

2-9 续表 9

外商投资企业

地区	门店数（个）		年末从业人员（人）		年末零售营业面积（平方米）	
	2017年	2016年	2017年	2016年	2017年	2016年
全国	**1533**	**1679**	**14431**	**21853**	**937061**	**1059004**
北京	29	17	128	72	2727	1524
天津						
河北						
山西						
内蒙古						
辽宁						
吉林						
黑龙江						
上海	1001	982	765	4172	157260	140350
江苏	357	578	7296	12000	344170	489124
浙江						
安徽						
福建	15		90		3000	
江西						
山东	42	27	288	133	3360	2160
河南						
湖北	14	18	73	92	1807	2135
湖南						
广东	36	30	5781	5374	424003	420941
广西						
海南						
重庆						
四川	39	27	10	10	734	2770
贵州						
云南						
西藏						
陕西						
甘肃						
青海						
宁夏						
新疆						

2-10 按登记注册类型分

内资企业

地 区	商品购进总额		统一配送商品购进额		自有配送中心配送商品购进额	
	2017年	2016年	2017年	2016年	2017年	2016年
全 国	**251751851**	**240053405**	**201954566**	**191839381**	**122785883**	**117809520**
北 京	21049811	18571993	17466383	15380674	10945533	9343404
天 津	3617560	3238721	2710922	2412528	1918611	1797745
河 北	10252159	8751836	8228735	6925938	3236203	3092150
山 西	3281950	3085635	1918184	1912774	1144651	1137987
内蒙古	334471	312476	217403	200955	107871	81742
辽 宁	6677504	6301000	4765843	4514267	756864	626017
吉 林	1443496	1447832	1375025	1384055	1181541	1205600
黑龙江	2281933	1918039	2076807	1717120	516436	475173
上 海	16353980	16681338	14861125	14835551	9229218	8610378
江 苏	34473064	35152200	29633384	29090993	26003770	25795998
浙 江	18152882	17091692	15892822	15878730	14210567	14213778
安 徽	15489753	14970766	11091291	10744440	4813357	5110097
福 建	5012423	4279897	2879595	2813840	1193957	1108172
江 西	5630034	5815157	4971401	5105853	3141080	3042286
山 东	17329062	17131363	12423486	11670124	7383850	6993583
河 南	6934894	6843054	4094161	4079582	2210977	2264416
湖 北	14859663	14281662	9679376	9571538	7441718	7740071
湖 南	8172522	7252190	7252683	6267456	4489784	3918907
广 东	18442499	17574531	15930496	15641350	7065834	6569336
广 西	7492383	7309372	7420432	7230892	2653197	2522620
海 南	1741579	1219941	1704968	1199080	6377	5707
重 庆	6264077	6262101	4252450	4317034	2736174	2761514
四 川	5246457	4891829	4329321	3987254	2276838	2008918
贵 州	639024	683760	604716	667642	344028	381959
云 南	1886519	1754555	1810908	1692740	798529	755685
西 藏	29544	30552	29544	30552		
陕 西	7494846	7170175	5814915	5356286	2939090	2749632
甘 肃	1496509	1486828	1240844	1251573	133289	114771
青 海	191861	190215	87388	71628	20241	5099
宁 夏	3236833	2536936	1733244	887308	803691	490594
新 疆	6242560	5815759	5456715	4999626	3082610	2886183

各地区连锁零售企业经营情况

单位：万元

非自有配送中心配送商品购进额		商品销售总额		零售额	
2017年	2016年	2017年	2016年	2017年	2016年
24009036	**23245840**	**293238244**	**277902826**	**220353262**	**197847240**
2462864	2283795	24647627	21832391	19043691	17130983
102252	93588	3873875	3759592	3091830	2995941
333990	286470	11266836	9124527	9359432	7405195
3107	2518	4547309	4377222	3619676	3473270
1864	2173	364078	341343	257612	250616
1206167	1157614	6671895	6333840	5378556	5118223
9277	9800	1771630	1633028	1523580	1417390
149232	155412	2324919	2144398	1551731	1606123
1909765	2329584	19085046	18303845	12755437	12424461
667671	674660	35675626	38725143	25619028	14904762
1114767	926516	19678485	18680768	13360371	13472880
372092	297633	16463414	15301309	13053613	12134375
284006	287187	6094310	5153569	5139271	4656857
527817	496297	9988844	9866892	6455207	6126439
1266059	1114329	20149590	19545205	15211569	14973884
145115	148794	7173291	7022187	6430142	6333898
805709	429268	17225495	15944165	14763260	13955933
936309	849115	11529829	10482130	10252019	8871043
6782588	7073586	23374451	21389494	19268220	18144428
114770	58753	8398969	8051320	4943069	4698269
		1911558	1309071	1160835	1199282
1066905	1120304	8837352	8750267	7095070	6901252
389807	382880	5618200	5351888	5333036	5138069
6721	9005	667634	708106	651376	691431
199980	170116	3982102	3771040	3200981	2993228
		27273	30561	27273	30561
765421	748648	9689952	8982500	3860189	3453862
10242	11552	1737566	1635223	1498006	1427512
		319568	290858	314244	287689
13866	12800	2867664	2185089	1779492	1451539
2360677	2113443	7273856	6875859	4355448	4177847

2-10 续表 1

国有企业

地 区	商品购进总额		统一配送商品购进额		自有配送中心配送商品购进额	
	2017年	2016年	2017年	2016年	2017年	2016年
全 国	**32123213**	**31394753**	**28715056**	**28037679**	**12093025**	**11978809**
北 京	322466	308506	96286	111862	96286	111862
天 津	2486740	2293196	2391773	2207382	1796996	1738135
河 北	548912	582961	484156	523047	120589	104805
山 西	1117682	1092014	698618	721002	216321	194598
内蒙古						
辽 宁	1356126	1145226	1204643	1000394		
吉 林						
黑龙江						
上 海	458025	527758	436582	498035	75480	104582
江 苏	36863	35474	36863	35474	36863	35474
浙 江	1099	1209	1099	1209	1099	1209
安 徽	3935528	3904035	3908980	3864112		209831
福 建	488156	379491	76197	70840		
江 西	2739764	3013723	2735681	2920759	1656236	1675425
山 东	541123	551452	541123	551452	283763	268888
河 南	118686	119203	91773	82957	19166	17411
湖 北	2661604	2541439	2653709	2534561	1969919	1927709
湖 南	1846693	1681158	1781715	1604794	1592140	1494911
广 东	4075971	4156604	3975557	4076902	758155	710541
广 西						
海 南						
重 庆	261587	205209	101883	93202	45094	36413
四 川	246687	239470				
贵 州						
云 南	664818	654007	664818	654007		
西 藏						
陕 西	4845142	4756128	3762614	3589230	2074457	2018173
甘 肃	1076880	1046565	859860	849520		
青 海						
宁 夏	77832	74618	76154	72925	12684	12802
新 疆	2214829	2085306	2134972	1974012	1337778	1316041

单位：万元

非自有配送中心配送商品购进额		商品销售总额		零售额	
2017年	2016年	2017年	2016年	2017年	2016年
5310094	**5273918**	**38359086**	**36681346**	**23198521**	**22072228**
		418870	385526	395788	364236
94084	85081	2661433	2530731	2031890	1826924
		563024	509642	425701	335858
		1306081	1357163	622542	701416
		1502313	1289217	1097865	862016
149806	193155	646392	684550	565236	608275
		41525	37872	39309	36387
		1831	1605	1831	1605
		4250787	4129564	4080912	3954312
		731806	613007	687838	564650
440129	377109	4372015	4503652	1603589	1663514
		534568	555037	321181	327157
138	364	134841	144264	122724	126353
		3129935	2693639	2101353	1931582
		2146786	1957168	1961611	1729994
3176583	3344974	4422174	4165293	2648825	2590680
		277646	226917	102475	89995
		252255	322159	162643	257572
		661942	697209	576388	599547
652161	615263	6741805	6367905	1717033	1571110
		1169697	1121176	951392	934377
		99476	95942	15325	16238
797194	657971	2291886	2292106	965070	978430

2-10 续表 2

集体企业

地区	商品购进总额		统一配送商品购进额		自有配送中心配送商品购进额	
	2017年	2016年	2017年	2016年	2017年	2016年
全国	**875552**	**830400**	**144898**	**141211**	**116607**	**103178**
北京	53242	52628	8130	9345	8130	6948
天津						
河北						
山西						
内蒙古						
辽宁						
吉林						
黑龙江	499	402	499	402	499	402
上海	16684	14474	16684	14474	1810	2021
江苏	48165	59913	48165	59913	36031	38240
浙江						
安徽						
福建	839	1115	839	1115	839	1115
江西						
山东	326905	289799				
河南						
湖北	323878	320060				
湖南	6917	6771				
广东	30491	30774	13403	10894	13052	10488
广西						
海南						
重庆	67001	53360	56246	43965	56246	43965
四川						
贵州						
云南	933	1104	933	1104		
西藏						
陕西						
甘肃						
青海						
宁夏						
新疆						

单位：万元

非自有配送中心配送商品购进额		商品销售总额		零售额	
2017年	2016年	2017年	2016年	2017年	2016年
14874	**12453**	**850733**	**979154**	**551954**	**547299**
		53279	52858	50842	50070
		1043	1034	1043	1034
14874	12453	22500	20056	22500	20056
		49912	58778	49173	58248
		1277	1795	1277	1795
		246907	389105		
		349800	346737	349800	346737
		6898	6759	5016	4668
		50262	46608	48460	44654
		67880	54247	22868	18859
		975	1178	975	1178

2-10 续表 3

股份合作企业

地区	商品购进总额		统一配送商品购进额		自有配送中心配送商品购进额	
	2017年	2016年	2017年	2016年	2017年	2016年
全国	**927538**	**1035722**	**842979**	**995969**	**830154**	**981637**
北京						
天津	1857	3050	1857	3050		
河北	1325	1296	1325	1296	1325	1296
山西						
内蒙古						
辽宁						
吉林	761580	918723	761580	918723	761580	918723
黑龙江						
上海						
江苏						
浙江	14237	9276	3183	2929	1690	1476
安徽						
福建						
江西						
山东	85483	70110	65559	60142	65559	60142
河南						
湖北						
湖南						
广东	53582	23437				
广西						
海南						
重庆						
四川						
贵州						
云南						
西藏						
陕西						
甘肃						
青海						
宁夏	9475	9829	9475	9829		
新疆						

单位：万元

非自有配送中心配送商品购进额		商品销售总额		零售额	
2017年	2016年	2017年	2016年	2017年	2016年
		1235035	**1145565**	**939372**	**883409**
		2278	3986	166	1878
		942	964	942	964
		1074959	985314	827545	771008
		17026	11948	17026	11948
		92059	96151	79082	83846
		33159	33437		
		14612	13765	14612	13765

2-10 续表 4

联营企业

地区	商品购进总额		统一配送商品购进额		自有配送中心配送商品购进额	
	2017年	2016年	2017年	2016年	2017年	2016年
全国	**88085**	**77196**	**88085**	**77196**	**15366**	**13922**
北京	805	812	805	812		
天津						
河北						
山西						
内蒙古						
辽宁						
吉林						
黑龙江						
上海	11840	8435	11840	8435		
江苏	15366	13922	15366	13922	15366	13922
浙江						
安徽						
福建						
江西						
山东						
河南						
湖北						
湖南						
广东	60075	54026	60075	54026		
广西						
海南						
重庆						
四川						
贵州						
云南						
西藏						
陕西						
甘肃						
青海						
宁夏						
新疆						

单位：万元

非自有配送中心配送商品购进额		商品销售总额		零售额	
2017年	2016年	2017年	2016年	2017年	2016年
		104998	**95039**	**100694**	**90616**
		973	932	973	932
		14295	11748	14295	11748
		16055	15795	11751	11372
		73674	66565	73674	66565

2-10 续表 5

有限责任公司

地区	商品购进总额		统一配送商品购进额		自有配送中心配送商品购进额	
	2017年	2016年	2017年	2016年	2017年	2016年
全国	**71523207**	**67242884**	**58652118**	**55045529**	**33925136**	**32515188**
北京	9775662	8317370	8644871	7151851	4551124	3716876
天津	997094	824043	189645	90931	70136	28232
河北	1697774	1484020	1469510	1322932	1166613	1078985
山西	513913	481525	459220	437645	302598	332449
内蒙古	311102	288849	204618	189547	103056	77439
辽宁	1483523	1563503	866835	955907	345969	274552
吉林	412660	311717	408112	290762	264945	162937
黑龙江	438889	353332	392558	305880	301896	188454
上海	9884039	9304835	8544569	7694773	7406241	6481788
江苏	2433301	2379106	2047387	2009813	1221617	1236267
浙江	4332875	4700491	4139955	4487301	3049857	3538277
安徽	1741025	1769203	1485823	1385881	136669	390616
福建	1959681	1663780	1215243	1230827	676158	631906
江西	1577899	1515360	1542612	1475424	1195828	1059777
山东	5796131	5580465	4561541	4255536	2789215	2691013
河南	1886548	2215209	1498317	1829621	895025	1152309
湖北	3412708	3300059	2465440	2573934	1077746	1526523
湖南	1483917	1336623	1410814	1274933	912755	851117
广东	8069626	7163375	6245518	5786382	3123828	2909825
广西	5835568	5457867	5819865	5438227	2353986	2191788
海南	389211	309361	352600	288500	6377	5707
重庆	2370823	2360548	1293533	1261934	785296	755059
四川	1299535	1246354	1174228	1125000	353812	285515
贵州	429292	535871	399962	522893	165068	262640
云南	543041	500484	469303	441838	136100	174503
西藏						
陕西	788229	751235	422239	390052	143018	143624
甘肃	1358	2366	1358	2366		
青海	151861	152215	87388	71628	20241	5099
宁夏	689125	601635	338202	255381	238295	218388
新疆	816799	772085	500853	497833	131669	143525

单位：万元

非自有配送中心配送商品购进额		商品销售总额		零售额	
2017年	2016年	2017年	2016年	2017年	2016年
7728706	**6873800**	**83029041**	**77561934**	**61682479**	**58704874**
608404	496086	11087159	9389014	8555637	7575759
8168	8507	1064940	1103546	914551	1045812
39159	31264	2292282	2003493	1867144	1691242
3107	2518	707974	625049	675559	587627
		340337	321621	235250	231346
21622	40332	1569741	1524136	1367396	1329723
8271	8623	359569	371800	359496	370970
		397558	389629	349262	341459
516663	704945	11286616	11004114	5711704	5789472
505799	417959	2834146	2727026	2279130	2260456
776165	560128	4675957	4965986	3084089	3510055
127082	102107	1894875	1859552	1764058	1708451
121875	153599	2375551	1973599	1870958	1768163
33761	41311	1736150	1666370	1427522	1360589
114183	113474	6571186	6413636	4678585	4748305
136527	147546	2138772	2245414	2077592	2197406
788894	411816	3943846	3561447	2998543	2810846
251280	221061	2314884	2179219	1887534	1286900
2463342	2316497	8869558	7764727	8081055	7159605
113445	57728	6252023	5804699	3379135	3180644
		431839	310227	330485	200438
246015	231987	2866095	2775206	2387113	2341220
184324	168030	1439243	1341414	1349362	1292626
1748	3737	443566	524954	432583	511792
198883	168826	2436003	2276298	1843710	1724571
91863	111414	924220	838081	653486	607126
		3794	2310	3794	2310
		246954	224709	241630	221541
		659688	552868	622487	548783
368126	354308	864517	821790	253631	299637

2-10 续表 6

股份有限公司

地　区	商品购进总额		统一配送商品购进额		自有配送中心配送商品购进额	
	2017年	2016年	2017年	2016年	2017年	2016年
全　国	**117637163**	**112940654**	**87761767**	**84101000**	**63573112**	**60761564**
北　京	9847916	8851970	8010459	7466851	5820837	5082416
天　津	6472	8752	6472	8752		
河　北	4066013	3966670	2431871	2480273	1749600	1704225
山　西	848726	782296	288723	272521	288723	272521
内蒙古	2481	2474	2481	2474	2481	2474
辽　宁	3151897	2884949	2056899	1897957	370861	315045
吉　林	99849	74240	99849	74240	99849	74240
黑龙江	1510636	1155977	1382381	1029009	73615	70892
上　海	4546946	5013087	4428347	4821546	1732618	2004410
江　苏	26646809	27884122	22479752	22330957	22479752	22330957
浙　江	12297530	10850477	10350698	9948783	10089519	9578406
安　徽	9290433	8852377	5450097	5295999	4528212	4387470
福　建	1521332	1250469	662731	658589	190533	221556
江　西	985269	931642	428902	425296	126656	130000
山　东	9420792	9630978	6184858	5853866	3474549	3324841
河　南	4439958	4083910	2062417	1801636	1144576	968988
湖　北	7840951	7520633	4009817	3907545	4005494	3903850
湖　南	3639894	3058381	3044536	2514754	1465308	1154139
广　东	3913595	4232367	3509856	3882109	1789511	1590935
广　西	1469810	1667250	1413561	1608411	214617	235949
海　南	1327338	867413	1327338	867413		
重　庆	2233732	2325570	1647466	1797524	871120	944075
四　川	1775563	1549127	1386999	1254591	807418	783761
贵　州						
云　南						
西　藏						
陕　西	1609412	1483102	1415537	1239629	570756	503504
甘　肃	195737	216963	195737	216963		
青　海	40000	38000				
宁　夏	2295928	1433622	1211880	469798	477990	200253
新　疆	2612146	2323837	2272104	1973517	1198519	976660

单位：万元

非自有配送中心配送商品购进额		商品销售总额		零售额	
2017年	2016年	2017年	2016年	2017年	2016年
9110720	**8937131**	**137860279**	**133381077**	**106324087**	**90933835**
1668021	1632517	11875825	10811703	8915061	8042113
		9270	11058	9270	11058
193118	170920	4699395	4289669	3382679	3073785
		1639858	1582329	1497021	1440634
		1456	1425	1456	1425
1127886	1039475	2926074	2835789	2292143	2292432
		144914	118382	144914	118382
		1572328	1330162	910343	919699
1155079	1336274	5521465	5401112	4866050	4814224
		27108715	30823891	19271631	8826916
232026	268551	13149916	11885378	8609416	8322116
233169	184396	9786665	8869210	6707297	6061673
8825	9937	1776062	1484628	1530853	1399362
50248	66528	3482419	3284092	3031475	2715073
1033454	877598	11377649	10976488	9171422	8974247
		4256072	4050532	3651995	3444702
		8951155	8546112	8561032	8143752
393375	350561	5784550	5009755	5272670	4678521
1084208	1072495	7141621	7050906	6316663	6279481
		1850576	2005968	1346218	1323735
		1444074	971503	794706	971503
776346	853450	4117677	4233217	3233268	3199289
81381	77574	1905761	1591742	1816565	1555445
		1741428	1572024	1210201	1071136
		256324	236936	244209	225081
		72614	66148	72614	66148
		1923178	1363307	1044939	789240
1073586	996857	3343241	2977610	2417976	2172662

2-10 续表 7

私营企业

地区	商品购进总额		统一配送商品购进额		自有配送中心配送商品购进额	
	2017年	2016年	2017年	2016年	2017年	2016年
全国	**28065400**	**26004364**	**25254276**	**22930700**	**12087614**	**11325031**
北京	1049720	1040707	705832	639953	469157	425303
天津	125398	109681	121175	102414	51479	31378
河北	3938136	2716889	3841873	2598389	198077	202838
山西	801629	729799	471623	481607	337009	338420
内蒙古	17455	17966	6871	5746		
辽宁	685958	707323	637466	660009	40035	36421
吉林	169277	143021	105354	100200	55038	49569
黑龙江	331909	408328	301369	381828	140426	215425
上海	1389535	1756565	1376191	1742104	13068	17576
江苏	5281124	4769750	4994415	4631756	2202706	2133004
浙江	1507141	1530240	1397887	1438508	1068402	1094411
安徽	512922	435176	246391	198447	148476	122180
福建	1005063	953916	887235	821344	326427	253596
江西	327101	354432	264206	284375	162360	177084
山东	1138204	987460	1051312	928909	752470	628591
河南	488281	423531	440234	364168	152210	125709
湖北	613530	585266	543418	541293	388559	381989
湖南	964170	938357	784687	642075	512422	411613
广东	2239158	1913947	2126086	1831038	1381287	1347547
广西	187006	184255	187006	184255	84594	94883
海南						
重庆	1330057	1316318	1152512	1119319	977608	980915
四川	1891752	1820939	1740235	1577443	1091433	913594
贵州	168381	116025	163403	112886	141067	91041
云南	677727	598960	675855	595791	662428	581181
西藏	29544	30552	29544	30552		
陕西	252063	179710	214526	137376	150860	84331
甘肃	181362	184393	142717	146182	92117	78230
青海						
宁夏	164473	417232	97533	79375	74722	59150
新疆	597324	633626	547322	553359	413181	449053

单位：万元

非自有配送中心配送商品购进额		商品销售总额		零售额	
2017年	2016年	2017年	2016年	2017年	2016年
1565718	**1858440**	**31225696**	**27529684**	**27001544**	**24100738**
186438	155193	1211522	1192358	1125390	1097873
		135955	110270	135955	110270
101713	84286	3711194	2320759	3682967	2303346
		893397	812681	824554	743594
766	814	18865	15141	17486	14689
56659	77808	673768	684698	621152	634052
1007	1177	189688	155032	189125	154530
149232	155412	353992	423573	291082	343932
26430	26573	1535265	1121506	1517139	1119926
161872	255677	5614658	5053042	3957419	3703789
106577	97838	1833755	1815850	1648009	1627154
11841	11131	520085	430905	501346	409938
153305	123651	1153589	1033853	992318	876199
3679	11349	398261	412777	392620	387262
118422	123257	1306266	1093544	940345	819086
8450	885	642085	580610	576310	564070
16815	17452	841998	786491	744373	714838
67881	53721	1062842	1124196	918480	965926
58455	339620	2784003	2261958	2099543	2003443
1325	1025	296370	240653	217716	193891
44544	34868	1506521	1458889	1347813	1250099
120419	133104	1980880	2055306	1964404	1991159
1515	1682	174289	144089	169014	140576
1097	1290	883182	796355	779908	667932
		27273	30561	27273	30561
21396	21972	282499	204490	279469	204490
10242	11552	249982	228074	240842	219017
13866	12800	170710	159207	82129	83513
121772	104306	772805	782819	717364	725584

2-10 续表 8

其他企业

地区	商品购进总额		统一配送商品购进额		自有配送中心配送商品购进额	
	2017年	2016年	2017年	2016年	2017年	2016年
全国	**511694**	**527433**	**495388**	**510098**	**144870**	**130190**
北京						
天津						
河北						
山西						
内蒙古	3434	3187	3434	3187	2335	1828
辽宁						
吉林	131	131	131	131	131	131
黑龙江						
上海	46913	56184	46913	56184		
江苏	11436	9913	11436	9158	11436	8134
浙江						
安徽	9845	9975				
福建	37350	31125	37350	31125		
江西						
山东	20425	21099	19092	20219	18293	20109
河南	1421	1201	1421	1201		
湖北	6993	14205	6993	14205		
湖南	230932	230900	230932	230900	7160	7128
广东						
广西						
海南	25031	43167	25031	43167		
重庆	877	1097	810	1090	810	1088
四川	32920	35939	27859	30221	24177	26048
贵州	41351	31864	41351	31864	37893	28277
云南						
西藏						
陕西						
甘肃	41172	36542	41172	36542	41172	36542
青海						
宁夏						
新疆	1463	904	1463	904	1463	904

单位：万元

非自有配送中心配送商品购进额		商品销售总额		零售额	
2017年	2016年	2017年	2016年	2017年	2016年
278924	**290098**	**573375**	**529027**	**554612**	**514243**
1099	1359	3421	3156	3421	3156
		2500	2500	2500	2500
46913	56184	58513	60760	58513	60760
	1024	10615	8739	10615	7594
		11002	12079		
		56026	46688	56026	46688
		20955	21244	20955	21244
		1520	1367	1520	1367
		8760	9739	8158	8179
223772	223772	213869	205033	206709	205033
		35645	27341	35645	27341
		1533	1791	1533	1791
3682	4172	40062	41267	40062	41267
3458	3586	49779	39063	49779	39063
		57770	46727	57770	46727
		1407	1534	1407	1534

2-10 续表 9

港、澳、台商投资企业

地区	商品购进总额		统一配送商品购进额		自有配送中心配送商品购进额	
	2017年	2016年	2017年	2016年	2017年	2016年
全国	**23830331**	**23871089**	**18242627**	**18297156**	**7710600**	**8085345**
北京	559970	699449	182034	139082	41859	13969
天津	458150	450077	1826	1846	1826	1846
河北						
山西	54074	48928	1156	4957		
内蒙古						
辽宁	84197	124716	18088	64755		
吉林	2628	2937	2628	2937		
黑龙江	15154	14224	15154	14224	15154	14224
上海	5608981	5457143	5157614	5071874	10155	10711
江苏	3266274	3796588	3066656	3616680	2558502	2604257
浙江	509354	403844	360000	334714	28614	200338
安徽	149087	151121	149087	151121		
福建	6060355	6030528	4577585	4606638	1483166	2016598
江西	561494	636904	561494	392070	519808	351520
山东	163007	205364	90009	125396		
河南	847872	833228	117245	119439	2835	5430
湖北	1367012	1236582	1367012	1236582	1166418	1003038
湖南	236778	165740	165359	122784	42023	35441
广东	3579749	3306732	2190254	2083277	1745815	1738922
广西	50435	51042	50435	51042	50435	51042
海南						
重庆	41646	41765	41646	41765	12520	12276
四川	19150	18400	19150	18400	19150	18400
贵州						
云南	156242	154808	69471	56605	4109	3982
西藏						
陕西	38725	40970	38725	40970	8211	3352
甘肃						
青海						
宁夏						
新疆						

单位：万元

非自有配送中心配送商品购进额		商品销售总额		零售额	
2017年	2016年	2017年	2016年	2017年	2016年
4447541	**4340946**	**26066245**	**26459666**	**23475405**	**23679315**
132343	116919	680215	868705	654568	810436
		583986	601004	417374	384284
		56386	53814	56386	53814
15962	32699	95907	155438	95907	155438
647	1027	4078	3593	4078	3593
		23727	22604	23727	22604
151177	141449	6343554	5974561	6343554	5974552
346230	893305	3664247	4453757	1813900	2552757
197567		556515	490051	508494	485723
114389	116919	150791	150751	150791	150751
3025381	2590040	5462234	4965407	5450081	4959566
		520815	651437	489447	586742
90009	125396	226539	226495	224900	224841
114410	114009	1369446	1337077	1369446	1337077
		1362016	1410025	1222833	1207886
123336	87343	323368	261484	322635	260783
136091	121839	4211905	4394651	3983244	4101209
		74226	68629	20297	68629
		79110	74461	79110	74461
		28452	27713	17971	19040
		192402	219706	170335	196825
		56327	48306	56327	48306

2-10 续表 10

外商投资企业

地　区	商品购进总额		统一配送商品购进额		自有配送中心配送商品购进额	
	2017年	2016年	2017年	2016年	2017年	2016年
全　国	**29625767**	**29864165**	**17178392**	**17105888**	**9443939**	**9723601**
北　京	5060169	5028057	1691952	1627436	313385	326718
天　津	524802	493162				
河　北	1062626	1114337	978548	988947	213895	192540
山　西						
内蒙古						
辽　宁	401272	422023	238721	257240		
吉　林						
黑龙江	116290	108294	116290	108294		
上　海	4976996	5613537	2442697	2359109	200311	228955
江　苏	5276359	5142238	5031822	4870281	3626077	3732026
浙　江	626641	571901	626641	571901	625591	538295
安　徽	130881	130881				
福　建	969627	717575	339544	160942		
江　西	98431	86048	16091	15752		
山　东	247174	267349	14450	12114		
河　南	185988	202532	185988	202532	185988	202532
湖　北	957982	654322	149116	197532		28816
湖　南	253358	254274				
广　东	6062490	6424684	4348599	4707187	3764499	4059914
广　西						
海　南						
重　庆	484031	445678	408734	284905	406028	282847
四　川	1681909	1631052	339035	456366	18079	18037
贵　州						
云　南	397637	434452	191079	211265	31000	70403
西　藏						
陕　西	81434	86584	29414	38900	29414	38900
甘　肃						
青　海						
宁　夏						
新　疆	29672	35186	29672	35186	29672	3619

单位：万元

非自有配送中心配送商品购进额		商品销售总额		零售额	
2017年	2016年	2017年	2016年	2017年	2016年
3288308	**2884583**	**36986137**	**35668126**	**32343126**	**31406476**
884651	770258	6329806	6244284	6085927	6103351
		666125	620373	666125	620373
18698		1103851	1109987	998171	850303
199506	195705	409548	485906	409548	485906
		96488	107478	96488	107478
341254	230540	6555436	6685549	6356371	6372794
1216869	934722	5495211	5323180	4215061	4191086
1050	792	927134	842379	927134	842379
		133079	133079	133079	133079
		3581390	2811179	2574130	2017150
		183363	172234	183363	172234
		333259	357666	93725	101985
		278148	245120	82270	67435
121174	146547	1022019	712784	569346	510830
		250684	254201	250684	254201
328553	419336	6501279	6550509	5783619	5753880
2706	2058	530536	421022	335323	238735
13769	12195	1992930	1978816	1986912	1970899
160079	140862	452915	474749	452915	474749
		107554	90197	107554	90197
	31568	35383	47434	35383	47434

2-11 按登记注册类型分各地区

内资企业

地区	商品购进总额		统一配送商品购进额		自有配送中心配送商品购进额	
	2017年	2016年	2017年	2016年	2017年	2016年
全 国	**242410607**	**231155724**	**194189974**	**184445458**	**117979170**	**112696669**
北 京	20586263	18137787	17126578	15085598	10697029	9111140
天 津	3521804	3089971	2710922	2412528	1918611	1797745
河 北	10177154	8705696	8156230	6882877	3167430	3052968
山 西	3045820	2857530	1754404	1756409	980991	981772
内蒙古	314173	293407	197105	181886	106581	80628
辽 宁	6598787	6210799	4687125	4424065	754716	623541
吉 林	1443426	1447752	1374955	1383975	1181471	1205520
黑龙江	2235815	1872628	2075976	1716242	515643	474337
上 海	14526441	14751120	13102067	12977779	8013305	7364967
江 苏	33242967	33818978	28457858	27807737	24924795	24561188
浙 江	17295980	16296974	15108463	15151492	13644379	13689478
安 徽	14161167	13745912	10077897	9811054	4325319	4425992
福 建	4852657	4142396	2722071	2677513	1088819	1027234
江 西	5545209	5732898	4891661	5033037	3061857	2969981
山 东	17068360	16829806	12224026	11464734	7232949	6832838
河 南	6571157	6537715	3730643	3774557	2202859	2255699
湖 北	14644562	14181310	9628453	9539379	7395590	7711854
湖 南	7946823	7042739	7077932	6115332	4409558	3843388
广 东	17652663	17064099	15221498	15205080	6982510	6513935
广 西	7438778	7263869	7370483	7189528	2619086	2492947
海 南	1741579	1219941	1704968	1199080	6377	5707
重 庆	5936019	5986297	3995585	4103699	2523404	2594035
四 川	4884968	4431560	4234482	3751720	2216234	1813910
贵 州	631537	678034	599560	661917	344028	381959
云 南	1880606	1747152	1805448	1685676	794320	750572
西 藏	29544	30552	29544	30552		
陕 西	7448906	7137906	5768976	5324017	2908878	2727315
甘 肃	1496271	1486435	1240607	1251179	133051	114544
青 海	190517	188060	86077	69472	18929	2943
宁 夏	3158730	2522040	1672011	886703	803546	489989
新 疆	6141925	5704363	5356371	4890640	3006907	2798547

连锁零售企业直营门店经营情况

单位：万元

非自有配送中心配送商品购进额		商品销售总额		零售额	
2017年	2016年	2017年	2016年	2017年	2016年
22823290	**21767084**	**282225702**	**267965598**	**211371970**	**189825041**
2371854	2221285	24028521	21251158	18432906	16555888
102252	93588	3761220	3584592	2979175	2820941
333990	286470	11191658	9078373	9284647	7359435
3107	2518	4314945	4148073	3387311	3244122
1607	1869	342026	320083	236415	229809
1153329	1105609	6536618	6198786	5243279	4983169
9277	9800	1771541	1632948	1523491	1417310
149232	155412	2262485	2082973	1489759	1545149
1438284	1793458	16480107	15926561	10404556	10291314
660333	669155	34229815	37149402	24754609	14124560
934906	755387	18779115	17988900	12724927	12878965
189654	134291	15647339	14521241	12428751	11563219
241349	245391	5893067	4975273	5051974	4565604
527809	496297	9895833	9784298	6362427	6044052
1261342	1110416	19862983	19242277	14984337	14729200
145115	148794	6770872	6677260	6067877	6024445
801691	426048	16965332	15802150	14671439	13910006
856732	779853	11308671	10243826	10089245	8719336
6773779	6780035	22142553	20576190	18133705	17383312
113445	57728	8340686	7999060	4926180	4676943
		1911558	1309071	1160835	1199282
1047855	1095228	8389914	8379263	6745684	6619765
373976	359115	5095200	4796764	4839791	4588877
3263	5419	660998	700874	644739	684655
198883	168826	3976940	3763956	3196242	2986479
		27273	30561	27273	30561
765421	748648	9641249	8941412	3813170	3413711
10242	11552	1737328	1634740	1497768	1427029
		317554	287180	312770	285325
13866	12800	2800545	2178776	1720631	1449285
2340698	2092093	7141757	6759578	4236059	4073299

2-11 续表 1

国有企业

地区	商品购进总额		统一配送商品购进额		自有配送中心配送商品购进额	
	2017年	2016年	2017年	2016年	2017年	2016年
全国	**31655484**	**30918605**	**28351079**	**27657753**	**12041408**	**11687919**
北京	223342	220214	95176	110382	95176	110382
天津	2486740	2293196	2391773	2207382	1796996	1738135
河北	548912	582961	484156	523047	120589	104805
山西	1117682	1092014	698618	721002	216321	194598
内蒙古						
辽宁	1356126	1145226	1204643	1000394		
吉林						
黑龙江						
上海	362686	410528	346034	387460	59942	83043
江苏	36863	35474	36863	35474	36863	35474
浙江	1099	1209	1099	1209	1099	1209
安徽	3698176	3694204	3671629	3654281		
福建	488156	379491	76197	70840		
江西	2739764	3013723	2735681	2920759	1656236	1675425
山东	541123	551452	541123	551452	283763	268888
河南	118016	118444	91103	82198	18496	16652
湖北	2661604	2541439	2653709	2534561	1969919	1927709
湖南	1846693	1681158	1781715	1604794	1592140	1494911
广东	4073914	4154627	3974446	4076074	757043	709713
广西						
海南						
重庆	236227	185700	76522	73694	19733	16905
四川	246687	239470				
贵州						
云南	664818	654007	664818	654007		
西藏						
陕西	4845142	4756128	3762614	3589230	2074457	2018173
甘肃	1076880	1046565	859860	849520		
青海						
宁夏	77832	74618	76154	72925	12684	12802
新疆	2207002	2046756	2127146	1937067	1329952	1279096

单位：万元

非自有配送中心配送商品购进额		商品销售总额		零售额	
2017年	2016年	2017年	2016年	2017年	2016年
5255436	**5211223**	**37783500**	**36134870**	**22806775**	**21709634**
		307495	285764	284413	264474
94084	85081	2661433	2530731	2031890	1826924
		563024	509642	425701	335858
		1306081	1357163	622542	701416
		1502313	1289217	1097865	862016
95148	130460	463603	479749	382447	403473
		41525	37872	39309	36387
		1831	1605	1831	1605
		4011668	3919018	4011668	3919018
		731806	613007	687838	564650
440129	377109	4371757	4503423	1603564	1663491
		534568	555037	321181	327157
138	364	134151	143391	122523	126158
		3129935	2693639	2101353	1931582
		2146786	1957168	1961611	1729994
3176583	3344974	4419278	4163150	2646387	2588538
		246492	204290	77828	70615
		252255	322159	162643	257572
		661942	697209	576388	599547
652161	615263	6741805	6367905	1717033	1571110
		1169697	1121176	951392	934377
		99476	95942	15325	16238
797194	657971	2284581	2286611	964045	977435

2-11 续表 2

集体企业

地区	商品购进总额		统一配送商品购进额		自有配送中心配送商品购进额	
	2017年	2016年	2017年	2016年	2017年	2016年
全国	**805440**	**730061**	**133477**	**128653**	**105537**	**91026**
北京	53242	52628	8130	9345	8130	6948
天津						
河北						
山西						
内蒙古						
辽宁						
吉林						
黑龙江	499	402	499	402	499	402
上海	16684	14474	16684	14474	1810	2021
江苏	37095	47761	37095	47761	24962	26087
浙江						
安徽						
福建	839	1115	839	1115	839	1115
江西						
山东	284975	221474				
河南						
湖北	323878	320060				
湖南	6917	6771				
广东	13378	10913	13052	10488	13052	10488
广西						
海南						
重庆	67001	53360	56246	43965	56246	43965
四川						
贵州						
云南	933	1104	933	1104		
西藏						
陕西						
甘肃						
青海						
宁夏						
新疆						

单位：万元

非自有配送中心配送商品购进额		商品销售总额		零售额	
2017年	2016年	2017年	2016年	2017年	2016年
14874	**12453**	**797950**	**914160**	**521078**	**516279**
		53279	52858	50842	50070
		1043	1034	1043	1034
14874	12453	22500	20056	22500	20056
		38023	47736	37284	47206
		1277	1795	1277	1795
		225000	355131		
		349800	346737	349800	346737
		6898	6759	5016	4668
		31275	26631	29473	24677
		67880	54247	22868	18859
		975	1178	975	1178

2-11 续表 3

股份合作企业

地区	商品购进总额		统一配送商品购进额		自有配送中心配送商品购进额	
	2017年	2016年	2017年	2016年	2017年	2016年
全国	**925721**	**1033922**	**841162**	**994170**	**828337**	**979838**
北京						
天津	1857	3050	1857	3050		
河北	1325	1296	1325	1296	1325	1296
山西						
内蒙古						
辽宁						
吉林	761580	918723	761580	918723	761580	918723
黑龙江						
上海						
江苏						
浙江	14237	9276	3183	2929	1690	1476
安徽						
福建						
江西						
山东	83666	68311	63742	58343	63742	58343
河南						
湖北						
湖南						
广东	53582	23437				
广西						
海南						
重庆						
四川						
贵州						
云南						
西藏						
陕西						
甘肃						
青海						
宁夏	9475	9829	9475	9829		
新疆						

单位：万元

非自有配送中心配送商品购进额		商品销售总额		零售额	
2017年	2016年	2017年	2016年	2017年	2016年
		1233032	**1143464**	**937369**	**881307**
		2278	3986	166	1878
		942	964	942	964
		1074959	985314	827545	771008
		17026	11948	17026	11948
		90056	94050	77079	81745
		33159	33437		
		14612	13765	14612	13765

2-11 续表 4

联营企业

地区	商品购进总额		统一配送商品购进额		自有配送中心配送商品购进额	
	2017年	2016年	2017年	2016年	2017年	2016年
全国	**83024**	**72645**	**83024**	**72645**	**15366**	**13922**
北京	805	812	805	812		
天津						
河北						
山西						
内蒙古						
辽宁						
吉林						
黑龙江						
上海	11840	8435	11840	8435		
江苏	15366	13922	15366	13922	15366	13922
浙江						
安徽						
福建						
江西						
山东						
河南						
湖北						
湖南						
广东	55014	49475	55014	49475		
广西						
海南						
重庆						
四川						
贵州						
云南						
西藏						
陕西						
甘肃						
青海						
宁夏						
新疆						

单位：万元

非自有配送中心配送商品购进额		商品销售总额		零售额	
2017年	2016年	2017年	2016年	2017年	2016年
		99961	**90488**	**95656**	**86065**
		973	932	973	932
		14295	11748	14295	11748
		16055	15795	11751	11372
		68637	62014	68637	62014

2-11 续表 5

有限责任公司

地　区	商品购进总额		统一配送商品购进额		自有配送中心配送商品购进额	
	2017年	2016年	2017年	2016年	2017年	2016年
全　国	**68710156**	**64804222**	**56313072**	**53036575**	**32124770**	**30955388**
北　京	9471474	8048622	8355840	6886684	4330985	3514307
天　津	901337	675293	189645	90931	70136	28232
河　北	1626269	1441559	1398006	1280472	1097839	1039804
山　西	513643	481304	458950	437424	302449	332378
内蒙古	296019	274133	189535	174832	103056	77439
辽　宁	1469710	1537231	853022	929635	345935	274321
吉　林	412660	311717	408112	290762	264945	162937
黑龙江	438702	353144	392520	305838	301896	188454
上　海	9114692	8590849	7838863	7046528	6725652	5860554
江　苏	2223075	2224116	1837979	1855840	1025581	1086761
浙　江	3710905	4133490	3571641	3966254	2684062	3207153
安　徽	1740675	1769203	1485473	1385881	136669	390616
福　建	1937603	1638916	1194758	1206533	663740	618818
江　西	1568795	1501156	1538593	1470662	1191809	1055015
山　东	5737736	5528015	4503703	4203591	2732307	2639153
河　南	1878923	2207390	1490774	1821929	891051	1148155
湖　北	3235400	3217769	2437831	2548424	1054118	1504448
湖　南	1437033	1293601	1376650	1244479	906872	843526
广　东	7974744	7078526	6195351	5747074	3120917	2907990
广　西	5795162	5423198	5783117	5407652	2327908	2169896
海　南	389211	309361	352600	288500	6377	5707
重　庆	2245069	2275122	1183197	1187980	686470	698943
四　川	1263914	1201539	1145220	1099988	329141	263796
贵　州	425855	534136	398856	521158	165068	262640
云　南	542100	498931	468815	440624	135768	173951
西　藏						
陕　西	765435	733774	399446	372590	135952	136114
甘　肃	1358	2200	1358	2200		
青　海	150517	150060	86077	69472	18929	2943
宁　夏	626456	599165	277114	255381	238295	218388
新　疆	815683	770703	500029	497257	130845	142949

单位：万元

非自有配送中心配送商品购进额		商品销售总额		零售额	
2017年	2016年	2017年	2016年	2017年	2016年
7423054	**6590378**	**79696409**	**74584808**	**59074898**	**56274678**
539621	433576	10703048	9047848	8178489	7240732
8168	8507	952285	928546	801896	870811
39159	31264	2220990	1961447	1796245	1649590
3107	2518	706723	623855	674308	586433
		321483	302420	216396	212145
21622	40332	1552909	1505679	1350564	1311267
8271	8623	359569	371800	359496	370970
		397360	389433	349214	341408
498790	688241	10440841	10191794	5119985	5221290
501601	414972	2494542	2417583	1940093	1951506
606011	397330	4064768	4431885	2632833	3059577
127082	102107	1894550	1859552	1763733	1708451
120893	152908	2352902	1943319	1848472	1737882
33761	41311	1724598	1651974	1415971	1346194
113252	113390	6501104	6349195	4608556	4683911
136527	147546	2127626	2233564	2069159	2189089
785007	408757	3729425	3438043	2935138	2772780
224163	199520	2265973	2133325	1850866	1253608
2456064	2314208	8716694	7635098	7967844	7058539
113445	57728	6209489	5764966	3373814	3167938
		431839	310227	330485	200438
241979	221631	2635451	2592629	2205290	2200854
183912	167626	1403610	1294212	1320135	1251357
1748	3737	440764	523112	429781	510406
198883	168826	2435546	2274750	1843676	1723357
91863	111414	898320	815141	629270	585123
		3794	2054	3794	2054
		244941	221032	240156	219177
		601673	550023	566308	548783
368126	354308	863592	820303	252933	299009

2-11 续表 6

股份有限公司

地区	商品购进总额		统一配送商品购进额		自有配送中心配送商品购进额	
	2017年	2016年	2017年	2016年	2017年	2016年
全国	**114257348**	**109334107**	**84984448**	**81024554**	**61800504**	**58700346**
北京	9820478	8824416	7983022	7439297	5793582	5055075
天津	6472	8752	6472	8752		
河北	4066013	3966670	2431871	2480273	1749600	1704225
山西	843702	777806	283698	268030	283698	268030
内蒙古	1737	1732	1737	1732	1737	1732
辽宁	3151897	2884949	2056899	1897957	370861	315045
吉林	99849	74240	99849	74240	99849	74240
黑龙江	1464993	1111041	1381588	1028173	72822	70056
上海	3680637	4008850	3562038	3817308	1212833	1401868
江苏	26146809	27164122	21979752	21610957	21979752	21610957
浙江	12205535	10755975	10258704	9854282	9997609	9483985
安徽	8238505	7842178	4713209	4574828	4040239	3914626
福建	1521176	1250390	662575	658510	190377	221477
江西	911220	865256	354853	358909	52607	63614
山东	9323411	9501319	6104228	5751477	3436169	3262311
河南	4108177	3806894	1730636	1524620	1144576	968988
湖北	7821931	7516434	3994464	3903768	3990826	3900418
湖南	3608043	3027074	3012685	2483448	1465308	1154139
广东	3910517	4217516	3506778	3867258	1786433	1590935
广西	1467875	1666091	1411626	1607297	214617	235949
海南	1327338	867413	1327338	867413		
重庆	2232445	2324272	1646178	1796226	870333	943199
四川	1551596	1378315	1385221	1253015	805640	782185
贵州						
云南						
西藏						
陕西	1609412	1483102	1415537	1239629	570756	503504
甘肃	195737	216963	195737	216963		
青海	40000	38000				
宁夏	2295928	1433622	1211880	469798	477990	200253
新疆	2605916	2320717	2265874	1970397	1192289	973540

单位：万元

非自有配送中心配送商品购进额		商品销售总额		零售额	
2017年	2016年	2017年	2016年	2017年	2016年
8549407	**8340364**	**134070495**	**129798881**	**103200333**	**88145200**
1668021	1632517	11798578	10737993	8837814	7968402
		9270	11058	9270	11058
193118	170920	4699395	4289669	3382679	3073785
		1639016	1582003	1496179	1440308
		1158	1153	1158	1153
1127886	1039475	2926074	2835789	2292143	2292432
		144914	118382	144914	118382
		1510404	1269239	848420	858776
808555	934579	4057978	4145815	3402563	3558927
		26608715	30103891	19271631	8826916
232026	268551	13054510	11873496	8608693	8321208
50731	21053	9246051	8305675	6178824	5529638
8825	9937	1775882	1484381	1530673	1399115
50248	66528	3408370	3217706	2957426	2648687
1033454	877598	11264679	10830775	9058451	8828534
		3888821	3742821	3320214	3167686
		8928768	8541729	8539039	8139762
361524	319254	5752699	4978448	5240819	4647215
1084208	1072495	6996697	6911662	6171739	6140238
		1848621	2004819	1344263	1322585
		1444074	971503	794706	971503
775845	853028	4116616	4232089	3232207	3198161
81381	77574	1638717	1404132	1572864	1367835
		1741428	1572024	1210201	1071136
		256324	236936	244209	225081
		72614	66148	72614	66148
		1923178	1363307	1044939	789240
1073586	996857	3316947	2966239	2391682	2161290

2-11 续表 7

私营企业

地 区	商品购进总额		统一配送商品购进额		自有配送中心配送商品购进额	
	2017年	2016年	2017年	2016年	2017年	2016年
全 国	**25503271**	**23783250**	**23029788**	**21067809**	**10925918**	**10145746**
北 京	1016922	991095	683606	639078	469157	424428
天 津	125398	109681	121175	102414	51479	31378
河 北	3934635	2713210	3840872	2597788	198077	202838
山 西	570793	506406	313137	329953	178523	186767
内蒙古	13788	15031	3203	2812		
辽 宁	621053	643393	572561	596079	37920	34176
吉 林	169207	142941	105284	100120	54968	49489
黑龙江	331621	408040	301369	381828	140426	215425
上 海	1321177	1695558	1307883	1681147	13068	17481
江 苏	4772381	4323755	4539425	4234711	1830893	1779938
浙 江	1364204	1397024	1273836	1326818	959919	995656
安 徽	473966	432067	207587	196064	148411	120750
福 建	867532	841360	750352	709390	233864	185824
江 西	325429	352764	262534	282707	161205	175927
山 东	1077822	938246	992937	879762	698674	584035
河 南	464620	403786	416709	344608	148736	121905
湖 北	594756	571402	535456	538422	380727	379279
湖 南	817205	803235	675950	551711	438078	343683
广 东	1571515	1529604	1476856	1454712	1305064	1294809
广 西	175741	174579	175741	174579	76562	87102
海 南						
重 庆	1155176	1147744	1033339	1001735	890519	890925
四 川	1797285	1583863	1683617	1376062	1063487	748112
贵 州	167789	115621	162811	112481	141067	91041
云 南	672755	593110	670882	589941	658552	576621
西 藏	29544	30552	29544	30552		
陕 西	228917	164903	191379	122569	127714	69524
甘 肃	181124	184166	142479	145955	91879	78002
青 海						
宁 夏	149040	404807	97388	78770	74577	58545
新 疆	511877	565309	461875	485042	352374	402085

单位：万元

非自有配送中心配送商品购进额		商品销售总额		零售额	
2017年	2016年	2017年	2016年	2017年	2016年
1334721	**1361550**	**28023189**	**24822610**	**24233459**	**21748183**
164212	155193	1165148	1125764	1080375	1031279
		135955	110270	135955	110270
101713	84286	3707308	2316651	3679081	2299238
		663125	585052	594282	515965
766	814	16770	14012	16245	14012
3821	25802	555322	568101	502707	517455
1007	1177	189599	154951	189036	154449
149232	155412	353679	423268	291082	343932
2190	5299	1458560	1050396	1440435	1048817
158732	253159	5020450	4517918	3444037	3243711
96870	89506	1640980	1669965	1464544	1484626
11841	11131	484067	427079	474527	406112
111631	82547	975175	886084	927688	815474
3672	11349	391108	411195	385467	385680
114635	119429	1227673	1036957	899167	786721
8450	885	618754	556117	554460	540145
16684	17291	818644	772263	737950	710967
47273	37308	922446	963093	824224	878818
56925	48358	1876812	1744198	1249626	1509306
		282576	229275	208103	186419
30031	20570	1323225	1295831	1207241	1131100
106225	111075	1770106	1744296	1753638	1680150
1515	1682	173643	143629	168368	140116
		878477	790820	775203	662397
		27273	30561	27273	30561
21396	21972	259696	186342	256666	186342
10242	11552	249744	227846	240604	218790
13866	12800	161606	155739	79446	81258
101793	82957	675268	684937	626029	634076

2-11 续表 8

其他企业

地　区	商品购进总额		统一配送商品购进额		自有配送中心配送商品购进额	
	2017年	2016年	2017年	2016年	2017年	2016年
全　国	**470164**	**478913**	**453924**	**463299**	**137330**	**122484**
北　京						
天　津						
河　北						
山　西						
内蒙古	2630	2511	2630	2511	1788	1456
辽　宁						
吉　林	131	131	131	131	131	131
黑龙江						
上　海	18726	22427	18726	22427		
江　苏	11379	9828	11379	9073	11379	8049
浙　江						
安　徽	9845	8260				
福　建	37350	31125	37350	31125		
江　西						
山　东	19626	20989	18293	20109	18293	20109
河　南	1421	1201	1421	1201		
湖　北	6993	14205	6993	14205		
湖　南	230932	230900	230932	230900	7160	7128
广　东						
广　西						
海　南	25031	43167	25031	43167		
重　庆	102	99	102	99	102	99
四　川	25486	28374	20425	22655	17965	19816
贵　州	37893	28277	37893	28277	37893	28277
云　南						
西　藏						
陕　西						
甘　肃	41172	36542	41172	36542	41172	36542
青　海						
宁　夏						
新　疆	1447	877	1447	877	1447	877

单位：万元

非自有配送中心配送商品购进额		商品销售总额		零售额	
2017年	2016年	2017年	2016年	2017年	2016年
245799	**251117**	**521166**	**476318**	**502402**	**463694**
842	1055	2615	2499	2615	2499
		2500	2500	2500	2500
18726	22427	22331	27003	22331	27003
	1024	10504	8606	10504	7461
		11002	9919		
		56026	46688	56026	46688
		19902	21134	19902	21134
		1520	1367	1520	1367
		8760	9739	8158	8179
223772	223772	213869	205033	206709	205033
		35645	27341	35645	27341
		250	177	250	177
2459	2839	30511	31964	30511	31964
		46591	34132	46591	34132
		57770	46727	57770	46727
		1370	1488	1370	1488

2-11　续表 9

港、澳、台商投资企业

地　区	商品购进总额		统一配送商品购进额		自有配送中心配送商品购进额	
	2017年	2016年	2017年	2016年	2017年	2016年
全　国	**18943217**	**19085760**	**13391827**	**13670045**	**7444988**	**7937067**
北　京	559970	699449	182034	139082	41859	13969
天　津	458150	450077	1826	1846	1826	1846
河　北						
山　西	54074	48928	1156	4957		
内蒙古						
辽　宁	84197	124716	18088	64755		
吉　林	2628	2937	2628	2937		
黑龙江	15154	14224	15154	14224	15154	14224
上　海	1084712	1034652	633345	649384	10155	10711
江　苏	3266274	3796588	3066656	3616680	2558502	2604257
浙　江	500767	396724	354987	327594	26635	193219
安　徽	149087	151121	149087	151121		
福　建	6044226	6025131	4565025	4604283	1483166	2016598
江　西	337555	406661	337555	288039	295869	247489
山　东	163007	205364	90009	125396		
河　南	847872	833228	117245	119439	2835	5430
湖　北	1367012	1236582	1367012	1236582	1166418	1003038
湖　南	236778	165740	165359	122784	42023	35441
广　东	3472201	3193700	2111877	1999209	1712763	1708842
广　西	49211	50013	49211	50013	49211	50013
海　南						
重　庆	41646	41765	41646	41765	12520	12276
四　川	13731	12381	13731	12381	13731	12381
贵　州						
云　南	156242	154808	69471	56605	4109	3982
西　藏						
陕　西	38725	40970	38725	40970	8211	3352
甘　肃						
青　海						
宁　夏						
新　疆						

单位：万元

非自有配送中心配送商品购进额		商品销售总额		零售额	
2017年	2016年	2017年	2016年	2017年	2016年
4435672	**4332577**	**20963696**	**21732087**	**18415030**	**18996628**
132343	116919	680215	868705	654568	810436
		583986	601004	417374	384284
		56386	53814	56386	53814
15962	32699	95907	155438	95907	155438
647	1027	4078	3593	4078	3593
		23727	22604	23727	22604
151177	141449	1823850	1684773	1823850	1684764
346230	893305	3664247	4453757	1813900	2552757
194533		546300	481639	498280	477312
114389	116919	150791	150751	150791	150751
3022486	2587685	5443134	4955980	5430982	4952437
		325189	448610	325189	413484
90009	125396	226539	226495	224900	224841
114410	114009	1369446	1337077	1369446	1337077
		1362016	1410025	1222833	1207886
123336	87343	323368	261484	322635	260783
130151	115825	3861876	4186336	3638788	3900835
		72791	67417	18861	67417
		79110	74461	79110	74461
		22010	20114	16764	16525
		192402	219706	170335	196825
		56327	48306	56327	48306

2-11 续表 10

外商投资企业

地区	商品购进总额		统一配送商品购进额		自有配送中心配送商品购进额	
	2017年	2016年	2017年	2016年	2017年	2016年
全国	**28728854**	**28895964**	**16368318**	**16194912**	**8783739**	**8862759**
北京	5057163	5026516	1689349	1626184	313385	326718
天津	524802	493162				
河北	1062626	1114337	978548	988947	213895	192540
山西						
内蒙古						
辽宁	401272	422023	238721	257240		
吉林						
黑龙江	116290	108294	116290	108294		
上海	4816094	5497130	2281794	2242703	159948	147404
江苏	5003335	4686238	4758798	4414281	3353053	3276026
浙江	626641	571901	626641	571901	625591	538295
安徽	130881	130881				
福建	964558	717575	334474	160942		
江西	98431	86048	16091	15752		
山东	237615	262112	4891	6877		
河南	185988	202532	185988	202532	185988	202532
湖北	953711	651022	144844	194231		28816
湖南	253358	254274				
广东	5629241	6044456	4001787	4383895	3417687	3736622
广西						
海南						
重庆	484031	445678	408734	284905	406028	282847
四川	1674077	1625564	331204	450878	18079	18037
贵州						
云南	397637	434452	191079	211265	31000	70403
西藏						
陕西	81434	86584	29414	38900	29414	38900
甘肃						
青海						
宁夏						
新疆	29672	35186	29672	35186	29672	3619

单位：万元

非自有配送中心配送商品购进额		商品销售总额		零售额	
2017年	2016年	2017年	2016年	2017年	2016年
3158509	**2844163**	**36044671**	**34661140**	**31406083**	**30399490**
883222	770181	6325911	6242163	6082033	6101229
		666125	620373	666125	620373
18698		1103851	1109987	998171	850303
199506	195705	409548	485906	409548	485906
		96488	107478	96488	107478
220716	195684	6405561	6546666	6206496	6233911
1216869	934722	5210811	4848180	3930661	3716086
1050	792	927134	842379	927134	842379
		133079	133079	133079	133079
		3576967	2811179	2574130	2017150
		183363	172234	183363	172234
		322934	350847	83401	95166
		278148	245120	82270	67435
121174	146547	1017178	709119	564506	507164
		250684	254201	250684	254201
328553	419336	6024951	6176897	5307290	5380268
2706	2058	530536	421022	335323	238735
5937	6707	1985550	1971929	1979531	1964012
160079	140862	452915	474749	452915	474749
		107554	90197	107554	90197
	31568	35383	47434	35383	47434

2-12 按登记注册类型分各地区

内资企业

地 区	商品购进总额		统一配送商品购进额		自有配送中心配送商品购进额	
	2017年	2016年	2017年	2016年	2017年	2016年
全 国	**9341244**	**8897681**	**7764592**	**7393923**	**4806713**	**5112851**
北 京	463547	434206	339805	295075	248504	232264
天 津	95757	148750				
河 北	75005	46139	72506	43061	68774	39182
山 西	236130	228105	163780	156365	163660	156215
内蒙古	20298	19069	20298	19069	1290	1114
辽 宁	78717	90202	78717	90202	2149	2476
吉 林	70	80	70	80	70	80
黑龙江	46119	45412	831	878	793	836
上 海	1827539	1930218	1759057	1857772	1215913	1245411
江 苏	1230097	1333222	1175526	1283255	1078975	1234810
浙 江	856901	794719	784359	727238	566187	524301
安 徽	1328586	1224854	1013394	933385	488038	684105
福 建	159765	137500	157525	136327	105137	80939
江 西	84825	82259	79740	72816	79223	72305
山 东	260702	301557	199460	205390	150901	160746
河 南	363737	305339	363518	305025	8118	8717
湖 北	215102	100352	50923	32159	46127	28217
湖 南	225699	209451	174752	152124	80226	75520
广 东	789836	510433	708999	436270	83324	55401
广 西	53606	45503	49948	41365	34111	29673
海 南						
重 庆	328059	275805	256866	213335	212770	167479
四 川	361489	460270	94838	235534	60605	195008
贵 州	7487	5725	5156	5725		
云 南	5913	7403	5460	7064	4209	5113
西 藏						
陕 西	45939	32269	45939	32269	30212	22316
甘 肃	238	393	238	393	238	227
青 海	1344	2156	1311	2156	1311	2156
宁 夏	78103	14895	61233	605	145	605
新 疆	100635	111396	100343	108985	75703	87636

连锁零售企业加盟门店经营情况

单位：万元

非自有配送中心配送商品购进额		商品销售总额		零售额	
2017年	2016年	2017年	2016年	2017年	2016年
1185746	**1478755**	**11012542**	**9937229**	**8981292**	**8022199**
91010	62510	619106	581233	610785	575094
		112655	175000	112655	175000
		75178	46154	74785	45761
		232365	229149	232365	229149
257	304	22052	21260	21198	20808
52838	52006	135277	135053	135277	135053
		89	81	89	81
		62434	61425	61972	60974
471481	536126	2604938	2377284	2350881	2133147
7338	5505	1445811	1575741	864419	780202
179861	171129	899370	691867	635445	593915
182438	163343	816075	780068	624862	571157
42657	41796	201243	178296	87297	91253
7		93011	82593	92779	82387
4717	3912	286607	302928	227232	244684
		402418	344927	362264	309453
4018	3220	260163	142015	91821	45927
79577	69262	221158	238304	162774	151707
8809	293551	1231898	813304	1134515	761117
1325	1025	58282	52260	16889	21327
19050	25076	447438	371004	349386	281487
15830	23765	523001	555124	493245	549192
3458	3586	6637	7233	6637	6776
1097	1290	5162	7083	4739	6749
		48703	41088	47019	40151
		238	483	238	483
		2014	3677	1474	2364
		67119	6313	58861	2255
19979	21349	132099	116281	119389	104549

2-12 续表 1

国有企业

地区	商品购进总额		统一配送商品购进额		自有配送中心配送商品购进额	
	2017年	2016年	2017年	2016年	2017年	2016年
全国	**467729**	**476148**	**363977**	**379926**	**51617**	**290890**
北京	99124	88292	1110	1479	1110	1479
天津						
河北						
山西						
内蒙古						
辽宁						
吉林						
黑龙江						
上海	95339	117230	90548	110575	15538	21539
江苏						
浙江						
安徽	237351	209831	237351	209831		209831
福建						
江西						
山东						
河南	670	759	670	759	670	759
湖北						
湖南						
广东	2058	1977	1111	828	1111	828
广西						
海南						
重庆	25361	19508	25361	19508	25361	19508
四川						
贵州						
云南						
西藏						
陕西						
甘肃						
青海						
宁夏						
新疆	7826	38550	7826	36945	7826	36945

单位：万元

非自有配送中心配送商品购进额		商品销售总额		零售额	
2017年	2016年	2017年	2016年	2017年	2016年
54658	**62696**	**575586**	**546476**	**391746**	**362594**
		111375	99762	111375	99762
54658	62696	182789	204801	182789	204801
		239119	210546	69244	35295
		258	229	26	23
		690	873	201	195
		2896	2142	2438	2142
		31154	22627	24648	19380
		7305	5496	1025	996

2-12 续表 2

集体企业

地区	商品购进总额		统一配送商品购进额		自有配送中心配送商品购进额	
	2017年	2016年	2017年	2016年	2017年	2016年
全国	**70112**	**100339**	**11420**	**12558**	**11070**	**12152**
北京						
天津						
河北						
山西						
内蒙古						
辽宁						
吉林						
黑龙江						
上海						
江苏	11070	12152	11070	12152	11070	12152
浙江						
安徽						
福建						
江西						
山东	41930	68326				
河南						
湖北						
湖南						
广东	17113	19861	351	406		
广西						
海南						
重庆						
四川						
贵州						
云南						
西藏						
陕西						
甘肃						
青海						
宁夏						
新疆						

单位：万元

非自有配送中心配送商品购进额		商品销售总额		零售额	
2017年	2016年	2017年	2016年	2017年	2016年
		52783	**64994**	**30876**	**31019**
		11889	11042	11889	11042
		21907	33974		
		18987	19977	18987	19977

2-12 续表 3

联营企业

地区	商品购进总额		统一配送商品购进额		自有配送中心配送商品购进额	
	2017年	2016年	2017年	2016年	2017年	2016年
全国	**5061**	**4551**	**5061**	**4551**		
北京						
天津						
河北						
山西						
内蒙古						
辽宁						
吉林						
黑龙江						
上海						
江苏						
浙江						
安徽						
福建						
江西						
山东						
河南						
湖北						
湖南						
广东	5061	4551	5061	4551		
广西						
海南						
重庆						
四川						
贵州						
云南						
西藏						
陕西						
甘肃						
青海						
宁夏						
新疆						

单位：万元

非自有配送中心配送商品购进额		商品销售总额		零售额	
2017年	2016年	2017年	2016年	2017年	2016年
		5037	**4551**	**5037**	**4551**
		5037	4551	5037	4551

2-12 续表 4

有限责任公司

地区	商品购进总额		统一配送商品购进额		自有配送中心配送商品购进额	
	2017年	2016年	2017年	2016年	2017年	2016年
全国	**2813051**	**2438662**	**2339046**	**2008954**	**1800366**	**1559800**
北京	304188	268748	289031	265167	220140	202569
天津	95757	148750				
河北	71505	42460	71505	42460	68774	39182
山西	270	221	270	221	149	71
内蒙古	15083	14716	15083	14716		
辽宁	13813	26272	13813	26272	34	231
吉林						
黑龙江	188	188	38	42		
上海	769347	713986	705706	648245	680589	621234
江苏	210226	154990	209409	153973	196036	149506
浙江	621970	567001	568314	521047	365795	331124
安徽	350		350			
福建	22078	24865	20485	24293	12418	13087
江西	9104	14204	4019	4761	4019	4761
山东	58394	52450	57839	51944	56908	51860
河南	7625	7819	7542	7691	3974	4154
湖北	177308	82290	27608	25511	23628	22074
湖南	46884	43023	34164	30454	5883	7591
广东	94882	84848	50168	39308	2912	1835
广西	40406	34668	36748	30575	26078	21893
海南						
重庆	125754	85427	110336	73954	98827	56116
四川	35621	44816	29009	25013	24670	21719
贵州	3436	1735	1106	1735		
云南	941	1553	488	1214	333	553
西藏						
陕西	22793	17462	22793	17462	7066	7509
甘肃		166		166		
青海	1344	2156	1311	2156	1311	2156
宁夏	62669	2470	61088			
新疆	1116	1382	824	576	824	576

单位：万元

非自有配送中心配送商品购进额		商品销售总额		零售额	
2017年	2016年	2017年	2016年	2017年	2016年
305652	**283422**	**3332632**	**2977126**	**2607582**	**2430196**
68784	62510	384110	341166	377148	335028
		112655	175000	112655	175000
		71292	42046	70899	41653
		1251	1194	1251	1194
		18853	19201	18853	19201
		16832	18457	16832	18457
		198	197	48	51
17872	16704	845776	812320	591718	568183
4198	2987	339604	309442	339038	308949
170154	162797	611189	534101	451256	450478
		325		325	
982	691	22649	30281	22486	30281
		11552	14396	11552	14396
931	84	70081	64441	70028	64394
		11146	11850	8433	8317
3887	3059	214422	123405	63406	38066
27117	21541	48911	45894	36668	33292
7278	2290	152863	129629	113211	101066
		42533	39733	5321	12705
4036	10356	230644	182577	181823	140366
412	404	35632	47202	29228	41269
		2802	1842	2802	1386
		457	1548	34	1214
		25901	22941	24216	22003
			256		256
		2014	3677	1474	2364
		58015	2845	56179	
		926	1487	698	628

2-12 续表 5

股份有限公司

地区	商品购进总额		统一配送商品购进额		自有配送中心配送商品购进额	
	2017年	2016年	2017年	2016年	2017年	2016年
全国	**3379815**	**3606547**	**2777319**	**3076446**	**1772608**	**2061218**
北京	27438	27554	27438	27554	27255	27341
天津						
河北						
山西	5025	4490	5025	4490	5025	4490
内蒙古	744	742	744	742	744	742
辽宁						
吉林						
黑龙江	45643	44936	793	836	793	836
上海	866309	1004238	866309	1004238	519786	602543
江苏	500000	720000	500000	720000	500000	720000
浙江	91995	94502	91995	94502	91909	94422
安徽	1051928	1010199	736889	721172	487973	472844
福建	156	79	156	79	156	79
江西	74049	66387	74049	66387	74049	66387
山东	97380	129659	80630	102389	38380	62530
河南	331781	277016	331781	277016		
湖北	19020	4199	15353	3777	14668	3432
湖南	31851	31307	31851	31307		
广东	3078	14851	3078	14851	3078	
广西	1935	1159	1935	1113		
海南						
重庆	1288	1298	1288	1298	786	876
四川	223967	170812	1778	1576	1778	1576
贵州						
云南						
西藏						
陕西						
甘肃						
青海						
宁夏						
新疆	6230	3120	6230	3120	6230	3120

单位：万元

非自有配送中心配送商品购进额		商品销售总额		零售额	
2017年	2016年	2017年	2016年	2017年	2016年
561314	**596767**	**3789784**	**3582196**	**3123754**	**2788635**
		77247	73711	77247	73711
		842	326	842	326
		298	272	298	272
		61924	60923	61924	60923
346524	401695	1463487	1255297	1463487	1255297
		500000	720000		
		95406	11882	723	908
182438	163343	540613	563535	528474	532035
		180	247	180	247
		74049	66387	74049	66387
		112971	145713	112971	145713
		367251	307711	331781	277016
		22387	4383	21993	3990
31851	31307	31851	31307	31851	31307
		144924	139244	144924	139244
		1955	1149	1955	1149
501	422	1061	1128	1061	1128
		267045	187610	243701	187610
		26294	11371	26294	11371

2-12 续表 6

私营企业

地区	商品购进总额		统一配送商品购进额		自有配送中心配送商品购进额	
	2017年	2016年	2017年	2016年	2017年	2016年
全国	**2562129**	**2221114**	**2224488**	**1862890**	**1161696**	**1179286**
北京	32798	49612	22226	875		875
天津						
河北	3500	3679	1001	601		
山西	230836	223393	158486	151654	158486	151654
内蒙古	3668	2935	3668	2935		
辽宁	64904	63930	64904	63930	2115	2245
吉林	70	80	70	80	70	80
黑龙江	288	288				
上海	68358	61007	68308	60957		95
江苏	508744	445995	454990	397045	371813	353067
浙江	142937	133216	124050	111689	108483	98755
安徽	38956	3109	38804	2383	65	1430
福建	137531	112557	136883	111954	92564	67772
江西	1672	1668	1672	1668	1155	1157
山东	60382	49213	58375	49148	53796	44556
河南	23661	19745	23525	19559	3474	3804
湖北	18774	13863	7963	2871	7832	2710
湖南	146964	135122	108737	90363	74343	67929
广东	667644	384344	649230	376327	76223	52739
广西	11265	9676	11265	9676	8033	7781
海南						
重庆	174881	168574	119173	117584	87089	89990
四川	94467	237077	56618	201381	27945	165482
贵州	592	404	592	404		
云南	4973	5850	4973	5850	3876	4560
西藏						
陕西	23146	14807	23146	14807	23146	14807
甘肃	238	227	238	227	238	227
青海						
宁夏	15433	12425	145	605	145	605
新疆	85447	68317	85447	68317	60807	46968

单位：万元

非自有配送中心配送商品购进额		商品销售总额		零售额	
2017年	2016年	2017年	2016年	2017年	2016年
230997	**496891**	**3202508**	**2707075**	**2768085**	**2352554**
22226		46374	66594	45015	66594
		3886	4108	3886	4108
		230272	227629	230272	227629
		2095	1130	1241	678
52838	52006	118445	116597	118445	116597
		89	81	89	81
		313	305		
24240	21274	76705	71110	76705	71110
3140	2518	594207	535124	513381	460078
9707	8332	192776	145884	183465	142529
		36018	3827	26820	3827
41675	41105	178415	147768	64631	60725
7		7153	1582	7153	1582
3786	3828	78593	56587	41178	32365
		23331	24493	21850	23925
131	161	23354	14228	6423	3871
20609	16414	140396	161103	94255	87108
1530	291262	907191	517760	849917	494137
1325	1025	13794	11378	9613	7472
14513	14298	183296	163059	140571	118999
14195	22029	210774	311009	210766	311009
		646	460	646	460
1097	1290	4705	5535	4705	5535
		22802	18148	22802	18148
		238	227	238	227
		9104	3468	2683	2255
19979	21349	97537	97882	91335	91508

2-12 续表 7

其他企业

地　区	商品购进总额		统一配送商品购进额		自有配送中心配送商品购进额	
	2017年	2016年	2017年	2016年	2017年	2016年
全　国	**41531**	**48520**	**41464**	**46798**	**7540**	**7706**
北　京						
天　津						
河　北						
山　西						
内蒙古	804	676	804	676	547	372
辽　宁						
吉　林						
黑龙江						
上　海	28187	33757	28187	33757		
江　苏	58	85	58	85	58	85
浙　江						
安　徽		1715				
福　建						
江　西						
山　东	799	110	799	110		
河　南						
湖　北						
湖　南						
广　东						
广　西						
海　南						
重　庆	775	998	708	991	708	989
四　川	7434	7565	7434	7565	6211	6232
贵　州	3458	3586	3458	3586		
云　南						
西　藏						
陕　西						
甘　肃						
青　海						
宁　夏						
新　疆	16	27	16	27	16	27

单位：万元

非自有配送中心配送商品购进额		商品销售总额		零售额	
2017年	2016年	2017年	2016年	2017年	2016年
33125	**38981**	**52209**	**52709**	**52209**	**50549**
257	304	805	656	805	656
28187	33757	36182	33757	36182	33757
		111	133	111	133
			2160		
		1053	110	1053	110
		1283	1614	1283	1614
1223	1333	9550	9303	9550	9303
3458	3586	3188	4931	3188	4931
		37	46	37	46

2-12 续表 8

港、澳、台商投资企业

地区	商品购进总额		统一配送商品购进额		自有配送中心配送商品购进额	
	2017年	2016年	2017年	2016年	2017年	2016年
全国	**4887114**	**4785329**	**4850800**	**4627111**	**265612**	**148278**
北京						
天津						
河北						
山西						
内蒙古						
辽宁						
吉林						
黑龙江						
上海	4524269	4422491	4524269	4422491		
江苏						
浙江	8587	7120	5013	7120	1979	7120
安徽						
福建	16129	5397	12560	2355		
江西	223938	230242	223938	104031	223938	104031
山东						
河南						
湖北						
湖南						
广东	107548	113032	78377	84068	33052	30080
广西	1224	1029	1224	1029	1224	1029
海南						
重庆						
四川	5419	6019	5419	6019	5419	6019
贵州						
云南						
西藏						
陕西						
甘肃						
青海						
宁夏						
新疆						

单位：万元

非自有配送中心配送商品购进额		商品销售总额		零售额	
2017年	2016年	2017年	2016年	2017年	2016年
11869	**8369**	**5102550**	**4727580**	**5060375**	**4682688**
		4519704	4289788	4519704	4289788
3034		10214	8411	10214	8411
2895	2355	19099	9428	19099	7130
		195626	202827	164259	173259
5940	6014	350029	208316	344456	200373
		1435	1211	1435	1211
		6442	7598	1207	2515

2-12 续表 9

外商投资企业

地区	商品购进总额		统一配送商品购进额		自有配送中心配送商品购进额	
	2017年	2016年	2017年	2016年	2017年	2016年
全国	**896913**	**968201**	**810074**	**910976**	**660200**	**860842**
北京	3007	1541	2604	1253		
天津						
河北						
山西						
内蒙古						
辽宁						
吉林						
黑龙江						
上海	160902	116407	160902	116407	40364	81551
江苏	273024	456000	273024	456000	273024	456000
浙江						
安徽						
福建	5070		5070			
江西						
山东	9559	5237	9559	5237		
河南						
湖北	4272	3300	4272	3300		
湖南						
广东	433248	380229	346812	323292	346812	323292
广西						
海南						
重庆						
四川	7832	5488	7832	5488		
贵州						
云南						
西藏						
陕西						
甘肃						
青海						
宁夏						
新疆						

单位：万元

非自有配送中心配送商品购进额		商品销售总额		零售额	
2017年	2016年	2017年	2016年	2017年	2016年
129799	**40420**	**941466**	**1006986**	**937043**	**1006986**
1429	76	3894	2122	3894	2122
120539	34856	149875	138883	149875	138883
		284400	475000	284400	475000
		4423			
		10325	6818	10325	6818
		4840	3666	4840	3666
		476329	373612	476329	373612
7832	5488	7380	6887	7380	6887

2-13 按行业分各地区连锁零售企业基本情况

批发业

地区	连锁总店数（个）	门店数（个）		年末从业人员（人）		年末零售营业面积（平方米）	
	2017年	2017年	2016年	2017年	2016年	2017年	2016年
全　国	**304**	**38631**	**39672**	**226625**	**233165**	**30399514**	**30509627**
北　京	7	394	398	4213	4283	181347	181915
天　津	2	11	10	179	150	8533	8793
河　北	13	927	911	5863	6157	1850444	1846392
山　西	3	32	32	1385	1469	38979	38979
内蒙古							
辽　宁	12	694	710	8062	8357	1126488	1121136
吉　林							
黑龙江	2	38	38	486	489	1482	1482
上　海	4	691	685	6472	7553	237153	234854
江　苏	13	5859	6009	38755	39652	4669711	5148187
浙　江	20	5654	5563	27542	28989	6398947	6342476
安　徽	4	7044	7007	20410	20165	1920731	1900542
福　建	8	1097	1038	4204	4142	177459	228966
江　西	19	1046	1029	12317	12560	913522	832604
山　东	10	3683	3726	21353	21316	2134857	2104487
河　南	13	778	787	4655	4696	864584	1447910
湖　北	16	845	907	8031	8979	372802	361852
湖　南	9	1031	1143	2162	2178	78088	87512
广　东	30	1338	1307	8193	7783	471757	461931
广　西	32	2082	2057	12429	12456	3451938	3465203
海　南							
重　庆	16	1905	1969	9555	10123	380445	376576
四　川	5	368	371	1551	1530	53650	52657
贵　州							
云　南	5	170	161	770	741	13435	12745
西　藏							
陕　西	20	1040	1016	14170	14539	1418763	1376586
甘　肃	2	140	153	600	565	285589	285589
青　海	1	35	35	65	65		
宁　夏	10	444	382	3749	2841	1544270	921622
新　疆	28	1285	2228	9454	11387	1804540	1668631

2-13 续表 1

农、林、牧产品批发

地区	连锁总店数（个）	门店数（个）		年末从业人员（人）		年末零售营业面积（平方米）	
	2017年	2017年	2016年	2017年	2016年	2017年	2016年
全国	**13**	**4900**	**5011**	**12147**	**12057**	**388024**	**395208**
北京							
天津							
河北							
山西							
内蒙古							
辽宁	1	40	40	30	30	2860	2860
吉林							
黑龙江							
上海							
江苏							
浙江	1	26	26	55	55	1570	1570
安徽	1	2988	2970	8765	8549	166530	165210
福建							
江西							
山东							
河南							
湖北	1	408	408	1170	1168	132250	132250
湖南	5	969	1102	1171	1296	64798	73692
广东	1	8	4	36	25	816	426
广西	1	169	169	512	512	5800	5800
海南							
重庆	1	194	194	262	264	10900	10900
四川							
贵州							
云南							
西藏							
陕西							
甘肃							
青海							
宁夏							
新疆	1	98	98	146	158	2500	2500

2-13 续表 2

食品、饮料及烟草制品批发

地区	连锁总店数（个）	门店数（个）		年末从业人员（人）		年末零售营业面积（平方米）	
	2017年	2017年	2016年	2017年	2016年	2017年	2016年
全国	**48**	**2403**	**2443**	**24493**	**25546**	**381083**	**438611**
北京	1	41	35	190	201	1525	1081
天津	1	2	3	63	69	160	160
河北							
山西	3	32	32	1385	1469	38979	38979
内蒙古							
辽宁							
吉林							
黑龙江							
上海	2	33	42	363	404	7858	8529
江苏	1	450	488	1400	1520	4610	5000
浙江	3	10	11	218	224	1496	1516
安徽							
福建	4	890	875	3977	3983	172141	227350
江西	8	95	96	6149	6556	1460	3362
山东	2	124	102	3380	3243	40235	38843
河南	1	35	38	110	158	1812	1975
湖北	2	15	15	727	818	743	743
湖南	1	25	25	70	70	4000	4000
广东	6	158	197	840	886	4519	6222
广西							
海南							
重庆	2	346	339	1067	1147	50913	50344
四川							
贵州							
云南							
西藏							
陕西	5	56	56	3818	4051	47955	47955
甘肃							
青海							
宁夏	2	80	78	471	466	1175	1050
新疆	4	11	11	265	281	1502	1502

2-13 续表 3

纺织、服装及家庭用品批发

地区	连锁总店数（个）	门店数（个）		年末从业人员（人）		年末零售营业面积（平方米）	
	2017年	2017年	2016年	2017年	2016年	2017年	2016年
全国	**12**	**945**	**944**	**18256**	**18185**	**1638847**	**1605932**
北京	2	19	28	1501	1476	3955	3831
天津							
河北	1	7	6	85	65	1800	1650
山西							
内蒙古							
辽宁	1	2	2	1270	1464	2400	2400
吉林							
黑龙江							
上海	1	85	78	1539	1540	4880	4880
江苏							
浙江							
安徽							
福建							
江西	1	31	29	309	318	1300	1000
山东	1	585	581	11814	11850	1579479	1550788
河南							
湖北	1	6	6	36	36	720	718
湖南							
广东	4	210	214	1702	1436	44313	40665
广西							
海南							
重庆							
四川							
贵州							
云南							
西藏							
陕西							
甘肃							
青海							
宁夏							
新疆							

2-13 续表 4

文化、体育用品及器材批发

地区	连锁总店数（个）	门店数（个）		年末从业人员（人）		年末零售营业面积（平方米）	
	2017年	2017年	2016年	2017年	2016年	2017年	2016年
全国	**12**	**455**	**464**	**16586**	**16877**	**798760**	**804711**
北京	1	5	4	64	66	3509	3065
天津							
河北							
山西							
内蒙古							
辽宁							
吉林							
黑龙江							
上海							
江苏	1	81	81	5688	5688	369346	369346
浙江	2	335	344	6612	7038	339265	344902
安徽							
福建	1	3	4	29	43	288	346
江西							
山东							
河南							
湖北	1	8	8	3169	3106	65000	65000
湖南	1	2	2	725	627	7000	7700
广东	4	18	18	276	286	14056	14056
广西							
海南							
重庆							
四川							
贵州							
云南							
西藏							
陕西							
甘肃							
青海							
宁夏	1	3	3	23	23	296	296
新疆							

2-13 续表 5

医药及医疗器材批发

地区	连锁总店数（个）	门店数（个）		年末从业人员（人）		年末零售营业面积（平方米）	
	2017年	2017年	2016年	2017年	2016年	2017年	2016年
全国	**39**	**2485**	**2393**	**8646**	**8038**	**220075**	**191358**
北京							
天津							
河北	1	5		8		800	
山西							
内蒙古							
辽宁	1	155	155	390	388	8300	8300
吉林							
黑龙江	1	2	2	96	96	400	400
上海							
江苏	1	135	125	605	585	18200	17500
浙江	5	397	351	1775	1527	27157	21962
安徽							
福建	1	47		82		3760	
江西							
山东	3	193	189	895	931	24809	23929
河南							
湖北	3	18	4	355	33	16300	684
湖南	1	15	14	190	185	2240	2120
广东	7	460	402	1296	1105	37790	32035
广西							
海南							
重庆	5	624	722	1497	1744	34704	40104
四川	4	286	291	863	879	32880	32279
贵州							
云南	3	105	96	392	365	11645	10955
西藏							
陕西							
甘肃							
青海	1	35	35	65	65		
宁夏							
新疆	2	8	7	137	135	1090	1090

2-13 续表 6

矿产品、建材及化工产品批发

地区	连锁总店数（个）	门店数（个）		年末从业人员（人）		年末零售营业面积（平方米）	
	2017年	2017年	2016年	2017年	2016年	2017年	2016年
全 国	**164**	**26459**	**27404**	**138129**	**143295**	**25902313**	**26013411**
北 京	2	313	315	2116	2292	167858	169438
天 津							
河 北	11	915	905	5770	6092	1847844	1844742
山 西							
内蒙古							
辽 宁	9	497	513	6372	6475	1112928	1107576
吉 林							
黑龙江	1	36	36	390	393	1082	1082
上 海	1	573	565	4570	5609	224415	221445
江 苏	9	5185	5307	30957	31757	4275685	4754471
浙 江	7	4842	4823	18753	20105	6027159	5971676
安 徽	2	3568	3551	6924	6983	741657	730976
福 建	2	157	159	116	116	1270	1270
江 西	10	920	904	5859	5686	910762	828242
山 东	4	2781	2854	5264	5292	490334	490927
河 南	11	739	745	4486	4477	861272	1444435
湖 北	7	318	310	1623	1752	156277	159137
湖 南	1	20		6		50	
广 东	4	218	220	2699	2623	339591	340221
广 西	30	1902	1878	11715	11829	3441191	3454536
海 南							
重 庆	7	739	712	6712	6951	283674	274974
四 川	1	82	80	688	651	20770	20378
贵 州							
云 南	1	4	4	18	16		
西 藏							
陕 西	14	981	957	10330	10466	1370658	1328481
甘 肃	2	140	153	600	565	285589	285589
青 海							
宁 夏	7	361	301	3255	2352	1542799	920276
新 疆	21	1168	2112	8906	10813	1799448	1663539

2-13 续表 7

机械设备、五金产品及电子产品批发

地区	连锁总店数（个）	门店数（个）		年末从业人员（人）		年末零售营业面积（平方米）	
	2017年	2017年	2016年	2017年	2016年	2017年	2016年
全国	**9**	**315**	**299**	**2206**	**1978**	**52483**	**50347**
北京	1	16	16	342	248	4500	4500
天津	1	9	7	116	81	8373	8633
河北							
山西							
内蒙古							
辽宁							
吉林							
黑龙江							
上海							
江苏	1	8	8	105	102	1870	1870
浙江	1	7	8	100	40	800	850
安徽							
福建							
江西							
山东							
河南	1	4	4	59	61	1500	1500
湖北							
湖南							
广东	3	260	246	1282	1331	30493	28127
广西	1	11	10	202	115	4947	4867
海南							
重庆							
四川							
贵州							
云南							
西藏							
陕西							
甘肃							
青海							
宁夏							
新疆							

2-13 续表 8

其他批发业

地区	连锁总店数（个）	门店数（个）		年末从业人员（人）		年末零售营业面积（平方米）	
	2017年	2017年	2016年	2017年	2016年	2017年	2016年
全国	**7**	**669**	**714**	**6162**	**7189**	**1017929**	**1010049**
北京							
天津							
河北							
山西							
内蒙古							
辽宁							
吉林							
黑龙江							
上海							
江苏							
浙江	1	37		29		1500	
安徽	1	488	486	4721	4633	1012544	1004356
福建							
江西							
山东							
河南							
湖北	1	72	156	951	2066	1512	3320
湖南							
广东	1	6	6	62	91	179	179
广西							
海南							
重庆	1	2	2	17	17	254	254
四川							
贵州							
云南	1	61	61	360	360	1790	1790
西藏							
陕西	1	3	3	22	22	150	150
甘肃							
青海							
宁夏							
新疆							

2-13 续表 9

零售业

地区	连锁总店数（个）	门店数（个）		年末从业人员（人）		年末零售营业面积（平方米）	
	2017年	2017年	2016年	2017年	2016年	2017年	2016年
全　国	**2567**	**197472**	**184140**	**2122546**	**2174112**	**142896676**	**139586953**
北　京	155	7782	7559	164476	171546	8889454	9393056
天　津	34	2221	2072	26804	28927	1979004	1891087
河　北	95	4952	4540	49304	49178	4635798	4494366
山　西	58	4135	3985	36439	36917	3084478	2924741
内蒙古	20	712	691	5603	5597	360745	253589
辽　宁	80	6176	5502	47108	49552	4130256	2874749
吉　林	33	2011	1763	13037	13255	611681	575251
黑龙江	34	1807	1940	18086	19566	611077	973314
上　海	100	17015	17559	218351	233874	10417035	10505483
江　苏	173	15733	13776	236127	286093	18502168	19404912
浙　江	202	19637	20039	113883	100464	4910597	4938290
安　徽	60	2806	2607	71853	69860	3906603	3543138
福　建	180	9395	6529	110005	95754	10894882	10033153
江　西	62	3794	3556	40022	40416	2529681	2500781
山　东	157	10265	8703	158064	156741	17022834	16315885
河　南	111	5352	4841	62120	61601	4758137	4803604
湖　北	128	8760	8158	118399	121990	6722314	6655827
湖　南	114	8796	8125	85155	82687	8566160	8001967
广　东	278	26204	23825	224421	223175	14072233	14028942
广　西	50	3822	3291	30372	27350	1155638	1070344
海　南	6	835	791	5481	5306	395043	390779
重　庆	72	10419	10080	78970	80691	4243425	3877084
四　川	130	11368	12111	91215	87522	3775246	3476241
贵　州	29	1409	1255	10699	10441	461351	336546
云　南	31	5535	5029	33837	43230	2044508	2014091
西　藏	1	74	72	795	820	30157	29955
陕　西	49	1974	1799	21254	20590	1110983	1156361
甘　肃	14	1016	827	8807	7818	477435	440473
青　海	9	155	159	5348	6004	196539	209298
宁　夏	38	901	835	11563	11565	639755	665709
新　疆	64	2411	2121	24948	25582	1761459	1807937

2-13 续表 10

综合零售

地区	连锁总店数(个)	门店数(个)		年末从业人员(人)		年末零售营业面积(平方米)	
	2017年	2017年	2016年	2017年	2016年	2017年	2016年
全国	**821**	**67642**	**67549**	**1301599**	**1331584**	**89650614**	**88274276**
北京	58	3173	3067	113374	119989	7132358	7666988
天津	13	856	937	11471	12949	670667	572404
河北	26	781	777	23333	23403	1750121	1700009
山西	19	2039	2016	22409	22960	1371452	1297141
内蒙古	8	436	469	3591	3659	249678	155322
辽宁	26	1720	1703	19283	22474	857410	836775
吉林	4	117	117	2239	2227	54886	54886
黑龙江	8	391	499	7929	8782	293399	641560
上海	42	9294	9802	169750	182544	8383096	8512820
江苏	60	5549	5476	124716	135680	11355656	11114738
浙江	67	8991	9611	72990	62555	3847766	3967398
安徽	33	1657	1613	63209	61484	3168063	2869143
福建	51	2834	1896	68445	63428	7996386	7222321
江西	17	233	231	18909	18448	1328008	1276332
山东	52	3751	3650	127196	129170	11366772	11103867
河南	41	1460	1406	37847	40301	2481102	2614037
湖北	28	2935	2562	78546	82899	5270323	5192814
湖南	35	1672	1640	44998	44451	4931039	4645445
广东	84	7446	6266	122394	120463	7638907	7660915
广西	10	519	516	13495	12759	594285	621997
海南	2	214	190	1557	1622	54623	55723
重庆	29	3873	3942	54824	56534	3486191	3140323
四川	40	5169	6650	54944	54699	2462831	2321503
贵州	8	225	223	4152	4135	256375	145824
云南	9	618	643	8320	9771	379263	401308
西藏	1	74	72	795	820	30157	29955
陕西	20	670	637	8965	9214	767094	770932
甘肃	2	69	69	1180	988	59265	54055
青海	5	124	130	4233	4718	161927	174360
宁夏	12	378	373	7955	8229	430011	469755
新疆	11	374	366	8550	10229	821503	983626

2-13 续表 11

食品、饮料及烟草制品专门零售

地 区	连锁总店数（个）	门店数（个）		年末从业人员（人）		年末零售营业面积（平方米）	
	2017年	2017年	2016年	2017年	2016年	2017年	2016年
全 国	**171**	**22393**	**20532**	**83868**	**80017**	**1263245**	**1182783**
北 京	20	1964	1870	16837	15556	183209	176567
天 津	5	150	144	2927	2896	28193	29263
河 北	2	69	66	278	280	11790	11960
山 西	3	39	39	274	289	4035	4035
内蒙古							
辽 宁	4	85	86	861	861	12994	13128
吉 林	2	57	57	512	571	6200	5900
黑龙江							
上 海	5	1546	1592	6007	6408	106566	103423
江 苏	18	1507	1451	3501	3256	45140	43067
浙 江	16	4669	4667	9513	9565	218823	210765
安 徽	2	253	248	932	936	27725	27720
福 建	20	1158	1075	5759	5385	85184	79273
江 西	5	1345	1266	3986	4292	78749	77234
山 东	5	458	419	2224	2340	50484	50810
河 南	5	502	469	2742	1611	51227	43822
湖 北	14	2238	2300	6885	7767	109641	112427
湖 南	8	449	539	2032	2126	21447	23269
广 东	17	3039	1991	8221	7426	69535	51465
广 西							
海 南							
重 庆	7	1128	916	3827	3241	26242	20123
四 川	6	1660	1260	5969	4705	113717	86805
贵 州							
云 南	1	16	20	82	97	806	856
西 藏							
陕 西	3	20	16	335	265	6358	5376
甘 肃							
青 海							
宁 夏	2	36	35	142	120	4810	5050
新 疆	1	5	6	22	24	370	445

2-13 续表 12

纺织、服装及日用品专门零售

地区	连锁总店数(个)	门店数(个)		年末从业人员(人)		年末零售营业面积(平方米)	
	2017年	2017年	2016年	2017年	2016年	2017年	2016年
全国	**183**	**18302**	**15640**	**81447**	**75743**	**2976264**	**2498485**
北京	23	650	582	7090	7860	377687	300261
天津	3	44	43	439	483	10040	12457
河北	4	74	77	568	520	5485	5605
山西	2	7	10	90	122	450	660
内蒙古							
辽宁	5	58	60	408	390	196273	201585
吉林	2	22	20	135	142	2521	2655
黑龙江	1	49	45	422	367	15088	13426
上海	16	3146	3187	17460	19391	751031	720642
江苏	4	1611	1086	3322	2946	161894	119964
浙江	14	867	776	5596	5286	150095	110260
安徽	1	2	2	10	11	400	400
福建	10	1850	254	9707	1660	225208	34195
江西	3	63	53	502	462	11578	13747
山东	3	27	27	221	219	5174	5174
河南	4	31	29	272	303	10104	10604
湖北	19	821	720	6543	6706	195089	203551
湖南	10	1031	930	3105	3214	176365	105592
广东	34	7157	7013	19714	19819	492115	467316
广西							
海南							
重庆	7	198	178	1836	1893	59889	54726
四川	10	371	375	1800	1840	53976	51225
贵州							
云南	2	28	22	463	386	21019	17914
西藏							
陕西	4	185	141	1385	1335	42977	34002
甘肃							
青海	1	7	7	352	381	11606	12324
宁夏							
新疆	1	3	3	7	7	200	200

2-13 续表 13

文化、体育用品及器材专门零售

地区	连锁总店数（个）	门店数（个）		年末从业人员（人）		年末零售营业面积（平方米）	
	2017年	2017年	2016年	2017年	2016年	2017年	2016年
全国	**95**	**1811**	**2026**	**34788**	**35941**	**1286261**	**1243806**
北京	6	95	105	1765	1986	134820	130121
天津							
河北	2	19	7	359	52	12803	1390
山西							
内蒙古							
辽宁	1	27	27	616	491	27521	27521
吉林							
黑龙江	2	18	22	986	1118	14086	14086
上海	7	284	296	4740	4515	171167	156662
江苏	5	43	36	363	361	13770	13170
浙江							
安徽	1	14	14	630	635	17147	17147
福建	3	11	12	216	241	6263	6296
江西	3	307	513	3744	4997	107027	145312
山东	5	41	39	612	601	44259	43799
河南	5	25	26	813	814	16935	17001
湖北	8	53	57	1318	1381	18284	17485
湖南	5	51	42	375	321	23632	19838
广东	14	139	152	2636	2687	142059	133385
广西	1	4	4	290	290	15000	15000
海南							
重庆	2	108	110	2500	2544	129000	129000
四川	6	345	346	8205	8333	149701	139239
贵州							
云南	2	68	65	1618	1678	97530	90678
西藏							
陕西	1	21	20	1047	1068	20359	19978
甘肃							
青海							
宁夏	2	11	8	261	217	13000	11000
新疆	14	127	125	1694	1611	111898	95698

2-13 续表 14

医药及医疗器材专门零售

地 区	连锁总店数（个）	门店数（个）		年末从业人员（人）		年末零售营业面积（平方米）	
	2017年	2017年	2016年	2017年	2016年	2017年	2016年
全 国	**845**	**63153**	**54944**	**309484**	**288047**	**9374974**	**7176471**
北 京	31	954	937	6954	6649	166329	166396
天 津	6	237	236	1893	1787	49232	51632
河 北	39	2264	1843	12221	10669	211366	162801
山 西	19	1130	1002	8044	7428	472512	447237
内蒙古	9	259	204	1507	1333	37335	25108
辽 宁	33	3577	2914	17734	16474	1685766	419198
吉 林	16	1534	1301	7354	6360	410924	380387
黑龙江	17	1109	1142	5198	5788	136239	140597
上 海	19	2340	2251	12252	11998	529806	515835
江 苏	69	3917	3323	19172	16950	471692	406628
浙 江	91	4557	4363	20501	17937	518946	482379
安 徽	17	629	502	4282	4059	137205	108438
福 建	43	1431	1213	7385	6374	205541	187012
江 西	14	1270	923	6217	5475	139291	121211
山 东	68	5021	3632	20262	16750	542765	391889
河 南	33	2366	1959	12763	11003	363178	295191
湖 北	39	1695	1618	10162	9692	193912	194903
湖 南	19	3691	3108	20904	18378	404557	348786
广 东	59	4386	3904	26407	23877	478969	445132
广 西	34	3220	2698	14973	12742	372120	259265
海 南	2	217	197	637	646	36010	34410
重 庆	22	5018	4843	13988	14373	363653	356057
四 川	56	3400	3105	12920	10432	359116	280302
贵 州	19	1156	1003	5849	5407	112394	94915
云 南	8	4399	3891	18693	26428	529986	484704
西 藏							
陕 西	13	850	755	6689	5886	102509	91626
甘 肃	7	753	563	5521	4669	100916	76405
青 海	2	12	12	639	779	4710	4710
宁 夏	17	332	288	1580	1672	41051	38383
新 疆	24	1429	1214	6783	6032	196944	164934

2-13 续表 15

汽车、摩托车、燃料及零配件专门零售

地区	连锁总店数（个）	门店数（个）		年末从业人员（人）		年末零售营业面积（平方米）	
	2017年	2017年	2016年	2017年	2016年	2017年	2016年
全国	**217**	**15442**	**15121**	**133407**	**137771**	**24839748**	**24373522**
北京	4	554	554	5129	5127	183027	190713
天津	3	816	607	8149	8499	982065	947565
河北	16	1643	1670	10957	12059	2468436	2435203
山西	8	781	785	4587	4940	943551	962885
内蒙古							
辽宁	5	595	609	5432	6044	1003045	1003841
吉林	2	217	213	1708	2388	22700	22700
黑龙江	1	154	149	2196	2289	14700	14700
上海	2	256	249	2800	2964	71648	69860
江苏	2	192	191	1799	2120	556000	556000
浙江	3	8	8	108	102	11067	8067
安徽	2	143	154	624	651	347102	344302
福建	31	1801	1777	13849	13883	1893850	1951351
江西	15	531	526	5143	5105	795055	790805
山东	17	871	848	6034	6069	4800856	4444911
河南	8	794	798	3852	3911	1464625	1460572
湖北	10	661	656	8093	7738	388961	382533
湖南	27	1768	1748	11419	12131	2778957	2633756
广东	36	2158	2137	25451	25876	3923106	3922901
广西	1	12	12	76	81	64174	64174
海南	2	404	404	3287	3038	304410	300646
重庆	3	27	27	84	81	3162	2815
四川	2	219	194	2642	2916	130421	115300
贵州							
云南	2	294	273	3427	3403	880833	884881
西藏							
陕西	6	221	221	2313	2262	157236	218321
甘肃	4	169	170	2016	2071	312254	305013
青海							
宁夏	2	29	17	535	250	73800	70000
新疆	3	124	124	1697	1773	264707	269707

2-13 续表 16

家用电器及电子产品专门零售

地区	连锁总店数（个）	门店数（个）		年末从业人员（人）		年末零售营业面积（平方米）	
	2017年	2017年	2016年	2017年	2016年	2017年	2016年
全 国	**208**	**7640**	**7327**	**166162**	**213712**	**12912462**	**14318771**
北 京	9	372	428	12097	13151	638501	689911
天 津	3	104	99	1742	2170	229959	274258
河 北	6	102	100	1588	2195	175797	177398
山 西	7	139	133	1035	1178	292478	212783
内蒙古	3	17	18	505	605	73732	73159
辽 宁	6	114	103	2774	2818	347247	372701
吉 林	6	59	50	1046	1524	114200	108473
黑龙江	5	86	83	1355	1222	137565	148945
上 海	4	105	142	4327	5060	336284	358101
江 苏	13	2890	2189	83124	124649	5885516	7138845
浙 江	9	474	550	4721	4681	129521	131619
安 徽	4	108	74	2166	2084	208961	175988
福 建	22	310	302	4644	4783	482450	552705
江 西	5	45	44	1521	1637	69973	76140
山 东	7	96	88	1515	1592	212524	275435
河 南	15	174	154	3831	3658	370966	362377
湖 北	9	350	238	6707	5667	543289	549299
湖 南	9	129	108	2284	1940	224413	205281
广 东	28	1261	1750	16013	19383	1202213	1217108
广 西	3	48	42	1397	1338	109059	108908
海 南							
重 庆	2	67	64	1911	2025	175288	174040
四 川	9	202	179	4614	4471	479584	454867
贵 州	2	28	29	698	899	92582	95807
云 南	7	112	115	1234	1467	135071	133750
西 藏							
陕 西	2	7	9	520	560	14450	16126
甘 肃	1	25	25	90	90	5000	5000
青 海	1	12	10	124	126	18296	17904
宁 夏	2	101	100	1050	1035	76283	70721
新 疆	9	103	101	1529	1704	131260	141122

2-13 续表 17

五金、家具及室内装饰材料专门零售

地区	连锁总店数（个）	门店数（个）		年末从业人员（人）		年末零售营业面积（平方米）	
	2017年	2017年	2016年	2017年	2016年	2017年	2016年
全国	**17**	**383**	**310**	**7920**	**7514**	**469889**	**395361**
北京	4	20	16	1230	1228	73523	72099
天津	1	14	6	183	143	8848	3508
河北							
山西							
内蒙古							
辽宁							
吉林							
黑龙江							
上海	4	13	13	621	667	64111	64111
江苏	1	1	1	59	61	8850	8850
浙江	1	53	46	429	310	32329	25752
安徽							
福建							
江西							
山东							
河南							
湖北	1	7	7	145	140	2815	2815
湖南	1	5	10	38	126	5750	20000
广东	2	22	27	428	511	13186	19021
广西							
海南							
重庆							
四川	1	2	2	121	126	25900	27000
贵州							
云南							
西藏							
陕西							
甘肃							
青海							
宁夏							
新疆	1	246	182	4666	4202	234577	152205

2-13 续表 18

货摊、无店铺及其他零售业

地区	连锁总店数（个）	门店数（个）		年末从业人员（人）		年末零售营业面积（平方米）	
	2017年	2017年	2016年	2017年	2016年	2017年	2016年
全　国	**10**	**706**	**691**	**3871**	**3783**	**123219**	**123478**
北　京							
天　津							
河　北							
山　西							
内蒙古							
辽　宁							
吉　林	1	5	5	43	43	250	250
黑龙江							
上　海	1	31	27	394	327	3326	4029
江　苏	1	23	23	71	70	3650	3650
浙　江	1	18	18	25	28	2050	2050
安　徽							
福　建							
江　西							
山　东							
河　南							
湖　北							
湖　南							
广　东	4	596	585	3157	3133	112143	111699
广　西	1	19	19	141	140	1000	1000
海　南							
重　庆							
四　川							
贵　州							
云　南							
西　藏							
陕　西							
甘　肃							
青　海							
宁　夏	1	14	14	40	42	800	800
新　疆							

2-14 按行业分各地区连锁零售企业直营门店基本情况

批发业

地　区	门店数（个）		年末从业人员（人）		年末零售营业面积（平方米）	
	2017年	2016年	2017年	2016年	2017年	2016年
全　国	**23751**	**24768**	**194945**	**201733**	**29377284**	**29383857**
北　京	216	225	3733	3815	169987	170895
天　津	11	10	179	150	8533	8793
河　北	927	911	5863	6157	1850444	1846392
山　西	32	32	1385	1469	38979	38979
内蒙古						
辽　宁	499	515	7642	7939	1115328	1109976
吉　林						
黑龙江	38	38	486	489	1482	1482
上　海	606	603	5792	6569	210378	209024
江　苏	3791	3939	34786	35677	4646211	5124687
浙　江	3341	3375	23444	25133	6211952	6092167
安　徽	2149	2119	12791	12523	1681206	1661402
福　建	207	210	746	830	25984	25956
江　西	1027	1010	10739	10982	913522	832604
山　东	3090	3131	18749	18664	2036912	2006542
河　南	778	787	4655	4696	864584	1447910
湖　北	466	544	6847	8137	288402	293452
湖　南	135	122	1202	1070	32704	36926
广　东	832	912	7227	7189	438098	436615
广　西	1689	1707	11519	11623	3440893	3454158
海　南						
重　庆	850	835	7341	7783	309283	304187
四　川	168	168	1252	1223	40805	39912
贵　州						
云　南	168	159	768	739	13435	12745
西　藏						
陕　西	1040	1016	14170	14539	1418763	1376586
甘　肃	140	153	600	565	285589	285589
青　海	2	3	6	6		
宁　夏	444	342	3749	2728	1544270	916622
新　疆	1105	1902	9274	11038	1789540	1650256

2-14 续表 1

农、林、牧产品批发

地区	门店数（个）		年末从业人员（人）		年末零售营业面积（平方米）	
	2017年	2016年	2017年	2016年	2017年	2016年
全国	**352**	**344**	**2177**	**1952**	**101175**	**103422**
北京						
天津						
河北						
山西						
内蒙古						
辽宁						
吉林						
黑龙江						
上海						
江苏						
浙江	1	1	3	3	30	30
安徽	73	62	1316	1118	6205	5270
福建						
江西						
山东						
河南						
湖北	45	45	326	326	63850	63850
湖南	75	82	221	193	19654	23226
广东	8	4	36	25	816	426
广西	1	1	8	8	1800	1800
海南						
重庆	51	51	121	121	6320	6320
四川						
贵州						
云南						
西藏						
陕西						
甘肃						
青海						
宁夏						
新疆	98	98	146	158	2500	2500

2-14 续表 2

食品、饮料及烟草制品批发

地　区	门店数（个）		年末从业人员（人）		年末零售营业面积（平方米）	
	2017年	2016年	2017年	2016年	2017年	2016年
全　国	**1113**	**1151**	**18562**	**19653**	**194440**	**197432**
北　京	19	17	124	147	645	541
天　津	2	3	63	69	160	160
河　北						
山　西	32	32	1385	1469	38979	38979
内蒙古						
辽　宁						
吉　林						
黑龙江						
上　海	33	42	363	404	7858	8529
江　苏	450	488	1400	1520	4610	5000
浙　江	10	11	218	224	1496	1516
安　徽						
福　建	45	47	597	671	24266	24340
江　西	76	77	4571	4978	1460	3362
山　东	124	102	3380	3243	40235	38843
河　南	35	38	110	158	1812	1975
湖　北	15	15	727	818	743	743
湖　南	25	25	70	70	4000	4000
广　东	76	85	705	705	3259	4652
广　西						
海　南						
重　庆	24	24	295	379	14285	14285
四　川						
贵　州						
云　南						
西　藏						
陕　西	56	56	3818	4051	47955	47955
甘　肃						
青　海						
宁　夏	80	78	471	466	1175	1050
新　疆	11	11	265	281	1502	1502

2-14 续表 3

纺织、服装及家庭用品批发

地 区	门店数（个）		年末从业人员（人）		年末零售营业面积（平方米）	
	2017年	2016年	2017年	2016年	2017年	2016年
全 国	**384**	**391**	**15610**	**15595**	**1544231**	**1511326**
北 京	19	28	1501	1476	3955	3831
天 津						
河 北	7	6	85	65	1800	1650
山 西						
内 蒙 古						
辽 宁	2	2	1270	1464	2400	2400
吉 林						
黑 龙 江						
上 海	85	78	1539	1540	4880	4880
江 苏						
浙 江						
安 徽						
福 建						
江 西	31	29	309	318	1300	1000
山 东	54	50	9338	9332	1484963	1456272
河 南						
湖 北	6	6	36	36	720	718
湖 南						
广 东	180	192	1532	1364	44213	40575
广 西						
海 南						
重 庆						
四 川						
贵 州						
云 南						
西 藏						
陕 西						
甘 肃						
青 海						
宁 夏						
新 疆						

2-14 续表 4

文化、体育用品及器材批发

地区	门店数（个）		年末从业人员（人）		年末零售营业面积（平方米）	
	2017年	2016年	2017年	2016年	2017年	2016年
全国	**453**	**462**	**16575**	**16866**	**798150**	**804101**
北京	5	4	64	66	3509	3065
天津						
河北						
山西						
内蒙古						
辽宁						
吉林						
黑龙江						
上海						
江苏	81	81	5688	5688	369346	369346
浙江	335	344	6612	7038	339265	344902
安徽						
福建	3	4	29	43	288	346
江西						
山东						
河南						
湖北	8	8	3169	3106	65000	65000
湖南	2	2	725	627	7000	7700
广东	16	16	265	275	13446	13446
广西						
海南						
重庆						
四川						
贵州						
云南						
西藏						
陕西						
甘肃						
青海						
宁夏	3	3	23	23	296	296
新疆						

2-14 续表 5

医药及医疗器材批发

地 区	门店数（个）		年末从业人员（人）		年末零售营业面积（平方米）	
	2017年	2016年	2017年	2016年	2017年	2016年
全 国	**887**	**924**	**5083**	**5146**	**113773**	**113961**
北 京						
天 津						
河 北	5		8		800	
山 西						
内蒙古						
辽 宁						
吉 林						
黑龙江	2	2	96	96	400	400
上 海						
江 苏	135	125	605	585	18200	17500
浙 江	240	229	1385	1220	17618	14909
安 徽						
福 建	2		4		160	
江 西						
山 东	131	125	767	797	21380	20500
河 南						
湖 北	2	4	15	33	300	684
湖 南	13	13	180	180	2000	2000
广 东	118	182	706	822	15365	18005
广 西						
海 南						
重 庆	38	50	218	335	4780	8384
四 川	86	88	564	572	20035	19534
贵 州						
云 南	105	96	392	365	11645	10955
西 藏						
陕 西						
甘 肃						
青 海	2	3	6	6		
宁 夏						
新 疆	8	7	137	135	1090	1090

2-14 续表 6

矿产品、建材及化工产品批发

地 区	门店数（个）		年末从业人员（人）		年末零售营业面积（平方米）	
	2017年	2016年	2017年	2016年	2017年	2016年
全 国	**19628**	**20522**	**128630**	**133401**	**25564367**	**25602235**
北 京	157	160	1702	1878	157378	158958
天 津						
河 北	915	905	5770	6092	1847844	1844742
山 西						
内蒙古						
辽 宁	497	513	6372	6475	1112928	1107576
吉 林						
黑龙江	36	36	390	393	1082	1082
上 海	488	483	3890	4625	197640	195615
江 苏	3117	3237	26988	27782	4252185	4730971
浙 江	2711	2782	15097	16608	5851243	5729960
安 徽	1588	1571	6754	6772	662457	651776
福 建	157	159	116	116	1270	1270
江 西	920	904	5859	5686	910762	828242
山 东	2781	2854	5264	5292	490334	490927
河 南	739	745	4486	4477	861272	1444435
湖 北	318	310	1623	1752	156277	159137
湖 南	20		6		50	
广 东	218	220	2699	2623	339591	340221
广 西	1677	1696	11309	11500	3434146	3447491
海 南						
重 庆	735	708	6690	6931	283644	274944
四 川	82	80	688	651	20770	20378
贵 州						
云 南	2	2	16	14		
西 藏						
陕 西	981	957	10330	10466	1370658	1328481
甘 肃	140	153	600	565	285589	285589
青 海						
宁 夏	361	261	3255	2239	1542799	915276
新 疆	988	1786	8726	10464	1784448	1645164

2-14 续表 7

机械设备、五金产品及电子产品批发

地区	门店数（个）		年末从业人员（人）		年末零售营业面积（平方米）	
	2017年	2016年	2017年	2016年	2017年	2016年
全国	**265**	**260**	**2146**	**1931**	**43219**	**41331**
北京	16	16	342	248	4500	4500
天津	9	7	116	81	8373	8633
河北						
山西						
内蒙古						
辽宁						
吉林						
黑龙江						
上海						
江苏	8	8	105	102	1870	1870
浙江	7	8	100	40	800	850
安徽						
福建						
江西						
山东						
河南	4	4	59	61	1500	1500
湖北						
湖南						
广东	210	207	1222	1284	21229	19111
广西	11	10	202	115	4947	4867
海南						
重庆						
四川						
贵州						
云南						
西藏						
陕西						
甘肃						
青海						
宁夏						
新疆						

2-14 续表 8

其他批发业

地区	门店数（个）		年末从业人员（人）		年末零售营业面积（平方米）	
	2017年	2016年	2017年	2016年	2017年	2016年
全国	**669**	**714**	**6162**	**7189**	**1017929**	**1010049**
北京						
天津						
河北						
山西						
内蒙古						
辽宁						
吉林						
黑龙江						
上海						
江苏						
浙江	37		29		1500	
安徽	488	486	4721	4633	1012544	1004356
福建						
江西						
山东						
河南						
湖北	72	156	951	2066	1512	3320
湖南						
广东	6	6	62	91	179	179
广西						
海南						
重庆	2	2	17	17	254	254
四川						
贵州						
云南	61	61	360	360	1790	1790
西藏						
陕西	3	3	22	22	150	150
甘肃						
青海						
宁夏						
新疆						

2-14 续表 9

零售业

地 区	门店数（个）		年末从业人员（人）		年末零售营业面积（平方米）	
	2017年	2016年	2017年	2016年	2017年	2016年
全 国	**132608**	**120800**	**1866384**	**1912351**	**133357777**	**130246788**
北 京	6021	5824	152496	160064	8646530	9136390
天 津	1700	1551	25437	27560	1924479	1836562
河 北	4468	4074	48262	48293	4598880	4456016
山 西	2409	2292	27890	28540	2974408	2817538
内 蒙 古	439	427	4994	4984	346501	236463
辽 宁	4915	4209	41200	43087	3979509	2727976
吉 林	2007	1759	13029	13247	611281	574851
黑 龙 江	1431	1479	16841	18095	583572	941894
上 海	10037	10515	135370	145911	6127589	6380344
江 苏	11041	9689	214789	260922	17461789	18291529
浙 江	7453	7179	88578	73243	4180726	4159622
安 徽	2242	2018	66718	64725	3711810	3351016
福 建	6837	5005	104775	91558	10722384	9931502
江 西	2434	2304	35034	35991	2288474	2261485
山 东	8833	7322	153726	152654	16895685	16188906
河 南	4421	3911	60099	59466	4655837	4701067
湖 北	7146	6832	115005	117723	6619406	6572104
湖 南	6168	5725	78743	76283	8371259	7828059
广 东	15620	15067	192183	196734	13242133	13256792
广 西	2655	2192	25844	22867	1032495	955295
海 南	835	791	5481	5306	395043	390779
重 庆	3738	3521	67736	70809	3930310	3604373
四 川	7832	6592	80138	73475	3581611	3220385
贵 州	1244	1061	10352	10036	453229	327059
云 南	5209	4703	33263	42629	2027870	1997453
西 藏	74	72	795	820	30157	29955
陕 西	1633	1401	19946	19137	1082773	1123267
甘 肃	1015	809	8802	7792	477335	439573
青 海	115	119	5316	5896	189539	202298
宁 夏	805	746	11133	11321	627366	654409
新 疆	1831	1611	22409	23183	1587797	1651826

2-14 续表 10

综合零售

地　区	门店数（个）		年末从业人员（人）		年末零售营业面积（平方米）	
	2017年	2016年	2017年	2016年	2017年	2016年
全　国	**36521**	**36100**	**1119303**	**1145502**	**82506112**	**81149994**
北　京	2607	2437	107980	114738	7023397	7541754
天　津	342	423	10111	11589	617072	518809
河　北	448	442	22727	22913	1725232	1673239
山　西	317	326	13873	14590	1261697	1190153
内蒙古	202	244	3033	3097	237104	139866
辽　宁	657	636	13880	16956	732757	712022
吉　林	117	117	2239	2227	54886	54886
黑龙江	130	189	6969	7632	268604	612880
上　海	5431	5848	95689	106876	4670416	4940245
江　苏	3176	3021	106972	113405	10502723	10139031
浙　江	2238	2294	58530	46330	3388515	3464283
安　徽	1129	1084	58330	56589	2979994	2680771
福　建	1171	987	66201	61364	7915982	7180769
江　西	210	216	15429	15667	1116969	1075293
山　东	2727	2629	123457	125542	11260324	10995523
河　南	1032	973	37721	39827	2466134	2598569
湖　北	2415	2352	77758	81576	5250489	5180750
湖　南	969	950	43444	42974	4879731	4593847
广　东	3964	3907	99283	103223	7062245	7131298
广　西	417	394	12679	11761	551841	571396
海　南	214	190	1557	1622	54623	55723
重　庆	969	989	49819	52731	3311936	3002607
四　川	3848	3652	50215	46840	2397926	2199207
贵　州	225	223	4152	4135	256375	145824
云　南	292	317	7746	9170	362625	384670
西　藏	74	72	795	820	30157	29955
陕　西	605	589	8640	9014	763194	769028
甘　肃	69	69	1180	988	59265	54055
青　海	84	90	4201	4610	154927	167360
宁　夏	317	310	7719	8056	420632	461175
新　疆	125	130	6974	8640	728340	885006

2-14 续表 11

食品、饮料及烟草制品专门零售

地　区	门店数（个）		年末从业人员（人）		年末零售营业面积（平方米）	
	2017年	2016年	2017年	2016年	2017年	2016年
全　国	**10689**	**10239**	**56846**	**54730**	**779782**	**731159**
北　京	972	974	11643	10783	97957	95740
天　津	150	144	2927	2896	28193	29263
河　北	30	26	126	124	4000	3960
山　西	39	39	274	289	4035	4035
内蒙古						
辽　宁	85	86	861	861	12994	13128
吉　林	57	57	512	571	6200	5900
黑龙江						
上　海	1541	1587	5999	6400	106175	103032
江　苏	1497	1441	3411	3166	43640	41567
浙　江	491	505	2113	2231	42284	36925
安　徽	253	188	932	696	27725	23970
福　建	624	661	3714	4058	54384	54318
江　西	196	222	2840	3104	56581	57602
山　东	402	369	2109	2240	47550	48810
河　南	354	332	2118	1222	44830	37925
湖　北	1627	1655	5775	6373	78765	81485
湖　南	311	398	1752	1816	14807	16614
广　东	784	702	4645	4106	34715	32130
广　西						
海　南						
重　庆	499	440	2513	2108	15712	12964
四　川	726	361	2066	1245	48701	22664
贵　州						
云　南	16	20	82	97	806	856
西　藏						
陕　西	20	16	335	265	6358	5376
甘　肃						
青　海						
宁　夏	10	10	77	55	3000	2450
新　疆	5	6	22	24	370	445

2-14 续表 12

纺织、服装及日用品专门零售

地区	门店数（个）		年末从业人员（人）		年末零售营业面积（平方米）	
	2017年	2016年	2017年	2016年	2017年	2016年
全国	**10263**	**8066**	**72164**	**63141**	**2430758**	**2058854**
北京	637	565	7012	7764	376173	298408
天津	44	43	439	483	10040	12457
河北	74	77	568	520	5485	5605
山西	7	10	90	122	450	660
内蒙古						
辽宁	57	59	405	387	196173	201485
吉林	22	20	135	142	2521	2655
黑龙江	49	45	422	367	15088	13426
上海	1649	1660	14898	13280	610537	591297
江苏	129	180	1229	1444	30770	38004
浙江	721	643	5420	5091	132504	98364
安徽	2	2	10	11	400	400
福建	1627	164	9185	1248	189423	24747
江西	63	53	502	462	11578	13747
山东	27	27	221	219	5174	5174
河南	26	24	246	268	9504	10004
湖北	546	495	5697	5870	160271	181974
湖南	572	493	2773	2826	143071	82709
广东	3450	3018	17553	17318	350199	316857
广西						
海南						
重庆	173	153	1679	1737	56459	51296
四川	207	195	1678	1678	52656	48665
贵州						
云南	28	22	463	386	21019	17914
西藏						
陕西	143	108	1180	1130	39457	30482
甘肃						
青海	7	7	352	381	11606	12324
宁夏						
新疆	3	3	7	7	200	200

2-14 续表 13

文化、体育用品及器材专门零售

地区	门店数（个）		年末从业人员（人）		年末零售营业面积（平方米）	
	2017年	2016年	2017年	2016年	2017年	2016年
全国	**1778**	**1994**	**34192**	**35342**	**1285660**	**1243465**
北京	95	105	1765	1986	134820	130121
天津						
河北	19	7	359	52	12803	1390
山西						
内蒙古						
辽宁	27	27	616	491	27521	27521
吉林						
黑龙江	18	22	986	1118	14086	14086
上海	284	296	4740	4515	171167	156662
江苏	43	36	363	361	13770	13170
浙江						
安徽	14	14	630	635	17147	17147
福建	11	12	216	241	6263	6296
江西	307	513	3744	4997	107027	145312
山东	40	39	610	601	43999	43799
河南	25	26	813	814	16935	17001
湖北	53	57	1318	1381	18284	17485
湖南	51	42	375	321	23632	19838
广东	138	151	2634	2685	142009	133335
广西	4	4	290	290	15000	15000
海南						
重庆	106	108	2496	2540	128710	128710
四川	316	317	7617	7740	149700	139238
贵州						
云南	68	65	1618	1678	97530	90678
西藏						
陕西	21	20	1047	1068	20359	19978
甘肃						
青海						
宁夏	11	8	261	217	13000	11000
新疆	127	125	1694	1611	111898	95698

2-14 续表 14

医药及医疗器材专门零售

地区	门店数（个）		年末从业人员（人）		年末零售营业面积（平方米）	
	2017年	2016年	2017年	2016年	2017年	2016年
全国	**50263**	**41848**	**276774**	**254628**	**8188078**	**5999775**
北京	764	745	5640	5287	119132	117644
天津	230	229	1886	1780	48302	50702
河北	2152	1752	11937	10430	207127	159221
山西	1126	999	8031	7421	472197	447022
内蒙古	220	165	1456	1282	35665	23438
辽宁	3380	2689	17232	15530	1659772	397278
吉林	1530	1297	7346	6352	410524	379987
黑龙江	994	991	4913	5467	133529	137857
上海	727	693	5902	5822	93925	93007
江苏	3388	2795	17983	15871	421021	356563
浙江	3474	3136	17314	14536	446322	394807
安徽	622	502	4270	4059	136725	108438
福建	1293	1102	6966	5981	180032	161316
江西	1082	730	5855	5019	131291	102586
山东	4670	3322	19780	16391	525258	375254
河南	2126	1715	12238	10454	347328	279261
湖北	1487	1372	9512	8978	176532	175763
湖南	2363	1976	16658	14149	300898	256014
广东	3732	3282	25374	22912	433697	403537
广西	2155	1721	11261	9257	291421	194817
海南	217	197	637	646	36010	34410
重庆	1897	1740	9234	9587	239043	231941
四川	2319	1698	11234	8527	299161	215245
贵州	991	809	5502	5002	104272	85428
云南	4399	3891	18693	26428	529986	484704
西藏						
陕西	616	438	5911	4838	81719	63956
甘肃	752	545	5516	4643	100816	75505
青海	12	12	639	779	4710	4710
宁夏	330	287	1574	1666	40851	38263
新疆	1215	1018	6280	5534	180812	151101

2-14 续表 15

汽车、摩托车、燃料及零配件专门零售

地　区	门店数（个）		年末从业人员（人）		年末零售营业面积（平方米）	
	2017年	2016年	2017年	2016年	2017年	2016年
全　国	**15325**	**15011**	**132568**	**137128**	**24776161**	**24309880**
北　京	554	554	5129	5127	183027	190713
天　津	816	607	8149	8499	982065	947565
河　北	1643	1670	10957	12059	2468436	2435203
山　西	781	785	4587	4940	943551	962885
内蒙古						
辽　宁	595	609	5432	6044	1003045	1003841
吉　林	217	213	1708	2388	22700	22700
黑龙江	154	149	2196	2289	14700	14700
上　海	256	249	2800	2964	71648	69860
江　苏	192	191	1799	2120	556000	556000
浙　江	8	8	108	102	11067	8067
安　徽	143	154	624	651	347102	344302
福　建	1801	1777	13849	13883	1893850	1951351
江　西	531	526	5143	5105	795055	790805
山　东	871	848	6034	6069	4800856	4444911
河　南	686	688	3192	3268	1402140	1396930
湖　北	661	656	8093	7738	388961	382533
湖　南	1768	1748	11419	12131	2778957	2633756
广　东	2156	2137	25395	25876	3923004	3922901
广　西	12	12	76	81	64174	64174
海　南	404	404	3287	3038	304410	300646
重　庆	27	27	84	81	3162	2815
四　川	219	194	2642	2916	130421	115300
贵　州						
云　南	294	273	3427	3403	880833	884881
西　藏						
陕　西	221	221	2313	2262	157236	218321
甘　肃	169	170	2016	2071	312254	305013
青　海						
宁　夏	22	17	412	250	72800	70000
新　疆	124	124	1697	1773	264707	269707

2-14 续表 16

家用电器及电子产品专门零售

地　区	门店数（个）		年末从业人员（人）		年末零售营业面积（平方米）	
	2017年	2016年	2017年	2016年	2017年	2016年
全　国	**7289**	**7107**	**165481**	**213142**	**12895350**	**14311080**
北　京	372	428	12097	13151	638501	689911
天　津	104	99	1742	2170	229959	274258
河　北	102	100	1588	2195	175797	177398
山　西	139	133	1035	1178	292478	212783
内蒙古	17	18	505	605	73732	73159
辽　宁	114	103	2774	2818	347247	372701
吉　林	59	50	1046	1524	114200	108473
黑龙江	86	83	1355	1222	137565	148945
上　海	105	142	4327	5060	336284	358101
江　苏	2593	2002	82903	124425	5881665	7134994
浙　江	467	546	4659	4638	127405	131124
安　徽	79	74	1922	2084	202717	175988
福　建	310	302	4644	4783	482450	552705
江　西	45	44	1521	1637	69973	76140
山　东	96	88	1515	1592	212524	275435
河　南	172	153	3771	3613	368966	361377
湖　北	350	238	6707	5667	543289	549299
湖　南	129	108	2284	1940	224413	205281
广　东	1252	1728	15968	19193	1201750	1216564
广　西	48	42	1397	1338	109059	108908
海　南						
重　庆	67	64	1911	2025	175288	174040
四　川	195	173	4565	4403	477146	453066
贵　州	28	29	698	899	92582	95807
云　南	112	115	1234	1467	135071	133750
西　藏						
陕　西	7	9	520	560	14450	16126
甘　肃	25	25	90	90	5000	5000
青　海	12	10	124	126	18296	17904
宁　夏	101	100	1050	1035	76283	70721
新　疆	103	101	1529	1704	131260	141122

2-14 续表 17

五金、家具及室内装饰材料专门零售

地区	门店数（个）		年末从业人员（人）		年末零售营业面积（平方米）	
	2017年	2016年	2017年	2016年	2017年	2016年
全国	**266**	**232**	**7460**	**7202**	**405522**	**351703**
北京	20	16	1230	1228	73523	72099
天津	14	6	183	143	8848	3508
河北						
山西						
内蒙古						
辽宁						
吉林						
黑龙江						
上海	13	13	621	667	64111	64111
江苏	1	1	59	61	8850	8850
浙江	53	46	429	310	32329	25752
安徽						
福建						
江西						
山东						
河南						
湖北	7	7	145	140	2815	2815
湖南	5	10	38	126	5750	20000
广东	22	27	428	511	13186	19021
广西						
海南						
重庆						
四川	2	2	121	126	25900	27000
贵州						
云南						
西藏						
陕西						
甘肃						
青海						
宁夏						
新疆	129	104	4206	3890	170210	108547

2-14 续表 18

货摊、无店铺及其他零售业

地区	门店数（个）		年末从业人员（人）		年末零售营业面积（平方米）	
	2017年	2016年	2017年	2016年	2017年	2016年
全国	**214**	**203**	**1596**	**1536**	**90354**	**90878**
北京						
天津						
河北						
山西						
内蒙古						
辽宁						
吉林	5	5	43	43	250	250
黑龙江						
上海	31	27	394	327	3326	4029
江苏	22	22	70	69	3350	3350
浙江	1	1	5	5	300	300
安徽						
福建						
江西						
山东						
河南						
湖北						
湖南						
广东	122	115	903	910	81328	81149
广西	19	19	141	140	1000	1000
海南						
重庆						
四川						
贵州						
云南						
西藏						
陕西						
甘肃						
青海						
宁夏	14	14	40	42	800	800
新疆						

2-15 按行业分各地区连锁零售企业加盟门店基本情况

批发业

地区	门店数（个）		年末从业人员（人）		年末零售营业面积（平方米）	
	2017年	2016年	2017年	2016年	2017年	2016年
全国	**14880**	**14904**	**31680**	**31432**	**1022230**	**1125770**
北京	178	173	480	468	11360	11020
天津						
河北						
山西						
内蒙古						
辽宁	195	195	420	418	11160	11160
吉林						
黑龙江						
上海	85	82	680	984	26775	25830
江苏	2068	2070	3969	3975	23500	23500
浙江	2313	2188	4098	3856	186995	250309
安徽	4895	4888	7619	7642	239525	239140
福建	890	828	3458	3312	151475	203010
江西	19	19	1578	1578		
山东	593	595	2604	2652	97945	97945
河南						
湖北	379	363	1184	842	84400	68400
湖南	896	1021	960	1108	45384	50586
广东	506	395	966	594	33659	25316
广西	393	350	910	833	11045	11045
海南						
重庆	1055	1134	2214	2340	71162	72389
四川	200	203	299	307	12845	12745
贵州						
云南	2	2	2	2		
西藏						
陕西						
甘肃						
青海	33	32	59	59		
宁夏		40		113		5000
新疆	180	326	180	349	15000	18375

2-15 续表 1

农、林、牧产品批发

地 区	门店数（个）		年末从业人员（人）		年末零售营业面积（平方米）	
	2017年	2016年	2017年	2016年	2017年	2016年
全 国	**4548**	**4667**	**9970**	**10105**	**286849**	**291786**
北 京						
天 津						
河 北						
山 西						
内蒙古						
辽 宁	40	40	30	30	2860	2860
吉 林						
黑龙江						
上 海						
江 苏						
浙 江	25	25	52	52	1540	1540
安 徽	2915	2908	7449	7431	160325	159940
福 建						
江 西						
山 东						
河 南						
湖 北	363	363	844	842	68400	68400
湖 南	894	1020	950	1103	45144	50466
广 东						
广 西	168	168	504	504	4000	4000
海 南						
重 庆	143	143	141	143	4580	4580
四 川						
贵 州						
云 南						
西 藏						
陕 西						
甘 肃						
青 海						
宁 夏						
新 疆						

2-15 续表 2

食品、饮料及烟草制品批发

地区	门店数（个）		年末从业人员（人）		年末零售营业面积（平方米）	
	2017年	2016年	2017年	2016年	2017年	2016年
全国	**1290**	**1292**	**5931**	**5893**	**186643**	**241179**
北京	22	18	66	54	880	540
天津						
河北						
山西						
内蒙古						
辽宁						
吉林						
黑龙江						
上海						
江苏						
浙江						
安徽						
福建	845	828	3380	3312	147875	203010
江西	19	19	1578	1578		
山东						
河南						
湖北						
湖南						
广东	82	112	135	181	1260	1570
广西						
海南						
重庆	322	315	772	768	36628	36059
四川						
贵州						
云南						
西藏						
陕西						
甘肃						
青海						
宁夏						
新疆						

2-15 续表 3

纺织、服装及家庭用品批发

地 区	门店数（个）		年末从业人员（人）		年末零售营业面积（平方米）	
	2017年	2016年	2017年	2016年	2017年	2016年
全 国	**561**	**553**	**2646**	**2590**	**94616**	**94606**
北 京						
天 津						
河 北						
山 西						
内蒙古						
辽 宁						
吉 林						
黑龙江						
上 海						
江 苏						
浙 江						
安 徽						
福 建						
江 西						
山 东	531	531	2476	2518	94516	94516
河 南						
湖 北						
湖 南						
广 东	30	22	170	72	100	90
广 西						
海 南						
重 庆						
四 川						
贵 州						
云 南						
西 藏						
陕 西						
甘 肃						
青 海						
宁 夏						
新 疆						

2-15 续表 4

文化、体育用品及器材批发

地 区	门店数（个）		年末从业人员（人）		年末零售营业面积（平方米）	
	2017年	2016年	2017年	2016年	2017年	2016年
全 国	**2**	**2**	**11**	**11**	**610**	**610**
北 京						
天 津						
河 北						
山 西						
内蒙古						
辽 宁						
吉 林						
黑龙江						
上 海						
江 苏						
浙 江						
安 徽						
福 建						
江 西						
山 东						
河 南						
湖 北						
湖 南						
广 东	2	2	11	11	610	610
广 西						
海 南						
重 庆						
四 川						
贵 州						
云 南						
西 藏						
陕 西						
甘 肃						
青 海						
宁 夏						
新 疆						

2-15 续表 5

医药及医疗器材批发

地区	门店数（个）		年末从业人员（人）		年末零售营业面积（平方米）	
	2017年	2016年	2017年	2016年	2017年	2016年
全国	**1598**	**1469**	**3563**	**2892**	**106302**	**77397**
北京						
天津						
河北						
山西						
内蒙古						
辽宁	155	155	390	388	8300	8300
吉林						
黑龙江						
上海						
江苏						
浙江	157	122	390	307	9539	7053
安徽						
福建	45		78		3600	
江西						
山东	62	64	128	134	3429	3429
河南						
湖北	16		340		16000	
湖南	2	1	10	5	240	120
广东	342	220	590	283	22425	14030
广西						
海南						
重庆	586	672	1279	1409	29924	31720
四川	200	203	299	307	12845	12745
贵州						
云南						
西藏						
陕西						
甘肃						
青海	33	32	59	59		
宁夏						
新疆						

2-15 续表 6

矿产品、建材及化工产品批发

地区	门店数(个)		年末从业人员(人)		年末零售营业面积(平方米)	
	2017年	2016年	2017年	2016年	2017年	2016年
全国	**6831**	**6882**	**9499**	**9894**	**337946**	**411176**
北京	156	155	414	414	10480	10480
天津						
河北						
山西						
内蒙古						
辽宁						
吉林						
黑龙江						
上海	85	82	680	984	26775	25830
江苏	2068	2070	3969	3975	23500	23500
浙江	2131	2041	3656	3497	175916	241716
安徽	1980	1980	170	211	79200	79200
福建						
江西						
山东						
河南						
湖北						
湖南						
广东						
广西	225	182	406	329	7045	7045
海南						
重庆	4	4	22	20	30	30
四川						
贵州						
云南	2	2	2	2		
西藏						
陕西						
甘肃						
青海						
宁夏		40		113		5000
新疆	180	326	180	349	15000	18375

2-15 续表 7

机械设备、五金产品及电子产品批发

地区	门店数（个）		年末从业人员（人）		年末零售营业面积（平方米）	
	2017年	2016年	2017年	2016年	2017年	2016年
全国	**50**	**39**	**60**	**47**	**9264**	**9016**
北京						
天津						
河北						
山西						
内蒙古						
辽宁						
吉林						
黑龙江						
上海						
江苏						
浙江						
安徽						
福建						
江西						
山东						
河南						
湖北						
湖南						
广东	50	39	60	47	9264	9016
广西						
海南						
重庆						
四川						
贵州						
云南						
西藏						
陕西						
甘肃						
青海						
宁夏						
新疆						

2-15 续表 8

零售业

地区	门店数（个）		年末从业人员（人）		年末零售营业面积（平方米）	
	2017年	2016年	2017年	2016年	2017年	2016年
全国	**64864**	**63340**	**256162**	**261761**	**9538899**	**9340165**
北京	1761	1735	11980	11482	242924	256666
天津	521	521	1367	1367	54525	54525
河北	484	466	1042	885	36918	38350
山西	1726	1693	8549	8377	110070	107203
内蒙古	273	264	609	613	14244	17126
辽宁	1261	1293	5908	6465	150747	146773
吉林	4	4	8	8	400	400
黑龙江	376	461	1245	1471	27505	31420
上海	6978	7044	82981	87963	4289446	4125139
江苏	4692	4087	21338	25171	1040379	1113383
浙江	12184	12860	25305	27221	729871	778668
安徽	564	589	5135	5135	194793	192122
福建	2558	1524	5230	4196	172498	101651
江西	1360	1252	4988	4425	241207	239296
山东	1432	1381	4338	4087	127149	126979
河南	931	930	2021	2135	102300	102537
湖北	1614	1326	3394	4267	102908	83723
湖南	2628	2400	6412	6404	194901	173908
广东	10584	8758	32238	26441	830100	772150
广西	1167	1099	4528	4483	123143	115049
海南						
重庆	6681	6559	11234	9882	313115	272711
四川	3536	5519	11077	14047	193635	255856
贵州	165	194	347	405	8122	9487
云南	326	326	574	601	16638	16638
西藏						
陕西	341	398	1308	1453	28210	33094
甘肃	1	18	5	26	100	900
青海	40	40	32	108	7000	7000
宁夏	96	89	430	244	12389	11300
新疆	580	510	2539	2399	173662	156111

2-15 续表 9

综合零售

地 区	门店数（个）		年末从业人员（人）		年末零售营业面积（平方米）	
	2017年	2016年	2017年	2016年	2017年	2016年
全 国	**31121**	**31449**	**182296**	**186082**	**7144502**	**7124282**
北 京	566	630	5394	5251	108961	125234
天 津	514	514	1360	1360	53595	53595
河 北	333	335	606	490	24889	26770
山 西	1722	1690	8536	8370	109755	106988
内蒙古	234	225	558	562	12574	15456
辽 宁	1063	1067	5403	5518	124653	124753
吉 林						
黑龙江	261	310	960	1150	24795	28680
上 海	3863	3954	74061	75668	3712680	3572575
江 苏	2373	2455	17744	22275	852933	975707
浙 江	6753	7317	14460	16225	459251	503115
安 徽	528	529	4879	4895	188069	188372
福 建	1663	909	2244	2064	80404	41552
江 西	23	15	3480	2781	211039	201039
山 东	1024	1021	3739	3628	106448	108344
河 南	428	433	126	474	14968	15468
湖 北	520	210	788	1323	19834	12064
湖 南	703	690	1554	1477	51308	51598
广 东	3482	2359	23111	17240	576662	529617
广 西	102	122	816	998	42444	50601
海 南						
重 庆	2904	2953	5005	3803	174255	137716
四 川	1321	2998	4729	7859	64905	122296
贵 州						
云 南	326	326	574	601	16638	16638
西 藏						
陕 西	65	48	325	200	3900	1904
甘 肃						
青 海	40	40	32	108	7000	7000
宁 夏	61	63	236	173	9379	8580
新 疆	249	236	1576	1589	93163	98620

2-15 续表 10

食品、饮料及烟草制品专门零售

地　区	门店数（个）		年末从业人员（人）		年末零售营业面积（平方米）	
	2017年	2016年	2017年	2016年	2017年	2016年
全　国	**11704**	**10293**	**27022**	**25287**	**483463**	**451624**
北　京	992	896	5194	4773	85252	80827
天　津						
河　北	39	40	152	156	7790	8000
山　西						
内蒙古						
辽　宁						
吉　林						
黑龙江						
上　海	5	5	8	8	391	391
江　苏	10	10	90	90	1500	1500
浙　江	4178	4162	7400	7334	176539	173840
安　徽		60		240		3750
福　建	534	414	2045	1327	30800	24955
江　西	1149	1044	1146	1188	22168	19632
山　东	56	50	115	100	2934	2000
河　南	148	137	624	389	6397	5897
湖　北	611	645	1110	1394	30876	30942
湖　南	138	141	280	310	6640	6655
广　东	2255	1289	3576	3320	34820	19335
广　西						
海　南						
重　庆	629	476	1314	1133	10530	7159
四　川	934	899	3903	3460	65016	64141
贵　州						
云　南						
西　藏						
陕　西						
甘　肃						
青　海						
宁　夏	26	25	65	65	1810	2600
新　疆						

2-15 续表 11

纺织、服装及日用品专门零售

地区	门店数(个)		年末从业人员(人)		年末零售营业面积(平方米)	
	2017年	2016年	2017年	2016年	2017年	2016年
全国	**8039**	**7574**	**9283**	**12602**	**545506**	**439631**
北京	13	17	78	96	1514	1853
天津						
河北						
山西						
内蒙古						
辽宁	1	1	3	3	100	100
吉林						
黑龙江						
上海	1497	1527	2562	6111	140494	129345
江苏	1482	906	2093	1502	131124	81960
浙江	146	133	176	195	17591	11896
安徽						
福建	223	90	522	412	35785	9448
江西						
山东						
河南	5	5	26	35	600	600
湖北	275	225	846	836	34818	21577
湖南	459	437	332	388	33294	22883
广东	3707	3995	2161	2501	141916	150459
广西						
海南						
重庆	25	25	157	156	3430	3430
四川	164	180	122	162	1320	2560
贵州						
云南						
西藏						
陕西	42	33	205	205	3520	3520
甘肃						
青海						
宁夏						
新疆						

2-15 续表 12

文化、体育用品及器材专门零售

地 区	门店数（个）		年末从业人员（人）		年末零售营业面积（平方米）	
	2017年	2016年	2017年	2016年	2017年	2016年
全 国	**33**	**32**	**596**	**599**	**601**	**341**
北 京						
天 津						
河 北						
山 西						
内蒙古						
辽 宁						
吉 林						
黑龙江						
上 海						
江 苏						
浙 江						
安 徽						
福 建						
江 西						
山 东	1		2		260	
河 南						
湖 北						
湖 南						
广 东	1	1	2	2	50	50
广 西						
海 南						
重 庆	2	2	4	4	290	290
四 川	29	29	588	593	1	1
贵 州						
云 南						
西 藏						
陕 西						
甘 肃						
青 海						
宁 夏						
新 疆						

2-15 续表 13

医药及医疗器材专门零售

地区	门店数（个）		年末从业人员（人）		年末零售营业面积（平方米）	
	2017年	2016年	2017年	2016年	2017年	2016年
全国	**12890**	**13096**	**32710**	**33419**	**1186896**	**1176696**
北京	190	192	1314	1362	47197	48752
天津	7	7	7	7	930	930
河北	112	91	284	239	4239	3580
山西	4	3	13	7	315	215
内蒙古	39	39	51	51	1670	1670
辽宁	197	225	502	944	25994	21920
吉林	4	4	8	8	400	400
黑龙江	115	151	285	321	2710	2740
上海	1613	1558	6350	6176	435881	422828
江苏	529	528	1189	1079	50671	50065
浙江	1083	1227	3187	3401	72624	87572
安徽	7		12		480	
福建	138	111	419	393	25509	25696
江西	188	193	362	456	8000	18625
山东	351	310	482	359	17507	16635
河南	240	244	525	549	15850	15930
湖北	208	246	650	714	17380	19140
湖南	1328	1132	4246	4229	103659	92772
广东	654	622	1033	965	45272	41595
广西	1065	977	3712	3485	80699	64448
海南						
重庆	3121	3103	4754	4786	124610	124116
四川	1081	1407	1686	1905	59955	65057
贵州	165	194	347	405	8122	9487
云南						
西藏						
陕西	234	317	778	1048	20790	27670
甘肃	1	18	5	26	100	900
青海						
宁夏	2	1	6	6	200	120
新疆	214	196	503	498	16132	13833

2-15 续表 14

汽车、摩托车、燃料及零配件专门零售

地区	门店数（个）		年末从业人员（人）		年末零售营业面积（平方米）	
	2017年	2016年	2017年	2016年	2017年	2016年
全国	**117**	**110**	**839**	**643**	**63587**	**63642**
北京						
天津						
河北						
山西						
内蒙古						
辽宁						
吉林						
黑龙江						
上海						
江苏						
浙江						
安徽						
福建						
江西						
山东						
河南	108	110	660	643	62485	63642
湖北						
湖南						
广东	2		56		102	
广西						
海南						
重庆						
四川						
贵州						
云南						
西藏						
陕西						
甘肃						
青海						
宁夏	7		123		1000	
新疆						

2-15 续表 15

家用电器及电子产品专门零售

地区	门店数（个）		年末从业人员（人）		年末零售营业面积（平方米）	
	2017年	2016年	2017年	2016年	2017年	2016年
全国	**351**	**220**	**681**	**570**	**17112**	**7691**
北京						
天津						
河北						
山西						
内蒙古						
辽宁						
吉林						
黑龙江						
上海						
江苏	297	187	221	224	3851	3851
浙江	7	4	62	43	2116	495
安徽	29		244		6244	
福建						
江西						
山东						
河南	2	1	60	45	2000	1000
湖北						
湖南						
广东	9	22	45	190	463	544
广西						
海南						
重庆						
四川	7	6	49	68	2438	1801
贵州						
云南						
西藏						
陕西						
甘肃						
青海						
宁夏						
新疆						

2-15 续表 16

五金、家具及室内装饰材料专门零售

地区	门店数(个)		年末从业人员(人)		年末零售营业面积(平方米)	
	2017年	2016年	2017年	2016年	2017年	2016年
全国	**117**	**78**	**460**	**312**	**64367**	**43658**
北京						
天津						
河北						
山西						
内蒙古						
辽宁						
吉林						
黑龙江						
上海						
江苏						
浙江						
安徽						
福建						
江西						
山东						
河南						
湖北						
湖南						
广东						
广西						
海南						
重庆						
四川						
贵州						
云南						
西藏						
陕西						
甘肃						
青海						
宁夏						
新疆	117	78	460	312	64367	43658

2-15 续表 17

货摊、无店铺及其他零售业

地区	门店数（个）		年末从业人员（人）		年末零售营业面积（平方米）	
	2017年	2016年	2017年	2016年	2017年	2016年
全　国	**492**	**488**	**2275**	**2247**	**32865**	**32600**
北　京						
天　津						
河　北						
山　西						
内蒙古						
辽　宁						
吉　林						
黑龙江						
上　海						
江　苏	1	1	1	1	300	300
浙　江	17	17	20	23	1750	1750
安　徽						
福　建						
江　西						
山　东						
河　南						
湖　北						
湖　南						
广　东	474	470	2254	2223	30815	30550
广　西						
海　南						
重　庆						
四　川						
贵　州						
云　南						
西　藏						
陕　西						
甘　肃						
青　海						
宁　夏						
新　疆						

2-16 按行业分各地区

批发业

地区	商品购进总额		统一配送商品购进额		自有配送中心配送商品购进额	
	2017年	2016年	2017年	2016年	2017年	2016年
全国	**83975364**	**77636391**	**75250477**	**70192658**	**51866759**	**48310534**
北京	2020754	1583258	2020754	1583258	334694	202982
天津	86136	30859	1857	3050		
河北	1408173	1460148	1404006	1456416	401515	349139
山西	452844	383912	219410	198422	219410	198422
内蒙古						
辽宁	2570754	2137971	1946360	1621892	342641	302164
吉林						
黑龙江	101365	98671	97883	95291		
上海	4795113	4071029	4708905	3971039	4621198	3883201
江苏	18831949	17414088	18818874	17401426	18809057	17392780
浙江	12970023	11735548	11038155	10883903	10939625	10716691
安徽	7123888	7062199	7123888	7062199	3214908	3407918
福建	81101	105064	55210	69742	35073	34260
江西	2535347	2583757	2531264	2490793	1550246	1515133
山东	3894062	3855801	2955845	2817383	1420503	1310140
河南	1730499	1671214	1085344	1092695	501401	539265
湖北	1637834	1424210	1210111	1090974	589809	461975
湖南	442939	497166	376830	427213	350380	409337
广东	2206640	2044314	2068149	1936102	723951	645667
广西	6741583	6474184	6737017	6470074	2234876	2028274
海南						
重庆	1839524	1702530	1041134	961894	560847	437126
四川	307580	290087	47617	40129	41535	35317
贵州						
云南	96036	70027	87686	63371	42733	34203
西藏						
陕西	5778326	5600409	4980695	4611698	2656428	2530705
甘肃	405100	412135	188080	215090		
青海	203					
宁夏	2019860	1153470	1319962	563796	516988	232659
新疆	3897732	3774340	3185442	3064810	1758942	1643177

连锁零售企业经营情况

单位：万元

非自有配送中心配送商品购进额		商品销售总额		零售额	
2017年	2016年	2017年	2016年	2017年	2016年
5456953	**5030828**	**94102734**	**87537712**	**51884910**	**47324479**
1218528	917777	2082304	1672340	796670	732753
		92174	43848	27134	13836
139678	97907	2153202	1862838	1391126	1077917
		644351	605801	1865	1898
		2460966	2207514	1576953	1371001
		99111	96205	28966	29209
87707	87838	5246031	4516707	2714448	2454806
5158	4634	18909726	18353263	10877269	8864551
1930	1838	13620729	12585990	8260924	8117660
		7872979	7236829	7703104	7061577
		117183	106830	31316	32775
415282	356401	5327205	5114865	2464069	2269685
931	84	5051885	4880253	2408650	2550010
		1831566	1739396	1303699	1220783
51753	37418	1767664	1531819	460321	437247
	1654	508950	590922	50730	55177
1038866	1027135	2420341	2289621	1534384	1867064
		7272486	6922625	3851249	3593886
415712	459596	1953045	1824955	728418	592002
		321221	380767	194650	282951
		102957	84007	29651	21824
652161	615263	7804884	7273996	2753262	2354642
		451244	429198	383999	357391
		3383	1486		
2749	1652	1666842	1092227	664416	396371
1426500	1421632	4320303	4093409	1647638	1567465

2-16 续表 1

农、林、牧产品批发

地区	商品购进总额		统一配送商品购进额		自有配送中心配送商品购进额	
	2017年	2016年	2017年	2016年	2017年	2016年
全国	**1962746**	**1747428**	**1921729**	**1698607**	**1879656**	**1669630**
北京						
天津						
河北						
山西						
内蒙古						
辽宁	3975	3975	3975	3975		
吉林						
黑龙江						
上海						
江苏						
浙江	15154	12787	15154	12787		
安徽	1808168	1573811	1808168	1573811	1808168	1573811
福建						
江西						
山东						
河南						
湖北	29313	27299	27845	24295	26377	22930
湖南	61609	64212	23373	19370	13145	17716
广东	1312	976				
广西	11249	9195	11249	9195		
海南						
重庆	5001	20569	5001	20569	5001	20569
四川						
贵州						
云南						
西藏						
陕西						
甘肃						
青海						
宁夏						
新疆	26965	34604	26965	34604	26965	34604

单位：万元

非自有配送中心配送商品购进额		商品销售总额		零售额	
2017年	2016年	2017年	2016年	2017年	2016年
1468	**3019**	**2054271**	**1857997**	**1953843**	**1708554**
		3175	3175	3175	3175
		2573	2285		
		1890992	1641011	1890992	1641011
1468	1365	36779	33248	23594	21968
	1654	78343	111904	35209	41859
		1299	1004	873	542
		11158	9232		
		5186	20869		
		24766	35268		

2-16 续表 2

食品、饮料及烟草制品批发

地　区	商品购进总额		统一配送商品购进额		自有配送中心配送商品购进额	
	2017年	2016年	2017年	2016年	2017年	2016年
全　国	**6179219**	**6091034**	**5265965**	**5178317**	**3145517**	**3136782**
北　京	2767	2034	2767	2034	2767	2034
天　津	1857	3050	1857	3050		
河　北						
山　西	452844	383912	219410	198422	219410	198422
内蒙古						
辽　宁						
吉　林						
黑龙江						
上　海	173915	187828	87707	87838		
江　苏	118459	257127	118459	257127	118459	257127
浙　江	55260	60695	32408	36005	32408	36005
安　徽						
福　建	65698	90459	52273	66804	32135	31322
江　西	1687368	1766951	1683284	1673986	1183437	1154340
山　东	1306088	1158206	1291988	1144516		
河　南	2591	2813	2591	2813	2591	2813
湖　北	122261	158469	118804	158469		2225
湖　南	16222	16222	16222	16222		
广　东	23692	24310	23692	24310	17509	15882
广　西						
海　南						
重　庆	249175	200253	72453	69590	63204	61613
四　川						
贵　州						
云　南						
西　藏						
陕　西	1644883	1546006	1343777	1261281	1342377	1258965
甘　肃						
青　海						
宁　夏	97223	79502	97223	79502	30167	19688
新　疆	158915	153198	101052	96346	101052	96346

单位：万元

非自有配送中心配送商品购进额		商品销售总额		零售额	
2017年	2016年	2017年	2016年	2017年	2016年
99704	**97664**	**8486076**	**8109220**	**462701**	**544240**
		4855	3983	2761	2282
		2278	3986	166	1878
		644351	605801	1865	1898
87707	87838	229017	228670	24758	30524
		257554	234475	4541	45168
		62419	60878	13447	14175
		98963	90173	28876	29667
		2672895	2689162	26928	23169
		1312520	1159927	232829	222580
		3120	3206	1343	1449
	196	128000	159924	8489	76751
		15220	15220	856	856
		36328	32423	9036	7553
9249	7977	266990	202075	97430	76561
		2428405	2311405	1931	2894
2749	1652	118379	111603	5146	4388
		204784	196309	2301	2447

2-16 续表 3

纺织、服装及家庭用品批发

地　区	商品购进总额		统一配送商品购进额		自有配送中心配送商品购进额	
	2017年	2016年	2017年	2016年	2017年	2016年
全　国	**1616057**	**1631481**	**1074385**	**963796**	**1035564**	**926470**
北　京	31994	30795	31994	30795	31994	30795
天　津						
河　北	4738	4135	571	404		
山　西						
内蒙古						
辽　宁	27252	28510	27252	28510		
吉　林						
黑龙江						
上　海	85746	91870	85746	91870	85746	91870
江　苏						
浙　江						
安　徽						
福　建						
江　西	6527	5571	6527	5571		
山　东	1336430	1369913	798924	705959	798924	705959
河　南						
湖　北	2065	1648	2065	1648	2065	1648
湖　南						
广　东	121307	99040	121307	99040	116836	96197
广　西						
海　南						
重　庆						
四　川						
贵　州						
云　南						
西　藏						
陕　西						
甘　肃						
青　海						
宁　夏						
新　疆						

单位：万元

非自有配送中心配送商品购进额		商品销售总额		零售额	
2017年	2016年	2017年	2016年	2017年	2016年
6653	**6418**	**2898389**	**2745018**	**1351136**	**1356210**
		60687	43925	6907	7609
		5181	4680	782	561
		42354	43993		
		145254	134589	23633	24059
6527	5571	13588	12173	13588	12173
		2491708	2390565	1262250	1268845
		1850	1648	1850	1648
125	848	137767	113445	42128	41317

2-16 续表 4

文化、体育用品及器材批发

地　区	商品购进总额		统一配送商品购进额		自有配送中心配送商品购进额	
	2017年	2016年	2017年	2016年	2017年	2016年
全　国	**3619245**	**3679199**	**3609723**	**3669877**	**3569380**	**3548198**
北　京	32361	43217	32361	43217		
天　津						
河　北						
山　西						
内蒙古						
辽　宁						
吉　林						
黑龙江						
上　海						
江　苏	1252396	1252396	1252396	1252396	1252396	1252396
浙　江	1397625	1521397	1397625	1521397	1397625	1450832
安　徽						
福　建	9523	9322				
江　西						
山　东						
河　南						
湖　北	561312	434772	561312	434772	561312	434772
湖　南	337235	391621	337235	391621	337235	391621
广　东	26630	24514	26630	24514	20812	18576
广　西						
海　南						
重　庆						
四　川						
贵　州						
云　南						
西　藏						
陕　西						
甘　肃						
青　海						
宁　夏	2164	1960	2164	1960		
新　疆						

单位：万元

非自有配送中心配送商品购进额		商品销售总额		零售额	
2017年	2016年	2017年	2016年	2017年	2016年
		3667900	**3708045**	**1302238**	**1413277**
		29281	44376	14340	12199
		1203630	1203630	558276	558276
		1429317	1558439	644392	760317
		11525	10261	836	1700
		576062	422680	60313	48446
		388697	439576	14665	12463
		27176	27159	9330	19809
		2211	1924	88	68

2-16 续表 5

医药及医疗器材批发

地区	商品购进总额		统一配送商品购进额		自有配送中心配送商品购进额	
	2017年	2016年	2017年	2016年	2017年	2016年
全国	**685570**	**539988**	**409726**	**348704**	**311022**	**266623**
北京						
天津						
河北	339		339			
山西						
内蒙古						
辽宁	5976	5704	5976	5704		
吉林						
黑龙江	3482	3381				
上海						
江苏	152632	125439	152632	125439	152632	125439
浙江	36971	31348	36971	31348	17790	12509
安徽						
福建	485					
江西						
山东	133779	130391	2399	1732	1469	1649
河南						
湖北	79403	400	55	400	55	400
湖南	25267	25111				
广东	65755	50557	59600	45043	2474	1879
广西						
海南						
重庆	49182	50939	33017	32878	25231	24495
四川	60892	50617	47617	40129	41535	35317
贵州						
云南	44101	35368	44016	35298	42733	34203
西藏						
陕西						
甘肃						
青海	203					
宁夏						
新疆	27104	30734	27104	30734	27104	30734

单位：万元

非自有配送中心配送商品购进额		商品销售总额		零售额	
2017年	2016年	2017年	2016年	2017年	2016年
13931	**13074**	**780279**	**639552**	**242170**	**213254**
		261		261	
		10271	9924	10271	9924
		3501	3407	1252	1218
		135485	128381	62859	58143
		48400	39990	34569	31450
		669		485	
931	84	140437	135631	19048	17459
		82745	581	22409	581
		24385	24221		
13000	12990	77546	58969	12175	12649
		103842	103129	38255	47045
		68966	58608	32007	25379
		49713	41427	5761	7129
		3383	1486		
		30675	33797	2818	2277

2-16 续表 6

矿产品、建材及化工产品批发

地　区	商品购进总额		统一配送商品购进额		自有配送中心配送商品购进额	
	2017年	2016年	2017年	2016年	2017年	2016年
全　国	**67202862**	**61234328**	**60368699**	**55669435**	**39649108**	**36453494**
北　京	1666564	1349551	1666564	1349551	12865	12493
天　津						
河　北	1403097	1456013	1403097	1456013	401515	349139
山　西						
内蒙古						
辽　宁	2533551	2099781	1909157	1583703	342641	302164
吉　林						
黑龙江	97883	95291	97883	95291		
上　海	4535452	3791331	4535452	3791331	4535452	3791331
江　苏	17301967	15771817	17288892	15759912	17280403	15752576
浙　江	11403610	10047270	9494897	9220315	9491803	9217345
安　徽	3908980	3864112	3908980	3864112		209831
福　建	5396	5283	2938	2939	2938	2939
江　西	841452	811236	841452	811236	366809	360794
山　东	1117766	1197290	862534	965175	620111	602532
河　南	1715231	1658725	1070076	1080207	498809	536452
湖　北	730590	635453	387141	305220		
湖　南	2606					
广　东	1318702	1257937	1208511	1174045		
广　西	6700350	6433703	6695784	6429593	2234876	2028274
海　南						
重　庆	1532166	1428156	930663	838856	467411	330449
四　川	246687	239470				
贵　州						
云　南	8265	6586				
西　藏						
陕　西	4122227	4045375	3625703	3341389	1302835	1262712
甘　肃	405100	412135	188080	215090		
青　海						
宁　夏	1920473	1072007	1220575	482333	486820	212971
新　疆	3684748	3555804	3030321	2903126	1603821	1481493

单位：万元

非自有配送中心配送商品购进额		商品销售总额		零售额	
2017年	2016年	2017年	2016年	2017年	2016年
5333870	**4909343**	**72965004**	**67736732**	**44470273**	**40031766**
1218528	917777	1691559	1412767	643936	642185
139678	97907	2147760	1858158	1390083	1077357
		2405165	2150422	1563507	1357902
		95610	92799	27714	27991
		4871760	4153448	2666058	2400223
3830	3324	17305736	16779467	10249169	8200813
1930	1838	12017640	10857619	7543833	7309349
		4217764	4077697	4047890	3902446
		6026	6397	1119	1409
408755	350830	2640722	2413530	2423553	2234343
		1107220	1194130	894523	1041126
		1814645	1725366	1293224	1212319
50285	35856	772666	692028	297399	249894
		2305			
1025741	1013298	1426813	1465615	1392550	1422763
		7186397	6844222	3848158	3565595
406463	451618	1572177	1495174	587883	464688
		252255	322159	162643	257572
		8322	6581		
652161	615263	5364886	4953221	2751331	2351748
		451244	429198	383999	357391
		1546252	978700	659183	391914
1426500	1421632	4060078	3828034	1642519	1562740

2-16 续表 7

机械设备、五金产品及电子产品批发

地区	商品购进总额		统一配送商品购进额		自有配送中心配送商品购进额	
	2017年	2016年	2017年	2016年	2017年	2016年
全国	**1109913**	**864783**	**1025634**	**836217**	**858456**	**675875**
北京	287070	157660	287070	157660	287070	157660
天津	84279	27809				
河北						
山西						
内蒙古						
辽宁						
吉林						
黑龙江						
上海						
江苏	6495	7309	6495	6552	5167	5242
浙江	61101	62050	61101	62050		
安徽						
福建						
江西						
山东						
河南	12676	9676	12676	9676		
湖北						
湖南						
广东	628308	568993	628308	568993	566219	512973
广西	29985	31286	29985	31286		
海南						
重庆						
四川						
贵州						
云南						
西藏						
陕西						
甘肃						
青海						
宁夏						
新疆						

单位：万元

非自有配送中心配送商品购进额		商品销售总额		零售额	
2017年	2016年	2017年	2016年	2017年	2016年
1328	**1310**	**1223591**	**928134**	**262219**	**482301**
		295922	167289	128726	68477
		89896	39862	26969	11959
1328	1310	7320	7309	2424	2152
		59255	66780	24289	2370
		13802	10824	9131	7015
		682465	566900	67588	362039
		74931	69171	3092	28290

2-16 续表 8

其他批发业

地区	商品购进总额		统一配送商品购进额		自有配送中心配送商品购进额	
	2017年	2016年	2017年	2016年	2017年	2016年
全国	**1599752**	**1848150**	**1574616**	**1827706**	**1418057**	**1633463**
北京						
天津						
河北						
山西						
内蒙古						
辽宁						
吉林						
黑龙江						
上海						
江苏						
浙江	303					
安徽	1406740	1624276	1406740	1624276	1406740	1624276
福建						
江西						
山东						
河南						
湖北	112890	166170	112890	166170		
湖南						
广东	20935	17989	101	159	101	159
广西						
海南						
重庆	4000	2614				
四川						
贵州						
云南	43670	28073	43670	28073		
西藏						
陕西	11216	9029	11216	9029	11216	9029
甘肃						
青海						
宁夏						
新疆						

单位：万元

非自有配送中心配送商品购进额		商品销售总额		零售额	
2017年	2016年	2017年	2016年	2017年	2016年
		2027223	**1813015**	**1840329**	**1574877**
		1126		395	
		1764222	1518120	1764222	1518120
		169563	221710	46267	37960
		30947	24107	705	393
		4850	3709	4850	3709
		44921	35999	23890	14695
		11594	9370		

2-16 续表 9

零售业

地 区	商品购进总额		统一配送商品购进额		自有配送中心配送商品购进额	
	2017年	2016年	2017年	2016年	2017年	2016年
全 国	**221232585**	**216152267**	**162125108**	**157049767**	**88073663**	**87307932**
北 京	24649195	22716241	17319615	15563934	10966084	9481109
天 津	4514376	4151101	2710891	2411324	1920437	1799591
河 北	9906612	8406025	7803278	6458469	3048584	2935550
山 西	2883180	2750650	1699929	1719309	925240	939565
内 蒙 古	334471	312476	217403	200955	107871	81742
辽 宁	4592220	4709769	3076292	3214371	414224	323853
吉 林	1446124	1450769	1377652	1386992	1181541	1205600
黑 龙 江	2312012	1941886	2110368	1744347	531590	489396
上 海	22144844	23680989	17752530	18295495	4818486	4966842
江 苏	24183748	26676937	18912988	20176528	13379293	14739501
浙 江	6318853	6331889	5841308	5901442	3925146	4235721
安 徽	8645832	8190568	4116490	3833362	1598449	1702179
福 建	11961305	10922936	7741513	7511678	2642050	3090510
江 西	3754611	3954352	3017721	3022882	2110642	1878672
山 东	13845181	13748276	9572101	8990251	5963347	5683444
河 南	6238255	6207600	3312051	3308858	1898399	1933113
湖 北	15546824	14748356	9985393	9914678	8018327	8309951
湖 南	8219719	7175037	7041213	5963026	4181427	3545012
广 东	25878097	25261634	20401200	20495712	11852197	11722506
广 西	801235	886230	733849	811860	468756	545388
海 南	1741579	1219941	1704968	1199080	6377	5707
重 庆	4950230	5047013	3661697	3681810	2593875	2619512
四 川	6639936	6251194	4639888	4421891	2272532	2010038
贵 州	639024	683760	604716	667642	344028	381959
云 南	2344362	2273787	1983773	1897239	790904	795867
西 藏	29544	30552	29544	30552		
陕 西	1836678	1697320	902358	824458	320287	261179
甘 肃	1091409	1074694	1052764	1036483	133289	114771
青 海	191658	190215	87388	71628	20241	5099
宁 夏	1216972	1383466	413282	323512	286703	257935
新 疆	2374500	2076606	2300945	1970002	1353340	1246624

单位：万元

非自有配送中心配送商品购进额		商品销售总额		零售额	
2017年	2016年	2017年	2016年	2017年	2016年
26287932	**25440541**	**262187893**	**252492906**	**224286883**	**205608553**
2261330	2253195	29575344	27273039	24987517	23312017
102252	93588	5031812	4937121	4148195	3986762
213010	188563	10217486	8371676	8966476	7177581
3107	2518	3959345	3825235	3674196	3525186
1864	2173	364078	341343	257612	250616
1421635	1386018	4716385	4767670	4307058	4388566
9924	10827	1775708	1636622	1527658	1420984
149232	155412	2346022	2178274	1642979	1706996
2314490	2613735	26738004	26447249	22740913	22317001
2225611	2498052	25925358	30148817	20770721	12784054
1311454	925470	7541404	7427207	6535075	6683321
486480	414552	8874306	8348311	5634380	5356628
3309387	2877227	15020751	12823325	13132166	11600798
112535	139896	5365817	5575697	4663948	4615730
1355137	1239641	15657503	15249112	13121545	12750701
259526	262804	6989318	6864988	6578158	6517627
875130	538397	17841866	16535156	16095118	15237401
1059645	934804	11594931	10406893	10774609	9330850
6208366	6587626	31667295	30045032	27500699	26132453
114770	58753	1200709	1197324	1112116	1173012
		1911558	1309071	1160835	1199282
653899	662767	7493953	7420794	6781086	6622445
403575	395075	7318361	6977649	7143268	6845056
6721	9005	667634	708106	651376	691431
360059	310978	4524462	4381487	3794580	3642977
		27273	30561	27273	30561
113259	133385	2048949	1847006	1270808	1237722
10242	11552	1286322	1206025	1114007	1070121
		316185	289371	314244	287689
11117	11148	1200821	1092863	1115076	1055169
934177	723378	2988936	2829884	2743193	2657817

2-16 续表 10

综合零售

地区	商品购进总额		统一配送商品购进额		自有配送中心配送商品购进额	
	2017年	2016年	2017年	2016年	2017年	2016年
全国	**113615421**	**113604315**	**76574669**	**76182273**	**43935821**	**45303848**
北京	12351691	11473014	8955194	8207323	4582150	4208904
天津	783980	894188	123064	61548		
河北	3393681	2100564	1717163	521228	384737	380603
山西	1048286	976642	369752	393116	311757	323945
内蒙古	201205	197939	105955	111330	2335	1828
辽宁	931440	991495	495928	564921	50651	26220
吉林	168288	151249	167321	150295		
黑龙江	497110	547842	318445	371167	185251	244523
上海	14805750	16522133	11297137	12177724	2125298	2481774
江苏	10810367	11217938	9804428	10264608	8624427	8647694
浙江	4150752	4550985	3839402	4213704	2500275	3119162
安徽	7357463	7120099	3109842	2968656	1227181	1359092
福建	7398889	6994816	5275232	5333969	1723174	2165904
江西	1269540	1383850	963039	841878	680210	546619
山东	9725275	10140556	6097698	5951593	3807999	3780901
河南	2275394	2560388	1089976	1391274	594475	844655
湖北	10563521	10087092	5849920	5783301	5676351	5538962
湖南	3452314	3010839	2413576	1982859	1589534	1236441
广东	11714431	11409251	7759170	7950218	6090560	6654542
广西	218372	296197	151474	221873	64997	65866
海南	61642	64027	25031	43167		
重庆	3501378	3700666	2332898	2441249	1853710	1944926
四川	3622000	3465164	2660564	2522093	1356133	1150982
贵州	181725	291861	176484	286537	131874	239651
云南	728410	761494	440934	446029	141205	179285
西藏	29544	30552	29544	30552		
陕西	791583	794573	216668	192506	73156	58588
甘肃	65492	64073	26848	25862	16606	14311
青海	135288	131501	49264	34015	20241	5099
宁夏	680712	957557	62824	62175	6050	
新疆	699898	715771	649897	635504	115488	83374

单位：万元

非自有配送中心配送商品购进额		商品销售总额		零售额	
2017年	2016年	2017年	2016年	2017年	2016年
11901910	**12108352**	**130703768**	**128185839**	**113971249**	**112042335**
509240	449819	15287452	14170257	12532125	11790052
		925389	1024508	757974	836077
115380	81937	3576473	2313075	3535140	2282972
		1751665	1647592	1740000	1637034
1099	1359	217223	206352	111282	115626
293749	346544	1023976	1125049	908559	1014796
		178502	159952	178429	159915
11925	12052	483473	554471	404361	478876
1972492	2269548	17262284	17519815	15927994	15919446
735979	1209642	11999543	12739812	8130070	9043659
887178	487855	4975098	5317859	4280807	4810788
358177	311485	7480537	7049336	4412996	4251867
3112635	2672924	7085622	6105278	6545328	5948587
50257	66528	1523359	1690197	1456561	1559636
944613	973371	11094782	11248780	9517809	9561081
119101	118155	3084218	3205239	3019716	3191770
65870	102566	11702929	11245513	11222590	10781732
443658	430529	4288258	3907419	4190412	3433239
716529	985341	12567116	12560829	11488891	11527432
		376698	450962	375846	449882
		69372	55272	69372	55272
404408	431639	5743206	5813312	5463827	5427533
362143	351951	3791969	3819035	3767971	3777760
1515	1682	184692	269119	183054	266756
170490	151736	1126799	1120872	1087084	1087456
		27273	30561	27273	30561
81735	76859	872815	843408	672109	652795
10242	11552	70245	67960	70245	67960
		239194	213561	237253	211878
11117	11148	670960	666531	641976	633934
522379	552130	1022649	1043916	1014199	1035966

2-16 续表 11

食品、饮料及烟草制品专门零售

地　区	商品购进总额		统一配送商品购进额		自有配送中心配送商品购进额	
	2017年	2016年	2017年	2016年	2017年	2016年
全　国	**3495414**	**3188117**	**2816329**	**2619441**	**1799480**	**1658569**
北　京	529313	479413	519306	470294	406137	372131
天　津	76559	104810	46569	55638		
河　北	2330	2202	2330	2202	1523	1577
山　西	13151	15198	13080	15098	13080	14136
内蒙古						
辽　宁	74481	79954	74481	79954	5076	7351
吉　林	32837	32994	32837	32994	30373	29082
黑龙江						
上　海	163958	158608	160622	151128	19364	21309
江　苏	303161	331636	272324	305177	47038	50026
浙　江	156552	169495	143692	156907	138319	151536
安　徽	15962	15929	6117	5955	6117	5955
福　建	175495	183074	160872	169766	93107	107822
江　西	179681	160872	179681	160872	155137	141050
山　东	475884	440990	475884	440990	429675	397847
河　南	105957	81937	104177	79172	7275	8966
湖　北	397198	360778	208535	196696	139825	135213
湖　南	63970	35621	62343	34112	62343	34022
广　东	242708	173550	231411	169824	171813	122443
广　西						
海　南						
重　庆	79739	60810	65660	47252	41558	30317
四　川	380915	276748	38879	27787	31721	27787
贵　州						
云　南	4468	4736	4468	4736		
西　藏						
陕　西	13983	13599	13062	12888		
甘　肃						
青　海						
宁　夏	6092	4177				
新　疆	1020	984				

单位：万元

非自有配送中心配送商品购进额		商品销售总额		零售额	
2017年	2016年	2017年	2016年	2017年	2016年
214638	**160457**	**4883937**	**4428046**	**4088807**	**3696993**
112186	67294	814540	735255	769803	689272
		95688	131272	95346	101798
		4282	2410	4282	2410
		23190	26188	21483	26188
		83475	94535	83475	94535
		44510	40121	44510	40121
1200		346648	339930	346648	339274
23990	23359	335245	372042	299020	327565
2881	5371	201493	188868	185474	164198
		18027	19758	5369	5966
20090	17745	233272	248365	220559	228046
10754	19309	185175	171146	185175	171146
		630207	510853	369890	294697
7442		91784	70165	91784	70165
		588118	566556	312123	306550
	50	90213	82395	90213	82395
35498	26746	473870	377605	461279	368357
600	581	133068	114003	76964	66988
		456494	310049	400915	301376
		5798	5662	5798	5662
		17481	15752	7336	5169
		10067	3644	10067	3644
		1293	1471	1293	1471

2-16 续表 12

纺织、服装及日用品专门零售

地区	商品购进总额		统一配送商品购进额		自有配送中心配送商品购进额	
	2017年	2016年	2017年	2016年	2017年	2016年
全国	**3965936**	**3367981**	**2907671**	**2489158**	**985054**	**929153**
北京	489438	487114	327240	317880	126093	117204
天津	10295	9734	10295	9734	2438	2317
河北	69732	66720	69732	66720	6385	6496
山西	1911	5778	1911	5778	755	821
内蒙古						
辽宁	11128	38824	7905	36924	3907	3865
吉林	2628	2937	2628	2937		
黑龙江	15154	14224	15154	14224	15154	14224
上海	1230244	1037135	841587	717343	143482	149554
江苏	146106	112011	145001	111472	64153	54778
浙江	290694	198572	177170	151828	155945	132051
安徽	493	315	493	315		
福建	278782	60075	258339	60075	12444	40698
江西	11043	6597	4478	4567		
山东	3660	3830	996	1095	996	1095
河南	9519	11479	9519	11479	2835	5430
湖北	289415	251245	179258	157036	34738	35193
湖南	185140	147113	127271	100203	72285	68108
广东	675828	678274	568757	573948	197215	173904
广西						
海南						
重庆	100368	67604	64412	38647	64412	38647
四川	81516	101529	49363	54618	35949	32713
贵州						
云南	12785	10717	295	280		
西藏						
陕西	45796	52004	45796	52004	45796	52004
甘肃						
青海	4190	4101				
宁夏						
新疆	72	49	72	49	72	49

单位：万元

非自有配送中心配送商品购进额		商品销售总额		零售额	
2017年	2016年	2017年	2016年	2017年	2016年
589492	**568098**	**6925465**	**5701575**	**6562931**	**5319342**
164908	163595	745379	729034	649668	658634
		23669	23811	23654	23591
		71799	65711	24494	22170
		2628	5953	2628	5953
		18179	45067	16402	45067
647	1027	4078	3593	4078	3593
		23727	22604	23727	22604
21806	17269	2558349	2185188	2517281	2133579
80848	56694	168762	142926	168762	142926
8101	6282	376834	219044	369237	214160
		575	372	230	223
2466	1849	444843	86451	425558	70372
		15557	14452	15557	14452
		6470	6483	6369	6416
		14925	17786	14925	17786
5173	5247	388323	336864	313603	296879
26975	7436	242766	224049	224023	201727
268469	289777	1471294	1248902	1430368	1123820
		120835	98811	105894	91025
10099	18922	127390	118830	127389	118830
		20077	18996	20077	18996
		61326	70937	61326	70829
		17608	15637	17608	15637
		74	74	74	74

2-16 续表 13

文化、体育用品及器材专门零售

地 区	商品购进总额		统一配送商品购进额		自有配送中心配送商品购进额	
	2017年	2016年	2017年	2016年	2017年	2016年
全 国	**5753443**	**5573510**	**5463000**	**5170225**	**4787140**	**4524239**
北 京	272670	272580	272670	272580	250031	252336
天 津						
河 北	3043	3222	2980	3222	2980	3222
山 西						
内蒙古						
辽 宁	19909	14559	19909	14559	13364	14559
吉 林						
黑龙江	21369	37487	21369	37487	11568	9820
上 海	2807166	2736164	2713561	2503243	2369936	2168418
江 苏	12998	13376	11476	12445	11411	12038
浙 江						
安 徽	127082	102107	127082	102107		
福 建	23031	25857	23031	25857	23031	25857
江 西	726561	694010	726561	694010	724347	691832
山 东	114054	97936	26719	22067	26579	21947
河 南	23755	24250	13669	13348	8389	7368
湖 北	92596	89922	64142	67892	44231	42186
湖 南	28996	24525	28587	20855	21580	12986
广 东	146234	142711	116292	113651	53595	52509
广 西	15183	17169	15183	17169	15183	17169
海 南						
重 庆	371508	376026	365410	373014	365410	373014
四 川	561961	539161	559592	536930	551557	532203
贵 州						
云 南	97489	90406	97489	90406	41125	41840
西 藏						
陕 西	58218	60436	58218	60436	58218	60436
甘 肃						
青 海						
宁 夏	20713	12802	12684	12802	12684	12802
新 疆	208909	198804	186376	176145	181921	171697

单位：万元

非自有配送中心配送商品购进额		商品销售总额		零售额	
2017年	2016年	2017年	2016年	2017年	2016年
408156	**390074**	**6155659**	**5879146**	**3151712**	**3049121**
		371907	365945	290286	300554
		35418	3232	34177	3232
		13364	13317	10691	9328
		84843	110262	84843	110262
194340	177441	2924703	2830679	632454	638491
		19250	16600	19250	16600
127082	102107	110968	100391	110968	100391
		26741	29129	23140	25063
		720622	683183	441052	415029
140	121	115101	101087	57068	57055
		27477	26876	27477	26596
		100191	88824	81709	81544
457	368	34150	31085	21077	26762
25125	56936	166507	163248	145372	142381
		13127	14294	13127	14294
		448844	425532	276468	254798
194	87	562467	524626	514451	487079
56365	48566	95868	86226	83989	75051
		60522	56452	60522	56452
		23077	12822	23077	12822
4455	4449	200512	195339	200512	195339

2-16 续表 14

医药及医疗器材专门零售

地　区	商品购进总额		统一配送商品购进额		自有配送中心配送商品购进额	
	2017年	2016年	2017年	2016年	2017年	2016年
全　国	**13655634**	**12077622**	**12490137**	**11144426**	**6071015**	**4986680**
北　京	476272	431333	456685	418227	129073	140620
天　津	45227	39770	22235	19208	4049	1324
河　北	2654672	2543759	2626519	2525450	233760	222567
山　西	217142	236978	179916	206546	145905	175048
内蒙古	70772	48172	60188	35953	58313	34507
辽　宁	664946	733043	644991	707004	168677	88836
吉　林	159013	125255	141902	112345	126474	96719
黑龙江	208537	207339	190347	189215	43839	56510
上　海	393784	384532	375891	368964	134045	121387
江　苏	835759	724448	554145	521459	341281	319466
浙　江	881463	714636	859933	696794	603744	465031
安　徽	254832	227845	250031	224368	110000	83713
福　建	338886	284810	298364	250703	165604	141616
江　西	177072	177500	168685	165320	22254	8844
山　东	670122	467007	617969	439414	433053	272203
河　南	411733	374859	398716	363395	109220	91927
湖　北	313195	276661	256786	231584	156361	137234
湖　南	582853	472782	573269	462636	322367	254137
广　东	1338922	1088220	1072977	878445	814877	661549
广　西	308227	267933	307739	267888	200728	190991
海　南	6898	6238	6898	6238	6377	5707
重　庆	636793	578335	578318	522288	247141	206472
四　川	378924	335906	268091	240172	141046	121833
贵　州	262254	193932	247863	183138	212154	142308
云　南	696735	596132	696474	595835	560252	482779
西　藏						
陕　西	177411	108582	160402	101493	128049	76198
甘　肃	126679	111228	126679	111228	116683	100461
青　海	22007	25249	7951	8249		
宁　夏	65357	60821	61025	56550	57080	53148
新　疆	279149	234318	279149	234318	278611	233548

单位：万元

非自有配送中心配送商品购进额		商品销售总额		零售额	
2017年	2016年	2017年	2016年	2017年	2016年
1796204	**1653195**	**15885965**	**13639504**	**14262422**	**12479679**
309367	259992	583993	521755	453294	456724
8168	8507	63709	60720	63709	60720
18171	7305	2464773	2198075	2418601	2193466
3107	2518	287664	270872	271741	251962
766	814	74085	55259	73560	55259
		784308	659889	695690	593242
1007	1177	261969	221098	261406	220596
13213	12391	273085	289569	209742	206547
124652	149477	494697	483720	494636	483646
47150	100912	934684	758715	754284	637323
181269	157411	1083385	888159	932553	856618
1222	960	262050	234647	213080	189687
65199	61703	383627	322348	377148	317122
20150	27780	217844	177408	217844	177408
44698	38674	725613	542933	648015	511020
132983	144649	519641	433942	506236	413197
46402	18527	408753	318904	368610	288687
235779	185813	795198	648908	795198	648908
29971	27980	1551741	1391519	1223816	1110590
75754	58753	437997	334354	361245	319472
		10315	9183	10315	9183
248892	230547	777051	700414	590968	519876
31139	24115	445012	369160	407930	350138
5206	7324	289584	239710	274964	225399
133204	110676	958287	865076	908588	779361
18197	14420	192008	135413	171531	122163
		190958	149426	181818	140370
		29981	27298	29981	27298
		72097	66741	49708	61644
538	770	311859	264289	296213	252053

2-16 续表 15

汽车、摩托车、燃料及零配件专门零售

地　区	商品购进总额		统一配送商品购进额		自有配送中心配送商品购进额	
	2017年	2016年	2017年	2016年	2017年	2016年
全　国	**47035239**	**43546853**	**39067280**	**36347306**	**16241119**	**15440378**
北　京	3578923	3394122	3483592	3300070	2943065	2501590
天　津	2940769	2707241	2391773	2207382	1796996	1738135
河　北	3562828	3467482	3186569	3142477	2319369	2207287
山　西	1225770	1169114	832711	825434	256713	241486
内蒙古						
辽　宁	1907926	1872273	1285838	1256529		
吉　林	764006	920674	764006	920674	764006	920674
黑龙江	1109553	775581	1109553	775581		
上　海	1231737	1114733	1123375	969751		
江　苏	1139079	872940	1139079	872940	3875	3930
浙　江	50997	35499	32716	19508		
安　徽	515085	416368	515085	416368	197541	168836
福　建	2805131	2462323	1062287	1065371	185350	216070
江　西	988139	1232259	572702	856970	131983	196001
山　东	2267140	2089550	1777067	1626684	705160	716034
河　南	2744557	2478408	1230724	971286	831754	635067
湖　北	2587527	2573131	2568515	2554364	1822763	1879636
湖　南	3561588	3155402	3494672	3077511	1785217	1664517
广　东	8351905	8263056	7831747	7825164	1897525	1890134
广　西	32589	33569	32589	33569		
海　南	1673040	1149676	1673040	1149676		
重　庆	10117	7916	4670	3704	4670	3704
四　川	621860	509293	92503	46768	92503	46768
贵　州						
云　南	664818	654007	664818	654007		
西　藏						
陕　西	721292	612068	379817	349073		
甘　肃	867517	851393	867517	851393		
青　海						
宁　夏	226890	151030	65860			
新　疆	884457	577746	884457	575052	502630	410510

单位：万元

非自有配送中心配送商品购进额		商品销售总额		零售额	
2017年	2016年	2017年	2016年	2017年	2016年
9335939	**8816968**	**60955431**	**56032548**	**47970498**	**44970695**
540527	798480	3949260	3795591	2666915	2586473
94084	85081	3255766	3072432	2626565	2368675
79459	99322	3795113	3561660	2680155	2445817
		1438034	1487281	1251570	1291034
1127886	1039475	1943697	1911795	1743926	1731003
		1077727	987929	830312	773623
		1103496	864551	580042	588334
		1333064	1270179	1003728	986443
1135203	869011	1139363	882770	914118	702552
		49803	38163	41162	31927
		573347	487104	518269	440656
64833	56292	5759539	5010495	4497647	4075615
31374	26279	2331463	2519367	1982378	1958995
365686	227475	2431543	2274534	1920420	1759634
		2563669	2437127	2280850	2160059
78783	67907	3072005	2717909	2617112	2367542
340577	300559	5763722	5170192	5076653	4598695
5096759	5082547	11637924	10915334	9260523	8819687
		32669	33898	32669	33898
		1831871	1244616	1081148	1134827
		11039	8863	11039	8863
		878817	751591	872798	743674
		2166194	2110437	1564168	1519602
		783306	666258	236493	271529
		974776	928914	811601	802067
		221830	172315	221830	172315
380769	164542	836396	711242	646408	597156

2-16 续表 16

家用电器及电子产品专门零售

地　区	商品购进总额		统一配送商品购进额		自有配送中心配送商品购进额	
	2017年	2016年	2017年	2016年	2017年	2016年
全　国	**33105919**	**34270504**	**22241388**	**22590673**	**13945444**	**14214482**
北　京	6765702	6015139	3144278	2424297	2505676	1873724
天　津	606067	363980	65476	26437	65476	26437
河　北	220327	222077	197984	197170	99829	113798
山　西	376920	346941	302561	273336	197030	184130
内蒙古	62494	66365	51260	53672	47224	45406
辽　宁	982390	979621	547241	554479	172549	183023
吉　林	314762	213069	264368	163156	256098	154534
黑龙江	460289	359413	455499	356673	275778	164319
上　海	1421085	1627201	1149803	1310294		
江　苏	10921266	13387524	6971523	8071364	4281681	5648011
浙　江	767615	649072	767615	649072	508235	356298
安　徽	374916	307905	107841	115593	57611	84585
福　建	941092	911980	663390	605935	439341	392541
江　西	402575	299265	402575	299265	396711	294327
山　东	589047	508408	575769	508408	559886	493418
河　南	667340	676279	465270	478904	344451	339701
湖　北	1302164	1108471	857028	922748	144059	541527
湖　南	341944	326955	338580	283050	328101	274800
广　东	3316111	3441112	2744255	2921899	2589221	2130881
广　西	224390	269649	224390	269649	185374	269649
海　南						
重　庆	250328	255656	250328	255656	16974	22433
四　川	974681	1005356	952819	975486	45543	79715
贵　州	195045	197967	180370	197967		
云　南	139658	156296	79295	105947	48323	91963
西　藏						
陕　西	28396	56058	28396	56058	15068	13952
甘　肃	31720	48000	31720	48000		
青　海	30173	29364	30173	29364		
宁　夏	216731	196570	210889	191984	210889	191984
新　疆	180695	244814	180695	244814	154319	243327

单位：万元

非自有配送中心配送商品购进额		商品销售总额		零售额	
2017年	2016年	2017年	2016年	2017年	2016年
1964974	**1673150**	**35696506**	**37757366**	**33326664**	**23207765**
576951	468386	7538251	6681141	7340865	6556245
		614095	591143	527451	562666
		269628	227514	269628	227514
		456165	387350	386775	313014
		72771	79732	72771	79732
		849385	918018	848315	900595
8271	8623	203677	218803	203677	218803
124093	130968	377399	336817	340265	300373
		1703146	1695444	1703146	1695444
192857	224930	11312016	15216524	10472474	1897016
232026	268551	820975	751546	692026	582061
		428803	456704	373467	367838
44164	66715	1087107	1021260	1042786	935993
		371797	319944	365381	319065
		653789	564441	601974	560798
		687604	673853	637170	638055
678903	344151	1579467	1258618	1177292	1112501
9284	8250	377377	340144	374287	336424
20047	108984	3687253	3311409	3400980	2983376
39016		336577	361029	327687	354141
		259911	259858	255927	253362
		1033993	1062239	1029594	1044081
		193358	199277	193358	199277
		151440	174218	124876	156848
13328	42106	61492	58785	61492	58785
		50342	59725	50342	59725
		29401	32875	29401	32875
		201809	169687	167436	169687
26035	1487	287478	329268	255820	291473

2-16 续表 17

五金、家具及室内装饰材料专门零售

地区	商品购进总额		统一配送商品购进额		自有配送中心配送商品购进额	
	2017年	2016年	2017年	2016年	2017年	2016年
全国	**503988**	**440032**	**463520**	**423439**	**248344**	**195765**
北京	185187	163527	160651	153264	23859	14600
天津	51479	31378	51479	31378	51479	31378
河北						
山西						
内蒙古						
辽宁						
吉林						
黑龙江						
上海	64758	76083	64193	72649		
江苏	9586	13504	9586	13504		
浙江	18629	11643	18629	11643	18629	11643
安徽						
福建						
江西						
山东						
河南						
湖北	1208	1057	1208	1057		
湖南	2915	1800	2915	1800		
广东	31848	18884	16481	15987	15998	15987
广西						
海南						
重庆						
四川	18079	18037	18079	18037	18079	18037
贵州						
云南						
西藏						
陕西						
甘肃						
青海						
宁夏						
新疆	120300	104120	120300	104120	120300	104120

单位：万元

非自有配送中心配送商品购进额		商品销售总额		零售额	
2017年	2016年	2017年	2016年	2017年	2016年
60651	**60934**	**857425**	**772873**	**845214**	**767908**
48151	45630	284562	274063	284562	274063
		53495	33235	53495	33235
		88338	98949	88249	97336
9586	13504	9832	14164	9667	13608
		30637	20647	30637	20647
		2079	1967	2079	1967
2915	1800	3246	2700	2745	2700
		34341	20742	22885	17947
		22221	22119	22221	22119
		328675	284286	328675	284286

2-16 续表 18

货摊、无店铺及其他零售业

地 区	商品购进总额		统一配送商品购进额		自有配送中心配送商品购进额	
	2017年	2016年	2017年	2016年	2017年	2016年
全 国	**101592**	**83334**	**101115**	**82825**	**60247**	**54818**
北 京						
天 津						
河 北						
山 西						
内蒙古						
辽 宁						
吉 林	4591	4591	4591	4591	4591	4591
黑龙江						
上 海	26361	24401	26361	24401	26361	24401
江 苏	5427	3559	5427	3559	5427	3559
浙 江	2151	1986	2151	1986		
安 徽						
福 建						
江 西						
山 东						
河 南						
湖 北						
湖 南						
广 东	60111	46576	60111	46576	21394	20555
广 西	2475	1713	2475	1713	2475	1713
海 南						
重 庆						
四 川						
贵 州						
云 南						
西 藏						
陕 西						
甘 肃						
青 海						
宁 夏	478	509				
新 疆						

单位：万元

非自有配送中心配送商品购进额		商品销售总额		零售额	
2017年	2016年	2017年	2016年	2017年	2016年
15968	**9315**	**123737**	**96009**	**107386**	**74715**
		5245	5125	5245	4332
		26777	23344	26777	23344
		6664	5265	3076	2805
		3179	2921	3179	2921
15968	9315	77250	55445	66584	38864
		3640	2787	1543	1326
		982	1124	982	1124

2-17 按行业分各地区连锁零售

批发业

地区	商品购进总额		统一配送商品购进额		自有配送中心配送商品购进额	
	2017年	2016年	2017年	2016年	2017年	2016年
全国	**81748623**	**75350625**	**73221292**	**68030819**	**50165892**	**46222245**
北京	2014210	1576961	2014210	1576961	328150	196685
天津	86136	30859	1857	3050		
河北	1408173	1460148	1404006	1456416	401515	349139
山西	452844	383912	219410	198422	219410	198422
内蒙古						
辽宁	2560802	2128291	1936409	1612212	342641	302164
吉林						
黑龙江	101365	98671	97883	95291		
上海	4160333	3494826	4074125	3394836	3986418	3306998
江苏	18306230	16671787	18293155	16659124	18283337	16650479
浙江	12797262	11611859	10900507	10785048	10818978	10632415
安徽	6633652	6599232	6633652	6599232	2962023	2944951
福建	61037	84544	35580	49223	15442	13740
江西	2535347	2583757	2531264	2490793	1550246	1515133
山东	3838001	3765917	2916534	2754769	1382123	1247610
河南	1730499	1671214	1085344	1092695	501401	539265
湖北	1543816	1409194	1196910	1078961	578076	451327
湖南	391708	441980	362182	414630	341869	397885
广东	2158423	2005624	2020421	1898561	711783	638175
广西	6721768	6456471	6720860	6455652	2229388	2022535
海南						
重庆	1770691	1631750	995237	910139	524199	393350
四川	286400	272242	26438	22284	20356	17473
贵州						
云南	95583	69688	87686	63371	42733	34203
西藏						
陕西	5778326	5600409	4980695	4611698	2656428	2530705
甘肃	405100	412135	188080	215090		
青海	171					
宁夏	2019860	1152970	1319962	563296	516988	232159
新疆	3890888	3736184	3178889	3029065	1752389	1607432

企业直营门店经营情况

单位：万元

非自有配送中心配送商品购进额		商品销售总额		零售额	
2017年	2016年	2017年	2016年	2017年	2016年
5443326	**5018392**	**91822244**	**85245048**	**50946226**	**46441316**
1218528	917777	2074990	1665867	796317	732418
		92174	43848	27134	13836
139678	97907	2153202	1862838	1391126	1077917
		644351	605801	1865	1898
		2447520	2194415	1563507	1357902
		99111	96205	28966	29209
87707	87838	4611251	3940504	2293637	2072645
5158	4634	18380485	17608166	10877269	8864551
		13446313	12488858	8249110	8103800
		7397862	6790882	7397862	6790882
		94985	85704	30869	32775
415282	356401	5326948	5114636	2464043	2269662
		4978636	4773131	2335401	2442887
		1831566	1739396	1303699	1220783
50285	36053	1666798	1514214	419808	419643
	522	465623	511645	44109	41947
1038816	1027095	2362412	2249881	1527209	1857036
		7252035	6904400	3849368	3591711
406463	451618	1848914	1721252	681546	548159
		304927	366592	184415	273964
		102534	83673	29651	21824
652161	615263	7804884	7273996	2753262	2354642
		451244	429198	383999	357391
		2843	172		
2749	1652	1666842	1091727	664416	396371
1426500	1421632	4313796	4088050	1647638	1567465

2-17 续表 1

农、林、牧产品批发

地区	商品购进总额		统一配送商品购进额		自有配送中心配送商品购进额	
	2017年	2016年	2017年	2016年	2017年	2016年
全国	**1612155**	**1388702**	**1608879**	**1385332**	**1604041**	**1384172**
北京						
天津						
河北						
山西						
内蒙古						
辽宁						
吉林						
黑龙江						
上海						
江苏						
浙江	169	126	169	126		
安徽	1555283	1320675	1555283	1320675	1555283	1320675
福建						
江西						
山东						
河南						
湖北	14644	12282	14644	12282	14644	12282
湖南	10688	9181	8725	6787	4634	6264
广东	1312	976				
广西	579	513	579	513		
海南						
重庆	2516	10346	2516	10346	2516	10346
四川						
贵州						
云南						
西藏						
陕西						
甘肃						
青海						
宁夏						
新疆	26965	34604	26965	34604	26965	34604

单位：万元

非自有配送中心配送商品购进额		商品销售总额		零售额	
2017年	2016年	2017年	2016年	2017年	2016年
	522	**1739025**	**1502878**	**1689852**	**1439144**
		560	430		
		1654994	1405611	1654994	1405611
		18564	15643	5396	4363
	522	35345	32796	28588	28629
		1299	1004	873	542
		623	556		
		2875	11569		
		24766	35268		

2-17 续表 2

食品、饮料及烟草制品批发

地区	商品购进总额		统一配送商品购进额		自有配送中心配送商品购进额	
	2017年	2016年	2017年	2016年	2017年	2016年
全国	**6114730**	**6026593**	**5208927**	**5121421**	**3098078**	**3088269**
北京	2488	1777	2488	1777	2488	1777
天津	1857	3050	1857	3050		
河北						
山西	452844	383912	219410	198422	219410	198422
内蒙古						
辽宁						
吉林						
黑龙江						
上海	173915	187828	87707	87838		
江苏	118459	257127	118459	257127	118459	257127
浙江	55260	60695	32408	36005	32408	36005
安徽						
福建	46067	69939	32642	46284	12504	10802
江西	1687368	1766951	1683284	1673986	1183437	1154340
山东	1306088	1158206	1291988	1144516		
河南	2591	2813	2591	2813	2591	2813
湖北	122261	158469	118804	158469		2225
湖南	16222	16222	16222	16222		
广东	22274	23254	22274	23254	16442	15232
广西						
海南						
重庆	206013	157645	36742	34527	36742	34527
四川						
贵州						
云南						
西藏						
陕西	1644883	1546006	1343777	1261281	1342377	1258965
甘肃						
青海						
宁夏	97223	79502	97223	79502	30167	19688
新疆	158915	153198	101052	96346	101052	96346

单位：万元

非自有配送中心配送商品购进额		商品销售总额		零售额	
2017年	2016年	2017年	2016年	2017年	2016年
90455	**89686**	**8435439**	**8060379**	**447810**	**532587**
		4503	3648	2408	1947
		2278	3986	166	1878
		644351	605801	1865	1898
87707	87838	229017	228670	24758	30524
		257554	234475	4541	45168
		62419	60878	13447	14175
		77375	69046	28876	29666
		2672637	2688933	26902	23146
		1312520	1159927	232829	222580
		3120	3206	1343	1449
	196	128000	159924	8489	76751
		15220	15220	856	856
		34842	30893	7550	6022
		240038	176456	84404	66797
		2428405	2311405	1931	2894
2749	1652	118379	111603	5146	4388
		204784	196309	2301	2447

2-17 续表 3

纺织、服装及家庭用品批发

地区	商品购进总额		统一配送商品购进额		自有配送中心配送商品购进额	
	2017年	2016年	2017年	2016年	2017年	2016年
全国	**1559871**	**1541171**	**1034949**	**900756**	**997184**	**863940**
北京	31994	30795	31994	30795	31994	30795
天津						
河北	4738	4135	571	404		
山西						
内蒙古						
辽宁	27252	28510	27252	28510		
吉林						
黑龙江						
上海	85746	91870	85746	91870	85746	91870
江苏						
浙江						
安徽						
福建						
江西	6527	5571	6527	5571		
山东	1281300	1280113	760544	643429	760544	643429
河南						
湖北	2065	1648	2065	1648	2065	1648
湖南						
广东	120251	98530	120251	98530	116836	96197
广西						
海南						
重庆						
四川						
贵州						
云南						
西藏						
陕西						
甘肃						
青海						
宁夏						
新疆						

单位：万元

非自有配送中心配送商品购进额		商品销售总额		零售额	
2017年	2016年	2017年	2016年	2017年	2016年
6653	**6418**	**2825032**	**2637482**	**1277779**	**1248675**
		60687	43925	6907	7609
		5181	4680	782	561
		42354	43993		
		145254	134589	23633	24059
6527	5571	13588	12173	13588	12173
		2419390	2283579	1189932	1161859
		1850	1648	1850	1648
125	848	136727	112895	41088	40767

2-17 续表 4

文化、体育用品及器材批发

地 区	商品购进总额		统一配送商品购进额		自有配送中心配送商品购进额	
	2017年	2016年	2017年	2016年	2017年	2016年
全 国	**3617837**	**3677831**	**3608314**	**3668509**	**3567972**	**3546830**
北 京	32361	43217	32361	43217		
天 津						
河 北						
山 西						
内蒙古						
辽 宁						
吉 林						
黑龙江						
上 海						
江 苏	1252396	1252396	1252396	1252396	1252396	1252396
浙 江	1397625	1521397	1397625	1521397	1397625	1450832
安 徽						
福 建	9523	9322				
江 西						
山 东						
河 南						
湖 北	561312	434772	561312	434772	561312	434772
湖 南	337235	391621	337235	391621	337235	391621
广 东	25222	23146	25222	23146	19404	17208
广 西						
海 南						
重 庆						
四 川						
贵 州						
云 南						
西 藏						
陕 西						
甘 肃						
青 海						
宁 夏	2164	1960	2164	1960		
新 疆						

单位：万元

非自有配送中心配送商品购进额		商品销售总额		零售额	
2017年	2016年	2017年	2016年	2017年	2016年
		3666491	**3706862**	**1300830**	**1412094**
		29281	44376	14340	12199
		1203630	1203630	558276	558276
		1429317	1558439	644392	760317
		11525	10261	836	1700
		576062	422680	60313	48446
		388697	439576	14665	12463
		25768	25976	7921	18626
		2211	1924	88	68

2-17 续表 5

医药及医疗器材批发

地　区	商品购进总额		统一配送商品购进额		自有配送中心配送商品购进额	
	2017年	2016年	2017年	2016年	2017年	2016年
全　国	**541704**	**491448**	**361958**	**312948**	**273270**	**238333**
北　京						
天　津						
河　北	339		339			
山　西						
内蒙古						
辽　宁						
吉　林						
黑龙江	3482	3381				
上　海						
江　苏	152632	125439	152632	125439	152632	125439
浙　江	25435	25613	25435	25613	6254	6774
安　徽						
福　建	52					
江　西						
山　东	132848	130308	1469	1649	1469	1649
河　南						
湖　北	55	400	55	400	55	400
湖　南	24957	24956				
广　东	59682	45851	54017	41486		
广　西						
海　南						
重　庆	31134	36627	30454	30046	22668	21665
四　川	39713	32772	26438	22284	20356	17473
贵　州						
云　南	44101	35368	44016	35298	42733	34203
西　藏						
陕　西						
甘　肃						
青　海	171					
宁　夏						
新　疆	27104	30734	27104	30734	27104	30734

单位：万元

非自有配送中心配送商品购进额		商品销售总额		零售额	
2017年	2016年	2017年	2016年	2017年	2016年
12950	**12950**	**573642**	**538233**	**156543**	**153576**
		261		261	
		3501	3407	1252	1218
		135485	128381	62859	58143
		35186	33284	29972	28061
		59		38	
		139506	135494	18117	17322
		94	581	94	581
		24056	24052		
12950	12950	64196	54313	9190	9486
		35395	38891	4409	12966
		52672	44433	21772	16392
		49713	41427	5761	7129
		2843	172		
		30675	33797	2818	2277

2-17 续表 6

矿产品、建材及化工产品批发

地区	商品购进总额		统一配送商品购进额		自有配送中心配送商品购进额	
	2017年	2016年	2017年	2016年	2017年	2016年
全国	**65630925**	**59542996**	**58836278**	**54008981**	**38356054**	**34794958**
北京	1660298	1343512	1660298	1343512	6599	6453
天津						
河北	1403097	1456013	1403097	1456013	401515	349139
山西						
内蒙古						
辽宁	2533551	2099781	1909157	1583703	342641	302164
吉林						
黑龙江	97883	95291	97883	95291		
上海	3900672	3215128	3900672	3215128	3900672	3215128
江苏	16776248	15029516	16763173	15017611	16754684	15010275
浙江	11257370	9941977	9383770	9139857	9382691	9138804
安徽	3671629	3654281	3671629	3654281		
福建	5396	5283	2938	2939	2938	2939
江西	841452	811236	841452	811236	366809	360794
山东	1117766	1197290	862534	965175	620111	602532
河南	1715231	1658725	1070076	1080207	498809	536452
湖北	730590	635453	387141	305220		
湖南	2606					
广东	1318702	1257937	1208511	1174045		
广西	6691204	6424672	6690296	6423854	2229388	2022535
海南						
重庆	1527029	1424519	925526	835219	462274	326812
四川	246687	239470				
贵州						
云南	7812	6247				
西藏						
陕西	4122227	4045375	3625703	3341389	1302835	1262712
甘肃	405100	412135	188080	215090		
青海						
宁夏	1920473	1071507	1220575	481833	486820	212471
新疆	3677903	3517648	3023768	2867381	1597268	1445748

单位：万元

非自有配送中心配送商品购进额		商品销售总额		零售额	
2017年	2016年	2017年	2016年	2017年	2016年
5331940	**4907505**	**71372445**	**66089886**	**43971121**	**39601665**
1218528	917777	1684597	1406628	643936	642185
139678	97907	2147760	1858158	1390083	1077357
		2405165	2150422	1563507	1357902
		95610	92799	27714	27991
		4236980	3577245	2245247	2018062
3830	3324	16776495	16034370	10249169	8200813
		11858450	10769047	7536617	7298877
		3978646	3867151	3978646	3867151
		6026	6397	1119	1409
408755	350830	2640722	2413530	2423553	2234343
		1107220	1194130	894523	1041126
		1814645	1725366	1293224	1212319
50285	35856	772666	692028	297399	249894
		2305			
1025741	1013298	1426813	1465615	1392550	1422763
		7176481	6834673	3846276	3563421
406463	451618	1565756	1490627	587883	464688
		252255	322159	162643	257572
		7900	6247		
652161	615263	5364886	4953221	2751331	2351748
		451244	429198	383999	357391
		1546252	978200	659183	391914
1426500	1421632	4053571	3822675	1642519	1562740

2-17 续表 7

机械设备、五金产品及电子产品批发

地 区	商品购进总额		统一配送商品购进额		自有配送中心配送商品购进额	
	2017年	2016年	2017年	2016年	2017年	2016年
全 国	**1071649**	**833733**	**987370**	**805167**	**851237**	**672281**
北 京	287070	157660	287070	157660	287070	157660
天 津	84279	27809				
河 北						
山 西						
内蒙古						
辽 宁						
吉 林						
黑龙江						
上 海						
江 苏	6495	7309	6495	6552	5167	5242
浙 江	61101	62050	61101	62050		
安 徽						
福 建						
江 西						
山 东						
河 南	12676	9676	12676	9676		
湖 北						
湖 南						
广 东	590045	537942	590045	537942	559000	509379
广 西	29985	31286	29985	31286		
海 南						
重 庆						
四 川						
贵 州						
云 南						
西 藏						
陕 西						
甘 肃						
青 海						
宁 夏						
新 疆						

单位：万元

非自有配送中心配送商品购进额		商品销售总额		零售额	
2017年	2016年	2017年	2016年	2017年	2016年
1328	**1310**	**1182947**	**896312**	**261963**	**478700**
		295922	167289	128726	68477
		89896	39862	26969	11959
1328	1310	7320	7309	2424	2152
		59255	66780	24289	2370
		13802	10824	9131	7015
		641821	535079	67333	358437
		74931	69171	3092	28290

2-17 续表 8

其他批发业

地区	商品购进总额		统一配送商品购进额		自有配送中心配送商品购进额	
	2017年	2016年	2017年	2016年	2017年	2016年
全国	**1599752**	**1848150**	**1574616**	**1827706**	**1418057**	**1633463**
北京						
天津						
河北						
山西						
内蒙古						
辽宁						
吉林						
黑龙江						
上海						
江苏						
浙江	303					
安徽	1406740	1624276	1406740	1624276	1406740	1624276
福建						
江西						
山东						
河南						
湖北	112890	166170	112890	166170		
湖南						
广东	20935	17989	101	159	101	159
广西						
海南						
重庆	4000	2614				
四川						
贵州						
云南	43670	28073	43670	28073		
西藏						
陕西	11216	9029	11216	9029	11216	9029
甘肃						
青海						
宁夏						
新疆						

单位：万元

非自有配送中心配送商品购进额		商品销售总额		零售额	
2017年	2016年	2017年	2016年	2017年	2016年
		2027223	**1813015**	**1840329**	**1574877**
		1126		395	
		1764222	1518120	1764222	1518120
		169563	221710	46267	37960
		30947	24107	705	393
		4850	3709	4850	3709
		44921	35999	23890	14695
		11594	9370		

2-17 续表 9

零售业

地区	商品购进总额		统一配送商品购进额		自有配送中心配送商品购进额	
	2017年	2016年	2017年	2016年	2017年	2016年
全国	**208334055**	**203786823**	**150728827**	**146279596**	**84042006**	**83274250**
北京	24189186	22286791	16983751	15273903	10724124	9255142
天津	4418619	4002351	2710891	2411324	1920437	1799591
河北	9831607	8359886	7730772	6415407	2979810	2896369
山西	2647049	2522546	1536149	1562944	761581	783350
内蒙古	314173	293407	197105	181886	106581	80628
辽宁	4523454	4629247	3007526	3133848	412075	321377
吉林	1446054	1450689	1377582	1386912	1181471	1205520
黑龙江	2265894	1896474	2109537	1743469	530797	488560
上海	16266914	17788077	11943082	12475030	4196989	4216084
江苏	23206346	25630016	17990157	19179574	12553013	13790992
浙江	5626126	5653740	5189583	5265939	3477626	3788576
安徽	7807483	7428682	3593333	3362943	1363296	1481041
福建	11800404	10800559	7585990	7393516	2556543	3030091
江西	3445848	3641851	2714043	2846035	1807481	1702336
山东	13630981	13531366	9402392	8842238	5850827	5585228
河南	5874518	5902261	2948532	3003833	1890281	1924396
湖北	15421468	14659720	9943399	9891231	7983933	8292381
湖南	8045250	7020772	6881109	5823486	4109712	3480943
广东	24595682	24296631	19314741	19689623	11401177	11321224
广西	766221	857412	698835	783889	438909	520425
海南	1741579	1219941	1704968	1199080	6377	5707
重庆	4691004	4841989	3450728	3520230	2417753	2495809
四川	6286375	5797263	4552979	4192695	2227688	1826855
贵州	631537	678034	599560	661917	344028	381959
云南	2338902	2266723	1978312	1890175	786695	790754
西藏	29544	30552	29544	30552		
陕西	1790739	1665051	856419	792189	290075	238862
甘肃	1091171	1074301	1052526	1036089	133051	114544
青海	190347	188060	86077	69472	18929	2943
宁夏	1138870	1369070	352049	323407	286558	257830
新疆	2280710	2003366	2207155	1896762	1284190	1194733

单位：万元

非自有配送中心配送商品购进额		商品销售总额		零售额	
2017年	2016年	2017年	2016年	2017年	2016年
24974146	**23925433**	**247411825**	**239113776**	**210246857**	**192779842**
2168892	2190609	28959658	26696158	24373190	22735136
102252	93588	4919157	4762121	4035540	3811762
213010	188563	10142308	8325522	8891692	7131821
3107	2518	3726980	3596086	3441831	3296037
1607	1869	342026	320083	236415	229809
1368797	1334013	4594554	4645715	4185227	4266612
9924	10827	1775619	1636541	1527569	1420903
149232	155412	2283588	2116850	1581007	1646022
1722470	2042753	20098268	20217496	16141264	16137344
2218273	2492548	24724388	28843173	19621902	11528852
1130489	756179	6806236	6824060	5901229	6094855
304043	251210	8533348	8014189	5314760	5056166
3263835	2833076	14818183	12656728	13026217	11502416
112527	139896	5077437	5290507	4406936	4360108
1351351	1235812	15433820	15046489	12957237	12606321
259526	262804	6586899	6520061	6215894	6208174
872580	536543	17677728	16407080	16038969	15205414
980068	866674	11417100	10247866	10618455	9192373
6193667	6288100	29666968	28689542	25552575	24807379
113445	57728	1161442	1162078	1095674	1152649
		1911558	1309071	1160835	1199282
644098	645668	7150647	7153494	6478571	6384802
379914	365822	6797833	6422215	6651671	6295450
3263	5419	660998	700874	644739	684655
358962	309688	4519723	4374738	3789841	3636228
		27273	30561	27273	30561
113259	133385	2000246	1805918	1223790	1197571
10242	11552	1286084	1205541	1113769	1069637
		314711	287008	312770	285325
11117	11148	1133702	1087050	1056214	1052914
914198	702029	2863345	2718962	2623804	2553268

2-17 续表 10

综合零售

地区	商品购进总额		统一配送商品购进额		自有配送中心配送商品购进额	
	2017年	2016年	2017年	2016年	2017年	2016年
全国	**103272818**	**103396977**	**67230593**	**67156655**	**40958249**	**42188855**
北京	12199511	11328175	8925495	8201615	4580888	4206328
天津	688223	745438	123064	61548		
河北	3323238	2059180	1646720	479844	316632	342105
山西	812305	748608	206121	236822	148247	167801
内蒙古	181651	179612	86401	93003	1788	1456
辽宁	876487	937244	440975	510670	48536	23975
吉林	168288	151249	167321	150295		
黑龙江	452260	503742	318445	371167	185251	244523
上海	9112994	10821098	5659419	6538618	1566721	1796323
江苏	10001199	10285149	9045305	9376987	7874530	7761823
浙江	3659386	4042977	3387413	3747527	2213344	2803775
安徽	6555810	6359928	2623380	2498238	992028	1137954
福建	7335570	6954948	5211914	5294101	1674535	2139446
江西	1041576	1149312	735075	733551	452253	438293
山东	9572678	9972185	5986987	5851454	3752873	3729686
河南	2271829	2556783	1086546	1387855	594475	844655
湖北	10537741	10080413	5829429	5777296	5657188	5533874
湖南	3409799	2972872	2372705	1946560	1586020	1229712
广东	10608674	10633974	6790990	7285432	5682540	6293081
广西	216590	292560	149692	219037	64997	64045
海南	61642	64027	25031	43167		
重庆	3414558	3639391	2248566	2382253	1788000	1909608
四川	3568992	3261714	2608224	2335598	1330981	988008
贵州	181725	291861	176484	286537	131874	239651
云南	722949	754430	435473	438965	136996	174173
西藏	29544	30552	29544	30552		
陕西	778583	786632	203668	184565	73156	58588
甘肃	65492	64073	26848	25862	16606	14311
青海	133977	129346	47953	31860	18929	2943
宁夏	666963	945735	62824	62175	6050	
新疆	622586	653767	572584	573500	62816	42719

单位：万元

非自有配送中心配送商品购进额		商品销售总额		零售额	
2017年	2016年	2017年	2016年	2017年	2016年
10882549	**10876977**	**119517428**	**117706234**	**103066068**	**101750933**
482162	448076	15089201	13973148	12335233	11592943
		812734	849508	645319	661077
115380	81937	3507466	2272124	3466133	2242021
		1519469	1418533	1507804	1407975
842	1055	195469	185365	90382	95090
240911	294538	918977	1021551	803560	911298
		178502	159952	178429	159915
11925	12052	422473	494471	343361	418876
1464241	1783985	10893369	11580212	9559079	9979843
735979	1209642	10976497	11560924	7107024	7864772
731314	338085	4477176	4885631	3879633	4389729
175739	148143	7172892	6717374	4117492	3951405
3097956	2659514	6998518	6048510	6544328	5947354
50249	66528	1319512	1483853	1284082	1382860
940837	969542	10952014	11103470	9396100	9449091
119101	118155	3080517	3201627	3016816	3188158
64612	102026	11672772	11237669	11192899	10774726
413950	406959	4246284	3871312	4157873	3405079
709108	688105	11253498	11696734	10180846	10671279
		374916	443254	374064	442173
		69372	55272	69372	55272
398753	421037	5644879	5752794	5366295	5367015
353088	345131	3643200	3551583	3619202	3510308
1515	1682	184692	269119	183054	266756
169394	150446	1122059	1114123	1082345	1080707
		27273	30561	27273	30561
81735	76859	860815	833426	660109	642813
10242	11552	70245	67960	70245	67960
		237721	211197	235779	209514
11117	11148	662703	662973	641976	633934
502401	530781	932213	952008	929965	950432

2-17 续表 11

食品、饮料及烟草制品专门零售

地　区	商品购进总额		统一配送商品购进额		自有配送中心配送商品购进额	
	2017年	2016年	2017年	2016年	2017年	2016年
全　国	**2692710**	**2520731**	**2311466**	**2181764**	**1318803**	**1233661**
北　京	299973	268201	291164	259081	177994	160919
天　津	76559	104810	46569	55638		
河　北	1661	1519	1661	1519	855	893
山　西	13151	15198	13080	15098	13080	14136
内蒙古						
辽　宁	74481	79954	74481	79954	5076	7351
吉　林	32837	32994	32837	32994	30373	29082
黑龙江						
上　海	163643	158312	160308	150831	19256	21197
江　苏	297577	326533	266740	300074	41454	44923
浙　江	86795	114121	73934	101533	68562	96161
安　徽	15962	14214	6117	5955	6117	5955
福　建	152260	160699	142366	151004	80689	94735
江　西	103968	92817	103968	92817	79933	73506
山　东	423478	397719	423478	397719	377269	354576
河　南	102904	79683	101207	77046	7275	8966
湖　北	329180	307176	205315	193998	139825	135213
湖　南	59428	33237	57801	31728	57801	31688
广　东	237287	173550	225990	169824	171813	122443
广　西						
海　南						
重　庆	46754	37595	32675	24037	14344	8626
四　川	152371	101372	34247	23292	27089	23292
贵　州						
云　南	4468	4736	4468	4736		
西　藏						
陕　西	13983	13599	13062	12888		
甘　肃						
青　海						
宁　夏	2971	1708				
新　疆	1020	984				

单位：万元

非自有配送中心配送商品购进额		商品销售总额		零售额	
2017年	2016年	2017年	2016年	2017年	2016年
204839	**156959**	**3715048**	**3474768**	**3092960**	**2867694**
112186	67294	504734	448874	459997	402892
		95688	131272	95346	101798
		2390	1708	2390	1708
		23190	26188	21483	26188
		83475	94535	83475	94535
		44510	40121	44510	40121
1200		345337	339140	345337	338484
23990	23359	329896	366816	293671	322338
2881	5371	101165	129162	87207	106555
		18027	17598	5369	5966
16213	14699	209322	219043	196807	201206
10754	19309	108778	103178	108778	103178
		559877	460497	336976	268563
7442		90052	68844	90052	68844
		496082	479149	309715	304036
	20	86235	79814	86235	79814
30077	26746	326418	255477	318972	246228
98	159	73675	71843	27591	27902
		184028	117121	157027	113532
		5798	5662	5798	5662
		17481	15752	7336	5169
		7596	1503	7596	1503
		1293	1471	1293	1471

2-17 续表 12

纺织、服装及日用品专门零售

地　区	商品购进总额		统一配送商品购进额		自有配送中心配送商品购进额	
	2017年	2016年	2017年	2016年	2017年	2016年
全　国	**3661638**	**3061698**	**2700865**	**2270324**	**858718**	**803140**
北　京	488730	486377	326934	317432	126093	117204
天　津	10295	9734	10295	9734	2438	2317
河　北	69732	66720	69732	66720	6385	6496
山　西	1911	5778	1911	5778	755	821
内蒙古						
辽　宁	11095	38782	7871	36882	3873	3823
吉　林	2628	2937	2628	2937		
黑龙江	15154	14224	15154	14224	15154	14224
上　海	1169926	973782	781268	653991	84282	87605
江　苏	124533	101681	123428	101142	46622	47282
浙　江	277363	180409	163839	133665	142613	113888
安　徽	493	315	493	315		
福　建	252664	47326	232220	47326	8146	38464
江　西	11043	6597	4478	4567		
山　东	3660	3830	996	1095	996	1095
河　南	8756	10957	8756	10957	2835	5430
湖　北	268043	231735	171162	151139	27693	29898
湖　南	164015	123242	118867	88901	64781	57510
广　东	572831	564053	513555	500714	182384	157542
广　西						
海　南						
重　庆	77068	47613	64412	38647	64412	38647
四　川	70631	81086	38479	34175	35163	31189
贵　州						
云　南	12785	10717	295	280		
西　藏						
陕　西	44021	49654	44021	49654	44021	49654
甘　肃						
青　海	4190	4101				
宁　夏						
新　疆	72	49	72	49	72	49

单位：万元

非自有配送中心配送商品购进额		商品销售总额		零售额	
2017年	2016年	2017年	2016年	2017年	2016年
573204	**544104**	**6147800**	**5102738**	**5889744**	**4803760**
164636	163195	744516	725586	648805	655186
		23669	23811	23654	23591
		71799	65711	24494	22170
		2628	5953	2628	5953
		18132	45008	16355	45008
647	1027	4078	3593	4078	3593
		23727	22604	23727	22604
21806	17269	2439714	2041642	2438734	2040128
76805	53860	139224	121200	139224	121200
8101	6282	356886	205437	349288	200553
		575	372	230	223
2466	1849	414123	62552	405155	56672
		15557	14452	15557	14452
		6470	6483	6369	6416
		14170	17271	14170	17271
5173	5247	358915	314335	302089	284707
26075	6731	220764	200327	214265	190607
267494	288642	1001685	953679	984692	828596
		95562	78462	80621	70678
1	2	101087	92869	101087	92869
		20077	18996	20077	18996
		56762	66684	56762	66576
		17608	15637	17608	15637
		74	74	74	74

2-17 续表 13

文化、体育用品及器材专门零售

地区	商品购进总额		统一配送商品购进额		自有配送中心配送商品购进额	
	2017年	2016年	2017年	2016年	2017年	2016年
全国	**5751513**	**5571813**	**5461070**	**5168527**	**4785220**	**4522541**
北京	272670	272580	272670	272580	250031	252336
天津						
河北	3043	3222	2980	3222	2980	3222
山西						
内蒙古						
辽宁	19909	14559	19909	14559	13364	14559
吉林						
黑龙江	21369	37487	21369	37487	11568	9820
上海	2807166	2736164	2713561	2503243	2369936	2168418
江苏	12998	13376	11476	12445	11411	12038
浙江						
安徽	127082	102107	127082	102107		
福建	23031	25857	23031	25857	23031	25857
江西	726561	694010	726561	694010	724347	691832
山东	114024	97936	26689	22067	26559	21947
河南	23755	24250	13669	13348	8389	7368
湖北	92596	89922	64142	67892	44231	42186
湖南	28996	24525	28587	20855	21580	12986
广东	146133	142613	116192	113553	53494	52411
广西	15183	17169	15183	17169	15183	17169
海南						
重庆	371486	376003	365389	372990	365389	372990
四川	560184	537585	557814	535354	549780	530628
贵州						
云南	97489	90406	97489	90406	41125	41840
西藏						
陕西	58218	60436	58218	60436	58218	60436
甘肃						
青海						
宁夏	20713	12802	12684	12802	12684	12802
新疆	208909	198804	186376	176145	181921	171697

单位：万元

非自有配送中心配送商品购进额		商品销售总额		零售额	
2017年	2016年	2017年	2016年	2017年	2016年
408146	**390074**	**6153763**	**5877455**	**3149816**	**3047434**
		371907	365945	290286	300554
		35418	3232	34177	3232
		13364	13317	10691	9328
		84843	110262	84843	110262
194340	177441	2924703	2830679	632454	638491
		19250	16600	19250	16600
127082	102107	110968	100391	110968	100391
		26741	29129	23140	25063
		720622	683183	441052	415029
130	121	115081	101087	57048	57055
		27477	26876	27477	26596
		100191	88824	81709	81544
457	368	34150	31085	21077	26762
25125	56936	166430	163173	145295	142306
		13127	14294	13127	14294
		448822	425492	276447	254762
194	87	560690	523050	512674	485503
56365	48566	95868	86226	83989	75051
		60522	56452	60522	56452
		23077	12822	23077	12822
4455	4449	200512	195339	200512	195339

2-17 续表 14

医药及医疗器材专门零售

地区	商品购进总额		统一配送商品购进额		自有配送中心配送商品购进额	
	2017年	2016年	2017年	2016年	2017年	2016年
全国	**12835745**	**11323298**	**11775583**	**10484910**	**5744528**	**4717308**
北京	398491	358671	378969	345565	116518	128441
天津	45227	39770	22235	19208	4049	1324
河北	2650778	2539687	2625125	2524456	233760	222567
山西	216993	236906	179767	206475	145756	174976
内蒙古	70028	47430	59444	35211	57569	33765
辽宁	651167	706813	631212	680774	168677	88647
吉林	158943	125175	141832	112265	126404	96639
黑龙江	207268	206027	189517	188337	43047	55674
上海	269244	256303	264794	251253	130433	118141
江苏	813462	704226	536375	506036	331099	309774
浙江	806822	648880	786918	631851	569398	437524
安徽	254482	227845	249681	224368	110000	83713
福建	290657	237425	250782	203921	145452	122977
江西	171987	167592	168685	164855	22254	8378
山东	660954	461738	611408	434811	428084	268472
河南	389959	355897	376942	344433	103902	86190
湖北	303009	267814	246600	222737	148174	130048
湖南	476566	382740	466982	373081	266213	209730
广东	1295007	1047378	1038818	844862	810206	657726
广西	274995	242752	274507	242752	170881	167849
海南	6898	6238	6898	6238	6377	5707
重庆	520693	477816	484688	442943	163964	139801
四川	321804	284230	250815	223986	128551	109219
贵州	254767	188207	242707	177413	212154	142308
云南	696735	596132	696474	595835	560252	482779
西藏						
陕西	146246	86604	129237	79515	99611	56232
甘肃	126441	110834	126441	110834	116445	100234
青海	22007	25249	7951	8249		
宁夏	65212	60716	60880	56445	56936	53043
新疆	268902	226202	268902	226202	268364	225432

单位：万元

非自有配送中心配送商品购进额		商品销售总额		零售额	
2017年	2016年	2017年	2016年	2017年	2016年
1527876	**1396954**	**14922249**	**12756826**	**13383851**	**11676193**
244280	199548	477227	431811	346527	366781
8168	8507	63709	60720	63709	60720
18171	7305	2460494	2193574	2414716	2189358
3107	2518	287495	270782	271572	251872
766	814	73786	54987	73262	54987
		767524	641492	678905	574845
1007	1177	261880	221018	261317	220515
13213	12391	271651	288145	208770	205573
40884	64059	343821	337906	343760	337832
43855	98242	907875	735938	735247	623430
156168	137889	1013016	823727	864698	793635
1222	960	261725	234647	212755	189687
38204	34008	322833	265739	316353	260514
20150	27780	209708	166530	209708	166530
44698	38674	715047	535976	638349	504764
132983	144649	493375	405707	481141	386207
45110	17212	396217	308608	356074	278390
186810	141988	685320	552292	685320	552292
29089	26826	1509345	1346273	1198515	1087819
74429	57728	400513	306817	346584	306817
		10315	9183	10315	9183
245247	224472	616758	556182	460653	402220
26630	20602	375930	303147	339201	284868
1748	3737	282947	232477	268327	218622
133204	110676	958287	865076	908588	779361
18197	14420	159868	108561	141076	96248
		190720	148943	181580	139886
		29981	27298	29981	27298
		71885	66627	49497	61531
538	770	302998	256645	287351	244409

2-17 续表 15

汽车、摩托车、燃料及零配件专门零售

地区	商品购进总额		统一配送商品购进额		自有配送中心配送商品购进额	
	2017年	2016年	2017年	2016年	2017年	2016年
全国	**46641914**	**43269837**	**38674411**	**36070290**	**16241119**	**15440378**
北京	3578923	3394122	3483592	3300070	2943065	2501590
天津	2940769	2707241	2391773	2207382	1796996	1738135
河北	3562828	3467482	3186569	3142477	2319369	2207287
山西	1225770	1169114	832711	825434	256713	241486
内蒙古						
辽宁	1907926	1872273	1285838	1256529		
吉林	764006	920674	764006	920674	764006	920674
黑龙江	1109553	775581	1109553	775581		
上海	1231737	1114733	1123375	969751		
江苏	1139079	872940	1139079	872940	3875	3930
浙江	50997	35499	32716	19508		
安徽	515085	416368	515085	416368	197541	168836
福建	2805131	2462323	1062287	1065371	185350	216070
江西	988139	1232259	572702	856970	131983	196001
山东	2267140	2089550	1777067	1626684	705160	716034
河南	2412776	2201392	898943	694271	831754	635067
湖北	2587527	2573131	2568515	2554364	1822763	1879636
湖南	3561588	3155402	3494672	3077511	1785217	1664517
广东	8351447	8263056	7831747	7825164	1897525	1890134
广西	32589	33569	32589	33569		
海南	1673040	1149676	1673040	1149676		
重庆	10117	7916	4670	3704	4670	3704
四川	621860	509293	92503	46768	92503	46768
贵州						
云南	664818	654007	664818	654007		
西藏						
陕西	721292	612068	379817	349073		
甘肃	867517	851393	867517	851393		
青海						
宁夏	165802	151030	4772			
新疆	884457	577746	884457	575052	502630	410510

单位：万元

非自有配送中心配送商品购进额		商品销售总额		零售额	
2017年	2016年	2017年	2016年	2017年	2016年
9335939	**8816968**	**60531544**	**55724837**	**47582539**	**44693679**
540527	798480	3949260	3795591	2666915	2586473
94084	85081	3255766	3072432	2626565	2368675
79459	99322	3795113	3561660	2680155	2445817
		1438034	1487281	1251570	1291034
1127886	1039475	1943697	1911795	1743926	1731003
		1077727	987929	830312	773623
		1103496	864551	580042	588334
		1333064	1270179	1003728	986443
1135203	869011	1139363	882770	914118	702552
		49803	38163	41162	31927
		573347	487104	518269	440656
64833	56292	5759539	5010495	4497647	4075615
31374	26279	2331463	2519367	1982378	1958995
365686	227475	2431543	2274534	1920420	1759634
		2196418	2129416	1949069	1883043
78783	67907	3072005	2717909	2617112	2367542
340577	300559	5763722	5170192	5076653	4598695
5096759	5082547	11637466	10915334	9260523	8819687
		32669	33898	32669	33898
		1831871	1244616	1081148	1134827
		11039	8863	11039	8863
		878817	751591	872798	743674
		2166194	2110437	1564168	1519602
		783306	666258	236493	271529
		974776	928914	811601	802067
		165652	172315	165652	172315
380769	164542	836396	711242	646408	597156

2-17 续表 16

家用电器及电子产品专门零售

地区	商品购进总额		统一配送商品购进额		自有配送中心配送商品购进额	
	2017年	2016年	2017年	2016年	2017年	2016年
全国	**32899093**	**34141930**	**22037159**	**22463688**	**13853364**	**14140476**
北京	6765702	6015139	3144278	2424297	2505676	1873724
天津	606067	363980	65476	26437	65476	26437
河北	220327	222077	197984	197170	99829	113798
山西	376920	346941	302561	273336	197030	184130
内蒙古	62494	66365	51260	53672	47224	45406
辽宁	982390	979621	547241	554479	172549	183023
吉林	314762	213069	264368	163156	256098	154534
黑龙江	460289	359413	455499	356673	275778	164319
上海	1421085	1627201	1149803	1310294		
江苏	10802524	13309083	6852781	7992923	4238633	5607699
浙江	724353	618359	724353	618359	465081	325585
安徽	338570	307905	71495	115593	57611	84585
福建	941092	911980	663390	605935	439341	392541
江西	402575	299265	402575	299265	396711	294327
山东	589047	508408	575769	508408	559886	493418
河南	664540	673299	462470	475924	341651	336721
湖北	1302164	1108471	857028	922748	144059	541527
湖南	341944	326955	338580	283050	328101	274800
广东	3312663	3426084	2741177	2907048	2586143	2130881
广西	224390	269649	224390	269649	185374	269649
海南						
重庆	250328	255656	250328	255656	16974	22433
四川	972454	1003946	952819	975486	45543	79715
贵州	195045	197967	180370	197967		
云南	139658	156296	79295	105947	48323	91963
西藏						
陕西	28396	56058	28396	56058	15068	13952
甘肃	31720	48000	31720	48000		
青海	30173	29364	30173	29364		
宁夏	216731	196570	210889	191984	210889	191984
新疆	180695	244814	180695	244814	154319	243327

单位：万元

非自有配送中心配送商品购进额		商品销售总额		零售额	
2017年	2016年	2017年	2016年	2017年	2016年
1964974	**1673150**	**35494262**	**37626039**	**33180712**	**23121530**
576951	468386	7538251	6681141	7340865	6556245
		614095	591143	527451	562666
		269628	227514	269628	227514
		456165	387350	386775	313014
		72771	79732	72771	79732
		849385	918018	848315	900595
8271	8623	203677	218803	203677	218803
124093	130968	377399	336817	340265	300373
		1703146	1695444	1703146	1695444
192857	224930	11195872	15139571	10400710	1861621
232026	268551	775797	719769	646848	550284
		395814	456704	349677	367838
44164	66715	1087107	1021260	1042786	935993
		371797	319944	365381	319065
		653789	564441	601974	560798
		684891	670320	637170	638055
678903	344151	1579467	1258618	1177292	1112501
9284	8250	377377	340144	374287	336424
20047	108984	3684165	3293848	3397893	2965815
39016		336577	361029	327687	354141
		259911	259858	255927	253362
		1031861	1060736	1027462	1042577
		193358	199277	193358	199277
		151440	174218	124876	156848
13328	42106	61492	58785	61492	58785
		50342	59725	50342	59725
		29401	32875	29401	32875
		201809	169687	167436	169687
26035	1487	287478	329268	255820	291473

2-17 续表 17

五金、家具及室内装饰材料专门零售

地区	商品购进总额		统一配送商品购进额		自有配送中心配送商品购进额	
	2017年	2016年	2017年	2016年	2017年	2016年
全国	**497758**	**436912**	**457290**	**420319**	**242114**	**192645**
北京	185187	163527	160651	153264	23859	14600
天津	51479	31378	51479	31378	51479	31378
河北						
山西						
内蒙古						
辽宁						
吉林						
黑龙江						
上海	64758	76083	64193	72649		
江苏	9586	13504	9586	13504		
浙江	18629	11643	18629	11643	18629	11643
安徽						
福建						
江西						
山东						
河南						
湖北	1208	1057	1208	1057		
湖南	2915	1800	2915	1800		
广东	31848	18884	16481	15987	15998	15987
广西						
海南						
重庆						
四川	18079	18037	18079	18037	18079	18037
贵州						
云南						
西藏						
陕西						
甘肃						
青海						
宁夏						
新疆	114070	101000	114070	101000	114070	101000

单位：万元

非自有配送中心配送商品购进额		商品销售总额		零售额	
2017年	2016年	2017年	2016年	2017年	2016年
60651	**60934**	**831131**	**761502**	**818920**	**756536**
48151	45630	284562	274063	284562	274063
		53495	33235	53495	33235
		88338	98949	88249	97336
9586	13504	9832	14164	9667	13608
		30637	20647	30637	20647
		2079	1967	2079	1967
2915	1800	3246	2700	2745	2700
		34341	20742	22885	17947
		22221	22119	22221	22119
		302381	272914	302381	272914

2-17 续表 18

货摊、无店铺及其他零售业

地区	商品购进总额		统一配送商品购进额		自有配送中心配送商品购进额	
	2017年	2016年	2017年	2016年	2017年	2016年
全国	**80867**	**63628**	**80389**	**63119**	**39891**	**35245**
北京						
天津						
河北						
山西						
内蒙古						
辽宁						
吉林	4591	4591	4591	4591	4591	4591
黑龙江						
上海	26361	24401	26361	24401	26361	24401
江苏	5389	3523	5389	3523	5389	3523
浙江	1782	1853	1782	1853		
安徽						
福建						
江西						
山东						
河南						
湖北						
湖南						
广东	39792	27039	39792	27039	1075	1018
广西	2475	1713	2475	1713	2475	1713
海南						
重庆						
四川						
贵州						
云南						
西藏						
陕西						
甘肃						
青海						
宁夏	478	509				
新疆						

单位：万元

非自有配送中心配送商品购进额		商品销售总额		零售额	
2017年	2016年	2017年	2016年	2017年	2016年
15968	**9315**	**98599**	**83377**	**82248**	**62083**
		5245	5125	5245	4332
		26777	23344	26777	23344
		6580	5190	2992	2731
		1756	1525	1756	1525
15968	9315	53620	44283	42954	27702
		3640	2787	1543	1326
		982	1124	982	1124

2-18 按行业分各地区连锁零售

批发业

地区	商品购进总额		统一配送商品购进额		自有配送中心配送商品购进额	
	2017年	2016年	2017年	2016年	2017年	2016年
全国	**2226741**	**2285767**	**2029185**	**2161839**	**1700867**	**2088289**
北京	6545	6297	6545	6297	6545	6297
天津						
河北						
山西						
内蒙古						
辽宁	9951	9679	9951	9679		
吉林						
黑龙江						
上海	634780	576203	634780	576203	634780	576203
江苏	525719	742301	525719	742301	525719	742301
浙江	172761	123690	137648	98855	120647	84275
安徽	490236	462967	490236	462967	252885	462967
福建	20064	20520	19631	20520	19631	20520
江西						
山东	56061	89884	39311	62614	38380	62530
河南						
湖北	94018	15017	13201	12013	11733	10648
湖南	51231	55186	14648	12583	8511	11452
广东	48218	38690	47728	37541	12168	7492
广西	19816	17714	16158	14422	5488	5739
海南						
重庆	68833	70780	45897	51755	36648	43776
四川	21179	17845	21179	17845	21179	17845
贵州						
云南	453	339				
西藏						
陕西						
甘肃						
青海	32					
宁夏		500		500		500
新疆	6845	38156	6553	35745	6553	35745

企业加盟门店经营情况

单位：万元

非自有配送中心配送商品购进额		商品销售总额		零售额	
2017年	2016年	2017年	2016年	2017年	2016年
13628	**12436**	**2280490**	**2292664**	**938684**	**883163**
		7315	6474	353	335
		13446	13099	13446	13099
		634780	576203	420810	382161
		529241	745097		
1930	1838	174417	97132	11813	13861
		475117	445947	305242	270695
		22198	21127	447	
		258	229	26	23
931	84	73249	107123	73249	107123
1468	1365	100866	17605	40513	17605
	1132	43327	79277	6621	13230
50	40	57929	39741	7176	10028
		20451	18225	1881	2174
9249	7977	104132	103704	46872	43843
		16294	14176	10236	8986
		423	334		
		540	1314		
			500		
		6508	5359		

2-18 续表 1

农、林、牧产品批发

地区	商品购进总额		统一配送商品购进额		自有配送中心配送商品购进额	
	2017年	2016年	2017年	2016年	2017年	2016年
全国	**350591**	**358726**	**312850**	**313274**	**275615**	**285458**
北京						
天津						
河北						
山西						
内蒙古						
辽宁	3975	3975	3975	3975		
吉林						
黑龙江						
上海						
江苏						
浙江	14986	12662	14986	12662		
安徽	252885	253136	252885	253136	252885	253136
福建						
江西						
山东						
河南						
湖北	14669	15017	13201	12013	11733	10648
湖南	50921	55031	14648	12583	8511	11452
广东						
广西	10670	8683	10670	8683		
海南						
重庆	2486	10223	2486	10223	2486	10223
四川						
贵州						
云南						
西藏						
陕西						
甘肃						
青海						
宁夏						
新疆						

单位：万元

非自有配送中心配送商品购进额		商品销售总额		零售额	
2017年	2016年	2017年	2016年	2017年	2016年
1468	**2497**	**315246**	**355120**	**263992**	**269410**
		3175	3175	3175	3175
		2014	1855		
		235999	235401	235999	235401
1468	1365	18215	17605	18198	17605
	1132	42998	79108	6621	13230
		10535	8676		
		2311	9300		

2-18 续表 2

食品、饮料及烟草制品批发

地　区	商品购进总额		统一配送商品购进额		自有配送中心配送商品购进额	
	2017年	2016年	2017年	2016年	2017年	2016年
全　国	**64489**	**64441**	**57038**	**56896**	**47439**	**48513**
北　京	279	258	279	258	279	258
天　津						
河　北						
山　西						
内蒙古						
辽　宁						
吉　林						
黑龙江						
上　海						
江　苏						
浙　江						
安　徽						
福　建	19631	20520	19631	20520	19631	20520
江　西						
山　东						
河　南						
湖　北						
湖　南						
广　东	1417	1056	1417	1056	1067	650
广　西						
海　南						
重　庆	43162	42608	35712	35063	26463	27085
四　川						
贵　州						
云　南						
西　藏						
陕　西						
甘　肃						
青　海						
宁　夏						
新　疆						

单位：万元

非自有配送中心配送商品购进额		商品销售总额		零售额	
2017年	2016年	2017年	2016年	2017年	2016年
9249	**7977**	**50637**	**48840**	**14891**	**11653**
		353	335	353	335
		21588	21127		
		258	229	26	23
		1487	1531	1487	1531
9249	7977	26952	25619	13026	9765

2-18 续表 3

纺织、服装及家庭用品批发

地 区	商品购进总额		统一配送商品购进额		自有配送中心配送商品购进额	
	2017年	2016年	2017年	2016年	2017年	2016年
全 国	**56186**	**90310**	**39436**	**63040**	**38380**	**62530**
北 京						
天 津						
河 北						
山 西						
内 蒙 古						
辽 宁						
吉 林						
黑 龙 江						
上 海						
江 苏						
浙 江						
安 徽						
福 建						
江 西						
山 东	55130	89800	38380	62530	38380	62530
河 南						
湖 北						
湖 南						
广 东	1056	510	1056	510		
广 西						
海 南						
重 庆						
四 川						
贵 州						
云 南						
西 藏						
陕 西						
甘 肃						
青 海						
宁 夏						
新 疆						

单位：万元

非自有配送中心配送商品购进额		商品销售总额		零售额	
2017年	2016年	2017年	2016年	2017年	2016年
		73358	**107536**	**73358**	**107536**
		72318	106986	72318	106986
		1040	550	1040	550

2-18 续表 4

文化、体育用品及器材批发

地区	商品购进总额		统一配送商品购进额		自有配送中心配送商品购进额	
	2017年	2016年	2017年	2016年	2017年	2016年
全国	**1408**	**1368**	**1408**	**1368**	**1408**	**1368**
北京						
天津						
河北						
山西						
内蒙古						
辽宁						
吉林						
黑龙江						
上海						
江苏						
浙江						
安徽						
福建						
江西						
山东						
河南						
湖北						
湖南						
广东	1408	1368	1408	1368	1408	1368
广西						
海南						
重庆						
四川						
贵州						
云南						
西藏						
陕西						
甘肃						
青海						
宁夏						
新疆						

单位：万元

非自有配送中心配送商品购进额		商品销售总额		零售额	
2017年	2016年	2017年	2016年	2017年	2016年
		1408	**1183**	**1408**	**1183**
		1408	1183	1408	1183

2-18 续表 5

医药及医疗器材批发

地区	商品购进总额		统一配送商品购进额		自有配送中心配送商品购进额	
	2017年	2016年	2017年	2016年	2017年	2016年
全国	**143866**	**48540**	**47768**	**35756**	**37751**	**28289**
北京						
天津						
河北						
山西						
内蒙古						
辽宁	5976	5704	5976	5704		
吉林						
黑龙江						
上海						
江苏						
浙江	11535	5735	11535	5735	11535	5735
安徽						
福建	433					
江西						
山东	931	84	931	84		
河南						
湖北	79349					
湖南	310	155				
广东	6072	4706	5583	3557	2474	1879
广西						
海南						
重庆	18048	14312	2563	2832	2563	2830
四川	21179	17845	21179	17845	21179	17845
贵州						
云南						
西藏						
陕西						
甘肃						
青海	32					
宁夏						
新疆						

单位：万元

非自有配送中心配送商品购进额		商品销售总额		零售额	
2017年	2016年	2017年	2016年	2017年	2016年
981	**124**	**206637**	**101319**	**85628**	**59678**
		10271	9924	10271	9924
		13213	6706	4597	3389
		610		447	
931	84	931	137	931	137
		82651		22315	
		329	169		
50	40	13350	4656	2985	3163
		68447	64238	33846	34079
		16294	14176	10236	8986
		540	1314		

2-18 续表 6

矿产品、建材及化工产品批发

地　区	商品购进总额		统一配送商品购进额		自有配送中心配送商品购进额	
	2017年	2016年	2017年	2016年	2017年	2016年
全　国	**1571937**	**1691331**	**1532421**	**1660455**	**1293054**	**1658537**
北　京	6266	6040	6266	6040	6266	6040
天　津						
河　北						
山　西						
内蒙古						
辽　宁						
吉　林						
黑龙江						
上　海	634780	576203	634780	576203	634780	576203
江　苏	525719	742301	525719	742301	525719	742301
浙　江	146240	105293	111127	80458	109111	78540
安　徽	237351	209831	237351	209831		209831
福　建						
江　西						
山　东						
河　南						
湖　北						
湖　南						
广　东						
广　西	9145	9031	5488	5739	5488	5739
海　南						
重　庆	5137	3637	5137	3637	5137	3637
四　川						
贵　州						
云　南	453	339				
西　藏						
陕　西						
甘　肃						
青　海						
宁　夏		500		500		500
新　疆	6845	38156	6553	35745	6553	35745

单位：万元

非自有配送中心配送商品购进额		商品销售总额		零售额	
2017年	2016年	2017年	2016年	2017年	2016年
1930	**1838**	**1592560**	**1646846**	**499152**	**430102**
		6962	6139		
		634780	576203	420810	382161
		529241	745097		
1930	1838	159190	88572	7217	10472
		239119	210546	69244	35295
		9917	9549	1881	2174
		6421	4547		
		423	334		
			500		
		6508	5359		

2-18 续表 7

机械设备、五金产品及电子产品批发

地区	商品购进总额		统一配送商品购进额		自有配送中心配送商品购进额	
	2017年	2016年	2017年	2016年	2017年	2016年
全国	**38264**	**31050**	**38264**	**31050**	**7219**	**3594**
北京						
天津						
河北						
山西						
内蒙古						
辽宁						
吉林						
黑龙江						
上海						
江苏						
浙江						
安徽						
福建						
江西						
山东						
河南						
湖北						
湖南						
广东	38264	31050	38264	31050	7219	3594
广西						
海南						
重庆						
四川						
贵州						
云南						
西藏						
陕西						
甘肃						
青海						
宁夏						
新疆						

单位：万元

非自有配送中心配送商品购进额		商品销售总额		零售额	
2017年	2016年	2017年	2016年	2017年	2016年
		40644	**31821**	**256**	**3601**
		40644	31821	256	3601

2-18 续表 8

零售业

地 区	商品购进总额		统一配送商品购进额		自有配送中心配送商品购进额	
	2017年	2016年	2017年	2016年	2017年	2016年
全 国	**12898530**	**12365444**	**11396281**	**10770171**	**4031658**	**4033682**
北 京	460009	429450	335864	290031	241960	225967
天 津	95757	148750				
河 北	75005	46139	72506	43061	68774	39182
山 西	236130	228105	163780	156365	163660	156215
内蒙古	20298	19069	20298	19069	1290	1114
辽 宁	68766	80523	68766	80523	2149	2476
吉 林	70	80	70	80	70	80
黑龙江	46119	45412	831	878	793	836
上 海	5877930	5892912	5809448	5820466	621496	750758
江 苏	977402	1046921	922831	996954	826280	948509
浙 江	692727	678149	651725	635503	447520	447145
安 徽	838349	761887	523158	470418	235153	221138
福 建	160900	122377	155524	118162	85507	60419
江 西	308763	312501	303678	176847	303161	176336
山 东	214200	216910	169708	148013	112521	98216
河 南	363737	305339	363518	305025	8118	8717
湖 北	125356	88636	41994	23447	34394	17569
湖 南	174469	154265	160104	139541	71715	64068
广 东	1282415	965003	1086460	806089	451020	401281
广 西	35014	28818	35014	27972	29847	24963
海 南						
重 庆	259226	205025	210969	161580	176122	123703
四 川	353560	453932	86910	229196	44844	183183
贵 州	7487	5725	5156	5725		
云 南	5460	7064	5460	7064	4209	5113
西 藏						
陕 西	45939	32269	45939	32269	30212	22316
甘 肃	238	393	238	393	238	227
青 海	1311	2156	1311	2156	1311	2156
宁 夏	78103	14395	61233	105	145	105
新 疆	93790	73240	93790	73240	69150	51891

单位：万元

非自有配送中心配送商品购进额		商品销售总额		零售额	
2017年	2016年	2017年	2016年	2017年	2016年
1313786	**1515108**	**14776068**	**13379131**	**14040026**	**12828711**
92438	62586	615686	576881	614327	576881
		112655	175000	112655	175000
		75178	46154	74785	45761
		232365	229149	232365	229149
257	304	22052	21260	21198	20808
52838	52006	121831	121954	121831	121954
		89	81	89	81
		62434	61425	61972	60974
592020	570982	6639736	6229753	6599649	6179658
7338	5505	1200970	1305644	1148819	1255202
180965	169291	735168	603147	633846	588466
182438	163343	340958	334122	319620	300461
45552	44151	202568	166597	105949	98383
7		288380	285191	257012	255623
3786	3828	223683	202623	164309	144380
		402418	344927	362264	309453
2550	1855	164137	128076	56149	31988
79577	68130	177831	159027	156154	138477
14699	299525	2000327	1355490	1948125	1325074
1325	1025	39266	35246	16443	20364
9802	17099	343307	267300	302515	237643
23662	29253	520529	555434	491597	549606
3458	3586	6637	7233	6637	6776
1097	1290	4739	6749	4739	6749
		48703	41088	47019	40151
		238	483	238	483
		1474	2364	1474	2364
		67119	5813	58861	2255
19979	21349	125591	110922	119389	104549

2-18 续表 9

综合零售

地区	商品购进总额		统一配送商品购进额		自有配送中心配送商品购进额	
	2017年	2016年	2017年	2016年	2017年	2016年
全国	**10342602**	**10207338**	**9344076**	**9025618**	**2977572**	**3114993**
北京	152180	144839	29699	5708	1262	2576
天津	95757	148750				
河北	70443	41384	70443	41384	68105	38498
山西	235981	228033	163631	156294	163510	156144
内蒙古	19554	18327	19554	18327	547	372
辽宁	54953	54251	54953	54251	2115	2245
吉林						
黑龙江	44850	44100				
上海	5692756	5701034	5637717	5639106	558577	685451
江苏	809168	932789	759123	887621	749897	885871
浙江	491366	508009	451990	466177	286931	315387
安徽	801654	760172	486462	470418	235153	221138
福建	63318	39868	63318	39868	48639	26458
江西	227965	234538	227965	108327	227957	108327
山东	152597	168371	110711	100139	55126	51215
河南	3565	3605	3429	3419		
湖北	25780	6678	20492	6005	19163	5088
湖南	42515	37967	40870	36298	3515	6729
广东	1105756	775277	968180	664786	408020	361460
广西	1782	3637	1782	2836		1821
海南						
重庆	86821	61275	84332	58996	65710	35318
四川	53008	203450	52340	186495	25153	162974
贵州						
云南	5460	7064	5460	7064	4209	5113
西藏						
陕西	13000	7941	13000	7941		
甘肃						
青海	1311	2156	1311	2156	1311	2156
宁夏	13749	11822				
新疆	77313	62004	77313	62004	52673	40655

单位：万元

非自有配送中心配送商品购进额		商品销售总额		零售额	
2017年	2016年	2017年	2016年	2017年	2016年
1019361	**1231375**	**11186340**	**10479606**	**10905181**	**10291402**
27079	1743	198251	197109	196893	197109
		112655	175000	112655	175000
		69007	40951	69007	40951
		232196	229059	232196	229059
257	304	21754	20987	20899	20535
52838	52006	104999	103498	104999	103498
		61000	60000	61000	60000
508251	485564	6368914	5939603	6368914	5939603
		1023046	1178888	1023046	1178888
155864	149770	497922	432228	401175	421059
182438	163343	307644	331962	295505	300461
14679	13410	87104	56768	1000	1233
7		203846	206344	172479	176776
3776	3828	142768	145310	121709	111990
		3700	3612	2900	3612
1258	540	30157	7844	29691	7006
29708	23570	41973	36108	32540	28160
7421	297236	1313618	864095	1308045	856153
		1782	7709	1782	7709
5655	10602	98328	60519	97532	60519
9055	6821	148769	267453	148769	267453
1097	1290	4739	6749	4739	6749
		12000	9983	12000	9983
		1474	2364	1474	2364
		8257	3559		
19979	21349	90436	91907	84234	85534

2-18 续表 10

食品、饮料及烟草制品专门零售

地　区	商品购进总额		统一配送商品购进额		自有配送中心配送商品购进额	
	2017年	2016年	2017年	2016年	2017年	2016年
全　国	**802704**	**667386**	**504863**	**437677**	**480677**	**424908**
北　京	229341	211212	228143	211212	228143	211212
天　津						
河　北	669	683	669	683	669	683
山　西						
内蒙古						
辽　宁						
吉　林						
黑龙江						
上　海	315	296	315	296	108	112
江　苏	5584	5103	5584	5103	5584	5103
浙　江	69757	55375	69757	55375	69757	55375
安　徽		1715				
福　建	23235	22375	18506	18762	12418	13087
江　西	75713	68055	75713	68055	75204	67544
山　东	52406	43271	52406	43271	52406	43271
河　南	3053	2254	2971	2126		
湖　北	68018	53601	3220	2698		
湖　南	4542	2385	4542	2385	4542	2335
广　东	5421		5421			
广　西						
海　南						
重　庆	32985	23216	32985	23216	27214	21691
四　川	228544	175377	4633	4495	4633	4495
贵　州						
云　南						
西　藏						
陕　西						
甘　肃						
青　海						
宁　夏	3121	2468				
新　疆						

单位：万元

非自有配送中心配送商品购进额		商品销售总额		零售额	
2017年	2016年	2017年	2016年	2017年	2016年
9799	**3498**	**1168889**	**953278**	**995847**	**829299**
		309806	286381	309806	286381
		1892	702	1892	702
		1311	790	1311	790
		5349	5227	5349	5227
		100327	59706	98267	57643
			2160		
3877	3046	23950	29322	23752	26841
		76398	67968	76398	67968
		70329	50356	32914	26134
		1732	1321	1732	1321
		92037	87407	2408	2513
	30	3978	2581	3978	2581
5421		147452	122128	142308	122128
501	422	59392	42160	49373	39086
		272466	192927	243888	187843
		2471	2142	2471	2142

2-18 续表 11

纺织、服装及日用品专门零售

地 区	商品购进总额		统一配送商品购进额		自有配送中心配送商品购进额	
	2017年	2016年	2017年	2016年	2017年	2016年
全 国	**304298**	**306283**	**206807**	**218834**	**126336**	**126013**
北 京	708	737	306	448		
天 津						
河 北						
山 西						
内蒙古						
辽 宁	34	42	34	42	34	42
吉 林						
黑龙江						
上 海	60319	63352	60319	63352	59200	61949
江 苏	21573	10330	21573	10330	17531	7496
浙 江	13332	18163	13332	18163	13332	18163
安 徽						
福 建	26118	12749	26118	12749	4298	2234
江 西						
山 东						
河 南	763	522	763	522		
湖 北	21372	19510	8097	5897	7045	5295
湖 南	21125	23871	8405	11303	7505	10598
广 东	102997	114221	55202	73234	14832	16362
广 西						
海 南						
重 庆	23299	19992				
四 川	10884	20443	10884	20443	786	1524
贵 州						
云 南						
西 藏						
陕 西	1775	2350	1775	2350	1775	2350
甘 肃						
青 海						
宁 夏						
新 疆						

单位：万元

非自有配送中心配送商品购进额		商品销售总额		零售额	
2017年	2016年	2017年	2016年	2017年	2016年
16289	**23994**	**777664**	**598836**	**673188**	**515582**
273	400	863	3448	863	3448
		47	59	47	59
		118635	143546	78548	93451
4042	2835	29538	21726	29538	21726
		19949	13607	19949	13607
		30720	23898	20402	13700
		755	514	755	514
		29408	22529	11514	12172
900	705	22002	23723	9758	11120
975	1135	469609	295224	445676	295224
		25273	20349	25273	20347
10098	18920	26302	25961	26302	25961
		4563	4253	4563	4253

2-18 续表 12

文化、体育用品及器材专门零售

地区	商品购进总额		统一配送商品购进额		自有配送中心配送商品购进额	
	2017年	2016年	2017年	2016年	2017年	2016年
全国	**1930**	**1698**	**1930**	**1698**	**1920**	**1698**
北京						
天津						
河北						
山西						
内蒙古						
辽宁						
吉林						
黑龙江						
上海						
江苏						
浙江						
安徽						
福建						
江西						
山东	30		30		20	
河南						
湖北						
湖南						
广东	101	98	101	98	101	98
广西						
海南						
重庆	22	24	22	24	22	24
四川	1778	1576	1778	1576	1778	1576
贵州						
云南						
西藏						
陕西						
甘肃						
青海						
宁夏						
新疆						

单位：万元

非自有配送中心配送商品购进额		商品销售总额		零售额	
2017年	2016年	2017年	2016年	2017年	2016年
10		**1896**	**1691**	**1896**	**1687**
10		20		20	
		77	75	77	75
		22	40	22	36
		1778	1576	1778	1576

2-18 续表 13

医药及医疗器材专门零售

地　区	商品购进总额		统一配送商品购进额		自有配送中心配送商品购进额	
	2017年	2016年	2017年	2016年	2017年	2016年
全　国	**819890**	**754324**	**714553**	**659516**	**326487**	**269372**
北　京	77781	72662	77717	72662	12555	12179
天　津						
河　北	3894	4072	1394	994		
山　西	149	71	149	71	149	71
内蒙古	744	742	744	742	744	742
辽　宁	13779	26230	13779	26230		189
吉　林	70	80	70	80	70	80
黑龙江	1269	1312	831	878	793	836
上　海	124540	128229	111097	117711	3611	3247
江　苏	22297	20222	17770	15423	10183	9692
浙　江	74641	65756	73015	64942	34346	27507
安　徽	350		350			
福　建	48229	47385	47581	46783	20152	18640
江　西	5085	9908		465		465
山　东	9167	5269	6561	4604	4969	3730
河　南	21774	18962	21774	18962	5318	5737
湖　北	10186	8846	10186	8846	8187	7186
湖　南	106287	90043	106287	89555	56154	44407
广　东	43915	40841	34159	33583	4671	3824
广　西	33232	25181	33232	25136	29847	23142
海　南						
重　庆	116100	100519	93630	79345	83176	66670
四　川	57120	51676	17276	16187	12495	12614
贵　州	7487	5725	5156	5725		
云　南						
西　藏						
陕　西	31165	21978	31165	21978	28437	19966
甘　肃	238	393	238	393	238	227
青　海						
宁　夏	145	105	145	105	145	105
新　疆	10248	8116	10248	8116	10248	8116

单位：万元

非自有配送中心配送商品购进额		商品销售总额		零售额	
2017年	2016年	2017年	2016年	2017年	2016年
268328	**256241**	**963716**	**882678**	**878571**	**803486**
65087	60443	106766	89943	106766	89943
		4279	4501	3886	4108
		169	90	169	90
		298	272	298	272
		16785	18398	16785	18398
		89	81	89	81
		1434	1425	972	974
83769	85418	150876	145814	150876	145814
3296	2670	26809	22777	19037	13894
25101	19521	70368	64432	67854	62984
		325		325	
26995	27694	60794	56609	60794	56609
		8136	10879	8136	10879
		10566	6957	9666	6256
		26266	28235	25095	26990
1292	1315	12536	10296	12536	10296
48969	43826	109878	96616	109878	96616
882	1154	42396	45246	25301	22771
1325	1025	37484	27538	14661	12655
3645	6075	160292	144232	130315	117656
4509	3512	69082	66013	68729	65270
3458	3586	6637	7233	6637	6776
		32140	26853	30456	25915
		238	483	238	483
		212	113	212	113
		8861	7644	8861	7644

2-18 续表 14

汽车、摩托车、燃料及零配件专门零售

地区	商品购进总额		统一配送商品购进额		自有配送中心配送商品购进额	
	2017年	2016年	2017年	2016年	2017年	2016年
全国	**393326**	**277016**	**392868**	**277016**		
北京						
天津						
河北						
山西						
内蒙古						
辽宁						
吉林						
黑龙江						
上海						
江苏						
浙江						
安徽						
福建						
江西						
山东						
河南	331781	277016	331781	277016		
湖北						
湖南						
广东	457					
广西						
海南						
重庆						
四川						
贵州						
云南						
西藏						
陕西						
甘肃						
青海						
宁夏	61088		61088			
新疆						

单位：万元

非自有配送中心配送商品购进额		商品销售总额		零售额	
2017年	2016年	2017年	2016年	2017年	2016年
		423887	**307711**	**387959**	**277016**
		367251	307711	331781	277016
		457			
		56179		56179	

2-18 续表 15

家用电器及电子产品专门零售

地区	商品购进总额		统一配送商品购进额		自有配送中心配送商品购进额	
	2017年	2016年	2017年	2016年	2017年	2016年
全国	**206826**	**128574**	**204228**	**126986**	**92080**	**74005**
北京						
天津						
河北						
山西						
内蒙古						
辽宁						
吉林						
黑龙江						
上海						
江苏	118742	78441	118742	78441	43048	40312
浙江	43263	30713	43263	30713	43154	30713
安徽	36346		36346			
福建						
江西						
山东						
河南	2800	2980	2800	2980	2800	2980
湖北						
湖南						
广东	3449	15028	3078	14851	3078	
广西						
海南						
重庆						
四川	2227	1411				
贵州						
云南						
西藏						
陕西						
甘肃						
青海						
宁夏						
新疆						

单位：万元

非自有配送中心配送商品购进额		商品销售总额		零售额	
2017年	2016年	2017年	2016年	2017年	2016年
		202244	**131327**	**145953**	**86235**
		116144	76953	71765	35394
		45178	31776	45178	31776
		32989		23790	
		2713	3533		
		3088	17561	3088	17561
		2132	1503	2132	1503

2-18 续表 16

五金、家具及室内装饰材料专门零售

地　区	商品购进总额		统一配送商品购进额		自有配送中心配送商品购进额	
	2017年	2016年	2017年	2016年	2017年	2016年
全　国	**6230**	**3120**	**6230**	**3120**	**6230**	**3120**
北　京						
天　津						
河　北						
山　西						
内蒙古						
辽　宁						
吉　林						
黑龙江						
上　海						
江　苏						
浙　江						
安　徽						
福　建						
江　西						
山　东						
河　南						
湖　北						
湖　南						
广　东						
广　西						
海　南						
重　庆						
四　川						
贵　州						
云　南						
西　藏						
陕　西						
甘　肃						
青　海						
宁　夏						
新　疆	6230	3120	6230	3120	6230	3120

单位：万元

非自有配送中心配送商品购进额		商品销售总额		零售额	
2017年	2016年	2017年	2016年	2017年	2016年
		26294	**11371**	**26294**	**11371**
		26294	11371	26294	11371

2-18 续表 17

货摊、无店铺及其他零售业

地 区	商品购进总额		统一配送商品购进额		自有配送中心配送商品购进额	
	2017年	2016年	2017年	2016年	2017年	2016年
全 国	**20725**	**19706**	**20725**	**19706**	**20356**	**19573**
北 京						
天 津						
河 北						
山 西						
内蒙古						
辽 宁						
吉 林						
黑龙江						
上 海						
江 苏	37	35	37	35	37	35
浙 江	369	133	369	133		
安 徽						
福 建						
江 西						
山 东						
河 南						
湖 北						
湖 南						
广 东	20319	19537	20319	19537	20319	19537
广 西						
海 南						
重 庆						
四 川						
贵 州						
云 南						
西 藏						
陕 西						
甘 肃						
青 海						
宁 夏						
新 疆						

单位：万元

非自有配送中心配送商品购进额		商品销售总额		零售额	
2017年	2016年	2017年	2016年	2017年	2016年
		25137	**12633**	**25137**	**12633**
		84	74	84	74
		1423	1397	1423	1397
		23630	11162	23630	11162

2-19 按业态分各地区连锁零售企业基本情况

便利店

地　区	连锁总店数（个）	门店数（个）		年末从业人员（人）		年末零售营业面积（平方米）	
	2017年	2017年	2016年	2017年	2016年	2017年	2016年
全　国	**102**	**24060**	**22398**	**89922**	**92454**	**1907888**	**1784041**
北　京	11	1414	1097	9062	8014	168074	154253
天　津	2	137	150	1323	1425	35350	38750
河　北	4	380	365	1100	1023	24617	25066
山　西	2	1715	1687	8936	8752	107537	104661
内 蒙 古	1	274	310	854	930	20023	24156
辽　宁	2	256	260	1228	1272	20200	20000
吉　林							
黑 龙 江	1	314	363	2995	2978	94277	93961
上　海	10	5006	5173	17610	24051	341299	338903
江　苏	8	321	151	1160	1142	57794	52026
浙　江	11	6454	6343	16120	16159	355043	353192
安　徽							
福　建	6	1811	1030	2604	2405	90813	49617
江　西							
山　东	3	150	83	813	406	11430	6720
河　南	2	124	125	841	837	34300	33248
湖　北	3	144	85	423	286	10015	5880
湖　南	4	194	200	520	455	10434	10467
广　东	8	2042	1954	9456	8539	148467	120047
广　西	1	125	115	733	763	10435	9600
海　南							
重　庆	2	199	208	447	532	13794	15450
四　川	9	2118	1814	10274	9064	256429	231702
贵　州	3	122	127	772	695	18410	19131
云　南	1	201	222	715	939	17917	21199
西　藏							
陕　西	7	380	369	1350	1227	30440	26182
甘　肃							
青　海							
宁　夏							
新　疆	1	179	167	586	560	30790	29830

2-19 续表 1

折扣店

地区	连锁总店数（个）	门店数（个）		年末从业人员（人）		年末零售营业面积（平方米）	
	2017年	2017年	2016年	2017年	2016年	2017年	2016年
全　国	**3**	**448**	**460**	**1613**	**1684**	**193592**	**160601**
北　京	1	6	8	434	599	89792	57851
天　津							
河　北							
山　西							
内蒙古							
辽　宁							
吉　林							
黑龙江							
上　海	1	375	402	640	648	93750	95250
江　苏							
浙　江							
安　徽							
福　建							
江　西							
山　东							
河　南							
湖　北							
湖　南							
广　东	1	67	50	539	437	10050	7500
广　西							
海　南							
重　庆							
四　川							
贵　州							
云　南							
西　藏							
陕　西							
甘　肃							
青　海							
宁　夏							
新　疆							

2-19 续表 2

超市

地区	连锁总店数（个）	门店数（个）		年末从业人员（人）		年末零售营业面积（平方米）	
	2017年	2017年	2016年	2017年	2016年	2017年	2016年
全国	**391**	**29881**	**32653**	**419779**	**454964**	**21128919**	**21391428**
北京	25	1333	1564	53191	56249	2603670	2643966
天津	6	665	739	2970	4207	150616	168851
河北	15	262	277	8175	8274	431876	403083
山西	10	163	162	3658	4136	217072	218394
内蒙古	5	76	73	1696	1528	196380	97891
辽宁	12	378	357	2540	2722	169682	119812
吉林	4	117	117	2239	2227	54886	54886
黑龙江	4	42	55	3186	3730	103369	121846
上海	11	2733	3013	49496	57436	2287720	2473629
江苏	29	3678	3859	67290	75420	3851046	4033860
浙江	35	3907	4563	20790	22892	1209771	1366624
安徽	21	1193	1197	16947	18473	804307	806768
福建	27	321	248	8074	6179	286720	240865
江西	4	45	60	2684	3565	147181	168632
山东	27	2438	2428	44381	44503	2982496	2761139
河南	21	858	848	5920	6136	301072	296948
湖北	17	2383	2100	46705	49197	1855773	1825931
湖南	13	911	900	7734	7939	333594	332740
广东	34	772	783	21656	22999	1243670	1377761
广西	5	296	307	4618	4840	170218	198765
海南	2	214	190	1557	1622	54623	55723
重庆	17	3073	3173	13402	15423	502202	420518
四川	21	3058	4711	17755	21812	601485	628126
贵州	3	72	74	800	831	19658	20331
云南	2	365	368	2250	2498	85949	92689
西藏	1	74	72	795	820	30157	29955
陕西	8	136	123	3157	3288	168717	168585
甘肃	2	69	69	1180	988	59265	54055
青海	1	50	50	752	809	21906	21906
宁夏	6	166	137	2189	2087	55933	52690
新疆	3	33	36	1992	2134	127905	134459

2-19 续表 3

大型超市

地区	连锁总店数（个）	门店数（个）		年末从业人员（人）		年末零售营业面积（平方米）	
	2017年	2017年	2016年	2017年	2016年	2017年	2016年
全　国	**168**	**6155**	**5968**	**469937**	**478027**	**35398107**	**34848891**
北　京	14	315	309	33968	38279	1913297	2396561
天　津	4	40	33	6991	7130	480701	361003
河　北	4	55	54	5760	5905	528453	527353
山　西	3	96	101	6888	7147	566520	642763
内蒙古							
辽　宁	10	60	60	9815	12507	523792	553472
吉　林							
黑龙江	1	7	7	1383	1649	75393	75393
上　海	10	287	311	83432	83064	4307957	4432398
江　苏	12	155	155	26377	29877	1209208	1282890
浙　江	15	2481	2511	25129	24881	1756482	1708759
安　徽	5	89	73	10257	8644	764586	635859
福　建	9	607	547	52771	49992	7212459	6619864
江　西	5	55	44	5411	4603	438861	362032
山　东	8	239	207	23265	22906	2686325	2672825
河　南	15	429	396	29519	31895	2061930	2210041
湖　北	3	79	77	11903	12120	965915	922338
湖　南	8	270	244	26831	26193	3389975	3117682
广　东	18	349	331	51190	52447	3392450	3434317
广　西	3	82	79	7223	6176	380632	380632
海　南							
重　庆	3	130	121	17454	18398	675850	624492
四　川	7	124	107	19431	17993	1185434	1062426
贵　州	1	26	17	2400	2429	216445	104500
云　南	2	18	18	4250	5162	152489	152489
西　藏							
陕　西	1	3	3	672	590	95679	95679
甘　肃							
青　海	2	11	10	1510	1580	78050	81000
宁　夏	2	138	142	4487	4763	243371	288158
新　疆	3	10	11	1620	1697	95853	103965

2-19 续表 4

仓储会员店

地 区	连锁总店数（个）	门店数（个）		年末从业人员（人）		年末零售营业面积（平方米）	
	2017年	2017年	2016年	2017年	2016年	2017年	2016年
全 国	**2**	**98**	**93**	**13174**	**12170**	**681161**	**671810**
北 京	1	6	7	1507	1966	115608	134877
天 津							
河 北							
山 西							
内蒙古							
辽 宁							
吉 林							
黑龙江							
上 海	1	92	86	11667	10204	565553	536933
江 苏							
浙 江							
安 徽							
福 建							
江 西							
山 东							
河 南							
湖 北							
湖 南							
广 东							
广 西							
海 南							
重 庆							
四 川							
贵 州							
云 南							
西 藏							
陕 西							
甘 肃							
青 海							
宁 夏							
新 疆							

2-19 续表 5

百货店

地区	连锁总店数（个）	门店数（个）		年末从业人员（人）		年末零售营业面积（平方米）	
	2017年	2017年	2016年	2017年	2016年	2017年	2016年
全　国	**107**	**6148**	**6037**	**279207**	**269217**	**28429495**	**27680397**
北　京	8	99	89	14879	14689	2318720	2323278
天　津							
河　北	3	84	81	8298	8201	765175	744507
山　西	3	17	17	2407	2305	373323	223323
内蒙古	1	7	7	942	1107	30313	30313
辽　宁	1	1018	1018	5597	5868	141846	141601
吉　林							
黑龙江	1	4	50	337	397	20000	350000
上　海	4	191	195	3042	3180	209847	248279
江　苏	6	1241	1194	27750	27664	6116350	5628100
浙　江	6	279	309	17969	5621	701209	711688
安　徽	4	347	308	35214	33840	1548403	1375798
福　建	7	85	61	3557	3152	335235	235107
江　西	6	55	57	10248	9782	737413	740816
山　东	13	917	924	58545	61157	5676534	5653144
河　南	2	19	17	1458	1348	79300	71300
湖　北	4	315	288	18988	20848	2397807	2409675
湖　南	4	35	34	6469	6100	875523	864049
广　东	14	879	843	22621	24166	2524221	2442261
广　西	1	16	15	921	980	33000	33000
海　南							
重　庆	4	350	336	22158	21007	2091941	1878860
四　川	4	19	18	7993	5830	431824	399249
贵　州	1	5	5	180	180	1862	1862
云　南	2	5	6	428	464	51686	51686
西　藏							
陕　西	2	13	13	2303	2764	250880	250880
甘　肃							
青　海	1	3	3	1839	1949	51271	57754
宁　夏	3	29	29	1074	1134	119907	119907
新　疆	2	116	120	3990	5484	545905	693960

2-19 续表 6

专业店(含加油站)

地区	连锁总店数(个)	门店数(个)		年末从业人员(人)		年末零售营业面积(平方米)	
	2017年	2017年	2016年	2017年	2016年	2017年	2016年
全国	**1646**	**125362**	**118205**	**847952**	**888850**	**77749891**	**76520567**
北京	66	2917	2934	29185	30578	1351378	1409162
天津	14	1186	970	12015	12658	1271433	1283902
河北	76	4932	4530	30926	31397	4708509	4625139
山西	36	2032	1920	15088	15297	1838317	1755734
内蒙古	8	231	174	1452	1250	60721	50356
辽宁	57	4886	4192	32736	32194	4164996	2915287
吉林	21	1752	1532	9792	10064	542334	508630
黑龙江	29	1478	1503	10671	11301	319520	333596
上海	34	4986	4950	31385	32619	1817017	1625824
江苏	114	13889	12735	146253	186254	11719800	13385707
浙江	135	10970	10791	54883	53681	7093790	6993885
安徽	29	5978	5790	28719	27880	2602554	2517625
福建	97	4070	3799	26249	25751	2387775	2433690
江西	57	3347	3166	31590	32351	2080483	2021360
山东	105	8785	7410	37906	34464	6124067	5679058
河南	70	4015	3617	24755	23014	3030923	3536802
湖北	67	4527	4592	33204	34337	1455918	1535765
湖南	68	6851	6340	40482	38619	3860398	3650035
广东	158	8679	8623	74997	75639	6249616	6225687
广西	69	4951	4545	27294	25822	3943962	3907908
海南	4	621	601	3924	3684	340420	335056
重庆	42	6595	6457	27017	27752	1030181	1012727
四川	80	4697	4365	27660	25171	1056797	936693
贵州	20	1176	1023	6511	6269	204638	190334
云南	24	4924	4382	25592	33613	1716523	1678028
西藏							
陕西	45	2421	2255	25243	24444	1925576	1938910
甘肃	9	406	422	3241	3230	609643	602843
青海	5	66	64	1180	1351	34612	34938
宁夏	31	911	718	6945	5766	1703189	1059586
新疆	76	3083	3805	21057	22400	2504801	2336300

2-19 续表 7

加油站

地区	连锁总店数（个）	门店数（个）		年末从业人员（人）		年末零售营业面积（平方米）	
	2017年	2017年	2016年	2017年	2016年	2017年	2016年
全国	**321**	**33321**	**33022**	**245111**	**253101**	**48419437**	**48003720**
北京	2	676	678	6368	6544	320025	321605
天津	3	816	607	8149	8499	982065	947565
河北	26	2552	2569	16684	18108	4309659	4273324
山西	8	781	785	4587	4940	943551	962885
内蒙古							
辽宁	13	1048	1078	11619	12334	2115973	2111417
吉林	2	217	213	1708	2388	22700	22700
黑龙江	2	190	185	2586	2682	15782	15782
上海	3	829	814	7370	8573	296063	291305
江苏	3	3068	3186	27898	28994	4784232	5263120
浙江	4	2563	2548	14868	16210	5811417	5700805
安徽	3	1731	1725	7378	7423	1009559	996078
福建	28	1777	1753	13773	13797	1890100	1947601
江西	23	1447	1427	10759	10630	1696497	1612527
山东	21	3652	3702	11298	11361	5291190	4935838
河南	19	1533	1543	8338	8388	2325897	2905007
湖北	14	964	955	8384	8901	524485	527845
湖南	25	1619	1598	10769	11487	2519401	2374086
广东	32	1971	1943	18552	18073	2911032	2911039
广西	29	1650	1655	11322	11496	3496660	3510005
海南	2	404	404	3287	3038	304410	300646
重庆	4	642	615	6418	6641	279555	270855
四川	1	82	80	688	651	20770	20378
贵州							
云南	2	294	273	3427	3403	880833	884881
西藏							
陕西	19	1193	1169	12522	12643	1502494	1526802
甘肃	6	309	323	2616	2636	597843	590602
青海							
宁夏	7	376	213	3522	2452	1559089	925276
新疆	20	937	981	10221	10809	2008155	1853746

2-19 续表 8

专卖店

地 区	连锁总店数(个)	门店数(个)		年末从业人员(人)		年末零售营业面积(平方米)	
	2017年	2017年	2016年	2017年	2016年	2017年	2016年
全 国	**369**	**31238**	**26193**	**173819**	**160419**	**4985815**	**4296554**
北 京	33	2074	1938	25458	24444	447097	391858
天 津	8	171	164	3089	3024	32719	34946
河 北	6	166	144	908	535	27612	15610
山 西	4	41	44	474	536	12760	12970
内蒙古	4	45	48	560	688	50346	47911
辽 宁	7	220	273	1695	1570	233348	242833
吉 林	6	116	109	856	896	11761	11235
黑龙江							
上 海	28	3985	4056	26776	29370	964680	922756
江 苏	13	2275	1671	5816	5164	180185	134378
浙 江	19	1196	1081	6482	6166	193053	146422
安 徽	4	263	266	956	977	28284	28430
福 建	38	3555	1842	19124	10257	667761	586189
江 西	9	1338	1258	2406	2675	39265	40545
山 东	5	633	634	1579	1614	31764	31230
河 南	10	593	553	3545	2408	66936	59475
湖 北	47	1725	1489	13810	12704	273433	180865
湖 南	25	1541	1525	5211	5489	170324	110506
广 东	53	6769	5463	24217	24196	601192	563841
广 西	3	434	287	2012	1225	69329	5642
海 南							
重 庆	12	1192	964	5961	5519	230920	222659
四 川	11	1627	1379	9196	8763	265661	238763
贵 州	1	8	9	36	37	338	388
云 南	5	192	194	1372	1295	33379	30745
西 藏							
陕 西	4	47	38	1944	1887	11792	6049
甘 肃	5	681	489	4986	4165	94116	69164
青 海							
宁 夏	4	92	81	362	285	5915	1990
新 疆	5	259	194	4988	4530	241845	159154

2-19 续表 9

家居建材商店

地 区	连锁总店数（个）	门店数（个）		年末从业人员（人）		年末零售营业面积（平方米）	
	2017年	2017年	2016年	2017年	2016年	2017年	2016年
全 国	**13**	**61**	**57**	**2590**	**2688**	**210034**	**211629**
北 京	3	12	11	1005	1011	63165	63165
天 津	1	14	6	183	143	8848	3508
河 北							
山 西							
内蒙古							
辽 宁							
吉 林							
黑龙江							
上 海	4	13	13	621	667	64111	64111
江 苏	2	3	3	116	118	33525	33525
浙 江							
安 徽							
福 建							
江 西							
山 东							
河 南							
湖 北	1	7	7	145	140	2815	2815
湖 南							
广 东	1	10	15	399	483	11670	17505
广 西							
海 南							
重 庆							
四 川	1	2	2	121	126	25900	27000
贵 州							
云 南							
西 藏							
陕 西							
甘 肃							
青 海							
宁 夏							
新 疆							

2-19 续表 10

厂家直销中心

地区	连锁总店数（个）	门店数（个）		年末从业人员（人）		年末零售营业面积（平方米）	
	2017年	2017年	2016年	2017年	2016年	2017年	2016年
全国	**8**	**711**	**655**	**3979**	**3902**	**163857**	**156409**
北京							
天津							
河北							
山西							
内蒙古							
辽宁	2	46	46	1455	1649	2400	2400
吉林							
黑龙江							
上海							
江苏							
浙江	1	4	4	52	53	196	196
安徽							
福建							
江西							
山东							
河南							
湖北	1	408	408	1170	1168	132250	132250
湖南							
广东	1	231	176	1068	765	27151	19763
广西							
海南							
重庆	2	15	14	230	250	1860	1800
四川							
贵州							
云南							
西藏							
陕西							
甘肃							
青海							
宁夏							
新疆	1	7	7	4	17		

2-19 续表 11

其他

地区	连锁总店数（个）	门店数（个）		年末从业人员（人）		年末零售营业面积（平方米）	
	2017年	2017年	2016年	2017年	2016年	2017年	2016年
全　国	**62**	**11941**	**11093**	**47199**	**42902**	**2447431**	**2374253**
北　京							
天　津	1	19	20	412	490	7870	8920
河　北							
山　西	3	103	86	373	213	7928	5875
内蒙古	1	79	79	99	94	2962	2962
辽　宁	1	6	6	104	127	480	480
吉　林	2	26	5	150	68	2700	500
黑龙江							
上　海	1	38	45	154	188	2254	2254
江　苏	2	30	17	120	106	3971	2613
浙　江							
安　徽	1	1980	1980	170	211	79200	79200
福　建	4	43	40	1830	2160	91578	96787
江　西							
山　东	6	786	743	12928	13007	1645075	1616256
河　南	4	92	72	737	659	48260	43700
湖　北	1	17	19	82	169	1190	2160
湖　南	1	25	25	70	70	4000	4000
广　东	20	7744	6894	26471	21287	335503	282191
广　西							
海　南							
重　庆	6	770	776	1856	1933	77122	77154
四　川	2	91	86	336	293	5366	4939
贵　州							
云　南							
西　藏							
陕　西	2	14	14	755	929	46662	46662
甘　肃							
青　海	1	60	67	132	380	10700	13700
宁　夏	2	9	110	255	371	55710	65000
新　疆	1	9	9	165	147	18900	18900

2-20 按业态分各地区连锁零售企业直营门店基本情况

便利店

地区	门店数（个）		年末从业人员（人）		年末零售营业面积（平方米）	
	2017年	2016年	2017年	2016年	2017年	2016年
全国	**10313**	**10015**	**56455**	**57078**	**1100989**	**1050149**
北京	1095	977	8065	7634	146986	147089
天津	137	150	1323	1425	35350	38750
河北	118	119	718	813	7522	8066
山西	44	46	580	547	3282	2973
内蒙古	107	152	389	456	9840	11011
辽宁	206	205	1188	1217	18600	18000
吉林						
黑龙江	53	53	2035	1828	69482	65281
上海	2945	3159	14173	16944	183543	194351
江苏	321	151	1160	1142	57794	52026
浙江	543	524	3511	3317	43417	41428
安徽						
福建	157	130	369	350	11409	9065
江西						
山东	105	53	519	267	7830	4320
河南	124	125	841	837	34300	33248
湖北	50	67	177	233	3375	4600
湖南	114	134	392	389	7184	6597
广东	1303	1341	7224	6847	117573	95451
广西	125	115	733	763	10435	9600
海南						
重庆	31	35	145	220	7342	7453
四川	2079	1787	10264	9054	255695	228932
贵州	122	127	772	695	18410	19131
云南	201	222	715	939	17917	21199
西藏						
陕西	315	321	1025	1027	26540	24278
甘肃						
青海						
宁夏						
新疆	18	22	137	134	7163	7300

2-20 续表 1

折扣店

地区	门店数（个）		年末从业人员（人）		年末零售营业面积（平方米）	
	2017年	2016年	2017年	2016年	2017年	2016年
全国	**269**	**279**	**1552**	**1627**	**148842**	**120601**
北京	6	8	434	599	89792	57851
天津						
河北						
山西						
内蒙古						
辽宁						
吉林						
黑龙江						
上海	196	221	579	591	49000	55250
江苏						
浙江						
安徽						
福建						
江西						
山东						
河南						
湖北						
湖南						
广东	67	50	539	437	10050	7500
广西						
海南						
重庆						
四川						
贵州						
云南						
西藏						
陕西						
甘肃						
青海						
宁夏						
新疆						

2-20 续表 2

超市

地区	门店数（个）		年末从业人员（人）		年末零售营业面积（平方米）	
	2017年	2016年	2017年	2016年	2017年	2016年
全国	**16489**	**16630**	**363933**	**388841**	**18986779**	**19043956**
北京	1086	1054	48794	51378	2515797	2525896
天津	151	225	1610	2847	97021	115256
河北	191	188	7951	7994	424082	393313
山西	115	116	3508	4001	212572	214094
内蒙古	72	69	1666	1503	195830	97421
辽宁	378	357	2540	2722	169682	119812
吉林	117	117	2239	2227	54886	54886
黑龙江	42	55	3186	3730	103369	121846
上海	1467	1633	40776	47748	1837259	2036133
江苏	2223	2322	52832	56574	3102533	3162573
浙江	981	998	16089	16814	1073212	1185570
安徽	670	673	12177	13696	647297	649455
福建	312	239	8065	6170	285720	239865
江西	37	60	2384	3565	137181	168632
山东	1988	1977	42565	42661	2928113	2706526
河南	430	415	5794	5662	286104	281480
湖北	1957	1908	46163	47927	1842579	1815147
湖南	378	364	6716	6918	301216	300242
广东	750	751	20346	21562	1232670	1365951
广西	194	185	3802	3842	127774	148164
海南	214	190	1557	1622	54623	55723
重庆	363	419	8725	11958	337161	293561
四川	1776	1740	13036	13963	537314	508600
贵州	72	74	800	831	19658	20331
云南	39	42	1676	1897	69311	76051
西藏	74	72	795	820	30157	29955
陕西	136	123	3157	3288	168717	168585
甘肃	69	69	1180	988	59265	54055
青海	50	50	752	809	21906	21906
宁夏	146	134	2108	2074	53233	52390
新疆	11	11	944	1050	60537	60537

2-20 续表 3

大型超市

地 区	门店数（个）		年末从业人员（人）		年末零售营业面积（平方米）	
	2017年	2016年	2017年	2016年	2017年	2016年
全 国	**4067**	**3892**	**398936**	**410509**	**31762511**	**31329547**
北 京	315	309	33968	38279	1913297	2396561
天 津	40	33	6991	7130	480701	361003
河 北	55	54	5760	5905	528453	527353
山 西	93	98	6858	7117	565520	641763
内蒙古						
辽 宁	60	60	9815	12507	523792	553472
吉 林						
黑龙江	7	7	1383	1649	75393	75393
上 海	117	147	22297	25009	1265766	1499707
江 苏	155	155	26377	29877	1209208	1282890
浙 江	595	625	21275	20969	1592730	1548697
安 徽	89	73	10257	8644	764586	635859
福 建	607	547	52771	49992	7212459	6619864
江 西	55	44	5411	4603	438861	362032
山 东	239	207	23265	22906	2686325	2672825
河 南	429	396	29519	31895	2061930	2210041
湖 北	79	77	11903	12120	965915	922338
湖 南	270	244	26831	26193	3389975	3117682
广 东	320	308	45208	46926	2963797	3008726
广 西	82	79	7223	6176	380632	380632
海 南						
重 庆	130	121	17454	18398	675850	624492
四 川	124	107	19431	17993	1185434	1062426
贵 州	26	17	2400	2429	216445	104500
云 南	18	18	4250	5162	152489	152489
西 藏						
陕 西	3	3	672	590	95679	95679
甘 肃						
青 海	11	10	1510	1580	78050	81000
宁 夏	138	142	4487	4763	243371	288158
新 疆	10	11	1620	1697	95853	103965

2-20 续表 4

仓储会员店

地　区	门店数（个）		年末从业人员（人）		年末零售营业面积（平方米）	
	2017年	2016年	2017年	2016年	2017年	2016年
全　国	**98**	**93**	**13174**	**12170**	**681161**	**671810**
北　京	6	7	1507	1966	115608	134877
天　津						
河　北						
山　西						
内蒙古						
辽　宁						
吉　林						
黑龙江						
上　海	92	86	11667	10204	565553	536933
江　苏						
浙　江						
安　徽						
福　建						
江　西						
山　东						
河　南						
湖　北						
湖　南						
广　东						
广　西						
海　南						
重　庆						
四　川						
贵　州						
云　南						
西　藏						
陕　西						
甘　肃						
青　海						
宁　夏						
新　疆						

2-20 续表 5

百货店

地区	门店数（个）		年末从业人员（人）		年末零售营业面积（平方米）	
	2017年	2016年	2017年	2016年	2017年	2016年
全国	**3437**	**3316**	**264833**	**254960**	**27887192**	**27135521**
北京	99	89	14879	14689	2318720	2323278
天津						
河北	84	81	8298	8201	765175	744507
山西	17	17	2407	2305	373323	223323
内蒙古	7	7	942	1107	30313	30313
辽宁	5	6	234	405	18793	18848
吉林						
黑龙江	4	50	337	397	20000	350000
上海	191	195	3042	3180	209847	248279
江苏	323	276	24464	24235	6011930	5523680
浙江	113	143	17359	5002	680116	690588
安徽	345	306	35108	33728	1517403	1344798
福建	85	61	3557	3152	335235	235107
江西	41	43	7089	7024	537309	540712
山东	388	384	56916	59510	5628069	5601813
河南	19	17	1458	1348	79300	71300
湖北	315	288	18988	20848	2397807	2409675
湖南	35	34	6469	6100	875523	864049
广东	876	840	22479	24016	2512221	2430261
广西	16	15	921	980	33000	33000
海南						
重庆	350	336	22158	21007	2091941	1878860
四川	19	18	7993	5830	431824	399249
贵州	5	5	180	180	1862	1862
云南	5	6	428	464	51686	51686
西藏						
陕西	13	13	2303	2764	250880	250880
甘肃						
青海	3	3	1839	1949	51271	57754
宁夏	29	29	1074	1134	119907	119907
新疆	50	54	3911	5405	543737	691792

2-20 续表 6

专业店(含加油站)

地区	门店数(个)		年末从业人员(人)		年末零售营业面积(平方米)	
	2017年	2016年	2017年	2016年	2017年	2016年
全国	**100613**	**93470**	**786889**	**827456**	**75847605**	**74580815**
北京	2469	2518	27171	28610	1290196	1346928
天津	1179	963	12008	12651	1270503	1282972
河北	4820	4439	30642	31158	4704270	4621559
山西	2028	1917	15075	15290	1838002	1755519
内蒙古	192	135	1401	1199	59051	48686
辽宁	4563	3875	31871	30891	4133062	2890817
吉林	1748	1528	9784	10056	541934	508230
黑龙江	1363	1352	10386	10980	316810	330856
上海	3101	3095	23647	24698	1336839	1159330
江苏	11036	9991	140905	181009	11642278	13308791
浙江	7551	7356	47518	46360	6830365	6653819
安徽	3027	2882	21014	20449	2435505	2357685
福建	3630	3497	24913	24721	2344617	2396525
江西	3139	2953	29629	30294	2071548	2001800
山东	8628	7296	37529	34198	6112320	5668483
河南	3660	3255	23534	21783	2951528	3456930
湖北	3712	3708	31452	32236	1407862	1485883
湖南	4575	4133	34982	33067	3699935	3494542
广东	7789	7913	73095	74297	6181008	6170405
广西	3530	3253	22739	21553	3855178	3834492
海南	621	601	3924	3684	340420	335056
重庆	3021	2819	21276	21850	882285	863257
四川	3190	2524	25048	22162	976360	851896
贵州	1011	829	6164	5864	196516	180847
云南	4922	4380	25590	33611	1716523	1678028
西藏						
陕西	2145	1905	24260	23191	1901266	1907720
甘肃	406	406	3241	3214	609643	602143
青海	33	32	1121	1292	34612	34938
宁夏	835	632	6596	5535	1693500	1048586
新疆	2689	3283	20374	21553	2473669	2304092

2-20 续表 7

加油站

地区	门店数（个）		年末从业人员（人）		年末零售营业面积（平方米）	
	2017年	2016年	2017年	2016年	2017年	2016年
全国	**33125**	**32829**	**243705**	**251464**	**48329995**	**47914168**
北京	676	678	6368	6544	320025	321605
天津	816	607	8149	8499	982065	947565
河北	2552	2569	16684	18108	4309659	4273324
山西	781	785	4587	4940	943551	962885
内蒙古						
辽宁	1048	1078	11619	12334	2115973	2111417
吉林	217	213	1708	2388	22700	22700
黑龙江	190	185	2586	2682	15782	15782
上海	744	732	6690	7589	269288	265475
江苏	3068	3186	27898	28994	4784232	5263120
浙江	2563	2548	14868	16210	5811417	5700805
安徽	1731	1725	7378	7423	1009559	996078
福建	1777	1753	13773	13797	1890100	1947601
江西	1447	1427	10759	10630	1696497	1612527
山东	3652	3702	11298	11361	5291190	4935838
河南	1425	1433	7678	7745	2263412	2841365
湖北	964	955	8384	8901	524485	527845
湖南	1619	1598	10769	11487	2519401	2374086
广东	1969	1943	18496	18073	2910930	2911039
广西	1649	1654	11312	11486	3496580	3509925
海南	404	404	3287	3038	304410	300646
重庆	642	615	6418	6641	279555	270855
四川	82	80	688	651	20770	20378
贵州						
云南	294	273	3427	3403	880833	884881
西藏						
陕西	1193	1169	12522	12643	1502494	1526802
甘肃	309	323	2616	2636	597843	590602
青海						
宁夏	376	213	3522	2452	1559089	925276
新疆	937	981	10221	10809	2008155	1853746

2-20 续表 8

专卖店

地区	门店数（个）		年末从业人员（人）		年末零售营业面积（平方米）	
	2017年	2016年	2017年	2016年	2017年	2016年
全国	**18317**	**15367**	**144210**	**129651**	**3958893**	**3381810**
北京	1149	1076	20406	19713	362956	311640
天津	171	164	3089	3024	32719	34946
河北	127	104	756	379	19822	7610
山西	41	44	474	536	12760	12970
内蒙古	45	48	560	688	50346	47911
辽宁	150	169	1635	1508	228028	234123
吉林	116	109	856	896	11761	11235
黑龙江						
上海	2483	2524	24206	23251	823795	793020
江苏	741	713	3601	3538	46761	50118
浙江	1007	904	6218	5861	172642	131491
安徽	260	203	953	731	28225	24621
福建	2210	701	14016	5843	467350	360245
江西	189	214	1260	1487	17097	20913
山东	382	388	1357	1421	22810	23170
河南	445	418	2871	1978	58999	52278
湖北	1430	1257	12616	11861	222415	159088
湖南	906	913	4485	4616	126130	77873
广东	3556	3186	19645	19388	437433	405844
广西	397	252	1945	1176	66369	3565
海南						
重庆	571	498	4626	4378	221062	216290
四川	780	557	5412	5501	206495	179227
贵州	8	9	36	37	338	388
云南	192	194	1372	1295	33379	30745
西藏						
陕西	47	38	1944	1887	11792	6049
甘肃	680	487	4981	4155	94016	68964
青海						
宁夏	92	81	362	285	5915	1990
新疆	142	116	4528	4218	177478	115496

2-20 续表 9

家居建材商店

地区	门店数（个）		年末从业人员（人）		年末零售营业面积（平方米）	
	2017年	2016年	2017年	2016年	2017年	2016年
全国	**61**	**57**	**2590**	**2688**	**210034**	**211629**
北京	12	11	1005	1011	63165	63165
天津	14	6	183	143	8848	3508
河北						
山西						
内蒙古						
辽宁						
吉林						
黑龙江						
上海	13	13	621	667	64111	64111
江苏	3	3	116	118	33525	33525
浙江						
安徽						
福建						
江西						
山东						
河南						
湖北	7	7	145	140	2815	2815
湖南						
广东	10	15	399	483	11670	17505
广西						
海南						
重庆						
四川	2	2	121	126	25900	27000
贵州						
云南						
西藏						
陕西						
甘肃						
青海						
宁夏						
新疆						

2-20 续表 10

厂家直销中心

地区	门店数（个）		年末从业人员（人）		年末零售营业面积（平方米）	
	2017年	2016年	2017年	2016年	2017年	2016年
全　国	**348**	**292**	**3135**	**3060**	**95457**	**88009**
北　京						
天　津						
河　北						
山　西						
内蒙古						
辽　宁	46	46	1455	1649	2400	2400
吉　林						
黑龙江						
上　海						
江　苏						
浙　江	4	4	52	53	196	196
安　徽						
福　建						
江　西						
山　东						
河　南						
湖　北	45	45	326	326	63850	63850
湖　南						
广　东	231	176	1068	765	27151	19763
广　西						
海　南						
重　庆	15	14	230	250	1860	1800
四　川						
贵　州						
云　南						
西　藏						
陕　西						
甘　肃						
青　海						
宁　夏						
新　疆	7	7	4	17		

2-20 续表 11

其他

地　区	门店数（个）		年末从业人员（人）		年末零售营业面积（平方米）	
	2017年	2016年	2017年	2016年	2017年	2016年
全　国	**2347**	**2157**	**25622**	**26044**	**2055598**	**2016798**
北　京						
天　津	19	20	412	490	7870	8920
河　北						
山　西	103	86	373	213	7928	5875
内蒙古	16	16	36	31	1121	1121
辽　宁	6	6	104	127	480	480
吉　林	26	5	150	68	2700	500
黑龙江						
上　海	38	45	154	188	2254	2254
江　苏	30	17	120	106	3971	2613
浙　江						
安　徽						
福　建	43	40	1830	2160	91578	96787
江　西						
山　东	193	148	10324	10355	1547130	1518311
河　南	92	72	737	659	48260	43700
湖　北	17	19	82	169	1190	2160
湖　南	25	25	70	70	4000	4000
广　东	1550	1399	9407	9202	186658	172001
广　西						
海　南						
重　庆	107	114	463	531	22092	22847
四　川	30	25	85	69	3394	2967
贵　州						
云　南						
西　藏						
陕　西	14	14	755	929	46662	46662
甘　肃						
青　海	20	27	100	272	3700	6700
宁　夏	9	70	255	258	55710	60000
新　疆	9	9	165	147	18900	18900

2-21 按业态分各地区连锁零售企业加盟门店基本情况

便利店

地 区	门店数（个）		年末从业人员（人）		年末零售营业面积（平方米）	
	2017年	2016年	2017年	2016年	2017年	2016年
全 国	**13747**	**12383**	**33467**	**35376**	**806899**	**733892**
北 京	319	120	997	380	21088	7164
天 津						
河 北	262	246	382	210	17095	17000
山 西	1671	1641	8356	8205	104255	101688
内 蒙 古	167	158	465	474	10183	13145
辽 宁	50	55	40	55	1600	2000
吉 林						
黑 龙 江	261	310	960	1150	24795	28680
上 海	2061	2014	3437	7107	157756	144552
江 苏						
浙 江	5911	5819	12609	12842	311626	311764
安 徽						
福 建	1654	900	2235	2055	79404	40552
江 西						
山 东	45	30	294	139	3600	2400
河 南						
湖 北	94	18	246	53	6640	1280
湖 南	80	66	128	66	3250	3870
广 东	739	613	2232	1692	30894	24596
广 西						
海 南						
重 庆	168	173	302	312	6452	7997
四 川	39	27	10	10	734	2770
贵 州						
云 南						
西 藏						
陕 西	65	48	325	200	3900	1904
甘 肃						
青 海						
宁 夏						
新 疆	161	145	449	426	23627	22530

2-21 续表 1

折扣店

地区	门店数（个）		年末从业人员（人）		年末零售营业面积（平方米）	
	2017年	2016年	2017年	2016年	2017年	2016年
全国	**179**	**181**	**61**	**57**	**44750**	**40000**
北京						
天津						
河北						
山西						
内蒙古						
辽宁						
吉林						
黑龙江						
上海	179	181	61	57	44750	40000
江苏						
浙江						
安徽						
福建						
江西						
山东						
河南						
湖北						
湖南						
广东						
广西						
海南						
重庆						
四川						
贵州						
云南						
西藏						
陕西						
甘肃						
青海						
宁夏						
新疆						

2-21 续表 2

超市

地区	门店数（个）		年末从业人员（人）		年末零售营业面积（平方米）	
	2017年	2016年	2017年	2016年	2017年	2016年
全国	**13392**	**16023**	**55846**	**66123**	**2142140**	**2347472**
北京	247	510	4397	4871	87873	118070
天津	514	514	1360	1360	53595	53595
河北	71	89	224	280	7794	9770
山西	48	46	150	135	4500	4300
内蒙古	4	4	30	25	550	470
辽宁						
吉林						
黑龙江						
上海	1266	1380	8720	9688	450461	437496
江苏	1455	1537	14458	18846	748513	871287
浙江	2926	3565	4701	6078	136559	181054
安徽	523	524	4770	4777	157010	157313
福建	9	9	9	9	1000	1000
江西	8		300		10000	
山东	450	451	1816	1842	54383	54613
河南	428	433	126	474	14968	15468
湖北	426	192	542	1270	13194	10784
湖南	533	536	1018	1021	32378	32498
广东	22	32	1310	1437	11000	11810
广西	102	122	816	998	42444	50601
海南						
重庆	2710	2754	4677	3465	165041	126957
四川	1282	2971	4719	7849	64171	119526
贵州						
云南	326	326	574	601	16638	16638
西藏						
陕西						
甘肃						
青海						
宁夏	20	3	81	13	2700	300
新疆	22	25	1048	1084	67368	73922

2-21 续表 3

大型超市

地 区	门店数（个）		年末从业人员（人）		年末零售营业面积（平方米）	
	2017年	2016年	2017年	2016年	2017年	2016年
全 国	**2088**	**2076**	**71001**	**67518**	**3635596**	**3519344**
北 京						
天 津						
河 北						
山 西	3	3	30	30	1000	1000
内蒙古						
辽 宁						
吉 林						
黑龙江						
上 海	170	164	61135	58055	3042191	2932691
江 苏						
浙 江	1886	1886	3854	3912	163752	160062
安 徽						
福 建						
江 西						
山 东						
河 南						
湖 北						
湖 南						
广 东	29	23	5982	5521	428653	425591
广 西						
海 南						
重 庆						
四 川						
贵 州						
云 南						
西 藏						
陕 西						
甘 肃						
青 海						
宁 夏						
新 疆						

2-21 续表 4

百货店

地区	门店数（个）		年末从业人员（人）		年末零售营业面积（平方米）	
	2017年	2016年	2017年	2016年	2017年	2016年
全国	**2711**	**2721**	**14374**	**14257**	**542303**	**544876**
北京						
天津						
河北						
山西						
内蒙古						
辽宁	1013	1012	5363	5463	123053	122753
吉林						
黑龙江						
上海						
江苏	918	918	3286	3429	104420	104420
浙江	166	166	610	619	21093	21100
安徽	2	2	106	112	31000	31000
福建						
江西	14	14	3159	2758	200104	200104
山东	529	540	1629	1647	48465	51331
河南						
湖北						
湖南						
广东	3	3	142	150	12000	12000
广西						
海南						
重庆						
四川						
贵州						
云南						
西藏						
陕西						
甘肃						
青海						
宁夏						
新疆	66	66	79	79	2168	2168

2-21 续表 5

专业店(含加油站)

地　区	门店数(个)		年末从业人员(人)		年末零售营业面积(平方米)	
	2017年	2016年	2017年	2016年	2017年	2016年
全　国	**24749**	**24735**	**61063**	**61394**	**1902286**	**1939752**
北　京	448	416	2014	1968	61182	62234
天　津	7	7	7	7	930	930
河　北	112	91	284	239	4239	3580
山　西	4	3	13	7	315	215
内 蒙 古	39	39	51	51	1670	1670
辽　宁	323	317	865	1303	31934	24470
吉　林	4	4	8	8	400	400
黑 龙 江	115	151	285	321	2710	2740
上　海	1885	1855	7738	7921	480178	466494
江　苏	2853	2744	5348	5245	77522	76916
浙　江	3419	3435	7365	7321	263425	340066
安　徽	2951	2908	7705	7431	167049	159940
福　建	440	302	1336	1030	43158	37165
江　西	208	213	1961	2057	8935	19560
山　东	157	114	377	266	11747	10575
河　南	355	362	1221	1231	79395	79872
湖　北	815	884	1752	2101	48056	49882
湖　南	2276	2207	5500	5552	160463	155493
广　东	890	710	1902	1342	68608	55282
广　西	1421	1292	4555	4269	88784	73416
海　南						
重　庆	3574	3638	5741	5902	147896	149470
四　川	1507	1841	2612	3009	80437	84797
贵　州	165	194	347	405	8122	9487
云　南	2	2	2	2		
西　藏						
陕　西	276	350	983	1253	24310	31190
甘　肃		16		16		700
青　海	33	32	59	59		
宁　夏	76	86	349	231	9689	11000
新　疆	394	522	683	847	31132	32208

2-21 续表 6

加油站

地区	门店数（个）		年末从业人员（人）		年末零售营业面积（平方米）	
	2017年	2016年	2017年	2016年	2017年	2016年
全国	**196**	**193**	**1406**	**1637**	**89442**	**89552**
北京						
天津						
河北						
山西						
内蒙古						
辽宁						
吉林						
黑龙江						
上海	85	82	680	984	26775	25830
江苏						
浙江						
安徽						
福建						
江西						
山东						
河南	108	110	660	643	62485	63642
湖北						
湖南						
广东	2		56		102	
广西	1	1	10	10	80	80
海南						
重庆						
四川						
贵州						
云南						
西藏						
陕西						
甘肃						
青海						
宁夏						
新疆						

2-21 续表 7

专卖店

地区	门店数（个）		年末从业人员（人）		年末零售营业面积（平方米）	
	2017年	2016年	2017年	2016年	2017年	2016年
全国	**12921**	**10826**	**29609**	**30768**	**1026922**	**914744**
北京	925	862	5052	4731	84141	80218
天津						
河北	39	40	152	156	7790	8000
山西						
内蒙古						
辽宁	70	104	60	62	5320	8710
吉林						
黑龙江						
上海	1502	1532	2570	6119	140885	129736
江苏	1534	958	2215	1626	133424	84260
浙江	189	177	264	305	20411	14931
安徽	3	63	3	246	59	3809
福建	1345	1141	5108	4414	200411	225944
江西	1149	1044	1146	1188	22168	19632
山东	251	246	222	193	8954	8060
河南	148	135	674	430	7937	7197
湖北	295	232	1194	843	51018	21777
湖南	635	612	726	873	44194	32633
广东	3213	2277	4572	4808	163759	157997
广西	37	35	67	49	2960	2077
海南						
重庆	621	466	1335	1141	9858	6369
四川	847	822	3784	3262	59166	59536
贵州						
云南						
西藏						
陕西						
甘肃	1	2	5	10	100	200
青海						
宁夏						
新疆	117	78	460	312	64367	43658

2-21 续表 8

厂家直销中心

地区	门店数（个）		年末从业人员（人）		年末零售营业面积（平方米）	
	2017年	2016年	2017年	2016年	2017年	2016年
全国	**363**	**363**	**844**	**842**	**68400**	**68400**
北京						
天津						
河北						
山西						
内蒙古						
辽宁						
吉林						
黑龙江						
上海						
江苏						
浙江						
安徽						
福建						
江西						
山东						
河南						
湖北	363	363	844	842	68400	68400
湖南						
广东						
广西						
海南						
重庆						
四川						
贵州						
云南						
西藏						
陕西						
甘肃						
青海						
宁夏						
新疆						

2-21 续表 9

其他

地区	门店数（个）		年末从业人员（人）		年末零售营业面积（平方米）	
	2017年	2016年	2017年	2016年	2017年	2016年
全国	**9594**	**8936**	**21577**	**16858**	**391833**	**357455**
北京						
天津						
河北						
山西						
内蒙古	63	63	63	63	1841	1841
辽宁						
吉林						
黑龙江						
上海						
江苏						
浙江						
安徽	1980	1980	170	211	79200	79200
福建						
江西						
山东	593	595	2604	2652	97945	97945
河南						
湖北						
湖南						
广东	6194	5495	17064	12085	148845	110190
广西						
海南						
重庆	663	662	1393	1402	55030	54307
四川	61	61	251	224	1972	1972
贵州						
云南						
西藏						
陕西						
甘肃						
青海	40	40	32	108	7000	7000
宁夏		40		113		5000
新疆						

2-22 按业态分各地区

便利店

地区	商品购进总额		统一配送商品购进额		自有配送中心配送商品购进额	
	2017年	2016年	2017年	2016年	2017年	2016年
全国	**3699881**	**3333479**	**3097734**	**2710964**	**1350594**	**1194680**
北京	429071	330231	377084	279058	119320	83282
天津	13777	13296				
河北	89932	75564	89011	74505	83075	67828
山西	240376	234093	165351	161260	165351	161260
内蒙古	26451	29232	26451	29232		
辽宁	27640	33294	27640	33294	2115	2245
吉林						
黑龙江	199969	196046	71714	69078	71714	69078
上海	1060820	1036225	772110	733530	85635	115294
江苏	109936	91987	109936	88463	45797	54624
浙江	392646	367016	392380	364810	207418	198233
安徽						
福建	114659	80105	113790	79328	62683	36913
江西						
山东	24408	14617	21542	12114		
河南	34353	39821	34353	31599	14127	14127
湖北	10811	6183	7648	5179	3005	
湖南	20296	20969	19318	19802	7942	13802
广东	369753	291837	365176	282598	319129	246161
广西	37363	35562	37363	35562	37363	35562
海南						
重庆	13730	12610		3954		3900
四川	372542	333776	367086	327883	100669	76374
贵州	19072	20364	19072	20364		
云南	9315	9584	9315	9584		
西藏						
陕西	60346	44272	48779	32973	17350	9267
甘肃						
青海						
宁夏						
新疆	22617	16795	22617	16795	7901	6733

连锁零售企业经营情况

单位：万元

非自有配送中心配送商品购进额		商品销售总额		零售额	
2017年	2016年	2017年	2016年	2017年	2016年
872148	**745090**	**4828894**	**4291570**	**4343396**	**3965680**
138596	92280	566439	445471	553292	441220
		65812	67824	65710	67722
		91221	77264	81646	69264
		241930	237898	241930	237898
		33063	36472	33063	36472
		31317	29316	31317	29316
		236290	235142	165656	165704
237623	193924	1588513	1495380	1505536	1405940
59280	33840	170806	107307	103771	94614
140962	140582	413800	375174	314957	360125
20323	18617	149802	101924	63607	46275
		27036	18511	26046	17663
		37972	34939	37972	34939
2858	2159	13924	7062	11351	3501
		20179	19414	5438	5164
10524	6182	512611	451608	482602	402554
		37697	35973	37697	35973
	54	15979	16600	10416	16600
237785	233541	436583	385637	434461	383125
		19480	20867	19480	20784
9315	9584	34063	19305	34063	19305
165	4265	61564	51795	60572	50834
14716	10062	22813	20688	22813	20688

2-22 续表 1

折扣店

地 区	商品购进总额		统一配送商品购进额		自有配送中心配送商品购进额	
	2017年	2016年	2017年	2016年	2017年	2016年
全 国	**231542**	**260991**	**116269**	**136302**	**116269**	**136302**
北 京	96893	116935				
天 津						
河 北						
山 西						
内 蒙 古						
辽 宁						
吉 林						
黑 龙 江						
上 海	116269	136302	116269	136302	116269	136302
江 苏						
浙 江						
安 徽						
福 建						
江 西						
山 东						
河 南						
湖 北						
湖 南						
广 东	18380	7755				
广 西						
海 南						
重 庆						
四 川						
贵 州						
云 南						
西 藏						
陕 西						
甘 肃						
青 海						
宁 夏						
新 疆						

单位：万元

非自有配送中心配送商品购进额		商品销售总额		零售额	
2017年	2016年	2017年	2016年	2017年	2016年
		266782	**298119**	**266782**	**298119**
		114692	136803	114692	136803
		125980	145828	125980	145828
		26110	15488	26110	15488

2-22 续表 2

超市

地 区	商品购进总额		统一配送商品购进额		自有配送中心配送商品购进额	
	2017年	2016年	2017年	2016年	2017年	2016年
全 国	**31469816**	**30283982**	**26529035**	**25987480**	**17273989**	**17984409**
北 京	5474225	4774305	4618137	4416303	1552584	1553881
天 津	183219	296032	23509	16192		
河 北	1595833	430780	1492449	318247	184656	184300
山 西	156367	168020	120350	148610	83144	97248
内蒙古	106273	101638	11024	15029	2335	1828
辽 宁	173913	149264	106045	80554	43220	18912
吉 林	168288	151249	167321	150295		
黑龙江	149441	211001	129943	193393	113039	175043
上 海	3755951	4153805	3472032	3823345	1923394	2230179
江 苏	4873414	4838770	4561069	4610324	4115768	4222517
浙 江	1174100	1419688	1026979	1268773	918251	1062513
安 徽	1726743	1892851	941125	1123065	419126	622466
福 建	688702	247042	281906	209930	74793	29053
江 西	92052	105667	92052	105667		14584
山 东	2789360	2672094	2534835	2421491	2302860	2155981
河 南	234101	233438	171176	170243	71994	69864
湖 北	3952130	3856264	3223573	3225474	3110708	3078284
湖 南	432902	424435	340085	329003	44953	43378
广 东	1331916	1338279	1177212	1296271	1015355	1148013
广 西	112815	120665	45917	46341	27634	30304
海 南	61642	64027	25031	43167		
重 庆	489563	485003	463441	465482	386399	403270
四 川	1031048	1181342	934590	979999	673492	664024
贵 州	38383	41809	33142	36485	13635	15136
云 南	145708	134551	145708	134551	37999	43908
西 藏	29544	30552	29544	30552		
陕 西	193319	200975	135691	133921	55806	49322
甘 肃	65492	64073	26848	25862	16606	14311
青 海	17649	1535	17649	1535	17649	1535
宁 夏	71541	348288	26474	20834	6050	
新 疆	154184	146542	154184	146542	62543	54556

单位：万元

非自有配送中心配送商品购进额		商品销售总额		零售额	
2017年	2016年	2017年	2016年	2017年	2016年
3123285	**3193089**	**35203131**	**32883576**	**29851628**	**28761037**
327648	307166	6255681	5548347	4128354	3986726
		217843	322673	216985	321634
96682	81937	1646731	466387	1614972	444285
		191740	196191	180075	185634
1099	1359	117047	104218	11960	13943
3821	25802	203688	157292	203688	156961
		178502	159952	178429	159915
11925	12052	140537	194289	132059	188132
1155329	1340555	5035373	4861039	4463687	4290191
356334	306143	5263352	5379228	4031194	4297799
34096	32162	1477996	1661341	1291747	1524482
243788	194566	992853	1040776	971797	1001231
76490	51215	718481	276989	355357	273552
9		116277	107158	116277	107158
215801	248921	3179762	2991714	2921299	2752623
4553	3782	298921	324429	245674	324429
8564	8437	4548873	4363863	4342122	4177737
263872	255074	441575	404210	394441	366514
13710	12737	1401211	1425472	1397833	1422231
		181344	184587	180493	183506
		69372	55272	69372	55272
32419	28276	542749	550403	522076	541549
124358	118411	1164570	1313146	1142693	1274384
1515	1682	40914	42276	40914	42276
1097	1290	157822	144215	126006	119773
		27273	30561	27273	30561
49372	46982	225930	222862	211981	196539
10242	11552	70245	67960	70245	67960
		46973	37578	45032	35896
10949	11005	70134	76048	46680	52996
79612	91986	179364	173101	170914	165151

2-22 续表 3

大型超市

地　区	商品购进总额		统一配送商品购进额		自有配送中心配送商品购进额	
	2017年	2016年	2017年	2016年	2017年	2016年
全　国	**40490084**	**41674241**	**28556122**	**29314408**	**14015307**	**14847907**
北　京	3432023	3082829	2661393	2071927	1877272	1457286
天　津	575931	572014	88502	32510		
河　北	221668	287959	71769	75680	53072	75680
山　西	263810	265870	63263	65436	63263	65436
内蒙古						
辽　宁	653771	730937	301470	388439		
吉　林						
黑龙江	116290	108294	116290	108294		
上　海	6543666	6820381	5471118	5641004		
江　苏	3485397	4088171	3247969	3824764	2596643	2646833
浙　江	2178285	1998881	2046579	1837106	1149970	1286947
安　徽	628664	579702	459639	415714		
福　建	6343088	6453272	4760772	4922981	1512709	2044207
江　西	313795	328103	179101	195193	133421	149233
山　东	2108444	2270131	1748781	1806334	741422	846510
河　南	1951153	2234514	855808	1167837	483505	742603
湖　北	988139	983630	70501	134237	28110	55596
湖　南	1983022	1603451	1857215	1432301	1471858	1105960
广　东	5152779	5516141	3173057	3754379	3076848	3622930
广　西	44441	43070	44441	43070		
海　南						
重　庆	1207615	1285111	89742	63266	89742	63266
四　川	1227184	1182231	867686	818749	581973	410584
贵　州	118239	224515	118239	224515	118239	224515
云　南	368373	404828	167668	187566	7589	46704
西　藏						
陕　西	52020	47684				
甘　肃						
青　海	69024	66916	29024	28916		
宁　夏	381053	378141	33886	36992		
新　疆	82212	117465	32211	37198	29672	3619

单位：万元

非自有配送中心配送商品购进额		商品销售总额		零售额	
2017年	2016年	2017年	2016年	2017年	2016年
6046942	**6018200**	**44150676**	**45810271**	**39843708**	**41187372**
40681	37738	2892210	3357489	2843490	3240516
		630400	621260	463945	433970
18698		274133	288712	274133	288712
		829073	805993	829073	805993
237090	268736	664606	814236	549188	704314
		96488	107478	96488	107478
316841	492336	6872545	7458081	6285395	6540377
305226	855280	3917832	4766011	2135323	2940262
712120	315111	2310556	2142373	2025563	2010237
114389	116919	674439	604282	674439	604282
3015822	2581000	5809595	5385016	5718803	5287697
		354681	383730	354681	358215
708938	704307	2641069	2926506	2241401	2548561
114548	114373	2683865	2785881	2672610	2772412
42391	78641	1858153	1806509	1813635	1763938
172039	168001	2304585	1999922	2304585	1999922
85542	111316	5376098	5514025	4667815	4790829
		109736	108163	109736	108163
		1460904	1408976	1393695	1355865
		1188700	1242878	1188700	1242878
		118239	199906	118239	199906
160079	140862	420532	442359	420532	442359
		67959	36715	67959	36715
		113439	101860	113439	101860
		371635	357282	371635	357282
2539	33580	109205	144630	109205	144630

2-22 续表 4

仓储会员店

地区	商品购进总额		统一配送商品购进额		自有配送中心配送商品购进额	
	2017年	2016年	2017年	2016年	2017年	2016年
全　国	**2046688**	**2727589**	**263292**	**310548**		
北　京	263292	310548	263292	310548		
天　津						
河　北						
山　西						
内蒙古						
辽　宁						
吉　林						
黑龙江						
上　海	1783397	2417041				
江　苏						
浙　江						
安　徽						
福　建						
江　西						
山　东						
河　南						
湖　北						
湖　南						
广　东						
广　西						
海　南						
重　庆						
四　川						
贵　州						
云　南						
西　藏						
陕　西						
甘　肃						
青　海						
宁　夏						
新　疆						

单位：万元

非自有配送中心配送商品购进额		商品销售总额		零售额	
2017年	2016年	2017年	2016年	2017年	2016年
		2304643	**2581553**	**2240081**	**2581553**
		275535	314905	275535	314905
		2029108	2266648	1964546	2266648

2-22 续表 5

百货店

地　区	商品购进总额		统一配送商品购进额		自有配送中心配送商品购进额	
	2017年	2016年	2017年	2016年	2017年	2016年
全　国	**30824194**	**30452396**	**14130547**	**13843945**	**9422102**	**9292486**
北　京	1728236	1867593	10445	21980	8130	6948
天　津						
河　北	1486249	1306261	63934	52796	63934	52796
山　西	235706	157475	20788	17809		
内蒙古	63485	62768	63485	62768		
辽　宁	73496	72435	58153	57068	5315	5062
吉　林						
黑龙江	30913	32098				
上　海	314051	356826	234012	241991		
江　苏	2098632	1947858	1864702	1733964	1849562	1719585
浙　江	435343	797807	403087	775421	263588	615537
安　徽	4785589	4471738	1492612	1426748	805126	733495
福　建	194133	157641	118765	121731	72988	55733
江　西	798354	881650	626547	472589	523135	354922
山　东	4783140	5173746	1792540	1711653	763717	778410
河　南	48013	46446	20865	15427	17076	11892
湖　北	5575952	5215906	2519007	2393302	2505337	2379972
湖　南	927943	865822	114837	110837	2931	2931
广　东	3841010	3620667	2477283	2302452	1664120	1622587
广　西	23753	96900	23753	96900		
海　南						
重　庆	1279846	1383245	1269092	1373850	867976	941054
四　川	998384	767815	498359	395462		
贵　州	6031	5173	6031	5173		
云　南	109397	123857	22626	25655		
西　藏						
陕　西	287769	329689				
甘　肃						
青　海	46024	59486				
宁　夏	225585	227469	2465	4349		
新　疆	427161	424021	427161	424021	9168	11563

单位：万元

非自有配送中心配送商品购进额		商品销售总额		零售额	
2017年	2016年	2017年	2016年	2017年	2016年
1701605	**1721212**	**37780337**	**37146936**	**32350471**	**31652286**
2315	12635	3947961	3186545	3945524	3183758
		1564389	1480712	1564389	1480712
		302894	248997	302894	248997
		63615	63086	63615	63086
52838	52006	121369	118192	121369	118192
		9116	16528	9116	16528
150583	140229	311982	385565	311982	385565
15139	14379	2403903	2233507	1845680	1696791
		811187	1172589	684129	946870
		5596768	5229087	2552296	2472921
	22091	301245	244577	301062	244292
50248	66528	1000420	1149168	933622	1044121
19873	20143	5227101	5295042	4322225	4237531
		55307	53466	55307	53466
12056	13330	5238886	5031993	5012389	4800470
2776	2776	998952	950075	976181	944427
605627	561185	4167572	4484393	3875056	4237552
		47921	122239	47921	122239
371990	403309	3172876	3303624	2993183	2984958
		1009830	877374	1009830	877374
		6059	6071	4420	3790
		140323	176999	140323	176999
		288758	331070	288758	331070
		75653	70036	75653	70036
168	143	226363	229117	223661	223656
417993	412459	689886	686886	689886	686886

2-22 续表 6

专业店(含加油站)

地区	商品购进总额		统一配送商品购进额		自有配送中心配送商品购进额	
	2017年	2016年	2017年	2016年	2017年	2016年
全国	**176342048**	**166786092**	**151546340**	**142901627**	**90183975**	**84975555**
北京	11393608	10139881	10482994	9185571	7253951	6143858
天津	3676953	3139272	2480095	2253498	1867132	1766367
河北	7889472	7736426	7462719	7368206	3059689	2899395
山西	2382129	2243946	1523366	1494366	807827	789712
内蒙古	97569	85234	87405	73015	85530	72193
辽宁	6085561	5664244	4380751	4079340	649500	533579
吉林	1230069	1254738	1169269	1194998	1146577	1171927
黑龙江	1916766	1493118	1890305	1468873	346838	245276
上海	8629011	8343882	8152543	7652453	4659826	3903047
江苏	32252618	32961538	27791538	27193287	23543945	23456895
浙江	14722309	13174011	12738071	12275944	12067467	11538427
安徽	8374728	8081957	8102852	7713491	3582799	3537908
福建	3661301	3241860	1667895	1580983	463723	463897
江西	4948925	5100782	4531499	4635673	2907231	2788935
山东	6184804	5637534	5157936	4712830	2341597	2103146
河南	5481115	5119072	3101374	2817539	1726736	1552385
湖北	5583522	5347365	4778332	4638657	2737512	3044504
湖南	4980970	4496658	4845138	4341832	2824476	2679668
广东	15199858	14736676	13544530	13327023	5920889	5130723
广西	7289324	7043876	7284270	7039721	2606574	2489473
海南	1679938	1155914	1679938	1155914	6377	5707
重庆	2740996	2554924	2053000	1893704	1657981	1514115
四川	2348394	2256037	1961786	1885019	906018	844298
贵州	454497	389686	425430	378893	212154	142308
云南	1692380	1584772	1676129	1568795	781707	733070
西藏						
陕西	6290720	6008104	5269780	4887690	2484746	2362498
甘肃	1314287	1319388	1097267	1122344	8591	5495
青海	56573	58714	38124	37613		
宁夏	2440171	1489176	1564366	732912	758643	458188
新疆	5343483	4927313	4607639	4191445	2767943	2598566

单位：万元

非自有配送中心配送商品购进额		商品销售总额		零售额	
2017年	2016年	2017年	2016年	2017年	2016年
18710665	**17192585**	**203927775**	**192685356**	**147392524**	**127265277**
2659380	2459483	12647873	11282288	9118024	8174819
102252	93588	4024834	3765639	3246046	3005282
237307	204533	8730200	7895186	6764089	5950392
3107	2518	2971793	2865964	2089076	2009317
766	814	108375	91877	108375	91877
1127886	1039475	5989731	5633644	4859888	4579015
8271	8623	1534075	1422040	1286097	1207232
137307	143360	1962704	1721043	1268627	1258362
416234	416970	9480852	8472899	6914502	6238723
1377125	1199200	32828152	35786880	23292492	12403200
418105	433171	15644647	14322019	10008039	9656060
128303	103067	9225302	8479967	9063907	8297935
183088	159562	6729330	5900784	5385833	4857745
471033	415016	9075583	8908851	5583017	5234265
410384	266149	6476306	5965324	4377685	4175118
140425	144649	5517861	5197229	4643335	4352614
859546	471884	6530680	5815775	4522296	4190005
614127	503675	7947539	7272001	6820496	5761731
6258667	6334961	19227613	17884428	15596179	14968715
114770	58753	8051147	7639599	4542170	4287628
		1842186	1253799	1091463	1144010
252197	233186	3095742	2849859	2125909	1888400
41432	43103	2516815	2448819	2299546	2275668
5206	7324	480156	436793	465536	422482
189568	159242	3750307	3573487	3027566	2837487
715883	697401	8084793	7429079	3386596	2973224
		1491170	1426736	1260750	1228081
		80374	77297	76991	75811
		2057286	1396563	1119493	813218
1838298	1592881	5824354	5469491	3048501	2906865

2-22 续表 7

加油站

地区	商品购进总额		统一配送商品购进额		自有配送中心配送商品购进额	
	2017年	2016年	2017年	2016年	2017年	2016年
全国	**107754192**	**97581403**	**93747806**	**85538542**	**54674610**	**49752473**
北京	5046258	4553389	5046258	4553389	2943065	2501590
天津	2940769	2707241	2391773	2207382	1796996	1738135
河北	4961487	4918019	4585229	4593014	2720885	2556426
山西	1225770	1169114	832711	825434	256713	241486
内蒙古						
辽宁	4438767	3969392	3192285	2837568	342641	302164
吉林	764006	920674	764006	920674	764006	920674
黑龙江	1207437	870872	1207437	870872		
上海	5767190	4906064	5658828	4761082	4535452	3791331
江苏	17660363	15352136	17660363	15352136	16525160	14483125
浙江	11184780	9815668	9304896	9010372	9272180	8990863
安徽	4186714	4070649	4186714	4070649	197541	168836
福建	2800994	2458692	1059300	1062704	182363	213403
江西	1732237	1986646	1327281	1626682	498792	556795
山东	3384906	3286840	2639600	2591859	1325271	1318566
河南	4459788	4137134	2300800	2051493	1330563	1171520
湖北	3192322	3092785	2848873	2762552	1822763	1879636
湖南	3560774	3154619	3493858	3076729	1784402	1663735
广东	6179337	5743905	5604273	5248335	1889257	1756801
广西	6723704	6458606	6723704	6458606	2230207	2023718
海南	1673040	1149676	1673040	1149676		
重庆	1067026	930994	465523	341694	406028	282847
四川	246687	239470				
贵州						
云南	664818	654007	664818	654007		
西藏						
陕西	4810126	4628485	3972127	3661503	1302835	1262712
甘肃	1272618	1263527	1055598	1066483		
青海						
宁夏	2072673	1210319	1211745	469615	477990	200253
新疆	4529603	3932482	3876768	3314032	2069500	1727858

单位：万元

非自有配送中心配送商品购进额		商品销售总额		零售额	
2017年	2016年	2017年	2016年	2017年	2016年
11182260	**10019478**	**126282755**	**116033184**	**88484087**	**81361266**
1668021	1632517	5411124	4978198	3109243	3013979
94084	85081	3255766	3072432	2626565	2368675
219136	197228	5937303	5412822	4064668	3516178
		1438034	1487281	1251570	1291034
1127886	1039475	4345811	4059463	3307433	3088905
		1077727	987929	830312	773623
		1199107	957350	607756	616325
		6204824	5423627	3669786	3386666
1135203	869011	17659894	16365249	11163287	8903365
		11776606	10632774	7559812	7313665
		4551992	4354255	4496915	4307807
64833	56292	5754962	5006729	4493070	4071849
440129	377109	4873915	4877497	4307661	4137937
365686	227475	3538762	3468663	2814943	2800760
		4378314	4162493	3574074	3372378
129068	103763	3678020	3285817	2768828	2513623
340577	300559	5388843	4843346	4780632	4337697
3135502	2927473	9170436	8646417	8547777	8110117
		7208967	6868850	3880312	3599025
		1831871	1244616	1081148	1134827
2706	2058	1095557	995942	574279	454095
		252255	322159	162643	257572
		2166194	2110437	1564168	1519602
652161	615263	6103842	5586178	2943474	2589975
		1426020	1358113	1195600	1159458
		1698445	1138296	820206	564229
1807269	1586175	4858165	4386252	2287925	2157901

2-22 续表 8

专卖店

地 区	商品购进总额		统一配送商品购进额		自有配送中心配送商品购进额	
	2017年	2016年	2017年	2016年	2017年	2016年
全 国	**15658087**	**14057251**	**9760370**	**8947255**	**5960269**	**5401142**
北 京	3686445	3528251	785405	723141	484693	438836
天 津	70705	101326	40715	52153	1826	1846
河 北	31632	29183	27402	25452	5674	4691
山 西	44579	53902	13237	19092	12081	14136
内蒙古	35697	29304	24043	16611	20006	7721
辽 宁	75282	114733	75282	114733	13364	14559
吉 林	41835	41699	41062	41699	34964	33672
黑龙江						
上 海	4658394	4395835	4179160	3965260	2654560	2465223
江 苏	176023	138366	144080	111366	36635	29546
浙 江	371568	295655	257741	248911	243451	236376
安 徽	16646	16687	6800	6712	6307	6397
福 建	945983	730088	833459	630986	490226	494969
江 西	136832	121907	119787	104554	97101	86133
山 东	435888	403170	435888	403170	433863	401929
河 南	149009	143943	143302	137328	17263	20927
湖 北	1040546	731722	567389	583451	197087	190639
湖 南	301303	244645	225229	140243	179647	108612
广 东	955987	831490	823633	745707	345663	269052
广 西	35122	20341	35122	20341	32061	18323
海 南						
重 庆	514879	425773	338116	300062	77220	46445
四 川	949048	799686	38504	35579	32422	30746
贵 州	2802	2212	2802	2212		
云 南	115225	86222	50013	34459	6343	6387
西 藏						
陕 西	470711	434120	168684	148685	168684	148685
甘 肃	116731	103367	116731	103367	108092	94966
青 海						
宁 夏	48346	22981	35916	21340	30167	19688
新 疆	230869	210644	230869	210644	230869	210644

单位：万元

非自有配送中心配送商品购进额		商品销售总额		零售额	
2017年	2016年	2017年	2016年	2017年	2016年
794539	**773969**	**21526518**	**18712932**	**16369639**	**14230164**
263086	216041	4705527	4427669	4553545	4320160
		104221	141839	101766	110257
		64014	26254	58374	22135
		53485	67160	21939	30412
		38481	43114	37956	43114
		82789	126046	80116	122057
1654	2205	55612	49944	55612	49151
125586	117559	6436416	5761614	3780555	3383246
106165	80340	228958	203889	217613	191240
8101	6282	488635	325735	469165	300896
		18805	20482	5801	6542
13663	44742	1269710	867521	1207660	800513
6527	14753	146062	141656	140421	141656
140	121	595183	475406	334965	259359
		149094	143047	149094	135158
		1377171	1001890	824987	710396
6831	6932	375831	336973	323342	307413
260037	283322	1834658	1530948	1728525	1348284
		45349	29387	45349	29387
		568733	503449	385199	363416
	21	1297522	1065344	1237527	1049779
		2786	2194	2786	2194
		124371	109129	75739	68877
		767012	717977	7736	3493
		176151	140528	167011	131472
2749	1652	51389	35513	18024	4388
		468556	418224	338833	295170

2-22 续表 9

家居建材商店

地　区	商品购进总额		统一配送商品购进额		自有配送中心配送商品购进额	
	2017年	2016年	2017年	2016年	2017年	2016年
全　国	**347340**	**313523**	**302646**	**291276**	**90385**	**65402**
北　京	166157	148927	141621	138664	4830	
天　津	51479	31378	51479	31378	51479	31378
河　北						
山　西						
内蒙古						
辽　宁						
吉　林						
黑龙江						
上　海	64758	76083	64193	72649		
江　苏	16695	22055	9586	13504		
浙　江						
安　徽						
福　建						
江　西						
山　东						
河　南						
湖　北	1208	1057	1208	1057		
湖　南						
广　东	28965	15987	16481	15987	15998	15987
广　西						
海　南						
重　庆						
四　川	18079	18037	18079	18037	18079	18037
贵　州						
云　南						
西　藏						
陕　西						
甘　肃						
青　海						
宁　夏						
新　疆						

单位：万元

非自有配送中心配送商品购进额		商品销售总额		零售额	
2017年	2016年	2017年	2016年	2017年	2016年
57736	**59134**	**464594**	**440656**	**452885**	**435690**
48151	45630	251731	245863	251731	245863
		53495	33235	53495	33235
		88338	98949	88249	97336
9586	13504	17766	22749	17601	22193
		2079	1967	2079	1967
		28965	15773	17509	12978
		22221	22119	22221	22119

2-22 续表 10

厂家直销中心

地区	商品购进总额		统一配送商品购进额		自有配送中心配送商品购进额	
	2017年	2016年	2017年	2016年	2017年	2016年
全国	**504334**	**548631**	**502866**	**542250**	**67679**	**60152**
北京						
天津						
河北						
山西						
内蒙古						
辽宁	29962	31173	29962	31173		
吉林						
黑龙江						
上海						
江苏						
浙江	14626	14379	14626	14379	14626	14379
安徽						
福建						
江西						
山东						
河南						
湖北	29313	27299	27845	24295	26377	22930
湖南						
广东	18134	18721	18134	18721	18134	18721
广西						
海南						
重庆	408114	452938	408114	449560	4357	
四川						
贵州						
云南						
西藏						
陕西						
甘肃						
青海						
宁夏						
新疆	4186	4121	4186	4121	4186	4121

单位：万元

非自有配送中心配送商品购进额		商品销售总额		零售额	
2017年	2016年	2017年	2016年	2017年	2016年
405225	**450925**	**575807**	**600618**	**85966**	**75832**
		45405	46746		
		15313	13966	2398	2310
1468	1365	36779	33248	23594	21968
		54401	47332	54401	47332
403757	449560	419526	454942	5573	4222
		4383	4383		

2-22 续表 11

其他

地区	商品购进总额		统一配送商品购进额		自有配送中心配送商品购进额	
	2017年	2016年	2017年	2016年	2017年	2016年
全国	**3593936**	**3350483**	**2570363**	**2256370**	**1459853**	**1660431**
北京						
天津	28447	28643	28447	28643		
河北						
山西	13057	11257	12985	11157	12985	10195
内蒙古	4996	4301	4996	4301		
辽宁	43350	51660	43350	51660	43350	51660
吉林	5933	3083				
黑龙江						
上海	13640	15637				
江苏	2983	2281	2983	2281		2281
浙江						
安徽	237351	209831	237351	209831		209831
福建	94540	117992	20138	35482		
江西						
山东	1413200	1432785	836423	740042	800392	707608
河南	71010	61582	70516	61582	69099	60582
湖北	3038	3142				
湖南	16222	16222	16222	16222		
广东	1167957	928395	873843	688676	200014	293999
广西						
海南						
重庆	135011	149939	81327	93826	71048	84588
四川	2836	2357	1415	1292	1415	1292
贵州						
云南						
西藏						
陕西	260119	232887	260119	232887	250129	222114
甘肃						
青海	2591	3564	2591	3564	2591	3564
宁夏	70137	70882	70137	70882	8830	12719
新疆	7520	4044	7520	4044		

单位：万元

非自有配送中心配送商品购进额		商品销售总额		零售额	
2017年	2016年	2017年	2016年	2017年	2016年
32740	**317164**	**5261469**	**4579033**	**2974713**	**2480023**
		27381	28499	27381	28499
		12781	8834	11075	8834
		3497	2576	2643	2124
		38446	49712	38446	49712
		7519	4686	7519	4686
		14928	17955	14928	17955
1915		4315	2507	4315	2507
		239119	210546	69244	35295
		159772	153345	131161	123501
931	84	2562933	2456864	1306574	1309856
		77864	65394	77864	65394
		2986	4667	2986	4667
		15220	15220	856	856
13125	305059	1458397	965185	1189054	753554
9249	7977	170490	157896	73453	59437
		3342	3099	2940	2681
		357817	331504	469	489
		3129	4086	3129	4086
		90856	90567		
7520	4044	10678	5892	10678	5892

2-23 按业态分各地区连锁零售

便利店

地区	商品购进总额		统一配送商品购进额		自有配送中心配送商品购进额	
	2017年	2016年	2017年	2016年	2017年	2016年
全国	**2354062**	**2255152**	**1905611**	**1778118**	**817167**	**746022**
北京	386922	325313	348830	276138	119320	83282
天津	13777	13296				
河北	21827	37066	20906	36007	14970	29330
山西	9540	10699	6865	9607	6865	9607
内蒙古	11368	14516	11368	14516		
辽宁	25525	31049	25525	31049		
吉林						
黑龙江	155119	151946	71714	69078	71714	69078
上海	620685	699793	351654	423050	70097	93754
江苏	109936	91987	109936	88463	45797	54624
浙江	94567	85079	94301	82873	42528	40766
安徽						
福建	51439	40340	50570	39564	14143	10559
江西						
山东	14293	8875	11983	6877		
河南	34353	39821	34353	31599	14127	14127
湖北	4856	5015	3315	4262		
湖南	9348	8569	8370	7402	4642	7402
广东	297658	246347	293081	237689	256855	207342
广西	37363	35562	37363	35562	37363	35562
海南						
重庆	12986	11846		3541		3541
四川	364710	328289	359254	322395	100669	76374
贵州	19072	20364	19072	20364		
云南	9315	9584	9315	9584		
西藏						
陕西	47346	36331	35779	25032	17350	9267
甘肃						
青海						
宁夏						
新疆	2058	3466	2058	3466	728	1409

企业直营门店经营情况

单位：万元

非自有配送中心配送商品购进额		商品销售总额		零售额	
2017年	2016年	2017年	2016年	2017年	2016年
538586	**525235**	**3154722**	**2995923**	**2866998**	**2752651**
111517	90536	515626	435706	502479	431456
		65812	67824	65710	67722
		24263	38766	14689	30766
		11658	10269	11658	10269
		14210	17271	14210	17271
		29217	27129	29217	27129
		175290	175142	104656	105704
93768	126760	906316	931981	823339	842542
59280	33840	170806	107307	103771	94614
16969	17132	105762	173741	102662	169726
5643	5207	63698	46389	63607	46275
		16306	11307	15369	10507
		37972	34939	37972	34939
1601	1619	7152	5742	4651	2626
		10745	11799	5438	5164
9044	6182	412620	383878	388184	342765
		37697	35973	37697	35973
		15184	15521	10416	15521
229953	228053	429202	378750	427081	376238
		19480	20867	19480	20784
9315	9584	34063	19305	34063	19305
165	4265	49564	41813	48572	40851
1330	2057	2079	4506	2079	4506

2-23 续表 1

折扣店

地区	商品购进总额		统一配送商品购进额		自有配送中心配送商品购进额	
	2017年	2016年	2017年	2016年	2017年	2016年
全国	**208289**	**199622**	**93015**	**74932**	**93015**	**74932**
北京	96893	116935				
天津						
河北						
山西						
内蒙古						
辽宁						
吉林						
黑龙江						
上海	93015	74932	93015	74932	93015	74932
江苏						
浙江						
安徽						
福建						
江西						
山东						
河南						
湖北						
湖南						
广东	18380	7755				
广西						
海南						
重庆						
四川						
贵州						
云南						
西藏						
陕西						
甘肃						
青海						
宁夏						
新疆						

单位：万元

非自有配送中心配送商品购进额		商品销售总额		零售额	
2017年	2016年	2017年	2016年	2017年	2016年
		241586	**270207**	**241586**	**270207**
		114692	136803	114692	136803
		100784	117916	100784	117916
		26110	15488	26110	15488

2-23 续表 2

超市

地 区	商品购进总额		统一配送商品购进额		自有配送中心配送商品购进额	
	2017年	2016年	2017年	2016年	2017年	2016年
全 国	**28708103**	**27111986**	**24409493**	**23528964**	**15791522**	**16193267**
北 京	5364194	4634385	4616692	4413514	1551322	1551305
天 津	87462	147282	23509	16192		
河 北	1593495	427894	1490111	315362	184656	184300
山 西	156246	167870	120229	148461	83144	97248
内蒙古	105469	100962	10220	14353	1788	1456
辽 宁	173913	149264	106045	80554	43220	18912
吉 林	168288	151249	167321	150295		
黑龙江	149441	211001	129943	193393	113039	175043
上 海	2889642	3149568	2605723	2819107	1403609	1627636
江 苏	4346516	4188428	4084215	4005150	3648140	3619093
浙 江	1082470	1301506	971151	1192423	870987	997075
安 徽	991633	1217746	521206	737713	184038	401410
福 建	688603	246938	281807	209826	74694	28949
江 西	92044	105667	92044	105667		14584
山 东	2730458	2617051	2475933	2366448	2247735	2104766
河 南	230536	229832	167747	166823	71994	69864
湖 北	3932305	3850754	3207415	3220386	3094550	3073196
湖 南	404826	401602	313653	307837	44739	43049
广 东	1315154	1318745	1177212	1296271	1015355	1148013
广 西	111033	117028	44135	43505	27634	28483
海 南	61642	64027	25031	43167		
重 庆	404151	425374	379773	407781	320689	368311
四 川	985872	983380	890082	798992	648339	501050
贵 州	38383	41809	33142	36485	13635	15136
云 南	140247	127487	140247	127487	33790	38796
西 藏	29544	30552	29544	30552		
陕 西	193319	200975	135691	133921	55806	49322
甘 肃	65492	64073	26848	25862	16606	14311
青 海	17649	1535	17649	1535	17649	1535
宁 夏	59374	338936	26474	20834	6050	
新 疆	98703	99068	98703	99068	18316	20426

单位：万元

非自有配送中心配送商品购进额		商品销售总额		零售额	
2017年	2016年	2017年	2016年	2017年	2016年
2540934	**2565656**	**32000475**	**29546798**	**26679352**	**25465437**
327648	307166	6108243	5361003	3982274	3799382
		105188	147673	104330	146634
96682	81937	1644682	463935	1612923	441832
		190658	195087	178993	184530
842	1055	116242	103561	11155	13287
3821	25802	203688	157292	203688	156961
		178502	159952	178429	159915
11925	12052	140537	194289	132059	188132
808806	938860	3571886	3605742	3000200	3034894
356334	306143	4591195	4549251	3359037	3467821
25532	21250	1374893	1538136	1191708	1403475
61351	31224	763488	808862	754572	800818
76490	51215	717481	275756	354357	272319
2		111472	107158	111472	107158
212025	245092	3109383	2925608	2850921	2686517
4553	3782	295221	320817	242774	320817
8564	8437	4525487	4357340	4319131	4171606
237655	234238	412527	380084	365393	342388
13710	12737	1382855	1406138	1379477	1402896
		179562	176878	178711	175798
		69372	55272	69372	55272
26764	17728	445914	491978	425242	483124
123135	117078	1023182	1052580	1001305	1013817
1515	1682	40914	42276	40914	42276
		153083	137466	121267	113024
		27273	30561	27273	30561
49372	46982	225930	222862	211981	196539
10242	11552	70245	67960	70245	67960
		46973	37578	45032	35896
10949	11005	63712	75334	46680	52996
73019	78642	110688	98371	108440	96795

2-23 续表 3

大型超市

地区	商品购进总额		统一配送商品购进额		自有配送中心配送商品购进额	
	2017年	2016年	2017年	2016年	2017年	2016年
全　国	**35552498**	**36854737**	**23749675**	**24592292**	**13541940**	**14387471**
北　京	3432023	3082829	2661393	2071927	1877272	1457286
天　津	575931	572014	88502	32510		
河　北	221668	287959	71769	75680	53072	75680
山　西	258786	261380	58238	60946	58238	60946
内蒙古						
辽　宁	653771	730937	301470	388439		
吉　林						
黑龙江	116290	108294	116290	108294		
上　海	2198533	2538133	1161344	1394732		
江　苏	3485397	4088171	3247969	3824764	2596643	2646833
浙　江	2028808	1850169	1900675	1688394	1027374	1153642
安　徽	628664	579702	459639	415714		
福　建	6343088	6453272	4760772	4922981	1512709	2044207
江　西	313795	328103	179101	195193	133421	149233
山　东	2108444	2270131	1748781	1806334	741422	846510
河　南	1951153	2234514	855808	1167837	483505	742603
湖　北	988139	983630	70501	134237	28110	55596
湖　南	1983022	1603451	1857215	1432301	1471858	1105960
广　东	4714828	5132088	2827312	3431737	2731102	3300288
广　西	44441	43070	44441	43070		
海　南						
重　庆	1207615	1285111	89742	63266	89742	63266
四　川	1227184	1182231	867686	818749	581973	410584
贵　州	118239	224515	118239	224515	118239	224515
云　南	368373	404828	167668	187566	7589	46704
西　藏						
陕　西	52020	47684				
甘　肃						
青　海	69024	66916	29024	28916		
宁　夏	381053	378141	33886	36992		
新　疆	82212	117465	32211	37198	29672	3619

单位：万元

非自有配送中心配送商品购进额		商品销售总额		零售额	
2017年	2016年	2017年	2016年	2017年	2016年
6023635	**6002792**	**39360459**	**41224375**	**35053491**	**36601476**
40681	37738	2892210	3357489	2843490	3240516
		630400	621260	463945	433970
18698		274133	288712	274133	288712
		828231	805667	828231	805667
237090	268736	664606	814236	549188	704314
		96488	107478	96488	107478
316841	492336	2708304	3399656	2121154	2481952
305226	855280	3917832	4766011	2135323	2940262
688813	299704	2167106	1993070	1882113	1860934
114389	116919	674439	604282	674439	604282
3015822	2581000	5809595	5385016	5718803	5287697
		354681	383730	354681	358215
708938	704307	2641069	2926506	2241401	2548561
114548	114373	2683865	2785881	2672610	2772412
42391	78641	1858153	1806509	1813635	1763938
172039	168001	2304585	1999922	2304585	1999922
85542	111316	4894414	5136182	4186131	4412987
		109736	108163	109736	108163
		1460904	1408976	1393695	1355865
		1188700	1242878	1188700	1242878
		118239	199906	118239	199906
160079	140862	420532	442359	420532	442359
		67959	36715	67959	36715
		113439	101860	113439	101860
		371635	357282	371635	357282
2539	33580	109205	144630	109205	144630

2-23 续表 4

仓储会员店

地 区	商品购进总额		统一配送商品购进额		自有配送中心配送商品购进额	
	2017年	2016年	2017年	2016年	2017年	2016年
全 国	**2046688**	**2727589**	**263292**	**310548**		
北 京	263292	310548	263292	310548		
天 津						
河 北						
山 西						
内 蒙 古						
辽 宁						
吉 林						
黑 龙 江						
上 海	1783397	2417041				
江 苏						
浙 江						
安 徽						
福 建						
江 西						
山 东						
河 南						
湖 北						
湖 南						
广 东						
广 西						
海 南						
重 庆						
四 川						
贵 州						
云 南						
西 藏						
陕 西						
甘 肃						
青 海						
宁 夏						
新 疆						

单位：万元

非自有配送中心配送商品购进额		商品销售总额		零售额	
2017年	2016年	2017年	2016年	2017年	2016年
		2304643	**2581553**	**2240081**	**2581553**
		275535	314905	275535	314905
		2029108	2266648	1964546	2266648

2-23 续表 5

百货店

地　区	商品购进总额		统一配送商品购进额		自有配送中心配送商品购进额	
	2017年	2016年	2017年	2016年	2017年	2016年
全　国	**30072179**	**29652553**	**13448471**	**13267005**	**8907533**	**8898409**
北　京	1728236	1867593	10445	21980	8130	6948
天　津						
河　北	1486249	1306261	63934	52796	63934	52796
山　西	235706	157475	20788	17809		
内蒙古	63485	62768	63485	62768		
辽　宁	20658	20430	5315	5062	5315	5062
吉　林						
黑龙江	30913	32098				
上　海	314051	356826	234012	241991		
江　苏	1816362	1665412	1582432	1451518	1567293	1437138
浙　江	428254	791407	395998	769022	256499	609138
安　徽	4719111	4386754	1426134	1341763	805126	733495
福　建	194133	157641	118765	121731	72988	55733
江　西	574416	651408	402609	368558	299197	250891
山　东	4699560	5066161	1750289	1671794	763717	778410
河　南	48013	46446	20865	15427	17076	11892
湖　北	5575952	5215906	2519007	2393302	2505337	2379972
湖　南	927943	865822	114837	110837	2931	2931
广　东	3806462	3585689	2471343	2296438	1664120	1622587
广　西	23753	96900	23753	96900		
海　南						
重　庆	1279846	1383245	1269092	1373850	867976	941054
四　川	998384	767815	498359	395462		
贵　州	6031	5173	6031	5173		
云　南	109397	123857	22626	25655		
西　藏						
陕　西	287769	329689				
甘　肃						
青　海	46024	59486				
宁　夏	225585	227469	2465	4349		
新　疆	425887	422821	425887	422821	7895	10363

单位：万元

非自有配送中心配送商品购进额		商品销售总额		零售额	
2017年	2016年	2017年	2016年	2017年	2016年
1642827	**1663192**	**36945778**	**36269271**	**31568286**	**30837462**
2315	12635	3947961	3186545	3945524	3183758
		1564389	1480712	1564389	1480712
		302894	248997	302894	248997
		63615	63086	63615	63086
		18470	16881	18470	16881
		9116	16528	9116	16528
150583	140229	311982	385565	311982	385565
15139	14379	2053014	1884597	1494791	1347881
		801748	1163916	674690	938197
		5518558	5129105	2474087	2372939
	22091	301245	244577	301062	244292
50248	66528	804794	946341	769363	870863
19873	20143	5165442	5223041	4281572	4198804
		55307	53466	55307	53466
12056	13330	5238886	5031993	5012389	4800470
2776	2776	998952	950075	976181	944427
599687	555171	4132761	4441426	3840245	4194586
		47921	122239	47921	122239
371990	403309	3172876	3303624	2993183	2984958
		1009830	877374	1009830	877374
		6059	6071	4420	3790
		140323	176999	140323	176999
		288758	331070	288758	331070
		75653	70036	75653	70036
168	143	226363	229117	223661	223656
417993	412459	688861	685890	688861	685890

2-23 续表 6

专业店(含加油站)

地　区	商品购进总额		统一配送商品购进额		自有配送中心配送商品购进额	
	2017年	2016年	2017年	2016年	2017年	2016年
全　国	**173070730**	**163664846**	**148534344**	**140006860**	**88136587**	**82856540**
北　京	11304848	10057996	10394700	9103974	7231124	6123193
天　津	3676953	3139272	2480095	2253498	1867132	1766367
河　北	7885579	7732354	7461325	7367212	3059689	2899395
山　西	2381980	2243875	1523217	1494294	807678	789641
内蒙古	96826	84492	86661	72273	84786	71451
辽　宁	6066572	5645037	4361762	4060134	649467	533347
吉　林	1229999	1254658	1169199	1194918	1146507	1171847
黑龙江	1915497	1491806	1889475	1467995	346045	244440
上　海	7851766	7622703	7388741	6941793	4021434	3323597
江　苏	31581518	32116914	27124966	26353463	22959373	22659451
浙　江	14431310	12953728	12483812	12081311	11869355	11395941
安　徽	8085147	7828821	7813271	7460355	3329913	3284772
福　建	3596652	3178345	1607896	1521113	431153	432170
江　西	4939821	5086578	4527480	4630912	2903211	2784173
山　东	6176822	5632788	5152560	4708750	2336628	2099416
河　南	5127175	4822721	2747517	2521316	1718618	1543668
湖　北	5505391	5284987	4765000	4627183	2729325	3037318
湖　南	4824762	4349473	4725513	4236606	2758474	2622323
广　东	15134224	14673151	13489110	13270756	5904411	5121839
广　西	7237928	7001634	7236532	7000816	2571239	2460593
海　南	1679938	1155914	1679938	1155914	6377	5707
重　庆	2621759	2453406	1955691	1810327	1571627	1443837
四　川	2250097	2158918	1907282	1826444	866392	808216
贵　州	447010	383961	420274	373168	212154	142308
云　南	1691927	1584433	1676129	1568795	781707	733070
西　藏						
陕　西	6257781	5983775	5236841	4863362	2454534	2340182
甘　肃	1314287	1319222	1097267	1122178	8591	5495
青　海	56541	58714	38124	37613		
宁　夏	2374235	1484133	1503133	732807	758498	458083
新　疆	5326391	4881041	4590838	4147584	2751143	2554705

单位：万元

非自有配送中心配送商品购进额		商品销售总额		零售额	
2017年	2016年	2017年	2016年	2017年	2016年
18401776	**16894192**	**200401958**	**189327677**	**145132994**	**125280325**
2594021	2398640	12526322	11178047	9003436	8076716
102252	93588	4024833	3765639	3246046	3005282
237307	204533	8725921	7890685	6760203	5946284
3107	2518	2971624	2865874	2088907	2009227
766	814	108076	91605	108076	91605
1127886	1039475	5963577	5606841	4833734	4552212
8271	8623	1533986	1421959	1286008	1207151
137307	143360	1961270	1719618	1267655	1257388
314593	314848	8661401	7716311	6309022	5676177
1373830	1196530	32152348	34938605	23198080	12350464
391074	411811	15353293	14127292	9881803	9546053
128303	103067	8955990	8244566	8803794	8062534
156093	131868	6653267	5822625	5309934	4781883
471033	415016	9063774	8894226	5571439	5219846
410384	266149	6467193	5959017	4369472	4169513
140425	144649	5124993	4861185	4289821	4052043
858253	470569	6426168	5718209	4507413	4177332
561667	457116	7797683	7092635	6696352	5646670
6251388	6332671	19157983	17813737	15564289	14920842
113445	57728	7995262	7594578	4527679	4273541
		1842186	1253799	1091463	1144010
248051	226689	2890886	2663742	1952082	1729835
26825	20671	2395854	2335785	2190232	2173650
1748	3737	473520	429560	458899	415706
189568	159242	3749884	3573153	3027566	2837487
715883	697401	8048090	7397973	3351577	2943056
		1491170	1426480	1260750	1227825
		79834	75983	76991	75811
		1996589	1391463	1060632	810963
1838298	1592881	5808985	5456488	3039640	2899222

2-23 续表 7

加油站

地区	商品购进总额		统一配送商品购进额		自有配送中心配送商品购进额	
	2017年	2016年	2017年	2016年	2017年	2016年
全国	**106785683**	**96726365**	**92779755**	**84683504**	**54038339**	**49174451**
北京	5046258	4553389	5046258	4553389	2943065	2501590
天津	2940769	2707241	2391773	2207382	1796996	1738135
河北	4961487	4918019	4585229	4593014	2720885	2556426
山西	1225770	1169114	832711	825434	256713	241486
内蒙古						
辽宁	4438767	3969392	3192285	2837568	342641	302164
吉林	764006	920674	764006	920674	764006	920674
黑龙江	1207437	870872	1207437	870872		
上海	5132410	4329861	5024048	4184879	3900672	3215128
江苏	17660363	15352136	17660363	15352136	16525160	14483125
浙江	11184780	9815668	9304896	9010372	9272180	8990863
安徽	4186714	4070649	4186714	4070649	197541	168836
福建	2800994	2458692	1059300	1062704	182363	213403
江西	1732237	1986646	1327281	1626682	498792	556795
山东	3384906	3286840	2639600	2591859	1325271	1318566
河南	4128007	3860118	1969019	1774477	1330563	1171520
湖北	3192322	3092785	2848873	2762552	1822763	1879636
湖南	3560774	3154619	3493858	3076729	1784402	1663735
广东	6178880	5743905	5604273	5248335	1889257	1756801
广西	6722214	6456787	6722214	6456787	2228717	2021900
海南	1673040	1149676	1673040	1149676		
重庆	1067026	930994	465523	341694	406028	282847
四川	246687	239470				
贵州						
云南	664818	654007	664818	654007		
西藏						
陕西	4810126	4628485	3972127	3661503	1302835	1262712
甘肃	1272618	1263527	1055598	1066483		
青海						
宁夏	2072673	1210319	1211745	469615	477990	200253
新疆	4529603	3932482	3876768	3314032	2069500	1727858

单位：万元

非自有配送中心配送商品购进额		商品销售总额		零售额	
2017年	2016年	2017年	2016年	2017年	2016年
11182260	**10019478**	**125278775**	**115147451**	**87730005**	**80700271**
1668021	1632517	5411124	4978198	3109243	3013979
94084	85081	3255766	3072432	2626565	2368675
219136	197228	5937303	5412822	4064668	3516178
		1438034	1487281	1251570	1291034
1127886	1039475	4345811	4059463	3307433	3088905
		1077727	987929	830312	773623
		1199107	957350	607756	616325
		5570043	4847424	3248976	3004505
1135203	869011	17659894	16365249	11163287	8903365
		11776606	10632774	7559812	7313665
		4551992	4354255	4496915	4307807
64833	56292	5754962	5006729	4493070	4071849
440129	377109	4873915	4877497	4307661	4137937
365686	227475	3538762	3468663	2814943	2800760
		4011063	3854782	3242293	3095362
129068	103763	3678020	3285817	2768828	2513623
340577	300559	5388843	4843346	4780632	4337697
3135502	2927473	9169979	8646417	8547777	8110117
		7207477	6867031	3878822	3597207
		1831871	1244616	1081148	1134827
2706	2058	1095557	995942	574279	454095
		252255	322159	162643	257572
		2166194	2110437	1564168	1519602
652161	615263	6103842	5586178	2943474	2589975
		1426020	1358113	1195600	1159458
		1698445	1138296	820206	564229
1807269	1586175	4858165	4386252	2287925	2157901

2-23 续表 8

专卖店

地区	商品购进总额		统一配送商品购进额		自有配送中心配送商品购进额	
	2017年	2016年	2017年	2016年	2017年	2016年
全国	**14658838**	**13247788**	**9104432**	**8339801**	**5407131**	**4899502**
北京	3460832	3319228	560989	514119	260277	229813
天津	70705	101326	40715	52153	1826	1846
河北	30963	28500	26734	24768	5005	4007
山西	44579	53902	13237	19092	12081	14136
内蒙古	35697	29304	24043	16611	20006	7721
辽宁	70507	97989	70507	97989	13364	14559
吉林	41835	41699	41062	41699	34964	33672
黑龙江						
上海	4597761	4332187	4118526	3901611	2595252	2403162
江苏	153169	126556	121227	99556	19104	22050
浙江	343353	269330	229526	222586	215236	210051
安徽	16580	14890	6735	6631	6242	6315
福建	892986	690574	781622	592042	466298	472215
江西	61119	53853	44073	36499	21897	18589
山东	382267	359376	382267	359376	381437	358658
河南	142777	138560	137070	131945	17263	20927
湖北	939753	712141	559220	577483	190042	185344
湖南	270836	217613	207482	126910	168937	97165
广东	889981	758704	768350	673099	330831	252690
广西	33471	19688	33471	19688	32061	18323
海南						
重庆	475378	397247	301311	274532	45684	22017
四川	726073	628927	37718	34055	31636	29222
贵州	2802	2212	2802	2212		
云南	115225	86222	50013	34459	6343	6387
西藏						
陕西	470711	434120	168684	148685	168684	148685
甘肃	116493	103139	116493	103139	107854	94738
青海						
宁夏	48346	22981	35916	21340	30167	19688
新疆	224639	207524	224639	207524	224639	207524

单位：万元

非自有配送中心配送商品购进额		商品销售总额		零售额	
2017年	2016年	2017年	2016年	2017年	2016年
785710	**766222**	**19768068**	**17422701**	**14885979**	**13080575**
263086	216041	4402329	4145665	4250346	4038156
		104221	141839	101766	110257
		62122	25552	56482	21433
		53485	67160	21939	30412
		38481	43114	37956	43114
		78665	121294	75992	117305
1654	2205	55612	49944	55612	49151
125586	117559	6316470	5617278	3700696	3289005
102123	77506	197598	180310	186253	167661
8101	6282	434435	302798	414966	277959
		18734	18256	5731	6476
9786	41696	1208110	814725	1178163	779225
6527	14753	69664	73688	64023	73688
130	121	523381	424399	300578	232574
		143244	137777	143244	129888
		1265052	979224	791098	698087
5931	5066	343012	309776	313760	294893
260037	283322	1314494	1197800	1232294	1015136
		43299	28646	43299	28646
		500882	454696	333789	322286
	21	1031047	876795	994396	861230
		2786	2194	2786	2194
		124371	109129	75739	68877
		767012	717977	7736	3493
		175913	140301	166773	131244
2749	1652	51389	35513	18024	4388
		442262	406853	312539	283798

2-23 续表 9

家居建材商店

地　区	商品购进总额		统一配送商品购进额		自有配送中心配送商品购进额	
	2017年	2016年	2017年	2016年	2017年	2016年
全　国	**347340**	**313523**	**302646**	**291276**	**90385**	**65402**
北　京	166157	148927	141621	138664	4830	
天　津	51479	31378	51479	31378	51479	31378
河　北						
山　西						
内蒙古						
辽　宁						
吉　林						
黑龙江						
上　海	64758	76083	64193	72649		
江　苏	16695	22055	9586	13504		
浙　江						
安　徽						
福　建						
江　西						
山　东						
河　南						
湖　北	1208	1057	1208	1057		
湖　南						
广　东	28965	15987	16481	15987	15998	15987
广　西						
海　南						
重　庆						
四　川	18079	18037	18079	18037	18079	18037
贵　州						
云　南						
西　藏						
陕　西						
甘　肃						
青　海						
宁　夏						
新　疆						

单位：万元

非自有配送中心配送商品购进额		商品销售总额		零售额	
2017年	2016年	2017年	2016年	2017年	2016年
57736	**59134**	**464594**	**440656**	**452885**	**435690**
48151	45630	251731	245863	251731	245863
		53495	33235	53495	33235
		88338	98949	88249	97336
9586	13504	17766	22749	17601	22193
		2079	1967	2079	1967
		28965	15773	17509	12978
		22221	22119	22221	22119

2-23 续表 10

厂家直销中心

地区	商品购进总额		统一配送商品购进额		自有配送中心配送商品购进额	
	2017年	2016年	2017年	2016年	2017年	2016年
全国	**489665**	**533615**	**489665**	**530237**	**55946**	**49504**
北京						
天津						
河北						
山西						
内蒙古						
辽宁	29962	31173	29962	31173		
吉林						
黑龙江						
上海						
江苏						
浙江	14626	14379	14626	14379	14626	14379
安徽						
福建						
江西						
山东						
河南						
湖北	14644	12282	14644	12282	14644	12282
湖南						
广东	18134	18721	18134	18721	18134	18721
广西						
海南						
重庆	408114	452938	408114	449560	4357	
四川						
贵州						
云南						
西藏						
陕西						
甘肃						
青海						
宁夏						
新疆	4186	4121	4186	4121	4186	4121

单位：万元

非自有配送中心配送商品购进额		商品销售总额		零售额	
2017年	2016年	2017年	2016年	2017年	2016年
403757	**449560**	**557592**	**583013**	**67768**	**58227**
		45405	46746		
		15313	13966	2398	2310
		18564	15643	5396	4363
		54401	47332	54401	47332
403757	449560	419526	454942	5573	4222
		4383	4383		

2-23 续表 11

其他

地区	商品购进总额		统一配送商品购进额		自有配送中心配送商品购进额	
	2017年	2016年	2017年	2016年	2017年	2016年
全国	**2574286**	**2576037**	**1649475**	**1590382**	**1366672**	**1325445**
北京						
天津	28447	28643	28447	28643		
河北						
山西	13057	11257	12985	11157	12985	10195
内蒙古	1328	1366	1328	1366		
辽宁	43350	51660	43350	51660	43350	51660
吉林	5933	3083				
黑龙江						
上海	13640	15637				
江苏	2983	2281	2983	2281		2281
浙江						
安徽						
福建	94540	117992	20138	35482		
江西						
山东	1357139	1342901	797112	677428	762012	645078
河南	71010	61582	70516	61582	69099	60582
湖北	3038	3142				
湖南	16222	16222	16222	16222		
广东	530321	545068	274139	347485	176154	271932
广西						
海南						
重庆	51846	64573	42243	47511	41877	47133
四川	2376	1909	956	845	956	845
贵州						
云南						
西藏						
陕西	260119	232887	260119	232887	250129	222114
甘肃						
青海	1280	1408	1280	1408	1280	1408
宁夏	70137	70382	70137	70382	8830	12219
新疆	7520	4044	7520	4044		

单位：万元

非自有配送中心配送商品购进额		商品销售总额		零售额	
2017年	2016年	2017年	2016年	2017年	2016年
22511	**17842**	**4034194**	**3696651**	**2003663**	**1857555**
		27381	28499	27381	28499
		12781	8834	11075	8834
		1402	1446	1402	1446
		38446	49712	38446	49712
		7519	4686	7519	4686
		14928	17955	14928	17955
1915		4315	2507	4315	2507
		159772	153345	131161	123501
		2489684	2349742	1233325	1202734
		77864	65394	77864	65394
		2986	4667	2986	4667
		15220	15220	856	856
13075	13798	624778	481667	391145	299405
		93388	81268	46138	37150
		2723	2526	2321	2108
		357817	331504	469	489
		1655	1722	1655	1722
		90856	90067		
7520	4044	10678	5892	10678	5892

2-24 按业态分各地区连锁零售

便利店

地 区	商品购进总额		统一配送商品购进额		自有配送中心配送商品购进额	
	2017年	2016年	2017年	2016年	2017年	2016年
全 国	**1345819**	**1078328**	**1192123**	**932847**	**533427**	**448658**
北 京	42149	4919	28254	2920		
天 津						
河 北	68105	38498	68105	38498	68105	38498
山 西	230836	223393	158486	151654	158486	151654
内蒙古	15083	14716	15083	14716		
辽 宁	2115	2245	2115	2245	2115	2245
吉 林						
黑龙江	44850	44100				
上 海	440136	336432	420456	310480	15538	21539
江 苏						
浙 江	298079	281937	298079	281937	164891	157467
安 徽						
福 建	63220	39764	63220	39764	48540	26354
江 西						
山 东	10115	5743	9559	5237		
河 南						
湖 北	5955	1168	4334	917	3005	
湖 南	10948	12400	10948	12400	3300	6400
广 东	72095	45490	72095	44909	62275	38819
广 西						
海 南						
重 庆	744	765		413		359
四 川	7832	5488	7832	5488		
贵 州						
云 南						
西 藏						
陕 西	13000	7941	13000	7941		
甘 肃						
青 海						
宁 夏						
新 疆	20559	13329	20559	13329	7173	5324

企业加盟门店经营情况

单位：万元

非自有配送中心配送商品购进额		商品销售总额		零售额	
2017年	2016年	2017年	2016年	2017年	2016年
333562	**219855**	**1674172**	**1295648**	**1476398**	**1213029**
27079	1743	50813	9765	50813	9765
		66958	38498	66958	38498
		230272	227629	230272	227629
		18853	19201	18853	19201
		2100	2187	2100	2187
		61000	60000	61000	60000
143855	67165	682197	563399	682197	563399
123993	123451	308039	201433	212295	190399
14679	13410	86104	55535		
		10730	7203	10677	7157
1258	540	6772	1320	6700	875
		9434	7616		
1480		99991	67731	94418	59788
	54	796	1080		1080
7832	5488	7380	6887	7380	6887
		12000	9983	12000	9983
13386	8005	20734	16182	20734	16182

2-24 续表 1

折扣店

地区	商品购进总额		统一配送商品购进额		自有配送中心配送商品购进额	
	2017年	2016年	2017年	2016年	2017年	2016年
全国	**23254**	**61370**	**23254**	**61370**	**23254**	**61370**
北京						
天津						
河北						
山西						
内蒙古						
辽宁						
吉林						
黑龙江						
上海	23254	61370	23254	61370	23254	61370
江苏						
浙江						
安徽						
福建						
江西						
山东						
河南						
湖北						
湖南						
广东						
广西						
海南						
重庆						
四川						
贵州						
云南						
西藏						
陕西						
甘肃						
青海						
宁夏						
新疆						

单位：万元

非自有配送中心配送商品购进额		商品销售总额		零售额	
2017年	2016年	2017年	2016年	2017年	2016年
		25196	**27912**	**25196**	**27912**
		25196	27912	25196	27912

2-24 续表 2

超市

地区	商品购进总额		统一配送商品购进额		自有配送中心配送商品购进额	
	2017年	2016年	2017年	2016年	2017年	2016年
全 国	**2761713**	**3171996**	**2119542**	**2458516**	**1482468**	**1791141**
北 京	110031	139920	1445	2789	1262	2576
天 津	95757	148750				
河 北	2338	2886	2338	2886		
山 西	121	150	121	150		
内蒙古	804	676	804	676	547	372
辽 宁						
吉 林						
黑龙江						
上 海	866309	1004238	866309	1004238	519786	602543
江 苏	526899	650342	476854	605174	467627	603424
浙 江	91630	118182	55828	76350	47264	65438
安 徽	735110	675105	419918	385352	235088	221056
福 建	99	104	99	104	99	104
江 西	7		7			
山 东	58902	55043	58902	55043	55126	51215
河 南	3565	3605	3429	3419		
湖 北	19825	5510	16158	5088	16158	5088
湖 南	28076	22834	26432	21165	215	329
广 东	16763	19534				
广 西	1782	3637	1782	2836		1821
海 南						
重 庆	85412	59628	83668	57701	65710	34960
四 川	45176	197962	44508	181007	25153	162974
贵 州						
云 南	5460	7064	5460	7064	4209	5113
西 藏						
陕 西						
甘 肃						
青 海						
宁 夏	12167	9352				
新 疆	55481	47475	55481	47475	44226	34130

单位：万元

非自有配送中心配送商品购进额		商品销售总额		零售额	
2017年	2016年	2017年	2016年	2017年	2016年
582351	**627434**	**3202657**	**3336778**	**3172276**	**3295600**
		147438	187344	146080	187344
		112655	175000	112655	175000
		2049	2453	2049	2453
		1082	1104	1082	1104
257	304	805	656	805	656
346524	401695	1463487	1255297	1463487	1255297
		672157	829978	672157	829978
8564	10912	103103	123205	100039	121007
182438	163343	229364	231914	217224	200413
		1000	1233	1000	1233
7		4804		4804	
3776	3828	70379	66106	70379	66106
		3700	3612	2900	3612
		23385	6523	22991	6131
26217	20836	29049	24126	29049	24126
		18356	19334	18356	19334
		1782	7709	1782	7709
5655	10548	96834	58425	96834	58425
1223	1333	141389	260566	141389	260566
1097	1290	4739	6749	4739	6749
		6421	714		
6593	13344	68676	74730	62475	68356

2-24 续表 3

大型超市

地　区	商品购进总额		统一配送商品购进额		自有配送中心配送商品购进额	
	2017年	2016年	2017年	2016年	2017年	2016年
全　国	**4937586**	**4819504**	**4806447**	**4722117**	**473366**	**460437**
北　京						
天　津						
河　北						
山　西	5025	4490	5025	4490	5025	4490
内蒙古						
辽　宁						
吉　林						
黑龙江						
上　海	4345133	4282249	4309774	4246272		
江　苏						
浙　江	149478	148713	145903	148713	122596	133305
安　徽						
福　建						
江　西						
山　东						
河　南						
湖　北						
湖　南						
广　东	437951	384053	345745	322642	345745	322642
广　西						
海　南						
重　庆						
四　川						
贵　州						
云　南						
西　藏						
陕　西						
甘　肃						
青　海						
宁　夏						
新　疆						

单位：万元

非自有配送中心配送商品购进额		商品销售总额		零售额	
2017年	2016年	2017年	2016年	2017年	2016年
23307	**15408**	**4790217**	**4585896**	**4790217**	**4585896**
		842	326	842	326
		4164241	4058425	4164241	4058425
23307	15408	143450	149303	143450	149303
		481684	377843	481684	377843

2-24 续表 4

百货店

地　区	商品购进总额		统一配送商品购进额		自有配送中心配送商品购进额	
	2017年	2016年	2017年	2016年	2017年	2016年
全　国	**752015**	**799842**	**682076**	**576940**	**514570**	**394077**
北　京						
天　津						
河　北						
山　西						
内蒙古						
辽　宁	52838	52006	52838	52006		
吉　林						
黑龙江						
上　海						
江　苏	282270	282447	282270	282447	282270	282447
浙　江	7089	6400	7089	6400	7089	6400
安　徽	66478	84985	66478	84985		
福　建						
江　西	223938	230242	223938	104031	223938	104031
山　东	83581	107585	42250	39859		
河　南						
湖　北						
湖　南						
广　东	34548	34978	5940	6014		
广　西						
海　南						
重　庆						
四　川						
贵　州						
云　南						
西　藏						
陕　西						
甘　肃						
青　海						
宁　夏						
新　疆	1273	1200	1273	1200	1273	1200

单位：万元

非自有配送中心配送商品购进额		商品销售总额		零售额	
2017年	2016年	2017年	2016年	2017年	2016年
58778	**58020**	**834559**	**877665**	**782185**	**814824**
52838	52006	102899	101311	102899	101311
		350889	348910	350889	348910
		9439	8673	9439	8673
		78210	99982	78210	99982
		195626	202827	164259	173259
		61660	72001	40653	38728
5940	6014	34811	42966	34811	42966
		1025	996	1025	996

2-24 续表 5

专业店(含加油站)

地区	商品购进总额		统一配送商品购进额		自有配送中心配送商品购进额	
	2017年	2016年	2017年	2016年	2017年	2016年
全国	**3271318**	**3121246**	**3011995**	**2894768**	**2047389**	**2119015**
北京	88761	81885	88294	81597	22827	20666
天津						
河北	3894	4072	1394	994		
山西	149	71	149	71	149	71
内蒙古	744	742	744	742	744	742
辽宁	18989	19207	18989	19207	34	231
吉林	70	80	70	80	70	80
黑龙江	1269	1312	831	878	793	836
上海	777245	721179	763802	710661	638391	579450
江苏	671099	844623	666573	839824	584571	797444
浙江	290999	220282	254259	194634	198112	142486
安徽	289581	253136	289581	253136	252885	253136
福建	64649	63514	59999	59870	32570	31727
江西	9104	14204	4019	4761	4019	4761
山东	7982	4746	5376	4081	4969	3730
河南	353940	296351	353858	296223	8118	8717
湖北	78131	62378	13333	11475	8187	7186
湖南	156208	147185	119625	105227	66001	57345
广东	65633	63525	55421	56267	16477	8884
广西	51396	42242	47738	38905	35334	28881
海南						
重庆	119237	101518	97309	83377	86354	70278
四川	98298	97119	54504	58575	39625	36082
贵州	7487	5725	5156	5725		
云南	453	339				
西藏						
陕西	32939	24328	32939	24328	30212	22316
甘肃		166		166		
青海	32					
宁夏	65936	5043	61233	105	145	105
新疆	17092	46272	16801	43861	16801	43861

单位：万元

非自有配送中心配送商品购进额		商品销售总额		零售额	
2017年	2016年	2017年	2016年	2017年	2016年
308889	**298393**	**3525817**	**3357680**	**2259531**	**1984952**
65359	60843	121551	104242	114588	98103
		4279	4501	3886	4108
		169	90	169	90
		298	272	298	272
		26154	26803	26154	26803
		89	81	89	81
		1434	1425	972	974
101641	102122	819449	756588	605479	562546
3296	2670	675804	848275	94412	52736
27031	21359	291354	194728	126236	110007
		269312	235401	260114	235401
26995	27694	76062	78160	75899	75862
		11809	14625	11577	14419
		9113	6307	8213	5605
		392868	336045	353514	300571
1292	1315	104512	97567	14883	12673
52460	46559	149857	179366	124144	115061
7278	2290	69630	70691	31891	47873
1325	1025	55885	45021	14492	14088
4146	6497	204856	186117	173827	158565
14607	22432	120961	113034	109314	102018
3458	3586	6637	7233	6637	6776
		423	334		
		36703	31106	35019	30168
			256		256
		540	1314		
		60697	5100	58861	2255
		15369	13003	8861	7644

2-24 续表 6

加油站

地区	商品购进总额		统一配送商品购进额		自有配送中心配送商品购进额	
	2017年	2016年	2017年	2016年	2017年	2016年
全国	**968509**	**855038**	**968051**	**855038**	**636271**	**578022**
北京						
天津						
河北						
山西						
内蒙古						
辽宁						
吉林						
黑龙江						
上海	634780	576203	634780	576203	634780	576203
江苏						
浙江						
安徽						
福建						
江西						
山东						
河南	331781	277016	331781	277016		
湖北						
湖南						
广东	457					
广西	1490	1819	1490	1819	1490	1819
海南						
重庆						
四川						
贵州						
云南						
西藏						
陕西						
甘肃						
青海						
宁夏						
新疆						

单位：万元

非自有配送中心配送商品购进额		商品销售总额		零售额	
2017年	2016年	2017年	2016年	2017年	2016年
		1003979	**885733**	**754082**	**660995**
		634780	576203	420810	382161
		367251	307711	331781	277016
		457			
		1490	1819	1490	1819

2-24 续表 7

专卖店

地区	商品购进总额		统一配送商品购进额		自有配送中心配送商品购进额	
	2017年	2016年	2017年	2016年	2017年	2016年
全国	**999249**	**809463**	**655938**	**607454**	**553138**	**501640**
北京	225614	209023	224416	209023	224416	209023
天津						
河北	669	683	669	683	669	683
山西						
内蒙古						
辽宁	4775	16744	4775	16744		
吉林						
黑龙江						
上海	60633	63649	60633	63649	59308	62061
江苏	22853	11810	22853	11810	17531	7496
浙江	28215	26325	28215	26325	28215	26325
安徽	65	1797	65	82	65	82
福建	52997	39515	51837	38944	23929	22754
江西	75713	68055	75713	68055	75204	67544
山东	53621	43794	53621	43794	52426	43271
河南	6232	5383	6232	5383		
湖北	100793	19580	8170	5967	7045	5295
湖南	30467	27033	17747	13332	10710	11446
广东	66006	72786	55283	72608	14832	16362
广西	1651	653	1651	653		
海南						
重庆	39501	28527	36805	25530	31535	24428
四川	222975	170760	786	1524	786	1524
贵州						
云南						
西藏						
陕西						
甘肃	238	227	238	227	238	227
青海						
宁夏						
新疆	6230	3120	6230	3120	6230	3120

单位：万元

非自有配送中心配送商品购进额		商品销售总额		零售额	
2017年	2016年	2017年	2016年	2017年	2016年
8829	**7747**	**1758450**	**1290230**	**1483660**	**1149589**
		303199	282004	303199	282004
		1892	702	1892	702
		4124	4753	4124	4753
		119946	144336	79859	94241
4042	2835	31361	23579	31361	23579
		54199	22938	54199	22938
		71	2226	71	66
3877	3046	61600	52796	29497	21288
		76398	67968	76398	67968
10		71802	51007	34387	26785
		5850	5270	5850	5270
		112119	22666	33889	12309
900	1866	32819	27197	9582	12521
		520164	333148	496231	333148
		2050	742	2050	742
		67850	48753	51410	41130
		266474	188549	243131	188549
		238	227	238	227
		26294	11371	26294	11371

2–24 续表 8

厂家直销中心

地 区	商品购进总额		统一配送商品购进额		自有配送中心配送商品购进额	
	2017年	2016年	2017年	2016年	2017年	2016年
全 国	**14669**	**15017**	**13201**	**12013**	**11733**	**10648**
北 京						
天 津						
河 北						
山 西						
内 蒙 古						
辽 宁						
吉 林						
黑 龙 江						
上 海						
江 苏						
浙 江						
安 徽						
福 建						
江 西						
山 东						
河 南						
湖 北	14669	15017	13201	12013	11733	10648
湖 南						
广 东						
广 西						
海 南						
重 庆						
四 川						
贵 州						
云 南						
西 藏						
陕 西						
甘 肃						
青 海						
宁 夏						
新 疆						

单位：万元

非自有配送中心配送商品购进额		商品销售总额		零售额	
2017年	2016年	2017年	2016年	2017年	2016年
1468	**1365**	**18215**	**17605**	**18198**	**17605**
1468	1365	18215	17605	18198	17605

2-24 续表 9

其他

地 区	商品购进总额		统一配送商品购进额		自有配送中心配送商品购进额	
	2017年	2016年	2017年	2016年	2017年	2016年
全 国	**1019650**	**774446**	**920889**	**665987**	**93181**	**334986**
北 京						
天 津						
河 北						
山 西						
内 蒙 古	3668	2935	3668	2935		
辽 宁						
吉 林						
黑 龙 江						
上 海						
江 苏						
浙 江						
安 徽	237351	209831	237351	209831		209831
福 建						
江 西						
山 东	56061	89884	39311	62614	38380	62530
河 南						
湖 北						
湖 南						
广 东	637635	383327	599704	341190	23860	22067
广 西						
海 南						
重 庆	83164	85367	39084	46314	29171	37455
四 川	459	448	459	448	459	448
贵 州						
云 南						
西 藏						
陕 西						
甘 肃						
青 海	1311	2156	1311	2156	1311	2156
宁 夏		500		500		500
新 疆						

单位：万元

非自有配送中心配送商品购进额		商品销售总额		零售额	
2017年	2016年	2017年	2016年	2017年	2016年
10230	**299323**	**1227275**	**882382**	**971050**	**622468**
		2095	1130	1241	678
		239119	210546	69244	35295
931	84	73249	107123	73249	107123
50	291262	833619	483518	797909	454149
9249	7977	77102	76629	27315	22287
		619	573	619	573
		1474	2364	1474	2364
			500		

2-25 36城市连锁零售企业基本情况

地区	连锁总店数（个）	门店数（个）		年末从业人员（人）		年末零售营业面积（平方米）	
	2017年	2017年	2016年	2017年	2016年	2017年	2016年
合计	**1548**	**157049**	**147640**	**1691673**	**1759310**	**116312721**	**114148863**
北京	162	8176	7957	168689	175829	9070801	9574971
天津	36	2232	2082	26983	29077	1987537	1899880
石家庄	19	1274	1267	16008	16734	1606412	1572857
太原	23	2888	2817	24349	24530	1777212	1610684
呼和浩特	3	404	396	1878	1725	47547	42939
沈阳	41	2771	2335	27657	29524	2968284	1777873
大连	13	2116	2025	15174	15759	1139544	1098518
长春	17	1647	1461	10764	11221	530305	504598
哈尔滨	22	1437	1563	12737	13213	443219	790503
上海	104	17706	18244	224823	241427	10654188	10740337
南京	36	12566	11991	187331	235808	19200502	20644671
杭州	80	9974	9825	57434	56348	7640877	7446974
宁波	22	1313	1174	16412	17037	687404	798115
合肥	30	8222	8099	73330	70058	4569941	4282656
福州	30	1557	1468	54928	51306	7327819	6764768
厦门	72	5909	3296	31534	20713	1560873	1249785
南昌	44	3078	2864	30838	31154	1360468	1394113
济南	10	3042	3088	60103	60343	3541990	3631328
青岛	57	3825	3112	34944	34365	4794717	4660078
郑州	22	1546	1302	18982	17970	1524683	1557435
武汉	114	7229	6766	94243	99268	5755114	5716253
长沙	72	4565	4372	42778	41604	2999923	2832531
广州	108	6500	6075	83207	83409	5130564	5140572
深圳	82	12750	11800	89502	86953	3981036	3844717
南宁	19	1995	1676	18712	16695	1363779	1358028
海口	6	835	791	5481	5306	395043	390779
重庆	88	12324	12049	88525	90814	4623870	4253660
成都	69	7854	6812	71211	67588	3104617	2806474
贵阳	15	763	664	7493	7247	403340	281665
昆明	30	5299	4785	32214	41356	1968814	1931187
拉萨	1	74	72	795	820	30157	29955
西安	31	1468	1334	19271	19290	836249	841157
兰州	8	819	618	6533	5643	118606	92735
西宁	10	190	194	5413	6069	196539	209298
银川	24	730	556	10477	9826	1181172	646186
乌鲁木齐	28	1971	2710	20920	23281	1789575	1730583

2-26 36城市连锁零售企业直营门店基本情况

地　区	门店数（个）		年末从业人员（人）		年末零售营业面积（平方米）	
	2017年	2016年	2017年	2016年	2017年	2016年
合　计	**103859**	**96973**	**1472510**	**1539216**	**108005568**	**105954602**
北　京	6237	6049	156229	163879	8816517	9307285
天　津	1711	1561	25616	27710	1933012	1845355
石家庄	973	981	15474	16368	1581527	1547857
太　原	1217	1176	15993	16325	1672957	1508996
呼和浩特	237	238	1413	1251	37364	29794
沈　阳	2461	2020	26807	28226	2936810	1753573
大　连	1052	957	9768	10238	1014791	973665
长　春	1647	1461	10764	11221	530305	504598
哈尔滨	1073	1114	11504	11754	416194	759563
上　海	10643	11118	141162	152480	6337967	6589368
南　京	9799	9108	175681	219450	18813891	20112876
杭　州	5934	5941	48987	47945	7344118	7091031
宁　波	868	857	15851	16418	655057	767870
合　肥	3293	3146	65358	62058	4293113	4008707
福　州	1549	1460	54868	51246	7326828	6763777
厦　门	2822	1216	23986	14118	1275206	979743
南　昌	1744	1648	26238	26944	1130992	1157673
济　南	3042	3088	60103	60343	3541990	3631328
青　岛	2905	2204	31793	31331	4678975	4545278
郑　州	1536	1290	18944	17923	1524123	1556635
武　汉	5638	5511	91007	96218	5641756	5640463
长　沙	3034	2909	37747	36474	2881315	2715099
广　州	5426	5132	74125	75521	4649038	4673819
深　圳	5319	5140	70630	72813	3665324	3563817
南　宁	1348	1105	16163	14139	1303946	1301585
海　口	835	791	5481	5306	395043	390779
重　庆	4588	4356	75077	78592	4239593	3908560
成　都	6582	5571	66279	63061	3030031	2729682
贵　阳	700	521	7393	6939	398250	274175
昆　明	5299	4785	32214	41356	1968814	1931187
拉　萨	74	72	795	820	30157	29955
西　安	1225	1102	18260	18400	816039	821743
兰　州	818	616	6528	5633	118506	92535
西　宁	117	122	5322	5902	189539	202298
银　川	723	556	10354	9826	1180172	646186
乌鲁木齐	1390	2051	18596	20988	1636308	1597747

2-27 36城市连锁零售企业加盟门店基本情况

地区	门店数（个）		年末从业人员（人）		年末零售营业面积（平方米）	
	2017年	2016年	2017年	2016年	2017年	2016年
合计	**53190**	**50667**	**219163**	**220094**	**8307153**	**8194261**
北京	1939	1908	12460	11950	254284	267686
天津	521	521	1367	1367	54525	54525
石家庄	301	286	534	366	24885	25000
太原	1671	1641	8356	8205	104255	101688
呼和浩特	167	158	465	474	10183	13145
沈阳	310	315	850	1298	31474	24300
大连	1064	1068	5406	5521	124753	124853
长春						
哈尔滨	364	449	1233	1459	27025	30940
上海	7063	7126	83661	88947	4316221	4150969
南京	2767	2883	11650	16358	386611	531795
杭州	4040	3884	8447	8403	296759	355943
宁波	445	317	561	619	32347	30245
合肥	4929	4953	7972	8000	276828	273949
福州	8	8	60	60	991	991
厦门	3087	2080	7548	6595	285667	270042
南昌	1334	1216	4600	4210	229476	236440
济南						
青岛	920	908	3151	3034	115742	114800
郑州	10	12	38	47	560	800
武汉	1591	1255	3236	3050	113358	75790
长沙	1531	1463	5031	5130	118608	117432
广州	1074	943	9082	7888	481526	466753
深圳	7431	6660	18872	14140	315712	280900
南宁	647	571	2549	2556	59833	56443
海口						
重庆	7736	7693	13448	12222	384277	345100
成都	1272	1241	4932	4527	74586	76792
贵阳	63	143	100	308	5090	7490
昆明						
拉萨						
西安	243	232	1011	890	20210	19414
兰州	1	2	5	10	100	200
西宁	73	72	91	167	7000	7000
银川	7		123		1000	
乌鲁木齐	581	659	2324	2293	153267	132836

2-28 36城市连锁零售企业经营情况

单位：万元

地区	非自有配送中心配送商品购进额		商品销售总额		零售额	
	2017年	2016年	2017年	2016年	2017年	2016年
合计	**225424092**	**218111113**	**174439565**	**167978076**	**108114820**	**105109108**
北京	26669949	24299499	19340369	17147192	11300778	9684091
天津	4600511	4181960	2712748	2414373	1920437	1799591
石家庄	2685701	2654010	1273896	1302525	419853	425557
太原	1796525	1741456	1089477	1118690	465485	492655
呼和浩特	80689	59761	80689	59761	54238	30529
沈阳	2869476	2855756	2229830	2236149	175737	136851
大连	1922104	1819396	1743761	1638960	141984	143518
长春	1344009	1356807	1335776	1349132	1152620	1181300
哈尔滨	2110594	1669351	1941892	1500657	387879	270548
上海	26939957	27752018	22461435	22266534	9439684	8850043
南京	33866501	34997288	29243008	29043432	26232514	26309095
杭州	15269900	13856675	13301237	12967248	12229421	11975962
宁波	1008729	1051314	994101	1044967	553478	719178
合肥	13315799	12764574	9535873	9129650	4100996	4248372
福州	7670092	7378585	4953386	5031755	1799434	2317866
厦门	1800106	1205757	1015551	822573	562818	581079
南昌	3319631	3494553	3050593	2993105	2335097	2012697
济南	3807713	4172295	1922976	1866436	1203511	1151915
青岛	4658936	4488824	3709145	3414785	2680562	2545918
郑州	1626205	1758461	789904	922455	306236	364335
武汉	14474884	13554209	9301379	9139360	7207679	7362169
长沙	4491245	4195748	3419020	3104041	2675085	2429809
广州	13532013	13455770	12865953	12904302	6983515	6946303
深圳	9537052	8879600	5782326	5562609	3367143	3343473
南宁	1986973	2122995	1976324	2107465	295852	384559
海口	1741579	1219941	1704968	1199080	6377	5707
重庆	6789754	6749544	4702831	4643704	3154722	3056637
成都	5159067	4724197	3378789	3206385	1702416	1414186
贵阳	525627	573892	507393	570436	279653	326157
昆明	2284424	2200788	1924010	1824467	795181	785665
拉萨	29544	30552	29544	30552		
西安	2727371	2698323	2283722	2271332	2146341	2058438
兰州	569145	565725	569145	565725	116683	100461
西宁	191861	190215	87388	71628	20241	5099
银川	1972399	1249402	1208213	501688	755438	455609
乌鲁木齐	2048027	2141872	1972913	2004923	1145732	1193736

2-28 续表

单位：万元

地区	非自有配送中心配送商品购进额		商品销售总额		零售额	
	2017年	2016年	2017年	2016年	2017年	2016年
合计	**24849233**	**23913748**	**259315993**	**249190457**	**206034483**	**186956603**
北京	3479858	3170972	31657648	28945380	25784187	24044769
天津	102252	93588	5123986	4980968	4175329	4000598
石家庄	18698		2738399	2679911	2393378	2274546
太原			2516906	2401235	2461432	2344738
呼和浩特			88110	75560	88110	75560
沈阳	240911	294538	3118226	3054969	2594016	2493361
大连	1180724	1091480	1739680	1743766	1670076	1676317
长春	647	1027	1637768	1526624	1390354	1311525
哈尔滨	137307	143360	2126438	1891167	1484055	1497341
上海	2402196	2701573	31984035	30963955	25455361	24771807
南京	76382	144545	34458238	37898940	24583105	14127434
杭州	777224	614359	16543066	15211618	10649578	10363163
宁波	199243		1237819	1329830	1048371	1190113
合肥	127082	102107	14989399	13896410	11703441	10859920
福州	3081021	2642703	7823392	7123981	7656227	7024506
厦门	111533	130452	2685965	1796493	1885581	1392305
南昌	115383	134118	4366321	4510475	3237920	3507904
济南	708938	704307	4268577	4218602	4268577	4218602
青岛	511385	399517	6467926	6060385	4529829	4247693
郑州	228831	244507	2277699	2208882	2276787	2208882
武汉	923500	572779	16736591	15339376	14308958	13551419
长沙	657095	581947	5446631	5092407	4846456	4013283
广州	5773831	5876975	15161750	14598222	11838064	11723459
深圳	1237084	1538892	10564561	10018823	9744893	9078678
南宁	39016		2266589	2335931	1504931	1567221
海口			1911558	1309071	1160835	1199282
重庆	1069611	1122362	9446998	9245749	7509504	7214447
成都	395030	387117	5731728	5329342	5606800	5253479
贵阳	5206	7324	553596	588827	553596	587288
昆明	358962	309688	4459196	4312821	3696146	3543150
拉萨			27273	30561	27273	30561
西安	59612	90620	3440185	3321479	1331130	1346121
兰州			684813	654800	584927	562849
西宁			319568	290858	314244	287689
银川	3831	1704	1868195	1335009	1387862	1155107
乌鲁木齐	826840	811187	2847163	2868030	2283150	2211486

2-29　36城市连锁零售企业直营门店经营情况

单位：万元

地　区	商品购进总额		统一配送商品购进额		自有配送中心配送商品购进额	
	2017年	2016年	2017年	2016年	2017年	2016年
合　计	**213183857**	**206292064**	**163311925**	**157278820**	**103770529**	**100416261**
北　京	26203395	23863752	18997960	16850864	11052274	9451826
天　津	4504755	4033210	2712748	2414373	1920437	1799591
石家庄	2616928	2614829	1205123	1263343	351079	386376
太　原	1565689	1518063	930991	967037	307000	341001
呼和浩特	65606	45045	65606	45045	54238	30529
沈　阳	2850833	2836781	2211187	2217173	175737	136851
大　连	1867117	1765103	1688775	1584667	139835	141231
长　春	1344009	1356807	1335776	1349132	1152620	1181300
哈尔滨	2064764	1624227	1941061	1499779	387086	269712
上　海	20427247	21282903	16017207	15869866	8183407	7523082
南　京	33005344	33769652	28381869	27815813	25447225	25119758
杭　州	14943192	13589488	13008374	12723687	11960783	11754515
宁　波	995983	1041196	984929	1034849	549867	710079
合　肥	12722673	12214825	8942748	8581616	3848046	3785323
福　州	7643097	7350891	4926391	5004060	1799434	2317866
厦　门	1682420	1125055	901874	745358	490094	531788
南　昌	3011385	3183029	2747432	2817234	2031936	1836827
济　南	3807713	4172295	1922976	1866436	1203511	1151915
青　岛	4587430	4389307	3654394	3342605	2637893	2479931
郑　州	1626122	1758333	789904	922455	306236	364335
武　汉	14272355	13467573	9261560	9117913	7174775	7346255
长　沙	4372879	4087454	3313375	3009935	2629200	2384766
广　州	12988628	12992708	12409494	12499908	6566834	6571154
深　圳	8790324	8374030	5121565	5134426	3329263	3314812
南　宁	1961605	2102346	1950956	2087617	270740	364928
海　口	1741579	1219941	1704968	1199080	6377	5707
重　庆	6461696	6473739	4445965	4430368	2941951	2889159
成　都	4908548	4519867	3352213	3172980	1693790	1405188
贵　阳	522169	570205	503935	566749	279653	326157
昆　明	2284424	2200788	1924010	1824467	795181	785665
拉　萨	29544	30552	29544	30552		
西　安	2682591	2666854	2238942	2239863	2116243	2036484
兰　州	568908	565497	568908	565497	116445	100234
西　宁	190517	188060	86077	69472	18929	2943
银　川	1911311	1249402	1147126	501688	755438	455609
乌鲁木齐	1961077	2048257	1885962	1912913	1076972	1113364

2-29 续表

单位：万元

地区	非自有配送中心配送商品购进额		商品销售总额		零售额	
	2017年	2016年	2017年	2016年	2017年	2016年
合计	**23914640**	**22753386**	**245132774**	**236359054**	**193644095**	**175780930**
北京	3387419	3108385	31034648	28362025	25169507	23467554
天津	102252	93588	5011331	4805968	4062674	3825598
石家庄	18698		2669549	2640711	2324528	2235346
太原			2286634	2173606	2231160	2117109
呼和浩特			69257	56358	69257	56358
沈阳	240911	294538	3092455	3028445	2568244	2466837
大连	1127886	1039475	1634633	1640209	1565030	1572760
长春	647	1027	1637768	1526624	1390354	1311525
哈尔滨	137307	143360	2064317	1830047	1422083	1436367
上海	1810177	2130591	24709519	24158000	18434901	18209989
南京	76226	144393	33588493	36655824	24214733	13605684
杭州	759661	597808	16172179	15036248	10523341	10278097
宁波	194533		1222030	1318019	1033643	1178362
合肥	127082	102107	14403013	13348255	11296129	10489177
福州	3054026	2615008	7791748	7092510	7624583	6993035
厦门	92977	113996	2534316	1682823	1852139	1367975
南昌	115383	134118	4083348	4226483	2986315	3253479
济南	708938	704307	4268577	4218602	4268577	4218602
青岛	510455	399433	6377438	5940988	4439341	4128296
郑州	228831	244507	2277596	2208719	2276684	2208719
武汉	920950	570924	16491920	15214024	14232612	13522155
长沙	604635	534227	5321315	4973159	4744377	3909043
广州	5765448	5875592	14535874	14109054	11258614	11271602
深圳	1230718	1240709	9316198	9269909	8546460	8352581
南宁	39016		2238659	2309748	1504006	1559827
海口			1911558	1309071	1160835	1199282
重庆	1050561	1097286	8999560	8874746	7160117	6932961
成都	377100	362709	5417747	5096178	5321397	5025399
贵阳	1748	3737	550407	583072	550407	581989
昆明	358962	309688	4459196	4312821	3696146	3543150
拉萨			27273	30561	27273	30561
西安	59612	90620	3393303	3281750	1284247	1306392
兰州			684575	654573	584689	562622
西宁			317554	287180	312770	285325
银川	3831	1704	1812017	1335009	1331684	1155107
乌鲁木齐	808650	799549	2726769	2767735	2175238	2122065

2-30 36城市连锁零售企业加盟门店经营情况

单位：万元

地区	商品购进总额		统一配送商品购进额		自有配送中心配送商品购进额	
	2017年	2016年	2017年	2016年	2017年	2016年
合计	**12240240**	**11819049**	**11127645**	**10699255**	**4344292**	**4692850**
北京	466554	435747	342409	296328	248504	232264
天津	95757	148750				
石家庄	68774	39182	68774	39182	68774	39182
太原	230836	223393	158486	151654	158486	151654
呼和浩特	15083	14716	15083	14716		
沈阳	18643	18975	18643	18975		
大连	54987	54293	54987	54293	2149	2287
长春						
哈尔滨	45831	45124	831	878	793	836
上海	6512710	6469115	6444228	6396669	1256277	1326962
南京	861156	1227636	861139	1227619	785289	1189338
杭州	326708	267187	292863	243561	268638	221447
宁波	12746	10118	9172	10118	3612	9098
合肥	593126	549748	593126	548033	252951	463049
福州	26995	27694	26995	27694		
厦门	117686	80702	113677	77215	72724	49291
南昌	308246	311525	303161	175871	303161	175871
济南						
青岛	71507	99517	54751	72181	42669	65987
郑州	83	128				
武汉	202530	86636	39819	21447	32904	15914
长沙	118366	108294	105646	94106	45885	45043
广州	543385	463061	456459	404394	416681	375149
深圳	746728	505571	660761	428183	37880	28661
南宁	25367	20649	25367	19848	25111	19631
海口						
重庆	328059	275805	256866	213335	212770	167479
成都	250519	204329	26577	33406	8626	8998
贵阳	3458	3687	3458	3687		
昆明						
拉萨						
西安	44779	31469	44779	31469	30099	21954
兰州	238	227	238	227	238	227
西宁	1344	2156	1311	2156	1311	2156
银川	61088		61088			
乌鲁木齐	86951	93615	86951	92010	68760	80372

2-30 续表

单位：万元

地区	非自有配送中心配送商品购进额		商品销售总额		零售额	
	2017年	2016年	2017年	2016年	2017年	2016年
合　计	**934593**	**1160361**	**14183219**	**12831404**	**12390383**	**11175673**
北　京	92438	62586	623000	583355	614680	577216
天　津			112655	175000	112655	175000
石家庄			68850	39200	68850	39200
太　原			230272	227629	230272	227629
呼和浩特			18853	19201	18853	19201
沈　阳			25771	26524	25771	26524
大　连	52838	52006	105046	103557	105046	103557
长　春						
哈尔滨			62121	61120	61972	60974
上　海	592020	570982	7274517	6805956	7020459	6561818
南　京	156	152	869745	1243116	368372	521750
杭　州	17562	16551	370887	175370	126236	85066
宁　波	4710		15789	11811	14728	11751
合　肥			586386	548154	407313	370743
福　州	26995	27694	31644	31471	31644	31471
厦　门	18556	16456	151649	113671	33442	24330
南　昌			282973	283993	251605	254425
济　南						
青　岛	931	84	90488	119397	90488	119397
郑　州			102	163	102	163
武　汉	2550	1855	244671	125352	76346	29263
长　沙	52460	47721	125316	119248	102079	104240
广　州	8383	1383	625876	489168	579450	451857
深　圳	6366	298183	1248363	748914	1198433	726097
南　宁			27930	26183	925	7394
海　口						
重　庆	19050	25076	447438	371004	349386	281487
成　都	17930	24408	313981	233164	285402	228080
贵　阳	3458	3586	3188	5755	3188	5299
昆　明						
拉　萨						
西　安			46883	39729	46883	39729
兰　州			238	227	238	227
西　宁			2014	3677	1474	2364
银　川			56179		56179	
乌鲁木齐	18190	11638	120394	100295	107912	89421

第三部分

餐饮企业综合篇

3-1 连锁餐饮企业总体情况

项目	单位	总计		直营店		加盟店	
		2017年	2016年	2017年	2016年	2017年	2016年
连锁总店数	个	463					
门店总数	个	27478	25808	23011	21466	4467	4342
年末从业人员	人	780039	751525	649147	620741	130892	130784
年末餐饮营业面积	平方米	10754046	10495864	8800251	8528668	1953795	1967196
年末餐位数	位	3379213	3366591	2628810	2638090	750403	728501
连锁门店商品购进总额	万元	6132884	6078792	5554619	5497424	578264	581369
其中：统一配送商品购进额	万元	4894576	4923214	4548854	4576720	345722	346494
其中：自有配送中心	万元	2059561	2058819	1891361	1894372	168201	164447
非自有配送中心	万元	761591	860563	658074	754677	103517	105886
营业额	万元	17354811	16409221	15487663	14624058	1867148	1785162
其中：餐费收入及商品销售额	万元	17227681	16310871	15360852	14528928	1866829	1781944

3-2 连锁餐饮企业基本情况

项　　目	连锁总店数（个）	门店数（个）		年末从业人员（人）		年末餐饮营业面积（平方米）		年末餐位数（位）	
	2017年	2017年	2016年	2017年	2016年	2017年	2016年	2017年	2016年
总　计	**463**	**27478**	**25808**	**780039**	**751525**	**10754046**	**10495864**	**3379213**	**3366591**
一、按登记注册类型分									
内资企业	300	8637	8466	271543	288189	4566188	4890416	1443185	1491246
国有企业	5	127	116	2978	3129	33789	35466	10756	10425
集体企业	1	3	3	560	650	12000	12000	3000	3000
股份合作企业	3	9	9	267	285	8390	9190	2570	2920
联营企业									
国有联营企业									
集体联营企业									
国有与集体联营企业									
其他联营企业									
有限责任公司	102	3728	3646	87416	85594	1652500	1660461	512783	513072
国有独资公司	2	33	47	1299	1518	14707	19279	4328	8802
其他有限责任公司	100	3695	3599	86117	84076	1637793	1641182	508455	504270
股份有限公司	15	1121	1060	55776	73676	1024690	1243874	238889	285041
私营企业	172	3640	3623	124474	124749	1831519	1926125	674626	676227
私营独资企业	10	141	131	4450	4052	63791	60306	19542	19044
私营合伙企业									
私营有限责任公司	157	3470	3455	119330	119871	1744107	1833544	649594	650163
私营股份有限公司	5	29	37	694	826	23621	32275	5490	7020
其他企业	2	9	9	72	106	3300	3300	561	561
港、澳、台商投资企业	80	6565	5858	183549	156008	1836028	1641212	579137	583142
港澳台商合资经营企业	12	1030	997	39786	31931	357094	358477	97395	108327
港澳台商合作经营企业	1	4	4	583	538	17000	17000	1700	1700
港、澳、台商独资经营企业	65	5507	4830	142643	122609	1452709	1255251	476695	468564
港、澳、台商投资股份有限公司	2	24	27	537	930	9225	10484	3347	4551
其他港、澳、台商投资企业									
外商投资企业	83	12276	11484	324947	307328	4351830	3964236	1356891	1292203
中外合资经营企业	13	2119	1995	61684	59409	713806	688723	230651	240371
中外合作经营企业									
外资企业	66	9682	9047	243459	229888	3260086	2925511	980837	916661
外商投资股份有限公司	2	79	64	9777	8976	84389	75851	26422	22307
其他外商投资企业	2	396	378	10027	9055	293549	274151	118981	112864
二、按行业分									
正餐服务	249	6826	6748	277259	293700	4990978	5302132	1515592	1563739
快餐服务	176	16139	15049	450969	411851	5105289	4603227	1619865	1606917
饮料及冷饮服务	24	3926	3391	45506	38697	603865	521088	216221	154452
其他餐饮业	14	587	620	6305	7277	53914	69417	27535	41483
直营门店合计		**23011**	**21466**	**649147**	**620741**	**8800251**	**8528668**	**2628810**	**2638090**
一、按登记注册类型分									
内资企业		6033	5985	180236	196509	3316515	3617329	972204	1037427
国有企业		127	116	2978	3129	33789	35466	10756	10425
集体企业		3	3	560	650	12000	12000	3000	3000
股份合作企业		9	9	267	285	8390	9190	2570	2920
联营企业									
国有联营企业									
集体联营企业									
国有与集体联营企业									
其他联营企业									
有限责任公司		2617	2622	61025	58962	1074300	1115402	307270	323354
国有独资公司		32	45	1294	1508	14657	19102	4318	8781
其他有限责任公司		2585	2577	59731	57454	1059643	1096300	302952	314573
股份有限公司		773	756	36240	53326	727633	927210	174881	217710
私营企业		2495	2470	79094	80051	1457103	1514761	473166	479457
私营独资企业		135	126	4319	3951	62301	59316	19047	18674
私营合伙企业									
私营有限责任公司		2334	2310	74124	75311	1371651	1423640	449009	454123
私营股份有限公司		26	34	651	789	23151	31805	5110	6660

3-2 续表

项目	连锁总店数（个）	门店数（个）		年末从业人员（人）		年末餐饮营业面积（平方米）		年末餐位数（位）	
	2017年	2017年	2016年	2017年	2016年	2017年	2016年	2017年	2016年
其他企业		9	9	72	106	3300	3300	561	561
港、澳、台商投资企业		6322	5607	177682	150493	1795419	1594493	559153	563381
港澳台商合资经营企业		1030	997	39786	31931	357094	358477	97395	108327
港澳台商合作经营企业		4	4	583	538	17000	17000	1700	1700
港、澳、台商独资经营企业		5264	4579	136776	117094	1412100	1208532	456711	448803
港、澳、台商投资股份有限公司		24	27	537	930	9225	10484	3347	4551
其他港、澳、台商投资企业									
外商投资企业		10656	9874	291229	273739	3688317	3316846	1097453	1037282
中外合资经营企业		2118	1993	61641	59353	713456	688097	230509	240011
中外合作经营企业									
外资企业		8415	7770	219334	205042	2878223	2543247	836303	770444
外商投资股份有限公司		79	64	9777	8976	84389	75851	26422	22307
其他外商投资企业		44	47	477	368	12249	9651	4219	4520
二、按行业分									
正餐服务		4224	4210	173640	189539	3319809	3616518	895921	963082
快餐服务		14534	13512	425003	387107	4831497	4331594	1491148	1481340
饮料及冷饮服务		3914	3374	45425	38572	602249	519112	215871	153977
其他餐饮业		339	370	5079	5523	46696	61444	25870	39691
加盟门店合计		**4467**	**4342**	**130892**	**130784**	**1953795**	**1967196**	**750403**	**728501**
一、按登记注册类型分									
内资企业		2604	2481	91307	91680	1249673	1273087	470981	453819
国有企业									
集体企业									
股份合作企业									
联营企业									
国有联营企业									
集体联营企业									
国有与集体联营企业									
其他联营企业									
有限责任公司		1111	1024	26391	26632	578200	545059	205513	189718
国有独资公司		1	2	5	10	50	177	10	21
其他有限责任公司		1110	1022	26386	26622	578150	544882	205503	189697
股份有限公司		348	304	19536	20350	297057	316664	64008	67331
私营企业		1145	1153	45380	44698	374416	411364	201460	196770
私营独资企业		6	5	131	101	1490	990	495	370
私营合伙企业									
私营有限责任公司		1136	1145	45206	44560	372456	409904	200585	196040
私营股份有限公司		3	3	43	37	470	470	380	360
其他企业									
港、澳、台商投资企业		243	251	5867	5515	40609	46719	19984	19761
港澳台商合资经营企业									
港澳台商合作经营企业									
港、澳、台商独资经营企业		243	251	5867	5515	40609	46719	19984	19761
港、澳、台商投资股份有限公司									
其他港、澳、台商投资企业									
外商投资企业		1620	1610	33718	33589	663513	647390	259438	254921
中外合资经营企业		1	2	43	56	350	626	142	360
中外合作经营企业									
外资企业		1267	1277	24125	24846	381863	382264	144534	146217
外商投资股份有限公司									
其他外商投资企业		352	331	9550	8687	281300	264500	114762	108344
二、按行业分									
正餐服务		2602	2538	103619	104161	1671169	1685614	619671	600657
快餐服务		1605	1537	25966	24744	273792	271633	128717	125577
饮料及冷饮服务		12	17	81	125	1616	1976	350	475
其他餐饮业		248	250	1226	1754	7218	7973	1665	1792

3-3 连锁餐饮企业

项目	商品购进总额		统一配送商品购进额	
	2017年	2016年	2017年	2016年
总计	**6132884**	**6078792**	**4894576**	**4923214**
一、按登记注册类型分				
内资企业	1978946	2160262	1180343	1441515
国有企业	29765	25331	17576	13257
集体企业	5733	6256	5733	6256
股份合作企业	3418	3398	425	326
联营企业				
国有联营企业				
集体联营企业				
国有与集体联营企业				
其他联营企业				
有限责任公司	612078	621507	484634	510626
国有独资公司	6225	7032	1642	2196
其他有限责任公司	605853	614475	482991	508431
股份有限公司	484012	693772	223510	425920
私营企业	843693	809748	448219	484881
私营独资企业	32753	34180	10525	10898
私营合伙企业				
私营有限责任公司	806943	770706	434965	470814
私营股份有限公司	3998	4863	2730	3169
其他企业	247	250	247	250
港、澳、台商投资企业	1318604	1202733	1188222	1035368
港澳台商合资经营企业	329536	308177	317331	288494
港澳台商合作经营企业	13499	10961	13499	10961
港、澳、台商独资经营企业	974449	882259	856655	735015
港、澳、台商投资股份有限公司	1120	1336	737	898
其他港、澳、台商投资企业				
外商投资企业	2835334	2715797	2526011	2446331
中外合资经营企业	465425	448654	438965	425016
中外合作经营企业				
外资企业	2267558	2175317	1996567	1942455
外商投资股份有限公司	88845	77104	88227	76640
其他外商投资企业	13506	14722	2252	2220
二、按行业分				
正餐服务	1940957	2097403	1059114	1285216
快餐服务	3710296	3567464	3410904	3277336
饮料及冷饮服务	416123	344846	371983	305964
其他餐饮业	65507	69080	52575	54698

经营情况

单位：万元

自有配送中心配送商品购进额		非自有配送中心配送商品购进额		营业额		餐费收入及商品销售额	
2017年	2016年	2017年	2016年	2017年	2016年	2017年	2016年
2059561	**2058819**	**761591**	**860563**	**17354811**	**16409221**	**17227681**	**16310871**
578614	686389	293525	250893	5020503	5333753	4911521	5246555
3561	3537	1242	990	71600	64975	71235	64975
				11635	10895	10577	10151
		425	326	7551	7946	7551	7946
325479	390417	58167	36353	1693887	1747022	1668972	1737650
1642	2196			18665	22439	18666	22440
323837	388221	58167	36353	1675222	1724583	1650306	1715211
65719	60219	101154	94397	1333162	1724213	1274054	1662981
183856	232216	132492	118778	1902224	1778170	1878688	1762320
480	476			88608	78287	87520	77206
181916	229607	132020	118575	1803686	1688794	1781277	1674067
1460	2133	471	204	9930	11089	9890	11048
		47	50	444	532	444	532
396552	286540	220713	379617	4225222	3643288	4215663	3640523
41877	35669	6298	153701	894675	769384	891532	766839
13499	10961			25160	22214	25160	22214
340439	239012	214415	225917	3294242	2839294	3287826	2839073
737	898			11145	12396	11145	12397
1084395	1085890	247352	230052	8109086	7432179	8100498	7423794
259100	214015	115267	110979	1728836	1572197	1728748	1571779
825295	871875	132085	119073	5933163	5449397	5926184	5443929
				242929	212030	241427	212030
				204157	198556	204141	196056
548117	565386	232383	208729	5402265	5571388	5302021	5491224
1478052	1458998	432601	575845	10086883	9250911	10063028	9234874
12764	11850	96607	75989	1666681	1384690	1663649	1382542
20629	22585			198982	202233	198981	202233

3-3 续表 1

项　目	商品购进总额		统一配送商品购进额	
	2017年	2016年	2017年	2016年
直营门店合计	**5554619**	**5497424**	**4548854**	**4576720**
一、按登记注册类型分				
内资企业	1547615	1741058	955597	1231878
国有企业	29765	25331	17576	13257
集体企业	5733	6256	5733	6256
股份合作企业	3418	3398	425	326
联营企业				
国有联营企业				
集体联营企业				
国有与集体联营企业				
其他联营企业				
有限责任公司	452556	480754	349870	393330
国有独资公司	6214	6941	1631	2105
其他有限责任公司	446343	473813	348240	391224
股份有限公司	379068	578785	201292	402672
私营企业	676828	646283	380454	415789
私营独资企业	32098	33760	10491	10883
私营合伙企业				
私营有限责任公司	641018	607950	367520	402026
私营股份有限公司	3712	4574	2444	2880
其他企业	247	250	247	250
港、澳、台商投资企业	1272619	1149256	1151225	991771
港澳台商合资经营企业	329536	308177	317331	288494
港澳台商合作经营企业	13499	10961	13499	10961
港、澳、台商独资经营企业	928464	828782	819658	691418
港、澳、台商投资股份有限公司	1120	1336	737	898
其他港、澳、台商投资企业				
外商投资企业	2734386	2607110	2442032	2353071
中外合资经营企业	465359	448563	438899	424924
中外合作经营企业				
外资企业	2176889	2074945	1912655	1849287
外商投资股份有限公司	88845	77104	88227	76640
其他外商投资企业	3293	6499	2252	2220
二、按行业分				
正餐服务	1559678	1713614	890677	1117168
快餐服务	3531536	3390038	3243513	3109471
饮料及冷饮服务	411349	340271	367259	301452
其他餐饮业	52057	53502	47405	48629

单位：万元

自有配送中心配送商品购进额		非自有配送中心配送商品购进额		营业额		餐费收入及商品销售额	
2017年	2016年	2017年	2016年	2017年	2016年	2017年	2016年
1891361	**1894372**	**658074**	**754677**	**15487663**	**14624058**	**15360852**	**14528928**
444133	557217	239787	199447	3981118	4352205	3872455	4266726
3561	3537	1242	990	71600	64975	71235	64975
				11635	10895	10577	10151
		425	326	7551	7946	7551	7946
208217	285108	56540	36138	1282067	1369437	1257151	1360065
1631	2105			18639	22296	18639	22296
206587	283003	56540	36138	1263428	1347141	1238512	1337770
65719	60219	80120	73896	1004159	1413434	945051	1353538
166636	208352	101413	88048	1603662	1484986	1580445	1469518
480	476			87165	77228	86077	76147
164697	205744	100942	87844	1506937	1397064	1484848	1382719
1460	2133	471	204	9560	10694	9520	10653
		47	50	444	532	444	532
396552	286540	192332	345038	4086195	3491466	4076634	3488700
41877	35669	6298	153701	894675	769384	891532	766839
13499	10961			25160	22214	25160	22214
340439	239012	186033	191338	3155214	2687471	3148798	2687250
737	898			11145	12396	11145	12397
1050676	1050616	225955	210192	7420351	6780388	7411763	6773503
259100	214015	115267	110979	1727967	1570759	1727879	1570341
791576	836601	110688	99213	5435474	4978525	5428495	4973057
				242929	212030	241427	212030
				13980	19075	13964	18075
432039	449412	188579	164070	4068939	4313653	3969015	4236634
1430997	1416496	372888	514618	9594642	8768262	9570788	8752297
12764	11850	96607	75989	1658756	1376443	1655723	1374295
15561	16615			165326	165702	165326	165701

3-3 续表 2

项　目	商品购进总额		统一配送商品购进额	
	2017年	2016年	2017年	2016年
加盟门店合计	**578264**	**581369**	**345722**	**346494**
一、按登记注册类型分				
内资企业	431331	419205	224746	209637
国有企业				
集体企业				
股份合作企业				
联营企业				
国有联营企业				
集体联营企业				
国有与集体联营企业				
其他联营企业				
有限责任公司	159522	140753	134763	117297
国有独资公司	11	91	11	91
其他有限责任公司	159511	140663	134752	117206
股份有限公司	104943	114987	22218	23248
私营企业	166866	163465	67765	69092
私营独资企业	655	420	34	15
私营合伙企业				
私营有限责任公司	165925	162755	67445	68788
私营股份有限公司	286	289	286	289
其他企业				
港、澳、台商投资企业	45985	53477	36997	43597
港澳台商合资经营企业				
港澳台商合作经营企业				
港、澳、台商独资经营企业	45985	53477	36997	43597
港、澳、台商投资股份有限公司				
其他港、澳、台商投资企业				
外商投资企业	100948	108687	83979	93260
中外合资经营企业	67	92	67	92
中外合作经营企业				
外资企业	90669	100372	83912	93169
外商投资股份有限公司				
其他外商投资企业	10213	8223		
二、按行业分				
正餐服务	381279	383789	168437	168048
快餐服务	178761	177427	167391	167865
饮料及冷饮服务	4774	4576	4724	4512
其他餐饮业	13450	15578	5169	6070

单位：万元

自有配送中心配送商品购进额		非自有配送中心配送商品购进额		营业额		餐费收入及商品销售额	
2017年	2016年	2017年	2016年	2017年	2016年	2017年	2016年
168201	**164447**	**103517**	**105886**	**1867148**	**1785162**	**1866829**	**1781944**
134481	129172	53738	51446	1039386	981549	1039066	979830
117262	105309	1627	215	411821	377585	411821	377585
11	91			26	143	26	143
117250	105218	1627	215	411795	377442	411795	377442
		21033	20500	329003	310779	329003	309443
17220	23863	31078	30731	298562	293185	298242	292802
				1443	1059	1443	1059
17220	23863	31078	30731	296749	291730	296429	291347
				370	395	370	395
		28382	34579	139028	151823	139027	151823
		28382	34579	139028	151823	139027	151823
33719	35275	21397	19861	688735	651791	688735	650291
				869	1438	869	1437
33719	35275	21397	19861	497689	470872	497689	470873
				190177	179481	190177	177981
116078	115974	43804	44659	1333326	1257736	1333006	1254589
47055	42502	59714	61227	492241	482649	492242	482577
				7926	8247	7926	8247
5067	5970			33656	36531	33656	36532

3-4 按登记注册类型与行业分连锁餐饮企业基本情况

正餐服务

项 目	连锁总店数（个）	门店数（个）		年末从业人员（人）		年末餐饮营业面积（平方米）		年末餐位数（位）	
	2017年	2017年	2016年	2017年	2016年	2017年	2016年	2017年	2016年
总　计	**249**	**6826**	**6748**	**277259**	**293700**	**4990978**	**5302132**	**1515592**	**1563739**
内资企业	211	4325	4336	207616	229593	3813546	4168767	1139222	1202518
国有企业	2	30	28	1393	1422	17146	16988	5330	5161
集体企业	1	3	3	560	650	12000	12000	3000	3000
股份合作企业	3	9	9	267	285	8390	9190	2570	2920
联营企业									
有限责任公司	63	1379	1337	50743	53689	1210067	1239139	364420	369681
股份有限公司	11	574	637	51068	69311	954985	1173905	197534	248683
私营企业	129	2321	2313	103513	104130	1607658	1714245	565807	572512
其他企业	2	9	9	72	106	3300	3300	561	561
港、澳、台商投资企业	20	393	364	12166	10478	201432	185209	53983	50756
外商投资企业	18	2108	2048	57477	53629	976000	948156	322387	310465
直营门店合计		**4224**	**4210**	**173640**	**189539**	**3319809**	**3616518**	**895921**	**963082**
内资企业		2654	2701	126013	146701	2647044	2969943	703271	778568
国有企业		30	28	1393	1422	17146	16988	5330	5161
集体企业		3	3	560	650	12000	12000	3000	3000
股份合作企业		9	9	267	285	8390	9190	2570	2920
联营企业									
有限责任公司		640	639	28593	30105	666421	722019	171482	189010
股份有限公司		438	504	32265	49685	663269	863003	135492	182816
私营企业		1525	1509	62863	64448	1276518	1343443	384836	395100
其他企业		9	9	72	106	3300	3300	561	561
港、澳、台商投资企业		390	364	12106	10478	200810	185209	53711	50756
外商投资企业		1180	1145	35521	32360	471955	461366	138939	133758
加盟门店合计		**2602**	**2538**	**103619**	**104161**	**1671169**	**1685614**	**619671**	**600657**
内资企业		1671	1635	81603	82892	1166502	1198824	435951	423950
国有企业									
集体企业									
股份合作企业									
联营企业									
有限责任公司		739	698	22150	23584	543646	517120	192938	180671
股份有限公司		136	133	18803	19626	291716	310902	62042	65867
私营企业		796	804	40650	39682	331140	370802	180971	177412
其他企业									
港、澳、台商投资企业		3		60		622		272	
外商投资企业		928	903	21956	21269	504045	486790	183448	176707

3-4 续表 1

快餐服务

项　　目	连锁总店数（个）	门店数（个）		年末从业人员（人）		年末餐饮营业面积（平方米）		年末餐位数（位）	
	2017年	2017年	2016年	2017年	2016年	2017年	2016年	2017年	2016年
总　计	**176**	**16139**	**15049**	**450969**	**411851**	**5105289**	**4603227**	**1619865**	**1606917**
内资企业	74	3659	3457	60688	55172	717607	685381	294465	279649
国有企业	2	89	82	1421	1596	14710	16545	4610	4448
集体企业									
股份合作企业									
联营企业									
有限责任公司	32	1951	1887	34910	30046	428015	405844	145779	140778
股份有限公司	3	524	404	4269	3900	64712	64768	38844	34243
私营企业	37	1095	1084	20088	19630	210170	198224	105232	100180
其他企业									
港、澳、台商投资企业	46	4434	4013	150590	127111	1376599	1205076	416188	423367
外商投资企业	56	8046	7579	239691	229568	3011083	2712770	909212	903901
直营门店合计		**14534**	**13512**	**425003**	**387107**	**4831497**	**4331594**	**1491148**	**1481340**
内资企业		2972	2859	51817	47271	640910	617347	261100	251442
国有企业		89	82	1421	1596	14710	16545	4610	4448
集体企业									
股份合作企业									
联营企业									
有限责任公司		1807	1792	31315	27671	397859	382023	134029	132553
股份有限公司		312	233	3536	3176	59371	59006	36878	32779
私营企业		764	752	15545	14828	168970	159773	85583	81662
其他企业									
港、澳、台商投资企业		4208	3781	145257	122588	1338972	1162077	396826	404211
外商投资企业		7354	6872	227929	217248	2851615	2552170	833222	825687
加盟门店合计		**1605**	**1537**	**25966**	**24744**	**273792**	**271633**	**128717**	**125577**
内资企业		687	598	8871	7901	76697	68034	33365	28207
国有企业									
集体企业									
股份合作企业									
联营企业									
有限责任公司		144	95	3595	2375	30156	23821	11750	8225
股份有限公司		212	171	733	724	5341	5762	1966	1464
私营企业		331	332	4543	4802	41200	38451	19649	18518
其他企业									
港、澳、台商投资企业		226	232	5333	4523	37627	42999	19362	19156
外商投资企业		692	707	11762	12320	159468	160600	75990	78214

3-4 续表 2

饮料及冷饮服务

项目	连锁总店数（个）	门店数（个）		年末从业人员（人）		年末餐饮营业面积（平方米）		年末餐位数（位）	
	2017年	2017年	2016年	2017年	2016年	2017年	2016年	2017年	2016年
总　计	**24**	**3926**	**3391**	**45506**	**38697**	**603865**	**521088**	**216221**	**154452**
内资企业	6	220	221	759	769	12534	12674	2443	2471
国有企业	1	8	6	164	111	1933	1933	816	816
集体企业									
股份合作企业									
联营企业									
有限责任公司	1	5	5	80	80	1400	1400	150	150
股份有限公司									
私营企业	4	207	210	515	578	9201	9341	1477	1505
其他企业									
港、澳、台商投资企业	11	1647	1375	18315	15098	235579	213567	89623	75231
外商投资企业	7	2059	1795	26432	22830	355752	294847	124155	76750
直营门店合计		**3914**	**3374**	**45425**	**38572**	**602249**	**519112**	**215871**	**153977**
内资企业		212	213	702	716	11278	11418	2193	2221
国有企业		8	6	164	111	1933	1933	816	816
集体企业									
股份合作企业									
联营企业									
有限责任公司		5	5	80	80	1400	1400	150	150
股份有限公司									
私营企业		199	202	458	525	7945	8085	1227	1255
其他企业									
港、澳、台商投资企业		1643	1366	18291	15026	235219	212847	89523	75006
外商投资企业		2059	1795	26432	22830	355752	294847	124155	76750
加盟门店合计		**12**	**17**	**81**	**125**	**1616**	**1976**	**350**	**475**
内资企业		8	8	57	53	1256	1256	250	250
国有企业									
集体企业									
股份合作企业									
联营企业									
有限责任公司									
股份有限公司									
私营企业		8	8	57	53	1256	1256	250	250
其他企业									
港、澳、台商投资企业		4	9	24	72	360	720	100	225
外商投资企业									

3-4 续表 3

其他餐饮业

项目	连锁总店数（个）	门店数（个）		年末从业人员（人）		年末餐饮营业面积（平方米）		年末餐位数（位）	
	2017年	2017年	2016年	2017年	2016年	2017年	2016年	2017年	2016年
总　计	**14**	**587**	**620**	**6305**	**7277**	**53914**	**69417**	**27535**	**41483**
内资企业	9	433	452	2480	2655	22501	23594	7055	6608
国有企业									
集体企业									
股份合作企业									
联营企业									
有限责任公司	6	393	417	1683	1779	13018	14078	2434	2463
股份有限公司	1	23	19	439	465	4993	5201	2511	2115
私营企业	2	17	16	358	411	4490	4315	2110	2030
其他企业									
港、澳、台商投资企业	3	91	106	2478	3321	22418	37360	19343	33788
外商投资企业	2	63	62	1347	1301	8995	8463	1137	1087
直营门店合计		**339**	**370**	**5079**	**5523**	**46696**	**61444**	**25870**	**39691**
内资企业		195	212	1704	1821	17283	18621	5640	5196
国有企业									
集体企业									
股份合作企业									
联营企业									
有限责任公司		165	186	1037	1106	8620	9960	1609	1641
股份有限公司		23	19	439	465	4993	5201	2511	2115
私营企业		7	7	228	250	3670	3460	1520	1440
其他企业									
港、澳、台商投资企业		81	96	2028	2401	20418	34360	19093	33408
外商投资企业		63	62	1347	1301	8995	8463	1137	1087
加盟门店合计		**248**	**250**	**1226**	**1754**	**7218**	**7973**	**1665**	**1792**
内资企业		238	240	776	834	5218	4973	1415	1412
国有企业									
集体企业									
股份合作企业									
联营企业									
有限责任公司		228	231	646	673	4398	4118	825	822
股份有限公司									
私营企业		10	9	130	161	820	855	590	590
其他企业									
港、澳、台商投资企业		10	10	450	920	2000	3000	250	380
外商投资企业									

3-5 按登记注册类型与行业

正餐服务

项　　目	商品购进总额		统一配送商品购进额	
	2017年	2016年	2017年	2016年
总　　计	**1940957**	**2097403**	**1059114**	**1285216**
内资企业	1479908	1673153	705590	973186
国有企业	12902	12587	903	700
集体企业	5733	6256	5733	6256
股份合作企业	3418	3398	425	326
联营企业				
有限责任公司	326413	321731	215598	225582
股份有限公司	424094	642408	164290	375253
私营企业	707100	686524	318394	364820
其他企业	247	250	247	250
港、澳、台商投资企业	134703	127990	44455	33379
外商投资企业	326346	296260	309069	278652
直营门店合计	**1559678**	**1713614**	**890677**	**1117168**
内资企业	1121960	1310572	550121	818123
国有企业	12902	12587	903	700
集体企业	5733	6256	5733	6256
股份合作企业	3418	3398	425	326
联营企业				
有限责任公司	197033	200489	109964	126758
股份有限公司	335121	540730	158043	365313
私营企业	567506	546863	274807	318521
其他企业	247	250	247	250
港、澳、台商投资企业	134593	127990	44455	33379
外商投资企业	303125	275052	296102	265667
加盟门店合计	**381279**	**383789**	**168437**	**168048**
内资企业	357948	362581	155469	155063
国有企业				
集体企业				
股份合作企业				
联营企业				
有限责任公司	129381	121242	105635	98824
股份有限公司	88973	101678	6247	9939
私营企业	139594	139661	43587	46299
其他企业				
港、澳、台商投资企业	110			
外商投资企业	23222	21208	12968	12985

分连锁餐饮企业经营情况

单位：万元

自有配送中心配送商品购进额		非自有配送中心配送商品购进额		营业额		餐费收入及商品销售额	
2017年	2016年	2017年	2016年	2017年	2016年	2017年	2016年
548117	**565386**	**232383**	**208729**	**5402265**	**5571388**	**5302021**	**5491224**
373644	405345	155217	146912	3700468	4012857	3606877	3937958
				34447	33605	34082	33606
				11635	10895	10577	10151
		425	326	7551	7946	7551	7946
174611	164406	14465	16564	940815	923043	923722	921096
61408	55959	46244	47990	1196344	1609153	1137494	1548500
137624	184980	94037	81983	1509232	1427684	1493008	1416128
		47	50	444	532	444	532
29916	19463	3445	2878	291553	279675	290440	279317
144558	140578	73721	58939	1410244	1278856	1404704	1273949
432039	**449412**	**188579**	**164070**	**4068939**	**4313653**	**3969015**	**4236634**
257566	289371	124315	115146	2824291	3169242	2731020	3095988
				34447	33605	34082	33606
				11635	10895	10577	10151
		425	326	7551	7946	7551	7946
74848	69338	14324	16349	590671	593963	573579	592016
61408	55959	41181	40798	897348	1323380	838499	1264063
121310	164074	68339	57624	1282194	1198921	1266289	1187676
		47	50	444	532	444	532
29916	19463	3445	2878	290541	279675	289428	279317
144558	140578	60819	46045	954108	864736	948568	861329
116078	**115974**	**43804**	**44659**	**1333326**	**1257736**	**1333006**	**1254589**
116078	115974	30902	31765	876177	843616	875858	841969
99763	95068	141	215	350144	329080	350144	329080
		5063	7192	298995	285773	298995	284437
16315	20907	25698	24359	227038	228763	226719	228453
				1013		1013	
		12901	12894	456136	414120	456136	412620

3-5 续表 1

快餐服务

项　目	商品购进总额		统一配送商品购进额	
	2017年	2016年	2017年	2016年
总　计	**3710296**	**3567464**	**3410904**	**3277336**
内资企业	469338	457188	449970	443209
国有企业	15653	11814	15464	11626
集体企业				
股份合作企业				
联营企业				
有限责任公司	272266	284793	260142	274528
股份有限公司	55607	47104	54909	46407
私营企业	125812	113478	119454	110649
其他企业				
港、澳、台商投资企业	990674	907039	965338	852575
外商投资企业	2250285	2203237	1995596	1981551
直营门店合计	**3531536**	**3390038**	**3243513**	**3109471**
内资企业	406690	411618	390299	398568
国有企业	15653	11814	15464	11626
集体企业				
股份合作企业				
联营企业				
有限责任公司	247461	271466	235347	261207
股份有限公司	39637	33795	38939	33098
私营企业	103939	94543	100549	92637
其他企业				
港、澳、台商投资企业	952288	862661	928629	809626
外商投资企业	2172558	2115758	1924585	1901276
加盟门店合计	**178761**	**177427**	**167391**	**167865**
内资企业	62648	45570	59671	44641
国有企业				
集体企业				
股份合作企业				
联营企业				
有限责任公司	24805	13327	24795	13321
股份有限公司	15970	13309	15970	13309
私营企业	21873	18935	18905	18012
其他企业				
港、澳、台商投资企业	38386	44378	36709	42949
外商投资企业	77727	87479	71011	80275

单位：万元

自有配送中心配送商品购进额		非自有配送中心配送商品购进额		营业额		餐费收入及商品销售额	
2017年	2016年	2017年	2016年	2017年	2016年	2017年	2016年
1478052	**1458998**	**432601**	**575845**	**10086883**	**9250911**	**10063028**	**9234874**
188756	263378	137097	103049	1218018	1220789	1202626	1208491
3561	3537	32	59	32436	27617	32436	27617
142397	215964	43701	19788	691055	758994	683232	751570
		54909	46407	123413	102113	123156	101534
42799	43877	38455	36796	371114	332065	363802	327771
366637	267077	121873	303727	3047530	2621969	3040452	2621409
922659	928544	173631	169068	5821335	5408152	5819950	5404974
1430997	**1416496**	**372888**	**514618**	**9594642**	**8768262**	**9570788**	**8752297**
175420	256150	114261	83369	1071455	1101391	1056062	1089166
3561	3537	32	59	32436	27617	32436	27617
129130	210775	42215	19788	637536	721228	629713	713804
		38939	33098	93406	77107	93148	76528
42730	41838	33075	30424	308077	275439	300765	271218
366637	267077	93491	269148	2934451	2496389	2927374	2495829
888940	893269	165136	162102	5588736	5170482	5587352	5167302
47055	**42502**	**59714**	**61227**	**492241**	**482649**	**492242**	**482577**
13336	7228	22836	19681	146564	119398	146563	119325
13267	5188	1486		53519	37766	53519	37766
		15970	13309	30008	25006	30008	25006
69	2040	5380	6372	63037	56625	63037	56553
		28382	34579	113079	125581	113079	125581
33719	35275	8496	6967	232599	237671	232599	237671

3-5 续表 2

饮料及冷饮服务

项目	商品购进总额		统一配送商品购进额	
	2017年	2016年	2017年	2016年
总　计	**416123**	**344846**	**371983**	**305964**
内资企业	8860	7810	8647	7591
国有企业	1210	931	1210	931
集体企业				
股份合作企业				
联营企业				
有限责任公司	213	254	210	250
股份有限公司				
私营企业	7437	6625	7227	6410
其他企业				
港、澳、台商投资企业	161584	132973	154965	124483
外商投资企业	245679	204063	208371	173890
直营门店合计	**411349**	**340270**	**367258**	**301453**
内资企业	4373	3882	4210	3727
国有企业	1210	931	1210	931
集体企业				
股份合作企业				
联营企业				
有限责任公司	213	254	210	250
股份有限公司				
私营企业	2950	2698	2790	2547
其他企业				
港、澳、台商投资企业	161296	132325	154677	123835
外商投资企业	245679	204063	208371	173890
加盟门店合计	**4774**	**4576**	**4724**	**4512**
内资企业	4486	3928	4436	3864
国有企业				
集体企业				
股份合作企业				
联营企业				
有限责任公司				
股份有限公司				
私营企业	4486	3928	4436	3864
其他企业				
港、澳、台商投资企业	288	648	288	648
外商投资企业				

单位：万元

自有配送中心配送商品购进额		非自有配送中心配送商品购进额		营业额		餐费收入及商品销售额	
2017年	2016年	2017年	2016年	2017年	2016年	2017年	2016年
12764	**11850**	**96607**	**75990**	**1666682**	**1384690**	**1663649**	**1382542**
847	758	1211	932	18024	15817	18024	15817
		1210	931	4717	3753	4717	3753
2	2	1	2	349	436	349	435
845	756			12958	11628	12958	11628
		95396	73012	804273	652646	802904	650798
11917	11092		2045	844385	716227	842721	715927
12764	**11850**	**96607**	**75990**	**1658756**	**1376443**	**1655724**	**1374296**
847	758	1211	932	11029	9665	11029	9665
		1210	931	4717	3753	4717	3753
2	2	1	2	349	436	349	435
845	756			5963	5477	5964	5476
		95396	73012	803342	650551	801973	648703
11917	11092		2045	844385	716227	842721	715927
				7926	**8247**	**7926**	**8247**
				6995	6152	6995	6152
				6995	6152	6995	6152
				931	2095	931	2095

3-5 续表 3

其他餐饮业

项　目	商品购进总额		统一配送商品购进额	
	2017年	2016年	2017年	2016年
总　计	**65507**	**69080**	**52575**	**54698**
内资企业	20841	22112	16137	17529
国有企业				
集体企业				
股份合作企业				
联营企业				
有限责任公司	13186	14730	8683	10267
股份有限公司	4310	4260	4310	4260
私营企业	3344	3122	3144	3003
其他企业				
港、澳、台商投资企业	31643	34731	23464	24931
外商投资企业	13024	12237	12974	12237
直营门店合计	**52057**	**53503**	**47405**	**48628**
内资企业	14592	14986	10967	11460
国有企业				
集体企业				
股份合作企业				
联营企业				
有限责任公司	7850	8546	4350	5115
股份有限公司	4310	4260	4310	4260
私营企业	2432	2180	2307	2085
其他企业				
港、澳、台商投资企业	24441	26279	23464	24931
外商投资企业	13024	12237	12974	12237
加盟门店合计	**13450**	**15577**	**5170**	**6069**
内资企业	6248	7126	5170	6069
国有企业				
集体企业				
股份合作企业				
联营企业				
有限责任公司	5336	6184	4333	5152
股份有限公司				
私营企业	912	942	836	918
其他企业				
港、澳、台商投资企业	7202	8452		
外商投资企业				

单位：万元

自有配送中心配送商品购进额		非自有配送中心配送商品购进额		营业额		餐费收入及商品销售额	
2017年	2016年	2017年	2016年	2017年	2016年	2017年	2016年
20629	**22585**			**198981**	**202232**	**198981**	**202233**
15367	16908			83994	84290	83993	84290
8469	10046			61668	64549	61668	64549
4310	4260			13405	12947	13405	12947
2588	2602			8921	6793	8921	6794
				81866	88998	81866	88998
5261	5677			33122	28944	33121	28944
15561	**16615**			**165326**	**165701**	**165325**	**165701**
10300	10938			74343	71906	74343	71906
4238	4993			53510	53810	53510	53810
4310	4260			13405	12947	13405	12947
1752	1685			7429	5149	7429	5149
				57861	64851	57861	64851
5261	5677			33122	28944	33121	28944
5068	**5970**			**33656**	**36531**	**33656**	**36532**
5068	5970			9650	12384	9650	12384
4231	5053			8158	10739	8158	10739
836	917			1492	1645	1492	1645
				24005	24147	24005	24147

3-6　连锁餐饮企业门店分布情况

门店所在地	合计(个)		直营门店(个)		加盟门店(个)	
	2017年	2016年	2017年	2016年	2017年	2016年
全　国	**27478**	**25808**	**23011**	**21466**	**4467**	**4342**
北　京	3391	3315	3295	3226	96	89
天　津	661	586	616	545	45	41
河　北	719	679	622	588	97	91
山　西	294	269	179	155	115	114
内蒙古	196	180	148	135	48	45
辽　宁	705	696	649	637	56	59
吉　林	192	171	163	142	29	29
黑龙江	250	237	229	215	21	22
上　海	2383	2362	2324	2300	59	62
江　苏	2316	2139	2085	1878	231	261
浙　江	2427	2111	2081	1808	346	303
安　徽	1044	1014	925	889	119	125
福　建	820	806	611	595	209	211
江　西	263	232	184	167	79	65
山　东	1053	1017	852	813	201	204
河　南	430	417	337	325	93	92
湖　北	983	861	830	706	153	155
湖　南	890	840	568	516	322	324
广　东	4011	3722	3890	3600	121	122
广　西	373	305	194	173	179	132
海　南	131	113	115	98	16	15
重　庆	1035	1052	495	515	540	537
四　川	1317	1247	747	678	570	569
贵　州	119	101	80	66	39	35
云　南	311	299	169	161	142	138
西　藏	37	33	3	3	34	30
陕　西	531	456	401	323	130	133
甘　肃	149	138	54	50	95	88
青　海	70	64	17	16	53	48
宁　夏	103	95	28	27	75	68
新　疆	264	245	120	116	144	129
港澳台及国外	10	6			10	6

3-7 连锁餐饮企业配送中心分布情况

所在地	配送中心数(个)		自有配送中心数(个)	
	2017年	2016年	2017年	2016年
全　国	**283**	**296**	**215**	**222**
北　京	56	59	38	41
天　津	5	4	4	3
河　北	3	3	3	3
山　西	3	3	3	3
内蒙古	3	3	3	3
辽　宁	8	8	5	5
吉　林	1	1	1	1
黑龙江	2	2	1	1
上　海	23	24	15	15
江　苏	31	29	23	21
浙　江	15	18	13	15
安　徽	4	4	4	4
福　建	10	11	6	7
江　西	2	2	2	2
山　东	12	13	11	12
河　南	5	5	4	4
湖　北	14	16	11	14
湖　南	26	26	17	16
广　东	27	29	24	24
广　西	1	2	1	1
海　南				
重　庆	12	13	12	13
四　川	4	5	3	3
贵　州				
云　南	6	5	3	2
西　藏				
陕　西	4	4	3	3
甘　肃	3	3	2	2
青　海				
宁　夏				
新　疆	2	3	2	3
港澳台及国外	1	1	1	1

3-8 连锁餐饮企业门店在36城市分布情况

门店所在地	合计(个)		直营门店(个)		加盟门店(个)	
	2017年	2016年	2017年	2016年	2017年	2016年
合　计	**17914**	**16902**	**15873**	**14992**	**2041**	**1910**
北　京	3391	3315	3295	3226	96	89
天　津	661	586	616	545	45	41
石家庄	152	138	125	116	27	22
太　原	104	95	94	87	10	8
呼和浩特	42	35	36	29	6	6
沈　阳	306	303	295	291	11	12
大　连	225	220	207	199	18	21
长　春	115	101	107	94	8	7
哈尔滨	139	126	132	119	7	7
上　海	2383	2362	2324	2300	59	62
南　京	518	485	493	462	25	23
杭　州	1040	934	988	896	52	38
宁　波	326	296	310	279	16	17
合　肥	558	466	527	437	31	29
福　州	163	138	149	126	14	12
厦　门	333	321	280	269	53	52
南　昌	106	91	83	76	23	15
济　南	288	267	274	251	14	16
青　岛	274	240	225	198	49	42
郑　州	158	151	145	138	13	13
武　汉	669	589	597	518	72	71
长　沙	467	468	259	252	208	216
广　州	1052	1018	1034	999	18	19
深　圳	1399	1363	1384	1340	15	23
南　宁	185	158	110	104	75	54
海　口	64	51	57	44	7	7
重　庆	1035	1052	495	515	540	537
成　都	894	763	591	515	303	248
贵　阳	58	48	47	39	11	9
昆　明	192	184	147	142	45	42
拉　萨	29	26	3	3	26	23
西　安	341	284	321	265	20	19
兰　州	58	55	33	32	25	23
西　宁	35	33	17	16	18	17
银　川	51	46	27	26	24	20
乌鲁木齐	93	88	46	44	47	44

3-9　连锁餐饮企业配送中心在36城市分布情况

所在地	配送中心数(个)		自有配送中心数(个)	
	2017年	2016年	2017年	2016年
合　计	**207**	**215**	**158**	**163**
北　京	56	59	38	41
天　津	5	4	4	3
石家庄				
太　原	1	1	1	1
呼和浩特				
沈　阳	4	4	2	2
大　连	3	2	2	2
长　春	1	1	1	1
哈尔滨	1	1		
上　海	23	24	15	15
南　京	12	11	10	9
杭　州	10	12	8	9
宁　波	2	3	2	3
合　肥	2	2	2	2
福　州	2	3	2	3
厦　门	8	8	4	4
南　昌				
济　南	2	2	1	1
青　岛	5	6	5	6
郑　州	1	1	1	1
武　汉	14	13	11	11
长　沙	8	8	8	8
广　州	10	11	9	9
深　圳	9	9	6	6
南　宁	1	2	1	1
海　口				
重　庆	12	13	12	13
成　都	3	4	3	3
贵　阳				
昆　明	5	4	3	2
拉　萨				
西　安	3	3	3	3
兰　州	2	1	2	1
西　宁				
银　川				
乌鲁木齐	1	2	1	2

第四部分

餐饮企业地区篇

4-1 各地区连锁餐饮企业基本情况

地区	连锁总店数（个）	门店数（个）		年末从业人员（人）		年末餐饮营业面积（平方米）		年末餐位数（位）	
	2017年	2017年	2016年	2017年	2016年	2017年	2016年	2017年	2016年
全国	**463**	**27478**	**25808**	**780039**	**751525**	**10754046**	**10495864**	**3379213**	**3366591**
北京	82	5133	4794	143964	128254	2043594	1998109	571291	580398
天津	7	573	517	16012	15708	210697	199042	64456	59195
河北	4	18	18	1125	1102	37040	37040	5653	5840
山西	5	109	107	5560	5524	65230	62880	19754	19704
内蒙古	5	120	130	3124	3335	72895	77968	23003	23622
辽宁	11	730	714	10171	9716	275851	256234	86129	81059
吉林	1	19	18	450	626	9004	9595	2452	3393
黑龙江	5	65	64	1570	1818	27563	30322	8271	10169
上海	38	3888	3617	77042	75032	1265239	1047051	369317	335461
江苏	21	1598	1526	47556	45844	502824	488281	163396	159364
浙江	26	1940	1734	46227	42159	689816	772049	219555	230679
安徽	8	747	688	13528	12372	358703	402140	65103	67320
福建	25	703	669	22398	21369	206763	177267	53741	53868
江西	5	151	128	6780	6770	62183	57743	6606	17560
山东	17	646	609	19537	19175	380539	371092	90115	89080
河南	16	217	209	6634	6701	66326	67525	29879	30283
湖北	34	1089	942	50458	45083	569438	548097	150208	148813
湖南	21	1133	1097	47149	41744	647327	601173	261729	244276
广东	67	4158	4017	108983	105763	1345741	1269471	391256	405397
广西	3	247	187	8733	7111	58791	47091	22575	17626
海南	1	7	7	153	149	2612	2612	879	879
重庆	25	2460	2405	91839	91755	1300598	1295635	526273	506600
四川	10	973	939	26302	42018	287797	436560	114053	152816
贵州	2	18	13	539	507	19315	19695	3546	3489
云南	7	249	238	7875	7712	66355	63483	38425	37565
西藏	1	3	3	32	35	450	450	126	126
陕西	7	282	225	11571	10021	126332	102826	75214	66078
甘肃	3	37	36	1673	1649	13846	13496	3956	3856
青海									
宁夏									
新疆	6	165	157	3054	2473	41177	40937	12252	12075

4-2 各地区连锁餐饮企业直营门店基本情况

地 区	门店数（个）		年末从业人员（人）		年末餐饮营业面积（平方米）		年末餐位数（位）	
	2017年	2016年	2017年	2016年	2017年	2016年	2017年	2016年
全 国	**23011**	**21466**	**649147**	**620741**	**8800251**	**8528668**	**2628810**	**2638090**
北 京	4864	4523	132831	115849	1749591	1687244	508573	512308
天 津	573	516	16012	15696	210697	198892	64456	59115
河 北	13	13	785	737	29340	29340	4883	5070
山 西	104	103	5436	5453	60530	60780	18174	18554
内 蒙 古	46	46	1999	2035	36646	37541	18683	18952
辽 宁	730	714	10171	9716	275851	256234	86129	81059
吉 林	19	18	450	626	9004	9595	2452	3393
黑 龙 江	65	64	1570	1818	27563	30322	8271	10169
上 海	3871	3599	76500	74021	1262553	1043062	368830	334665
江 苏	1415	1323	44258	42162	472581	450550	151682	145192
浙 江	1561	1361	41291	36598	635014	679026	196534	202080
安 徽	723	663	13262	12071	356100	399471	63761	65725
福 建	536	498	21668	20623	199413	169997	50741	50818
江 西	116	100	5780	5870	60933	57013	4856	17000
山 东	569	541	17102	16687	360209	353470	83849	83622
河 南	216	209	6614	6701	66226	67525	29869	30283
湖 北	1089	942	50458	45083	569438	548097	150208	148813
湖 南	503	486	26290	22747	236010	220196	106071	96362
广 东	4108	3963	107298	103953	1328847	1250424	386378	401063
广 西	121	110	5414	5006	33256	27891	12500	11076
海 南	7	7	153	149	2612	2612	879	879
重 庆	521	524	21272	20136	362174	364497	114633	115213
四 川	664	637	21217	37938	208953	363722	75525	115376
贵 州	18	13	539	507	19315	19695	3546	3489
云 南	142	136	5498	5429	54150	51963	29545	29050
西 藏	3	3	32	35	450	450	126	126
陕 西	277	220	11248	9698	125632	102126	75048	65912
甘 肃	37	36	1673	1649	13846	13496	3956	3856
青 海								
宁 夏								
新 疆	100	98	2326	1748	33317	33437	8652	8870

4-3 各地区连锁餐饮企业加盟门店基本情况

地区	门店数（个）		年末从业人员（人）		年末餐饮营业面积（平方米）		年末餐位数（位）	
	2017年	2016年	2017年	2016年	2017年	2016年	2017年	2016年
全　国	**4467**	**4342**	**130892**	**130784**	**1953795**	**1967196**	**750403**	**728501**
北　京	269	271	11133	12405	294003	310865	62718	68090
天　津		1		12		150		80
河　北	5	5	340	365	7700	7700	770	770
山　西	5	4	124	71	4700	2100	1580	1150
内蒙古	74	84	1125	1300	36249	40427	4320	4670
辽　宁								
吉　林								
黑龙江								
上　海	17	18	542	1011	2686	3989	487	796
江　苏	183	203	3298	3682	30243	37731	11714	14172
浙　江	379	373	4936	5561	54802	93023	23021	28599
安　徽	24	25	266	301	2603	2669	1342	1595
福　建	167	171	730	746	7350	7270	3000	3050
江　西	35	28	1000	900	1250	730	1750	560
山　东	77	68	2435	2488	20330	17622	6266	5458
河　南	1		20		100		10	
湖　北								
湖　南	630	611	20859	18997	411317	380977	155658	147914
广　东	50	54	1685	1810	16894	19047	4878	4334
广　西	126	77	3319	2105	25535	19200	10075	6550
海　南								
重　庆	1939	1881	70567	71619	938424	931138	411640	391387
四　川	309	302	5085	4080	78844	72838	38528	37440
贵　州								
云　南	107	102	2377	2283	12205	11520	8880	8515
西　藏								
陕　西	5	5	323	323	700	700	166	166
甘　肃								
青　海								
宁　夏								
新　疆	65	59	728	725	7860	7500	3600	3205

4-4 各地区连锁餐饮

地区	商品购进总额		统一配送商品购进额		自有配送中心配送商品购进额	
	2017年	2016年	2017年	2016年	2017年	2016年
全国	**6132884**	**6078792**	**4894576**	**4923214**	**2059561**	**2058819**
北京	1184720	1007554	1005277	858777	535197	465206
天津	178359	167785	42874	39074	3207	2884
河北	7797	6508	227	243		
山西	35659	34375	29445	28070	29445	28070
内蒙古	101369	99113	2579	2760	1253	1375
辽宁	496804	493752	451353	427714	20485	25318
吉林	1820	2545	1456	2036		
黑龙江	9162	9085	8184	8280	737	898
上海	788239	740905	607674	584302	63916	84868
江苏	330123	381610	303276	360292	165553	215584
浙江	393984	345248	370139	322222	263227	229908
安徽	69561	69838	68503	68435	30731	39237
福建	137735	134995	116860	118596	40694	37643
江西	44007	38273	41982	36023	1600	1438
山东	167559	155177	142948	131924	111500	105509
河南	54753	42199	49635	39033		
湖北	204723	148641	179371	129448	112085	42530
湖南	206367	183124	137804	126647	102416	99680
广东	770962	913162	700587	845101	283657	417741
广西	52970	40219	52970	40219	19857	11295
海南	2641	2075	2641	2075		
重庆	588801	573487	299075	284768	174375	163336
四川	151560	354957	149634	352741	20728	15344
贵州	2719	3647	2719	3647		
云南	41308	38398	25209	24475		
西藏	83	79				
陕西	72150	61837	68798	57750	53602	50090
甘肃	14130	13724	12873	12636	12873	12304
青海						
宁夏						
新疆	22820	16485	20485	15928	12425	8563

企业经营情况

单位：万元

非自有配送中心配送商品购进额		营业额		餐饮收入及商品销售额	
2017年	2016年	2017年	2016年	2017年	2016年
761591	**860563**	**17354811**	**16409221**	**17227681**	**16310871**
216644	176543	3802389	3339110	3769328	3320025
		426092	389191	425728	389191
		15752	13174	14664	12093
		74937	71817	74937	71818
201	260	136656	136890	136656	136890
		577117	540138	577117	540138
364	509	5931	6964	5931	6964
7417	7331	36380	33149	36379	33149
44653	176837	2455230	2233935	2455142	2233600
117666	139997	1015687	935601	1013962	933545
86079	71709	1076100	1000734	1075414	998957
5449	1941	210543	184089	209378	184048
8570	13402	348167	299338	348160	299316
		93107	83411	93107	83411
10607	9173	536944	458913	482098	402714
1942	2722	110440	102042	110307	101856
52868	55165	696812	634694	680227	633738
30391	22745	613838	581613	601605	570200
32257	41549	2675806	2609559	2674057	2607030
23071	20792	125321	111712	125321	111712
2641	2075	9457	7804	9457	7804
81969	82516	1311945	1251973	1309017	1250163
6704	5237	570335	1017470	570334	1017470
		6813	7271	6813	7271
17427	18041	150995	139363	150995	139364
		872	778	872	778
6612	4655	178215	138498	178216	138498
		32502	31217	32502	31217
8059	7365	60433	48774	59960	47915

4-5　各地区连锁餐饮企业

地　区	商品购进总额		统一配送商品购进额		自有配送中心配送商品购进额	
	2017年	2016年	2017年	2016年	2017年	2016年
全　国	**5554619**	**5497424**	**4548854**	**4576720**	**1891361**	**1894372**
北　京	1146596	958805	989977	841759	532343	461354
天　津	178359	167784	42874	39074	3207	2884
河　北	7569	6265				
山　西	35287	34184	29445	28070	29445	28070
内 蒙 古	99168	96629	1506	1632	321	462
辽　宁	496804	493752	451353	427714	20485	25318
吉　林	1820	2545	1456	2036		
黑 龙 江	9162	9085	8184	8280	737	898
上　海	780649	732047	607446	583960	63904	84777
江　苏	307724	353069	287668	338980	151057	200862
浙　江	354343	303119	330497	281897	239842	203181
安　徽	69449	69594	68391	68191	30634	39006
福　建	136517	133753	116645	118386	40694	37643
江　西	38277	34731	36251	32482	1600	1438
山　东	153847	145362	129811	122628	111500	105509
河　南	54253	42199	49135	39033		
湖　北	204723	148641	179371	129448	112085	42530
湖　南	162147	141153	126757	114010	98273	94450
广　东	759611	899309	690912	833480	283657	417741
广　西	31319	29327	31319	29327	9734	8535
海　南	2641	2075	2641	2075		
重　庆	268854	264094	133606	124805	62661	55752
四　川	122009	316007	120392	314241	20283	14877
贵　州	2719	3647	2719	3647		
云　南	24441	21048	8342	7125		
西　藏	83	79				
陕　西	71126	60813	68798	57750	53602	50090
甘　肃	14130	13724	12873	12636	12873	12304
青　海						
宁　夏						
新　疆	20992	14587	20485	14058	12425	6693

直营门店经营情况

单位：万元

非自有配送中心配送商品购进额		营业额		餐饮收入及商品销售额	
2017年	2016年	2017年	2016年	2017年	2016年
658074	**754677**	**15487663**	**14624058**	**15360852**	**14528928**
204197	163378	3628143	3167481	3595083	3148396
		426092	389081	425728	389081
		15109	12518	14021	11437
		73627	70934	73627	70934
60	45	103998	102943	103998	102943
		577117	540138	577117	540138
364	509	5931	6964	5931	6964
7417	7331	36380	33149	36379	33149
44653	176837	2429614	2207517	2429525	2207182
116555	133406	972797	876791	971071	874736
70109	58400	983832	887670	983146	885893
5435	1928	206891	181548	205726	181507
8355	13192	346022	297158	346014	297136
		77255	70309	77255	70309
10607	9173	500407	427952	445562	371753
1942	2722	110360	102042	110227	101856
52868	55165	696812	634694	680227	633738
24561	16373	343195	322947	331282	313345
32257	41549	2638940	2572164	2637191	2569635
21585	20792	78176	79560	78176	79560
2641	2075	9457	7804	9457	7804
32500	33841	421180	435010	418252	434537
6704	5237	438664	889797	438664	889797
		6813	7271	6813	7271
594	706	100050	91358	100050	91359
		872	778	872	778
6612	4655	176583	136866	176584	136866
		32502	31217	32502	31217
8059	7365	50848	40400	50375	39614

4-6 各地区连锁餐饮企业

地区	商品购进总额		统一配送商品购进额		自有配送中心配送商品购进额	
	2017年	2016年	2017年	2016年	2017年	2016年
全国	**578264**	**581369**	**345722**	**346494**	**168201**	**164447**
北京	38124	48748	15301	17018	2854	3853
天津						
河北	227	243	227	243		
山西	372	191				
内蒙古	2201	2484	1073	1128	932	913
辽宁						
吉林						
黑龙江						
上海	7589	8858	228	342	11	91
江苏	22399	28540	15608	21313	14497	14722
浙江	39641	42129	39641	40325	23385	26727
安徽	112	244	112	244	97	231
福建	1218	1242	215	210		
江西	5731	3542	5731	3542		
山东	13712	9815	13137	9296		
河南	500		500			
湖北						
湖南	44219	41971	11047	12637	4143	5231
广东	11351	13854	9674	11621		
广西	21651	10892	21651	10892	10123	2760
海南						
重庆	319947	309393	165469	159963	111714	107584
四川	29550	38950	29241	38501	445	467
贵州						
云南	16867	17350	16867	17350		
西藏						
陕西	1024	1024				
甘肃						
青海						
宁夏						
新疆	1827	1898		1870		1870

加盟门店经营情况

单位：万元

非自有配送中心配送商品购进额		营业额		餐饮收入及商品销售额	
2017年	2016年	2017年	2016年	2017年	2016年
103517	**105886**	**1867148**	**1785162**	**1866829**	**1781944**
12447	13165	174246	171629	174246	171629
			110		110
		643	656	643	656
		1310	884	1310	884
141	215	32658	33947	32658	33947
		25616	26418	25616	26418
1111	6591	42891	58810	42891	58810
15970	13309	92268	113064	92268	113063
15	13	3652	2541	3652	2541
215	210	2145	2181	2145	2181
		15852	13102	15852	13102
		36537	30962	36537	30962
		80		80	
5830	6372	270642	258666	270323	256856
		36865	37395	36866	37396
1486		47145	32153	47145	32153
49468	48676	890765	816962	890765	815626
		131671	127673	131671	127673
16833	17335	50945	48005	50945	48005
		1632	1632	1632	1632
		9585	8374	9585	8301

4-7 按登记注册类型分各地区连锁餐饮企业基本情况

内资企业

地区	连锁总店数（个）	门店数（个）		年末从业人员（人）		年末餐饮营业面积（平方米）		年末餐位数（位）	
	2017年	2017年	2016年	2017年	2016年	2017年	2016年	2017年	2016年
全国	**300**	**8637**	**8466**	**271543**	**288189**	**4566188**	**4890416**	**1443185**	**1491246**
北京	52	1140	1071	44063	46962	865206	892646	200168	206737
天津	4	17	19	604	463	7140	7080	1744	1674
河北	4	18	18	1125	1102	37040	37040	5653	5840
山西	4	21	24	1310	1532	34430	33830	10074	10574
内蒙古	5	120	130	3124	3335	72895	77968	23003	23622
辽宁	1	3	3	10	17	420	420	290	290
吉林	1	19	18	450	626	9004	9595	2452	3393
黑龙江	2	34	30	902	780	12240	13740	3632	4300
上海	16	305	338	7467	8208	105385	117151	31983	35990
江苏	11	166	127	3515	2586	72622	52121	22142	17827
浙江	21	1074	947	18921	17097	395138	506647	118187	129003
安徽	7	697	648	10898	10458	338554	386021	58574	62097
福建	16	289	287	4190	3670	32891	31395	15628	14989
江西	3	39	32	1429	1362	10635	10115	4540	3350
山东	14	289	282	13812	13768	291721	290924	48115	48240
河南	14	103	103	1992	2362	39143	42278	14499	16007
湖北	27	203	191	9985	10070	302802	307466	78824	85828
湖南	18	549	555	25457	23838	291098	264762	121377	112338
广东	35	1202	1328	28373	28894	360857	371354	113316	120226
广西	2	167	120	3933	2785	31634	23800	13332	9450
海南									
重庆	22	1821	1774	77030	77096	1066007	1062049	452648	434616
四川	3	37	123	3719	22336	54365	224865	11975	60972
贵州	2	18	13	539	507	19315	19695	3546	3489
云南	5	72	72	1720	1801	29644	28319	21418	21178
西藏	1	3	3	32	35	450	450	126	126
陕西	4	91	76	4439	4527	52686	46063	56414	50088
甘肃	1	2	2	160	160	2036	2036	556	556
青海									
宁夏									
新疆	5	138	132	2344	1812	30830	30586	8969	8446

4-7 续表 1

国有企业

地区	连锁总店数（个）	门店数（个）		年末从业人员（人）		年末餐饮营业面积（平方米）		年末餐位数（位）	
	2017年	2017年	2016年	2017年	2016年	2017年	2016年	2017年	2016年
全国	**5**	**127**	**116**	**2978**	**3129**	**33789**	**35466**	**10756**	**10425**
北京									
天津	1	2	2	141	143	4800	4800	600	600
河北									
山西									
内蒙古									
辽宁									
吉林									
黑龙江									
上海	1	28	26	1252	1279	12346	12188	4730	4561
江苏									
浙江	1	8	6	164	111	1933	1933	816	816
安徽									
福建									
江西									
山东	1	39	41	765	768	11025	13069	3576	3688
河南									
湖北									
湖南									
广东	1	50	41	656	828	3685	3476	1034	760
广西									
海南									
重庆									
四川									
贵州									
云南									
西藏									
陕西									
甘肃									
青海									
宁夏									
新疆									

4-7 续表 2

集体企业

地　区	连锁总店数（个）	门店数（个）		年末从业人员（人）		年末餐饮营业面积（平方米）		年末餐位数（位）	
	2017年	2017年	2016年	2017年	2016年	2017年	2016年	2017年	2016年
全　国	**1**	**3**	**3**	**560**	**650**	**12000**	**12000**	**3000**	**3000**
北　京									
天　津									
河　北									
山　西									
内蒙古									
辽　宁									
吉　林									
黑龙江									
上　海									
江　苏									
浙　江									
安　徽									
福　建									
江　西									
山　东									
河　南									
湖　北									
湖　南									
广　东	1	3	3	560	650	12000	12000	3000	3000
广　西									
海　南									
重　庆									
四　川									
贵　州									
云　南									
西　藏									
陕　西									
甘　肃									
青　海									
宁　夏									
新　疆									

4-7 续表 3

股份合作企业

地区	连锁总店数（个）	门店数（个）		年末从业人员（人）		年末餐饮营业面积（平方米）		年末餐位数（位）	
	2017年	2017年	2016年	2017年	2016年	2017年	2016年	2017年	2016年
全　国	**3**	**9**	**9**	**267**	**285**	**8390**	**9190**	**2570**	**2920**
北　京	1	4	4	43	59	750	1550	620	970
天　津									
河　北	1	3	3	186	178	6600	6600	1600	1600
山　西									
内蒙古									
辽　宁									
吉　林									
黑龙江									
上　海									
江　苏									
浙　江									
安　徽									
福　建									
江　西									
山　东									
河　南									
湖　北									
湖　南									
广　东	1	2	2	38	48	1040	1040	350	350
广　西									
海　南									
重　庆									
四　川									
贵　州									
云　南									
西　藏									
陕　西									
甘　肃									
青　海									
宁　夏									
新　疆									

4-7 续表 4

有限责任公司

地区	连锁总店数（个）	门店数（个）		年末从业人员（人）		年末餐饮营业面积（平方米）		年末餐位数（位）	
	2017年	2017年	2016年	2017年	2016年	2017年	2016年	2017年	2016年
全国	**102**	**3728**	**3646**	**87416**	**85594**	**1652500**	**1660461**	**512783**	**513072**
北京	22	549	535	14593	15431	264330	270970	65847	69026
天津	1	2	2	307	85	380	380	260	260
河北									
山西									
内蒙古	1	79	89	1354	1586	40285	45358	5416	6035
辽宁	1	3	3	10	17	420	420	290	290
吉林									
黑龙江									
上海	5	66	78	1594	1868	20772	24233	5178	8411
江苏	1	8	8	330	300	2200	2000	420	400
浙江	7	414	372	8909	6399	150046	178409	38970	40839
安徽	1	410	350	4210	3500	81959	70000	24340	20100
福建	8	128	132	2295	1658	9147	7966	3931	2989
江西	2	37	30	1117	1032	3750	3230	2550	1360
山东	6	115	121	1250	1218	27647	27472	10974	11761
河南	5	59	55	829	1046	20825	21310	8435	8835
湖北	14	110	97	7105	7331	239008	243720	64923	72142
湖南	5	130	149	7988	8123	144670	142522	39111	38243
广东	10	642	745	14306	14518	156324	158055	52812	55797
广西	2	167	120	3933	2785	31634	23800	13332	9450
海南									
重庆	4	734	695	14823	16315	430439	415187	167105	158258
四川	1	5	5	92	158	4900	5380	1380	1720
贵州	1	11	6	118	61	1833	1000	458	255
云南	1	7	8	78	86	1052	1300	365	455
西藏	1	3	3	32	35	450	450	126	126
陕西	2	47	41	1983	1882	18393	15263	6004	5764
甘肃	1	2	2	160	160	2036	2036	556	556
青海									
宁夏									
新疆									

4-7 续表 5

股份有限公司

地区	连锁总店数（个）	门店数（个）		年末从业人员（人）		年末餐饮营业面积（平方米）		年末餐位数（位）	
	2017年	2017年	2016年	2017年	2016年	2017年	2016年	2017年	2016年
全国	**15**	**1121**	**1060**	**55776**	**73676**	**1024690**	**1243874**	**238889**	**285041**
北京	1	119	110	11011	12532	305708	322074	50450	52642
天津									
河北	1	5	5	340	365	7700	7700	770	770
山西									
内蒙古	1	29	29	1532	1465	30010	30010	3506	3506
辽宁									
吉林									
黑龙江									
上海									
江苏									
浙江	3	518	399	4513	4631	68703	103062	36842	36425
安徽									
福建									
江西	1	2	2	312	330	6885	6885	1990	1990
山东	1	29	30	8916	8860	217087	218309	25163	25462
河南									
湖北	1	6	6	654	673	12938	12938	2157	2157
湖南									
广东	1	17	19	3103	2766	63176	67377	7625	7951
广西									
海南									
重庆	2	306	290	20523	19038	259003	253551	82183	77668
四川	1	12	95	2668	21173	24378	193000	6990	55357
贵州									
云南	1	18	18	792	953	9752	9752	17348	17348
西藏									
陕西									
甘肃									
青海									
宁夏									
新疆	1	60	57	1412	890	19350	19216	3865	3765

4-7 续表 6

私营企业

地区	连锁总店数（个）	门店数（个）		年末从业人员（人）		年末餐饮营业面积（平方米）		年末餐位数（位）	
	2017年	2017年	2016年	2017年	2016年	2017年	2016年	2017年	2016年
全国	**172**	**3640**	**3623**	**124474**	**124749**	**1831519**	**1926125**	**674626**	**676227**
北京	28	468	422	18416	18940	294418	298052	83251	84099
天津	2	13	15	156	235	1960	1900	884	814
河北	2	10	10	599	559	22740	22740	3283	3470
山西	4	21	24	1310	1532	34430	33830	10074	10574
内蒙古	2	5	5	189	202	800	800	13700	13700
辽宁									
吉林	1	19	18	450	626	9004	9595	2452	3393
黑龙江	2	34	30	902	780	12240	13740	3632	4300
上海	10	211	234	4621	5061	72267	80730	22075	23018
江苏	9	156	117	3162	2262	68922	48621	21542	17247
浙江	10	134	170	5335	5956	174456	223243	41559	50923
安徽	6	287	298	6688	6958	256595	316021	34234	41997
福建	8	161	155	1895	2012	23744	23429	11697	12000
江西									
山东	6	106	90	2881	2922	35962	32074	8402	7329
河南	9	44	48	1163	1316	18318	20968	6064	7172
湖北	12	87	88	2226	2066	50856	50808	11744	11529
湖南	13	419	406	17469	15715	146428	122240	82266	74095
广东	21	488	518	9710	10084	124632	129406	48495	52368
广西									
海南									
重庆	16	781	789	41684	41743	376565	393311	203360	198690
四川	1	20	23	959	1005	25087	26485	3605	3895
贵州	1	7	7	421	446	17482	18695	3088	3234
云南	3	47	46	850	762	18840	17267	3705	3375
西藏									
陕西	2	44	35	2456	2645	34293	30800	50410	44324
甘肃									
青海									
宁夏									
新疆	4	78	75	932	922	11480	11370	5104	4681

4-7 续表 7

其他企业

地区	连锁总店数（个）	门店数（个）		年末从业人员（人）		年末餐饮营业面积（平方米）		年末餐位数（位）	
	2017年	2017年	2016年	2017年	2016年	2017年	2016年	2017年	2016年
全　国	**2**	**9**	**9**	**72**	**106**	**3300**	**3300**	**561**	**561**
北　京									
天　津									
河　北									
山　西									
内蒙古	1	7	7	49	82	1800	1800	381	381
辽　宁									
吉　林									
黑龙江									
上　海									
江　苏	1	2	2	23	24	1500	1500	180	180
浙　江									
安　徽									
福　建									
江　西									
山　东									
河　南									
湖　北									
湖　南									
广　东									
广　西									
海　南									
重　庆									
四　川									
贵　州									
云　南									
西　藏									
陕　西									
甘　肃									
青　海									
宁　夏									
新　疆									

4-7 续表 8

港、澳、台商投资企业

地区	连锁总店数（个）	门店数（个）		年末从业人员（人）		年末餐饮营业面积（平方米）		年末餐位数（位）	
	2017年	2017年	2016年	2017年	2016年	2017年	2016年	2017年	2016年
全国	**80**	**6565**	**5858**	**183549**	**156008**	**1836028**	**1641212**	**579137**	**583142**
北京	11	2191	1959	52753	36675	568586	498637	188285	193654
天津	2	185	148	2629	2588	59679	48793	16116	10893
河北									
山西									
内蒙古									
辽宁	6	207	191	3003	2693	78123	58506	26994	21924
吉林									
黑龙江	1	23	25	519	895	7665	8924	3105	4303
上海	10	760	775	24964	26031	247339	270377	87274	104460
江苏	5	278	288	6348	5993	73083	79713	18572	22201
浙江	3	205	165	7878	5362	68510	49099	20112	23483
安徽	1	50	40	2630	1914	20149	16119	6529	5223
福建	5	126	123	2592	3946	53524	36652	12550	17951
江西	1	4	4	281	282	11748	11748	2066	2066
山东	2	89	67	943	1002	24990	18246	6344	6251
河南									
湖北	5	864	728	39874	34274	261545	234624	69487	60526
湖南	1	36	25	745	450	9500	7500	4006	3224
广东	18	974	862	26895	25800	227221	204597	67478	66325
广西									
海南	1	7	7	153	149	2612	2612	879	879
重庆	1	72	73	552	605	9550	8769	5626	4672
四川	3	323	252	6311	4570	76773	66763	28658	22892
贵州									
云南	1	108	103	2484	2369	12425	11865	9256	8825
西藏									
陕西	2	59	19	1932	345	22046	6708	5500	3090
甘肃	1	4	4	63	65	960	960	300	300
青海									
宁夏									
新疆									

4-7 续表 9

外商投资企业

地　区	连锁总店数（个）	门店数（个）		年末从业人员（人）		年末餐饮营业面积（平方米）		年末餐位数（位）	
	2017年	2017年	2016年	2017年	2016年	2017年	2016年	2017年	2016年
全　国	**83**	**12276**	**11484**	**324947**	**307328**	**4351830**	**3964236**	**1356891**	**1292203**
北　京	19	1802	1764	47148	44617	609802	606826	182838	180007
天　津	1	371	350	12779	12657	143878	143169	46596	46628
河　北									
山　西	1	88	83	4250	3992	30800	29050	9680	9130
内蒙古									
辽　宁	4	520	520	7158	7006	197308	197308	58845	58845
吉　林									
黑龙江	2	8	9	149	143	7658	7658	1534	1566
上　海	12	2823	2504	44611	40793	912515	659523	250060	195011
江　苏	5	1154	1111	37693	37265	357119	356447	122682	119336
浙　江	2	661	622	19428	19700	226168	216303	81256	78193
安　徽									
福　建	4	288	259	15616	13753	120348	109220	25563	20928
江　西	1	108	92	5070	5126	39800	35880		12144
山　东	1	268	260	4782	4405	63828	61922	35656	34589
河　南	2	114	106	4642	4339	27183	25247	15380	14276
湖　北	2	22	23	599	739	5091	6007	1897	2459
湖　南	2	548	517	20947	17456	346729	328911	136346	128714
广　东	14	1982	1827	53715	51069	757663	693520	210462	218846
广　西	1	80	67	4800	4326	27157	23291	9243	8176
海　南									
重　庆	2	567	558	14257	14054	225041	224817	67999	67312
四　川	4	613	564	16272	15112	156659	144932	73420	68952
贵　州									
云　南	1	69	63	3671	3542	24286	23299	7751	7562
西　藏									
陕　西	1	132	130	5200	5149	51600	50055	13300	12900
甘　肃	1	31	30	1450	1424	10850	10500	3100	3000
青　海									
宁　夏									
新　疆	1	27	25	710	661	10347	10351	3283	3629

4-8 按登记注册类型分各地区连锁餐饮企业直营门店基本情况

内资企业

地区	门店数（个）		年末从业人员（人）		年末餐饮营业面积（平方米）		年末餐位数（位）	
	2017年	2016年	2017年	2016年	2017年	2016年	2017年	2016年
全　国	**6033**	**5985**	**180236**	**196509**	**3316515**	**3617329**	**972204**	**1037427**
北　京	1032	972	35731	37880	629584	644642	157904	161205
天　津	17	18	604	451	7140	6930	1744	1594
河　北	13	13	785	737	29340	29340	4883	5070
山　西	16	20	1186	1461	29730	31730	8494	9424
内蒙古	46	46	1999	2035	36646	37541	18683	18952
辽　宁	3	3	10	17	420	420	290	290
吉　林	19	18	450	626	9004	9595	2452	3393
黑龙江	34	30	902	780	12240	13740	3632	4300
上　海	300	332	7433	8173	105149	116788	31938	35934
江　苏	156	119	3385	2437	71802	51416	21552	17317
浙　江	840	729	17610	15411	376586	452374	112566	119004
安　徽	673	623	10632	10157	335951	383352	57232	60502
福　建	122	116	3460	2924	25541	24125	12628	11939
江　西	4	4	429	462	9385	9385	2790	2790
山　东	212	214	11377	11280	271391	273302	41849	42782
河　南	102	103	1972	2362	39043	42278	14489	16007
湖　北	203	191	9985	10070	302802	307466	78824	85828
湖　南	271	275	14148	13528	161081	148285	80481	72768
广　东	1198	1321	28234	28630	357613	366160	112808	119161
广　西	41	43	614	680	6099	4600	3257	2900
海　南								
重　庆	459	459	17958	16864	336379	338401	106979	107567
四　川	20	103	3157	21756	37428	206530	9496	58203
贵　州	18	13	539	507	19315	19695	3546	3489
云　南	70	71	1712	1795	29404	28299	21388	21163
西　藏	3	3	32	35	450	450	126	126
陕　西	86	71	4116	4204	51986	45363	56248	49922
甘　肃	2	2	160	160	2036	2036	556	556
青　海								
宁　夏								
新　疆	73	73	1616	1087	22970	23086	5369	5241

4-8 续表 1

国有企业

地　区	门店数（个）		年末从业人员（人）		年末餐饮营业面积（平方米）		年末餐位数（位）	
	2017年	2016年	2017年	2016年	2017年	2016年	2017年	2016年
全　国	**127**	**116**	**2978**	**3129**	**33789**	**35466**	**10756**	**10425**
北　京								
天　津	2	2	141	143	4800	4800	600	600
河　北								
山　西								
内蒙古								
辽　宁								
吉　林								
黑龙江								
上　海	28	26	1252	1279	12346	12188	4730	4561
江　苏								
浙　江	8	6	164	111	1933	1933	816	816
安　徽								
福　建								
江　西								
山　东	39	41	765	768	11025	13069	3576	3688
河　南								
湖　北								
湖　南								
广　东	50	41	656	828	3685	3476	1034	760
广　西								
海　南								
重　庆								
四　川								
贵　州								
云　南								
西　藏								
陕　西								
甘　肃								
青　海								
宁　夏								
新　疆								

4-8 续表 2

集体企业

地区	门店数（个）		年末从业人员（人）		年末餐饮营业面积（平方米）		年末餐位数（位）	
	2017年	2016年	2017年	2016年	2017年	2016年	2017年	2016年
全国	**3**	**3**	**560**	**650**	**12000**	**12000**	**3000**	**3000**
北京								
天津								
河北								
山西								
内蒙古								
辽宁								
吉林								
黑龙江								
上海								
江苏								
浙江								
安徽								
福建								
江西								
山东								
河南								
湖北								
湖南								
广东	3	3	560	650	12000	12000	3000	3000
广西								
海南								
重庆								
四川								
贵州								
云南								
西藏								
陕西								
甘肃								
青海								
宁夏								
新疆								

4-8 续表 3

股份合作企业

地区	门店数（个）		年末从业人员（人）		年末餐饮营业面积（平方米）		年末餐位数（位）	
	2017年	2016年	2017年	2016年	2017年	2016年	2017年	2016年
全　国	**9**	**9**	**267**	**285**	**8390**	**9190**	**2570**	**2920**
北　京	4	4	43	59	750	1550	620	970
天　津								
河　北	3	3	186	178	6600	6600	1600	1600
山　西								
内蒙古								
辽　宁								
吉　林								
黑龙江								
上　海								
江　苏								
浙　江								
安　徽								
福　建								
江　西								
山　东								
河　南								
湖　北								
湖　南								
广　东	2	2	38	48	1040	1040	350	350
广　西								
海　南								
重　庆								
四　川								
贵　州								
云　南								
西　藏								
陕　西								
甘　肃								
青　海								
宁　夏								
新　疆								

4-8 续表 4

有限责任公司

地　区	门店数（个）		年末从业人员（人）		年末餐饮营业面积（平方米）		年末餐位数（位）	
	2017年	2016年	2017年	2016年	2017年	2016年	2017年	2016年
全　国	**2617**	**2622**	**61025**	**58962**	**1074300**	**1115402**	**307270**	**323354**
北　京	520	510	13168	13865	226308	237559	58379	61960
天　津	2	2	307	85	380	380	260	260
河　北								
山　西								
内蒙古	5	5	229	286	4036	4931	1096	1365
辽　宁	3	3	10	17	420	420	290	290
吉　林								
黑龙江								
上　海	65	76	1589	1858	20722	24056	5168	8390
江　苏	8	8	330	300	2200	2000	420	400
浙　江	395	354	8374	6000	137305	169868	35695	38364
安　徽	410	350	4210	3500	81959	70000	24340	20100
福　建	38	36	2205	1537	8177	6996	3931	2989
江　西	2	2	117	132	2500	2500	800	800
山　东	115	121	1250	1218	27647	27472	10974	11761
河　南	59	55	829	1046	20825	21310	8435	8835
湖　北	110	97	7105	7331	239008	243720	64923	72142
湖　南	68	88	2861	3064	57410	57262	18095	17713
广　东	639	742	14287	14497	156080	157811	52702	55687
广　西	41	43	614	680	6099	4600	3257	2900
海　南								
重　庆	67	70	1400	1487	55260	59788	9782	10688
四　川	5	5	92	158	4900	5380	1380	1720
贵　州	11	6	118	61	1833	1000	458	255
云　南	7	8	78	86	1052	1300	365	455
西　藏	3	3	32	35	450	450	126	126
陕　西	42	36	1660	1559	17693	14563	5838	5598
甘　肃	2	2	160	160	2036	2036	556	556
青　海								
宁　夏								
新　疆								

4-8 续表 5

股份有限公司

地区	门店数（个）		年末从业人员（人）		年末餐饮营业面积（平方米）		年末餐位数（位）	
	2017年	2016年	2017年	2016年	2017年	2016年	2017年	2016年
全国	**773**	**756**	**36240**	**53326**	**727633**	**927210**	**174881**	**217710**
北京	45	40	4213	5112	111008	109981	16592	15060
天津								
河北								
山西								
内蒙古	29	29	1532	1465	30010	30010	3506	3506
辽宁								
吉林								
黑龙江								
上海								
江苏								
浙江	306	228	3780	3907	63362	97300	34876	34961
安徽								
福建								
江西	2	2	312	330	6885	6885	1990	1990
山东	29	30	8916	8860	217087	218309	25163	25462
河南								
湖北	6	6	654	673	12938	12938	2157	2157
湖南								
广东	16	17	2983	2563	60176	63427	7227	7307
广西								
海南								
重庆	250	234	8978	7400	172687	166392	55167	50797
四川	12	95	2668	21173	24378	193000	6990	55357
贵州								
云南	18	18	792	953	9752	9752	17348	17348
西藏								
陕西								
甘肃								
青海								
宁夏								
新疆	60	57	1412	890	19350	19216	3865	3765

4-8 续表 6

私营企业

地区	门店数（个）		年末从业人员（人）		年末餐饮营业面积（平方米）		年末餐位数（位）	
	2017年	2016年	2017年	2016年	2017年	2016年	2017年	2016年
全国	**2495**	**2470**	**79094**	**80051**	**1457103**	**1514761**	**473166**	**479457**
北京	463	418	18307	18844	291518	295552	82313	83215
天津	13	14	156	223	1960	1750	884	734
河北	10	10	599	559	22740	22740	3283	3470
山西	16	20	1186	1461	29730	31730	8494	9424
内蒙古	5	5	189	202	800	800	13700	13700
辽宁								
吉林	19	18	450	626	9004	9595	2452	3393
黑龙江	34	30	902	780	12240	13740	3632	4300
上海	207	230	4592	5036	72081	80544	22040	22983
江苏	146	109	3032	2113	68102	47916	20952	16737
浙江	131	141	5292	5393	173986	183273	41179	44863
安徽	263	273	6422	6657	253992	313352	32892	40402
福建	84	80	1255	1387	17364	17129	8697	8950
江西								
山东	29	22	446	434	15632	14452	2136	1871
河南	43	48	1143	1316	18218	20968	6054	7172
湖北	87	88	2226	2066	50856	50808	11744	11529
湖南	203	187	11287	10464	103671	91023	62386	55055
广东	488	516	9710	10044	124632	128406	48495	52057
广西								
海南								
重庆	142	155	7580	7977	108432	112221	42030	46082
四川	3	3	397	425	8150	8150	1126	1126
贵州	7	7	421	446	17482	18695	3088	3234
云南	45	45	842	756	18600	17247	3675	3360
西藏								
陕西	44	35	2456	2645	34293	30800	50410	44324
甘肃								
青海								
宁夏								
新疆	13	16	204	197	3620	3870	1504	1476

4-8 续表 7

其他企业

地区	门店数（个）		年末从业人员（人）		年末餐饮营业面积（平方米）		年末餐位数（位）	
	2017年	2016年	2017年	2016年	2017年	2016年	2017年	2016年
全国	**9**	**9**	**72**	**106**	**3300**	**3300**	**561**	**561**
北京								
天津								
河北								
山西								
内蒙古	7	7	49	82	1800	1800	381	381
辽宁								
吉林								
黑龙江								
上海								
江苏	2	2	23	24	1500	1500	180	180
浙江								
安徽								
福建								
江西								
山东								
河南								
湖北								
湖南								
广东								
广西								
海南								
重庆								
四川								
贵州								
云南								
西藏								
陕西								
甘肃								
青海								
宁夏								
新疆								

4-8 续表 8

港、澳、台商投资企业

地　区	门店数（个）		年末从业人员（人）		年末餐饮营业面积（平方米）		年末餐位数（位）	
	2017年	2016年	2017年	2016年	2017年	2016年	2017年	2016年
全　国	**6322**	**5607**	**177682**	**150493**	**1795419**	**1594493**	**559153**	**563381**
北　京	2189	1959	52708	36675	568064	498637	188063	193654
天　津	185	148	2629	2588	59679	48793	16116	10893
河　北								
山　西								
内蒙古								
辽　宁	207	191	3003	2693	78123	58506	26994	21924
吉　林								
黑龙江	23	25	519	895	7665	8924	3105	4303
上　海	749	765	24499	25111	245239	267377	86974	104080
江　苏	278	268	6348	5669	73083	72413	18572	19775
浙　江	205	165	7878	5362	68510	49099	20112	23483
安　徽	50	40	2630	1914	20149	16119	6529	5223
福　建	126	123	2592	3946	53524	36652	12550	17951
江　西	4	4	281	282	11748	11748	2066	2066
山　东	89	67	943	1002	24990	18246	6344	6251
河　南								
湖　北	864	728	39874	34274	261545	234624	69487	60526
湖　南	36	25	745	450	9500	7500	4006	3224
广　东	928	815	25349	24254	213571	190744	63108	63056
广　西								
海　南	7	7	153	149	2612	2612	879	879
重　庆	5	9	100	157	2778	2103	784	586
四　川	309	241	5321	4570	71173	62363	27258	21792
贵　州								
云　南	5	4	115	92	460	365	406	325
西　藏								
陕　西	59	19	1932	345	22046	6708	5500	3090
甘　肃	4	4	63	65	960	960	300	300
青　海								
宁　夏								
新　疆								

4-8 续表 9

外商投资企业

地区	门店数（个）		年末从业人员（人）		年末餐饮营业面积（平方米）		年末餐位数（位）	
	2017年	2016年	2017年	2016年	2017年	2016年	2017年	2016年
全　国	**10656**	**9874**	**291229**	**273739**	**3688317**	**3316846**	**1097453**	**1037282**
北　京	1643	1592	44392	41294	551943	543965	162606	157449
天　津	371	350	12779	12657	143878	143169	46596	46628
河　北								
山　西	88	83	4250	3992	30800	29050	9680	9130
内蒙古								
辽　宁	520	520	7158	7006	197308	197308	58845	58845
吉　林								
黑龙江	8	9	149	143	7658	7658	1534	1566
上　海	2822	2502	44568	40737	912165	658897	249918	194651
江　苏	981	936	34525	34056	327696	326721	111558	108100
浙　江	516	467	15803	15825	189918	177553	63856	59593
安　徽								
福　建	288	259	15616	13753	120348	109220	25563	20928
江　西	108	92	5070	5126	39800	35880		12144
山　东	268	260	4782	4405	63828	61922	35656	34589
河　南	114	106	4642	4339	27183	25247	15380	14276
湖　北	22	23	599	739	5091	6007	1897	2459
湖　南	196	186	11397	8769	65429	64411	21584	20370
广　东	1982	1827	53715	51069	757663	693520	210462	218846
广　西	80	67	4800	4326	27157	23291	9243	8176
海　南								
重　庆	57	56	3214	3115	23017	23993	6870	7060
四　川	335	293	12739	11612	100352	94829	38771	35381
贵　州								
云　南	67	61	3671	3542	24286	23299	7751	7562
西　藏								
陕　西	132	130	5200	5149	51600	50055	13300	12900
甘　肃	31	30	1450	1424	10850	10500	3100	3000
青　海								
宁　夏								
新　疆	27	25	710	661	10347	10351	3283	3629

4-9 按登记注册类型分各地区连锁餐饮企业加盟门店基本情况

内资企业

地区	门店数（个）		年末从业人员（人）		年末餐饮营业面积（平方米）		年末餐位数（位）	
	2017年	2016年	2017年	2016年	2017年	2016年	2017年	2016年
全国	**2604**	**2481**	**91307**	**91680**	**1249673**	**1273087**	**470981**	**453819**
北京	108	99	8332	9082	235622	248004	42264	45532
天津		1		12		150		80
河北	5	5	340	365	7700	7700	770	770
山西	5	4	124	71	4700	2100	1580	1150
内蒙古	74	84	1125	1300	36249	40427	4320	4670
辽宁								
吉林								
黑龙江								
上海	5	6	34	35	236	363	45	56
江苏	10	8	130	149	820	705	590	510
浙江	234	218	1311	1686	18552	54273	5621	9999
安徽	24	25	266	301	2603	2669	1342	1595
福建	167	171	730	746	7350	7270	3000	3050
江西	35	28	1000	900	1250	730	1750	560
山东	77	68	2435	2488	20330	17622	6266	5458
河南	1		20		100		10	
湖北								
湖南	278	280	11309	10310	130017	116477	40896	39570
广东	4	7	139	264	3244	5194	508	1065
广西	126	77	3319	2105	25535	19200	10075	6550
海南								
重庆	1362	1315	59072	60232	729628	723648	345669	327049
四川	17	20	562	580	16937	18335	2479	2769
贵州								
云南	2	1	8	6	240	20	30	15
西藏								
陕西	5	5	323	323	700	700	166	166
甘肃								
青海								
宁夏								
新疆	65	59	728	725	7860	7500	3600	3205

4-9 续表 1

有限责任公司

地区	门店数（个）		年末从业人员（人）		年末餐饮营业面积（平方米）		年末餐位数（位）	
	2017年	2016年	2017年	2016年	2017年	2016年	2017年	2016年
全　国	**1111**	**1024**	**26391**	**26632**	**578200**	**545059**	**205513**	**189718**
北　京	29	25	1425	1566	38022	33411	7468	7066
天　津								
河　北								
山　西								
内蒙古	74	84	1125	1300	36249	40427	4320	4670
辽　宁								
吉　林								
黑龙江								
上　海	1	2	5	10	50	177	10	21
江　苏								
浙　江	19	18	535	399	12741	8541	3275	2475
安　徽								
福　建	90	96	90	121	970	970		
江　西	35	28	1000	900	1250	730	1750	560
山　东								
河　南								
湖　北								
湖　南	62	61	5127	5059	87260	85260	21016	20530
广　东	3	3	19	21	244	244	110	110
广　西	126	77	3319	2105	25535	19200	10075	6550
海　南								
重　庆	667	625	13423	14828	375179	355399	157323	147570
四　川								
贵　州								
云　南								
西　藏								
陕　西	5	5	323	323	700	700	166	166
甘　肃								
青　海								
宁　夏								
新　疆								

4-9 续表 2

股份有限公司

地区	门店数（个）		年末从业人员（人）		年末餐饮营业面积（平方米）		年末餐位数（位）	
	2017年	2016年	2017年	2016年	2017年	2016年	2017年	2016年
全国	**348**	**304**	**19536**	**20350**	**297057**	**316664**	**64008**	**67331**
北京	74	70	6798	7420	194700	212093	33858	37582
天津								
河北	5	5	340	365	7700	7700	770	770
山西								
内蒙古								
辽宁								
吉林								
黑龙江								
上海								
江苏								
浙江	212	171	733	724	5341	5762	1966	1464
安徽								
福建								
江西								
山东								
河南								
湖北								
湖南								
广东	1	2	120	203	3000	3950	398	644
广西								
海南								
重庆	56	56	11545	11638	86316	87159	27016	26871
四川								
贵州								
云南								
西藏								
陕西								
甘肃								
青海								
宁夏								
新疆								

4-9 续表 3

私营企业

地区	门店数（个）		年末从业人员（人）		年末餐饮营业面积（平方米）		年末餐位数（位）	
	2017年	2016年	2017年	2016年	2017年	2016年	2017年	2016年
全国	**1145**	**1153**	**45380**	**44698**	**374416**	**411364**	**201460**	**196770**
北京	5	4	109	96	2900	2500	938	884
天津		1		12		150		80
河北								
山西	5	4	124	71	4700	2100	1580	1150
内蒙古								
辽宁								
吉林								
黑龙江								
上海	4	4	29	25	186	186	35	35
江苏	10	8	130	149	820	705	590	510
浙江	3	29	43	563	470	39970	380	6060
安徽	24	25	266	301	2603	2669	1342	1595
福建	77	75	640	625	6380	6300	3000	3050
江西								
山东	77	68	2435	2488	20330	17622	6266	5458
河南	1		20		100		10	
湖北								
湖南	216	219	6182	5251	42757	31217	19880	19040
广东		2		40		1000		311
广西								
海南								
重庆	639	634	34104	33766	268133	281090	161330	152608
四川	17	20	562	580	16937	18335	2479	2769
贵州								
云南	2	1	8	6	240	20	30	15
西藏								
陕西								
甘肃								
青海								
宁夏								
新疆	65	59	728	725	7860	7500	3600	3205

4-9 续表 4

港、澳、台商投资企业

地 区	门店数（个）		年末从业人员（人）		年末餐饮营业面积（平方米）		年末餐位数（位）	
	2017年	2016年	2017年	2016年	2017年	2016年	2017年	2016年
全 国	**243**	**251**	**5867**	**5515**	**40609**	**46719**	**19984**	**19761**
北 京	2		45		522		222	
天 津								
河 北								
山 西								
内蒙古								
辽 宁								
吉 林								
黑龙江								
上 海	11	10	465	920	2100	3000	300	380
江 苏		20		324		7300		2426
浙 江								
安 徽								
福 建								
江 西								
山 东								
河 南								
湖 北								
湖 南								
广 东	46	47	1546	1546	13650	13853	4370	3269
广 西								
海 南								
重 庆	67	64	452	448	6772	6666	4842	4086
四 川	14	11	990		5600	4400	1400	1100
贵 州								
云 南	103	99	2369	2277	11965	11500	8850	8500
西 藏								
陕 西								
甘 肃								
青 海								
宁 夏								
新 疆								

4-9 续表 5

外商投资企业

地区	门店数（个）		年末从业人员（人）		年末餐饮营业面积（平方米）		年末餐位数（位）	
	2017年	2016年	2017年	2016年	2017年	2016年	2017年	2016年
全　国	**1620**	**1610**	**33718**	**33589**	**663513**	**647390**	**259438**	**254921**
北　京	159	172	2756	3323	57859	62861	20232	22558
天　津								
河　北								
山　西								
内蒙古								
辽　宁								
吉　林								
黑龙江								
上　海	1	2	43	56	350	626	142	360
江　苏	173	175	3168	3209	29423	29726	11124	11236
浙　江	145	155	3625	3875	36250	38750	17400	18600
安　徽								
福　建								
江　西								
山　东								
河　南								
湖　北								
湖　南	352	331	9550	8687	281300	264500	114762	108344
广　东								
广　西								
海　南								
重　庆	510	502	11043	10939	202024	200824	61129	60252
四　川	278	271	3533	3500	56307	50103	34649	33571
贵　州								
云　南	2	2						
西　藏								
陕　西								
甘　肃								
青　海								
宁　夏								
新　疆								

4-10 按登记注册类型分

内资企业

地区	商品购进总额		统一配送商品购进额		自有配送中心配送商品购进额	
	2017年	2016年	2017年	2016年	2017年	2016年
全国	**1978946**	**2160262**	**1180343**	**1441515**	**578614**	**686389**
北京	341591	316245	189595	191916	64564	92634
天津	6079	4881	5705	4881	2144	1917
河北	7797	6508	227	243		
山西	6409	6445	195	140	195	140
内蒙古	101369	99113	2579	2760	1253	1375
辽宁	537	441	537	441	537	388
吉林	1820	2545	1456	2036		
黑龙江	7417	7331	7417	7331		
上海	77677	83077	29057	43553	20716	20795
江苏	27466	21343	21480	21222	19804	19254
浙江	188401	171154	165516	149485	90048	83511
安徽	60350	62317	59292	60913	30731	39237
福建	28157	24011	7634	8098	482	478
江西	8468	6792	8468	6792	1600	1438
山东	58651	50730	42147	34484	14545	12554
河南	19915	9655	14797	6489		
湖北	53643	49321	34683	37201	20943	5315
湖南	102815	96973	45506	52998	16095	26624
广东	217320	296411	178700	261299	98750	200559
广西	32814	19427	32814	19427	19857	11295
海南						
重庆	553111	538511	263435	249791	164167	154569
四川	35001	246361	34692	245912	2946	2636
贵州	2719	3647	2719	3647		
云南	8690	7421	7782	6434		
西藏	83	79				
陕西	18624	17916	15272	13829	8660	9174
甘肃	1050	1191		332		
青海						
宁夏						
新疆	10974	10419	8639	9862	580	2497

各地区连锁餐饮企业经营情况

单位：万元

非自有配送中心配送商品购进额		营业额		餐饮收入及商品销售额	
2017年	2016年	2017年	2016年	2017年	2016年
293525	**250893**	**5020503**	**5333753**	**4911521**	**5246555**
101251	79518	1106442	1030243	1088817	1016032
		14589	11171	14225	11171
		15752	13174	14664	12093
		14305	14200	14305	14201
201	260	136656	136890	136656	136890
		1265	1327	1265	1327
364	509	5931	6964	5931	6964
7417	7331	24416	20661	24416	20661
5966	5681	234106	237825	234106	237825
1676	1968	76025	45338	76025	45338
54636	45369	411199	390057	410581	388280
5449	1941	180036	160689	178871	160648
474	408	68700	42987	68693	42966
		20827	19324	20827	19324
10607	9173	295903	233932	241058	177733
1942	2722	44091	38757	43959	38571
2482	2968	190952	189607	174375	188652
24414	22153	259635	252541	247419	243629
2523	2567	620040	743911	618291	742413
2915		61642	50530	61642	50530
56537	56306	990183	967769	988061	966314
		100497	602499	100497	602498
		6813	7271	6813	7271
		46943	40511	46944	40512
		872	778	872	778
6612	4655	56766	45760	56767	45761
		2595	2145	2595	2145
8059	7365	33322	26892	32849	26033

4-10 续表 1

国有企业

地区	商品购进总额		统一配送商品购进额		自有配送中心配送商品购进额	
	2017年	2016年	2017年	2016年	2017年	2016年
全国	**29765**	**25331**	**17576**	**13257**	**3561**	**3537**
北京						
天津	903	700	903	700		
河北						
山西						
内蒙古						
辽宁						
吉林						
黑龙江						
上海	12000	11887				
江苏						
浙江	1210	931	1210	931		
安徽						
福建						
江西						
山东	3782	3784	3593	3596	3561	3537
河南						
湖北						
湖南						
广东	11871	8030	11871	8030		
广西						
海南						
重庆						
四川						
贵州						
云南						
西藏						
陕西						
甘肃						
青海						
宁夏						
新疆						

单位：万元

非自有配送中心配送商品购进额		营业额		餐饮收入及商品销售额	
2017年	2016年	2017年	2016年	2017年	2016年
1242	**990**	**71600**	**64975**	**71235**	**64975**
		2888	2569	2524	2569
		31558	31037	31558	31037
1210	931	4717	3753	4717	3753
32	59	9955	9664	9955	9664
		22482	17953	22482	17953

4-10 续表 2

集体企业

地区	商品购进总额		统一配送商品购进额		自有配送中心配送商品购进额	
	2017年	2016年	2017年	2016年	2017年	2016年
全国	**5733**	**6256**	**5733**	**6256**		
北京						
天津						
河北						
山西						
内蒙古						
辽宁						
吉林						
黑龙江						
上海						
江苏						
浙江						
安徽						
福建						
江西						
山东						
河南						
湖北						
湖南						
广东	5733	6256	5733	6256		
广西						
海南						
重庆						
四川						
贵州						
云南						
西藏						
陕西						
甘肃						
青海						
宁夏						
新疆						

单位：万元

非自有配送中心配送商品购进额		营业额		餐饮收入及商品销售额	
2017年	2016年	2017年	2016年	2017年	2016年
		11635	**10895**	**10577**	**10151**
		11635	10895	10577	10151
		11635	**10895**	**10577**	**10151**

4-10 续表 3

股份合作企业

地　区	商品购进总额		统一配送商品购进额		自有配送中心配送商品购进额	
	2017年	2016年	2017年	2016年	2017年	2016年
全　国	**3418**	**3398**	**425**	**326**		
北　京	56	90				
天　津						
河　北	2937	2983				
山　西						
内蒙古						
辽　宁						
吉　林						
黑龙江						
上　海						
江　苏						
浙　江						
安　徽						
福　建						
江　西						
山　东						
河　南						
湖　北						
湖　南						
广　东	425	326	425	326		
广　西						
海　南						
重　庆						
四　川						
贵　州						
云　南						
西　藏						
陕　西						
甘　肃						
青　海						
宁　夏						
新　疆						

单位：万元

非自有配送中心配送商品购进额		营业额		餐饮收入及商品销售额	
2017年	2016年	2017年	2016年	2017年	2016年
425	**326**	**7551**	**7946**	**7551**	**7946**
		1327	1849	1327	1849
		5511	5399	5511	5399
425	326	714	698	714	698

4-10 续表 4

有限责任公司

地 区	商品购进总额		统一配送商品购进额		自有配送中心配送商品购进额	
	2017年	2016年	2017年	2016年	2017年	2016年
全 国	**612078**	**621507**	**484634**	**510626**	**325479**	**390417**
北 京	126014	105423	96660	76028	44004	43385
天 津	2476	1864	2103	1864		
河 北						
山 西						
内蒙古	2966	3450	1399	1580	1198	1320
辽 宁	537	441	537	441	537	388
吉 林						
黑龙江						
上 海	12139	12593	6033	6084	4332	4104
江 苏	1200	1200	1200	1200	1200	1200
浙 江	57538	41195	50095	32450	46868	28911
安 徽	23112	19730	23112	19730		
福 建	20690	14443	1891	1182	2	2
江 西	6868	5355	6868	5355		
山 东	12515	10000	10145	8965	5339	4474
河 南	12520	2497	8215	400		
湖 北	32886	32352	24818	27876	17048	1028
湖 南	39797	45879	8802	19080	7307	18553
广 东	100409	180351	88953	170230	67514	169380
广 西	32814	19427	32814	19427	19857	11295
海 南						
重 庆	112769	110235	109053	106360	106060	102882
四 川	1456	3478	1456	3478		
贵 州	471	326	471	326		
云 南	297	178	297	178		
西 藏	83	79				
陕 西	11473	9821	9714	8062	4213	3497
甘 肃	1050	1191		332		
青 海						
宁 夏						
新 疆						

单位：万元

非自有配送中心配送商品购进额		营业额		餐饮收入及商品销售额	
2017年	2016年	2017年	2016年	2017年	2016年
58167	**36353**	**1693887**	**1747022**	**1668972**	**1737650**
41402	22558	362963	344652	355451	336963
		3002	2602	3002	2602
201	260	35645	38470	35645	38470
		1265	1327	1265	1327
		35546	33018	35546	33018
		2529	2930	2529	2930
660	1505	137217	105752	137217	105753
		83589	65766	83589	65766
224	160	51210	22878	51204	22855
		18193	16803	18193	16804
1026	1299	27884	27758	27805	27758
		32642	26741	32642	26555
1751	2001	138092	143080	121570	142138
1494	528	104354	121876	104354	121876
		305734	466348	305145	465815
2915		61642	50530	61642	50530
2993	3478	261056	247172	260849	247172
		2026	4645	2026	4645
		933	628	933	628
		1039	1070	1039	1070
		872	778	872	778
5500	4565	23863	20052	23863	20052
		2595	2145	2595	2145

4-10 续表 5

股份有限公司

地区	商品购进总额		统一配送商品购进额		自有配送中心配送商品购进额	
	2017年	2016年	2017年	2016年	2017年	2016年
全国	**484012**	**693772**	**223510**	**425920**	**65719**	**60219**
北京	53887	65843	26315	29033		
天津						
河北	227	243	227	243		
山西						
内蒙古	96826	94031				
辽宁						
吉林						
黑龙江						
上海						
江苏						
浙江	74207	66950	74207	66950	27356	27908
安徽						
福建						
江西	1600	1438	1600	1438	1600	1438
山东	26592	24924	15168	12484	5620	4469
河南						
湖北	981	921	981	921		
湖南						
广东	25139	30142	25139	30142		
广西						
海南						
重庆	165507	161421	41524	37546	31143	26405
四川	30290	239798	30290	239798		
贵州						
云南	698	697				
西藏						
陕西						
甘肃						
青海						
宁夏						
新疆	8059	7365	8059	7365		

单位：万元

非自有配送中心配送商品购进额		营业额		餐饮收入及商品销售额	
2017年	2016年	2017年	2016年	2017年	2016年
101154	**94397**	**1333162**	**1724213**	**1274054**	**1662981**
26315	29033	288314	290271	286145	288313
		643	656	643	656
		96826	94031	96826	94031
46850	39042	142344	135419	142344	134350
		2634	2521	2635	2521
9548	7815	216147	160356	161381	104157
		15025	14319	15025	14319
		93636	64125	93635	64125
10381	11141	363678	354707	361763	353281
		72500	574027	72500	574027
		20479	18052	20479	18052
8059	7365	20936	15729	20678	15150

4-10 续表 6

私营企业

地区	商品购进总额		统一配送商品购进额		自有配送中心配送商品购进额	
	2017年	2016年	2017年	2016年	2017年	2016年
全　国	**843693**	**809748**	**448219**	**484881**	**183856**	**232216**
北　京	161634	144890	66620	86854	20560	49249
天　津	2700	2317	2700	2317	2144	1917
河　北	4632	3282				
山　西	6409	6445	195	140	195	140
内蒙古	1377	1431	980	980	55	55
辽　宁						
吉　林	1820	2545	1456	2036		
黑龙江	7417	7331	7417	7331		
上　海	53539	58597	23024	37469	16384	16692
江　苏	26219	20094	20233	19972	18604	18054
浙　江	55447	62078	40005	49154	15823	26693
安　徽	37238	42587	36180	41184	30731	39237
福　建	7466	9568	5743	6917	480	476
江　西						
山　东	15762	12023	13241	9439	26	74
河　南	7395	7158	6582	6089		
湖　北	19777	16049	8885	8404	3895	4288
湖　南	63017	51094	36704	33918	8787	8071
广　东	73744	71306	46580	46316	31236	31179
广　西						
海　南						
重　庆	274836	266855	112858	105886	26964	25282
四　川	3255	3085	2946	2636	2946	2636
贵　州	2248	3321	2248	3321		
云　南	7695	6545	7485	6255		
西　藏						
陕　西	7151	8095	5558	5767	4447	5677
甘　肃						
青　海						
宁　夏						
新　疆	2915	3054	580	2497	580	2497

单位：万元

非自有配送中心配送商品购进额		营业额		餐饮收入及商品销售额	
2017年	2016年	2017年	2016年	2017年	2016年
132492	**118778**	**1902224**	**1778170**	**1878688**	**1762320**
33535	27927	453839	393471	445894	388907
		8699	6000	8699	6000
		9598	7119	8510	6038
		14305	14200	14305	14201
		3859	3981	3859	3981
364	509	5931	6964	5931	6964
7417	7331	24416	20661	24416	20661
5966	5681	167002	173770	167002	173770
1629	1918	73378	42283	73378	42283
5916	3891	126922	145132	126303	144425
5449	1941	96447	94923	95282	94882
250	248	17490	20110	17490	20109
		41918	36153	41917	36154
1942	2722	11450	12016	11317	12016
731	967	37835	32209	37780	32196
22919	21625	155281	130665	143065	121753
2099	2241	185840	183892	185738	183672
43162	41688	365450	365891	365450	365861
		25971	23826	25971	23826
		5880	6643	5880	6643
		25426	21389	25426	21389
1112	90	32904	25708	32904	25709
		12386	11163	12171	10883

4-10 续表 7

其他企业

地区	商品购进总额		统一配送商品购进额		自有配送中心配送商品购进额	
	2017年	2016年	2017年	2016年	2017年	2016年
全国	**247**	**250**	**247**	**250**		
北京						
天津						
河北						
山西						
内蒙古	200	200	200	200		
辽宁						
吉林						
黑龙江						
上海						
江苏	47	50	47	50		
浙江						
安徽						
福建						
江西						
山东						
河南						
湖北						
湖南						
广东						
广西						
海南						
重庆						
四川						
贵州						
云南						
西藏						
陕西						
甘肃						
青海						
宁夏						
新疆						

单位：万元

非自有配送中心配送商品购进额		营业额		餐饮收入及商品销售额	
2017年	2016年	2017年	2016年	2017年	2016年
47	**50**	**444**	**532**	**444**	**532**
		326	408	326	408
47	50	119	124	119	124

4-10 续表 8

港、澳、台商投资企业

地　区	商品购进总额		统一配送商品购进额		自有配送中心配送商品购进额	
	2017年	2016年	2017年	2016年	2017年	2016年
全　国	**1318604**	**1202733**	**1188222**	**1035368**	**396552**	**286540**
北　京	458121	345678	443263	329834	220224	142734
天　津	37169	34193	37169	34193	1063	967
河　北						
山　西						
内蒙古						
辽　宁	50491	66360	34504	28322	2319	9850
吉　林						
黑龙江	737	898	737	898	737	898
上　海	280970	307721	205971	226443	31946	53548
江　苏	42477	51306	42322	51027	19169	18805
浙　江	39262	33887	38301	32531	6858	6190
安　徽	9211	7521	9211	7521		
福　建	19699	27421	19347	26935		
江　西	2025	2249				
山　东	11954	11492	3847	4484		
河　南						
湖　北	147919	96114	141527	89412	91142	37214
湖　南	5977	593	5977	593		
广　东	156907	168260	152184	156132	23096	16332
广　西						
海　南	2641	2075	2641	2075		
重　庆	12129	13082	12129	13082		
四　川	14698	12608	13081	10841		
贵　州						
云　南	17427	18041	17427	18041		
西　藏						
陕　西	8584	3006	8584	3006		
甘　肃	207	229				
青　海						
宁　夏						
新　疆						

单位：万元

非自有配送中心配送商品购进额		营业额		餐饮收入及商品销售额	
2017年	2016年	2017年	2016年	2017年	2016年
220713	**379617**	**4225222**	**3643288**	**4215663**	**3640523**
81609	66548	1353171	1095276	1345047	1094866
		122427	103520	122427	103520
		124062	117159	124062	117159
		9926	10547	9926	10547
	148165	717122	675537	717122	675537
6298	32222	141565	145615	140196	143558
31443	26340	130921	111726	130853	111726
		30507	23400	30507	23400
8096	12994	97714	84254	97714	84254
		3390	3558	3390	3558
		41884	35003	41884	35003
50386	52197	495745	433618	495745	433618
5977	593	13184	8608	13184	8608
4333	6809	670464	571561	670463	571261
2641	2075	9457	7804	9457	7804
12129	13082	32781	36088	32781	36088
375	552	151138	122265	151138	122265
17427	18041	52681	49999	52681	49999
		26585	7228	26585	7228
		502	522	502	522

4-10 续表 9

外商投资企业

地　区	商品购进总额		统一配送商品购进额		自有配送中心配送商品购进额	
	2017年	2016年	2017年	2016年	2017年	2016年
全　国	**2835334**	**2715797**	**2526011**	**2446331**	**1084395**	**1085890**
北　京	385008	345630	372420	337027	250409	229838
天　津	135112	128711				
河　北						
山　西	29250	27930	29250	27930	29250	27930
内蒙古						
辽　宁	445776	426950	416312	398951	17630	15080
吉　林						
黑龙江	1008	856	30	51		
上　海	429592	350107	372647	314306	11255	10525
江　苏	260181	308961	239474	288043	126580	177525
浙　江	166322	140206	166322	140206	166322	140206
安　徽						
福　建	89880	83564	89880	83564	40212	37165
江　西	33514	29231	33514	29231		
山　东	96955	92955	96955	92955	96955	92955
河　南	34838	32544	34838	32544		
湖　北	3160	3206	3160	2836		
湖　南	97575	85558	86321	73057	86321	73057
广　东	396735	448492	369702	427670	161812	200850
广　西	20156	20792	20156	20792		
海　南						
重　庆	23561	21894	23511	21894	10208	8767
四　川	101861	95988	101861	95988	17782	12708
贵　州						
云　南	15191	12936				
西　藏						
陕　西	44942	40916	44942	40916	44942	40916
甘　肃	12873	12304	12873	12304	12873	12304
青　海						
宁　夏						
新　疆	11846	6066	11846	6066	11846	6066

单位：万元

非自有配送中心配送商品购进额		营业额		餐饮收入及商品销售额	
2017年	2016年	2017年	2016年	2017年	2016年
247352	**230052**	**8109086**	**7432179**	**8100498**	**7423794**
33784	30477	1342776	1213591	1335464	1209127
		289076	274500	289076	274500
		60632	57617	60632	57617
		451791	421651	451791	421651
		2037	1941	2038	1941
38687	22991	1504003	1320573	1503914	1320238
109692	105807	798097	744649	797740	744648
		533980	498951	533980	498951
		181753	172097	181754	172097
		68890	60528	68890	60528
		199157	189979	199157	189979
		66349	63284	66349	63284
		10115	11468	10107	11468
		341019	320463	341003	317963
25401	32173	1385302	1294088	1385302	1293356
20156	20792	63679	61182	63679	61182
13303	13128	288980	248116	288174	247761
6330	4685	318699	292706	318699	292706
		51370	48853	51370	48853
		94864	85510	94864	85510
		29405	28551	29405	28551
		27112	21881	27112	21881

4-11 按登记注册类型分各地区

内资企业

地区	商品购进总额		统一配送商品购进额		自有配送中心配送商品购进额	
	2017年	2016年	2017年	2016年	2017年	2016年
全国	**1547615**	**1741058**	**955597**	**1231878**	**444133**	**557217**
北京	313185	276822	184012	184224	64044	92134
天津	6079	4881	5705	4881	2144	1917
河北	7569	6265				
山西	6037	6253	195	140	195	140
内蒙古	99168	96629	1506	1632	321	462
辽宁	537	441	537	441	537	388
吉林	1820	2545	1456	2036		
黑龙江	7417	7331	7417	7331		
上海	77466	82763	28895	43303	20704	20705
江苏	26554	20402	20644	20305	18968	18337
浙江	166485	147143	143600	127278	84388	74902
安徽	60238	62073	59180	60669	30634	39006
福建	26938	22768	7419	7888	482	478
江西	2737	3251	2737	3251	1600	1438
山东	44939	40915	29010	25188	14545	12554
河南	19415	9655	14297	6489		
湖北	53643	49321	34683	37201	20943	5315
湖南	68808	63225	34459	40361	11952	21393
广东	216261	293003	177642	258696	98750	200559
广西	11163	8535	11163	8535	9734	8535
海南						
重庆	257655	253658	122416	114369	52452	46986
四川	34247	245445	34247	245445	2501	2169
贵州	2719	3647	2719	3647		
云南	8656	7406	7748	6419		
西藏	83	79				
陕西	17600	16892	15272	13829	8660	9174
甘肃	1050	1191		332		
青海						
宁夏						
新疆	9147	8521	8639	7992	580	627

连锁餐饮企业直营门店经营情况

单位：万元

非自有配送中心配送商品购进额		营业额		餐饮收入及商品销售额	
2017年	2016年	2017年	2016年	2017年	2016年
239787	**199447**	**3981118**	**4352205**	**3872455**	**4266726**
96188	72327	984214	909728	966589	895517
		14589	11061	14225	11061
		15109	12518	14021	11437
		12995	13317	12995	13317
60	45	103998	102943	103998	102943
		1265	1327	1265	1327
364	509	5931	6964	5931	6964
7417	7331	24416	20661	24416	20661
5966	5681	233400	236992	233400	236992
1676	1968	74533	43803	74533	43803
38665	32060	369288	337494	368669	335718
5435	1928	176384	158148	175219	158107
259	198	66555	40807	66548	40785
		4975	6222	4975	6223
10607	9173	259366	202970	204521	146771
1942	2722	44011	38757	43879	38571
2482	2968	190952	189607	174375	188652
18584	15781	179169	173356	167273	164754
2523	2567	615163	737234	613413	735736
1429		14497	18377	14497	18377
31519	32171	373869	392680	371748	392561
		80409	583933	80409	583933
		6813	7271	6813	7271
		46880	40465	46881	40466
		872	778	872	778
6612	4655	55134	44128	55134	44128
		2595	2145	2595	2145
8059	7365	23736	18519	23263	17732

4-11 续表 1

国有企业

地　区	商品购进总额		统一配送商品购进额		自有配送中心配送商品购进额	
	2017年	2016年	2017年	2016年	2017年	2016年
全　国	**29765**	**25331**	**17576**	**13257**	**3561**	**3537**
北　京						
天　津	903	700	903	700		
河　北						
山　西						
内蒙古						
辽　宁						
吉　林						
黑龙江						
上　海	12000	11887				
江　苏						
浙　江	1210	931	1210	931		
安　徽						
福　建						
江　西						
山　东	3782	3784	3593	3596	3561	3537
河　南						
湖　北						
湖　南						
广　东	11871	8030	11871	8030		
广　西						
海　南						
重　庆						
四　川						
贵　州						
云　南						
西　藏						
陕　西						
甘　肃						
青　海						
宁　夏						
新　疆						

单位：万元

非自有配送中心配送商品购进额		营业额		餐饮收入及商品销售额	
2017年	2016年	2017年	2016年	2017年	2016年
1242	**990**	**71600**	**64975**	**71235**	**64975**
		2888	2569	2524	2569
		31558	31037	31558	31037
1210	931	4717	3753	4717	3753
32	59	9955	9664	9955	9664
		22482	17953	22482	17953

4-11 续表 2

集体企业

地区	商品购进总额		统一配送商品购进额		自有配送中心配送商品购进额	
	2017年	2016年	2017年	2016年	2017年	2016年
全国	**5733**	**6256**	**5733**	**6256**		
北京						
天津						
河北						
山西						
内蒙古						
辽宁						
吉林						
黑龙江						
上海						
江苏						
浙江						
安徽						
福建						
江西						
山东						
河南						
湖北						
湖南						
广东	5733	6256	5733	6256		
广西						
海南						
重庆						
四川						
贵州						
云南						
西藏						
陕西						
甘肃						
青海						
宁夏						
新疆						

单位：万元

非自有配送中心配送商品购进额		营业额		餐饮收入及商品销售额	
2017年	2016年	2017年	2016年	2017年	2016年
		11635	**10895**	**10577**	**10151**
		11635	10895	10577	10151

4-11 续表 3

股份合作企业

地区	商品购进总额		统一配送商品购进额		自有配送中心配送商品购进额	
	2017年	2016年	2017年	2016年	2017年	2016年
全国	**3418**	**3398**	**425**	**326**		
北京	56	90				
天津						
河北	2937	2983				
山西						
内蒙古						
辽宁						
吉林						
黑龙江						
上海						
江苏						
浙江						
安徽						
福建						
江西						
山东						
河南						
湖北						
湖南						
广东	425	326	425	326		
广西						
海南						
重庆						
四川						
贵州						
云南						
西藏						
陕西						
甘肃						
青海						
宁夏						
新疆						

单位：万元

非自有配送中心配送商品购进额		营业额		餐饮收入及商品销售额	
2017年	2016年	2017年	2016年	2017年	2016年
425	**326**	**7551**	**7946**	**7551**	**7946**
		1327	1849	1327	1849
		5511	5399	5511	5399
425	326	714	698	714	698

4-11 续表 4

有限责任公司

地区	商品购进总额		统一配送商品购进额		自有配送中心配送商品购进额	
	2017年	2016年	2017年	2016年	2017年	2016年
全国	**452556**	**480754**	**349870**	**393330**	**208217**	**285108**
北京	124768	104342	96660	76028	44004	43385
天津	2476	1864	2103	1864		
河北						
山西						
内蒙古	765	966	326	452	266	407
辽宁	537	441	537	441	537	388
吉林						
黑龙江						
上海	12128	12502	6021	5993	4321	4013
江苏	1200	1200	1200	1200	1200	1200
浙江	51878	37521	44436	28776	41209	25237
安徽	23112	19730	23112	19730		
福建	19687	13411	1891	1182	2	2
江西	1138	1813	1138	1813		
山东	12515	10000	10145	8965	5339	4474
河南	12520	2497	8215	400		
湖北	32886	32352	24818	27876	17048	1028
湖南	15846	22176	5209	14339	3715	13812
广东	100307	180252	88851	170131	67514	169380
广西	11163	8535	11163	8535	9734	8535
海南						
重庆	15826	17104	12110	13229	9117	9751
四川	1456	3478	1456	3478		
贵州	471	326	471	326		
云南	297	178	297	178		
西藏	83	79				
陕西	10449	8797	9714	8062	4213	3497
甘肃	1050	1191		332		
青海						
宁夏						
新疆						

单位：万元

非自有配送中心配送商品购进额		营业额		餐饮收入及商品销售额	
2017年	2016年	2017年	2016年	2017年	2016年
56540	**36138**	**1282067**	**1369437**	**1257151**	**1360065**
41402	22558	344694	329266	337182	321577
		3002	2602	3002	2602
60	45	2987	4523	2987	4523
		1265	1327	1265	1327
		35520	32875	35520	32875
		2529	2930	2529	2930
660	1505	125683	97677	125683	97677
		83589	65766	83589	65766
224	160	49475	21113	49468	21091
		2341	3701	2341	3702
1026	1299	27884	27758	27805	27758
		32642	26741	32642	26555
1751	2001	138092	143080	121570	142138
1494	528	45928	64064	45928	64064
		305453	466075	304865	465542
1429		14497	18377	14497	18377
2993	3478	36794	33875	36587	33875
		2026	4645	2026	4645
		933	628	933	628
		1039	1070	1039	1070
		872	778	872	778
5500	4565	22230	18420	22231	18420
		2595	2145	2595	2145

4-11 续表 5

股份有限公司

地　区	商品购进总额		统一配送商品购进额		自有配送中心配送商品购进额	
	2017年	2016年	2017年	2016年	2017年	2016年
全　国	**379068**	**578785**	**201292**	**402672**	**65719**	**60219**
北　京	27246	28002	21252	21842		
天　津						
河　北						
山　西						
内蒙古	96826	94031				
辽　宁						
吉　林						
黑龙江						
上　海						
江　苏						
浙　江	58236	53641	58236	53641	27356	27908
安　徽						
福　建						
江　西	1600	1438	1600	1438	1600	1438
山　东	26592	24924	15168	12484	5620	4469
河　南						
湖　北	981	921	981	921		
湖　南						
广　东	24182	27637	24182	27637		
广　西						
海　南						
重　庆	104359	100331	41524	37546	31143	26405
四　川	30290	239798	30290	239798		
贵　州						
云　南	698	697				
西　藏						
陕　西						
甘　肃						
青　海						
宁　夏						
新　疆	8059	7365	8059	7365		

单位：万元

非自有配送中心配送商品购进额		营业额		餐饮收入及商品销售额	
2017年	2016年	2017年	2016年	2017年	2016年
80120	**73896**	**1004159**	**1413434**	**945051**	**1353538**
21252	21842	185655	186154	183487	184196
		96826	94031	96826	94031
30880	25733	112336	110413	112336	109344
		2634	2521	2635	2521
9548	7815	216147	160356	161381	104157
		15025	14319	15025	14319
		89039	59039	89039	59040
10381	11141	172580	178793	170665	178703
		72500	574027	72500	574027
		20479	18052	20479	18052
8059	7365	20936	15729	20678	15150

4-11 续表 6

私营企业

地区	商品购进总额		统一配送商品购进额		自有配送中心配送商品购进额	
	2017年	2016年	2017年	2016年	2017年	2016年
全国	**676828**	**646283**	**380454**	**415789**	**166636**	**208352**
北京	161114	144389	66100	86354	20040	48749
天津	2700	2317	2700	2317	2144	1917
河北	4632	3282				
山西	6037	6253	195	140	195	140
内蒙古	1377	1431	980	980	55	55
辽宁						
吉林	1820	2545	1456	2036		
黑龙江	7417	7331	7417	7331		
上海	53339	58373	22874	37309	16384	16692
江苏	25307	19152	19397	19055	17768	17137
浙江	55161	55050	39719	43930	15823	21757
安徽	37126	42343	36068	40939	30634	39006
福建	7251	9358	5528	6707	480	476
江西						
山东	2050	2208	105	143	26	74
河南	6895	7158	6082	6089		
湖北	19777	16049	8885	8404	3895	4288
湖南	52962	41049	29250	26022	8237	7581
广东	73744	70502	46580	46316	31236	31179
广西						
海南						
重庆	137471	136223	68782	63594	12193	10830
四川	2501	2169	2501	2169	2501	2169
贵州	2248	3321	2248	3321		
云南	7661	6530	7451	6240		
西藏						
陕西	7151	8095	5558	5767	4447	5677
甘肃						
青海						
宁夏						
新疆	1087	1156	580	627	580	627

单位：万元

非自有配送中心配送商品购进额		营业额		餐饮收入及商品销售额	
2017年	2016年	2017年	2016年	2017年	2016年
101413	**88048**	**1603662**	**1484986**	**1580445**	**1469518**
33535	27927	452538	392458	444594	387894
		8699	5890	8699	5890
		9598	7119	8510	6038
		12995	13317	12995	13317
		3859	3981	3859	3981
364	509	5931	6964	5931	6964
7417	7331	24416	20661	24416	20661
5966	5681	166322	173080	166322	173080
1629	1918	71885	40749	71886	40749
5916	3891	126552	125652	125933	124945
5435	1928	92795	92382	91630	92341
35	38	17080	19694	17080	19693
		5381	5192	5381	5192
1942	2722	11370	12016	11237	12016
731	967	37835	32209	37780	32196
17089	15253	133241	109292	121345	100690
2099	2241	185840	182574	185738	182353
18144	17553	164495	180012	164495	179982
		5883	5261	5883	5261
		5880	6643	5880	6643
		25363	21343	25363	21343
1112	90	32904	25708	32904	25709
		2801	2790	2586	2582

4-11 续表 7

其他企业

地　区	商品购进总额		统一配送商品购进额		自有配送中心配送商品购进额	
	2017年	2016年	2017年	2016年	2017年	2016年
全　国	**247**	**250**	**247**	**250**		
北　京						
天　津						
河　北						
山　西						
内蒙古	200	200	200	200		
辽　宁						
吉　林						
黑龙江						
上　海						
江　苏	47	50	47	50		
浙　江						
安　徽						
福　建						
江　西						
山　东						
河　南						
湖　北						
湖　南						
广　东						
广　西						
海　南						
重　庆						
四　川						
贵　州						
云　南						
西　藏						
陕　西						
甘　肃						
青　海						
宁　夏						
新　疆						

单位：万元

非自有配送中心配送商品购进额		营业额		餐饮收入及商品销售额	
2017年	2016年	2017年	2016年	2017年	2016年
47	**50**	**444**	**532**	**444**	**532**
		326	408	326	408
47	50	119	124	119	124

4-11 续表 8

港、澳、台商投资企业

地　区	商品购进总额		统一配送商品购进额		自有配送中心配送商品购进额	
	2017年	2016年	2017年	2016年	2017年	2016年
全　国	**1272619**	**1149256**	**1151225**	**991771**	**396552**	**286540**
北　京	458121	345678	443263	329834	220224	142734
天　津	37169	34193	37169	34193	1063	967
河　北						
山　西						
内蒙古						
辽　宁	50491	66360	34504	28322	2319	9850
吉　林						
黑龙江	737	898	737	898	737	898
上　海	273658	299269	205971	226443	31946	53548
江　苏	42477	45709	42322	45430	19169	18805
浙　江	39262	33887	38301	32531	6858	6190
安　徽	9211	7521	9211	7521		
福　建	19699	27421	19347	26935		
江　西	2025	2249				
山　东	11954	11492	3847	4484		
河　南						
湖　北	147919	96114	141527	89412	91142	37214
湖　南	5977	593	5977	593		
广　东	146615	157813	143569	147114	23096	16332
广　西						
海　南	2641	2075	2641	2075		
重　庆	580	1436	580	1436		
四　川	14698	12608	13081	10841		
贵　州						
云　南	594	706	594	706		
西　藏						
陕　西	8584	3006	8584	3006		
甘　肃	207	229				
青　海						
宁　夏						
新　疆						

单位：万元

非自有配送中心配送商品购进额		营业额		餐饮收入及商品销售额	
2017年	2016年	2017年	2016年	2017年	2016年
192332	**345038**	**4086195**	**3491466**	**4076634**	**3488700**
81609	66548	1352194	1095276	1344070	1094866
		122427	103520	122427	103520
		124062	117159	124062	117159
		9926	10547	9926	10547
	148165	693081	651390	693081	651390
6298	26625	141565	128479	140196	126423
31443	26340	130921	111726	130853	111726
		30507	23400	30507	23400
8096	12994	97714	84254	97714	84254
		3390	3558	3390	3558
		41884	35003	41884	35003
50386	52197	495745	433618	495745	433618
5977	593	13184	8608	13184	8608
4333	6809	638476	540843	638476	540543
2641	2075	9457	7804	9457	7804
580	1436	1641	4225	1641	4225
375	552	151138	122265	151138	122265
594	706	1799	2040	1799	2040
		26585	7228	26585	7228
		502	522	502	522

4-11 续表 9

外商投资企业

地　　区	商品购进总额		统一配送商品购进额		自有配送中心配送商品购进额	
	2017年	2016年	2017年	2016年	2017年	2016年
全　　国	**2734386**	**2607110**	**2442032**	**2353071**	**1050676**	**1050616**
北　　京	375290	336305	362702	327701	248075	226486
天　　津	135112	128711				
河　　北						
山　　西	29250	27930	29250	27930	29250	27930
内 蒙 古						
辽　　宁	445776	426950	416312	398951	17630	15080
吉　　林						
黑 龙 江	1008	856	30	51		
上　　海	429525	350015	372580	314215	11255	10525
江　　苏	238694	286959	224702	273245	112920	163720
浙　　江	148596	122089	148596	122089	148596	122089
安　　徽						
福　　建	89880	83564	89880	83564	40212	37165
江　　西	33514	29231	33514	29231		
山　　东	96955	92955	96955	92955	96955	92955
河　　南	34838	32544	34838	32544		
湖　　北	3160	3206	3160	2836		
湖　　南	87363	77335	86321	73057	86321	73057
广　　东	396735	448492	369702	427670	161812	200850
广　　西	20156	20792	20156	20792		
海　　南						
重　　庆	10619	9001	10609	9001	10208	8767
四　　川	73064	57955	73064	57955	17782	12708
贵　　州						
云　　南	15191	12936				
西　　藏						
陕　　西	44942	40916	44942	40916	44942	40916
甘　　肃	12873	12304	12873	12304	12873	12304
青　　海						
宁　　夏						
新　　疆	11846	6066	11846	6066	11846	6066

单位：万元

非自有配送中心配送商品购进额		营业额		餐饮收入及商品销售额	
2017年	2016年	2017年	2016年	2017年	2016年
225955	**210192**	**7420351**	**6780388**	**7411763**	**6773503**
26400	24504	1291735	1162477	1284423	1158013
		289076	274500	289076	274500
		60632	57617	60632	57617
		451791	421651	451791	421651
		2037	1941	2038	1941
38687	22991	1503133	1319135	1503044	1318800
108580	104814	756699	704509	756342	704510
		483624	438450	483624	438450
		181753	172097	181754	172097
		68890	60528	68890	60528
		199157	189979	199157	189979
		66349	63284	66349	63284
		10115	11468	10107	11468
		150842	140982	150826	139982
25401	32173	1385302	1294088	1385302	1293356
20156	20792	63679	61182	63679	61182
401	234	45670	38106	44864	37751
6330	4685	207117	183599	207117	183599
		51370	48853	51370	48853
		94864	85510	94864	85510
		29405	28551	29405	28551
		27112	21881	27112	21881

4-12　按登记注册类型分各地区

内资企业

地　区	商品购进总额		统一配送商品购进额		自有配送中心配送商品购进额	
	2017年	2016年	2017年	2016年	2017年	2016年
全　国	**431331**	**419205**	**224746**	**209637**	**134481**	**129172**
北　京	28407	39423	5583	7692	520	501
天　津						
河　北	227	243	227	243		
山　西	372	191				
内 蒙 古	2201	2484	1073	1128	932	913
辽　宁						
吉　林						
黑 龙 江						
上　海	211	315	161	251	11	91
江　苏	912	941	836	917	836	917
浙　江	21916	24011	21916	22207	5659	8609
安　徽	112	244	112	244	97	231
福　建	1218	1242	215	210		
江　西	5731	3542	5731	3542		
山　东	13712	9815	13137	9296		
河　南	500		500			
湖　北						
湖　南	34007	33748	11047	12637	4143	5231
广　东	1059	3408	1059	2603		
广　西	21651	10892	21651	10892	10123	2760
海　南						
重　庆	295456	284853	141019	135422	111714	107584
四　川	754	916	445	467	445	467
贵　州						
云　南	34	15	34	15		
西　藏						
陕　西	1024	1024				
甘　肃						
青　海						
宁　夏						
新　疆	1827	1898		1870		1870

连锁餐饮企业加盟门店经营情况

单位：万元

非自有配送中心配送商品购进额		营业额		餐饮收入及商品销售额	
2017年	2016年	2017年	2016年	2017年	2016年
53738	**51446**	**1039386**	**981549**	**1039066**	**979830**
5063	7192	122227	120515	122227	120515
			110		110
		643	656	643	656
		1310	884	1310	884
141	215	32658	33947	32658	33947
		706	833	706	833
		1492	1535	1492	1535
15970	13309	41911	52562	41912	52562
15	13	3652	2541	3652	2541
215	210	2145	2181	2145	2181
		15852	13102	15852	13102
		36537	30962	36537	30962
		80		80	
5830	6372	80466	79185	80146	78874
		4877	6677	4877	6678
1486		47145	32153	47145	32153
25018	24135	616314	575089	616314	573753
		20088	18566	20088	18566
		63	46	63	46
		1632	1632	1632	1632
		9585	8374	9585	8301

4-12 续表 1

有限责任公司

地区	商品购进总额		统一配送商品购进额		自有配送中心配送商品购进额	
	2017年	2016年	2017年	2016年	2017年	2016年
全国	**159522**	**140753**	**134763**	**117297**	**117262**	**105309**
北京	1246	1082				
天津						
河北						
山西						
内蒙古	2201	2484	1073	1128	932	913
辽宁						
吉林						
黑龙江						
上海	11	91	11	91	11	91
江苏						
浙江	5659	3674	5659	3674	5659	3674
安徽						
福建	1003	1032				
江西	5731	3542	5731	3542		
山东						
河南						
湖北						
湖南	23951	23703	3593	4741	3593	4741
广东	102	99	102	99		
广西	21651	10892	21651	10892	10123	2760
海南						
重庆	96943	93131	96943	93131	96943	93131
四川						
贵州						
云南						
西藏						
陕西	1024	1024				
甘肃						
青海						
宁夏						
新疆						

单位：万元

非自有配送中心配送商品购进额		营业额		餐饮收入及商品销售额	
2017年	2016年	2017年	2016年	2017年	2016年
1627	**215**	**411821**	**377585**	**411821**	**377585**
		18269	15386	18269	15386
141	215	32658	33947	32658	33947
		26	143	26	143
		11534	8076	11534	8076
		1735	1765	1735	1765
		15852	13102	15852	13102
		58426	57812	58426	57812
		281	273	281	273
1486		47145	32153	47145	32153
		224262	213297	224262	213297
		1632	1632	1632	1632

4-12 续表 2

股份有限公司

地区	商品购进总额		统一配送商品购进额		自有配送中心配送商品购进额	
	2017年	2016年	2017年	2016年	2017年	2016年
全国	**104943**	**114987**	**22218**	**23248**		
北京	26641	37841	5063	7192		
天津						
河北	227	243	227	243		
山西						
内蒙古						
辽宁						
吉林						
黑龙江						
上海						
江苏						
浙江	15970	13309	15970	13309		
安徽						
福建						
江西						
山东						
河南						
湖北						
湖南						
广东	957	2504	957	2504		
广西						
海南						
重庆	61148	61090				
四川						
贵州						
云南						
西藏						
陕西						
甘肃						
青海						
宁夏						
新疆						

单位：万元

非自有配送中心配送商品购进额		营业额		餐饮收入及商品销售额	
2017年	2016年	2017年	2016年	2017年	2016年
21033	**20500**	**329003**	**310779**	**329003**	**309443**
5063	7192	102658	104117	102658	104117
		643	656	643	656
15970	13309	30008	25006	30008	25006
		4597	5086	4596	5086
		191098	175914	191098	174578

4-12 续表 3

私营企业

地区	商品购进总额		统一配送商品购进额		自有配送中心配送商品购进额	
	2017年	2016年	2017年	2016年	2017年	2016年
全国	**166866**	**163465**	**67765**	**69092**	**17220**	**23863**
北京	520	501	520	501	520	501
天津						
河北						
山西	372	191				
内蒙古						
辽宁						
吉林						
黑龙江						
上海	200	224	150	160		
江苏	912	941	836	917	836	917
浙江	286	7028	286	5224		4935
安徽	112	244	112	244	97	231
福建	215	210	215	210		
江西						
山东	13712	9815	13137	9296		
河南	500		500			
湖北						
湖南	10056	10045	7454	7896	550	490
广东		804				
广西						
海南						
重庆	137365	130632	44076	42291	14771	14453
四川	754	916	445	467	445	467
贵州						
云南	34	15	34	15		
西藏						
陕西						
甘肃						
青海						
宁夏						
新疆	1827	1898		1870		1870

单位：万元

非自有配送中心配送商品购进额		营业额		餐饮收入及商品销售额	
2017年	2016年	2017年	2016年	2017年	2016年
31078	**30731**	**298562**	**293185**	**298242**	**292802**
		1300	1012	1300	1012
			110		110
		1310	884	1310	884
		680	690	680	690
		1492	1535	1492	1535
		370	19480	370	19480
15	13	3652	2541	3652	2541
215	210	410	416	410	416
		36537	30962	36537	30962
		80		80	
5830	6372	22040	21373	21720	21062
			1319		1319
25018	24135	200955	185879	200954	185879
		20088	18566	20088	18566
		63	46	63	46
		9585	8374	9585	8301

4-12 续表 4

港、澳、台投资企业

地 区	商品购进总额		统一配送商品购进额		自有配送中心配送商品购进额	
	2017年	2016年	2017年	2016年	2017年	2016年
全 国	**45985**	**53477**	**36997**	**43597**		
北 京						
天 津						
河 北						
山 西						
内 蒙 古						
辽 宁						
吉 林						
黑 龙 江						
上 海	7312	8452				
江 苏		5597		5597		
浙 江						
安 徽						
福 建						
江 西						
山 东						
河 南						
湖 北						
湖 南						
广 东	10292	10446	8616	9018		
广 西						
海 南						
重 庆	11549	11647	11549	11647		
四 川						
贵 州						
云 南	16833	17335	16833	17335		
西 藏						
陕 西						
甘 肃						
青 海						
宁 夏						
新 疆						

单位：万元

非自有配送中心配送商品购进额		营业额		餐饮收入及商品销售额	
2017年	2016年	2017年	2016年	2017年	2016年
28382	**34579**	**139028**	**151823**	**139027**	**151823**
		977		977	
		24041	24147	24041	24147
	5597		17136		17136
		31988	30718	31988	30718
11549	11647	31140	31863	31140	31863
16833	17335	50882	47959	50882	47959

4-12 续表 5

外商投资企业

地区	商品购进总额		统一配送商品购进额		自有配送中心配送商品购进额	
	2017年	2016年	2017年	2016年	2017年	2016年
全国	**100948**	**108687**	**83979**	**93260**	**33719**	**35275**
北京	9718	9326	9718	9326	2334	3352
天津						
河北						
山西						
内蒙古						
辽宁						
吉林						
黑龙江						
上海	67	92	67	92		
江苏	21487	22002	14772	14798	13660	13805
浙江	17726	18118	17726	18118	17726	18118
安徽						
福建						
江西						
山东						
河南						
湖北						
湖南	10213	8223				
广东						
广西						
海南						
重庆	12942	12894	12901	12894		
四川	28796	38034	28796	38034		
贵州						
云南						
西藏						
陕西						
甘肃						
青海						
宁夏						
新疆						

单位：万元

非自有配送中心配送商品购进额		营业额		餐饮收入及商品销售额	
2017年	2016年	2017年	2016年	2017年	2016年
21397	**19861**	**688735**	**651791**	**688735**	**650291**
7384	5974	51041	51114	51041	51114
		869	1438	869	1437
1111	993	41398	40139	41399	40140
		50356	60502	50356	60502
		190177	179481	190177	177981
12901	12894	243311	210010	243311	210010
		111583	109107	111583	109107

4-13 按行业分各地区连锁餐饮企业基本情况

正餐服务

地区	连锁总店数（个）	门店数（个）		年末从业人员（人）		年末餐饮营业面积（平方米）		年末餐位数（位）	
	2017年	2017年	2016年	2017年	2016年	2017年	2016年	2017年	2016年
全国	**249**	**6826**	**6748**	**277259**	**293700**	**4990978**	**5302132**	**1515592**	**1563739**
北京	46	1572	1469	69573	69620	1194455	1202894	275407	274085
天津	1	2	2	141	143	4800	4800	600	600
河北	3	14	14	1044	1021	35050	35050	5375	5562
山西	3	17	20	1239	1461	32330	31730	8924	9424
内蒙古	5	120	130	3124	3335	72895	77968	23003	23622
辽宁	1	11	11	83	80	3300	3300	1300	1300
吉林	1	19	18	450	626	9004	9595	2452	3393
黑龙江	4	34	38	770	1218	18323	22582	5571	7869
上海	24	678	717	15836	15447	226541	236343	72954	78473
江苏	5	53	15	1787	684	51117	29531	11197	6389
浙江	15	259	290	9630	10789	299024	415011	78619	95531
安徽	5	227	243	6019	6333	250355	310300	31019	38855
福建	14	168	160	3699	3253	34138	32642	15631	14990
江西	4	43	36	1710	1644	22383	21863	6606	5416
山东	5	49	51	9466	9441	234069	235491	28593	29092
河南	12	54	58	1249	1611	20343	24278	6799	8307
湖北	28	213	195	10485	10503	309658	312393	80626	87179
湖南	13	642	607	30266	27923	547945	506942	213453	200275
广东	25	310	315	13789	12958	221676	225720	59615	61599
广西									
海南									
重庆	21	2169	2119	87671	87707	1267198	1262420	513208	494344
四川	3	37	123	3719	22336	54365	224865	11975	60972
贵州	2	18	13	539	507	19315	19695	3546	3489
云南	2	13	15	179	186	4852	5500	905	1085
西藏									
陕西	4	91	76	4439	4527	52686	46063	56414	50088
甘肃	1	2	2	160	160	2036	2036	556	556
青海									
宁夏									
新疆	2	11	11	192	187	3120	3120	1244	1244

4-13 续表 1

快餐服务

地区	连锁总店数（个）	门店数（个）		年末从业人员（人）		年末餐饮营业面积（平方米）		年末餐位数（位）	
	2017年	2017年	2016年	2017年	2016年	2017年	2016年	2017年	2016年
全　国	**176**	**16139**	**15049**	**450969**	**411851**	**5105289**	**4603227**	**1619865**	**1606917**
北　京	31	2730	2570	66679	52263	722593	679333	256865	269397
天　津	5	566	509	15834	15495	205397	193802	63676	58415
河　北	1	4	4	81	81	1990	1990	278	278
山　西	2	92	87	4321	4063	32900	31150	10830	10280
内蒙古									
辽　宁	9	690	677	9718	9405	266822	247655	83012	78002
吉　林									
黑龙江	1	31	26	800	600	9240	7740	2700	2300
上　海	8	1372	1296	34750	35821	707151	524652	166952	160004
江　苏	13	1508	1474	44728	43917	437419	441205	149237	149626
浙　江	8	1530	1280	35734	30404	381416	347304	137459	132217
安　徽	3	520	445	7509	6039	108348	91840	34084	28465
福　建	8	436	401	18104	17558	170152	142152	37876	38644
江　西	1	108	92	5070	5126	39800	35880		12144
山　东	11	564	531	9774	9494	139463	129868	59293	58164
河　南	3	159	147	5306	5009	42183	39447	22380	21276
湖　北	4	660	567	37993	32965	240710	218744	52395	47471
湖　南	8	491	490	16883	13821	99382	94231	48276	44001
广　东	34	3026	2980	86818	85384	1043923	966943	307780	324669
广　西	3	247	187	8733	7111	58791	47091	22575	17626
海　南	1	7	7	153	149	2612	2612	879	879
重　庆	2	121	121	3369	3259	27591	27786	11588	10784
四　川	5	658	603	19377	17057	181940	167329	80876	75548
贵　州									
云　南	5	236	223	7696	7526	61503	57983	37520	36480
西　藏	1	3	3	32	35	450	450	126	126
陕　西	3	191	149	7132	5494	73646	56763	18800	15990
甘　肃	2	35	34	1513	1489	11810	11460	3400	3300
青　海									
宁　夏									
新　疆	4	154	146	2862	2286	38057	37817	11008	10831

4-13 续表 2

饮料及冷饮服务

地区	连锁总店数（个）	门店数（个）		年末从业人员（人）		年末餐饮营业面积（平方米）		年末餐位数（位）	
	2017年	2017年	2016年	2017年	2016年	2017年	2016年	2017年	2016年
全　国	**24**	**3926**	**3391**	**45506**	**38697**	**603865**	**521088**	**216221**	**154452**
北　京	4	803	726	7222	5820	123870	113022	38542	36449
天　津									
河　北									
山　西									
内蒙古									
辽　宁	1	29	26	370	231	5729	5279	1817	1757
吉　林									
黑龙江									
上　海	4	1749	1500	24008	20474	309372	248939	110249	63377
江　苏	2	25	27	720	902	10298	13670	1032	1499
浙　江	1	8	6	164	111	1933	1933	816	816
安　徽									
福　建	2	7	10	100	110	1403	1403	154	154
江　西									
山　东	1	33	27	297	240	7007	5733	2229	1824
河　南									
湖　北	1	212	172	1930	1547	18020	14620	17000	13792
湖　南									
广　东	6	812	712	8296	7337	79310	75976	23455	18723
广　西									
海　南									
重　庆	1	5	5	50	50	1750	1750	385	385
四　川	1	243	180	2349	1875	45173	38763	20542	15676
贵　州									
云　南									
西　藏									
陕　西									
甘　肃									
青　海									
宁　夏									
新　疆									

4-13　续表 3

其他餐饮业

地　区	连锁总店数（个）	门店数（个）		年末从业人员（人）		年末餐饮营业面积（平方米）		年末餐位数（位）	
	2017年	2017年	2016年	2017年	2016年	2017年	2016年	2017年	2016年
全　国	**14**	**587**	**620**	**6305**	**7277**	**53914**	**69417**	**27535**	**41483**
北　京	1	28	29	490	551	2676	2860	477	467
天　津	1	5	6	37	70	500	440	180	180
河　北									
山　西									
内蒙古									
辽　宁									
吉　林									
黑龙江									
上　海	2	89	104	2448	3290	22175	37117	19162	33607
江　苏	1	12	10	321	341	3990	3875	1930	1850
浙　江	2	143	158	699	855	7443	7801	2661	2115
安　徽									
福　建	1	92	98	495	448	1070	1070	80	80
江　西									
山　东									
河　南	1	4	4	79	81	3800	3800	700	700
湖　北	1	4	8	50	68	1050	2340	187	371
湖　南									
广　东	2	10	10	80	84	832	832	406	406
广　西									
海　南									
重　庆	1	165	160	749	739	4059	3679	1092	1087
四　川	1	35	33	857	750	6319	5603	660	620
贵　州									
云　南									
西　藏									
陕　西									
甘　肃									
青　海									
宁　夏									
新　疆									

4-14 按行业分各地区连锁餐饮企业直营门店基本情况

正餐服务

地区	门店数（个）		年末从业人员（人）		年末餐饮营业面积（平方米）		年末餐位数（位）	
	2017年	2016年	2017年	2016年	2017年	2016年	2017年	2016年
全国	**4224**	**4210**	**173640**	**189539**	**3319809**	**3616518**	**895921**	**963082**
北京	1397	1302	59882	58957	937596	933706	225424	220720
天津	2	2	141	143	4800	4800	600	600
河北	9	9	704	656	27350	27350	4605	4792
山西	16	20	1186	1461	29730	31730	8494	9424
内蒙古	46	46	1999	2035	36646	37541	18683	18952
辽宁	11	11	83	80	3300	3300	1300	1300
吉林	19	18	450	626	9004	9595	2452	3393
黑龙江	34	38	770	1218	18323	22582	5571	7869
上海	675	713	15773	15381	226041	235540	72752	78092
江苏	53	15	1787	684	51117	29531	11197	6389
浙江	257	263	9365	10128	290824	371511	76969	88981
安徽	223	236	5970	6235	249832	309500	30685	38255
福建	91	85	3059	2628	27758	26342	12631	11940
江西	8	8	710	744	21133	21133	4856	4856
山东	47	49	9404	9379	233119	234541	28493	28992
河南	53	58	1229	1611	20243	24278	6789	8307
湖北	213	195	10485	10503	309658	312393	80626	87179
湖南	174	177	10510	10260	145698	135785	65110	59796
广东	309	311	13669	12715	218676	220770	59217	60644
广西								
海南								
重庆	437	439	18121	17095	340224	342346	107472	108102
四川	20	103	3157	21756	37428	206530	9496	58203
贵州	18	13	539	507	19315	19695	3546	3489
云南	13	15	179	186	4852	5500	905	1085
西藏								
陕西	86	71	4116	4204	51986	45363	56248	49922
甘肃	2	2	160	160	2036	2036	556	556
青海								
宁夏								
新疆	11	11	192	187	3120	3120	1244	1244

4-14 续表 1

快餐服务

地　区	门店数（个）		年末从业人员（人）		年末餐饮营业面积（平方米）		年末餐位数（位）	
	2017年	2016年	2017年	2016年	2017年	2016年	2017年	2016年
全　国	**14534**	**13512**	**425003**	**387107**	**4831497**	**4331594**	**1491148**	**1481340**
北　京	2636	2466	65237	50521	685449	637656	244130	254672
天　津	566	509	15834	15495	205397	193802	63676	58415
河　北	4	4	81	81	1990	1990	278	278
山　西	88	83	4250	3992	30800	29050	9680	9130
内蒙古								
辽　宁	690	677	9718	9405	266822	247655	83012	78002
吉　林								
黑龙江	31	26	800	600	9240	7740	2700	2300
上　海	1372	1296	34750	35821	707151	524652	166952	160004
江　苏	1335	1279	41560	40384	407996	404179	138113	135964
浙　江	1153	934	31063	25504	334814	297781	116088	110168
安　徽	500	427	7292	5836	106268	89971	33076	27470
福　建	436	401	18104	17558	170152	142152	37876	38644
江　西	108	92	5070	5126	39800	35880		12144
山　东	489	465	7401	7068	120083	113196	53127	52806
河　南	159	147	5306	5009	42183	39447	22380	21276
湖　北	660	567	37993	32965	240710	218744	52395	47471
湖　南	329	309	15780	12487	90312	84411	40961	36566
广　东	2984	2942	85296	83910	1030633	953810	303510	321625
广　西	121	110	5414	5006	33256	27891	12500	11076
海　南	7	7	153	149	2612	2612	879	879
重　庆	53	56	2917	2811	20395	20696	6614	6566
四　川	366	321	14854	13557	120033	112826	44827	40877
贵　州								
云　南	129	121	5319	5243	49298	46463	28640	27965
西　藏	3	3	32	35	450	450	126	126
陕　西	191	149	7132	5494	73646	56763	18800	15990
甘　肃	35	34	1513	1489	11810	11460	3400	3300
青　海								
宁　夏								
新　疆	89	87	2134	1561	30197	30317	7408	7626

4-14 续表 2

饮料及冷饮服务

地区	门店数（个）		年末从业人员（人）		年末餐饮营业面积（平方米）		年末餐位数（位）	
	2017年	2016年	2017年	2016年	2017年	2016年	2017年	2016年
全　国	**3914**	**3374**	**45425**	**38572**	**602249**	**519112**	**215871**	**153977**
北　京	803	726	7222	5820	123870	113022	38542	36449
天　津								
河　北								
山　西								
内蒙古								
辽　宁	29	26	370	231	5729	5279	1817	1757
吉　林								
黑龙江								
上　海	1745	1496	23979	20449	309186	248753	110214	63342
江　苏	25	27	720	902	10298	13670	1032	1499
浙　江	8	6	164	111	1933	1933	816	816
安　徽								
福　建	7	10	100	110	1403	1403	154	154
江　西								
山　东	33	27	297	240	7007	5733	2229	1824
河　南								
湖　北	212	172	1930	1547	18020	14620	17000	13792
湖　南								
广　东	808	703	8272	7265	78950	75256	23355	18498
广　西								
海　南								
重　庆	1	1	22	22	680	680	170	170
四　川	243	180	2349	1875	45173	38763	20542	15676
贵　州								
云　南								
西　藏								
陕　西								
甘　肃								
青　海								
宁　夏								
新　疆								

4-14 续表 3

其他餐饮业

地区	门店数（个）		年末从业人员（人）		年末餐饮营业面积（平方米）		年末餐位数（位）	
	2017年	2016年	2017年	2016年	2017年	2016年	2017年	2016年
全　国	**339**	**370**	**5079**	**5523**	**46696**	**61444**	**25870**	**39691**
北　京	28	29	490	551	2676	2860	477	467
天　津	5	5	37	58	500	290	180	100
河　北								
山　西								
内蒙古								
辽　宁								
吉　林								
黑龙江								
上　海	79	94	1998	2370	20175	34117	18912	33227
江　苏	2	2	191	192	3170	3170	1340	1340
浙　江	143	158	699	855	7443	7801	2661	2115
安　徽								
福　建	2	2	405	327	100	100	80	80
江　西								
山　东								
河　南	4	4	79	81	3800	3800	700	700
湖　北	4	8	50	68	1050	2340	187	371
湖　南								
广　东	7	7	61	63	588	588	296	296
广　西								
海　南								
重　庆	30	28	212	208	875	775	377	375
四　川	35	33	857	750	6319	5603	660	620
贵　州								
云　南								
西　藏								
陕　西								
甘　肃								
青　海								
宁　夏								
新　疆								

4-15　按行业分各地区连锁餐饮企业加盟门店基本情况

正餐服务

地　区	门店数（个）		年末从业人员（人）		年末餐饮营业面积（平方米）		年末餐位数（位）	
	2017年	2016年	2017年	2016年	2017年	2016年	2017年	2016年
全　国	**2602**	**2538**	**103619**	**104161**	**1671169**	**1685614**	**619671**	**600657**
北　京	175	167	9691	10663	256859	269188	49983	53365
天　津								
河　北	5	5	340	365	7700	7700	770	770
山　西	1		53		2600		430	
内蒙古	74	84	1125	1300	36249	40427	4320	4670
辽　宁								
吉　林								
黑龙江								
上　海	3	4	63	66	500	803	202	381
江　苏								
浙　江	2	27	265	661	8200	43500	1650	6550
安　徽	4	7	49	98	523	800	334	600
福　建	77	75	640	625	6380	6300	3000	3050
江　西	35	28	1000	900	1250	730	1750	560
山　东	2	2	62	62	950	950	100	100
河　南	1		20		100		10	
湖　北								
湖　南	468	430	19756	17663	402247	371157	148343	140479
广　东	1	4	120	243	3000	4950	398	955
广　西								
海　南								
重　庆	1732	1680	69550	70612	926974	920074	405736	386242
四　川	17	20	562	580	16937	18335	2479	2769
贵　州								
云　南								
西　藏								
陕　西	5	5	323	323	700	700	166	166
甘　肃								
青　海								
宁　夏								
新　疆								

4-15 续表 1

快餐服务

地区	门店数（个）		年末从业人员（人）		年末餐饮营业面积（平方米）		年末餐位数（位）	
	2017年	2016年	2017年	2016年	2017年	2016年	2017年	2016年
全国	**1605**	**1537**	**25966**	**24744**	**273792**	**271633**	**128717**	**125577**
北京	94	104	1442	1742	37144	41677	12735	14725
天津								
河北								
山西	4	4	71	71	2100	2100	1150	1150
内蒙古								
辽宁								
吉林								
黑龙江								
上海								
江苏	173	195	3168	3533	29423	37026	11124	13662
浙江	377	346	4671	4900	46602	49523	21371	22049
安徽	20	18	217	203	2080	1869	1008	995
福建								
江西								
山东	75	66	2373	2426	19380	16672	6166	5358
河南								
湖北								
湖南	162	181	1103	1334	9070	9820	7315	7435
广东	42	38	1522	1474	13290	13133	4270	3044
广西	126	77	3319	2105	25535	19200	10075	6550
海南								
重庆	68	65	452	448	7196	7090	4974	4218
四川	292	282	4523	3500	61907	54503	36049	34671
贵州								
云南	107	102	2377	2283	12205	11520	8880	8515
西藏								
陕西								
甘肃								
青海								
宁夏								
新疆	65	59	728	725	7860	7500	3600	3205

4-15 续表 2

饮料及冷饮服务

地区	门店数（个）		年末从业人员（人）		年末餐饮营业面积（平方米）		年末餐位数（位）	
	2017年	2016年	2017年	2016年	2017年	2016年	2017年	2016年
全国	**12**	**17**	**81**	**125**	**1616**	**1976**	**350**	**475**
北京								
天津								
河北								
山西								
内蒙古								
辽宁								
吉林								
黑龙江								
上海	4	4	29	25	186	186	35	35
江苏								
浙江								
安徽								
福建								
江西								
山东								
河南								
湖北								
湖南								
广东	4	9	24	72	360	720	100	225
广西								
海南								
重庆	4	4	28	28	1070	1070	215	215
四川								
贵州								
云南								
西藏								
陕西								
甘肃								
青海								
宁夏								
新疆								

4-15 续表 3

其他餐饮业

地区	门店数（个）		年末从业人员（人）		年末餐饮营业面积（平方米）		年末餐位数（位）	
	2017年	2016年	2017年	2016年	2017年	2016年	2017年	2016年
全国	**248**	**250**	**1226**	**1754**	**7218**	**7973**	**1665**	**1792**
北京								
天津		1		12		150		80
河北								
山西								
内蒙古								
辽宁								
吉林								
黑龙江								
上海	10	10	450	920	2000	3000	250	380
江苏	10	8	130	149	820	705	590	510
浙江								
安徽								
福建	90	96	90	121	970	970		
江西								
山东								
河南								
湖北								
湖南								
广东	3	3	19	21	244	244	110	110
广西								
海南								
重庆	135	132	537	531	3184	2904	715	712
四川								
贵州								
云南								
西藏								
陕西								
甘肃								
青海								
宁夏								
新疆								

4-16 按行业分各地区连锁

正餐服务

地　区	商品购进总额		统一配送商品购进额		自有配送中心配送商品购进额	
	2017年	2016年	2017年	2016年	2017年	2016年
全　国	**1940957**	**2097403**	**1059114**	**1285216**	**548117**	**565386**
北　京	520271	500045	356229	362453	196156	215502
天　津	903	700	903	700		
河　北	7443	6309	227	243		
山　西	6195	6253	195	140	195	140
内蒙古	101369	99113	2579	2760	1253	1375
辽　宁	492	650				
吉　林	1820	2545	1456	2036		
黑龙江	2924	3854	1946	3049	737	898
上　海	196439	187642	78292	77027	29280	29412
江　苏	15041	7585	9258	7585	9064	7360
浙　江	98610	107539	75530	84840	51917	62585
安　徽	37016	42039	35958	40636	30509	38689
福　建	23206	19075	6616	7055		
江　西	10493	9041	8468	6792	1600	1438
山　东	29036	27575	15705	13155	6157	5140
河　南	11286	9154	6676	6489		
湖　北	60035	56024	34683	37201	20943	5315
湖　南	89909	87024	23738	31913	15898	26477
广　东	117209	117914	84510	88723	16422	14039
广　西						
海　南						
重　庆	552312	536616	262585	247896	155801	144578
四　川	35001	246361	34692	245912	2946	2636
贵　州	2719	3647	2719	3647		
云　南	507	468	297	178		
西　藏						
陕　西	18624	17916	15272	13829	8660	9174
甘　肃	1050	1191		332		
青　海						
宁　夏						
新　疆	1049	1122	580	627	580	627

餐饮企业经营情况

单位：万元

非自有配送中心配送商品购进额		营业额		餐饮收入及商品销售额	
2017年	2016年	2017年	2016年	2017年	2016年
232383	**208729**	**5402265**	**5571388**	**5302021**	**5491224**
56522	56287	1775849	1639990	1763184	1631732
		2888	2569	2524	2569
		15034	12796	13946	11715
		13298	13317	13298	13317
201	260	136656	136890	136656	136890
		1165	1314	1165	1314
364	509	5931	6964	5931	6964
1180	2101	16580	17147	16579	17147
44653	28672	460589	466714	460589	466714
194	225	51282	18540	51282	18540
6576	5396	224416	253451	223790	251755
5449	1941	85308	87354	84144	87313
473	406	61850	36900	61843	36878
		24217	22882	24216	22883
9548	7815	222079	166528	167312	110329
1942	2722	16931	16452	16798	16266
2482	2968	167469	164366	150892	163411
3842	2014	373448	371608	364646	362509
22506	23324	351895	311594	350735	310629
69840	69434	1223810	1161358	1221135	1159903
		100497	602499	100497	602498
		6813	7271	6813	7271
		2238	2271	2238	2271
6612	4655	56766	45760	56767	45761
		2595	2145	2595	2145
		2661	2709	2446	2501

4-16 续表 1

快餐服务

地　　区	商品购进总额		统一配送商品购进额		自有配送中心配送商品购进额	
	2017年	2016年	2017年	2016年	2017年	2016年
全　　国	**3710296**	**3567464**	**3410904**	**3277336**	**1478052**	**1458998**
北　　京	567477	428092	562355	422977	321863	232936
天　　津	176901	166685	41415	37974	3207	2884
河　　北	354	199				
山　　西	29464	28122	29250	27930	29250	27930
内 蒙 古						
辽　　宁	492624	490162	451353	427714	20485	25318
吉　　林						
黑 龙 江	6238	5231	6238	5231		
上　　海	341519	335165	314822	325924	34636	55456
江　　苏	308938	366314	288228	345394	153902	205622
浙　　江	289751	232463	288986	232136	206896	163009
安　　徽	32545	27799	32545	27799	222	548
福　　建	110034	111291	110034	111291	40692	37641
江　　西	33514	29231	33514	29231		
山　　东	134677	123117	123396	114284	105343	100369
河　　南	42959	32544	42959	32544		
湖　　北	118761	76069	118761	75699	91142	37214
湖　　南	116458	96100	114066	94734	86517	73203
广　　东	593646	744574	556588	706169	266390	402946
广　　西	52970	40219	52970	40219	19857	11295
海　　南	2641	2075	2641	2075		
重　　庆	22337	21849	22337	21849	10208	8767
四　　川	107229	100341	107229	100341	17782	12708
贵　　州						
云　　南	40801	37930	24912	24297		
西　　藏	83	79				
陕　　西	53526	43921	53526	43921	44942	40916
甘　　肃	13080	12533	12873	12304	12873	12304
青　　海						
宁　　夏						
新　　疆	21771	15362	19905	15301	11846	7936

单位：万元

非自有配送中心配送商品购进额		营业额		餐饮收入及商品销售额	
2017年	2016年	2017年	2016年	2017年	2016年
432601	**575845**	**10086883**	**9250911**	**10063028**	**9234874**
90653	63792	1676351	1395242	1657262	1384415
		419438	384913	419438	384912
		717	378	717	378
		61639	58501	61639	58501
		561193	526886	561193	526886
6238	5231	19800	16002	19800	16002
	148165	1138325	1029257	1138236	1029222
117472	139772	946403	895947	946403	895738
78293	65382	832939	730142	832879	730061
		125235	96735	125234	96734
8096	12994	278507	255006	278508	255006
		68890	60528	68890	60528
1059	1357	300154	279499	300075	279499
		92435	84547	92435	84547
24459	35649	394132	360688	394123	360688
26548	20731	240390	210005	236960	207691
9752	16180	2029164	2060344	2028576	2058778
23071	20792	125321	111712	125321	111712
2641	2075	9457	7804	9457	7804
12129	13082	67316	68423	67062	68069
6704	5237	340321	312608	340321	312608
17427	18041	148756	137092	148757	137092
		872	778	872	778
		121449	92738	121449	92738
		29907	29073	29907	29073
8059	7365	57772	46065	57515	45413

4-16 续表 2

饮料及冷饮服务

地区	商品购进总额		统一配送商品购进额		自有配送中心配送商品购进额	
	2017年	2016年	2017年	2016年	2017年	2016年
全国	**416123**	**344846**	**371983**	**305964**	**12764**	**11850**
北京	91661	73668	81432	67599	11917	11092
天津						
河北						
山西						
内蒙古						
辽宁	3688	2940				
吉林						
黑龙江						
上海	218866	183569	191323	156622		
江苏	3356	4989	3202	4711		
浙江	1210	931	1210	931		
安徽						
福建	500	666	210	250	2	2
江西						
山东	3847	4484	3847	4484		
河南						
湖北	25926	16548	25926	16548		
湖南						
广东	59666	50252	59047	49788	845	756
广西						
海南						
重庆	5786	5032	5786	5032		
四川	1617	1767				
贵州						
云南						
西藏						
陕西						
甘肃						
青海						
宁夏						
新疆						

单位：万元

非自有配送中心配送商品购进额		营业额		餐饮收入及商品销售额	
2017年	2016年	2017年	2016年	2017年	2016年
96607	**75990**	**1666682**	**1384690**	**1663649**	**1382542**
69470	56464	334463	289449	333156	289450
		14759	11937	14760	11938
		775315	649844	775316	649544
		12847	16031	11121	14183
1210	931	4717	3753	4717	3753
1	2	912	1360	911	1360
		14711	12886	14711	12886
25926	16548	95443	68438	95443	68438
	2045	293249	236088	293249	236089
		8145	7056	8145	7056
		112121	87848	112121	87848

4-16 续表 3

其他餐饮业

地区	商品购进总额		统一配送商品购进额		自有配送中心配送商品购进额	
	2017年	2016年	2017年	2016年	2017年	2016年
全国	**65507**	**69080**	**52575**	**54698**	**20629**	**22585**
北京	5311	5749	5261	5749	5261	5677
天津	556	400	556	400		
河北						
山西						
内蒙古						
辽宁						
吉林						
黑龙江						
上海	31415	34530	23236	24730		
江苏	2788	2721	2588	2602	2588	2602
浙江	4414	4315	4414	4315	4414	4315
安徽						
福建	3995	3963				
江西						
山东						
河南	509	500				
湖北						
湖南						
广东	441	422	441	422		
广西						
海南						
重庆	8366	9991	8366	9991	8366	9991
四川	7713	6489	7713	6489		
贵州						
云南						
西藏						
陕西						
甘肃						
青海						
宁夏						
新疆						

单位：万元

非自有配送中心配送商品购进额		营业额		餐饮收入及商品销售额	
2017年	2016年	2017年	2016年	2017年	2016年
		198981	**202232**	**198981**	**202233**
		15726	14429	15726	14429
		3766	1710	3766	1710
		81001	88120	81001	88120
		5155	5083	5155	5084
		14027	13388	14027	13388
		6898	6072	6898	6072
		1074	1042	1074	1042
		39768	41202	39768	41202
		1497	1534	1497	1534
		12674	15136	12674	15136
		17396	14516	17396	14516

4-17 按行业分各地区连锁餐饮

正餐服务

地区	商品购进总额		统一配送商品购进额		自有配送中心配送商品购进额	
	2017年	2016年	2017年	2016年	2017年	2016年
全国	**1559678**	**1713614**	**890677**	**1117168**	**432039**	**449412**
北京	491874	460628	350646	354760	195636	215002
天津	903	700	903	700		
河北	7216	6066				
山西	6037	6253	195	140	195	140
内蒙古	99168	96629	1506	1632	321	462
辽宁	492	650				
吉林	1820	2545	1456	2036		
黑龙江	2924	3854	1946	3049	737	898
上海	196251	187460	78214	76845	29269	29321
江苏	15041	7585	9258	7585	9064	7360
浙江	96095	99555	73014	78659	49402	56404
安徽	36973	41965	35915	40561	30481	38628
福建	22991	18865	6401	6845		
江西	4763	5500	2737	3251	1600	1438
山东	28765	27355	15705	13155	6157	5140
河南	10786	9154	6176	6489		
湖北	60035	56024	34683	37201	20943	5315
湖南	51691	51830	18071	25648	11756	21246
广东	116252	114605	83553	86218	16422	14039
广西						
海南						
重庆	252431	247626	117182	108337	48318	42048
四川	34247	245445	34247	245445	2501	2169
贵州	2719	3647	2719	3647		
云南	507	468	297	178		
西藏						
陕西	17600	16892	15272	13829	8660	9174
甘肃	1050	1191		332		
青海						
宁夏						
新疆	1049	1122	580	627	580	627

企业直营门店经营情况

单位：万元

非自有配送中心配送商品购进额		营业额		餐饮收入及商品销售额	
2017年	2016年	2017年	2016年	2017年	2016年
188579	**164070**	**4068939**	**4313653**	**3969015**	**4236634**
51458	49095	1630891	1496308	1618226	1488049
		2888	2569	2524	2569
		14391	12139	13303	11058
		12995	13317	12995	13317
60	45	103998	102943	103998	102943
		1165	1314	1165	1314
364	509	5931	6964	5931	6964
1180	2101	16580	17147	16579	17147
44653	28672	459659	465133	459659	465133
194	225	51282	18540	51282	18540
6576	5396	219230	231879	218604	230184
5435	1928	85276	87272	84111	87231
258	196	61440	36484	61433	36462
		8365	9781	8364	9781
9548	7815	221772	166278	167005	110079
1942	2722	16851	16452	16718	16266
2482	2968	167469	164366	150892	163411
3392	2014	114968	126699	106485	119410
22506	23324	347299	305189	346138	304225
31920	32405	376642	390423	373968	390303
		80409	583933	80409	583933
		6813	7271	6813	7271
		2238	2271	2238	2271
6612	4655	55134	44128	55134	44128
		2595	2145	2595	2145
		2661	2709	2446	2501

4-17 续表 1

快餐服务

地　区	商品购进总额		统一配送商品购进额		自有配送中心配送商品购进额	
	2017年	2016年	2017年	2016年	2017年	2016年
全　国	**3531536**	**3390038**	**3243513**	**3109471**	**1430997**	**1416496**
北　京	557750	418760	552638	413651	319530	229584
天　津	176901	166685	41415	37974	3207	2884
河　北	354	199				
山　西	29250	27930	29250	27930	29250	27930
内蒙古						
辽　宁	492624	490162	451353	427714	20485	25318
吉　林						
黑龙江	6238	5231	6238	5231		
上　海	341519	335165	314822	325924	34636	55456
江　苏	287451	338715	273457	324999	140241	191817
浙　江	252625	198318	251860	197992	186027	142462
安　徽	32476	27630	32476	27630	153	378
福　建	110034	111291	110034	111291	40692	37641
江　西	33514	29231	33514	29231		
山　东	121235	113523	110260	104988	105343	100369
河　南	42959	32544	42959	32544		
湖　北	118761	76069	118761	75699	91142	37214
湖　南	110457	89323	108686	88362	86517	73203
广　东	583642	734776	548261	697799	266390	402946
广　西	31319	29327	31319	29327	9734	8535
海　南	2641	2075	2641	2075		
重　庆	10789	10202	10789	10202	10208	8767
四　川	78433	62307	78433	62307	17782	12708
贵　州						
云　南	23933	20579	8045	6946		
西　藏	83	79				
陕　西	53526	43921	53526	43921	44942	40916
甘　肃	13080	12533	12873	12304	12873	12304
青　海						
宁　夏						
新　疆	19944	13464	19905	13431	11846	6066

单位：万元

非自有配送中心配送商品购进额		营业额		餐饮收入及商品销售额	
2017年	2016年	2017年	2016年	2017年	2016年
372888	**514618**	**9594642**	**8768262**	**9570788**	**8752297**
83269	57819	1647063	1367295	1627974	1356468
		419438	384913	419438	384912
		717	378	717	378
		60632	57617	60632	57617
		561193	526886	561193	526886
6238	5231	19800	16002	19800	16002
	148165	1138325	1029257	1138236	1029222
116360	133182	905005	838672	905005	838463
62323	52074	745858	638649	745798	638569
		121614	94276	121615	94276
8096	12994	278507	255006	278508	255006
		68890	60528	68890	60528
1059	1357	263925	248788	263846	248788
		92435	84547	92435	84547
24459	35649	394132	360688	394123	360688
21168	14359	228228	196248	224798	193934
9752	16180	1998108	2031721	1997519	2030155
21585	20792	78176	79560	78176	79560
2641	2075	9457	7804	9457	7804
580	1436	36175	36560	35922	36206
6704	5237	228738	203501	228738	203501
594	706	97812	89087	97812	89088
		872	778	872	778
		121449	92738	121449	92738
		29907	29073	29907	29073
8059	7365	48187	37692	47929	37112

4-17 续表 2

饮料及冷饮服务

地 区	商品购进总额		统一配送商品购进额		自有配送中心配送商品购进额	
	2017年	2016年	2017年	2016年	2017年	2016年
全 国	**411349**	**340270**	**367258**	**301453**	**12764**	**11850**
北 京	91661	73668	81432	67599	11917	11092
天 津						
河 北						
山 西						
内蒙古						
辽 宁	3688	2940				
吉 林						
黑龙江						
上 海	218666	183345	191173	156462		
江 苏	3356	4989	3202	4711		
浙 江	1210	931	1210	931		
安 徽						
福 建	500	666	210	250	2	2
江 西						
山 东	3847	4484	3847	4484		
河 南						
湖 北	25926	16548	25926	16548		
湖 南						
广 东	59378	49604	58759	49140	845	756
广 西						
海 南						
重 庆	1500	1328	1500	1328		
四 川	1617	1767				
贵 州						
云 南						
西 藏						
陕 西						
甘 肃						
青 海						
宁 夏						
新 疆						

单位：万元

非自有配送中心配送商品购进额		营业额		餐饮收入及商品销售额	
2017年	2016年	2017年	2016年	2017年	2016年
96607	**75990**	**1658756**	**1376443**	**1655724**	**1374296**
69470	56464	334463	289449	333156	289450
		14759	11937	14760	11938
		774635	649154	774636	648854
		12847	16031	11121	14183
1210	931	4717	3753	4717	3753
1	2	912	1360	911	1360
		14711	12886	14711	12886
25926	16548	95443	68438	95443	68438
	2045	292318	233993	292318	233994
		1830	1594	1830	1594
		112121	87848	112121	87848

4-17 续表 3

其他餐饮业

地区	商品购进总额		统一配送商品购进额		自有配送中心配送商品购进额	
	2017年	2016年	2017年	2016年	2017年	2016年
全国	**52057**	**53503**	**47405**	**48628**	**15561**	**16615**
北京	5311	5749	5261	5749	5261	5677
天津	556	400	556	400		
河北						
山西						
内蒙古						
辽宁						
吉林						
黑龙江						
上海	24214	26078	23236	24730		
江苏	1876	1780	1752	1685	1752	1685
浙江	4414	4315	4414	4315	4414	4315
安徽						
福建	2991	2931				
江西						
山东						
河南	509	500				
湖北						
湖南						
广东	339	323	339	323		
广西						
海南						
重庆	4135	4938	4135	4938	4135	4938
四川	7713	6489	7713	6489		
贵州						
云南						
西藏						
陕西						
甘肃						
青海						
宁夏						
新疆						

单位：万元

非自有配送中心配送商品购进额		营业额		餐饮收入及商品销售额	
2017年	2016年	2017年	2016年	2017年	2016年
		165326	**165701**	**165325**	**165701**
		15726	14429	15726	14429
		3766	1600	3766	1600
		56995	63973	56995	63973
		3663	3549	3663	3549
		14027	13388	14027	13388
		5162	4308	5162	4308
		1074	1042	1074	1042
		39768	41202	39768	41202
		1216	1261	1216	1261
		6533	6434	6533	6434
		17396	14516	17396	14516

4-18 按行业分各地区连锁餐饮

正餐服务

地区	商品购进总额		统一配送商品购进额		自有配送中心配送商品购进额	
	2017年	2016年	2017年	2016年	2017年	2016年
全国	**381279**	**383789**	**168437**	**168048**	**116078**	**115974**
北京	28397	39417	5583	7692	520	501
天津						
河北	227	243	227	243		
山西	158					
内蒙古	2201	2484	1073	1128	932	913
辽宁						
吉林						
黑龙江						
上海	188	182	78	182	11	91
江苏						
浙江	2516	7984	2516	6181	2516	6181
安徽	43	75	43	75	28	61
福建	215	210	215	210		
江西	5731	3542	5731	3542		
山东	271	221				
河南	500		500			
湖北						
湖南	38218	35193	5667	6265	4143	5231
广东	957	3309	957	2504		
广西						
海南						
重庆	299881	288990	145403	139559	107483	102531
四川	754	916	445	467	445	467
贵州						
云南						
西藏						
陕西	1024	1024				
甘肃						
青海						
宁夏						
新疆						

企业加盟门店经营情况

单位：万元

非自有配送中心配送商品购进额		营业额		餐饮收入及商品销售额	
2017年	2016年	2017年	2016年	2017年	2016年
43804	**44659**	**1333326**	**1257736**	**1333006**	**1254589**
5063	7192	144958	143683	144958	143683
		643	656	643	656
		303		303	
141	215	32658	33947	32658	33947
		931	1581	930	1581
		5187	21571	5187	21571
15	13	32	82	32	82
215	210	410	416	410	416
		15852	13102	15852	13102
		307	251	307	251
		80		80	
450		258480	244909	258161	243099
		4597	6405	4596	6405
37920	37029	847168	770936	847168	769600
		20088	18566	20088	18566
		1632	1632	1632	1632

4-18 续表 1

快餐服务

地 区	商品购进总额		统一配送商品购进额		自有配送中心配送商品购进额	
	2017年	2016年	2017年	2016年	2017年	2016年
全 国	**178761**	**177427**	**167391**	**167865**	**47055**	**42502**
北 京	9727	9332	9718	9326	2334	3352
天 津						
河 北						
山 西	214	191				
内 蒙 古						
辽 宁						
吉 林						
黑 龙 江						
上 海						
江 苏	21487	27599	14772	20395	13660	13805
浙 江	37126	34144	37126	34144	20869	20547
安 徽	69	170	69	170	69	170
福 建						
江 西						
山 东	13442	9595	13137	9296		
河 南						
湖 北						
湖 南	6001	6777	5380	6372		
广 东	10004	9798	8328	8370		
广 西	21651	10892	21651	10892	10123	2760
海 南						
重 庆	11549	11647	11549	11647		
四 川	28796	38034	28796	38034		
贵 州						
云 南	16867	17350	16867	17350		
西 藏						
陕 西						
甘 肃						
青 海						
宁 夏						
新 疆	1827	1898		1870		1870

单位：万元

非自有配送中心配送商品购进额		营业额		餐饮收入及商品销售额	
2017年	2016年	2017年	2016年	2017年	2016年
59714	**61227**	**492241**	**482649**	**492242**	**482577**
7384	5974	29288	27947	29288	27947
		1007	884	1007	884
1111	6591	41398	57275	41399	57275
15970	13309	87081	91493	87081	91492
		3620	2459	3621	2459
		36229	30711	36229	30711
5380	6372	12162	13757	12162	13757
		31057	28623	31057	28623
1486		47145	32153	47145	32153
11549	11647	31140	31863	31140	31863
		111583	109107	111583	109107
16833	17335	50945	48005	50945	48005
		9585	8374	9585	8301

4-18 续表 2

饮料及冷饮服务

地区	商品购进总额		统一配送商品购进额		自有配送中心配送商品购进额	
	2017年	2016年	2017年	2016年	2017年	2016年
全国	**4774**	**4576**	**4724**	**4512**		
北京						
天津						
河北						
山西						
内蒙古						
辽宁						
吉林						
黑龙江						
上海	200	224	150	160		
江苏						
浙江						
安徽						
福建						
江西						
山东						
河南						
湖北						
湖南						
广东	288	648	288	648		
广西						
海南						
重庆	4286	3704	4286	3704		
四川						
贵州						
云南						
西藏						
陕西						
甘肃						
青海						
宁夏						
新疆						

单位：万元

非自有配送中心配送商品购进额		营业额		餐饮收入及商品销售额	
2017年	2016年	2017年	2016年	2017年	2016年
		7926	**8247**	**7926**	**8247**
		680	690	680	690
		931	2095	931	2095
		6315	5462	6315	5462

4-18 续表 3

其他餐饮业

地 区	商品购进总额		统一配送商品购进额		自有配送中心配送商品购进额	
	2017年	2016年	2017年	2016年	2017年	2016年
全 国	**13450**	**15577**	**5170**	**6069**	**5068**	**5970**
北 京						
天 津						
河 北						
山 西						
内蒙古						
辽 宁						
吉 林						
黑龙江						
上 海	7202	8452				
江 苏	912	941	836	917	836	917
浙 江						
安 徽						
福 建	1003	1032				
江 西						
山 东						
河 南						
湖 北						
湖 南						
广 东	102	99	102	99		
广 西						
海 南						
重 庆	4231	5053	4231	5053	4231	5053
四 川						
贵 州						
云 南						
西 藏						
陕 西						
甘 肃						
青 海						
宁 夏						
新 疆						

单位：万元

非自有配送中心配送商品购进额		营业额		餐饮收入及商品销售额	
2017年	2016年	2017年	2016年	2017年	2016年
		33656	**36531**	**33656**	**36532**
			110		110
		24005	24147	24005	24147
		1492	1535	1492	1535
		1735	1765	1735	1765
		281	273	281	273
		6142	8702	6142	8702

4-19 36城市连锁餐饮企业基本情况

地区	连锁总店数（个）	门店数（个）		年末从业人员（人）		年末餐饮营业面积（平方米）		年末餐位数（位）	
	2017年	2017年	2016年	2017年	2016年	2017年	2016年	2017年	2016年
合　计	**389**	**24772**	**23318**	**696501**	**673641**	**9751312**	**9534036**	**3073207**	**3068099**
北　京	82	5133	4794	143964	128254	2043594	1998109	571291	580398
天　津	7	573	517	16012	15708	210697	199042	64456	59195
石家庄	1	5	5	340	365	7700	7700	770	770
太　原	3	103	100	5449	5413	62330	59780	18304	18154
呼和浩特	1	7	7	49	82	1800	1800	381	381
沈　阳	6	559	549	7323	7137	207354	202285	67194	65420
大　连	5	171	165	2848	2579	68497	53949	18935	15639
长　春	1	19	18	450	626	9004	9595	2452	3393
哈尔滨	5	65	64	1570	1818	27563	30322	8271	10169
上　海	38	3888	3617	77042	75032	1265239	1047051	369317	335461
南　京	9	556	523	11178	10703	196341	194411	62356	61199
杭　州	18	1186	1157	34687	33505	511050	567978	157422	171395
宁　波	4	41	44	1841	2183	70786	104748	17767	20289
合　肥	5	734	674	12624	11553	331503	374140	57648	59365
福　州	4	239	211	11240	11516	103703	85717	22485	23992
厦　门	20	462	456	11122	9817	102660	91150	31140	29760
南　昌	4	149	126	6468	6440	55298	50858	4616	15570
济　南	5	169	152	2331	2364	48229	42979	13474	13959
青　岛	8	409	387	7922	7586	109218	103599	50042	48029
郑　州	3	159	147	5306	5009	42183	39447	22380	21276
武　汉	30	1076	929	50029	44630	552268	530927	145684	144249
长　沙	13	969	965	35697	31781	559356	533305	207847	196710
广　州	20	2130	2092	46231	44344	776930	742382	210431	225189
深　圳	35	1582	1458	53389	52118	477216	446147	154349	149608
南　宁	3	247	187	8733	7111	58791	47091	22575	17626
海　口	1	7	7	153	149	2612	2612	879	879
重　庆	25	2460	2405	91839	91755	1300598	1295635	526273	506600
成　都	10	973	939	26302	42018	287797	436560	114053	152816
贵　阳	2	18	13	539	507	19315	19695	3546	3489
昆　明	7	249	238	7875	7712	66355	63483	38425	37565
拉　萨	1	3	3	32	35	450	450	126	126
西　安	7	282	225	11571	10021	126332	102826	75214	66078
兰　州	3	37	36	1673	1649	13846	13496	3956	3856
西　宁									
银　川									
乌鲁木齐	3	112	108	2672	2121	34697	34767	9148	9494

4-20 36城市连锁餐饮企业直营门店基本情况

地区	门店数（个）		年末从业人员（人）		年末餐饮营业面积（平方米）		年末餐位数（位）	
	2017年	2016年	2017年	2016年	2017年	2016年	2017年	2016年
合计	**20953**	**19586**	**578019**	**554552**	**7925591**	**7693704**	**2362014**	**2378433**
北京	4864	4523	132831	115849	1749591	1687244	508573	512308
天津	573	516	16012	15696	210697	198892	64456	59115
石家庄								
太原	102	100	5396	5413	59730	59780	17874	18154
呼和浩特	7	7	49	82	1800	1800	381	381
沈阳	559	549	7323	7137	207354	202285	67194	65420
大连	171	165	2848	2579	68497	53949	18935	15639
长春	19	18	450	626	9004	9595	2452	3393
哈尔滨	65	64	1570	1818	27563	30322	8271	10169
上海	3871	3599	76500	74021	1262553	1043062	368830	334665
南京	556	523	11178	10703	196341	194411	62356	61199
杭州	1041	976	31062	29104	474800	489728	140022	147095
宁波	36	40	1533	2011	62116	100278	15737	19079
合肥	710	649	12358	11252	328900	371471	56306	57770
福州	239	211	11240	11516	103703	85717	22485	23992
厦门	295	285	10392	9071	95310	83880	28140	26710
南昌	114	98	5468	5540	54048	50128	2866	15010
济南	169	152	2331	2364	48229	42979	13474	13959
青岛	354	341	5621	5228	91288	88377	44026	42821
郑州	159	147	5306	5009	42183	39447	22380	21276
武汉	1076	929	50029	44630	552268	530927	145684	144249
长沙	392	392	19897	16679	178989	170798	64494	60151
广州	2126	2087	46092	44120	773686	738188	209923	224435
深圳	1578	1447	53365	52006	476856	444427	154249	149072
南宁	121	110	5414	5006	33256	27891	12500	11076
海口	7	7	153	149	2612	2612	879	879
重庆	521	524	21272	20136	362174	364497	114633	115213
成都	664	637	21217	37938	208953	363722	75525	115376
贵阳	18	13	539	507	19315	19695	3546	3489
昆明	142	136	5498	5429	54150	51963	29545	29050
拉萨	3	3	32	35	450	450	126	126
西安	277	220	11248	9698	125632	102126	75048	65912
兰州	37	36	1673	1649	13846	13496	3956	3856
西宁								
银川								
乌鲁木齐	87	82	2122	1551	29697	29567	7148	7394

4-21 36城市连锁餐饮企业加盟门店基本情况

地　区	门店数（个）		年末从业人员（人）		年末餐饮营业面积（平方米）		年末餐位数（位）	
	2017年	2016年	2017年	2016年	2017年	2016年	2017年	2016年
合　计	**3819**	**3732**	**118482**	**119089**	**1825721**	**1840332**	**711193**	**689666**
北　京	269	271	11133	12405	294003	310865	62718	68090
天　津		1		12		150		80
石家庄	5	5	340	365	7700	7700	770	770
太　原	1		53		2600		430	
呼和浩特								
沈　阳								
大　连								
长　春								
哈尔滨								
上　海	17	18	542	1011	2686	3989	487	796
南　京								
杭　州	145	181	3625	4401	36250	78250	17400	24300
宁　波	5	4	308	172	8670	4470	2030	1210
合　肥	24	25	266	301	2603	2669	1342	1595
福　州								
厦　门	167	171	730	746	7350	7270	3000	3050
南　昌	35	28	1000	900	1250	730	1750	560
济　南								
青　岛	55	46	2301	2358	17930	15222	6016	5208
郑　州								
武　汉								
长　沙	577	573	15800	15102	380367	362507	143353	136559
广　州	4	5	139	224	3244	4194	508	754
深　圳	4	11	24	112	360	1720	100	536
南　宁	126	77	3319	2105	25535	19200	10075	6550
海　口								
重　庆	1939	1881	70567	71619	938424	931138	411640	391387
成　都	309	302	5085	4080	78844	72838	38528	37440
贵　阳								
昆　明	107	102	2377	2283	12205	11520	8880	8515
拉　萨								
西　安	5	5	323	323	700	700	166	166
兰　州								
西　宁								
银　川								
乌鲁木齐	25	26	550	570	5000	5200	2000	2100

4-22 36城市连锁餐饮企业经营情况

单位：万元

地区	商品购进总额		统一配送商品购进额		自有配送中心配送商品购进额	
	2017年	2016年	2017年	2016年	2017年	2016年
合计	**5619764**	**5602246**	**4545357**	**4599003**	**1928438**	**1948639**
北京	1184720	1007554	1005277	858777	535197	465206
天津	178359	167785	42874	39074	3207	2884
石家庄	227	243	227	243		
太原	35250	34044	29250	27930	29250	27930
呼和浩特	200	200	200	200		
沈阳	430336	432410	413857	393721	2319	9850
大连	66468	61342	37495	33993	18167	15468
长春	1820	2545	1456	2036		
哈尔滨	9162	9085	8184	8280	737	898
上海	788239	740905	607674	584302	63916	84868
南京	126115	178174	126112	178172	103492	151974
杭州	284252	262022	266811	246688	216462	201052
宁波	15626	17165	9987	9799	6190	6054
合肥	64900	66396	64900	66118	27127	36920
福州	62573	63541	62573	63541	950	1091
厦门	74061	70884	54288	55055	39745	36552
南昌	42408	36835	40382	34586		
济南	19404	15527	8771	7308	4959	4699
青岛	120519	113747	118937	112057	100848	96265
郑州	42959	32544	42959	32544		
武汉	200509	144874	177641	128041	112085	42530
长沙	191360	171275	128145	120133	100800	98780
广州	397018	551038	397018	551038	231616	351028
深圳	335214	318387	266515	251755	38090	54285
南宁	52970	40219	52970	40219	19857	11295
海口	2641	2075	2641	2075		
重庆	588801	573487	299075	284768	174375	163336
成都	151560	354957	149634	352741	20728	15344
贵阳	2719	3647	2719	3647		
拉萨	41308	38398	25209	24475		
昆明	83	79				
西安	72150	61837	68798	57750	53602	50090
兰州	14130	13724	12873	12636	12873	12304
西宁						
银川						
乌鲁木齐	21703	15301	19905	15301	11846	7936

4-22 续表

单位：万元

地区	非自有配送中心配送商品购进额		营业额		餐饮收入及商品销售额	
	2017年	2016年	2017年	2016年	2017年	2016年
合计	**578268**	**675636**	**15944351**	**15180288**	**15888691**	**15150842**
北京	216644	176543	3802389	3339110	3769328	3320025
天津			426092	389191	425728	389191
石家庄			643	656	643	656
太原			73605	70711	73605	70711
呼和浩特			326	408	326	408
沈阳			437599	408188	437600	408188
大连			139518	131950	139518	131950
长春	364	509	5931	6964	5931	6964
哈尔滨	7417	7331	36380	33149	36379	33149
上海	44653	176837	2455230	2233935	2455142	2233600
南京	6447	21488	428230	395896	427873	395687
杭州	33313	28777	844274	818401	844206	817102
宁波			35649	39551	35589	39470
合肥	5449	1941	197801	174774	197761	174732
福州			152188	140610	152188	140610
厦门	8570	13402	194690	158114	194683	158092
南昌			90473	80890	90473	80890
济南	32	59	51461	44800	51461	44800
青岛	1026	1299	267808	252460	267729	252460
郑州			92435	84547	92435	84547
武汉	52868	55165	689471	627780	672886	626824
长沙	27346	21353	568727	548010	568710	545510
广州	20577	23265	1475937	1496424	1474879	1495680
深圳	7079	6986	1036203	953832	1035512	952047
南宁	23071	20792	125321	111712	125321	111712
海口	2641	2075	9457	7804	9457	7804
重庆	81969	82516	1311945	1251973	1309017	1250163
成都	6704	5237	570335	1017470	570334	1017470
贵阳			6813	7271	6813	7271
拉萨	17427	18041	150995	139363	150995	139364
昆明			872	778	872	778
西安	6612	4655	178215	138498	178216	138498
兰州			32502	31217	32502	31217
西宁						
银川						
乌鲁木齐	8059	7365	54836	43851	54579	43272

4-23 36城市连锁餐饮企业直营门店经营情况

单位：万元

地区	商品购进总额		统一配送商品购进额		自有配送中心配送商品购进额	
	2017年	2016年	2017年	2016年	2017年	2016年
合计	**5099632**	**5080404**	**4246332**	**4300582**	**1779359**	**1802747**
北京	1146596	958805	989977	841759	532343	461354
天津	178359	167784	42874	39074	3207	2884
石家庄						
太原	35092	34044	29250	27930	29250	27930
呼和浩特	200	200	200	200		
沈阳	430336	432410	413857	393721	2319	9850
大连	66468	61342	37495	33993	18167	15468
长春	1820	2545	1456	2036		
哈尔滨	9162	9085	8184	8280	737	898
上海	780649	732047	607446	583960	63904	84777
南京	126115	178174	126112	178172	103492	151974
杭州	266527	237165	249085	223635	198736	177999
宁波	12825	15630	7185	8265	3675	4809
合肥	64788	66152	64788	65874	27030	36690
福州	62573	63541	62573	63541	950	1091
厦门	72843	69642	54073	54845	39745	36552
南昌	36677	33293	34652	31044		
济南	19404	15527	8771	7308	4959	4699
青岛	107383	104451	105800	102761	100848	96265
郑州	42959	32544	42959	32544		
武汉	200509	144874	177641	128041	112085	42530
长沙	150235	131534	119173	109020	97207	94040
广州	395959	548435	395959	548435	231616	351028
深圳	334926	316935	266227	251107	38090	54285
南宁	31319	29327	31319	29327	9734	8535
海口	2641	2075	2641	2075		
重庆	268854	264094	133606	124805	62661	55752
成都	122009	316007	120392	314241	20283	14877
贵阳	2719	3647	2719	3647		
拉萨	24441	21048	8342	7125		
昆明	83	79				
西安	71126	60813	68798	57750	53602	50090
兰州	14130	13724	12873	12636	12873	12304
西宁						
银川						
乌鲁木齐	19905	13431	19905	13431	11846	6066

4-23 续表

单位：万元

地区	非自有配送中心配送商品购进额		营业额		餐饮收入及商品销售额	
	2017年	2016年	2017年	2016年	2017年	2016年
合计	**492424**	**589866**	**14231981**	**13555507**	**14176320**	**13528901**
北京	204197	163378	3628143	3167481	3595083	3148396
天津			426092	389081	425728	389081
石家庄						
太原			73302	70711	73302	70711
呼和浩特			326	408	326	408
沈阳			437599	408188	437600	408188
大连			139518	131950	139518	131950
长春	364	509	5931	6964	5931	6964
哈尔滨	7417	7331	36380	33149	36379	33149
上海	44653	176837	2429614	2207517	2429525	2207182
南京	6447	21488	428230	395896	427873	395687
杭州	33313	28777	793918	738814	793850	737516
宁波			30092	36669	30032	36588
合肥	5435	1928	194148	172233	194108	172192
福州			152188	140610	152188	140610
厦门	8355	13192	192544	155933	192537	155911
南昌			74621	67788	74621	67788
济南	32	59	51461	44800	51461	44800
青岛	1026	1299	232030	222151	231951	222151
郑州			92435	84547	92435	84547
武汉	52868	55165	689471	627780	672886	626824
长沙	21966	14981	305262	294082	305245	293083
广州	20577	23265	1471060	1491066	1470001	1490322
深圳	7079	6986	1035272	950418	1034581	948633
南宁	21585	20792	78176	79560	78176	79560
海口	2641	2075	9457	7804	9457	7804
重庆	32500	33841	421180	435010	418252	434537
成都	6704	5237	438664	889797	438664	889797
贵阳			6813	7271	6813	7271
拉萨	594	706	100050	91358	100050	91359
昆明			872	778	872	778
西安	6612	4655	176583	136866	176584	136866
兰州			32502	31217	32502	31217
西宁						
银川						
乌鲁木齐	8059	7365	48047	37610	47789	37031

4-24 36城市连锁餐饮企业加盟门店经营情况

单位：万元

地区	商品购进总额		统一配送商品购进额		自有配送中心配送商品购进额	
	2017年	2016年	2017年	2016年	2017年	2016年
合　计	**520132**	**521839**	**299027**	**298422**	**149079**	**145895**
北　京	38124	48748	15301	17018	2854	3853
天　津						
石家庄	227	243	227	243		
太　原	158					
呼和浩特						
沈　阳						
大　连						
长　春						
哈尔滨						
上　海	7589	8858	228	342	11	91
南　京						
杭　州	17726	24857	17726	23053	17726	23053
宁　波	2802	1534	2802	1534	2516	1245
合　肥	112	244	112	244	97	231
福　州						
厦　门	1218	1242	215	210		
南　昌	5731	3542	5731	3542		
济　南						
青　岛	13137	9296	13137	9296		
郑　州						
武　汉						
长　沙	41124	39741	8973	11113	3593	4741
广　州	1059	2603	1059	2603		
深　圳	288	1452	288	648		
南　宁	21651	10892	21651	10892	10123	2760
海　口						
重　庆	319947	309393	165469	159963	111714	107584
成　都	29550	38950	29241	38501	445	467
贵　阳						
拉　萨	16867	17350	16867	17350		
昆　明						
西　安	1024	1024				
兰　州						
西　宁						
银　川						
乌鲁木齐	1798	1870		1870		1870

4-24 续表

单位：万元

地区	非自有配送中心配送商品购进额		营业额		餐饮收入及商品销售额	
	2017年	2016年	2017年	2016年	2017年	2016年
合计	**85844**	**85771**	**1712368**	**1624780**	**1712368**	**1621945**
北京	12447	13165	174246	171629	174246	171629
天津				110		110
石家庄			643	656	643	656
太原			303		303	
呼和浩特						
沈阳						
大连						
长春						
哈尔滨						
上海			25616	26418	25616	26418
南京						
杭州			50356	79586	50356	79586
宁波			5556	2882	5556	2882
合肥	15	13	3652	2541	3652	2541
福州						
厦门	215	210	2145	2181	2145	2181
南昌			15852	13102	15852	13102
济南						
青岛			35778	30309	35778	30309
郑州						
武汉						
长沙	5380	6372	263466	253928	263466	252428
广州			4877	5358	4877	5359
深圳			931	3414	931	3414
南宁	1486		47145	32153	47145	32153
海口						
重庆	49468	48676	890765	816962	890765	815626
成都			131671	127673	131671	127673
贵阳						
拉萨	16833	17335	50945	48005	50945	48005
昆明						
西安			1632	1632	1632	1632
兰州						
西宁						
银川						
乌鲁木齐			6789	6241	6789	6241

第五部分

连锁企业情况

5-1 销售额10亿元以上连锁零售企业

企业名称	业态	连锁商号	所在地
中国石油化工股份有限公司江苏石油分公司	加油站	中国石化	江苏省南京市
中国石油化工股份有限公司浙江石油分公司	加油站	中国石化	浙江省杭州市
苏宁云商集团股份有限公司	专业店	苏宁	江苏省南京市
永辉超市股份有限公司福建福州鼓楼分公司	大型超市	永辉、轩辉	福建省福州市
中国石油化工股份有限公司上海石油分公司	加油站	中国石化	上海市
合肥百货大楼集团股份有限公司	百货店	合肥百大	安徽省合肥市
物美控股集团有限公司	超市	物美	北京市
上海大润发有限公司	大型超市	大拇指	上海市
中国石油化工股份有限公司安徽石油分公司	加油站	中国石化	安徽省合肥市
联华超市股份有限公司	超市	联华、华联	上海市
武汉武商集团股份有限公司	百货店	武商	湖北省武汉市
苏果超市有限公司	超市	苏果超市	江苏省南京市
中国石油化工股份有限公司北京石油分公司	加油站	中国石化	北京市
苹果电子产品商贸(北京)有限公司	专卖店	苹果	北京市
中百控股集团股份有限公司	超市	中百	湖北省武汉市
广东物资集团汽车贸易公司	专业店	广物汽贸	广东省广州市
重庆百货大楼股份有限公司	百货店	重庆百货、商社电器、新世纪	重庆市
中国石油天然气股份有限公司江苏销售分公司	加油站	中国石油	江苏省南京市
北京王府井百货(集团)股份有限公司	百货店	王府井集团、王府井百货、王府井购物中心	北京市
昆山润华商业有限公司	大型超市	大润发	江苏省苏州市
利群集团股份有限公司	其他	利群	山东省青岛市
北京苏宁云商销售有限公司	专业店	苏宁易购	北京市
山东银座商城股份有限公司	百货店	银座商城	山东省济南市
上海老凤祥银楼有限公司	专卖店	老凤祥	上海市
江苏五星电器有限公司	专业店	五星电器	江苏省南京市
中国石油天然气股份有限公司浙江销售分公司	加油站	中国石油	浙江省杭州市
文峰大世界连锁发展股份有限公司	百货店	文峰大世界、文峰千家惠、文峰	江苏省南通市
锦江麦德龙现购自运有限公司	仓储会员店	METRO麦德龙	上海市
北京同仁堂秦皇岛药店有限责任公司	专业店	同仁堂医药	河北省秦皇岛市
中国石油化工股份有限公司广东广州石油分公司	加油站	中国石化	广东省广州市
中石化天津石油分公司	加油站	中国石化	天津市
安徽辉隆农资集团股份有限公司	专业店	辉隆农资	安徽省合肥市
华润万家有限公司	大型超市	华润万家	广东省深圳市
中国石油天然气股份有限公司安徽销售分公司	专业店	中国石油	安徽省合肥市
中国石油天然气股份有限公司北京销售分公司	加油站	中国石油	北京市
步步高商业连锁股份有限公司	大型超市	步步高商业	湖南省湘潭市
中国石油天然气股份有限公司渭南销售分公司	加油站	中国石油	陕西省渭南市
中国石油化工股份有限公司云南省昆明市石油分公司	加油站	中国石化	云南省昆明市
中国石油化工股份有限公司海南石油分公司	加油站	中国石化	海南省海口市
武汉中商集团股份有限公司	大型超市	中商	湖北省武汉市
北京菜市口百货股份有限公司	专业店	菜百首饰	北京市
山东潍坊百货集团股份有限公司	百货店	中百	山东省潍坊市
浙江省新华书店集团有限公司	专业店	新华书店	浙江省杭州市
陕西省烟草公司西安市公司	专业店	中国烟草	陕西省西安市
北国商城股份有限公司	百货店	北国商城	河北省石家庄
重庆永辉超市有限公司	大型超市	永辉超市	重庆市
山东鲁花集团商贸有限公司	专业店	鲁花	山东省烟台市
山东家家悦集团有限公司	超市	家家悦	山东省威海市

5-1 续表 1

企业名称	业态	连锁商号	所在地
中国石油化工股份有限公司辽宁石油分公司	加油站	中国石化	辽宁省沈阳市
郑州丹尼斯百货有限公司	大型超市	丹尼斯	河南省郑州市
天虹商场股份有限公司	百货店	天虹	广东省深圳市
江苏凤凰出版传媒股份有限公司	专业店	新华书店	江苏省南京市
中国石化销售有限公司广东深圳石油分公司	加油站	中国石化	广东省深圳市
中石化壳牌(江苏)石油销售有限公司	加油站	壳牌	江苏省苏州市
秦皇岛市怀金贸易有限公司	超市	秦皇岛市怀金贸易有限公司	河北省秦皇岛市
中国石化销售有限公司广西南宁石油分公司	加油站	中国石化	广西壮族自治区南宁市
中国石油天然气股份有限公司黑龙江哈尔滨销售分公司	加油站	中国石油	黑龙江省哈尔滨市
上海苏宁电器有限公司	专业店	苏宁电器	上海市
武汉屈臣氏个人用品商店有限公司	百货店	屈臣氏	湖北省武汉市
中国石油天然气股份有限公司	加油站	中国石油	吉林省长春市
深圳沃尔玛百货零售有限公司	大型超市	沃尔玛	广东省深圳市
中国石油天然气股份有限公司辽宁大连销售分公司	加油站	中国石油	辽宁省大连市
中国石油天然气股份有限公司上海销售分公司	加油站	中国石油	上海市
中国石油化工股份有限公司湖北武汉分公司	加油站	中国石化	湖北省武汉市
北京华联综合超市股份有限公司	大型超市	华联超市	北京市
广东苏宁云商销售有限公司	专业店	苏宁	广东省广州市
中国石油化工股份有限公司湖南省长沙市石油分公司	加油站	中国石化	湖南省长沙市
中国石油化工股份有限公司江西赣州石油分公司	加油站	中国石化	江西省赣州市
济南华联商厦集团股份有限公司	大型超市	华联	山东省济南市
北京市大中家用电器连锁销售有限公司	专业店	大中电器	北京市
中国石油天然气股份有限公司陕西省西安市销售分公司	加油站	中国石油	陕西省西安市
中国石油化工股份有限公司山东省青岛市石油分公司	加油站	中国石化	山东省青岛市
路易威登(中国)商业销售有限公司	专卖店	路易威登	上海市
安徽商之都股份有限公司	百货店	商之都	安徽省合肥市
中国石油化工股份有限公司福建石油分公司	加油站	中国石化	福建省福州市
中国石油化工有限公司广东东莞石油分公司	加油站	中国石化	广东省东莞市
延长壳牌(四川)石油有限公司	专卖店	壳牌	四川省成都市
苹果贸易(上海)有限公司	专卖店	苹果	上海市
山西美特好连锁超市有限公司	大型超市	美特好	山西省太原市
中国石化销售有限公司广西桂林石油分公司	加油站	中国石化	广西壮族自治区桂林市
中国石油天然气股份有限公司湖北武汉销售分公司	加油站	中国石油	湖北省武汉市
中国石油化工股份有限公司石家庄分公司	加油站	中国石化	河北省石家庄市
中国石油天然气股份有限公司天津销售分公司	加油站	中国石油	天津市
广州市广百股份有限公司	百货店	广百	广东省广州市
武汉工贸有限公司	专业店	工贸家电	湖北省武汉市
江西新华发行集团有限公司	专业店	新华书店	江西省南昌市
江苏苏农农资连锁集团股份有限公司	专业店	苏农连锁	江苏省南京市
广州易初莲花连锁超市有限公司	大型超市	易初莲花	广东省广州市
中国石油化工股份有限公司广东惠州石油分公司	加油站	中国石化	广东省惠州市
农工商超市(集团)有限公司	超市	农工商	上海市
新疆友好(集团)股份有限公司	百货店	友好	新疆维吾尔自治区乌鲁木齐市
中国石油化工股份有限公司河北唐山石油分公司	加油站	中国石化	河北省唐山市
深圳市百果园实业发展有限公司	其他	百果园	广东省深圳市
湖南友谊阿波罗商业股份有限公司	百货店	友谊阿波罗	湖南省长沙市
山东新星集团有限公司	超市	山东新星集团有限公司	山东省淄博市
中国石油天然气股份有限公司云南省昆明市销售分公司	加油站	中国石油	云南省昆明市
青岛利客来集团股份有限公司	大型超市	利客来	山东省青岛市

5-1 续表 2

企业名称	业态	连锁商号	所在地
上海世纪联华超市发展有限公司	大型超市	世纪联华	上海市
云南鸿翔一心堂药业(集团)股份有限公司	专业店	一心堂	云南省昆明市
中国石油化工股份有限公司河南洛阳石油分公司	加油站	中国石化	河南省洛阳市
江西省烟草公司南昌市公司	专业店	中国烟草	江西省南昌市
北京永辉超市有限公司	大型超市	永辉超市	北京市
广州市国美电器有限公司	专业店	国美电器	广东省广州市
江西省烟草公司上饶分公司	专业店	中国烟草	江西省上饶市
中国石油天然气股份有限公司新疆乌鲁木齐销售公司	加油站	中国石油	新疆维吾尔自治区乌鲁木齐市
北京京客隆商业集团股份有限公司	超市	京客隆	北京市
中国石化销售有限公司广西柳州石油分公司	加油站	中国石化	广西壮族自治区柳州市
青岛维客集团股份有限公司	百货店	维客	山东省青岛市
壳牌华北石油集团有限公司	加油站	壳牌	天津市
华润万家生活超市(浙江)有限公司	大型超市	华润万家	浙江省杭州市
中国石油天然气股份有限公司重庆销售分公司	加油站	中国石油	重庆市
山东银宝食品有限公司	专卖店	银宝	山东省泰安市
中国石油化工股份有限公司江西南昌石油分公司	加油站	中国石化	江西省南昌市
湖北省新华书店(集团)有限公司	专业店	新华书店	湖北省武汉市
上海联家超市有限公司	大型超市	家乐福	上海市
国美电器有限公司	专业店	国美电器	北京市
新华文轩出版传媒股份有限公司	专业店	新华文轩	四川省成都市
重庆苏宁云商销售有限公司	专业店	苏宁	重庆市
永乐(中国)电器销售有限公司	专业店	永乐	上海市
华润万家生活超市(广州)有限公司	超市	润之家、简约组合	广东省广州市
飒拉商业(上海)有限公司	专卖店	ZARA	上海市
中油碧辟石油有限公司广州分公司	加油站	中油碧辟	广东省广州市
无印良品(上海)商业有限公司	专卖店	无印良品MUJI	上海市
深圳市苏宁电器有限公司	专业店	苏宁电器	广东省深圳市
上海福满家便利有限公司	便利店	全家	上海市
中国石化销售有限公司广东中山石油分公司	加油站	中国石化	广东省中山市
江西省烟草公司宜春市公司	专业店	中国烟草	江西省宜春市
中国石化销售有限公司陕西宝鸡分公司	加油站	中国石化	陕西省宝鸡市
成都伊藤洋华堂有限公司	百货店	成都伊藤洋华堂	四川省成都市
江西省烟草公司九江分公司	专业店	中国烟草	江西省九江市
江西洪客隆百货投资有限公司	百货店	洪客隆	江西省南昌市
中国石油化工股份有限公司河南南阳石油分公司	加油站	中国石化	河南省南阳市
深圳市顺电连锁股份有限公司	专业店	顺电	广东省深圳市
中石化森美(福建)石油有限公司泉州分公司	加油站	中石化森美	福建省泉州市
泸州汇通百货股份有限公司	百货店	汇通百货	四川省泸州市
中国石化销售有限公司广东江门石油分公司	专业店	中国石化	广东省江门市
北京家乐福商业有限公司	大型超市	家乐福	北京市
中国石油化工股份有限公司山东石油分公司	加油站	中国石化	山东省济南市
天津华润万家生活超市有限公司	大型超市	华润万家	天津市
浙江永辉超市有限公司	大型超市	永辉	浙江省杭州市
中国石油化工股份公司江西吉安分公司	加油站	中国石化	江西省吉安市
成都国美电器有限公司	专业店	国美电器	四川省成都市
中国石油化工股份有限公司湖南怀化石油分公司	加油站	中国石化	湖南省怀化市
长沙通程控股股份有限公司	专业店	通程电器、通程万惠、通程商业广场	湖南省长沙市
中国石油天然气股份有限公司甘肃兰州分公司	加油站	中国石油	甘肃省兰州市
中国石油天然气股份有限公司山东省青岛市销售分公司	加油站	中国石油	山东省青岛市

5-1 续表 3

企业名称	业态	连锁商号	所在地
大参林医药集团股份有限公司	专业店	恩莱芙	广东省广州市
重庆新华书店集团公司	专业店	新华书店	重庆市
广州屈臣氏个人用品商店有限公司	百货店	屈臣氏	广东省广州市
中国石化销售有限公司广西百色石油分公司	加油站	中国石化	广西壮族自治区百色市
中国石油化工股份有限公司重庆石油分公司	加油站	中国石化	重庆市
四川永辉超市有限公司	大型超市	永辉超市	四川省成都市
陕西省烟草公司榆林市公司	专卖店	中国烟草	陕西省榆林市
山东九州商业集团有限公司	大型超市	九州集团	山东省临沂市
三江购物俱乐部股份有限公司	超市	三江购物	浙江省宁波市
四川苏宁云商销售有限公司	专业店	苏宁易购	四川省成都市
广东永旺天河城商业有限公司	百货店	永旺	广东省广州市
中国石油化工股份有限公司江西宜春石油分公司	加油站	中国石化	江西省宜春市
中国石油化工股份有限公司襄樊石油分公司	加油站	中国石化	湖北省襄阳市
九禾股份有限公司	厂家直销中心	九禾	重庆市
四川省汇星实业(集团)有限公司	超市	汇星超市	四川省绵阳市
四川壹玖壹玖酒类供应链管理股份有限公司	专卖店	1919	四川省成都市
河南大张实业有限公司	大型超市	河南大张实业有限公司	河南省洛阳市
湖南省新华书店有限责任公司	专业店	新华书店	湖南省长沙市
中国石油天然气股份有限公司海南销售分公司	加油站	中国石油	海南省海口市
江西省烟草公司抚州分公司	专业店	中国烟草	江西省抚州市
广州壳牌石油化工有限公司	加油站	延长壳牌	广东省广州市
中国石油天然气股份有限公司湖南省长沙市销售分公司	加油站	中国石油	湖南省长沙市
中石化森美(福建)石油有限公司漳州分公司	加油站	中石化森美	福建省漳州市
中石化森美(福建)石油有限公司厦门分公司	加油站	中石化森美	福建省厦门市
中国石油化工股份有限公司新疆石油分公司	加油站	中国石化	新疆维吾尔自治区乌鲁木齐市
中国石油化工股份有限公司湖南株洲石油公司	加油站	中国石化	湖南省株洲市
上海联华快客便利有限公司	便利店	快客	上海市
中国石油化工股份有限公司宁夏石油分公司	加油站	中国石化	宁夏回族自治区银川市
中国石油化工股份有限公司湖南岳阳石油分公司	加油站	中国石化	湖南省岳阳市
江苏新合作常客隆连锁超市有限公司	超市	新合作常客隆	江苏省苏州市
北京超市发连锁股份有限公司	超市	超市发	北京市
中石化安徽安庆石油分公司	加油站	中国石化	安徽省安庆市
中国石油化工股份有限公司上饶分公司	加油站	中国石化	江西省上饶市
中国石油化工股份有限公司湖南常德石油分公司	专业店	中国石化	湖南省常德市
中国石油化工股份有限公司湖南石油高速分公司	加油站	中国石化	湖南省长沙市
中国石油化工股份有限公司驻马店分公司	加油站	中国石化	河南省驻马店市
中石化森美(福建)石油有限公司福州分公司	加油站	中石化森美	福建省福州市
上海易初莲花连锁超市有限公司	大型超市	卜蜂莲花	上海市
湖北省十堰市寿康永乐有限公司	超市	寿康永乐	湖北省十堰市
江苏华润万家超市有限公司	超市	江苏华润万家	江苏省苏州市
中国石化销售有限公司河南信阳石油分公司	加油站	中国石化	河南省信阳市
中国石油化工股份有限公司九江石油分公司	加油站	中国石化	江西省九江市
沈阳国美电器有限公司	专业店	国美电器	辽宁省沈阳市
中国石油天然气股份有限公司宁夏银川销售分公司	加油站	中国石油	宁夏省银川市
安徽永辉超市有限公司	大型超市	永辉超市	安徽省合肥市
中国石油化工股份有限公司河北保定石油分公司	加油站	中国石化	河北省保定市
中石油新疆销售有限公司阿克苏分公司	加油站	中国石油	新疆维吾尔自治区阿克苏市
中国石油天然气股份有限公司新疆昌吉销售分公司	加油站	中国石油	新疆维吾尔自治区昌吉州
中国石油化工股份有限公司河北邢台石油分公司	加油站	中国石化	河北省邢台市

5-1 续表 4

企业名称	业态	连锁商号	所在地
中国石化销售有限公司河北承德石油分公司	加油站	中国石化	河北省承德市
中油股份陕西咸阳销售分公司	加油站	中国石油	陕西省咸阳市
中国石油天然气股份有限公司陕西延安销售分公司	加油站	中国石油	陕西省延安市
中国石油化工股份有限公司湖北高速公路油站管理分公司	加油站	中国石化	湖北省武汉市
中石化森美(福建)石油有限公司南平分公司	加油站	中石化森美	福建省南平市
中国石油化工股份有限公司湖南邵阳石油分公司	加油站	中国石化	湖南省邵阳市
中国石油化工股份有限公司福建福州分公司	加油站	中国石化	福建省福州市
荆门市东方百货大厦	百货店	东方百货	湖北省荆门市
北京翠微大厦股份有限公司	百货店	翠微百货	北京市
银川新华百货连锁超市有限公司	大型超市	银川新华百货	宁夏回族自治区银川市
陕西省烟草公司宝鸡市分公司	其他	中国烟草	陕西省宝鸡市
中国石油化工股份有限公司河南新乡石油分公司	加油站	中国石化	河南省新乡市
中国石油化工股份有限公司湖南永州石油分公司	加油站	中国石化	湖南省永州市
中石化森美(福建)石油有限公司莆田分公司	加油站	中国石化	福建省莆田市
中石油新疆销售有限公司巴州分公司	加油站	中国石油	新疆维吾尔自治区巴州
中国石化销售有限公司广西河池石油分公司	加油站	中国石化	广西壮族自治区河池市
江西中石化股份有限公司抚州分公司	加油站	中国石化	江西省抚州市
中国石油化工股份有限公司广东梅州石油分公司	加油站	中国石化	广东省梅州市
山西省烟草公司晋中市公司	专业店	中国烟草	山西省晋中市
美克国际家居用品股份有限公司	专卖店	美克美家	新疆维吾尔自治区乌鲁木齐市
陕西省烟草公司安康市公司	专卖店	中国烟草	陕西省安康市
广东骏和通信设备连锁销售有限公司	专业店	骏和通信	广东省广州市
烟台市家家悦超市有限公司	超市	家家悦	山东省烟台市
阜阳华联集团股份有限公司	超市	阜阳华联	安徽省阜阳市
天津天宁苏宁电器有限公司	专业店	苏宁易购	天津市
沃尔玛(湖北)商业零售有限公司	大型超市	沃尔玛	湖北省武汉市
广东天河城百货有限公司	百货店	天河城百货	广东省广州市
中国石油天然气股份有限公司河南洛阳销售分公司	加油站	中国石油	河南省洛阳市
中国石油化工股份有限公司河北邯郸石油分公司	加油站	中国石化	河北省邯郸市
中国石油天然气股份有限公司广东广州销售分公司	加油站	中国石油	广东省广州市
中国石油天然气股份有限公司新疆伊犁销售分公司	加油站	中国石油	新疆维吾尔自治区伊犁州
中国石油天然气股份有限公司新疆喀什销售分公司	加油站	中国石油	新疆维吾尔自治区喀什市
中国石化销售有限公司广西玉林石油分公司	加油站	中国石化	广西壮族自治区玉林市
厦门康达尔圆香食品有限公司	超市	圆香黑猪肉	福建省厦门市
上海国美电器有限公司	专业店	国美电器	上海市
中国石油化工股份有限公司河北廊坊石油分公司	加油站	中国石化	河北省廊坊市
中国石油天然气股份有限公司陕西宝鸡销售分公司	加油站	中国石油	陕西省宝鸡市
山西省烟草公司长治市公司	专业店	中国烟草	山西省长治市
中国石油化工股份有限公司湖南湘西分公司	加油站	中国石化	湖南省治州市
中国石油天然气股份有限公司广西南宁销售分公司	加油站	中国石油	广西壮族自治区南宁市
中国石油化工股份有限公司河北沧州石油分公司	加油站	中国石化	河北省沧州市
浙江银泰百货有限公司	百货店	银泰	浙江省杭州市
中国石油化工股份有限公司山西省太原市石油分公司	加油站	中国石化	山西省太原市
中国石油化工股份有限公司	加油站	中国石化	陕西省西安市
武汉苏宁电器有限公司	专业店	苏宁电器	湖北省武汉市
中国石油天然气股份有限公司陕西榆林销售分公司	加油站	中国石油	陕西省榆林市
迪卡侬(上海)体育用品有限公司	专业店	迪卡侬	上海市
斐乐服饰有限公司	专卖店	斐乐(FILA)	福建省厦门市
中国石油化工股份有限公司山东滨州石油分公司	加油站	中国石化	山东省滨州市

5-1 续表 5

企业名称	业态	连锁商号	所在地
中国石油天然气股份有限公司辽宁锦州销售分公司	加油站	中国石油	辽宁省锦州市
中国石化销售有限公司广西贵港石油分公司	加油站	中国石化	广西壮族自治区贵港市
中石化森美(福建)石油有限公司龙岩分公司	加油站	中石化森美	福建省龙岩市
北京鑫方盛五金交电有限公司	专业店	鑫方盛五金交电	北京市
中化道达尔油品有限公司	加油站	道达尔	上海市
沃尔玛华东百货有限公司	大型超市	沃尔玛	上海市
中国石油天然气股份有限公司新疆哈密销售分公司	加油站	中国石油	新疆维吾尔自治区哈密市
中国石油天然气股份有限公司河北保定销售分公司	加油站	中国石油	河北省保定市
华联集团吉买盛购物中心有限公司	大型超市	GMS	上海市
中国石油天然气股份有限公司陕西汉中销售分公司	加油站	中国石油	陕西省汉中市
东莞市大地通讯连锁服务有限公司	专业店	大地通讯	广东省东莞市
北京稻香村食品有限责任公司	专卖店	三禾品牌	北京市
沃尔玛(深圳)百货有限公司	大型超市	沃尔玛百货	广东省深圳市
中国石油化工股份有限公司珠海石油分公司	加油站	中国石化	广东省珠海市
话机世界通信集团股份有限公司	专业店	话机世界、众泰数码、T-WORLD、沃达科技	浙江省杭州市
中国石油化工股份有限公司山西晋中石油分公司	加油站	中国石化	山西省晋中市
天津国美电器有限公司	专业店	国美电器	天津市
山东全福元商业集团有限责任公司总店	大型超市	全福元	山东省潍坊市
福建苏宁云商商贸有限公司	专卖店	苏宁易购	福建省福州市
中国石油化工股份有限公司山西临汾石油分公司	加油站	中国石化	山西省临汾市
广州友谊集团有限公司	百货店	广州友谊	广东省广州市
中石化森美(福建)石油有限公司三明分公司	加油站	中石化森美	福建省三明市
广州百佳超级市场有限公司	超市	百佳	广东省广州市
中国石油化工股份有限公司河南三门峡石油分公司	加油站	中国石化	河南省三门峡市
中国石油化工股份有限公司广东阳江分公司	加油站	中国石化	广东省阳江市
中国石油化工股份有限公司广东茂名石油分公司	加油站	中国石化	广东省茂名市
北京沃尔玛百货有限公司	仓储会员店	沃尔玛	北京市
上海家得利超市有限公司	超市	家得利	上海市
深圳汇骏服装有限公司	专卖店	G2000	广东省深圳市
苏州欧尚超市有限公司	大型超市	欧尚	江苏省苏州市
中国石油化工股份有限公司河北秦皇岛石油分公司	加油站	中国石化	河北省皇岛市
重庆和平药房连锁有限责任公司	专业店	和平药房	重庆市
中国石油化工股份有限公司湖南娄底石油分公司	加油站	中国石化	湖南省娄底市
浙江惠多利农资连锁有限公司	专业店	惠多利	浙江省杭州市
中国石油化工股份有限公司陕西渭南石油公司	加油站	中国石化	陕西省渭南市
中国石油化工股份有限公司湖北荆门石油分公司	加油站	中国石化	湖北省荆门市
中国石化销售有限公司广西梧州石油分公司	加油站	中国石化	广西壮族自治区梧州市
江苏省苏盐连锁有限公司	专业店	苏盐连锁	江苏省南京市
中国石油化工股份有限公司山东东营石油分公司	加油站	中国石化	山东省东营市
中国石油天然气股份有限公司甘肃天水销售分公司	加油站	中国石化	甘肃省天水市
中国石油化工股份有限公司山东枣庄石油分公司	加油站	中国石化	山东省枣庄市
中国石油天然气股份有限公司辽宁营口销售分公司	加油站	中国石油	辽宁省营口市
中国石油天然气股份有限公司广西玉林销售分公司	加油站	中国石油	广西壮族自治区玉林市
湖北良品铺子食品有限公司	专业店	良品铺子	湖北省武汉市
中国石油天然气股份有限公司四川德阳销售分公司	加油站	中国石油	四川省德阳市
中山市壹加壹连锁商业有限公司	大型超市	壹加壹	广东省中山市
深圳市国美电器有限公司	专业店	国美电器	广东省深圳市
中国石油天然气股份有限公司辽宁抚顺销售分公司	加油站	中国石油	辽宁省抚顺市
江西鹏润国美电器有限公司	专业店	国美电器	江西省南昌市

5-1　续表 6

企业名称	业态	连锁商号	所在地
中国石油化工股份有限公司河南平顶山石油分公司	加油站	中国石化	河南省平顶山市
深圳市亨吉利世界名表中心有限公司	专卖店	亨吉利名表	广东省深圳市
武汉国美电器有限公司	专业店	国美电器	湖北省武汉市
廊坊市明珠商业企业集团有限公司	百货店	廊坊明珠	河北省廊坊市
中国石油天然气股份有限公司泉州销售分公司	加油站	中国石油	福建省泉州市
中国石化销售有限公司西北新疆阿克苏分公司	加油站	中国石化	新疆维吾尔自治区阿克苏市
中国石化销售有限公司广西钦州石油分公司	加油站	中国石化	广西壮族自治区钦州市
益丰大药房连锁股份有限公司	专业店	益丰大药房	湖南省常德市
广东赛壹便利店有限公司	便利店	7-ELEVEN	广东省广州市
山东贵诚集团购物中心有限公司	百货店	山东贵诚	山东省枣庄市
山东苏宁电器有限公司	专业店	苏宁	山东省济南市
中国石油化工股份有限公司山东济宁石油分公司	加油站	中国石化	山东省济宁市
中海石油炼化惠州销售有限责任公司	专业店	中海石油	广东省惠州市
山西苏宁云商销售有限公司	专业店	苏宁易购	山西省太原市
深圳市人人乐商业有限公司	大型超市	人人乐	广东省深圳市
中国石油化工股份有限公司河北衡水石油分公司	加油站	中国石化	河北省衡水市
青岛永旺东泰商业有限公司	大型超市	永旺	山东省青岛市
中国石油天然气股份有限公司福建福州销售分公司	加油站	中国石油	福建省福州市
安徽徽商农家福有限公司	其他	农家福	安徽省合肥市
成都家乐福超市有限公司	大型超市	家乐福	四川省成都市
沃尔玛(四川)百货有限公司	大型超市	沃尔玛	四川省成都市
哈尔滨中央红集团股份有限公司	便利店	小月亮	黑龙江省哈尔滨市
重庆市国美电器有限公司	专卖店	国美电器	重庆市
飒拉商业(北京)有限公司	专卖店	飒拉商业	北京市
中国石油天然气股份有限公司酒泉销售公司	加油站	中国石油	甘肃省酒泉市
中国石油化工有限公司湖北十堰石油分公司	加油站	中国石化	湖北省十堰市
中国石化销售有限公司广西崇左石油分公司	加油站	中国石化	广西壮族自治区崇左市
沃尔玛(江苏)商业零售有限公司	大型超市	沃尔玛	江苏省南京市
中国天然气股分有限公司宁夏固原销售分公司	加油站	中国石油	宁夏回族自治区固原市
中国石油化工股份有限公司周口分公司	加油站	中国石化	河南省周口市
永旺华南商业有限公司	大型超市	AEON	广东省深圳市
广西苏宁电器有限公司	专业店	苏宁电器	广西壮族自治区南宁市
中石化湖南益阳石油分公司	加油站	中国石化	湖南省益阳市
云南沃尔玛百货有限公司	大型超市	沃尔玛	云南省昆明市
银川新华百货商店股份有限公司	百货店	新华百货	宁夏回族自治区银川市
中国石油天然气股份有限公司宁夏中卫销售分公司	加油站	中国石油	宁夏回族自治区中卫市
中国石油化工股份有限公司河南商丘分公司	加油站	中国石化	河南省商丘市
小米之家商业有限公司	专卖店	小米之家	湖北省武汉市
浙江华润慈客隆超市有限公司	大型超市	华润万家	浙江省宁波市
中国石油天然气股份有限公司新疆阿勒泰销售分公司	加油站	中国石油	新疆维吾尔自治区阿勒泰地区
中国石油天然气股份有限公司辽宁葫芦岛分公司	加油站	中国石油	辽宁省葫芦岛市
东莞市嘉荣超市有限公司	大型超市	嘉荣	广东省东莞市
永辉超市河南有限公司	大型超市	永辉超市	河南省郑州市
辽宁成大方圆医药连锁有限公司	专业店	成大方圆	辽宁省沈阳市
中国石油天然气股份有限公司甘肃张掖销售分公司	加油站	中国石油	甘肃省张掖市
中石油新疆吐鲁番销售分公司	加油站	中国石油	新疆维吾尔自治区吐鲁番市
平和堂(中国)有限公司	百货店	平和堂	湖南省长沙市
中国石化销售有限公司广西北海石油分公司	加油站	中国石化	广西壮族自治区北海市
上海来伊份食品连锁经营有限公司	专业店	来伊份	上海市

5-1 续表 7

企业名称	业态	连锁商号	所在地
浙江供销超市有限公司	大型超市	浙江供销超市、供销便利、家连便利	浙江省绍兴市
中国石油天然气股份有限公司陕西安康销售分公司	加油站	中国石油	陕西省安康市
安徽苏宁云商销售有限公司	专业店	苏宁云商	安徽省合肥市
西亚和美商业股份有限公司	大型超市	西亚和美商业股份有限公司	河南省信阳市
北京同仁堂连锁药店有限责任公司	专业店	同仁堂	北京市
青岛苏宁云商商贸有限公司	专业店	苏宁云商	山东省青岛市
绍兴苏宁云商商贸有限公司	专业店	苏宁易购	浙江省绍兴市
苏州苏宁云商销售有限公司	专业店	苏宁云商	江苏省苏州市
湖北高路油站经营有限责任公司	加油站	中国石化	湖北省武汉市
中国石化销售有限公司山西长治石油分公司	加油站	中国石化	山西省长治市
上海新欧尚超市有限公司	大型超市	欧尚	上海市
湖南家润多超市有限公司	超市	海航家润多	湖南省长沙市
雄风集团有限公司	百货店	雄风百货	浙江省绍兴市
泉州新华都购物广场有限公司	大型超市	新华都	福建省泉州市
长沙步步高商业连锁有限责任公司	大型超市	步步高	湖南省长沙市
中国石油天然气股份有限公司辽宁辽阳销售分公司	加油站	中国石油	辽宁省辽阳市
国药控股国大药房沈阳连锁有限公司	专业店	国大一致	辽宁省沈阳市
沈阳家乐福商业有限公司	大型超市	家乐福	辽宁省沈阳市
浙江宏图三胞科技发展有限公司	专业店	宏图三胞	浙江省杭州市
迪卡侬(北京)体育用品有限公司	专业店	迪卡侬	北京市
成都红旗连锁股份有限公司	超市	红旗连锁	四川省成都市
上海好德便利有限公司	便利店	好德alldays	上海市
云南苏宁云商销售有限公司	专业店	苏宁电器	云南省昆明市
广西辉煌交通石化有限公司	加油站	中国石化	广西壮族自治区南宁市
湖北富迪实业有限公司	超市	湖北富迪实业有限公司	湖北省仙桃市
中国石油天然气股份有限公司辽宁丹东销售分公司	加油站	中国石油	辽宁省丹东市
中国石油天然气股份有限公司新疆克拉玛依销售分公司	加油站	中国石油	新疆维吾尔自治区克拉玛依市
百盛商业发展有限公司	百货店	百盛	北京市
中国石油化工股份有限公司安徽马鞍山石油分公司	加油站	中国石化	安徽省鞍山市
株洲东都步步高商业连锁有限责任公司	大型超市	步步高商业	湖南省株洲市
昆明家乐福超市有限公司	大型超市	家乐福	云南省昆明市
西安民生集团股份有限公司	百货店	西安民生	陕西省西安市
中国石油天然气股份有限公司辽宁朝阳销售分公司	加油站	中国石油	辽宁省朝阳市
银川新华百货东桥电器有限公司	专业店	新华百货东桥电器	宁夏回族自治区银川市
中国石化销售有限公司广西来宾石油分公司	加油站	中国石化	广西壮族自治区来宾市
中国石油化工股份有限公司江西景德镇石油分公司	加油站	中国石化	江西省景德镇市
烟台振华量贩超市有限公司	超市	振华量贩	山东省烟台市
中国石化销售有限公司广西贺州石油分公司	加油站	中国石化	广西壮族自治区贺州市
潜江市惠美家商贸有限公司	超市	惠美家	湖北省潜江市
西雅衣家(中国)商业有限公司	专卖店	C&A	上海市
中国石油天然气股份有限公司山西省太原市销售分公司	专业店	中国石油	山西省太原市
中国石油化工股份有限公司陕西榆林石油分公司	专业店	中国石化	陕西省榆林市
北京宜家家居有限公司	家居建材商店	宜家家居	北京市
中国石油天然气股份有限公司甘肃临夏销售分公司	加油站	中国石油	甘肃省临夏市
安徽五星电器有限公司	专业店	五星电器	安徽省合肥市
中国石油天然气股份有限公司河北张家口销售分公司	加油站	中国石油	河北省张家口市
中国石油化工股份有限公司广东粤东石油分公司	加油站	中国石化	广东省汕头市
老百姓大药房连锁有限公司	专业店	老百姓大药房	湖南省长沙市
成都舞东风连锁超市有限责任公司	便利店	舞东风	四川省成都市

5-1 续表 8

企业名称	业态	连锁商号	所在地
中国石油天然气股份有限公司山东济宁销售分公司	加油站	中国石油	山东省济宁市
东营银座商城有限公司	百货店	东营银座商城有限公司	山东省东营市
河南张仲景大药房股份有限公司	专业店	张仲景	河南省郑州市
中国石油化工股份有限公司江西新余石油分公司	加油站	中国石化	江西省新余市
中国石油天然气股份有限公司广西钦州销售分公司	加油站	中国石油	广西壮族自治区钦州市
中国石油天然气股份有限公司江西南昌销售分公司	加油站	中国石油	江西省南昌市
中国石化销售有限公司江西萍乡石油分公司	加油站	中国石化	江西省萍乡市
中国石油化工股份有限公司新疆巴州石油分公司	加油站	中国石油	新疆维吾尔自治区巴州
中国石油化工股份有限公司广东云浮石油分公司	加油站	中国石油	广东省云浮市
中国石油天然气股份有限公司宁夏石嘴山销售分公司	加油站	中国石油	宁夏回族自治区石嘴山市
柒一拾壹(北京)有限公司	便利店	7-ELEVEn	北京市
昆明百货大楼(集团)珠宝经营有限公司	专业店	百货大楼	云南省昆明市
北京华冠商业科技发展有限公司	超市	华冠	北京市
江苏雅家乐集团有限公司	超市	雅家乐	江苏省盐城市
联盛商业连锁股份有限公司	大型超市	联盛	江西省九江市
天津劝宝超市有限责任公司	超市	劝宝	天津市
中国石油天然气股份有限公司广西柳州销售分公司	加油站	中国石油	广西壮族自治区柳州市
中国石油化工股份有限公司河南开封石油分公司	加油站	中国石化	河南省开封市
中国石油天然气股份有限公司宁夏吴忠销售分公司	加油站	中国石油	宁夏回族自治区吴忠市
周大福珠宝金行(武汉)有限公司	专卖店	周大福	湖北省武汉市
湖北世纪愿景商贸有限公司	专卖店	周黑鸭	湖北省武汉市
江苏苏盛商贸有限公司	专业店	苏盛	江苏省南京市
北京屈臣氏个人用品连锁商店有限公司	超市	屈臣氏	北京市
中国石油天然气股份有限公司辽宁阜新销售分公司	加油站	中国石油	辽宁省阜新市
江苏乐天玛特商业有限公司	大型超市	乐天玛特	江苏省南通市
中国石油天然气股份有限公司河北邯郸销售分公司	加油站	中国石油	河北省邯郸市
南昌市天虹商场有限公司	百货店	天虹	江西省南昌市
中石化森美(福建)石油有限公司宁德分公司	加油站	中石化森美	福建省宁德市
中国石油天然气股份有限公司河北石家庄销售分公司	加油站	中石油	河北省石家庄市
中国石油化工股份有限公司河南许昌石油分公司	加油站	中国石化	河南省许昌市
山西省太原唐久超市有限公司	便利店	唐久便利	山西省太原市
山东鲁百百货大楼集团有限公司	百货店	鲁百百货	山东省东营市
山西华宇商业发展股份有限公司	百货店	华宇	山西省太原市
中国石油天然气股份有限公司新疆和田销售分公司	加油站	中国石油	新疆维吾尔自治区和田地区
十堰市新合作超市有限公司	超市	新合作超市	湖北省十堰市
中国石油天然气股份有限公司宁夏高速公路销售分公司	加油站	中国石油	宁夏回族自治区银川市
河南永乐生活电器有限公司	专业店	永乐生活电器	河南省郑州市
中国石油天然气股份有限公司福建厦门销售分	加油站	中国石油	福建省厦门市
孩子王儿童用品(中国)有限公司	百货店	孩子王	江苏省南京市
广东康爱多连锁药店有限公司	专业店	康爱多	广东省广州市
中国石油天然气股份有限公司河北秦皇岛销售分公司	加油站	中国石油	河北省秦皇岛市
中国石油天然气股份有限公司陕西商洛销售分公司	加油站	中国石油	陕西省商洛市
上海欧尚超市有限公司	大型超市	欧尚	上海市
深圳市百佳华百货有限公司	百货店	百佳华百货	广东省深圳市
秦皇岛中油华奥销售有限公司	加油站	中国石油	河北省秦皇岛市
重庆粮食集团江津区粮食有限责任公司	专卖店	江津粮油	重庆省重庆市
宁波欧尚超市有限公司	大型超市	欧尚	浙江省宁波市
中国石油天然气股份有限公司河北邢台销售分公司	加油站	中国石油	河北省邢台市
中国石化销售有限公司广西防城港石油分公司	加油站	中国石化	广西壮族自治区防城港市

5-1 续表 9

企业名称	业态	连锁商号	所在地
中国石油辽宁本溪销售分公司	加油站	中国石油	辽宁省本溪市
安徽省安德利百货股份有限公司	百货店	安德利	安徽省合肥市
中国石油天然气股份有限公司广东肇庆分公司	加油站	中国石油	广东省肇庆市
南昌百货大楼股份有限公司	百货店	南昌百货大楼	江西省南昌市
中国石油天然气股份有限公司广西桂林销售分公司	加油站	中国石油	广西壮族自治区桂林市
贵阳苏宁云商销售有限公司	专业店	苏宁	贵州省贵阳市
中国石油化工股份有限公司新疆喀什石油分公司	加油站	中国石化	新疆维吾尔自治区喀什市
北京欧尚超市有限公司	大型超市	欧尚	北京市
中国石油天然气股份有限公司河北廊坊销售分公司	加油站	中国石油	河北省廊坊市
许昌市胖东来商贸集团有限公司	大型超市	胖东来	河南省许昌市
中国石油化工股份有限公司陕西汉中石油分公司	加油站	中国石化	陕西省汉中市
上海三枪(集团)有限公司	专卖店	三枪、鹅牌、迪士尼	上海市
北京美廉美连锁商业有限公司	大型超市	北京美廉美	北京市
沃尔玛(北京)商业零售有限公司	大型超市	沃尔玛	北京市
吉林大药房药业股份有限公司	专业店	吉林大药房	吉林省长春市
上海屈臣氏日用品有限公司	百货店	屈臣氏	上海市
中石化江西鹰潭石油分公司	加油站	中国石化	江西省鹰潭市
大连苏宁云商销售有限公司	专业店	苏宁	辽宁省大连市
广东壹号食品股份有限公司	专卖店	壹号食品	广东省湛江市
中国石油天然气股份有限公司陕西铜川销售分公司	加油站	中国石油	陕西省铜川市
云南健之佳连锁健康药房有限公司	专业店	健之佳	云南省昆明市
美心食品(广州)有限公司	专卖店	香港美心	广东省广州市
大连国美电器有限公司	专业店	国美电器	辽宁省大连市
青岛国美电器有限公司	专业店	国美电器	山东省青岛市
福州国美电器有限公司	专卖店	国美电器	福建省福州市
中国石油化工股份有限公司陕西延安石油分公司	加油站	中国石化	陕西省延安市
昆明云顺和商业发展有限公司	百货店	昆明百盛	云南省昆明市
中国石油化工股份有限公司福建泉州石油分公司	加油站	中国石化	福建省泉州市
深圳岁宝百货有限公司	百货店	岁宝百货	广东省深圳市
中国石油天然气股份有限公司广东江门销售分公司	加油站	中国石油	广东省江门市
ＢＨＧ(北京)百货有限公司	百货店	ＢＨＧ	北京市
中国石化股份有限公司广东汕尾石油分公司	加油站	中国石化	广东省汕尾市
河北惠友商业连锁发展有限公司	超市	惠友	河北省保定市
上海捷强烟草糖酒(集团)连锁有限公司	专业店	捷强	上海市
上海古今内衣有限公司	专卖店	古今、古今花、古今龙、美慕莎	上海市
江苏大众医药连锁有限公司	专业店	大众医药	江苏省无锡市
深圳市海王星辰健康药房连锁有限公司	其他	海王星辰	广东省深圳市
秦皇岛市兴龙广缘商厦有限公司	大型超市	兴龙广缘	河北省秦皇岛市
哈药集团医药有限公司	专业店	人民同泰	黑龙江省哈尔滨市
云南玉溪百信商贸集团有限公司	超市	百信	云南省玉溪市
北京宏图三胞科技发展有限公司	专业店	宏图三胞	北京市
合肥悦家商业有限公司	大型超市	家乐福	安徽省合肥市
北京味多美食品有限责任公司	专卖店	北京味多美	北京市
北京国泰平安百货有限公司	百货店	国泰百货	北京市
中油碧辟石油有限公司惠州分公司	加油站	中油碧辟	广东省惠州市
华润潍坊远东医药有限公司	专业店	远东平民大药房	山东省潍坊市
洛阳丹尼斯量贩有限公司	大型超市	丹尼斯	河南省洛阳市
中国石油天然气股份有限公司山东枣庄销售分公司	加油站	中国石油	山东省枣庄市
浙江十足商贸有限公司	便利店	十足便利店	浙江省温州市

5-1 续表 10

企业名称	业态	连锁商号	所在地
广州市喜燃能源有限公司	其他	振戎燃气	广东省广州市
上海可的便利店有限公司	便利店	可的	上海市
十足集团股份有限公司	便利店	十足、之上、真生活、当家人	浙江省杭州市
青岛屈臣氏个人用品商店有限公司	超市	屈臣氏	山东省青岛市
中国石油化工股份有限公司新疆哈密石油分公司	加油站	中国石化	新疆维吾尔自治区哈密市
黑龙江黑天鹅家电有限公司	专业店	黑天鹅	黑龙江省哈尔滨市
上海迪亚零售有限公司	折扣店	迪亚	上海市
十堰天海贸易有限公司	加油站	湖北天海石油集团有限公司	湖北省十堰市
北京壳牌石油有限公司	专业店	壳牌	北京市
北京迪信通电子通信技术有限公司	专业店	北京迪信通	北京市
河南省国美电器有限公司	专业店	国美电器	河南省郑州市
杭州萧然商厦有限责任公司	百货店	萧然超市	浙江省杭州市
山东京博新能源控股发展有限公司	加油站	京博新能源	山东省滨州市
中国石油化工股份有限公司湖南张家界石油分公司	加油站	中国石化	湖南省张家界市
中国石油天然气股份有限公司新疆塔城销售公司	加油站	中国石油	新疆维吾尔自治区塔城地区
飞亚达销售有限公司	其他	飞亚达	广东省深圳市
山西国美电器有限公司	专业店	国美电器	山西省太原市
广州市盛世长运商贸连锁有限公司	其他	sanse	广东省广州市
大连金玛超市连锁有限公司	百货店	金玛超市	辽宁省大连市
特易购商业(江苏)有限公司	大型超市	特易购	江苏省南京市
武汉市南浦食品有限责任公司	专业店	天喔	湖北省武汉市
中国石油天然气股份有限公司河北沧州销售分公司	加油站	中国石油	河北省沧州市
厦门永乐思文家电有限公司	专业店	永乐	福建省厦门市
上海新华传媒连锁有限公司	专卖店	上海书城	上海市
吉林省威宝恒客隆仓储百货有限公司	超市	恒客隆	吉林省长春市
深圳市安奈儿股份有限公司	专卖店	安奈儿	广东省深圳市
上海伍缘现代杂货有限公司	超市	伍缘	上海市
中国石油河北唐山销售分公司	加油站	中国石油	河北省唐山市
广州市好又多百货商业广场有限公司	大型超市	好又多	广东省广州市
湖南华润万家生活超市有限公司	大型超市	华润万家	湖南省长沙市
大德浙江医药股份有限公司	专业店	义乌市大德药房连锁有限公司	浙江省金华市
湖南国美电器有限公司	专业店	国美电器	湖南省长沙市
延长壳牌山西石油有限公司	加油站	壳牌	山西省太原市
贵州合力购物有限责任公司	大型超市	合力购物	贵州省贵阳市
广州家广超市有限公司	大型超市	家乐福	广东省广州市
广东万宁连锁商业有限公司	百货店	万宁	广东省广州市
湖北杰之行体育产业发展股份有限公司	专卖店	杰之行	湖北省武汉市
胜利油田胜大超市	超市	胜大超市	山东省东营市
浙江上百贸易有限公司	百货店	上百贸易	浙江省绍兴市
新疆国美电器有限公司	专业店	国美电器	新疆维吾尔自治区乌鲁木齐市
辽宁华润万家生活超市有限公司	大型超市	华润万家	辽宁省沈阳市
安徽欧尚超市有限公司	大型超市	欧尚	安徽省芜湖市
浙江汇德隆实业集团有限公司	大型超市	汇德隆	浙江省杭州市
中国石油天然气股份有限公司辽宁盘锦销售分公司	加油站	中国石油	辽宁省盘锦市
上海烟草集团普陀烟草糖酒有限公司	专卖店	中国烟草	上海市
北京市上品商业发展有限责任公司	折扣店	上品折扣	北京市
上海烟草集团杨浦烟草糖酒有限公司	专卖店	中国烟草	上海市
安徽国生电器有限责任公司	专业店	国生电器	安徽省合肥市

5-1 续表 11

企业名称	业态	连锁商号	所在地
沈阳苏宁云商销售有限公司	专业店	苏宁	辽宁省沈阳市
开县孙氏商贸有限责任公司	其他	渝开心连心超市	重庆市
苏州宏图三胞科技发展有限公司	专业店	宏图三胞	江苏省苏州市
浙江诸暨第一百货有限公司	大型超市	诸暨一百	浙江省绍兴市
西安怡康医药连锁有限责任公司	专业店	西安怡康医药	陕西省西安市
哈尔滨苏宁云商销售有限公司	专业店	苏宁	黑龙江省哈尔滨市
武汉汉福超市有限公司	大型超市	家乐福	湖北省武汉市
北京张一元茶叶有限责任公司	专卖店	张一元	北京市
广西联华超市股份有限公司	超市	联华超市	广西壮族自治区柳州市
浙江雅莹时装销售有限公司	专卖店	EP雅莹、doublelove、npaia	浙江省嘉兴市
无锡悦家商业有限公司	大型超市	家乐福	江苏省无锡市
厦门市天虹商场有限公司	百货店	天虹	福建省厦门市
合肥新华书店有限公司	专业店	新华书店	安徽省合肥市
中山市华润万家便利超市有限公司	便利店	华润万家	广东省中山市
通用磨坊贸易(上海)有限公司	专卖店	哈根达斯	上海市
浙江东兴商厦股份有限公司	超市	东兴商厦	浙江省嘉兴市
厦门福厦苏宁电器有限公司	专卖店	苏宁	福建省厦门市
中国石油天然气股份有限公司河北衡水销售分公司	加油站	中国石油	河北省衡水市
浙江胜道体育用品有限公司	专卖店	浙江胜道	浙江省金华市
北京首航国力商贸有限公司	超市	首航国力	北京市
红珏高级时装有限公司	专卖店	GIADA	广东省深圳市
中国石油天然气股份有限公司湖南怀化销售分	加油站	中国石油	湖南省怀化市
浙江凯虹集团有限公司	超市	华之友超市、华侨商店	浙江省舟山市
北京首商集团股份有限公司西单商场	百货店	西单商场	北京市
中国石油天然气股份有限公司广东茂名销售分公司	加油站	中国石油	广东省茂名市
东风鸿泰汽车销售有限公司	专卖店	东风鸿泰汽车销售有限公司	湖北省武汉市
江苏益丰大药房连锁有限公司	专业店	益丰大药房	江苏省南京市
湖南邵阳中油销售有限公司	加油站	中国石油	湖南省邵阳市
中国石油天然气股份有限公司新疆博尔塔拉蒙古自治州销售分公司	加油站	中国石油	新疆维吾尔自治区博尔塔拉蒙古自治州
中国石油天然气股份有限公司福建省漳州销售分公司	加油站	中国石油	福建省漳州市
中国石油天然气股份有限公司山西晋中销售分公司	加油站	中国石油	山西省晋中市
上海良友金伴便利连锁有限公司	便利店	良友金伴	上海市
吉安市国光实业有限公司	超市	国光	江西省吉安市
江西苏宁电器有限公司	专业店	苏宁	江西省南昌市
道达尔石油(武汉)有限公司	加油站	total	湖北省武汉市
广州友谊班尼路服饰有限公司	专卖店	友谊班尼路	广东省广州市
中国石油天然气股份有限公司湖南销售常德分公司	加油站	中国石油	湖南省常德市
包头市永盛成百货有限公司	超市	永盛成百货	内蒙古自治区包头市
上海华联罗森有限公司	便利店	华联罗森	上海市
深圳岁宝连锁商业发展有限公司	百货店	岁宝连锁	广东省深圳市
永州步步高商业连锁有限责任公司	百货店	步步高	湖南省永州市
成都欧尚超市有限公司	大型超市	欧尚	四川省成都市
北京好药师大药房连锁有限公司	专业店	好药师大药房	北京市
贵州一树连锁药业有限公司	专业店	一树	贵州省贵阳市
国药控股国大药房上海国大药房连锁有限公司	专业店	国大药房	上海市
江西百盛中山城百货有限公司	百货店	百盛百货	江西省南昌市
绰琪服装(深圳)有限公司	专卖店	6ixty8ight	广东省深圳市

5-2 100门店以上连锁零售企业

企业名称	业态	连锁商号	所在地
浙江驰骋物流有限公司	便利店	左邻右舍、生活驿站	浙江省衢州市
飞亚达销售有限公司	其他	飞亚达	广东省深圳市
云南鸿翔一心堂药业(集团)股份有限公司	专业店	一心堂	云南省昆明市
安徽辉隆农资集团股份有限公司	专业店	辉隆农资	安徽省合肥市
深圳市百果园实业发展有限公司	其他	百果园	广东省深圳市
中国石油化工股份有限公司山东石油分公司	加油站	中国石化	山东省济南市
重庆桐君阁大药房连锁有限责任公司	专业店	桐君阁大药房	重庆市
广东壹号食品股份有限公司	专卖店	壹号食品	广东省湛江市
苏宁云商集团股份有限公司	专业店	苏宁	江苏省南京市
中国石油化工股份有限公司江苏石油分公司	加油站	中国石化	江苏省南京市
中国石油化工股份有限公司浙江石油分公司	加油站	中国石化	浙江省杭州市
安徽徽商农家福有限公司	其他	农家福	安徽省合肥市
江苏苏农农资连锁集团股份有限公司	专业店	苏农连锁	江苏省南京市
浙江惠多利农资连锁有限公司	专业店	惠多利	浙江省杭州市
联华超市股份有限公司	超市	联华、华联	上海市
苏果超市有限公司	超市	苏果超市	江苏省南京市
十足集团股份有限公司	便利店	十足、之上、真生活、当家人	浙江省杭州市
云阳县腾龙商贸有限公司	超市	腾龙超市	重庆市
浙江供销超市有限公司	大型超市	浙江供销超市、供销便利、家连便利	浙江省绍兴市
中国石油化工股份有限公司安徽石油分公司	加油站	中国石化	安徽省合肥市
湖北良品铺子食品有限公司	专业店	良品铺子	湖北省武汉市
上海联华快客便利有限公司	便利店	快客	上海市
深圳市安奈儿股份有限公司	专卖店	安奈儿	广东省深圳市
上海古今内衣有限公司	专卖店	古今、古今花、古今龙、美慕莎	上海市
上海福满家便利有限公司	便利店	全家	上海市
厦门见福便利店商贸有限公司	便利店	见福	福建省厦门市
无锡红豆居家服饰销售有限公司	专卖店	红豆	江苏省无锡市
江西煌上煌集团食品有限公司	专卖店	煌上煌	江西省南昌市
四川壹玖壹玖酒类供应链管理股份有限公司	专卖店	1919	四川省成都市
中百控股集团股份有限公司	超市	中百	湖北省武汉市
上海来伊份食品连锁经营有限公司	专业店	来伊份	上海市
大连金玛超市连锁有限公司	百货店	金玛超市	辽宁省大连市
江苏新合作常客隆连锁超市有限公司	超市	新合作常客隆	江苏省苏州市
博马努瓦服饰商贸(上海)有限公司	专卖店	Cache-cache	上海市
广东赛壹便利店有限公司	便利店	7-ELEVEN	广东省广州市
成都舞东风连锁超市有限责任公司	便利店	舞东风	四川省成都市
益丰大药房连锁股份有限公司	专业店	益丰大药房连锁股份有限公司	湖南省常德市
山西金虎生活便利服务有限公司	便利店	山西金虎便利连锁股份有限公司	山西省太原市
辽宁成大方圆医药连锁有限公司	专业店	成大方圆	辽宁省沈阳市
金华市华洲连锁超市有限公司	超市	华洲	浙江省金华市
福建华祥苑茶业有限公司	专卖店	华祥苑	福建省厦门市
山西省太原唐久超市有限公司	便利店	唐久便利	山西省太原市
斐乐服饰有限公司	专卖店	斐乐(FILA)	福建省厦门市

5-2 续表 1

企业名称	业态	连锁商号	所在地
成都红旗连锁股份有限公司	超市	红旗连锁	四川省成都市
湖南汇丰年农资连锁超市股份有限公司	专业店	汇丰年农资	湖南省株洲市
中国石油天然气股份有限公司江苏销售分公司	加油站	中国石油	江苏省南京市
上海好德便利有限公司	便利店	好德alldays	上海市
河南张仲景大药房股份有限公司	专业店	张仲景	河南省郑州市
图途(厦门)户外用品有限公司	专卖店	图途	福建省厦门市
云南健之佳连锁健康药房有限公司	专业店	健之佳	云南省昆明市
文峰大世界连锁发展股份有限公司	百货店	文峰大世界、文峰千家惠、文峰	江苏省南通市
重庆鑫斛药房连锁有限公司	专业店	鑫斛药庄	重庆市
山东家家悦集团有限公司	超市	家家悦	山东省威海市
吉林大药房药业股份有限公司	专业店	吉林大药房	吉林省长春市
山东潍坊百货集团股份有限公司	百货店	中百	山东省潍坊市
江苏苏盛商贸有限公司	专业店	苏盛	江苏省南京市
湖州老大房超市有限公司	超市	湖州老大房超市有限公司	浙江省湖州市
绵阳太极大药房连锁有限责任公司	专业店	绵阳太极大药房	四川省绵阳市
浙江十足商贸有限公司	便利店	十足便利店	浙江省温州市
湖南千金金沙大药房零售连锁有限公司	专业店	千金大药房	湖南省长沙市
老百姓大药房连锁有限公司	专业店	老百姓大药房	湖南省长沙市
绍兴大通超市有限公司	超市	大通超市	浙江省绍兴市
利群集团股份有限公司	其他	利群	山东省青岛市
阜阳华联集团股份有限公司	超市	阜阳华联	安徽省阜阳市
中国石油化工股份有限公司上海石油分公司	加油站	中国石化	上海市
中国石油天然气股份有限公司重庆销售分公司	加油站	中国石油	重庆市
中域电讯连锁集团股份有限公司	专业店	中域电讯	广东省东莞市
上海好药师大药房连锁有限公司	专业店	好药师大药房	上海市
重庆和平药房连锁有限责任公司	专业店	和平药房	重庆市
上海可的便利店有限公司	便利店	可的	上海市
江苏五星电器有限公司	专业店	五星电器	江苏省南京市
永辉超市股份有限公司福建福州鼓楼分公司	大型超市	永辉、轩辉	福建省福州市
天津劝宝超市有限责任公司	超市	劝宝	天津市
上海复美益星大药房连锁有限公司	专业店	复美益星	上海市
中国石油化工股份有限公司北京石油分公司	加油站	中国石化	北京市
湘乡市振兴连锁超市有限责任公司	超市	振兴连锁超市	湖南省湘潭市
深圳市海王星辰健康药房连锁有限公司	其他	海王星辰	广东省深圳市
山东燕喜堂医药连锁有限公司	专业店	燕喜堂	山东省威海市
广西鸿翔一心堂药业有限责任公司	专业店	一心堂	广西壮族自治区南宁市
重庆绝味食品销售有限公司	专卖店	绝味	重庆市
重庆沁园餐饮管理有限公司	专卖店	沁园	重庆市
辽宁天士力大药房连锁有限公司	专业店	天士力	辽宁省沈阳市
深圳市南北药行连锁有限公司	其他	南北药房	广东省深圳市
中国石油天然气股份有限公司安徽销售分公司	专业店	中国石油	安徽省合肥市
四川一心堂医药连锁有限公司	专业店	一心堂	四川省成都市
中国石油天然气股份有限公司浙江销售分公司	加油站	中国石油	浙江省杭州市
广州屈臣氏个人用品商店有限公司	百货店	屈臣氏	广东省广州市

5-2 续表 2

企业名称	业态	连锁商号	所在地
浙江诸暨第一百货有限公司	大型超市	诸暨一百	浙江省绍兴市
北京吴裕泰茶业股份有限公司	专卖店	吴裕泰茶业	北京市
江苏省苏盐连锁有限公司	专业店	苏盐连锁	江苏省南京市
美宜佳(福建)便利店有限公司	便利店	美宜佳	福建省厦门市
漯河双汇商业连锁有限公司	专卖店	双汇	河南省漯河市
山东新星集团有限公司	超市	山东新星集团有限公司	山东省淄博市
瑞安市五洲超市连锁有限公司	超市	五洲超市	浙江省温州市
广西一心医药集团有限责任公司	专业店	广西一心医药	广西壮族自治区南宁市
吉林省益和大药房有限公司	专业店	益和	吉林省长春市
深圳汇骏服装有限公司	专卖店	G2000	广东省深圳市
仙桃市丰联农业生产资料有限公司	厂家直销中心	仙桃市丰联农业生产资料有限公司	湖北省仙桃市
江苏益丰大药房连锁有限公司	专业店	益丰大药房	江苏省南京市
青岛医保城药品连锁有限公司	专业店	医保城	山东省青岛市
物美控股集团有限公司	超市	物美	北京市
青岛同方药业连锁有限公司	专业店	同方药业	山东省青岛市
重庆市万州区福意百货有限公司	超市	福意百货	重庆市
重庆市万和药房连锁有限公司	专业店	万和	重庆市
通用磨坊贸易(上海)有限公司	专卖店	哈根达斯	上海市
广州友谊班尼路服饰有限公司	专卖店	友谊班尼路	广东省广州市
上海迪亚零售有限公司	折扣店	迪亚	上海市
上海捷强烟草糖酒(集团)连锁有限公司	专业店	捷强	上海市
深圳市瑞草堂大药房有限公司	专业店	瑞草堂	广东省深圳市
国药控股国大药房沈阳连锁有限公司	专业店	国大一致	辽宁省沈阳市
甘肃众友医药连锁有限公司	专卖店	众友药业	甘肃省兰州市
江苏阿仕顿服饰有限公司	专卖店	阿仕顿男装	江苏省苏州市
山东银宝食品有限公司	专卖店	银宝	山东省泰安市
广州喜市多便利连锁有限公司	便利店	C-STORE	广东省广州市
大参林医药集团股份有限公司	专业店	恩莱芙	广东省广州市
江苏来伊份食品有限公司	专卖店	来伊份	江苏省南京市
话机世界通信集团股份有限公司	专业店	话机世界、众泰数码、T-WORLD、沃达科技	浙江省杭州市
广西大参林连锁药店有限公司	专卖店	大参林	广西壮族自治区玉林市
重庆市新大兴爱家商业连锁有限公司	超市	爱家超市	重庆市
开县孙氏商贸有限责任公司	其他	渝开心连心超市	重庆市
上海伍缘现代杂货有限公司	超市	伍缘	上海市
江苏海王星辰健康药房连锁有限公司	专业店	海王星辰	江苏省苏州市
怀化阳光苗苗孕婴童连锁有限公司	专卖店	阳光苗苗	湖南省怀化市
江西黄庆仁栈华氏大药房有限公司	专业店	黄庆仁	江西省南昌市
大连海王星辰医药有限公司	专业店	海王星辰	辽宁省大连市
新疆兵团农业生产资料供应公司	专业店	兵团农资	新疆维吾尔自治区乌鲁木齐市
中石化天津石油分公司	加油站	中国石化	天津市
农工商超市(集团)有限公司	超市	农工商	上海市
中国石油天然气股份有限公司辽宁大连销售分公司	加油站	中国石油	辽宁省大连市
哈尔滨中央红集团股份有限公司	便利店	小月亮	黑龙江省哈尔滨市
国药控股国大药房山西益源连锁有限公司	专业店	国药控股国大药房山西益源连锁有限公司	山西省太原市

5-2 续表 3

企业名称	业态	连锁商号	所在地
上海雷允上药品连锁经营有限公司	专业店	雷允上	上海市
郏县万客来商贸有限公司	超市	万客来	河南省平顶山市
新华文轩出版传媒股份有限公司	专业店	新华文轩	四川省成都市
四川富江超市连锁有限责任公司	超市	四川省富江高贸有限公司	四川省德阳市
上海良友金伴便利连锁有限公司	便利店	良友金伴	上海市
中国石油化工股份有限公司福建石油分公司	加油站	中国石化	福建省福州市
中国石油化工股份有限公司海南石油分公司	加油站	中国石化	海南省海口市
北京港佳好邻居连锁便利店有限责任公司	便利店	好邻居连锁	北京市
江西新华发行集团有限公司	专业店	新华书店	江西省南昌市
湖北世纪愿景商贸有限公司	专卖店	周黑鸭	湖北省武汉市
台州人本十足便利店有限公司	便利店	台州人本十足便利店有限公司	浙江省台州市
成都市金牛区红旗连锁有限公司	便利店	红旗	四川省成都市
哈药集团医药有限公司	专业店	人民同泰	黑龙江省哈尔滨市
株洲奥湘鞋业营销有限公司	专卖店	奥康皮鞋	湖南省株洲市
玉溪家佳购物超市有限公司	超市	家盛佳	云南省玉溪市
天济大药房连锁有限公司	专业店	天济大药房	湖北省襄阳市
河北德仁堂大药房连锁有限公司	专业店	河北德仁堂大药房连锁有限公司	河北省张家口市
北京张一元茶叶有限责任公司	专卖店	张一元	北京市
北京全时叁陆伍连锁便利店有限公司	便利店	全时便利	北京市
壳牌华北石油集团有限公司	加油站	壳牌	天津市
中国石油化工股份有限公司广东广州石油分公司	加油站	中国石化	广东省广州市
中国石油化工股份有限公司江西赣州石油分公司	加油站	中国石化	江西省赣州市
呼和浩特市利冠商贸有限责任公司	便利店	利客便利店	内蒙古自治区呼和浩特市
成都市青羊区红旗连锁有限公司	超市	红旗连锁	四川省成都市
中山市中智大药房连锁有限公司	专业店	中智	广东省中山市
柳州桂中大药房连锁有限责任公司	专业店	桂中大药房	广西壮族自治区柳州市
浙江省新华书店集团有限公司	专业店	新华书店	浙江省杭州市
武汉今天梦想商贸有限公司	超市	今天	湖北省武汉市
河北国大连锁商业有限公司	便利店	河北国大连锁商业有限公司	河北省石家庄市
江西益丰大药房连锁有限公司	专业店	江西益丰	江西省南昌市
张家口市华佗药房连锁有限公司	专业店	华佗药房	河北省张家口市
浙江瑞人堂医药连锁有限公司	专业店	瑞人堂	浙江省台州市
中山市及时便利连锁有限公司	便利店	及时便利	广东省中山市
云南东骏药业有限公司	专业店	东骏药业	云南省昆明市
南京市江宁区土产棉麻有限公司	百货店	岗山超市	江苏省南京市
湖北富迪实业有限公司	超市	湖北富迪实业有限公司	湖北省仙桃市
成都安德鲁森食品有限公司	专业店	安德鲁森	四川省成都市
兰州惠仁堂药业连锁有限公司	专卖店	惠仁堂药业	甘肃省兰州市
柒一拾壹(北京)有限公司	便利店	7-ELEVEn	北京市
美克国际家居用品股份有限公司	专卖店	美克美家	新疆维吾尔自治区乌鲁木齐市
广东万宁连锁商业有限公司	百货店	万宁	广东省广州市
上海喜士多便利连锁有限公司	便利店	喜士多	上海市
宁波开开便利超市连锁有限公司	便利店	开开便利	浙江省宁波市
郑州丹尼斯百货有限公司	大型超市	郑州丹尼斯百货有限公司	河南省郑州市

5-2 续表 4

企业名称	业态	连锁商号	所在地
山东金通大药店股份有限公司	专业店	金通大药店	山东省潍坊市
梓潼县鸿锋商贸有限公司	超市	鸿锋连锁	四川省绵阳市
重庆百货大楼股份有限公司	百货店	重庆百货、商社电器、新世纪	重庆市
中国石油化工股份有限公司石家庄分公司	加油站	中国石化	河北省石家庄市
成都市成华区红旗连锁有限公司	超市	红旗连锁	四川省成都市
深圳市卡尔丹顿服饰股份有限公司	厂家直销中心	卡尔丹顿、GENTLE	广东省深圳市
四川省汇星实业(集团)有限公司	超市	汇星超市	四川省绵阳市
上海梅林正广和便利连锁有限公司	便利店	光明、正广和	上海市
合肥采蝶轩企业管理服务有限公司	专卖店	采蝶轩	安徽省合肥市
中国石油化工股份有限公司河北保定石油分公司	加油站	中国石化	河北省保定市
中国石油化工股份有限公司山东青岛石油分公司	加油站	中国石化	山东省青岛市
烟台市家家悦超市有限公司	超市	家家悦	山东省烟台市
湖南诺舟大药房连锁有限公司	专业店	诺舟大药房	湖南省长沙市
北京京客隆商业集团股份有限公司	超市	京客隆	北京市
国药控股国大药房上海国大药房连锁有限公司	专业店	国大药房	上海市
北京味多美食品有限责任公司	专卖店	北京味多美	北京市
四川省老邻居商贸连锁有限责任公司	超市	老邻居连锁	四川省成都市
中国石油化工股份有限公司河北唐山石油分公司	加油站	中国石化	河北省唐山市
杭州海王星辰健康药房有限公司	专业店	海王星辰	浙江省杭州市
新疆百草堂医药连锁经销有限公司	专业店	百草堂	新疆维吾尔自治区乌鲁木齐市
中国石油天然气股份有限公司天津销售分公司	加油站	中国石油	天津市
江西昌盛大药房有限公司	专业店	昌盛大药房	江西省南昌市
延长壳牌(四川)石油有限公司	专卖店	壳牌	四川省成都市
苏州来伊份食品有限公司	专卖店	来伊份	江苏省苏州市
新疆康宁医药连锁有限责任公司	专业店	康宁医药	新疆维吾尔自治区巴州
中国石油天然气股份有限公司	加油站	中国石油	吉林省长春市
嘉兴市万寿堂医药连锁有限公司	专业店	万寿堂	浙江省嘉兴市
合肥百货大楼集团股份有限公司	百货店	合肥百大	安徽省合肥市
旺苍县粮贸超市连锁有限责任公司	超市	粮贸超市	四川省广元市
青岛屈臣氏个人用品商店有限公司	超市	屈臣氏	山东省青岛市
重庆市佳盛药房连锁有限公司	专业店	佳盛药房	重庆市
山东省幸福人医药连锁有限公司	专业店	幸福人	山东省枣庄市
湖南千惠商贸连锁有限公司	超市	千惠超市	湖南省长沙市
广东爱心大药房连锁有限公司	专业店	爱心	广东省韶关市
江苏超越超市连锁发展有限公司	超市	江苏超越	江苏省南通市
四川圣杰药业有限公司	专业店	四川圣杰	四川省泸州市
北京金凤成祥食品有限责任公司	专业店	金凤成祥	北京市
杭州惠耳听力技术设备有限公司	专业店	惠耳听力	浙江省杭州市
石家庄新兴药房连锁股份有限公司	专业店	新兴	河北省石家庄市
大连联华快客中山便利商业有限公司	便利店	联华快客	辽宁省大连市
杭州余杭禹倡商厦有限公司	超市	杭州余杭禹倡商厦有限公司	浙江省杭州市
河南思达连锁商业有限公司	超市	河南正道思达连锁商业有限公司	河南省郑州市
步步高商业连锁股份有限公司	大型超市	步步高商业	湖南省湘潭市
平乐县绿鑫农资连锁有限公司	专业店	绿鑫农资	广西壮族自治区桂林市

5-2 续表 5

企业名称	业态	连锁商号	所在地
重庆市万州区江南医药有限公司	专业店	江南医药	重庆市
浙江雅莹时装销售有限公司	专卖店	EP雅莹、doublelove、npaia	浙江省嘉兴市
华润万家生活超市(广州)有限公司	超市	润之家、简约组合	广东省广州市
中山市华润万家便利超市有限公司	便利店	华润万家	广东省中山市
四川新希望鲜生活商业连锁有限公司	便利店	新希望鲜生活	四川省成都市
上海华氏大药房有限公司	专业店	华氏	上海市
孩子王儿童用品(中国)有限公司	百货店	孩子王	江苏省南京市
浙江凤凰尚品贸易有限公司	专卖店	报喜鸟、HAZZYS、法兰诗顿	浙江省温州市
云南之佳便利店有限公司	便利店	之佳便利	云南省昆明市
日春股份公司	专业店	日春茶业	福建省泉州市
广西老百姓大药房连锁有限公司	专业店	老百姓大药房	广西壮族自治区南宁市
先声再康江苏药业有限公司	专业店	先声再康江苏药业有限公司	江苏省南京市
重庆市万州区中兴医药有限责任公司	专业店	中兴医药	重庆市
中国石油化工股份有限公司湖北武汉分公司	加油站	中国石化	湖北省武汉市
北京稻香村食品有限责任公司	专卖店	三禾品牌	北京市
北京屈臣氏个人用品连锁商店有限公司	超市	屈臣氏	北京市
东莞市大地通讯连锁服务有限公司	专业店	大地通讯	广东省东莞市
重庆丰谷农资荣昌连锁超市有限公司	其他	丰谷农资	重庆市
山东统一银座商业有限公司	超市	统一银座	山东省济南市
中国石油化工股份有限公司山西临汾石油分公司	加油站	中国石化	山西省临汾市
西安怡康医药连锁有限责任公司	专业店	西安怡康医药	陕西省西安市
中国石油化工股份有限公司襄樊石油分公司	加油站	中国石化	湖北省襄阳市
国药控股国大药房(深圳)连锁有限公司	专业店	国大药房	广东省深圳市
广东金康药房连锁有限公司	专业店	金康	广东省广州市
海南联合广安堂药品超市连锁经营有限公司	超市	一心堂药品连锁	海南省海口市
浙江来伊份食品有限公司	专业店	来伊份	浙江省杭州市
深圳市亨吉利世界名表中心有限公司	专卖店	亨吉利名表	广东省深圳市
中国石化销售有限公司广东江门石油分公司	专业店	中国石化	广东省江门市
真维斯服饰(广东)有限公司	专卖店	真维斯菲尔	广东省惠州市
大足唯一食品有限公司	便利店	唯一	重庆市
新疆普济堂医药零售连锁有限公司	专业店	普济堂	新疆维吾尔自治区乌鲁木齐市
广西康全药业连锁有限公司	专业店	康全药业	广西壮族自治区南宁市
柳州百草堂医药连锁有限责任公司	专业店	百草堂	广西壮族自治区柳州市
无锡市天信农资有限公司	专业店	阳羡天信	江苏省无锡市
中石化壳牌(江苏)石油销售有限公司	加油站	壳牌	江苏省苏州市
肇庆天天邦建医药连锁有限公司	专业店	天天邦建	广东省肇庆市
乌鲁木齐市好幸福超市有限公司	便利店	每日每夜	新疆维吾尔自治区乌鲁木齐市
广西联华超市股份有限公司	超市	联华超市	广西壮族自治区柳州市
成都市锦江区红旗连锁有限公司	便利店	红旗连锁	四川省成都市
犍为县黄家超市	超市	黄家超市	四川省乐山市
中国石油化工股份有限公司河北邯郸石油分公司	加油站	中国石化	河北省邯郸市
无印良品(上海)商业有限公司	专卖店	无印良品MUJI	上海市
十堰市新合作超市有限公司	超市	伊利、双汇、青蛙王子、维达	湖北省十堰市
湖南仁康泰大药房连锁有限公司	专业店	仁康泰	湖南省长沙市

5-2 续表 6

企业名称	业态	连锁商号	所在地
湖南华唯崇源堂医药连锁有限公司	专业店	崇源堂大药房	湖南省长沙市
安徽丰原大药房连锁有限公司	专业店	丰原	安徽省蚌埠市
国药控股国大药房河南连锁有限公司	专业店	国大药房	河南省平顶山市
中国石油化工股份有限公司云南昆明石油分公司	加油站	中国石化	云南省昆明市
苏州福满家便利店有限公司	便利店	全家	江苏省苏州市
桂林市临桂万丰农资连锁有限公司	专业店	万丰农资	广西壮族自治区桂林市
中国石化销售有限公司山西长治石油分公司	加油站	中国石化	山西省长治市
上海大润发有限公司	大型超市	大拇指	上海市
中国石油化工股份有限公司广东惠州石油分公司	加油站	中国石化	广东省惠州市
贵州一品药业连锁有限公司	专业店	黔一品	贵州省贵阳市
陕西乡亲大药房连锁有限公司	专业店	陕西乡亲医药	陕西省渭南市
中国石化销售有限公司广西南宁石油分公司	加油站	中国石化	广西壮族自治区南宁市
上海屈臣氏日用品有限公司	百货店	屈臣氏	上海市
浙江上百贸易有限公司	百货店	上百贸易	浙江省绍兴市
安徽百姓缘大药房连锁有限公司	超市	百姓缘	安徽省合肥市
武汉屈臣氏个人用品商店有限公司	百货店	屈臣氏	湖北省武汉市
中国石油天然气股份有限公司陕西西安销售分公司	加油站	中国石油	陕西省西安市
盘锦天益堂大药房医药连锁有限公司	专业店	辽宁天益堂大药房医药连锁有限公司	辽宁省盘锦市
中国石油化工股份有限公司湖南长沙石油分公司	加油站	中国石化	湖南省长沙市
贵州芝林大药房零售连锁有限公司	专业店	贵州芝林大药房零售连锁有限公司	贵州省贵阳市
贵州鸿翔一心堂医药连锁有限公司	专业店	鸿翔一心堂	贵州省贵阳市
河北神威大药房连锁有限公司	专业店	河北神威	河北省石家庄市
茂名市大参林连锁药店有限公司	专卖店	大参林	广东省茂名市
中国石油化工股份有限公司河北衡水石油分公司	加油站	中国石化	河北省衡水市
贵州一树连锁药业有限公司	专业店	一树	贵州省贵阳市
泉州市东南医药连锁有限公司	专业店	泉州市东南医药连锁有限公司	福建省泉州市
北京农业生产资料有限公司	专业店	首都农资	北京市
四川德仁堂连锁有限公司	专业店	中华老字号四川德仁堂	四川省成都市
中国石油化工股份公司江西吉安分公司	加油站	中国石化	江西省吉安市
广州市海王星辰医药连锁有限公司	专业店	海王医药	广东省广州市
温州一正药房连锁有限公司	专业店	一正	浙江省温州市
永嘉奥康鞋业营销有限公司	专卖店	奥康	浙江省温州市
嘉兴禾丰农业生产资料有限公司	专业店	禾丰农资	浙江省嘉兴市
湖南养天和大药房企业集团有限公司	专业店	养天和大药房	湖南省长沙市
成都利民药业连锁有限公司	专业店	成都利民药业连锁	四川省成都市
中国石油天然气股份有限公司北京销售分公司	加油站	中国石油	北京市
沈阳红太阳大药房连锁有限公司	专业店	红太阳大药房	辽宁省沈阳市
江苏卫民药房连锁有限公司	专业店	卫民	江苏省宿迁市
中国石油化工股份有限公司河南洛阳石油分公司	加油站	中国石化	河南省洛阳市
湖北省十堰市寿康永乐有限公司	超市	寿康永乐	湖北省十堰市
深圳市八马茶业连锁有限公司	专卖店	八马茶业	广东省深圳市
中国石油天然气股份有限公司黑龙江哈尔滨销售分公司	加油站	中国石油	黑龙江省哈尔滨市
北京华联综合超市股份有限公司	大型超市	华联超市	北京市
漳州金正农农化有限公司	专业店	金正农	福建省漳州市

5-2 续表 7

企业名称	业态	连锁商号	所在地
青岛紫光药业有限公司	专业店	紫光	山东省青岛市
中国石油化工股份有限公司山东济宁石油分公司	加油站	中国石化	山东省济宁市
四川天寿药业有限公司	专业店	天寿药房	四川省泸州市
北京一手店食品有限公司	专业店	一手店	北京市
中国石油天然气股份有限公司上海销售分公司	加油站	中国石油	上海市
重庆市江津区新联佳商贸有限责任公司	超市	新联佳	重庆市
中国石油化工股份有限公司湖南株洲石油公司	加油站	中国石化	湖南省株洲市
深圳市恒波商业连锁股份有限公司	专业店	holpe恒波	广东省深圳市
鼎粮实业有限公司	便利店	鼎粮	四川省成都市
中国石油化工股份有限公司河北沧州石油分公司	加油站	中国石化	河北省沧州市
宁波海王星辰健康药房有限公司	专业店	海王星辰	浙江省宁波市
厦门安德鲁森食品有限公司	专卖店	安德鲁森	福建省厦门市
山东银座商城股份有限公司	百货店	银座商城	山东省济南市
北京金象大药房医药连锁有限责任公司	专业店	金象大药房	北京市
厦门向阳坊食品有限公司	专业店	厦门向阳坊食品有限公司	福建省厦门市
七色纺商业连锁有限公司	专业店	七色纺	四川省成都市
新疆万盛堂医药零售连锁有限责任公司	专业店	万盛堂	新疆维吾尔自治区乌鲁木齐市
中国石化销售有限公司河北承德石油分公司	加油站	中国石化	河北省承德市
山西荣华大药房连锁有限公司	专业店	荣华	山西省太原市
金华市太和堂医药连锁有限公司	专业店	太和堂	浙江省金华市
深圳市中联大药房有限公司	专业店	中联大药房	广东省深圳市
重庆市涪陵医药总公司	专业店	桐君阁大药房	重庆市
盘锦阳光大药房医药连锁有限公司	专业店	盘锦阳光大药房医药连锁有限公司	辽宁省盘锦市
盘锦金社裕农乡村百货超市连锁有限公司	超市	金社裕农	辽宁省盘锦市
深圳市庄信实业有限公司	其他	百里臣	广东省深圳市
大庆福瑞邦药房连锁有限公司	专业店	福瑞邦	黑龙省大庆市
三江购物俱乐部股份有限公司	超市	三江购物	浙江省宁波市
新疆济康医药连锁有限责任公司	专业店	济康	新疆维吾尔自治区乌鲁木齐市
广东济和堂药业连锁有限公司	其他	济和堂	广东省广州市
广东赛壹便利店有限公司深圳分公司	便利店	七十一便利店	广东省深圳市
博士眼镜连锁股份有限公司	专卖店	博士眼镜	广东省深圳市
荣昌县老百姓副食超市	超市	老百姓	重庆市
中国石油天然气股份有限公司河北保定销售分公司	加油站	中国石油	河北省保定市
江苏大德生药房连锁有限公司	专业店	大德生	江苏省扬州市
湖南良品铺子食品有限公司	专卖店	良品铺子	湖南省长沙市
成都市温江区红旗连锁有限公司	便利店	红旗连锁	四川省成都市
邻里家(北京)商贸有限公司	便利店	Lin	北京市
江西汇仁堂药品连锁有限公司	专业店	汇仁堂	江西省南昌市
中国石油化工股份有限公司湖北荆门石油分公司	加油站	中国石化	湖北省荆门市
株洲百姓大药房连锁有限公司	专业店	百姓大药房	湖南省株洲市
中国石化销售有限公司广西桂林石油分公司	加油站	中国石化	广西壮族自治区桂林市
宁海县小小食品超市有限公司	便利店	小小	浙江省宁波市
江门大参林药店有限公司	专业店	大参林	广东省江门市
天津华润超级市场有限公司	便利店	华润	天津市

5-2 续表 8

企业名称	业态	连锁商号	所在地
中国石油化工股份有限公司山西晋中石油分公司	加油站	中国石化	山西省晋中市
飒拉商业(上海)有限公司	专卖店	ZARA	上海市
江苏大众医药连锁有限公司	专业店	大众医药	江苏省无锡市
浙江万客隆商贸有限公司	超市	永客隆、万客缘、吉客	浙江省丽水市
中石化森美(福建)石油有限公司南平分公司	加油站	中石化森美	福建省南平市
中国石油化工股份有限公司河南南阳石油分公司	加油站	中国石化	河南省南阳市
中国石油化工股份有限公司湖南常德石油分公司	专业店	中国石化	湖南省常德市
湛江大参林连锁药店有限公司	专业店	大参林	广东省湛江市
北京同仁堂连锁药店有限责任公司	专业店	同仁堂	北京市
中石化森美(福建)石油有限公司泉州分公司	加油站	中国石化	福建省泉州市
山东京博新能源控股发展有限公司	加油站	京博新能源	山东省滨州市
中国石油化工股份有限公司河南新乡石油分公司	加油站	中国石化	河南省新乡市
广东物资集团汽车贸易公司	专业店	广物汽贸	广东省广州市
四川海王星辰健康药房有限公司	专业店	四川海王星辰健康药房有限公司	四川省成都市
沈阳东北大药房连锁店	专业店	东北大药房	辽宁省沈阳市
银川新华百货连锁超市有限公司	大型超市	银川新华百货连锁超市有限公司	宁夏回族自治区银川市
玛斯(厦门)投资管理有限责任公司	专卖店	Fun	福建省厦门市
抚州华民康大药房连锁有限公司	专业店	华民康	江西省抚州市
心赢销服装(武汉)有限公司	专卖店	劲霸男装	湖北省武汉市
西安唐久便利连锁有限公司	便利店	西安唐久便利连锁	陕西省西安市
中国石油化工股份有限公司宁夏石油分公司	加油站	中国石化	宁夏回族自治区银川市
秦皇岛市唐人医药连锁有限责任公司	专业店	秦皇岛唐人医药连锁有限责任公司	河北省秦皇岛市
河南美锐大药房连锁有限公司	专业店	美锐	河南省信阳市
中国石油化工股份有限公司湖南邵阳石油分公司	加油站	中国石化	湖南省邵阳市
重庆市万家燕大药房连锁有限公司	专业店	万家燕	重庆市
厦门山国饮艺茶业有限公司	专卖店	山国饮艺	福建省厦门市
山东聊城利民大药店连锁有限公司	专业店	利民大药店	山东省聊城市
武汉市仟吉食品销售有限公司	专卖店	仟吉西饼	湖北省武汉市
中国石油化工有限公司广东东莞石油分公司	加油站	中国石化	广东省东莞市
北京超市发连锁股份有限公司	超市	超市发	北京市
山西国大万民药房连锁有限公司	专业店	万民	山西省太原市
中石化森美(福建)石油有限公司龙岩分公司	加油站	中石化森美	福建省龙岩市
湖北益生天济大药房连锁有限公司	专卖店	天济大药房	湖北省武汉市
北京李宁体育用品销售有限公司	专卖店	李宁	北京市
中石化森美(福建)石油有限公司漳州分公司	加油站	中石化森美	福建省漳州市
聊城漱玉平民大药房有限公司	专业店	漱玉平民	山东省聊城市
浏阳市湘朵生鲜销售有限公司	专卖店	湘朵生鲜	湖南省长沙市
桂林市华荣自选商店有限责任公司	便利店	华荣	广西壮族自治区桂林市
江苏同济大药房连锁有限公司	专业店	同济大药房	江苏省南通市
启东禾盛农资(连锁)有限公司	专业店	禾盛	江苏省南通市
长沙屈臣氏个人用品商店有限公司	专业店	屈臣氏	湖南省长沙市
广西南宁朝阳大药房连锁有限责任公司	专业店	朝阳大药房	广西壮族自治区南宁市
重庆市合川区国泰生化药品有限责任公司	专业店	国泰	重庆市
中国石油化工股份有限公司上饶分公司	加油站	中国石化	江西省上饶市

5-2 续表 9

企业名称	业态	连锁商号	所在地
湖南民生堂药店连锁有限公司	专业店	民生堂	湖南省衡阳市
青岛春天之星大药房医药连锁有限公司	专业店	春天之星大药房	山东省青岛市
中国石化销售有限公司广东深圳石油分公司	加油站	中国石化	广东省深圳市
深圳市欧健药业有限公司	专业店	欧健药业	广东省深圳市
张家港市新百信超市连锁经营有限公司	超市	新百信	江苏省苏州市
中国石油化工股份有限公司湖南永州石油分公司	加油站	中国石化	湖南省永州市
中国石油天然气股份有限公司云南昆明销售分公司	加油站	中国石油	云南省昆明市
中国石油河北唐山销售分公司	加油站	中国石油	河北省唐山市
青岛漱玉平民大药房有限公司	专业店	漱玉平民	山东省青岛市
怀化市好伴便利店连锁有限公司	便利店	好伴便利	湖南省怀化市
美心食品(广州)有限公司	专卖店	香港美心	广东省广州市
海南养天和大药房连锁有限公司	专业店	养天和	海南省海口市
中油股份陕西咸阳销售分公司	加油站	中国石油	陕西省咸阳市
北京市好利来食品有限公司	专卖店	好利来	北京市
统一超商(上海)便利有限公司	便利店	Seven-eleven	上海市
河南百家好一生医药连锁有限公司	专业店	好一生	河南省洛阳市
宁夏国大药房连锁有限公司	专业店	宁夏国大药房连锁有限公司	宁夏回族自治区银川市
北京福兰德连锁超市	超市	福兰德	北京市
杭州蜂之语健康食品有限公司	专卖店	蜂之语	浙江省杭州市
福建富源茶业有限公司	专业店	富源茶叶	福建省泉州市
江西中石化股份有限公司抚州分公司	加油站	中国石化	江西省抚州市
武汉马应龙大药房连锁有限公司	专业店	马应龙	湖北省武汉市
江苏百佳惠瑞丰大药房连锁有限公司	专业店	百佳惠瑞丰	江苏省苏州市
中国石油化工股份有限公司广东茂名石油分公司	加油站	中国石化	广东省茂名市
老百姓大药房连锁(浙江)有限公司	专业店	老百姓	浙江省杭州市
武汉工贸有限公司	专业店	工贸家电	湖北省武汉市
四川阳光盛源商业有限公司	超市	阳光盛源	四川省德阳市
贵州老百姓药业连锁有限公司	专业店	贵州老百姓药业连锁有限公司	贵州省盘水市
济宁市广联医药连锁有限公司	专业店	广联	山东省济宁市
北京义利食品商业连锁有限公司	便利店	百年义利	北京市
上海苏宁电器有限公司	专业店	苏宁电器	上海市
江苏云厨一站新零售有限公司	专业店	云厨一站	江苏省南京市
中石化工股份有限公司广东肇庆石油分公司	加油站	中国石化	广东省肇庆市
重庆永辉超市有限公司	大型超市	永辉超市	重庆市
太极集团四川德阳荣升药业有限公司	专业店	太极大药房	四川省德阳市
广安正和祥药业连锁有限公司	专业店	正和祥	四川省广安市
北京迪信通电子通信技术有限公司	专业店	北京迪信通	北京市
廊坊市一笑堂医药零售连锁有限公司	专业店	廊坊市一笑堂医药零售连锁有限公司	河北省廊坊市
爱步贸易(上海)有限公司	专卖店	ecco	上海市
杭州益万家药房连锁有限公司	专业店	益万家	浙江省杭州市
中国石油化工股份有限公司江西宜春石油分公司	加油站	中国石化	江西省宜春市
老百姓大药房连锁(湖北)有限公司	专业店	老百姓大药房连锁(湖北)有限公司	湖北省武汉市
中国石油化工股份有限公司湖南岳阳石油分公司	加油站	中国石化	湖南省岳阳市
北京联华快客便利超市有限公司	便利店	快客便利	北京市

5-2　续表 10

企业名称	业态	连锁商号	所在地
哈尔滨健康医药连锁有限公司	专业店	哈尔滨健康医药连锁有限公司	黑龙江省哈尔滨市
中石化森美(福建)石油有限公司三明分公司	加油站	中石化森美	福建省三明市
中国石油化工股份有限公司河北廊坊石油分公司	加油站	中国石化	河北省廊坊市
中国石油天然气股份有限公司辽宁营口销售分公司	加油站	中国石油	辽宁省营口市
中国石油化工股份有限公司山东滨州石油分公司	加油站	中国石化	山东省滨州市
重庆千叶眼镜连锁有限公司	专业店	千叶眼镜	重庆市
河南家天下商贸有限公司	超市	家天下	河南省鹤壁市
中国石化销售有限公司河南信阳石油分公司	加油站	中国石化	河南省信阳市
广州市宝生园有限公司	其他	宝生园	广东省广州市
杭州东仁堂医药零售连锁有限公司	专业店	东仁堂	浙江省杭州市
中国石油化工股份有限公司河南商丘分公司	加油站	中国石化	河南省商丘市
中国石油化工有限公司湖北十堰石油分公司	加油站	中国石化	湖北省十堰市
宁波市家家乐食品有限责任公司	超市	宁波市家家乐食品有限责任公司	浙江省宁波市
湖州益农农资连锁有限公司	专业店	益农农资	浙江省湖州市
中国石油天然气股份有限公司山东青岛销售分公司	加油站	中国石油	山东省青岛市
好药师大药房连锁有限公司	专业店	好药师大药房	湖北省武汉市
宜昌市北山商业连锁有限责任公司	超市	北山	湖北省宜昌市
云南白药大药房有限公司	专业店	云南白药	云南省昆明市
浙江江南大厦股份有限公司	超市	江南大厦	浙江省嘉兴市
中国石油化工股份有限公司九江石油分公司	加油站	中国石化	江西省九江市
中油碧辟石油有限公司广州分公司	加油站	中油碧辟	广东省广州市
重庆新华书店集团公司	专业店	新华书店	重庆市
中国石油天然气股份有限公司渭南销售分公司	加油站	中国石油	陕西省渭南市
北京嘉事堂连锁药店有限责任公司	专业店	嘉事堂	北京市
同仁康大药房连锁有限公司	专业店	山西同仁康大药房连锁有限公司	山西省吕梁市
中化道达尔油品有限公司	加油站	道达尔	上海市
滨州神奇大药房有限公司	专业店	神奇	山东省滨州市
陕西医药控股集团孙思邈大药房连锁有限公司	专业店	孙思邈大药房	陕西省西安市
哈尔滨乾坤医药连锁有限公司	专业店	乾坤	黑龙江省哈尔滨市
胜利油田胜大超市	超市	胜大超市	山东省东营市
中国石油天然气股份有限公司海南销售分公司	加油站	中国石油	海南省海口市
青岛市海王星辰健康药房连锁有限公司	专业店	海王星辰	山东省青岛市
青岛宏风大药房连锁有限公司	专卖店	宏风大药房	山东省青岛市
武汉美特斯邦威服饰有限公司	专卖店	美特斯邦威	湖北省武汉市
湖南隆禹生鲜连锁管理有限公司	专卖店	隆禹生鲜	湖南省长沙市
泸州宝光药房连锁有限公司	专业店	宝光连锁	四川省泸州市
中国石油天然气股份有限公司河北邢台销售分公司	加油站	中国石油	河北省邢台市
宁波市正源大药房有限公司	专业店	正源大药房	浙江省宁波市
中国石油天然气股份有限公司泉州销售分公司	加油站	中国石油	福建省泉州市
小米之家商业有限公司	专卖店	小米之家	湖北省武汉市
梧州市大参林连锁药店有限公司	专业店	大参林	广西壮族自治区梧州市
重庆重客隆超市连锁有限责任公司	超市	重客隆	重庆市

5-3 营业额亿元以上连锁餐饮企业

企业名称	所属行业	连锁商号	所在地
上海统一星巴克咖啡有限公司	咖啡馆服务	星巴克	上海市
百胜餐饮(广东)有限公司	快餐服务	百胜餐饮	广东省广州市
上海必胜客有限公司	快餐服务	Pizza Hut	上海市
杭州肯德基有限公司	快餐服务	肯德基	浙江省杭州市
北京必胜客比萨饼有限公司	正餐服务	必胜客、必胜宅急送	北京市
广东三元麦当劳食品有限公司	快餐服务	麦当劳餐厅	广东省广州市
北京麦当劳食品有限公司	快餐服务	麦当劳	北京市
百胜餐饮(沈阳)有限公司	快餐服务	肯德基、必胜客	辽宁省沈阳市
呷哺呷哺餐饮管理有限公司	快餐服务	呷哺呷哺	北京市
北京肯德基有限公司	快餐服务	肯德基	北京市
上海肯德基有限公司	快餐服务	K F C	上海市
南京肯德基有限公司	快餐服务	肯德基	江苏省南京市
百胜餐饮(武汉)有限公司	快餐服务	KFC/PH	湖北省武汉市
天津肯德基有限公司	快餐服务	肯德基	天津市
中国全聚德(集团)股份有限公司	正餐服务	全聚德、丰泽园、四川饭店、仿膳饭庄	北京市
北京星巴克咖啡有限公司	咖啡馆服务	Starbucks	北京市
重庆陶然居饮食文化(集团)股份有限公司	正餐服务	陶然居	重庆市
重庆秦妈餐饮管理有限公司	正餐服务	秦妈餐饮	重庆市
海鸿达(北京)餐饮管理有限公司	正餐服务	海底捞火锅	北京市
苏州肯德基有限公司	快餐服务	肯德基	江苏省苏州市
重庆德庄酒店管理有限公司	正餐服务	德庄火锅	重庆市
百胜餐饮(深圳)有限公司	快餐服务	肯德基	广东省深圳市
山东蓝海股份有限公司	正餐服务	蓝海	山东省东营市
广东星巴克咖啡有限公司	咖啡馆服务	星巴克咖啡	广东省广州市
青岛肯德基有限公司	快餐服务	肯德基	山东省青岛市
麦当劳餐厅(深圳)有限公司	快餐服务	麦当劳	广东省深圳市
花之林餐饮管理(湖南)有限公司	正餐服务	花之林	湖南省长沙市
上海麦当劳食品有限公司	快餐服务	麦当劳	上海市
眉州东坡餐饮管理(北京)有限公司	正餐服务	眉州东坡	北京市
北京吉野家快餐有限公司	快餐服务	YOS、DQ、UF	北京市
长沙肯德基有限公司	快餐服务	湖南肯德基	湖南省长沙市
百胜餐饮成都有限公司	快餐服务	肯德基快餐	四川省成都市
无锡肯德基有限公司	快餐服务	肯德基	江苏省无锡市
天津麦当劳食品有限公司	快餐服务	麦当劳	天津市
四川德克士食品开发有限公司	快餐服务	德克士炸鸡	四川省成都市
成都星巴克咖啡有限公司	咖啡馆服务	星巴克	四川省成都市
汉堡王(北京)餐饮管理有限公司	快餐服务	汉堡王	北京市
重庆骑龙饮食文化有限责任公司	正餐服务	骑龙	重庆市
浙江麦当劳餐厅食品有限公司	快餐服务	麦当劳	浙江省杭州市
重庆兴红得聪餐饮管理有限公司	正餐服务	乡村基	重庆市
大娘水饺餐饮集团股份有限公司	快餐服务	大娘水饺	江苏省常州市
北京西贝万家餐饮管理有限公司	正餐服务	西贝	北京市
浙江老娘舅餐饮有限公司	快餐服务	老娘舅	浙江省湖州市

5-3 续表 1

企业名称	所属行业	连锁商号	所在地
内蒙古小尾羊餐饮连锁股份有限公司	正餐服务	小尾羊	内蒙古自治区包头市
湖北星巴克咖啡有限公司	咖啡馆服务	星巴克	湖北省武汉市
重庆和之吉饮食文化有限公司	正餐服务	和之吉	重庆市
百胜餐饮(西安)有限公司	快餐服务	肯德基	陕西省西安市
广州酒家集团股份有限公司	正餐服务	广州酒家	广东省广州市
百胜餐饮(福州)有限公司	快餐服务	百胜餐饮(福州)有限公司	福建省福州市
安徽老乡鸡餐饮有限公司	快餐服务	老乡鸡	安徽省合肥市
厦门肯德基有限公司	快餐服务	厦门肯德基有限公司	福建省厦门市
浙江五芳斋实业股份有限公司五芳斋粽子总店	快餐服务	五芳斋粽子	浙江省嘉兴市
武汉麦当劳餐饮食品有限公司	快餐服务	麦当劳	湖北省武汉市
深圳面点王饮食连锁有限公司	快餐服务	面点王	广东省深圳市
星巴克咖啡(深圳)有限公司	咖啡馆服务	星巴克	广东省深圳市
四川海底捞餐饮股份有限公司	正餐服务	海底捞火锅	四川省成都市
安徽蜀王饮食服务有限责任公司	正餐服务	蜀王	安徽省合肥市
快乐蜂(中国)餐饮管理有限公司	快餐服务	永和大王	上海市
南昌肯德基有限公司	快餐服务	肯德基	江西省南昌市
广州真功夫经营管理有限公司	快餐服务	真功夫	广东省广州市
广州真功夫快餐连锁管理有限公司	快餐服务	真功夫	广东省广州市
湖南餐谋天下餐饮管理有限公司	正餐服务	餐谋天下	湖南省长沙市
郑州肯德基有限公司	快餐服务	肯德基	河南省郑州市
南宁肯德基有限公司	快餐服务	肯德基	广西壮族自治区南宁市
杭州德克士食品有限公司	快餐服务	德克士	浙江省杭州市
太原肯德基有限公司	快餐服务	肯德基	山西省太原市
上海萨莉亚餐饮有限公司	正餐服务	萨莉亚	上海市
深圳真功夫餐饮管理有限公司	快餐服务	真功夫	广东省深圳市
广州萨莉亚餐饮有限公司	正餐服务	萨莉亚	广东省广州市
上海小南国海之源餐饮管理有限公司	正餐服务	上海小南国	上海市
悦达咖世家(上海)餐饮管理有限公司	咖啡馆服务	COSTA	上海市
大连肯德基有限公司	快餐服务	肯德基、必胜客	辽宁省大连市
汉堡王食品(深圳)有限公司	快餐服务	汉堡王	广东省深圳市
津味(上海)餐饮管理有限公司	其他未列明餐饮业	85°C	上海市
湖南迈湘餐厅食品有限公司	快餐服务	麦当劳	湖南省长沙市
上海领先餐饮管理有限公司	正餐服务	味千拉面	上海市
望湘园(上海)餐饮管理有限公司	正餐服务	望湘园、旺池川菜、辣些鱼、百春原	上海市
重庆市小八仙餐饮有限公司	正餐服务	小八仙	重庆市
武汉艳阳天商贸发展有限公司	正餐服务	艳阳天	湖北省武汉市
昆明德克士食品开发有限公司	快餐服务	德克士	云南省昆明市
四川乡村基餐饮有限公司	快餐服务	乡村基、大米先生	四川省成都市
北京金鼎轩酒楼有限责任公司	正餐服务	金鼎轩酒楼	北京市
昆明肯德基有限公司	快餐服务	肯德基	云南省昆明市
福州麦当劳食品有限公司	快餐服务	麦当劳	福建省福州市
南京麦当劳餐饮食品有限公司	快餐服务	麦当劳	江苏省南京市
杭州饮食服务集团有限公司	正餐服务	知味观	浙江省杭州市
云海肴(北京)餐饮管理有限公司	正餐服务	云海肴，刀小蛮	北京市

5-3　续表 2

企业名称	所属行业	连锁商号	所在地
上海沃歌斯餐饮有限公司	快餐服务	Wagas	上海市
上海爱一特餐饮有限公司	正餐服务	西贝莜面村	上海市
常州丽华快餐集团有限公司	快餐服务	丽华快餐	江苏省常州市
北京便宜坊烤鸭集团有限公司	正餐服务	便宜坊 御膳 功德林 老正兴	北京市
厦门麦当劳食品发展有限公司	快餐服务	麦当劳	福建省厦门市
北京和合谷餐饮管理有限公司	快餐服务	和合谷、嘉和乐乐面	北京市
北京永和大王餐饮有限公司	快餐服务	永和大王	北京市
华联咖世家(北京)餐饮管理有限公司	咖啡馆服务	costa	北京市
武汉户部巷文化投资有限公司	小吃服务	武汉户部巷文化投资有限公司	湖北省武汉市
东莞肯德基有限公司	快餐服务	肯德基	广东省东莞市
湖南徐记酒店管理有限公司	正餐服务	徐记海鲜	湖南省长沙市
亚惠美食有限公司	快餐服务	亚惠快餐	辽宁省大连市
四川麦当劳餐厅食品有限公司	快餐服务	麦当劳餐饮	四川省成都市
北京嘉和一品餐饮管理有限公司	快餐服务	嘉和一品	北京市
北京真功夫快餐连锁管理有限公司	快餐服务	真功夫	北京市
沈阳麦当劳(餐厅食品)有限公司	快餐服务	麦当劳	辽宁省沈阳市
山东联升餐厅食品有限公司	快餐服务	麦当劳	山东省青岛市
内蒙古草原牧歌餐饮连锁股份有限公司	正餐服务	草原牧歌	内蒙古自治区包头市
重庆肯德基有限公司	快餐服务	肯德基	重庆市
厦门海底捞餐饮管理有限公司	正餐服务	海底捞火锅	福建省厦门市
北京宏状元餐饮管理有限公司	正餐服务	北京宏状元	北京市
深圳市海底捞餐饮有限责任公司	正餐服务	海底捞	广东省深圳市
大连麦当劳餐厅食品有限公司	快餐服务	麦当劳	辽宁省大连市
重庆德克士食品开发有限公司	快餐服务	德克士	重庆市
上海一茶一坐餐饮有限公司	正餐服务	一茶一坐	上海市
元气寿司餐饮服务管理(深圳)有限公司	正餐服务	元气寿司	广东省深圳市
杭州捞派餐饮有限公司	正餐服务	海底捞	浙江省杭州市
广西禾唛餐饮有限公司	快餐服务	麦当劳	广西壮族自治区南宁市
上海大富贵酒楼有限公司	正餐服务	大富贵	上海市
北京东来顺集团有限责任公司	正餐服务	百年东来顺	北京市
北京德克士食品有限公司	快餐服务	康师傅私房牛肉面、德克士	北京市
重庆菜香源餐饮文化有限公司	正餐服务	菜香源	重庆市
安徽麦当劳(餐厅食品)有限公司	快餐服务	麦当劳	安徽省合肥市
苏州市七欣天餐饮管理连锁有限公司	正餐服务	七欣天	江苏省苏州市
广西三品王餐饮管理有限公司	快餐服务	三品王	广西壮族自治区南宁市
兰州肯德基有限公司	快餐服务	肯德基	甘肃省兰州市
北京米斯特比萨餐饮管理有限公司	正餐服务	mrpizza	北京市
北京大董烤鸭店有限责任公司	正餐服务	大董(大懂)	北京市
深圳永和大王餐饮有限公司	快餐服务	永和大王	广东省深圳市
中山金濠汉堡食品有限公司	快餐服务	麦当劳	广东省中山市
浙江凯旋门澳门豆捞控股集团有限公司	正餐服务	澳门豆捞	浙江省杭州市
山东麦当劳(餐厅)有限公司	快餐服务	麦当劳	山东省济南市
新疆肯德基有限公司	快餐服务	肯德基	新疆维吾尔自治区乌鲁木齐市
上海拉亚餐饮有限公司	其他未列明餐饮业	laya bueger	上海市

5-3 续表 3

企业名称	所属行业	连锁商号	所在地
深圳润园四季餐饮有限公司	正餐服务	润园四季	广东省深圳市
辽宁合兴快餐有限公司	快餐服务	吉野家、DQ	辽宁省沈阳市
河南麦当劳(餐厅食品)有限公司	快餐服务	麦当劳	河南省郑州市
长沙五十七度湘餐饮管理有限公司	正餐服务	五十七度湘	湖南省长沙市
成都市皇城老妈酒店管理有限公司	正餐服务	皇城老妈	四川省成都市
浙江外婆家餐饮有限公司	正餐服务	外婆家	浙江省杭州市
深圳市嘉旺餐饮连锁有限公司	快餐服务	嘉旺	广东省深圳市
南海渔村有限公司	正餐服务	南海渔村	广东省广州市
北京味千餐饮管理有限公司	快餐服务	味千拉面	北京市
云南滇美餐饮有限公司	快餐服务	麦当劳	云南省昆明市
北京好伦哥餐饮有限公司	快餐服务	好伦哥餐饮	北京市
上海领御餐饮管理有限公司	正餐服务	新石器烧烤	上海市
顺峰饮食酒店管理股份有限公司	正餐服务	顺峰	北京市
西安麦当劳(餐厅食品)有限公司	快餐服务	麦当劳	陕西省西安市
深圳新语餐饮管理有限公司	快餐服务	新语	广东省深圳市
味千拉面饮食服务(深圳)有限公司	快餐服务	味千拉面	广东省深圳市
南京味千餐饮管理有限公司	快餐服务	味千拉面	江苏省南京市
深圳家乐缘餐饮顾问有限公司	快餐服务	家乐缘	广东省深圳市
东莞金拱门食品有限公司	快餐服务	麦当劳	广东省东莞市
西安小六汤包餐饮有限责任公司	正餐服务	西安小六汤包餐饮股份有限公司	陕西省西安市
新疆百富餐饮管理有限公司	快餐服务	百富餐饮	新疆维吾尔自治区乌鲁木齐市
武汉市亢龙太子酒轩有限责任公司	正餐服务	武汉市亢龙太子酒轩有限责任公司	湖北省武汉市
昆明饮食服务有限公司	快餐服务	建新园、福华园	云南省昆明市
深圳市禾绿餐饮管理有限公司	快餐服务	禾绿寿司	广东省深圳市
无锡麦当劳餐厅食品有限公司	快餐服务	麦当劳	江苏省无锡市
黑龙江麦当劳餐厅食品有限公司	快餐服务	麦当劳餐厅食品	黑龙江省哈尔滨市
华润太平洋餐饮管理(北京)有限公司	咖啡馆服务	太平洋咖啡	北京市
北京达美乐比萨饼有限公司	快餐服务	Dominos	北京市
陕西在这里餐饮管理有限公司	正餐服务	小杨烤肉	陕西省西安市
真功夫餐饮管理有限公司	快餐服务	kungfu	广东省东莞市
湖南韶山毛家饭店发展有限公司	正餐服务	住宿餐饮	湖南省湘潭市
杭州花中城大酒店有限公司	正餐服务	花中城	浙江省杭州市
杭州味千餐饮管理有限公司	正餐服务	味千拉面	浙江省杭州市
北京万龙洲饮食有限责任公司	正餐服务	万龙洲海鲜	北京市
成都八十五度餐饮管理有限公司	小吃服务	成都八十五度	四川省成都市
北市市西单麻辣诱惑餐饮有限公司	正餐服务	麻辣诱惑	北京市
惠州麦当劳(餐厅食品)有限公司	快餐服务	麦当劳餐厅	广东省惠州市
北京俏江南餐饮管理有限公司	正餐服务	俏江南	北京市
上海盘古餐饮管理有限公司	正餐服务	新石器烤肉，釜山料理	上海市
江西海印餐饮管理有限公司	正餐服务	麦当劳	江西省南昌市
北京星物语餐饮管理有限公司	小吃服务	面包新语 吐司新语	北京市
北京比格餐饮管理有限责任公司	快餐服务	Bigpizza比格	北京市
深圳威耀饮食有限公司	快餐服务	大家乐	广东省深圳市

5-3　续表 4

企业名称	所属行业	连锁商号	所在地
北京庆丰包子铺	快餐服务	庆丰	北京市
深圳市粤菜王府餐饮管理有限公司	正餐服务	粤菜王府	广东省深圳市
武汉红鼎豆捞餐饮股份有限公司	正餐服务	红鼎豆捞	湖北省武汉市
南京百年同庆餐饮有限公司	正餐服务	百年同庆餐饮	江苏省南京市
星巴克咖啡(辽宁)有限公司	咖啡馆服务	星巴克	辽宁省沈阳市
青岛美国星巴克咖啡有限公司	咖啡馆服务	星巴克	山东省青岛市
广州泛亚饮食有限公司	快餐服务	大家乐	广东省广州市
美诺(北京)餐饮管理有限公司	正餐服务	时时乐、心泰心厨	北京市
重庆满店香饮食文化传播有限公司	正餐服务	满店香	重庆市
浙江向阳渔港集团股份有限公司	正餐服务	向阳渔港、玺悦宴会酒店、汉唐	浙江省宁波市
北京马氏东方饺子王餐饮有限责任公司	正餐服务	东方饺子王	北京市
西安百姓厨房大馄饨餐饮有限责任公司	正餐服务	西安百姓厨房大馄饨餐饮有限责任公司	陕西省西安市
杭州新丰小吃有限公司	小吃服务	新丰小吃	浙江省杭州市
深圳吉野家快餐有限公司	快餐服务	吉野家	广东省深圳市
长沙乡村基餐饮有限公司	快餐服务	大米先生	湖南省长沙市
北京安妮餐饮有限公司	正餐服务	安妮	北京市
舟山市高佳庄餐饮管理有限公司	正餐服务	高佳庄	浙江省舟山市
深圳市万味源餐饮管理有限公司	正餐服务	千味涮	广东省深圳市
首都机场餐饮发展有限公司	正餐服务	好食候、花漾咖啡、麦麦面、星阳舫、有食候	北京市
宁波市海曙汉通中央花园酒店有限公司	正餐服务	汉通	浙江省宁波市
北京新世纪青年饮食有限公司	正餐服务	青年餐厅	北京市
重庆市明海食品有限公司	其他未列明餐饮业	明海食品	重庆市
湊湊餐饮管理有限公司	正餐服务	湊湊餐饮	北京市
江门麦当劳(餐厅食品)有限公司	快餐服务	麦当劳	广东省江门市
深圳市巴蜀风饮食管理有限公司	正餐服务	深圳市巴蜀风饮食管理有限公司	广东省深圳市
上海好侍咖喱客客壹番屋餐厅有限公司	正餐服务	客客壹番屋	上海市
广州七十二街餐饮连锁发展有限公司	快餐服务	七十二街	广东省广州市
广州黄埔华苑大酒店	正餐服务	黄埔华苑	广东省广州市
芭菲盛宴环球餐饮集团有限公司	正餐服务	芭菲盛宴环球餐饮集团有限公司	重庆市
大连合兴快餐有限公司	快餐服务	吉野家快餐、DQ冰淇淋及蛋糕	辽宁省大连市
合肥爱玛肥东老母鸡餐饮有限公司	快餐服务	肥东老母鸡	安徽省合肥市
山东味千餐饮管理有限公司	快餐服务	味千拉面	山东省青岛市
北京禾绿回转寿司饮食有限公司	快餐服务	禾绿寿司	北京市
北京市正一味快餐管理有限公司	快餐服务	正一味韩式快餐	北京市
长沙市香他她餐饮管理有限公司	快餐服务	香他她煲仔饭	湖南省长沙市
马兰拉面快餐连锁有限责任公司	快餐服务	马兰拉面	北京市
东莞麦长食品有限公司	快餐服务	麦当劳	广东省东莞市
深圳大快活快餐有限公司	快餐服务	大快活	广东省深圳市
苏州市大娘水饺餐饮有限公司	快餐服务	大娘水饺	江苏省苏州市
北京渝信紫龙餐饮有限公司	正餐服务	渝信川菜	北京市
北京西部马华餐饮有限公司	快餐服务	西部马华	北京市
上海合点寿司餐饮管理有限公司	正餐服务	合点寿司	上海市

5-4　50门店以上连锁餐饮企业

企业名称	所属行业	连锁商号	所在地
上海统一星巴克咖啡有限公司	咖啡馆服务	星巴克	上海市
百胜餐饮(广东)有限公司	快餐服务	百胜餐饮	广东省广州市
上海必胜客有限公司	快餐服务	Pizza Hut	上海市
呷哺呷哺餐饮管理有限公司	快餐服务	呷哺呷哺	北京市
北京必胜客比萨饼有限公司	正餐服务	必胜客、必胜宅急送	北京市
重庆德庄酒店管理有限公司	正餐服务	德庄火锅	重庆市
百胜餐饮(武汉)有限公司	快餐服务	KFC、PH	湖北省武汉市
重庆秦妈餐饮管理有限公司	正餐服务	秦妈餐饮	重庆市
北京星巴克咖啡有限公司	咖啡馆服务	星巴克	北京市
杭州肯德基有限公司	快餐服务	肯德基	浙江省杭州市
浙江五芳斋实业股份有限公司五芳斋粽子总店	快餐服务	五芳斋粽子	浙江省嘉兴市
广东星巴克咖啡有限公司	咖啡馆服务	星巴克	广东省广州市
百胜餐饮(沈阳)有限公司	快餐服务	肯德基、必胜客	辽宁省沈阳市
安徽老乡鸡餐饮有限公司	快餐服务	老乡鸡	安徽省合肥市
南京肯德基有限公司	快餐服务	肯德基	江苏省南京市
广东三元麦当劳食品有限公司	快餐服务	麦当劳	广东省广州市
天津肯德基有限公司	快餐服务	肯德基	天津市
花之林餐饮管理(湖南)有限公司	正餐服务	花之林	湖南省长沙市
大娘水饺餐饮集团股份有限公司	快餐服务	大娘水饺	江苏省常州市
重庆骑龙饮食文化有限责任公司	正餐服务	骑龙	重庆市
北京吉野家快餐有限公司	快餐服务	YOS、DQ、UF	北京市
北京麦当劳食品有限公司	快餐服务	麦当劳	北京市
上海肯德基有限公司	快餐服务	肯德基	上海市
北京肯德基有限公司	快餐服务	肯德基	北京市
百胜餐饮(深圳)有限公司	快餐服务	肯德基	广东省深圳市
四川德克士食品开发有限公司	快餐服务	德克士炸鸡	四川省成都市
青岛肯德基有限公司	快餐服务	肯德基	山东省青岛市
苏州肯德基有限公司	快餐服务	肯德基	江苏省苏州市
浙江老娘舅餐饮有限公司	快餐服务	老娘舅	浙江省湖州市
汉堡王(北京)餐饮管理有限公司	快餐服务	汉堡王	北京市
悦达咖世家(上海)餐饮管理有限公司	咖啡馆服务	COSTA	上海市
成都星巴克咖啡有限公司	咖啡馆服务	星巴克	四川省成都市
重庆兴红得聪餐饮管理有限公司	正餐服务	乡村基	重庆市
安徽蜀王饮食服务有限责任公司	正餐服务	蜀王	安徽省合肥市
湖北星巴克咖啡有限公司	咖啡馆服务	星巴克	湖北省武汉市
广州真功夫经营管理有限公司	快餐服务	真功夫	广东省广州市
长沙肯德基有限公司	快餐服务	肯德基	湖南省长沙市
杭州德克士食品有限公司	快餐服务	德克士	浙江省杭州市
麦当劳餐厅(深圳)有限公司	快餐服务	麦当劳	广东省深圳市

5-4 续表 1

企业名称	所属行业	连锁商号	所在地
东莞市杏林春凉茶有限公司	其他饮料及冷饮服务	杏林春	广东省东莞市
重庆顺水鱼饮食文化有限公司	正餐服务	顺水鱼	重庆市
天津麦当劳食品有限公司	快餐服务	麦当劳	天津市
百胜餐饮成都有限公司	快餐服务	肯德基	四川省成都市
上海麦当劳食品有限公司	快餐服务	麦当劳	上海市
华联咖世家(北京)餐饮管理有限公司	咖啡馆服务	costa	北京市
汉堡王食品(深圳)有限公司	快餐服务	汉堡王	广东省深圳市
重庆市明海食品有限公司	其他未列明餐饮业	明海食品	重庆市
长沙市香他她餐饮管理有限公司	快餐服务	香他她煲仔饭	湖南省长沙市
无锡肯德基有限公司	快餐服务	肯德基	江苏省无锡市
百胜餐饮(福州)有限公司	快餐服务	百胜餐饮(福州)有限公司	福建省福州市
深圳面点王饮食连锁有限公司	快餐服务	面点王	广东省深圳市
广州真功夫快餐连锁管理有限公司	快餐服务	真功夫	广东省广州市
浙江麦当劳餐厅食品有限公司	快餐服务	麦当劳	浙江省杭州市
星巴克咖啡(深圳)有限公司	咖啡馆服务	星巴克	广东省深圳市
百胜餐饮(西安)有限公司	快餐服务	肯德基	陕西省西安市
广州萨莉亚餐饮有限公司	正餐服务	萨莉亚	广东省广州市
四川乡村基餐饮有限公司	快餐服务	乡村基、大米先生	四川省成都市
上海萨莉亚餐饮有限公司	正餐服务	萨莉亚	上海市
上海领先餐饮管理有限公司	正餐服务	味千拉面	上海市
华润太平洋餐饮管理(北京)有限公司	咖啡馆服务	太平洋咖啡	北京市
杭州甘其食餐饮管理有限公司	小吃服务	甘其食	浙江省杭州市
中国全聚德(集团)股份有限公司	正餐服务	全聚德、丰泽园、四川饭店、仿膳饭庄	北京市
湖南韶山毛家饭店发展有限公司	正餐服务	住宿餐饮	湖南省湘潭市
深圳真功夫餐饮管理有限公司	快餐服务	真功夫	广东省深圳市
武汉麦当劳餐饮食品有限公司	快餐服务	麦当劳	湖北省武汉市
北京和合谷餐饮管理有限公司	快餐服务	和合谷、嘉和乐乐面	北京市
郑州肯德基有限公司	快餐服务	肯德基	河南省郑州市
快乐蜂(中国)餐饮管理有限公司	快餐服务	永和大王	上海市上海市
南昌肯德基有限公司	快餐服务	肯德基	江西省南昌市
昆明德克士食品开发有限公司	快餐服务	德克士	云南省昆明市
厦门肯德基有限公司	快餐服务	肯德基	福建省厦门市
重庆和之吉饮食文化有限公司	正餐服务	和之吉	重庆市
广西三品王餐饮管理有限公司	快餐服务	三品王	广西壮族自治区南宁市
北京龙盛众望早餐有限公司	快餐服务	龙盛众望	北京市
眉州东坡餐饮管理(北京)有限公司	正餐服务	眉州东坡	北京市
南京味千餐饮管理有限公司	快餐服务	味千拉面	江苏省南京市
厦门市黄则和食品有限公司	小吃服务	黄则和	福建省厦门市
重庆陶然居饮食文化(集团)股份有限公司	正餐服务	陶然居	重庆市
太原肯德基有限公司	快餐服务	肯德基	山西省太原市

5-4 续表 2

企业名称	所属行业	连锁商号	所在地
湖南餐谋天下餐饮管理有限公司	正餐服务	餐谋天下	湖南省长沙市
南宁肯德基有限公司	快餐服务	肯德基	广西壮族自治区南宁市
内蒙古草原牧歌餐饮连锁股份有限公司	正餐服务	草原牧歌	内蒙古自治区包头市
厦门沃头中餐有限公司	正餐服务	厦门沃头蚝干粥	福建省厦门市
北京米斯特比萨餐饮管理有限公司	正餐服务	mrpizza	北京市
北京真功夫快餐连锁管理有限公司	快餐服务	真功夫	北京市
上海沃歌斯餐饮有限公司	快餐服务	Wagas	上海市
四川麦当劳餐厅食品有限公司	快餐服务	麦当劳餐饮	四川省成都市
津味(上海)餐饮管理有限公司	其他未列明餐饮业	85°C	上海市
常州丽华快餐集团有限公司	快餐服务	丽华快餐	江苏省常州市
大连肯德基有限公司	快餐服务	肯德基、必胜客	辽宁省大连市
上海领御餐饮管理有限公司	正餐服务	新石器烧烤	上海市
重庆德克士食品开发有限公司	快餐服务	德克士	重庆市
北京好伦哥餐饮有限公司	快餐服务	好伦哥餐饮	北京市
味千拉面饮食服务(深圳)有限公司	快餐服务	味千拉面	广东省深圳市
深圳市嘉旺餐饮连锁有限公司	快餐服务	嘉旺	广东省深圳市
昆明肯德基有限公司	快餐服务	肯德基	云南省昆明市
北京永和大王餐饮有限公司	快餐服务	永和大王	北京市
湖南迈湘餐厅食品有限公司	快餐服务	麦当劳	湖南省长沙市
广西禾唛餐饮有限公司	快餐服务	麦当劳	广西壮族自治区南宁市
北京嘉和一品餐饮管理有限公司	快餐服务	嘉和一品	北京市
云海肴(北京)餐饮管理有限公司	正餐服务	云海肴、刀小蛮	北京市
福州麦当劳食品有限公司	快餐服务	麦当劳	福建省福州市
浙江凯旋门澳门豆捞控股集团有限公司	正餐服务	澳门豆捞	浙江省杭州市
东莞肯德基有限公司	快餐服务	肯德基	广东省东莞市
杭州味千餐饮管理有限公司	正餐服务	味千拉面	浙江省杭州市
合肥爱玛肥东老母鸡餐饮有限公司	快餐服务	肥东老母鸡	安徽省合肥市
新疆百富餐饮管理有限公司	快餐服务	百富餐饮	新疆维吾尔自治区乌鲁木齐市
北京西贝万家餐饮管理有限公司	正餐服务	西贝	北京市
北京德克士食品有限公司	快餐服务	康师傅私房牛肉面、德克士	北京市
上海一茶一坐餐饮有限公司	正餐服务	一茶一坐	上海市
山东麦当劳(餐厅)有限公司	快餐服务	麦当劳	山东省济南市
山东联升餐厅食品有限公司	快餐服务	麦当劳	山东省青岛市
真功夫餐饮管理有限公司	快餐服务	kungfu	广东省东莞市
海鸿达(北京)餐饮管理有限公司	正餐服务	海底捞火锅	北京市
北京达美乐比萨饼有限公司	快餐服务	Dominos	北京市
南京麦当劳餐饮食品有限公司	快餐服务	麦当劳	江苏省南京市
北京味千餐饮管理有限公司	快餐服务	味千拉面	北京市

附录

统计指标解释

附录 统计指标解释

连锁经营：指经营同类商品或服务，使用统一商号的若干店铺，在同一总店（总部）的管理下，采取统一采购或特许经营等方式,实现规模效益的组织形式，包括直营连锁、特许连锁和自愿连锁三种形式。

连锁总店（总部）：负责连锁企业资源（商号、商誉、经营模式、服务标准、管理模式等等）的开发、配置、控制或使用等功能的企业核心管理机构。

连锁门店：在连锁企业经营管理的基础上，按照总店（总部）的指示和服务规范要求，承担日常销售业务的店铺，包括直营店和加盟店。

直营店是指由连锁企业总部投资开设，按连锁经营管理模式，由总部统一管理的店铺。

加盟店是指在特许连锁中，被特许人获得特许人授权后，使用其商标、商号、经营模式、专利和专有技术等经营资源建立的店铺，也包括自愿连锁的成员店。

连锁品牌（商标或商号名称）：指连锁经营使用的统一的商号或商标名称。

批发零售连锁业态

一便利店：满足顾客便利性需求为主要目的的零售业态。位于商业中心区、交通要道以及车站、医院、学校、娱乐场所、办公楼、加油站等公共活动区；商圈范围小，顾客步行 5 分钟内到达，目标顾客主要为单身者、年轻人，顾客多为有目的的购买；营业面积一般在 100 平方米左右，利用率高；以即时食品、日用小百货为主，有即时消费性、小容量、应急性等特点，商品品种在 3000 种左右，售价一般高于市场平均水平；商品销售方式以开架自选为主，结算在收银处统一进行；营业时间一般在 16 小时以上，提供即时性食品的辅助设施，开设多项服务项目；信息管理系统程度较高。

一折扣店：店铺装修简单，提供有限服务，商品价格低廉的一种小型超市业态。拥有不到 2000 个品种，经营一定数量的自有品牌商品。位于居民区、交通要道等租金相对便宜的地区；辐射半径 2 公里左右，目标顾客主要为商圈内的居民；自有品牌占有较大的比例，商品平均价格低于市场平均水平；以开架自选方式进行商品销售，并统一结算；用工精简，为顾客提供有限的服务；信息管理系统程度一般。

一超市：开架售货，集中收款，满足社区消费者日常生活需要的零售业态。根据商品结构的不同，可以分为食品超市和综合超市。位于市、区商业中心、居住区；辐射半径 2 公里左右，目标顾客以居民为主；营业面积在 6000 平方米以下；经营包装食品、生鲜食品和日用品。食品超市与综合超市商品结构有所不同；采用自选销售，出入口分设，在收银台统一结算；营业时间一般在 12 小时以上；信息管理系统程度较高。

一大型超市：实际营业面积 6000 平方米以上，品种齐全，满足顾客一次性购齐的零售业态。根据商品结构，可以分为以经营食品为主的大型超市和以经营日用品为主的大型超市。位于市、区商业中心、城郊结合部、交通要道及大型居住区；辐射半径 2 公里以上，目标顾客以居民、流动顾客为主；实际营业面积在 6000 平方米以上；以大众化衣、食、日用品为主，品种齐全，注重自有品牌开发；采用自选销售方式，出入口分设，在收银台统一结算；一般设不低于营业面积 40%的停车场；信息管理系统程度较高。

—仓储会员店：以会员制为基础，实行储销一体、批零兼营，以提供有限服务和低价格商品为主要特征的零售业态。位于城乡结合部的交通要道；辐射半径 5 公里以上，目标顾客以中小零售店、餐饮店、集团购买和流动顾客为主；营业面积一般在 6000 平方米以上；以大众化衣、食、日用品为主，自有品牌占相当部分，商品在 4000 种左右，实行低价、批量销售；采用自选销售，出入口分设，在收银台统一结算；设相当于营业面积的停车场；信息管理系统程度较高并对顾客实行会员制管理。

—百货店：在一个建筑物内，经营若干大类商品，实行统一管理，分区销售，满足顾客对时尚商品多样化选择需求的零售业态。位于市、区级商业中心、历史形成的商业集聚地；目标顾客以追求时尚和品味的流动顾客为主；营业面积一般在 6000 平方米以上；综合性商品结构，门类齐全，以服饰、鞋类、箱包、化妆品、家庭用品、家用电器为主；采取柜台销售和开架面售相结合方式进行商品销售；注重服务，设餐饮、娱乐等服务项目和设施；信息管理系统程度较高。

—专业店：以专门经营某一大类商品为主的零售业态。例如办公用品专业店（office supply）、玩具专业店（toy stores）、家电专业店（home appliance）、药品专业店（drug store）、服饰店（apparel shop）。位于市、区级商业中心以及百货店、购物中心内；目标顾客以有目的选购某类商品的流动顾客为主；营业面积根据商品特点而定；以销售某类商品为主，体现专业性、深度性、品种丰富，选择余地大；采取柜台销售或开架面售方式进行商品销售；从业人员具有丰富的专业知识；信息管理系统程度较高。

—加油站：指经营石油、石化商品的零售门店。

—专卖店：以专门经营或被授权经营某一主要品牌商品为主的零售业态。一般位于市、区级商业中心、专业街以及百货店、购物中心内；目标顾客以中高档消费者和追求时尚的年轻人为主；以销售某一品牌系列商品为主，具有销售量少、质优、高毛利等特点；采取柜台销售或开架面售方式进行商品销售，商店陈列、照明、包装、广告讲究；注重品牌声誉，从业人员具备丰富的专业知识，提供专业性服务；信息管理系统程度一般。

—家居建材商店：以专门销售建材、装饰、家居用品为主的零售业态。位于城乡结合部、交通要道或消费者自有房产比较高的地区；目标顾客以拥有自有房产的顾客为主；营业面积一般在 6000 平方米以上；经营商品以改善、建设家庭居住环境有关的装饰、装修等用品、日用杂品、技术及服务为主；采取开架自选方式销售商品；提供一站式购足和一条龙服务，停车位一般在 300 个以上；信息管理系统程度较高。

—厂家直销中心：由生产商直接设立或委托独立经营者设立,专门经营本企业品牌商品,并且多个企业品牌的营业场所集中在一个区域的零售业态。一般远离市区；目标顾客多为重视品牌的有目的的购买；单个建筑面积在 100-200 平方米左右；品牌商品生产商直接设立，商品均为本企业的品牌；采用自选式售货方式进行商品销售；各个租赁店使用各自的信息管理系统。

—其他：其他未列明的零售业态。

门店总数：指该连锁企业所拥有的全部连锁门店数量，包括总店（如果总公司有门店的话）和全部直营分店、加盟分店数。

连锁门店年末从业人员数：指在连锁总店（总部）或门店工作并取得劳动报酬的年末实有人员数。包括在岗职工、再就业的离退休人员、在该企业工作的兼职人员、借用的外单位人员和第二职业者。不包括离开本单位但仍保留劳动关系的职工。从业人数包括总店和全部门店以及自有配送中心的年末从业人员数。

连锁门店商品购进额：指连锁门店由连锁总店（总部）统一配送与自主采购，用于门店销售的商品金额之和（含增值税）。

统一配送商品购进额：是指由连锁总店（总部）统一购进后，配送到门店的商品金额（按购进价计算）。

配送中心：是指从事配送业务且具有完善信息网络的场所或组织。配送是指在经济合理区域范围内，根据客户要求，对物品进行拣选、加工、包装、分割、组配等作业，并按时送达指定地点的物流活动。配送中心应基本符合下列要求：（1）主要为特定客户或末端客户提供服务；（2）配送功能健全；（3）辐射范围小；（4）提供高频率、小批量、多批次配送服务。

自有配送中心配送商品购进额：指连锁总店（总部）通过自有配送中心配送到门店的商品金额。

非自有配送中心配送商品购进额：指连锁总店（总部）通过第三方物流配送中心配送到门店的商品金额。

连锁门店年末零售营业面积：指批发和零售业连锁门店用于零售连锁经营的营业面积，不包括其办公用房、仓库和加工场地。该指标按年末实有建筑面积统计。

连锁门店商品销售额：批发和零售业连锁门店对本门店以外单位和个人出售的商品金额（含增值税）。

连锁门店零售额：指批发和零售业连锁门店售给城乡居民用于生活消费和社会集团用于公共消费的商品金额。

零售商品包括：（1）售给城乡居民的各种生活消费品，售给入境旅游的外国人、华侨、港澳台同胞的各类商品；（2）售给行政事业单位、社会团体、军队和武警等机构的商品，以及以零售方式售给各类企业的商品。具体包括：用于非生产和社会交往的办公用品，如通讯设备、计算器具和设备、电讯网络设备、文印设备、音像视听器材和设备、纸张、本册、文具及装订文印材料、家具、日用电器、针纺织品、清洁卫生用品、文体用品、奖品、纪念品、礼品等；供内部人员乘坐的交通工具和燃料；用于办公设施修缮的各类配件、材料、工具等；用于取暖和防暑降温的设备、燃料、材料及食品等；专用于教学的用品和设备；非营利医疗机构的中、西药品、中药材和医疗设备器材；非专用的劳动保护用品；不对外营业的内部食堂用的餐具、炊具、设备、清洁卫生工具和食品、燃料等；军队、武警用于其人员生活的衣着品和个人用品；其它各类非生产性设备和用品。

零售商品不包括：（1）售给城乡居民已确知是用于生产、经营的商品；（2）售给各类农业生产者的生产资料类商品，如农机、农药化肥、农膜、种子饲料等商品；（3）售给企业单位生产用具及生产上专用的劳动保护用品。

连锁门店年末餐饮营业面积：住宿和餐饮业连锁门店对外提供就餐服务的门店建筑面积和从事食品加工、烹饪、调制的厨房面积，不包括办公用房和仓库等面积。该指标按年末实有建筑面积统计。

连锁门店客房数：指住宿和餐饮业连锁门店提供住宿服务的房间数，该指标按报告期内正常情况下的实有数统计。

连锁门店床位数：指住宿和餐饮业连锁门店供应旅客使用的床位数，不包括临时加床和门店内部工作人员使用的床位。该指标按报告期内正常情况下的实有数统计。

连锁门店餐位数：指住宿和餐饮业连锁门店为顾客提供就餐服务时，正常可同时容纳就餐人员的餐位数量，不包括临时加的餐位数量。该指标按报告期内正常情况下的实有数统计。

连锁门店营业额：指住宿和餐饮业连锁门店在经营活动中因提供服务或销售商品所取得的全部收入。包括：客房收入、餐费收入、商品销售额（含增值税）和其它收入。

连锁门店餐费收入：指住宿和餐饮业连锁门店因提供就餐服务（包括经烹饪、调制加工后出售的各种食品，如主食、炒菜、凉拌菜等的收入）所取得的收入合计。

连锁门店商品销售额：指住宿和餐饮业连锁门店因出售商品（含增值税）所取得的收入合计。

登记注册类型

一国有企业：指企业全部资产归国家所有，并按《中华人民共和国企业法人登记管理条例》规定登记注册的非公司制的经济组织。不包括有限责任公司中的国有独资公司。

一集体企业：指企业资产归集体所有，并按《中华人民共和国企业法人登记管理条例》规定登记注册的经济组织。

一股份合作企业：指以合作制为基础，由企业职工共同出资入股，吸收一定比例的社会资产投资组建，实行自主经营，自负盈亏，共同劳动，民主管理，按劳分配与按股分红相结合的一种集体经济组织。

一联营企业：指两个及两个以上相同或不同所有制性质的企业法人或事业单位法人，按自愿、平等、互利的原则，共同投资组成的经济组织。联营企业包括国有联营企业、集体联营企业、国有与集体联营企业和其他联营企业。

国有联营企业：指所有联营单位均为国有。

集体联营企业：指所有联营单位均为集体。

国有与集体联营企业：指联营单位既有国有也有集体。

其他联营企业：指上述三种联营企业之外的其他联营形式的企业。

一有限责任公司：指根据《中华人民共和国公司登记管理条例》规定登记注册，由两个以上，五十个以下的股东共同出资，每个股东以其所认缴的出资额对公司承担有限责任，公司以其全部资产对其债务承担责任的经济组织。有限责任公司分为国有独资公司以及其他有限责任公司。

国有独资公司：指国家授权的投资机构或者国家授权的部门单独投资设立的有限责任公司。

其他有限责任公司：指国有独资公司以外的其他有限责任公司。

一股份有限公司：指根据《中华人民共和国公司登记管理条例》规定登记注册，其全部注册资本由等额股份构成并通过发行股票筹集资本，股东以其认购的股份对公司承担有限责任，公司以其全部资产对其债务承担责任的经济组织。

一私营企业：指由自然人投资设立或由自然人控股，以雇佣劳动为基础的营利性经济组织。包括按照《公司法》、《合伙企业法》、《私营企业暂行条例》以及《个人独资企业法》规定登记注册的私营独资企业、私营合伙企业、私营有限责任公司、私营股份有限公司和个人独资企业。

私营独资企业：指按《私营企业暂行条例》的规定，由一名自然人投资经营，以雇佣劳动为基础，投资者对企业债务承担无限责任的企业。

私营合伙企业：指按《合伙企业法》或《私营企业暂行条例》的规定，由两个以上自然人按照协议共同投资、共同经营、共负盈亏，以雇佣劳动为基础，对债务承担无限责任的企业。

私营有限责任公司：指按《公司法》、《私营企业暂行条例》的规定，由两个以上自然人投资或由单个自然人控股的有限责任公司。

私营股份有限公司：指按《公司法》的规定，由五个以上自然人投资，或由单个自然人控股的股份有限公司。

个人独资企业：指按《个人独资企业法》、《个人独资企业登记管理办法》的规定，由一个自然人投资，财产为投资人个人所有，投资人以其个人财产对企业债务承担无限责任的经营实体。个人独资企业填表时归入私营独资企业。

一其他内资企业：指上述之外的其他内资经济组织。

一与港澳台商合资经营企业：指港澳台地区投资者与内地的企业依照《中华人民共和国中外合资经

营企业法》及有关法律的规定，按合同规定的比例投资设立，分享利润和分担风险的企业。

一与港澳台商合作经营企业：指港澳台地区投资者与内地企业依照《中华人民共和国中外合作经营企业法》及有关法律的规定，依照合作合同的约定进行投资或提供条件设立，分配利润、分担风险和亏损的企业。

一港澳台商独资经营企业：指依照《中华人民共和国外资企业法》及有关法律的规定，在内地由港澳台地区投资者全额投资设立的企业。

一港澳台商投资股份有限公司：指根据国家有关规定，经商务部(原外经贸部)批准设立，并且其中港、澳、台商的股本占公司注册资本的比例达25%以上的股份有限公司。凡其中港、澳、台商的股本占公司注册资本的比例小于25%的，属于内资中的股份有限公司。

一其他港、澳、台商投资企业：指在中国境内参照《外国企业或个人在中国境内设立合伙企业管理办法》和《外商投资合伙企业登记管理规定》，依法设立的港、澳、台商投资合伙企业。

一中外合资经营企业：指外国企业或外国人与中国内地企业依照《中华人民共和国中外合资经营企业法》及有关法律的规定，按合同规定的比例投资设立，分享利润和分担风险的企业。

一中外合作经营企业：指外国企业或外国人与中国内地企业依照《中华人民共和国中外合作经营企业法》及有关法律的规定，依照合作合同的约定进行投资或提供条件设立，分配利润、分担风险和亏损的企业。

一外资企业：指依照《中华人民共和国外资企业法》及有关法律的规定，在中国内地设立的由外国投资者全额投资设立的企业。

一外商投资股份有限公司：指根据国家有关规定，经商务部(原外经贸部)批准设立，并且其中外资的股本占公司注册资本的比例达25%以上的股份有限公司。凡其中外资股本占公司注册资本的比例小于25%的，属于内资中的股份有限公司。

一其他外商投资企业：指在中国境内依照《外国企业或个人在中国境内设立合伙企业管理办法》和《外商投资合伙企业登记管理规定》，依法设立的外商投资合伙企业。